Renate Kastorff-Viehmann; Yasemin Utku;
Regionalverband Ruhr (Hg.)
Regionale Planung im Ruhrgebiet

KLARTEXT

Renate Kastorff-Viehmann; Yasemin Utku;
Regionalverband Ruhr (Hg.)

Regionale Planung im Ruhrgebiet

Von Robert Schmidt lernen?

Die Veröffentlichung erfolgt mit freundlicher Unterstützung der Emschergenossenschaft, des Fachbereichs Architektur der Fachhochschule Dortmund, der Freunde der Technischen Universität Dortmund, der NRW.BANK, der RAG Montan Immobilien GmbH und der Gesellschaft für Stadtgeschichte und Urbanisierungsforschung.

1. Auflage Juni 2014
Lektorat: Lutz Meltzer
Satz und Gestaltung: Klartext Medienwerkstatt GmbH, Essen
Umschlaggestaltung: Volker Pecher, Essen
Druck und Bindung: mc3 Druck & Medienproduktions GmbH, Bochum
ISBN 978-3-8375-0988-5
Alle Rechte vorbehalten
© Klartext Verlag, Essen 2014
www.klartext-verlag.de

Inhalt

7 *Karola Geiß-Netthöfel*
   Voneinander lernen und kooperieren

9 *Renate Kastorff-Viehmann, Dorothee im Spring-Ojih, Yasemin Utku und Maria T. Wagener*
   Von Robert Schmidt lernen?

Das Erbe Robert Schmidts: 100 Jahre regionale Planung im Revier – Die Tagung

15 *Renate Kastorff-Viehmannn und Yasemin Utku*
    Das Erbe Robert Schmidts
    100 Jahre regionale Planung im Revier – Eine Einführung

23 *Ursula von Petz*
    Zum Werdegang und Wirken Robert Schmidts

29 *Renate Kastorff-Viehmann*
    Das Umfeld von Robert Schmidt in Essen –
    Personen, Initiativen und Projekte

41 *Heinz Wilhelm Hoffacker*
    Robert Schmidts Denkschrift im kritischen Rückblick

51 *Manfred Walz*
    Die Eingemeindungen im Ruhrgebiet 1928/29 –
    Praxistest für Robert Schmidts Stadtmodell

61 *Dirk-Marko Hampel*
    Der Siedlungsverband Ruhrkohlenbezirk (SVR)
    und der Verkehr im Ruhrgebiet zwischen 1920 und 1952

73 *Dirk Schubert*
    Vom wuchernden Wachstum zur planvollen Entwicklung Hamburgs

85 *Harald Kegler*
    Der Landesplanungsverband für den Mitteldeutschen Industriebezirk

95 *Dietrich Fürst*
    Regionalverbände im Vergleich

107 *Klaus R. Kunzmann*
    Strategische Planung in Europa: ein Streifzug

121 *Axel Zutz*
    »Grüne Arbeit« im Ruhrgebiet

137 *Yasemin Utku*
»Landschaften« im Ruhrgebiet –
Programme und Programmierungen

151 *Ulrich Häpke*
Hundert Jahre Freiraumschutz und Freiraumverluste im Ruhrgebiet

161 *Pascal Cormont*
Klimaanpassung und Regionalplanung im Ruhrgebiet

173 *Martina Oldengott*
Der Zeit voraus –
Flussgebietsmanagement als regionale Gemeinschaftsaufgabe

187 *Celina Kress*
Urbanität und kulturelles Erbe: Zur Identität der Stadtregion

197 *Volker Kreibich und Sabine Baumgart*
Steuerung der Siedlungsentwicklung in mega-urbanen Regionen –
Lernen von Robert Schmidt?

205 *Stefan Goch*
Am (vorläufigen) Ende der Ruhrstadt-Debatten

213 *Klaus R. Kunzmann*
Ruhrgebietslied

231 *Martin Tönnes und Maria T. Wagener*
Regionaler Diskurs: Auf dem Weg in die Zukunft der Metropole Ruhr

Innere Peripherie – Die Robert-Schmidt-Sommerakademie

241 *Karl-Friedrich Hofmann*
Zur Sommerakademie

242 *Thomas Hackenfort, Dorothee im Spring-Ojih und Maria T. Wagener*
Innere Peripherie:
Erkenntnisse der Robert-Schmidt-Sommerakademie

RUHR international – Das Städtebauliche Kolloquium im Robert-Schmidt-Jahr

285 *Christa Reicher*
»RUHR international« im Sommer 2012

294 Autorinnen und Autoren

Voneinander lernen und kooperieren

Der Regionalverband Ruhr ist eine regional agierende Institution mit über neunzig Jahren Erfahrung in Planung, Sicherung, Schutz und Pflege von Landschaft. Die vielen Erfolge, die er im Verbund mit den elf Mitgliedskommunen und vier -kreisen errungen hat, lassen sich an einer von Grün durchzogenen urbanen Landschaft messen.

Philosophie und Grundlagenarbeit des Verbandes gehen auf Robert Schmidts im Jahr 1912 verfasste Dissertation »Denkschrift betreffend Grundsätze zur Aufstellung eines General-Siedelungsplanes für den Regierungsbezirk Düsseldorf (rechtsrheinisch)« zurück. Die »Denkschrift« gilt nicht nur in Fachkreisen als Pionierleistung auf dem Gebiet der Regionalplanung. Als Direktor des Siedlungsverbands Ruhrkohlenbezirk, des ersten kommunalen Umlandverbandes, war es ab 1920 Robert Schmidts Leistung, das Instrumentarium zur nachhaltigen Steigerung der Lebens- und Umweltqualität im hochverdichteten Ballungsraum Ruhrgebiet geschaffen zu haben.

Es war ein anspruchsvoller Auftrag in einer schwierigen Zeit, als die Industrialisierung noch rasant voranschritt und die Kommunen vor enormen sozialen, ökologischen und ökonomischen Herausforderungen standen. Robert Schmidts Strategie einer regionalen Kooperation der lokalen Gebietskörperschaften wurde nicht nur für das Ruhrgebiet wegweisend. Regional übergreifendes Denken und Handeln ist zum Grundlagenkonzept aller Metropolräume geworden – bis in die heutige Zeit.

Schmidts Arbeiten zum Aufbau einer Regionalplanung sind von einer Weitsicht, die sich in alle Arbeiten des Regionalverbandes Ruhr eingeschrieben hat und deren Wirkungen bis heute die Lebensqualität der Metropole Ruhr prägen. Wie sähen unsere Städte, wie sähe unsere Region aus ohne die von Robert Schmidt zum Schutz der Natur vorgedachten Grünzüge? Wie könnten wir ohne diese Grundlage die urbane Landschaft auf zukünftige Klimaveränderungen vorbereiten?

Der Regionalverband Ruhr nimmt das Jubiläum der Denkschrift Robert Schmidts zum Anlass, zusammen mit seinen Projektpartnern – Fachhochschule Dortmund und Technische Universität Dortmund, Emschergenossenschaft/Lippeverband, RAG Montan Immobilien GmbH, NRW.BANK und Gesellschaft für Stadtgeschichte und Urbanisierungsforschung – das Wirken dieses ebenso visionären wie einflussreichen Stadtplaners, Bauingenieurs und Verbandsdirektors aus unterschiedlicher Perspektive zu spiegeln und zu würdigen.

Die Entwicklung der Region wird aus historischer Sicht betrachtet, um gegenwärtige Szenarien reflektieren und Zukunftstendenzen ausloten zu können. Die Binnenperspektive spielt dabei eine ebenso wichtige Rolle wie die Sicht auf die Region von außen. Methodisch unterscheiden sich die Beiträge zum Diskurs wie auch die Ansätze zur praktischen Umsetzung bei der Realisierung konkreter Projekte. Einige Beiträge stammen aus der übergreifenden Sicht der Wissenschaft, andere setzen planerische Themenschwerpunkte wie Freiraumplanung, Regional- und Landesplanung, Siedlungsentwicklung, Infrastrukturplanung und Mobilität.

Gemeinsam sind allen Beiträgen Kernfragen wie: Welche Erfahrungen lassen sich nutzen, um neue Strategien und Visionen zu entwickeln? Wie muss eine moderne Regionalplanung aussehen? Welche Impulse aus der Praxis können zu einer verbesserten Planung und Umsetzung beitragen und welche konzeptionellen Ansätze lassen sich intelligent realisieren und übertragen? Die Antworten hierauf geben dem Regionalverband Ruhr Impulse für die Entwicklung zukunftsgerichteter regionaler Strategien und nachhaltiger Handlungsfelder.

Das Gesamtprojekt wurde mit Unterstützung regionaler Akteure und Institutionen finanziert und durchgeführt. Für das hohe Engagement und die fachkundigen Beiträge möchte ich mich an dieser Stelle besonders bedanken. Mögen die konstruktiven und kritischen Beiträge dieser Veröffentlichung zum Robert-Schmidt-Gedenkjahr 2012 für alle, die sich interessiert und professionell mit der Metropole Ruhr beschäftigen, zur Pflichtlektüre werden. Die Auseinandersetzung mit den vielschichtigen Sichtweisen und wissenschaftlichen Erkenntnissen soll Debatten anstoßen und zur Weiterentwicklung konzeptioneller Lösungen zur Verbesserung der Lebensqualität der Menschen in der Metropole Ruhr beitragen – ganz im Sinne Robert Schmidts.

Karola Geiß-Netthöfel
Direktorin des Regionalverbandes Ruhr
Essen, Dezember 2013

Von Robert Schmidt lernen?
Zum Gesamtprojekt im Jubiläumsjahr der »Denkschrift« Robert Schmidts von 1912

Den Grundstein für die Regionalplanung im Ruhrgebiet, die Arbeit des Siedlungsverbandes Ruhrkohlenbezirk und ebenfalls für das hohe fachliche Ansehen von Robert Schmidt selbst bildete die 1912 erschienene »Denkschrift betreffend Grundsätze zur Aufstellung eines General-Siedelungsplanes für den Regierungsbezirk Düsseldorf (rechtsrheinisch)«. 1920 folgten dann die Gründung des Siedlungsverbandes Ruhrkohlenbezirk (SVR), dem heutigen Regionalverband Ruhr (RVR), und die Ernennung von Robert Schmidt zum ersten Verbandsdirektor. Die damaligen Aufgaben waren vielfältig und für das Ruhrgebiet von existenzieller Wichtigkeit. Insbesondere mit den Verbandsgrünflächen legte Schmidt schon in den 1920er Jahren die Basis für ein tragfähiges Freiraumsystem. In der Tat prägen Freiräume unterschiedlicher Widmung bis heute wesentlich das Gesicht der Region. Sie werden auch zukünftig von hoher Bedeutung sein, bieten sie doch Potenziale für wohnungsnahe Erholungsmöglichkeiten und für notwendige Anpassungsmaßnahmen im Klimawandel.

Robert Schmidt ist heute vor allem im Gedächtnis von Planerinnen und Planern im Ruhrgebiet sowie einiger Planungshistoriker und -historikerinnen präsent; Person und Werk sind zudem geläufig in Institutionen mit raumbezogenen Arbeitsfeldern wie der Emschergenossenschaft, bei großen Wohnungsgesellschaften wie dem Allgemeinen Bauverein Essen, zu dessen Gründern Schmidt zählte, oder bei Unternehmen, die einen beträchtlichen Teil des materiellen Nachlasses der regionalen Geschichte verwalten, wie die zum Konzern der Ruhrkohle AG gehörende RAG Montan Immobilien GmbH. Und sicherlich ist Robert Schmidt auch vielen Menschen bekannt, die in den planungswissenschaftlichen Hochschuleinrichtungen der Region tätig sind. Ob er jedoch heute noch als eine über das Ruhrgebiet hinaus bekannte Persönlichkeit der Regionalplanung wahrgenommen werden kann, wird unterschiedlich eingeschätzt. Denn was genau wissen wir über ihn, über seine Beweggründe oder seine Aktivitäten außerhalb des Ruhrgebiets? Wieweit wirkt sein Handeln heute noch nach? Was können wir lernen von Robert Schmidt? Wer fragt, bekommt vielfältige Antworten.

Ausgangspunkt für die vorliegende Publikation ist also Robert Schmidts 1912 veröffentlichte »Denkschrift«. Zu deren hundertstem Jubiläum erschien eine Würdigung angebracht, zugleich eine fokussierte Auseinandersetzung mit seinem Wirken zu seiner Zeit und bis heute. Eine Revision stand an: Fragen nach der Bedeutung Robert Schmidts, der Genese und der Relevanz seines Handelns, seiner »machbaren Utopie« für das Revier, hinsichtlich der Aktualität der Programme und Planungen unter Schmidt — sowohl für die Stadt Essen, wo er bis 1920 als

Renate Kastorff-Viehmann
Yasemin Utku
Dorothee im Spring-Ojih
Maria T. Wagener

Dezernent für die Stadterweiterung zuständig war, als auch für das gesamte Rheinisch-Westfälische Industriegebiet. Daneben galt es aber auch, den jetzigen Stand und Status der Regionalplanung zu hinterfragen – nicht nur auf die Ruhr-Region bezogen.

Im Frühjahr 2011 haben sich deshalb vier Planer bzw. PlanungswissenschaftlerInnen, nämlich Stefan Hochstadt, Renate Kastorff-Viehmann (beide von der Fachhochschule Dortmund), Thomas Rommelspacher und Maria T. Wagener (beide vom Regionalverband Ruhr) zusammengesetzt, um über Aktivitäten in Erinnerung an Robert Schmidt nachzudenken. Im Laufe der Zeit änderte sich das Team und es fanden sich in Sabine Baumgart, Thomas Hackenfort, Dorothee im Spring-Ojih, Christa Reicher, Martin Tönnes und Yasemin Utku weitere Mitstreiter und Mitstreiterinnen für das Projekt »100 Jahre Robert Schmidt – 100 Jahre regionales Denken und Handeln im Revier«, um mit mehreren Aktivitäten im Jahr 2012 an Robert Schmidt und an seine »Denkschrift« zu erinnern sowie unterschiedliche Ebenen der Regionalplanung zu diskutieren:
– im Städtebaulichen Kolloquium an der TU Dortmund unter der Überschrift »Ruhr international« im Sommersemester 2012;
– mit einer Studentischen Sommerakademie zum Thema »Innere Peripherie« im September 2012, die gemeinsam vom Regionalverband Ruhr, der FH Dortmund und der TU Dortmund in einem Atelier der Fachhochschule durchgeführt wurde;
– im Rahmen einer Fachtagung unter dem Titel »Das Erbe Robert Schmidts: 100 Jahre regionale Planung im Revier« im November 2012, die von der Sektion Planungsgeschichte der Gesellschaft für Stadtgeschichte und Urbanisierungsforschung (GSU) gemeinsam mit dem Fachbereich Architektur der FH Dortmund in den Räumen des Regionalverbandes Ruhr durchgeführt wurde.

Für diese Publikation ergibt sich durch die gewählten Formate eine Art Zweiteilung: auf der einen Seite, zu Beginn, der theoretisch-historische Teil, auf der anderen Seite die praktisch-planerischen Positionen, angefangen mit studentischen Arbeiten für den »Korridor4« als exemplarischem Plangebiet der »Inneren Peripherie« im Revier bis hin zu einer Betrachtung aktueller Entwicklungskonzepte für andere Metropolen und Regionen im Kolloquium. Man sieht schon auf den ersten Blick: Die Aufgaben, die Probleme und mehr noch die Herangehensweisen haben sich geändert.

Wir wollten nicht nur erinnern, loben und jubeln, sondern auch Fragen stellen und Wissen erwerben. Die Regional- und Landesplanung war um 1920 eine neue Disziplin, die noch weitgehend experimentell vorgehen musste und wissenschaftlich nicht abgesichert war, deren Leitbilder und Verfahren noch nicht vollständig ausformuliert waren – und die gleichwohl notwendig wurde, um regionale Wachstumsprozesse in Industriegesellschaften besser bewältigen zu können. Die Regional- und Landesplanung hat im Lauf eines Jahrhunderts ihr Gesicht und ihre Vorgehensweisen gravierend verändert. Innovationen sehen heute anders aus als 1912 oder 1920. Auch im Ruhrgebiet ist es längst nicht mehr allein der Gebietsentwicklungsplan mit definiertem Zeithorizont, der mit Flächenausweisungen und Infrastrukturnetzen zur Steuerung herangezogen wird. Vielmehr geht es aktuell auch um Kooperation und Moderation von Prozessen, in denen regionale Akteure Vereinbarungen treffen, um komplexe Herausforderungen gemeinsam anzugehen. Dazu gehören Klimafragen und das Thema Umweltverträglichkeit ebenso wie der nachhaltige Stadtumbau. Dabei spielen Freiraum und Grünflächen – also Themen, die schon für Robert Schmidt von großer Bedeutung waren – immer noch bzw. wieder eine essenzielle Rolle.

Wenn derzeit in Stadtregionen wie dem Ruhrgebiet geplant wird, sind es nicht mehr allein die auf die Flächennutzungen bezogenen formellen Planwerke und wissenschaftlich-analytischen Auseinandersetzungen, sondern teilweise sehr kleinteilige, partizipative Prozesse mit unterschiedlichsten Akteuren, manchmal spielerisch und informell angegangen, die das planerische Handeln bestimmen. Dieser erweiterte Kontext leitete zu den drei Formaten, die wir für das Projekt »100 Jahre Robert Schmidt – 100 Jahre regionales Denken und Handeln im Revier« gewählt haben, und die Beteiligung eines recht heterogen zusammengesetzten Personenkreises von Mitwirkenden: Es sind Lehrende, Studierende, Praktizierende unterschiedlicher Fachdisziplinen und aus kommunalen Verwaltungen, Wissenschaftler und Wissenschaftlerinnen. Die Sichtweisen und Annäherungen an die Region, an Robert Schmidt und an die Raum- bzw. Regionalplanung fallen entsprechend unterschiedlich aus, sie werden über Bild und Plan vermittelt oder sie sind eher textorientiert: als ein kurzes Statement oder als eine längere Abhandlung. Die vorliegende Publikation fasst die Aktivitäten im Jubiläumsjahr 2012 zusammen. Trotz vieler Beteiligter und trotz neuer Erkenntnisse bleiben noch offene Fragen und damit gute Gründe für weitere Auseinandersetzungen – sowohl aus historischer als auch aus aktueller Perspektive.

An dem Projekt, das mit der vorliegenden Publikation zunächst einmal abgeschlossen wird, haben viele Personen helfend, unterstützend, lehrend, formulierend, anregend, vortragend, kommentierend und jurierend mitgewirkt. Es war beeindruckend, wie schnell das Thema Kreise zog. Sehr hilfreich war ebenfalls, dass sich mit der NRW.BANK, der Emschergenossenschaft, der RAG Montan Immobilien GmbH und der Gesellschaft der Freunde der TU Dortmund auf kurzem Wege Sponsoren bzw. weitere Kooperationspartner und Unterstützer fanden – alle aus der Region. Dafür möchten wir uns an dieser Stelle herzlich bedanken.

Renate Kastorff-Viehmann
Yasemin Utku
Dorothee im Spring-Ojih, Regionalverband Ruhr
Maria T. Wagener, Regionalverband Ruhr

Das Erbe Robert Schmidts: 100 Jahre regionale Planung im Revier – Die Tagung

Halde Haniel, Bottrop, © RVR, Schumacher

Renate Kastorff-Viehmannn und Yasemin Utku
Das Erbe Robert Schmidts
100 Jahre regionale Planung im Revier – Eine Einführung

»Im Vergleich mit dem Inferno von Pittsburgh und den kleineren, aber noch schwärzeren und trostloseren Höllen in Mohongahelen-Thal-Hampstaed, Raddoth und den übrigen ist Sheffield sauber und Essen ein Vergnügungsaufenthalt.«

Vor reformerisch gesinnten Teilnehmerinnen und Teilnehmern des Evangelisch-Sozialen Kongresses 1912 in Essen (wo er bis 1920 für die Stadterweiterung zuständig war) zitierte Robert Schmidt die obigen Zeilen des Engländers Arthur Shadwell aus dessen Buch »Moderne Wirtschaftsprobleme«. Der Vergleich war schmeichelhaft, denn innerhalb der Stadtgrenzen von Essen gab es damals weder einen Volkspark noch ein größeres Waldstück. Stattdessen war das Stadtbild geprägt durch die Kruppsche Gussstahlfabrik, durch enge Quartiere nahe der Altstadt und große Krupp-Kolonien wie den Nordhof, den Schederhof und den Kronenberg, durch Schlote der Kokereien und Gestelle der Hochöfen, durch Fördertürme und Halden. In anderen Gemeinden des Ruhrgebiets sah es ähnlich aus, auch wenn es in verschiedenen Kommunen Initiativen gab, Stadtwälder aufzuforsten oder, ausgehend von frühen Volksparks oder Kaiserhainen, Grünflächen untereinander oder mit erhaltenen Landschaftsteilen zu vernetzen. Auf jeden Fall wäre wohl kaum jemand um 1912 freiwillig zur Erholung nach Essen bzw. ins Rheinisch-Westfälische Industrierevier gereist. Aber Schmidt hatte die Worte mit Bedacht gewählt – entschlüsselt sich doch darüber seine »machbare Utopie« für die Industrieregion.

Robert Schmidt und andere Städtebauer im Ruhrgebiet mussten sich um 1912 (ebenso 1920 und nach 1945) die Frage stellen, wie die ideale Industriestadt aussieht, wie sie zu organisieren und zu einem lebenswerten Ort für die Einwohnerschaft zu gestalten sei. Inspiriert vom Gartenstadt-Modell des Engländers Ebenezer Howard lautete Schmidts Antwort um 1920: wie ein funktionierender »Großstadt-Organismus«. Zwar war im Umkreis der Altstädte von Duisburg, Essen, Bochum, Gelsenkirchen und Dortmund auch im Ruhrgebiet eine »steinerne Stadt« mit dicht bebauten Quartieren entstanden, aber die schöne Stadt des 19. Jahrhunderts mit dem historischen oder monumentalen Zentrum, mit Wohnquartieren voller eindrucksvoller Fassaden im Stil des Historismus und mit prachtvollen Alleen ausgestattet, die sucht man im Ruhrgebiet vergebens. Schmidt (wie auch seine Kollegen) musste Programme entwickeln, die den Bedingungen eines Industriegebietes angemessen waren. Im Ergebnis favorisierte er die »grüne Stadt«. Damit konnte nicht nur auf Fragen nach dem Verhältnis von Stadt und Land in der weiträumigen Region reagiert werden, sondern es konnten zugleich auch Probleme der Stadthygiene, des Freizeitangebots und der Stadtgestaltung angegangen werden. Bis heute sind die »grünen« Themen

Gegenstand der Planung auf unterschiedlichen Maßstabsebenen; nicht nur das Fehlen bzw. der Ausbau der technischen und sozialen Infrastruktur, sondern immer auch Fragen der Grünflächenpolitik und des Freiraumangebotes spielen eine entscheidende Rolle.

Mit Schmidts frühem Konzept zur Stadtentwicklung waren Elemente der idealen industriellen Stadt bzw. von idealer industrieller Stadtregion und Kulturlandschaft im ersten Drittel des 20. Jahrhunderts definiert; zwar zugeschnitten auf das Revier, aber von Fachleuten während der 1920er Jahre weltweit bestaunt (nicht zuletzt wegen der Eingriffskompetenz des Siedlungsverbandes Ruhrkohlenbezirk). Jedoch ist zu untersuchen, wie das Konzept für das Ruhrgebiet konkretisiert wurde, ob es bis ins letzte Drittel des 20. Jahrhunderts nachwirkte, ob sich vergleichbare planerische Initiativen auch andernorts entwickelten. Denn Anlass und Anstoß, sich mit der Region zu beschäftigen, gab es nicht allein im Ruhrgebiet, sondern z.B. zeitlich parallel unter Fritz Schumacher in Hamburg und wenige Jahre später mit der Landesplanung in Mitteldeutschland. Als eine erste Darstellung der räumlichen Situation im Revier und der Entwicklungsziele (die das räumliche Gefüge, die Ausstattung der Region und den Wohnungsbau betrafen) gilt Schmidts 1912 erschienene »Denkschrift betreffend Grundsätze zur Aufstellung eines General-Siedelungsplanes für den Regierungsbezirk Düsseldorf (rechtsrheinisch)«. Sie ist ein Meilenstein für die sich damals erst herausbildende Fachdisziplin der Regional- und Landesplanung. Zugleich markiert die »Denkschrift« den Auftakt der praktischen Regionalplanung im Ruhrgebiet, die 1920 mit der Gründung des Siedlungsverbandes Ruhrkohlenbezirk (SVR) auf eine verbindliche institutionelle Basis gestellt wurde. Robert Schmidt wurde der erste Direktor des Verbandes.

Aus Anlass des 100-jährigen Jubiläums dieser »Denkschrift« veranstaltete der Fachbereich Architektur der Fachhochschule Dortmund in Kooperation mit dem Regionalverband Ruhr (RVR) und der Sektion Planungsgeschichte der Gesellschaft für Stadtgeschichte und Urbanisierungsforschung (GSU) am 8./9. November 2012 eine interdisziplinär besetzte Fachtagung im Gebäude des RVR in Essen. Der vorliegende Band dokumentiert nahezu sämtliche Tagungsbeiträge und zeigt die Breite der Diskussionen um die Geschichte und die Zukunft der Regionalplanung anschaulich auf. Die Beiträge umfassen ein Spektrum von der Geschichte und der Entwicklung der regionalen Planung über sektorale Aspekte, die sich insbesondere auf die Themen Grün, Freiraum und Umwelt beziehen, bis hin zu Positionen und Sichtweisen auf Regionen bzw. Planungsansätze zur Steuerung von Regionen.

Den Einstieg unternimmt URSULA VON PETZ (Schwerte) mit Informationen zu Leben und Werk Robert Schmidts. RENATE KASTORFF-VIEHMANN (FH Dortmund) widmet sich dem fachlich, ideologisch und politisch mehrschichtigen Umfeld Schmidts in Essen, diskutiert mögliche Einflüsse und rückt prägnante Projekte in den Blick. Den Entstehungskontext der Denkschrift, ihre inhaltlichen Zielsetzungen sowie den politischen Hintergrund der Gründung des Siedlungsverbandes 1920 beleuchtet HEINZ WILHELM HOFFACKER (Essen). Schmidts Regionalmodell zu den Eingemeindungen um 1928/29 analysiert MANFRED WALZ (Bochum) und zeigt die Umsetzungsschwierigkeiten auf der kommunalen Ebene auf. DIRK-MARKO HAMPEL (Oberhausen) beschreibt die Verkehrsentwicklung im Ruhrgebiet im Zeitraum 1920 bis 1952; er zeigt damit einerseits die Anläufe zur Vernetzung der Verkehrssysteme und beleuchtet andererseits Hindernisse auf diesem Weg, wie etwa die unterschiedlichen Spurbreiten der Straßenbahnen in den Revierstädten.

Die sich zeitgleich zu den Planungen von Schmidt vollzogenen Aktivitäten, wie die Arbeit von Fritz Schumacher als zentralem Akteur der Regional- und Landesplanung im Raum Hamburg, werden von DIRK SCHUBERT (Hafen-City Universität Hamburg) dargestellt. HARALD KEGLER (Bauhaus-Universität Weimar) zeigt mit Blick auf die Landesplanung in Mitteldeutschland ein deutlich vom Ruhrgebiet abweichendes Planungskonzept. Insbesondere mit dem Planwerk für Mitteldeutschland (1932) gelang perspektivisch eine Harmonisierung von Landschaft, Siedlung, Industrie und Infrastruktur, von der die eher additiv angelegte Regionalplanung im Revier damals noch weit entfernt war. Einen systematischen Überblick über »typische und a-typische Merkmale von Ballungsraumverbänden« gibt DIETRICH FÜRST (Hannover), während KLAUS R. KUNZMANN (Potsdam) unter dem Titel »Was ist strategische Planung?« die notwendige Neuorientierung der Regionalplanung darstellt und gleichzeitig nach ihrer Wirkungsmacht fragt.

Mit dem Blick auf die Freiraum- und Umweltplanung als »grünem Faden« befassen sich mehrere Beiträge: AXEL ZUTZ (TU Berlin) stellt die »Grüne Arbeit« im Ruhrgebiet als Impulsgeber der Regionalplanung zwischen 1930 und 1960 dar und YASEMIN UTKU (FH Dortmund) beschäftigt sich mit »Programmen und Programmierungen« zur Freiraum- und Freizeitentwicklung über regional angelegte Großprojekte im Ruhrgebiet. ULRICH HÄPKE (Castrop-Rauxel) untersucht »100 Jahre Freiraumschutz im Ruhrgebiet« und stellt fest, dass sich die Waldflächen zwar im Verlauf der Jahrzehnte ausgedehnt haben, landwirtschaftliche Flächen aber bis in die Gegenwart in beträchtlichem Umfang verloren gehen. PASCAL CORMONT (TU Dortmund) zeigt mögliche Strategien der Klimaanpassung im Kontext der Regionalplanung im Ruhrgebiet auf und MARTINA OLDENGOTT (Emschergenossenschaft, Essen) berichtet vom umfassenden Rück- bzw. Umbau des Emschersystems und dem »Flussgebietsmanagement als Gemeinschaftsaufgabe«. Der thematische Bogen, der damit geschlagen wird, beleuchtet nicht nur Aspekte wie die Ästhetik der Landschaft, zugrunde liegende Leitbilder oder ideologische Prägungen und deren Nachwirkungen, sondern ebenfalls das Selbstverständnis des Verbandes und der

Innere Titelseite der Denkschrift von Robert Schmidt Quelle: Reprintt, Klartext Verlag, 2009.

Denkschrift

betreffend

Grundsätze zur Aufstellung eines General-Siedelungsplanes

für den Regierungsbezirk Düsseldorf
(rechtsrheinisch)

von R. Schmidt

Beigeordneter der Stadt Essen (1912)

Von der Königlichen Technischen Hochschule
zu Aachen zur Erlangung der Würde eines
Doktor-Ingenieurs genehmigte Dissertation

Referent: Geheimer Regierungsrat Dr.-Ing. Henrici
Korreferent: Professor Schimpff

Alle Rechte, insbesondere die Übersetzung in fremde Sprachen, vorbehalten

Regionalplanung im Ruhrgebiet seit Robert Schmidt.

Abschließend werden Beiträge versammelt, die unterschiedliche Positionen im Umgang mit regionalen Planungsansätzen aufrufen: Mit Urbanität und mit der Bedeutung des kulturellen Erbes in Stadtregionen beschäftigt sich CELINA KRESS (TU Berlin). Sie weist auf die Notwendigkeit hin, regionale Identität zu stärken, beispielsweise über Initiativen zur Geschichtskultur. SABINE BAUMGART und VOLKER KREIBICH (TU Dortmund) forschen zur Steuerung der Siedlungsentwicklung in mega-urbanen Stadtregionen und formulieren Thesen zur Bedeutung der informellen Planung in diesen Kontexten. Über die eingeschränkte regionale Handlungsfähigkeit aufgrund der vielen zu beteiligenden Instanzen sowie über die möglichen Perspektiven der Zusammenarbeit im Ruhrgebiet berichtet STEFAN GOCH (Ruhr-Universität Bochum). Ein »Ruhrgebietslied«, in dem es um den immerwährenden strukturellen Wandel des Ruhrgebietes und mögliche Pfade für eine Zukunft der Region geht, stellt KLAUS R. KUNZMANN (Potsdam) vor. Mit einem Blick in die Zukunft erläutern MARTIN TÖNNES und MARIA T. WAGENER (beide RVR, Essen) den ambitionierten regionalen Diskurs für eine strategische Regionalplanung im Ruhrgebiet.

Auch wenn aus historischer und aktueller Perspektive die regionale Planung sowie die Person und das Arbeitsfeld von Robert Schmidt untersucht wurden, so zeigen sich immer noch Leerstellen und es bleiben offene Fragen: Schmidts Vorträge, seine Publikationen in Fachzeitschriften und sein jeweiliger Anteil an den kommunalen Wirtschaftsplänen im Ruhrgebiet während der 1920er Jahre konnten nicht erfasst werden. Zudem liegt die Geschichte des Regionalverbandes Ruhr nicht wie ein »offenes Buch« vor uns; die Jahre nach 1933 und die Aktivitäten während des Zweiten Weltkrieges erscheinen seltsam verschwommen. Über Philipp August Rappaport, der in den Jahren 1932/33 kurzzeitig und dann wieder nach 1945 den Verband leitete und der unter Schmidt seit 1920 als Erster Beigeordneter amtierte, ließen sich ebenfalls keine wesentlichen neuen Erkenntnisse gewinnen. So wie die meisten Personen, die entscheidend waren für den Aufbau der Regionalplanung und für die Formulierung planerischer Konzepte, taucht er nur im Hintergrund auf. Auch auf Karl Ganser, den Geschäftsführer der von 1989 bis 1999 tätigen IBA Emscher Park, die die interkommunale Zusammenarbeit im Ruhrgebiet auf eine neue Stufe gestellt und das Bewusstsein für eine regionale Identität gefördert hat, geht die vorliegende Publikation kaum ein; über ihn, der wie Robert Schmidt Zeichen in der Region setzte, liegt allerdings seit 2007 eine von Roland Günter verfasste »Arbeitsbiografie« vor.

Was die Geschichte und die Aktivitäten anderer Planungsverbände in Deutschland betrifft, so ist das Wissen auch nach Abschluss der Arbeiten für die vorliegende Publikation noch recht gering. Ebenso lohnen die Reflexionen über veränderte Aufgaben und Handlungsfelder, mit denen Planerinnen und Planer auf regionaler Ebene konfrontiert sind, oder die neuen Instrumentarien und Verfahren eine intensivere Beschäftigung, als es in diesem Rahmen möglich gewesen ist. Auch auf viele spannende aktuelle Programme weltweit konnte nur ein kurzes Schlaglicht geworfen werden. Mit Blick auf diese Leerstellen sei daran erinnert, dass diese Publikation hauptsächlich Robert Schmidt und seiner mehr als hundert Jahre alten »Denkschrift« gewidmet ist.

Luftbild auf der folgenden Doppelseite:
Zeche Victoria Mathias, Essen, 1926–1938
© *RVR*

Ursula von Petz
Zum Werdegang und Wirken Robert Schmidts

Im Jahr 1912 ist die »Denkschrift betreffend Grundsätze zur Aufstellung eines General-Siedelungsplanes für den Regierungsbezirk Düsseldorf (rechtsrheinisch)« erschienen. Der eher umständliche Titel dieser Arbeit, mit der Robert Schmidt, Beigeordneter der Stadt Essen, seinerzeit an der RWTH Aachen promoviert wurde, hat ihrer Durchsetzung jedoch nicht geschadet. Im Gegenteil, das aktuelle Interesse an dieser Denkschrift als Anlass für eine Tagung zu nutzen zeigt, dass dieses Dokument auch hundert Jahre nach seinem Erscheinen immer noch ein Meilenstein in der Geschichte der Raum- und Regionalplanung, insbesondere der des Ruhrgebiets, ist.[1]

Herkunft und Ausbildung

Robert Schmidt entstammt einer Fabrikantenfamilie und wurde am 13. Dezember 1869 in Offenbach am Main als zweitjüngstes Kind von Christoph und Mathilde Schmidt geboren. Zu diesem Zeitpunkt war der Vater, Lederwarenfabrikant in Offenbach am Main, bereits 51 Jahre alt, die Mutter Mathilde hingegen erst 30 Jahre alt. Obwohl vermögend und in späteren Jahren als Rentier in Frankfurt am Main ansässig, ließ Christoph Schmidt seine Kinder in bescheidenen bürgerlichen Verhältnissen aufwachsen. Überliefert ist die demokratische Gesinnung des Vaters, der als 30-Jähriger an den Barrikadenkämpfen der 1848er-Revolution teilgenommen haben soll. Robert Schmidt besuchte in Frankfurt am Main das Gymnasium und studierte anschließend bis zum Abschluss im Jahr 1894 Bauingenieurwesen an der Technischen Hochschule in Hannover. Dort lernte er seine Frau Lilly von Bandel kennen, eine Tochter des Bildhauers Ernst von Bandel, der das 1875 eingeweihte Hermannsdenkmal bei Detmold entworfen hat. Im Jahr 1895 stirbt Robert Schmidts Mutter, vier Jahre später der Vater.

Nach Darstellung der Familie (übermittelt in Briefen, Notizen und Gesprächen) »zeigte Schmidt unter seinen Kameraden schon auf der Schule und mehr noch auf der Hoch-

Robert Schmidt, Direktor des Siedlungsverbandes Ruhrkohlenbezirk
Quelle: Archiv der Verfasserin

schule angeborene Führungseigenschaften«, die ihn manchmal mit bestehenden Einrichtungen »in Konflikt brachten«. Trotzdem legte er »die vorgeschriebenen Prüfungen rechtzeitig und mit gutem Erfolg« ab. Beruflich jedoch war er zweifellos auch »neugierig«, wie man es angesichts seiner schnell wechselnden Tätigkeiten nach dem Studium erkennen kann.

Wie nicht ungewöhnlich im Deutschen Kaiserreich, so musste auch Robert Schmidt parallel zu seiner zivilberuflichen Laufbahn für längere Zeit dem Militär zur Verfügung stehen, beginnend mit der Einberufung am 1. Oktober 1895. Sein vermeintlich endgültiger Abschied aus dem Militär erfolgte im November 1911. Im August 1914 jedoch, zu Beginn des Ersten Weltkriegs, wurde er im Rahmen der Mobilmachung wieder einberufen und zunächst als Kompanieführer eines Landsturm-Bataillons in Essen eingesetzt sowie für kurze Zeit bei einem Regiment in Münster. Im Januar 1916 zum Hauptmann befördert, kam er im Juni 1916 kurzfristig wegen einer Verwundung ins Lazarett und von dort erneut zu einem Infanterie-Ersatzbataillon des Landsturms. Schließlich wurde er im März 1917 endgültig aus dem Heeresdienst entlassen: im Alter von fast 48 Jahren und ausgezeichnet mit zwei Ehrenzeichen, darunter dem Eisernen Kreuz Zweiter Klasse. Die Dienstzeiten beim Militär unterbrachen somit jeweils vorübergehend seine zivilberuflichen Tätigkeiten.

Erste berufliche Tätigkeiten

Nach Abschluss des Studiums in Hannover begann Robert Schmidt – da er das Fach Wasserbau studiert hatte – im Jahr 1895 seine praktische Arbeit bei der Rheinstrombauverwaltung in Düsseldorf und wurde dort im Mai desselben Jahres bereits zum Regierungsbauführer ernannt. Im Anschluss daran ging er für etwa zwei Jahre (1896–98) zur Rheinischen Bahngesellschaft, wechselte noch 1898 von dort zur Wasserbauinspektion Düsseldorf, ließ sich jedoch kurz darauf dort für ein Jahr beurlauben, um den Bau der Rheinbrücke in Düsseldorf zu übernehmen.

Im Jahr 1901 ging Robert Schmidt zunächst zur Wasserbauinspektion Ruhrort, nahm jedoch noch im selben Jahr – fern vom Rhein und von jeglichen Wasserbau-Aufgaben – in der Stadt Essen die Stelle des Leiters des Stadterweiterungsamtes an, mit dem Auftrag der Ausgestaltung Essens zur Industrie- und Wohnstadt; eine völlig neue und andersartige Herausforderung. Die neue Aufgabe scheint er mit Selbstbewusstsein und Engagement angegangen zu sein, denn in den nun folgenden Jahren hatte er erheblichen Einfluss auf die Gestaltung der Stadt Essen – der »heimlichen Hauptstadt« des Ruhrgebiets: Im Jahr 1905 wurde er Technischer Beigeordneter der Stadt Essen, im Jahr darauf setzte er sich dafür ein,

*Robert Schmidt als junger Mann
Quelle: Archiv der Verfasserin*

dass der Dürerbund einen Wettbewerb zur Anlage und Bebauung des Stadtteils Stadtwald im Essener Süden durchführte, was der Stadt zweifelsohne eine enorme, auch überregional ausstrahlende Anerkennung einbrachte.

Der Bau der Siedlung und Gartenstadt Margarethenhöhe wurde auf Veranlassung von Ernst Haux, einem Vertrauten von Margarethe Krupp angestoßen, der zugleich in gutem Kontakt mit Robert Schmidt stand. Im Jahr 1907 entstanden die Planungen für Essen-West, einen Stadtteil, für den von der damals gängigen regelmäßigen Rasteraufteilung (wie man sie von Berlin kennt) abgewichen wurde und bei dem für die auch hier mehrgeschossig, jedoch ohne Hinterhöfe auszuführenden Mietshausbauten rückseitig Grünanlagen vorgesehen wurden – ein überzeugender Vorschlag in der Kombination von städtischem Wohnen zur Straße und lokalem »Grün« zur Hofseite.

Im Jahr 1912 erschien dann die eingangs genannte »Denkschrift«, mit der Robert Schmidt an der RWTH Aachen der Titel eines Dr.-Ing. verliehen wurde. Schmidts Prüfer waren die Professoren von Loehr, Henrici und Schmipf. Diese »Denkschrift«, wie Schmidt sie betitelte, ist sicherlich in der Serie üblicher Dissertationen ein Unikat, zugleich aber auch Schmidts markanteste Arbeit im Rahmen seiner zahlreichen Aufsätze – sie nimmt als solche also einen besonderen Platz ein.

Tätigkeit im neu gegründeten Siedlungsverband Ruhrkohlenbezirk

Im Gefolge des Ersten Weltkrieges und der zu leistenden Reparationen sah sich die Preußische Staatsverwaltung veranlasst, das rheinisch-westfälische Industriegebiet als den zentralen Wirtschafts- und Produktionsstandort für Kohle und Stahl durch eine gesteuerte regionale Raumentwicklung auszubauen und zu stärken, insbesondere dessen Infrastruktur. Zu diesem Zweck war beabsichtigt, einen die räumliche Entwicklung des Industrieviers koordinierenden Verband einzurichten. Angesichts der hierfür wichtigen Vorarbeiten in der besagten »Denkschrift« war es naheliegend, dass Robert Schmidt im Jahr 1920 zum Direktor des neu gegründeten und in Essen ansässigen »Siedlungsverband Ruhrkohlenbezirk« (SVR) gewählt wurde; in eine Funktion und Position, die er bis zum Jahr 1932 innehatte. Das Verbandsgebiet erstreckte sich auf die gesamte Montanregion zwischen dem Niederrhein im Westen und dem Münsterland im Osten sowie zwischen der Lippe im Norden und der Ruhr im Süden. Nicht nur von der räumlichen Dimension her hatte Robert Schmidt nunmehr ein größeres Arbeitsfeld zu bewältigen, sondern auch inhaltlich: Dem SVR wurde schon bei seiner Gründung die Aufgabe übertragen, das Verbandsgebiet durch die Erstellung räumlicher Pläne in den folgenden drei Bereichen zu ordnen: Grünflächensicherung, Darstellung vorhandener und projektierter Durchgangsstraßen und Haupteisenbahnlinien. Hinzu kam ein weiterer Plan zur Trassensicherung einer seit 1909 diskutierten Schnellbahnverbindung zwischen Dortmund und Duisburg (zur Fortsetzung in Richtung Düsseldorf und Köln).

Nationale und internationale Wirkung

Die Aktivitäten Robert Schmidts, zunächst als Dezernent in Essen, nach Ende des Ersten Weltkriegs seit 1920 als Verbandsdirektor eines zunehmend reüssierenden Regionalverbandes erfuhren nationale und internationale Beachtung. Dies führte dazu, dass er im Jahr 1922 zum Präsidenten der neu gegründeten »Freien Deutschen Akademie des Städtebaus« gewählt und (ebenfalls im Jahr 1922) zum Ehrenmitglied des 1913 gegründeten »British Town Planning Institute« (BTPI) ernannt wurde sowie zu einem der Vizepräsidenten des »Internationalen Verbandes für Wohnungswesen und Städtebau« (»International Federation for Housing and Town Planning«, IFHP).

In dem Maße, wie Deutschland nach dem Ersten Weltkrieg – nicht zuletzt dank des erfolgreich um neues Vertrauen werbenden Reichskanzlers und Außenministers Gustav Stresemann – wieder Aufnahme auch in die internationale Wissenschaftsgemeinschaft fand, wurde Robert Schmidt zu Vorträgen ins Ausland eingeladen. Dort war sein Ruf als weitsichtiger Planer längst etabliert: Im Jahr 1923 nahm Schmidt an der IFHP-Tagung in Göteborg teil. Dort tauchte unter den Kongressthemen erstmals der Begriff »regional planning« auf.[2] Auf der Folgekonferenz, 1924 in Amsterdam, berichtete Schmidt über den Siedlungsverband.[3] Die internationale Beachtung Schmidts zeigte sich abermals im Jahr 1925, als Schmidt auf einem Abschlussfoto des IFHP-Kongresses in Washington in einer Reihe mit dem US-Präsidenten John Calvin Coolidge und dem britischen Städteplaner Ebenezer Howard platziert war. Unter Planern kannte man nach dem Ersten Weltkrieg im Ausland aber auch Fritz Schumacher und den damaligen Kölner Oberbürgermeister Konrad Adenauer.

Als sich im Ruhrgebiet nach 1920 durch das Wirken des von Robert Schmidt geleiteten Siedlungsverbands Ruhrkohlenbezirk eine Steuerung der Stadt- und Regionalentwicklung anbahnte, wurde dies weit über die Region hinaus, in einigen Teilstaaten des Deutschen Reiches, aber auch im Ausland mit großem Interesse verfolgt. Dies ist sicher das Verdienst von Robert Schmidt, der als Verbandsdirektor in der Lage war, die Weiterentwicklung der

Robert Schmidt (4.v.re. in der 1. Reihe, mit hellem Mantel) in München anlässlich der Tagung der Deutschen Akademie für Städtebau und Landesplanung, 21.–22.9.1933 (KVR-Archiv)
Quelle: Andreas Benedikt, 80 Jahre im Dienst des Ruhrgebiets, Klartext Verlag, Essen 2000, S. 51

Industrieregion als Ganzes zu befördern: mit der Sicherung günstiger, sinnvoll entwickelter Verkehrstrassen, dem Erhalt von Grünflächen sowie einer handhabbaren Stadtentwicklung, ohne dabei die individuellen und lokalen Interessen im Revier zu übergehen. Und schließlich war Robert Schmidt als Fachmann in der Lage, auf geschickte Weise seine Vorstellung einer Raumpolitik für das gesamte Industrierevier umzusetzen. Er konnte offensichtlich sowohl die Menschen im Ruhrgebiet von der Richtigkeit seiner Ideen und Konzepte überzeugen, als auch den Großteil der Mitarbeiter im Verband für diese Ziele motivieren.

Anmerkungen

1 Siehe auch den Beitrag von Heinz Wilhelm Hoffacker in diesem Band sowie: Ursula von Petz, Vom Siedlungsverband Ruhrkohlenbezirk zum Kommunalverband Ruhrgebiet – 75 Jahre Landesplanung und Regionalpolitik im Revier. In: Kommunalverband Ruhrgebiet (Hg.), Wege, Spuren, Festschrift zum 75-jährigen Bestehen des Kommunalverbandes Ruhrgebiet, Essen 1995, S. 7–67.

2 Gerd Albers: Zur Entwicklung der Stadtplanung in Europa. Braunschweig 1997, S. 188.

3 Robert Schmidts Referat »Der Siedlungsverband Ruhrkohlenbezirk« wurde vorgetragen auf dem Internationalen Städtebaukongress (Conférence internationale de l'aménagement des villes; Internationaal stedebouwcongres) in Amsterdam 1924; veröffentlicht in: Zentralblatt der Bauverwaltung, Nr. 28 (1924), S. 234–238.

Renate Kastorff-Viehmann
Das Umfeld von Robert Schmidt in Essen – Personen, Initiativen und Projekte

Der folgende Text widmet sich dem Umfeld Robert Schmidts in Essen, wo er ab 1901 arbeitete und bis zu seinem Tod 1934 lebte. Diese Schwerpunktsetzung folgt bewusst der Erfahrung, dass eine Persönlichkeit nicht nur mit ihren Aufgaben wächst, sondern auch mit ihrem Umfeld. Und in der Tat arbeiteten in der sich rasant entwickelnden Industriestadt schon vor 1914 ambitionierte Verwaltungsleute und Ingenieure; zudem konnte man dort einflussreichen Zeitgenossen begegnen, die – wie beispielsweise Robert Schmohl, Kruppscher Baudirektor von 1891 bis Ende 1924, Paul Schultze-Naumburg, der damalige Vorsitzende des Deutschen Bundes Heimatschutz, oder Alfred Hugenberg – dezidierte Vorstellungen von Stadt, Siedlung und Gesellschaft besaßen. Fachlichkeit, Ideen und Projekte waren im Industriegebiet von großer Wichtigkeit, insbesondere wenn es um die (Raum-)Ordnung ging. Zeigte sich doch um 1900, als Robert Schmidt nach Essen kam, das gesamte Revier als städtebaulich und infrastrukturell ungeordnet und als kulturell rückständig. Die Lebenssituation vieler Einwohnerinnen und Einwohner war schauerlich und armselig.[1] Wollte man sich damit nicht abfinden, gab es viel zu überlegen, zu diskutieren und zu tun.

Ungeachtet der komplexen Problemlage war das rheinisch-westfälische Industriegebiet seit den 1890er Jahren bis zum Beginn der Weltwirtschaftskrise (und dann wieder ab 1936) eine Wachstumsregion – selbst in den Jahren nach dem verlorenen Ersten Weltkrieg, als die Rüstungsproduktion eingestellt und die Versorgungslage insgesamt schwierig war und nicht erbrachte Reparationszahlungen des Reiches zur Ruhrbesetzung und zu massiven Streiks in der Bergbau- und Stahlindustrie führten. Die Dynamik muss Mitte der 1920er Jahre, nach dem Ende von Inflation und Ruhrbesetzung, derart greifbar gewesen sein, dass man sich mit Amerika messen wollte und sich führende Industrielle in die Konkurrenz mit den USA wagten. Gleichzeitig wurde der »neue Ruhrmensch« als Avantgarde im Industriegebiet erfunden.[2] Politiker und Wirtschaftsführer aus dem Revier, deren Einfluss und Wirkungsfeld bis nach Berlin reichte, griffen damals in die nationale Politik ein. Insoweit erstaunt es nicht, dass man vor Ort eine Art Elitebewusstsein entwickelte.[3] »Schmidt von Essen«, wie ihn Martin Wagner rückblickend nannte, der 1926 das von Robert Schmidt ausgeschlagene Amt des Stadtbaurats von Berlin angetreten hatte, und der 1952 im Rahmen der Arbeiten an einer Biografie zu Robert Schmidt befragt wurde, um verloren gegangenes Aktenmaterial durch Interviews mit Zeitgenossen zu ersetzen, sah sich als Direktor des Siedlungsverbandes Ruhrkohlenbezirk von der Selbsteinschätzung her sicherlich als Teil dieser neuen Elite. Denn Wagner erinnerte sich sinngemäß an die folgenden Worte von

Schmidt: »In Essen sei er doch Erster unter Gleichen – und dazu noch unter Gleichen von Weltrang«.[4]

Die Oberbürgermeister

Welches waren nun die anderen Personen, die zeitgleich mit Schmidt in Essen tätig waren und als Impulsgeber zur Verfügung standen? Wo ergriffen sie die Initiative? Welches Gesellschafts- bzw. Stadtmodell wurde jeweils favorisiert? Wieweit konnte ein Planer wie Robert Schmidt von den Ideen und der Weltanschauung seiner Zeitgenossen profitieren? Und wie war das mit dem Weltrang? Wird die Stadt Essen erwähnt, denkt man beim Wort Weltrang zuerst an Krupp; ich möchte aber zunächst auf drei prägende Oberbürgermeister eingehen: Erich Zweigert (1849–1906), Hans Luther (1879–1962) und Franz Bracht (1877–1933).

Der ausgebildete Jurist und Verwaltungsfachmann Erich Zweigert amtierte von 1886 bis 1906 in Essen als Oberbürgermeister. Sein Nachruhm reicht nicht über die Stadtgrenzen hinaus, jedoch modernisierte er die Verwaltung und stellte die Weichen, um aus der provinziellen Industriestadt eine »richtige« Großstadt zu machen. Damit zählte er zu jenen (Ober-)Bürgermeistern, die sich um 1900 den neuen Aufgaben hinsichtlich der Ordnung, Ausstattung und Gestaltung einer an Einfluss gewinnenden Stadt stellten, und die sich der wachsenden kulturellen Bedeutung der großen Städte bewusst waren. Zweigert war übrigens auch derjenige Oberbürgermeister, der das Stadterweiterungsamt einrichtete und Robert Schmidt als dessen Leiter nach Essen holte.

Ein Nachfolger von Zweigert war der Verwaltungsjurist Hans Luther, der Deutschen Volkspartei nahe stehend und Oberbürgermeister in Essen von 1918 bis 1924. Luther kam aus Berlin, wo er von 1913 bis 1918 als Geschäftsführer des Preußischen und des Deutschen Städtetags gewirkt hatte. Er galt als begabter Stratege, vertrat eine progressive Bildungspolitik[5] und muss ein grandioser Netzwerker gewesen sein, sowohl was die privaten Kontakte betrifft als auch politisch und kulturell. Seine belastbaren Verbindungen reichten bis nach Amerika bzw. in die USA. Luther, der als einer der »Väter« des Siedlungsverbandes Ruhrkohlenbezirk gilt, initiierte in Essen unter

Die drei Oberbürgermeister, von links: Erich Zweigert, Hans Luther, Franz Bracht Quelle: Stadtbildstelle Essen

anderem die Gründung der Volkshochschule und des Folkwang-Museums-Vereins (um die Sammlung Folkwang nach dem Tod von Karl Ernst Osthaus von Hagen nach Essen zu holen). Zudem baute er ein vertrauensvolles Verhältnis zu Gustav Krupp von Bohlen und Halbach auf und saß ab 1927 im Aufsichtsrat der Fried. Krupp AG. Von Essen aus ging Hans Luther zurück nach Berlin, wo er in wechselnder Funktion als Reichsminister für Ernährung, als Reichskanzler (1925 und 1926), als Reichsfinanzminister und als Reichsbankpräsident (1930 bis 1933) tätig war; von 1933 bis 1937 arbeitete er als Deutscher Botschafter in Washington. Nach dem Zweiten Weltkrieg war Hans Luther Vorsitzender des von den Alliierten eingesetzten Treuhändergremiums der Firma Krupp.

Dritter im Bunde war der Jurist Franz Bracht, Essener Oberbürgermeister von 1924 bis 1932. Bracht stand dem rechten Flügel der Zentrumspartei nahe und verfügte durch seine vorausgegangenen Tätigkeiten im Ministerium für Volkswohlfahrt und als Staatssekretär unter Reichskanzler Wilhelm Marx über gute »Drähte« zu Behörden und Ministerien der Reichsregierung in Berlin. Auch er besaß ein Gespür für die eigenartigen soziokulturellen Verhältnisse im Revier; gemeinsam mit dem Essener Generalmusikdirektor Rudolf Schulze-Dornburg gab er z.B. bei Bert Brecht und Kurt Weil das »Ruhrwerk« in Auftrag (das damals nicht fertig gestellt wurde). Bracht verfügte ebenfalls über gute Kontakte zu Wirtschaftkreisen, die – vermittelt durch seinen Schwager Martin Spann – bis in Kreise des neuen Konservatismus reichten. Im Sommer 1932, nach dem »Preußenschlag«, wurde Franz Bracht kommissarischer Preußischer Ministerpräsident, von Dezember 1932 bis Januar 1933 war er Reichsinnenminister im Kabinett des Reichskanzlers Kurt von Schleicher.

Ernst Zweigert hingegen, der unter anderem versucht hatte jene Ländereien aufzukaufen, auf denen ab 1909 die Siedlung Margarethenhöhe gebaut wurde, um dort einen Stadtwald aufzuforsten, richtete den Blick mehr auf die prekäre Stadtwirklichkeit und die strukturellen Defizite im Revier bzw. in Essen denn auf die nationale Politik. Soweit es das räumliche Gefüge betraf, gewahrte mancher aufmerksame Zeitgenosse um 1900 das ungeschönte Nebeneinander von bäuerlichen Wohn- und Wirtschaftsformen und großer Industrie, von kleinem Fachwerkhaus und massigem Infrastrukturbau, von Wohnquartier und Halde selbst in Sichtentfernung der Altstädte. In den Diskursen der Kulturkritiker und Sozialwissenschaftler über Stadt und Gesellschaft wurde dies mit fragwürdiger gesellschaftlicher (bzw. nationaler) Selbstgewissheit und mit mangelnder Fähigkeit zur »Selbstgestaltung« gleichgesetzt. Das letztere Argument tauchte regelmäßig in Debatten über einen neuen Stil auf, also dort, wo in Kunst und Design Distanz zum Historismus gesucht wurde.[6] Wollte man diesen Mangel nicht hinnehmen, dann waren unter anderem zeitgemäße Konzepte zur Ordnung und Gestaltung der industriellen Kulturlandschaft notwendig. Aufmerksamen Geistern war bewusst, dass man zwar Verkehrsnetze aufbauen und Grünflächen sichern konnte, darüber hinausgehend aber mit herkömmlichen Stadtvorstellungen auf die Raumstruktur im Revier kaum zu reagieren war.

Unter Planern

Robert Schmidt, vom Studium her ein Bauingenieur mit dem Schwerpunkt im »Wasserfach«, war nun gerade nicht als Gestalter ausgebildet worden, sondern trainiert in

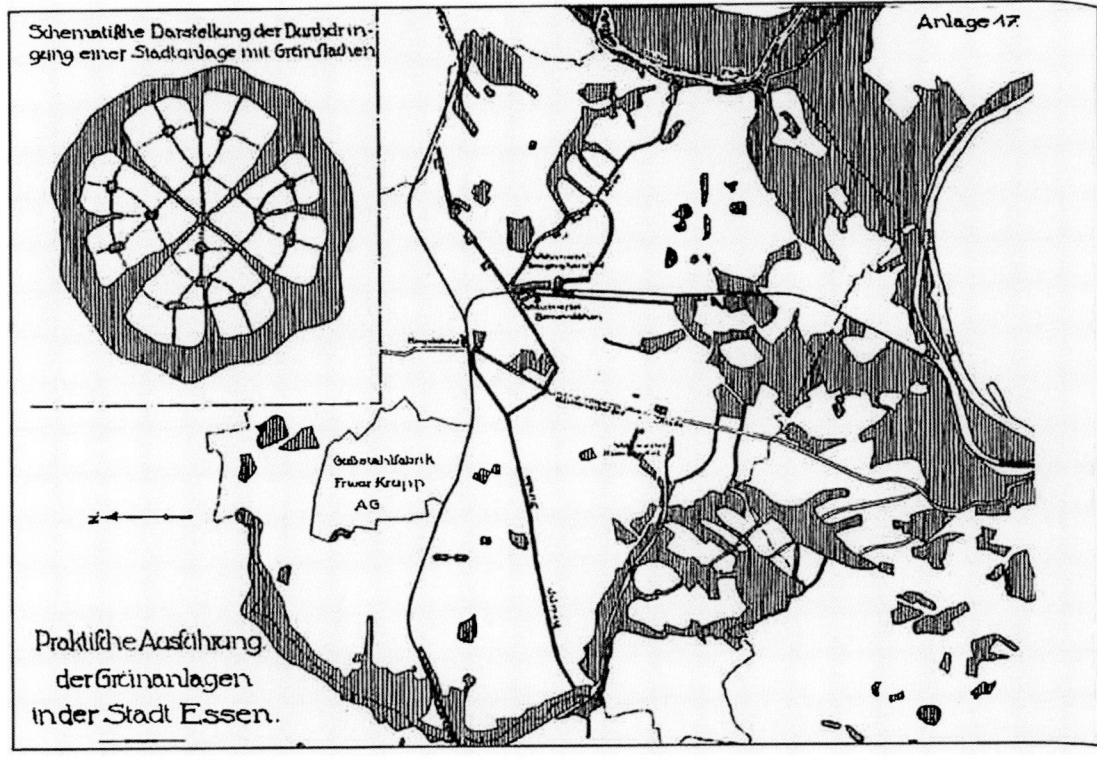

*Praktische Ausführung der Grünanlagen in der Stadt Essen, Planung aus dem Dezernat von Robert Schmidt
Quelle: Lebrecht Migge, Die Gartenkultur des 20. Jahrhunderts, Jena 1913, Anlage 17*

Netzen zu denken. Er registrierte in Essen (stellvertretend für das gesamte Industriegebiet) offensichtlich nicht nur städtebauliche und infrastrukturelle Defizite, sondern auch Strukturen, die weiterzuentwickeln oder miteinander zu verknüpfen waren, darunter reizvolle Landschaftsbereiche und eine dezentrale, mehrpolig aufgebaute Stadt- bzw. Siedlungslandschaft. Schmidt erkannte also die Chancen, die in der eigenartigen Siedlungsstruktur und Flächennutzung im Ruhrgebiet lagen. Darauf aufbauend ließen sich Entwicklungskonzepte formulieren, die den dezentralen Aufbau stützten, die die Siedlungs- und Produktionsbereiche sowohl infrastrukturell vernetzten als auch auf Abstand hielten und schließlich die erhaltenswerten Grünflächen schützten. Als Direktor des Siedlungsverbandes Ruhrkohlenbezirk konnte er entsprechende Programme für das gesamte Revier formulieren. Aber schon 1911 legte er als Dezernent für Stadterweiterung ein Konzept zur »Praktischen Ausführung der Grünanlagen in der Stadt Essen« vor. Planmäßig sollten Bachtäler im Süden und Südwesten des damaligen Stadtgebiets (das noch nicht bis an die Ruhr heran reichte) erhalten und untereinander verbunden bleiben[7] und auf den Kuppen oberhalb dieser Täler gartenstädtische Siedlungen gebaut werden, darunter die Margarethenhöhe, der zweite Bauabschnitt des Kruppschen Altenhofs, die Allbau-Siedlung und die Hirtsiefer-Siedlung.

Der Plan zur »Praktischen Ausführung der Grünanlagen in der Stadt Essen« wurde 1912 von Robert Schmidt in dessen »Denkschrift« und 1913 von Leberecht Migge in »Die Gartenkultur des 20. Jahrhunderts« veröffentlicht – und von Migge als vorbildlich gelobt. Der für Freiflächenplanung zuständige Amtsleiter im Dezernat von Schmidt war damals Otto Linne, der aus Erfurt gekommen war und von 1908 bis 1914 als Gartendirektor in Essen amtierte. Danach wechselte er nach Hamburg, wo er mit Fritz Schumacher zusammenarbeitete. Linne zählte zu jenen progressiven Gartenarchitekten, die offen waren für die Themen Städtebaureform und »grüne Reform« und deren Arbeiten mehrfach in »Die Gartenkunst«, dem Publikationsorgan der Deutschen Gesellschaft für Gartenkunst, publiziert wurden. Dort konnte man anhand der Berichte verfolgen, dass Gartenplaner schon vor 1914 der Blick auf das funktionale Grün in der Stadt richteten, und dass es zeitgemäß war, Stadtwälder aufzuforsten, multifunktionale Volksparks anzulegen und nach amerikanischem Vorbild öffentlich zugängliche Freiflächen zu vernetzen. In Essen wurde ein vergleichbarer Weg gewählt: Man plante noch unter Erich Zweigert einen Stadtwald anzulegen, entwickelte ein Freiflächensystem und verband dabei Aspekte der Siedlungsentwicklung, des Landschaftsschutzes, der Stadthygiene und der Freizeit und Erholung.

Unter Schmidt arbeitete ebenfalls der Stadtplaner Roman Heiligenthal. Dieser war ab 1909 in der Stadtverwaltung in Essen angestellt, zuständig für die Bebauungsplanung.[8] Heiligenthal, später als Fachmann auf dem Gebiet der Regional- bzw. Landesplanung ausgewiesen, warf einen unvoreingenommenen Blick auf die Stadtwirklichkeit in den Industriegebieten. In seiner Veröffentlichung »Städtebaurecht und Städtebau« (1930) definierte er die Industriestadt als Ort der Produktion, des Verkehrs und des Wohnens. *Arbeitsteilung* und *Arbeitsvereinigung* boten seines Erachtens zutreffende Kriterien, um die *Stadtformen unserer Zeit* zu erfassen. Mit großer Wahrscheinlichkeit gehen die beiden konzentrischen Stadtschemata, die in Schmidts »Denkschrift« veröffentlicht wurden, auf Diskussionen zwischen Schmidt und Heiligenthal zurück, wenn sie nicht sogar von Heiligenthal selbst formuliert wurden.

Parks und Grünzüge, die keilförmig vom Zentrum in die umgebende Landschaft führen, sind beide Male tragende Elemente des Konzepts. Und wie denn anders als mit Hilfe von funktionalem und gestaltendem Grün und unter Einbeziehung vorhandener Landschaftsbereiche hätte man eine derart chaotisch aufgebaute Industriestadt wie das rheinisch-westfälische Industriegebiet, das lediglich in den zentralen Bereichen von Duisburg, Essen und Dortmund urbane Züge aufwies, ordnen und verschönern können? Schmidts Option für das Grün war insofern ganz pragmatisch.

Um für die Industriestadt als »grüne Stadt« zu werben (und um ein geruhsames Leben am Stadtrand, in der Gartensiedlung propagieren zu können, das im Gegensatz zur armseligen Realität in den alten Arbeiterkolonien und den dicht bebauten, proletarischen Wohnquartieren mit fraglos unberechenbaren politischen Potenzialen stand), waren zusätzlich zum städtebaulichen Plan überzeugende Bilder und erlebbare Stadträume vonnöten. Und tatsächlich wurden in Essen solche »Bilder« in den genannten Siedlungen erzeugt, vor allem in den Krupp-Siedlungen und in den umgebenden Tälern. *»Mit jedem Schritt zaubert sich ein neues, intim malerisches Bild vor unser Auge«*, meinte der Kunsthistoriker Richard Klapheck, der über das »Siedlungswerk Krupp« (1931) schrieb. Auf solchen Bildern bzw. in diesen Gebieten begegnen wir noch heute einer Vision der konservativen Wohnungs- und Städtebaureform, vielleicht sogar Elementen einer machbaren, konservativ ausgerichteten Utopie für das Revier: nämlich der befriedeten, in den Vororten und Siedlungen der »kleinen Leute« fast dörflich, allenfalls kleinstädtisch wirkenden Industriestadt, die Heimat ist, die Raum gibt für Familiarität und für ein Dasein nahe der Natur, und in der sich Alltag und Leben fernab von Politik und Aufruhr abspielen. Diese Art der Stadtentwicklung erscheint wie ein Versprechen in der sozial und politisch unruhigen Region – und schien in der »grünen Stadt« Wirklichkeit werden zu können.

Die unter Schmidts Regie geschützten Täler und die in Verbindung damit geplanten Siedlungen auf benachbarten Anhöhen lassen sich noch heute durchwandern; die Grünanlagen beim Altenhof II waren vom Kruppschen Baubureau unter Robert Schmohl angelegt worden, ebenfalls die bewaldeten Täler, die die Margarethenhöhe umschließen. Robert Schmidt war als zuständiger Dezernent vonseiten der Stadt Essen beide Male an den Vorhaben beteiligt – und konnte dabei Anregungen von Schmohl übernehmen. Denn Robert Schmohl war nicht nur der Leiter des äußerst professionell arbeitenden Kruppschen Baubureaus, sondern auch eine Art »Türöffner« in Fragen der konservativ ausgerichteten Wohnungsreform. Er verfügte über gute Kontakte zu universitären Instituten, zu renommierten Städtebauern wie Karl Henrici, Josef Stübben oder Friedrich Pützer, ebenso zu Vereinen und Verbänden, die sich dem Arbeiterwohnungsbau bzw. Kleinwohnungsbau und dem Heimatschutz widmeten.

Robert Schmohl wiederum konnte sich innerhalb des Krupp-Konzerns und vermittelt über Ernst Haux,[9] Mitglied des Direktoriums und Vertrauter von Margarethe Krupp, wiederum auf diese stützen. Margarethe Krupp besaß zwar keinen fachlichen Zugang zu Städtebau und Siedlungswesen, ließ sich aber in Gestaltungsdingen gerne beraten und fand in Schmohl einen kongenialen Gesprächspartner, wenn es um Siedlungsfragen ging. Auch wenn das Kruppsche Kleinwohnungswesen schon seit dem 19. Jahrhundert im Revier eine Art Vorreiterrolle einnahm, sollte man ihr Engagement und ihr Interesse nicht unterschätzen, denn Margarethe Krupp war nicht nur Namenspatronin von zwei exemplarischen Krupp-Siedlungen (dem ab 1904 gebauten, dörflich und kleinstädtisch wirkenden Margarethenhof in Rheinhausen und der ab 1909 realisierten Margarethenhöhe in Essen) und stiftete nicht nur große Summen zur Förderung des Wohnungsbaus, sondern sie hatte als junge Frau mit wachem Verstand um 1876/1877 fast zwei Jahre lang als Gouvernante in Holyhead, einer Hafenstadt rund 100 km westlich von Liverpool, gearbeitet.[10] Und in Liverpool und Umgebung konnte man

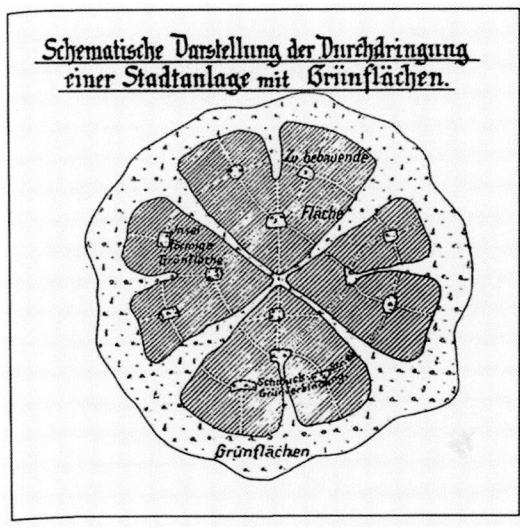

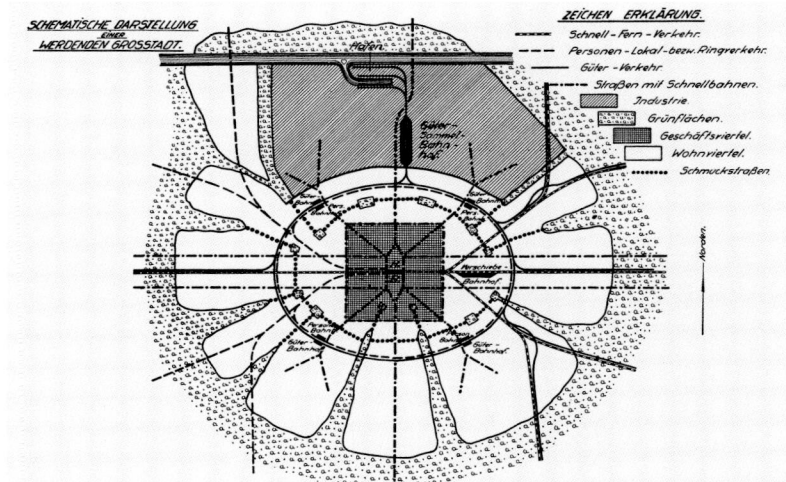

Die beiden Stadtschemata aus der »Denkschrift«
Quelle: Robert Schmidt, Denkschrift 1912, Blatt 19 und Blatt 25; das obere Schema begleitete den Plan zur Ausführung der Grünanlagen in Essen, zum unteren gibt es eine ähnliche Fassung in: Roman Heiligenthal, Deutscher Städtebau, Ein Handbuch für Architekten/Ingenieure/Verwaltungsbeamte und Volkswirte (1921)

damals sowohl mit der katastrophalen Lage der arbeitenden Klassen in England konfrontiert werden als auch mit frühen Reformprojekten wie dem Birkenhead Park und der großen Eisenbahner-Siedlung in Crewe. Beide Projekte datieren aus den 1840er Jahren.

Konservative und fortschrittliche Reformer

Nachweislich hatte Paul Schultze-Naumburg, damals Vorsitzender des Deutschen Bundes Heimatschutz, Kontakte zu Margarethe Krupp und zu Tilo von Wilmowski, einem ihrer Schwiegersöhne, aufgebaut. Schultze-Naumburg, ein Mitbegründer des Deutschen Werkbundes (aber auch frühes Mitglied der NSDAP) hatte 1909 eine Niederlassung seiner Saalecker Werkstätten in Essen eröffnet; er suchte im Industriegebiet ein weiteres Wirkungsfeld. Auch der »Kleinhausbauer« Heinrich Tessenow richtete damals seinen Blick auf Aufgaben im Umfeld des Industriegebiets; als Architekt und Architekturlehrer propagierte er das Kleinstädtische und entwarf entsprechende Haustypen – unter anderem für ländliche Anlagen und Gebäude im Ruhrtal.[11]

Seine Vorstellungen von der »richtigen« Entwicklung von Stadt, Vorstadt und Land tat Paul Schultze-Naumburg vielfach in Wort und Bild kund; in seiner mehrbändigen Veröffentlichung zu »Kulturarbeiten« gab er anhand von Positiv-Negativ-Beispielen Hinweise zu der in seinen Augen angemessenen Gestaltung von Bauten, Stadträumen, Ortsrändern, Gärten und sogar Lauben. Für die Großstadt und für den Massenwohnungsbau hatte er nicht viel übrig. Stattdessen formulierte er anschaulich und ganz im Sinne von Heimatschutz und Bildungstradition ein konservatives Urbanisierungskonzept für die schnell wachsende Industriegesellschaft. Denn die Abbildungen in seinen Büchern warben für traditionelle Haus- und Siedlungstypen in kleinen Gemeinden, für Regionalismen, für das Glück in der Heimat. Im Ergebnis wurde darüber der Mythos von »Land und Leuten« mit Fotos von kleinen Häusern in großen Gärten bebildert – ganz nach dem Reformverständnis einer konservativen Großstadtkritik.

Paul Schultze-Naumburg muss damals verbindlich und werbend aufgetreten sein. Ein Hardliner war hingegen Alfred Hugenberg, von 1909 bis Ende 1918 in Essen Vorsitzender des Direktoriums der Firma Krupp. Mit dem Namen Hugenberg, einem Wegbereiter Hitlers, verbindet man vor allem den Rechtskonservatismus zur Zeit der Weimarer Republik und den von ihm aufgebauten, mit Geldern aus dem rheinisch-westfälischen Industriegebiet finanzierten Medienkonzern in Berlin.[12] Dass der im bürgerlichen Milieu leitender Gemeindebeamter aufgewachsene Hugenberg, Schwiegersohn des vormaligen Frankfurter Oberbürgermeisters Franz Adickes, ein ideologisch geleitetes Interesse an Siedlungsmodellen bzw. Ansiedlungsfragen besaß, ist weniger bekannt. Denn angesichts seines fatalen politischen Wirkungsfeldes im Vorfeld der Regierungsübernahme durch die NSDAP im Jahr 1933 erscheint es als zweitrangig, dass Hugenberg, der im Umkreis des Vereins für Socialpolitik über Innere Kolonisation promoviert hatte, für das Genossenschaftswesen eintrat. Er sah darin die seines Erachtens den Deutschen gemäße Form des ökonomischen Zusammenschlusses; zudem wollte er Industrie und Landwirtschaft miteinander versöhnen und die *»körperliche und seelische Gesunderhaltung des Gesamtvolkes und seiner Arbeitskraft«*[13] gestärkt wissen. Erste berufliche Meriten hatte er ab 1894 bei der Ansiedlungskommission der preußischen Provinz Posen sammeln können. Dort wurden deutsche Bauern auf dem Land ehemaliger polnischer Gutsbezirke sesshaft gemacht um »*deutsches Volkstum*« im deutsch-polnischen Nationalitätenkampf in der mehrheitlich polnisch besiedelten Provinz Posen zu stützen – mit dem konkreten Ziel, die Geburtenrate der deutschen Bevölkerungsteile zu erhöhen.

Hugenberg wollte Ordnung schaffen, »*deutsches Volkstum*« erhalten und die staatliche Autorität stärken, und darüber Nation, Stadt und Gesellschaft in die Moderne führen. Chaotische Siedlungsstrukturen, proletarische Viertel und Enklaven mit polnisch-stämmiger Bevölkerung (wie man sie im Ruhrgebiet damals vielerorts antraf) waren für ihn nicht hinnehmbar. Die planmäßige Besiedlung von Landgebieten mit völkisch motivierten Hintergedanken konnte in seinen Augen deshalb ein Mittel sein, um *deutsches Volkstum* auch in einer weiträumigen westdeutschen Industrieregion zu stabilisieren. Für die Stadt- und Regionalplanung hieß dies, die planmäßige Dezentralisation zu forcieren.

Einen Verbündeten (und spätestens seit der Gründung des Alldeutschen Verbandes 1891 ihm auch persönlich bekannten Zeitgenossen) konnte Alfred Hugenberg in Essen in Theodor Reismann-Grone finden, einem Journalisten, der zunächst in der Öffentlichkeitsarbeit des Bergbauverbandes gearbeitet hatte und dann Verleger der Rheinisch-Westfälischen Zeitung wurde. In dieser Zeitung wurde am 26. Juni 1907 zum ersten Mal ein »Generalbau- und Wegeplan für das Industriegebiet« veröffentlicht, also eine Art Regionalplan für das gesamte Revier, und die weitere Bearbeitung gefordert. Es scheint möglich, dass der oben schon genannte Hagener Mäzen und Kunstsammler Karl Ernst Osthaus im Hintergrund mitgewirkt hatte.[14] Mit Reismann-Grone, der wie Hugenberg der problematischen Realität der Industriegesellschaft mit konservativen Gesellschaftsvorstellungen begegnen wollte, war Osthaus auf jeden Fall seit der gemeinsamen Arbeit in einem »Niederdeutschen Ausschuss« bekannt.[15]

Ob und wieweit Alfred Hugenberg, der vor seiner Zeit bei Krupp im Preußischen Staatsdienst für das Genossenschaftswesen und für Ansiedlungsfragen zuständig gewesen war, und der sich in dieser Funktion auch mit dem amerikanischen Städtewesen auseinandergesetzt hatte, während seiner Jahre in Essen für das von ihm favorisierte Ansiedlungsmodell geworben oder sogar mit Schmidt darüber gesprochen haben könnte, ist nicht bekannt – und eher unwahrscheinlich. Ebenso ist nicht mehr zu klären, ob und wieweit Robert Schmidt damals persönliche Kontakte zu Theodor Reismann-Grone (der vom Grundsatz her noch in den 1920er Jahren die Planungskonzepte von Schmidt bzw. des Siedlungsverbandes in seinen Zeitungen guthieß) aufgebaut hatte; allerdings war es in Essen fast unmöglich, Reismann-Grone zu überhören. Jedoch ist in diesem Zusammenhang interessant zu wissen, dass Robert Schmidt vor 1914 – also während Hugenberg für Krupp tätig war und Reismann-Grone über seine Printmedien Einfluss ausübte – nachweislich zweimal mit dem renommierten, politisch links orientierten Wohnungsreformer Rudolf Eberstadt zusammenarbeitete,[16] der schon 1903 über »Rheinische Wohnverhältnisse« veröffentlicht hatte und der ebenfalls für die Städtebau- und Bodenreform eintrat, ansonsten aber von gänzlich anderen sozialpolitischen Beweggründen als Hugenberg oder Reismann-Grone geleitet wurde.

Das Umfeld von
Robert Schmidt
in Essen

Impression aus der Krupp-Siedlung Altenhof 2, 1907 bis 1914 vom Krupp'schen Baubureau unter Robert Schmohl geplant und gebaut; die Anlagen im Umkreis des Altenhofs gehören zu den vernetzten Grünflächen, die die »Praktische Ausführung der Grünanlagen in der Stadt Essen« darstellt.
Quelle: Richard Klapheck, Neue Baukunst in den Rheinlanden (1928), S. 59

Der Nationalökonom Eberstadt war unter anderem am 1907 gegründeten Seminar für Städtebau (später ergänzt um die Arbeitsfelder Siedlungsbau und Wohnungswesen) der Technischen Hochschule zu Berlin aktiv, wie übrigens auch Philipp August Rappaport, der 1920 mit Schmidt um das Amt des Direktors des Siedlungsverbandes Ruhrkohlenbezirk konkurriert hatte und schließlich zum Ersten Beigeordneten des Verbandes gewählt wurde. In diesem Seminar, das unter der Leitung von Josef Brix und Felix Genzmer stand, leistete man wichtige Grundlagenarbeit für den modernen Städtebau. So wurden in der Reihe »Städtebauliche Vorträge aus dem Seminar für Städtebau an der Königlichen Technischen

Hochschule zu Berlin« nicht nur Fragen der Stadtbaukunst abgehandelt, sondern auch Großstadtprobleme thematisiert. Aber auch konservative Reformer, beispielsweise der Potsdamer Gartenarchitekt Willy Lange, fanden dort ein Forum.

Im Rückblick scheint es erstaunlich, wie viele bedeutende und einflussreiche Persönlichkeiten in Essen bzw. im beruflichen Kontext Robert Schmidts tätig waren, fachlich hinzugezogen wurden oder Stellung bezogen. Angesichts der Entwicklungsdynamik der Industriegesellschaft in der Zeit vor 1914 und wieder in den 1920er Jahren war die theoretische wie praktische Auseinandersetzung mit der Realität in den Industrieregionen jedoch unausweichlich. Robert Schmidt war insofern kein »Einzelkämpfer«; mochten die Personen in seinem Umfeld auch unterschiedliche Gesellschaftskonzepte und Entwicklungsprogramme vertreten, so besaßen sie doch prägnante Stadtvorstellungen, verfolgten spezifische Konzepte von der Organisation und der Gestaltung des Raumes bzw. der industriellen Kulturlandschaft und/oder trugen wesentlich zur wissenschaftlichen Fundierung des Städtebaus bei. Verbindend über die weltanschaulichen Lager hinweg wirkten das Interesse an Wohnungsreform, an Grün und Freiraum, sowie die Erkenntnis, dass der Raum im Industrierevier unter Beachtung seiner dezentralen Struktur geordnet und gestaltet werden musste. Zudem sollten die unerlässlichen Modernisierungen praktisch und schnell angegangen werden, wobei die einzuschlagende Richtung (egal zu welchem ideologischen Lager man gehörte) in etwa gleich war; weltanschauliche Differenzen traten weit mehr in der Politik als im Städtebau zutage.

Ob es persönliche Kontakte gab und wie eng diese jeweils waren, ist nachträglich nicht in jedem Fall eindeutig festzustellen. Robert Schmidt kannte sicherlich die Oberbürgermeister der Stadt Essen und die Fachleute in seinem Dezernat, ihrerseits ebenfalls engagierte Ingenieure und Architekten im damaligen Essen. Zu ihnen gehörte Josef Rings, ein pragmatischer Visionär und bekennender Siedlungsreformer, der von 1912 bis 1919 im Kruppschen Baubureau für das Kleinwohnungswesen zuständig gewesen war und danach freiberuflich als Architekt in Essen vor allem für Baugenossenschaften und gemeinnützige Bauträger arbeitete.[17] Wie Georg Metzendorf, der 1908 zum Architekten der Margarethenhöhe berufen wurde, hatte Rings im Rahmen der Hessischen Landesausstellung im Jahr 1908 auf der Mathildenhöhe in Darmstadt ein preisgekröntes Arbeiterwohnhaus für den Hessischen Zentralverein zur Förderung des Kleinwohnungswesens errichtet.

Schmidt und Rings müssen sich gut gekannt haben, bearbeiteten sie doch gemeinsam die Programm-Schrift »Wollen und Können« des Allbaus, des 1919 gegründeten Allgemeinen Bauvereins Essen.[18] Schmidt zählte zu den Gründern und formulierte die Leitgedanken – wahrscheinlich nach Diskussionen mit Josef Rings. Und Rings war Architekt der ersten Stunde des Allbaus, plante die frühen Allbau-Siedlungen (Feldhaushof und Heimatdank) und entwarf sparsame Haustypen, die in Grundriss und Ansicht in »Wollen und Können« abgedruckt wurden. Schmidts Leitgedanken in »Wollen und Können« beweisen, dass er frei von jeglicher ideologischer Positionierung mit Fragen der Gründung und Tätigkeit einer städtischen Siedlungsgesellschaft umging, ähnlich pragmatisch wie er wenige Jahre später die Regionalplanung im Revier handhabte.

Letzter im Bunde der möglichen Ideengeber vor Ort war Heinrich Hirtsiefer, ein Zentrumspolitiker, der als Schlosser in der Firma Krupp ausgebildet worden war und der seine politische Basis im Christlich-Sozialen Metallarbeiterverband fand. Hirtsiefer, ein profilierter Sozialpolitiker der Weimarer Republik, ab 1933 von den Nationalsozialisten gedemütigt, gequält und inhaftiert, war von 1921 bis 1933 Staatsminister und Preußischer Minister für Volkswohlfahrt und in dieser Funktion zuständig sowohl für die Ausgestaltung der Erlasse zum gemeinnützigen Wohnungsbau im Deutschen Reich als auch für die Förderung exemplarischer Großsiedlungen, darunter die des Neuen Bauens. In Essen war er 1914 an der Gründung der »Kleinhaussiedlung Essen«[19] beteiligt, einer Wohnungsbau-Genossenschaft Kruppscher Beschäftigter, die ab 1919 die später so bezeichnete »Ministersiedlung« baute (Architekt Theodor Suhnel). Auch diese Siedlung ist in das Essener Grünflächensystem eingebunden und verfügt über eine »grüne Achse« bzw. einen »Innenpark«, über den die Bewohner der benachbarten Arbeiterquartiere im Schatten der Kruppschen Fabrik in die umliegenden Bachtäler gelangen konnten.

Nimmt man Heinrich Hirtsiefer als elften oder zwölften ideellen oder realen Gesprächspartner von Robert Schmidt in Essen, dann war Letzterer nicht nur mit pragmatischen Konzepten zu Städtebau, Stadtentwicklung und Siedlungsplanung konfrontiert, die in Essen zu seiner Zeit zirkulierten, sondern er konnte somit auch einflussreichen Zeitgenossen begegnen, die dezidierte weltanschauliche bzw. politische Richtungen vertraten: Diese reichten von den Konservativen (von der bürgerlichen bis zur völkischen Fraktion) über die Christlich-Sozialen bis hin zu den visionären Linken. Entsprechende Vorstellungen von Stadt und Gesellschaft geisterten durch den Raum. Robert Schmidt verstand es schon während seiner Dienstjahre in der Verwaltung der Stadt Essen, Planungsprogramme zu entwickeln, die von Vertretern all dieser Fraktionen bejaht werden konnten. Seine praktischen, auf Machbarkeit ausgerichteten Konzepte und Planungen müssen ihn als Person recht unabhängig von den politischen Lagern gemacht haben – gute Voraussetzungen, um als Regional- und Landesplaner erfolgreich arbeiten zu können und Renommee zu gewinnen.

Anmerkungen und Literatur

1 Die erste Soziographie über Menschen im Industriegebiet schrieb Li Fischer-Eckert: Die wirtschaftliche und soziale Lage der Frauen im modernen Industrieort Hamborn im Rheinland, Dissertation Tübingen und Hagen 1913; darin wird die armselige Situation der Arbeiterfamilien, insbesondere der Frauen und Kinder, in einer schwerindustriell geprägten Gemeinde deutlich.
2 Der »neue Ruhrmensch« als Avantgarde im Industriegebiet wurde von Idealisten und Neuromantikern erfunden, die der Heimatschutzbewegung und der völkischen Ideologie nahestanden. Ein prominenter Vertreter dieser Richtung war Wilhelm Brepohl, der in den 1920er Jahren als Redakteur in Gelsenkirchen arbeitete und sich nach 1945 als Sozialforscher profilierte. Sein bekanntestes Buch, »Der Aufbau des Ruhrvolkes im Zuge der Ost-West-Wanderung«, erschien schon 1948 in Recklinghausen.
3 Die »neuen Herren« von der »*Art der Männer, die Kohle, Eisen und Kali, Chemie und Elektrotechnik kontrollierten*«, beanspruchten nicht nur auf wirtschaftlichem Gebiet die Führung; vgl. Wolfgang Zapf: Wandlungen der deutschen Elite. Ein Zirkulationsmodell deutscher Führungsgruppen 1919–1961, München 1965, S. 22–24, 48 f.
4 Vgl. Materialien zur Biographie von Robert Schmidt, ehemals im Archiv des Regionalverbandes Ruhr Nr. 146–151; die Ordner befinden sich derzeit in der Bibliothek des Ruhrgebiets, Bochum.
5 Vgl. Lothar Weiss: Hans Luther (1879–1962), Reichskanzler [http://www.rheinische-geschichte.lvr.de; Zugriff am 14.12.2012].

6 Mit der Romantik, später verstärkt durch die Lebensphilosophie, entstand das Bedürfnis, Formen (in der Kunst, in der Sprache, im Alltag) als Ausdruck bzw. als Abdruck des Lebens zu sehen und zu erklären. Wandlungen in der Lebensform hätten konsequenterweise auch Wandlungen in der Formenwelt zur Folge. Geliehenen Formen (darunter solche, die historische Epochen repräsentierten) konnte somit kein Wahrheitsgehalt zuerkannt werden. Die Suche nach der jeweils authentischen Form bewegte um bzw. ab 1900 Ethnologen wie Heimatschützer und inspirierte junge Künstler und Künstlerinnen. Karl Scheffler, ein den Reformbewegungen verbundener Architekturkritiker – und hier exemplarisch zitiert –, schrieb 1919, es sei unmöglich, das »Wesen der Kunst von der Schönheit aus zu bestimmen«, stattdessen sei ein Inneres (Andere sprachen vom »Wesen«) derart auszudrücken, dass es zum Äußeren werde (vgl. Karl Scheffler: Der Geist der Gotik, Leipzig 1919/1921, S. 13).

7 Der Kölner Stadtplaner Josef Stübben (der wie Schmidt aus dem »Wasserfach« kam) bearbeitete zur selben Zeit für die Stadt Bochum ein Planwerk, das unter anderem die Vernetzung von Grünflächen, vornehmlich von Bachtälern, vorsah (Stadtarchiv Bochum, Plan der Stadt Bochum, Plan in 23 Blättern, bearbeitet von 1909 bis 1914).

8 1914 bewarb sich Heiligenthal ohne Erfolg um die Stelle des Stadtbaurats von Buer. Nach dem Krieg bzw. zu Beginn der 1920er Jahre arbeitete er im Verband Groß-Berlin, danach als Professor für Städtebau an der TH Karlsruhe.

9 Der Rechts- und Staatswissenschaftler Ernst Haux war von 1896 bis 1921 als Kruppscher Direktor für das Rechnungswesen (und das hier zugeordnete Baubureau) zuständig, zudem war er Testamentsvollstrecker von Friedrich Alfred Krupp.

10 Diana Maria Friz: Margarethe Krupp. Das Leben meiner Großmutter, München 2008, S. 81 ff.

11 Möglicherweise fand bzw. suchte auch Tessenow Auftraggeber aus dem Kreis der Familie Krupp. Die Vermutung wird dadurch genährt, dass Heinrich Tessenow in »Der Wohnhausbau« (1909) Entwürfe zu Gebäuden und Anlagen im Ruhrtal publizierte, wo Mitglieder der Familie Krupp umfänglichen Grundbesitz besaßen.

12 Zur Person und zum Wirkungsradius von Alfred Hugenberg vgl. Heidrun Holzbach: Das »System Hugenberg«. Die Organisation bürgerlicher Sammlungspolitik vor dem Aufstieg der NSDAP, Stuttgart 1981.

13 Zitiert nach: Leitsätze über den Schutz und die Pflege der deutschen Arbeit (1930); in: Alfred Hugenberg, Die soziale Frage, Berlin 1932, S. 23 f.

14 Zur Veröffentlichung eines ersten Entwurfs zu einem »Generalbau- und Wegeplan für das Industriegebiet« in der Rheinisch-Westfälischen Zeitung am 26. Juni 1907 und dem am 18. August 1907 folgenden Artikel vgl. Ursula von Petz: Vom Siedlungsverband Ruhrkohlenbezirk zum Kommunalverband Ruhrgebiet – 75 Jahre Landesplanung und Regionalpolitik im Revier; in: Kommunalverband Ruhrgebiet (Hg.), Wege, Spuren, Essen 1995, S. 10 f., sowie Anm. 7 und 8; dort auch ein Hinweis auf die mögliche Beteiligung von Karl Ernst Osthaus an der Formulierung des Plans (mit Bezug auf einen Aufsatz von Peter Stressing und Justus Buekschmidt über »Karl Ernst Osthaus – der Planer und Bauherr«).

15 Hinweis in: Stefan Frech, Wegbereiter Hitlers? Theodor Reismann-Grone. Ein völkischer Nationalist (1863–1949), Paderborn 2009, S. 154.

16 Robert Schmidt und Rudolf Eberstadt traten 1912 als Korreferenten beim Christlich-Sozialen Kongress in Essen auf und saßen beide im selben Jahr im Preisgericht zu einem Bebauungsplan für Gladbeck.

17 Josef Rings veröffentlichte gemeinsam mit dem Wohnungsreformer Gustav Gretzschel 1912 »Die Praxis der Wohnungsreform« und 1922/23 »Siedlungsreform, Gesetze, Baugedanken, Ziele«; er war mit seinen Entwürfen für Gebäude und Siedlungen mehrfach in Fachzeitschriften präsent.

18 Zur Gründung und Geschichte des Allbaus vgl. Jürgen Reulecke, Heinz-Wilhelm Hoffacker, Renate Kastorff-Viehmann, Klaus Selle und Dietrich Goldmann: Wohnen und Markt, Gemeinnützigkeit wieder modern, Essen 1994.

19 Zur Entstehung der Genossenschaft, zur Planung der Siedlung und zur Person von Heinrich Hirtsiefer vgl. Wohnungsgenossenschaft Essen-Nord eG (Hg.): Die Hirtsiefer-Siedlung, Essen 1995; mit Beiträgen von Erich Immesberger, Karl Rohe, Michale Giesener, Renate Kastorff-Viehmann und Günter Samsel.

Heinz Wilhelm Hoffacker

Robert Schmidts Denkschrift im kritischen Rückblick
Zur Entstehung der Abhandlung und zu deren Wirkung auf nachfolgende Entwicklungen im Gebiet des Siedlungsverbands Ruhrkohlenbezirk

Im Folgenden wird über einen Text berichtet, der nach allgemeiner Einschätzung einen wichtigen Beitrag geleistet hat, um den Blick des Planers über die Stadt im engsten Sinne hinaus auf das Umland zu lenken. Da der Verfasser dieses Textes, Robert Schmidt, Technischer Beigeordneter der Stadt Essen von 1901 bis 1920 und dann der erste Direktor des Siedlungsverbands Ruhrkohlenbezirk (SVR) war, wird dieser Text in der Regel auch als eines der ersten Zeugnisse systematischen Nachdenkens über Fragen der Landesplanung überhaupt gewertet (Umlauf 1958, 30 ff.; Pfannschmidt 1970; Leendertz 2008, 28 f.). Der vollständige Titel dieses Textes lautet: »Denkschrift betreffend Grundsätze zur Aufstellung eines General-Siedelungsplanes für den Regierungsbezirk Düsseldorf (rechtsrheinisch)«. Er ist also etwas umständlich, und man kann dies durchaus als Beleg nehmen für die Komplexität der zeitgenössischen Problemstellungen. Der Hintergrund dieser Probleme ist das Ruhrgebiet in der Hochindustrialisierungsperiode (1890–1914), das hier mit wenigen Zahlen beschrieben sein soll. In nur 20 Jahren stieg die Bevölkerung von 1,3 auf 3,1 Millionen Menschen, die Zechenbelegschaften nahmen von 127.000 auf 411.000 Beschäftigte zu und allgemein herrschte eine kaum noch vorstellbare räumliche Mobilität. Bergbaubetriebe, die eine jährliche Belegschaftsfluktuation von weit mehr als 100 Prozent aufwiesen, blieben damit durchaus im Rahmen; und dass Städte, wie z.B. Bochum, in einem Jahr etwa ein Viertel ihrer Bewohner vollständig austauschten, war ebenfalls kein Sonderfall (Crew 1980, 69 ff.; Horst 1937, 45 ff., 50 ff., 67; Langewiesche 1977; Tampke 1975, 34 ff.).

Ein Nationalpark als Instrument der Erhaltung von Grünflächen

Inmitten dieses beständigen Neuaufbruchs bemühte sich das Regierungspräsidium in Düsseldorf seit der Jahrhundertwende in zunehmendem Maße darum, das Wachstum der Städte und Landgemeinden in geordnete Bahnen zu lenken. Die Internationale Städtebauausstellung in Düsseldorf im Jahre 1910, zeitgleich durchgeführt mit der in Berlin (Hegemann 1911/1913), gab dem damaligen Regierungspräsidenten Kruse den Anstoß, über die bisherigen Anstrengungen hinaus nun auch die Frage der Grünflächenerhaltung anzugehen. Die negativen Entwicklungen anderer industrieller Ballungszentren in Europa hatten ihn beunruhigt. Zunächst berieten Oberbürgermeister und Landräte diese Frage, gaben aber die Aufgabe, nachdem sie das allgemeine Ziel und die Planungsaufgabe festgelegt hatten, an einen Arbeitsausschuss aus Fachleuten weiter: an die »Grünflächenkommission«, in der vorwiegend die Technischen Beigeordneten aus dem Regierungsbezirk Düsseldorf vertreten waren. Vorsitzender der Kommission, das ist für die spätere Entwicklung nicht unwichtig, war der Regierungs- und Baurat Fritz Wever, Dezernent für Wohnungsangelegenheiten beim Regierungspräsidium. Als Aufgabe war gestellt worden, einen Weg zu finden für die Umsetzung der Idee eines »Nationalparks«, womit ein das ganze Gebiet zusammenhängend durchziehendes Grünflächensystem gemeint war. Planungsgebiet war nur der rechtsrheinische Teil des Regierungsbezirks Düsseldorf, also die Städte Duisburg, Oberhausen, Mülheim, Elberfeld, Barmen, die Städte und Landkreise Düsseldorf und Essen sowie die Landkreise Dinslaken und Mettmann. Insgesamt tagte die Grünflächenkommission in den Jahren 1911/12 vierzehn Mal und unternahm zwei Bereisungen, doch am Schluss der Beratungen stand kein von allen Beteiligten gebilligtes Ergebnis. So einigte man sich darauf, zunächst eine Denkschrift zu erarbeiten, die das zusammengetragene Material einem größeren Kreis zur weiteren Diskussion zugänglich machen sollte. Mit der Abfassung dieser Denkschrift beauftragte man Robert Schmidt. Der Text erschien 1912 in gedruckter Form.

Zu Beginn der Denkschrift begründete Schmidt zunächst einmal, warum sich das Anliegen der Grünflächenplanung als Einzelaufgabe nicht lösen ließ. Von Anfang an konfrontierte er also die Kommission mit Konsequenzen, die über die eigentliche Aufgabenstellung hinausgingen. Für Schmidt ließ sich ein zusammenhängendes Grünsystem nur planen, wenn eine abgestimmte Verkehrsplanung für den ganzen Bezirk existierte. Die Verkehrsplanung ihrerseits setzte – nicht zuletzt wegen des engen Zusammenhanges zwischen Straßenart bzw. -größe und den rentierlichen Formen der Wohnbebauung – eine Übereinkunft über die Formen des Wohnungsbaus voraus. Diese Aufgaben konnte nur ein Generalbebauungsplan für das ganze rechtsrheinische Gebiet des Regierungsbezirks Düsseldorf erfüllen. In letzter Konsequenz ging Schmidt noch den entscheidenden Schritt weiter und wies auf die in seinen Augen unabweisbare Notwendigkeit hin, auch den westfälischen Teil des Ruhrgebietes in diese Gesamtplanung mit einzubeziehen, was er auch in der Folgezeit weiter propagierte (Schmidt 1913).

Wesentliche Anforderungen, die der Bebauungsplan einer solchen »Großsiedlung« im »Zeitalter der Maschinenzivilisation« erfüllen musste, waren:
– Aufteilung der Gemeindeflächen nach zugeordneten Nutzungsarten, vor allem nach Wohn- und Arbeitsstätten;
– Festschreibung von Verkehrsbändern (Straße, Schiene, Wasser), insbesondere als zu sichernde Lebensadern zur Versorgung von Gebieten, die der Großindustrie zugewiesen waren;
– Anlage der Wohnviertel in den Arealen zwischen breiten Verkehrsstraßen oder Bahnlinien.

Die Wohnviertel selbst waren unter dem Aspekt des »Kampfes« gegen das Massenmietshaus zu gestalten, und hier war das entscheidende Instrument die schmale, verkehrsarme Straße, an der eine Hausform realisierbar blieb, »die als Gegensatz zur ›Mietskaserne‹ das Ideal im Kleinhaustyp als Eigenhaus sieht«. Wie sich hier zeigt, dachte Schmidt in den Kategorien der Wohnungsreformer. Alle Erfolge bei der Aufteilung des Stadtgebietes nach Nutzungsarten, bei der Durchsetzung funktionaler Verkehrsbänder und bei der Sicherung von Grün- und Freiflächen innerhalb und außerhalb der bebauten Bereiche waren vergebens, setzte sich das Massenmietshaus mit seinen in vielfältiger Richtung negativen Konsequenzen durch (Robert Schmidt: »Unsere Reichshauptstadt bildet hierfür ein warnendes Beispiel.«). Von daher geht der Generalsiedlungsplan über die Eigenschaften eines Bebauungsplanes hinaus, er soll ebenfalls »Vorschriften auf dem Gebiete der Bau- und Wohnungspolizei« enthalten. »Seine Planung und Durchführung muß außerdem auch noch unter Berücksichtigung wirtschaftlicher, nationalökonomischer und sozialpolitischer Gesichtspunkte erfolgen«, so Schmidt wörtlich, und schließlich müsse der künstlerische Aspekt des Ganzen einen solchen Stellenwert bekommen, dass der Generalsiedlungsplan »insbesondere auch ästhetisch vollauf befriedigend als Kunstwerk bezeichnet werden kann« (Schmidt 1912, 5 f.).

Im Jahre 1912 dachte Robert Schmidt in den Kategorien der Hochindustrialisierungsphase und setzte die zeitgenössische Entwicklung, ihre Wachstumsziffern und ihre Wachstumsrichtung bei allen seinen Überlegungen als selbstverständlich voraus. Mit Ende des Ersten Weltkrieges veränderte sich seine Position gegenüber industriellem Wirtschaften dann aber zu immer größerer Distanziertheit.

Schmidts Vorschläge in der Denkschrift von 1912 fußen auf einer detaillierten Analyse der Gegebenheiten und der Entwicklung des zu planenden Gebietes. Bevölkerung, Siedlungsweise, die rechtlichen Rahmenbedingungen für Wohnungswirtschaft und kommunale Planer, Verkehrssituation und Grünflächen sind die wichtigsten Bereiche, die er eingehender Untersuchung unterzog. Uneinheitlichkeit zeigte das Planungsgebiet vor allem dadurch, dass es drei Siedlungsschwerpunkte verschiedenen Charakters aufwies:
- Düsseldorf und Umgebung,
- im Südosten Barmen, Elberfeld und Vohwinkel im Tal der Wupper,
- im Norden die Ruhrgebietsgemeinden, soweit sie zum Regierungsbezirk gehörten.

Bei den Letztgenannten zeigte sich zudem ein Problem, das bis in die Gegenwart entsprechende Diskussionen im Ruhrgebiet bestimmt: das Nichtübereinstimmen von Verwaltungsgrenzen mit den Grenzen von wirtschaftlichen und sozialen Einheiten. »Konkret heißt dies hier: die Ruhrgebietsgemeinden des Regierungsbezirks Düsseldorf bilden zwar mit dem westfälischen Teil des Ruhrreviers eine Einheit, sind aber von diesem durch die Provinzgrenze getrennt. Der westfälische Teil seinerseits gehört zu zwei Regierungsbezirken, nämlich Münster und Arnsberg« (Schmidt 1930/1, 3–16).

Vor dem Hintergrund seiner Bevölkerungsprognosen formulierte Schmidt als Obergrenze der Bevölkerungsdichte 127 Menschen pro Hektar (das hieße 12.700 EW/km^2; Paris im Jahre 2012 hat ca. 21.300 EW/km^2). Nur an wenigen Orten war dieser Wert bereits überschritten. Weitergerechnet für das ganze Planungsgebiet ergab sich damit eine mögliche Bevölkerungsziffer von rund 13 Millionen, selbst wenn ein Viertel der zur Verfügung stehenden Fläche völlig ungenutzt bliebe. Konfrontiert mit der Prognose von 4,7 Millionen Einwohnern für das Jahr 1940 zeigten sich so Konsequenzen, auf die es Schmidt besonders ankam: »Hieraus ist also ersichtlich, dass unbedenklich die weitaus bessere weiträumige Besiedlungsweise im Gegensatze zu den Städten des Ostens angenommen werden kann …« (Schmidt 1912, 24). Ausführlich geht er auch auf die Themen Spiel- und Sportplätze, Eisenbahnen und Straßenbahnen ein. Auf eine Darstellung wird hier verzichtet, weil das bisher Beschriebene exemplarisch verdeutlicht, wie Schmidts argumentative Vorgehensweise in der Denkschrift ist: Es wird jeweils eine Gesamtschau erarbeitet, die in letzter Konsequenz für jeden abgehandelten Bereich stets dieselbe Kritik beinhaltet, nämlich den Vorwurf der mangelnden regionalen Kooperation.

In seinen Schlussfolgerungen aus der Analyse der Gegebenheiten musste Schmidt schließlich auf das Kernproblem der ganzen Untersuchung zu sprechen kommen, auf die Frage nämlich, wie ein Generalbebauungsplan, der praktische Antworten auf die Nöte des Bezirks enthielt, eigentlich verwirklicht werden könne. Zunächst die Schmidtsche Definition des Generalsiedlungsplanes: »Der Generalsiedelungsplan vereinigt in sich die örtliche Verteilung der Flächen, welche zur Befriedigung des Wohnbedürfnisses und zur Herstellung geeigneter Arbeits- und Erholungsstätten bestimmt sind, regelt die Verkehrsbeziehungen unter und in diesen Flächen sowie nach außen hin. Außerdem bestimmt er die zu treffenden Maßnahmen zur endgültigen Lösung der Wohnungsfrage bis ins Einzelne und gipfelt in der Forderung des vollendeten Kunstwerks in einwandfreier, praktischer und ästhetischer Gestaltung« (Schmidt 1912, 93). Der Generalsiedlungsplan besteht also aus drei Teilen:
– aus dem Generalbebauungsplan, der sich letztlich aus den einzelnen Bebauungsplänen zusammensetzt,
– aus Bauvorschriften, welche unabhängig von den Gemeindegrenzen gelten, und
– aus der Grünflächenfestschreibung.

Schmidt musste nun zeigen, wie ein solchermaßen gegliederter Generalsiedlungsplan realisiert werden könnte. Es war zu klären, welche Möglichkeiten das geltende Recht bot und wie die Kosten für die Maßnahmen aufzubringen waren.

Die Struktur des Generalbebauungsplanes ergab sich aus den festzusetzenden Durchgangsstraßen zwischen und in den drei Hauptsiedlungsgruppen (Düsseldorf, Ruhr-Emscher-Gruppe, Wupperstädte) sowie aus den Hauptlinien der einzelnen Bebauungspläne. Rechtlich sah Schmidt hier kaum Schwierigkeiten. Mit Hilfe des Fluchtliniengesetzes und des ortsrechtlichen Bauverbots in den Städten ließe sich, so seine Auffassung, diese Aufgabe bewältigen. Während also Generalbebauungsplan und Straßenbau vom Prinzipiellen her anscheinend auf keine besonderen Hindernisse stießen, sah es im Falle der Grünflächenfestschreibung, dem zweiten großen Bestandteil des Generalbebauungsplanes, schon erheblich ungünstiger aus. Schmidt holte zur Lösung dieses Problems über mehrere Seiten aus, bot zum Schluss aber, und das war ihm wohl selbst klar, keine wirklich befriedigenden Ergebnisse. So schlug er vor, Grünflächen auf drei verschiedenen Wegen zu sichern:
– im Falle kleinerer Flächen innerhalb der Gemeinden durch Kauf,
– im Falle größerer Flächen durch Verträge mit den Besitzern vor Offenlegung des Bebauungsplanes und
– durch Enteignung (nach dem Gesetz über die Enteignung von Grundeigentum vom 11. Juni 1874).

Der Schwierigkeit der Anwendung dieses Gesetzes war sich Robert Schmidt durchaus bewusst. Am Ende seiner Untersuchung über die Durchführbarkeit der Grünflächensicherung gab Schmidt indirekt zu erkennen, dass mit dem vorhandenen gesetzlichen Instrumentarium wenig zu erreichen war. So blieb nur die Forderung nach neuen Gesetzen: »Ist für den Erwerb der Flächen die Kabinettsordre nicht erreichbar, dann kann nur noch die Ergänzung des Enteignungsgesetzes oder ein neues Gesetz für diesen Spezialfall helfen, ähnlich wie es bei der Emschergenossenschaft der Fall war« (Schmidt 1912, 93).

Detaillierte Analyse, aber kaum Möglichkeiten der praktischen Umsetzung

Das Resümee, das hier zunächst einmal über die Denkschrift zu ziehen ist, muss uneinheitlich ausfallen. Zum einen besticht die Arbeit durch die systematische Vorgehensweise und die detaillierte Analyse vielfältigen Materials. Zum anderen erstaunt, wie zurückhaltend die praktischen Konsequenzen vor allem in Hinsicht auf die Institutionalisierung von Entscheidungsinstanzen gezogen werden. Mit gutem Grund lässt sich vermuten, dass Schmidt damit den beschränkten Möglichkeiten im Rahmen des geltenden Rechts und vor allem auch im Zusammenhang kommunaler Sonderinteressen im Bezirk Rechnung trug. Die Reaktionen auf die Denkschrift und die weitere Entwicklung mögen insbesondere zum letzten Punkt als Beleg dienen. Vor allem die Oberbürgermeister im Bezirk zeigten »eine sehr scharfe Opposition« weil sie »ihre Selbstverwaltung gefährdet sahen«. Schmidt selbst schildert weiter: »Das war aber nun gerade der Sinn und Zweck dieser Arbeit. Die Opposition war so stark, dass der Regierungspräsident von Düsseldorf durch einen Beauftragten von dem Verfasser der Denkschrift verlangte, sie zu verbrennen« (Schmidt 1930/2, 211). In seinen Lebenserinnerungen wiederholte Regierungspräsident Francis Kruse dieses scharfe Urteil jedoch nicht und rechnete zumindest die Arbeit der Grünflächenkommission dem Erfolgskonto seiner Amtszeit (1909–1919) zu (Kruse 1967, 175; Hoffmann 1937, 95 ff.).

Die Irritationen und die ablehnenden Einstellungen gegenüber der Denkschrift hatten einen weiteren Grund in einem durchaus persönlichen Konflikt, der hier nicht übergangen werden soll. In der Grünflächenkommission war Regierungs- und Baurat Fritz Wever, Dezernent für Wohnungsangelegenheiten im Regierungspräsidium Düsseldorf, die aktivste und treibende Kraft gewesen. Von ihm stammt ein großer Teil des Materials, auch schon in ausgewerteter Form, das dann die Grundlage von Schmidts Denkschrift wurde. Die Ausarbeitung der Denkschrift war Robert Schmidt vor allem deswegen angetragen worden, weil Wever wegen seiner starken beruflichen Belastungen zeitlich dazu nicht in der Lage war. Als Schmidt nach Fertigstellung der Denkschrift den Text als Dissertation an der Rheinisch-Westfälischen Technischen Hochschule in Aachen einreichte, fühlte sich Wever persönlich hintergangen. Er beschuldigte Robert Schmidt des Plagiats. Die Einzelheiten der Auseinandersetzung lassen sich kaum rekonstruieren, auf jeden Fall verstarb Wever, bevor die Streitereien geklärt werden konnten, und die ganze Angelegenheit verlief im Sande (Hecker 1959, 29 f.).

Ein dritter Punkt schließlich, der für die Beurteilung von Schmidts Denkschrift von Wichtigkeit ist, ist die Tatsache, dass viele der von Schmidt aufgestellten Forderungen vom Regierungspräsidenten damals zumindest als berechtigt anerkannt, ja zum Teil bereits durchgesetzt waren. Auch hier war vor allem Wever derjenige gewesen, der mit Unterstützung der jeweiligen Regierungspräsidenten seine ganze Tatkraft auf die entsprechenden Felder gerichtet hatte. So trat bereits Anfang 1904 eine überarbeitete Baupolizeiordnung für die Landkreise in Kraft, die durch Herabstufung zahlreicher Anforderungen an Material und Bauweise darauf zielte, Kleinhausbau und Wohnbauten mit höchstens zwei Geschossen deutlich zu begünstigen, und die – glaubt man den staatlichen Berichten – durchaus erfolgreich war. Unter Regierungspräsident Arthur Schreiber (1903–1909) setzte sich die Erkenntnis durch, dass es »dringend geboten« sei, »in allen Orten mit reger wirtschaftlicher Entwicklung eine Abstufung der baupolizeilichen Vorschriften nach Ortsteilen, sogenannte Zonenbebauung, vorzunehmen« (Knopp 1974, 244). Die genannte Baupolizeiordnung für die Landkreise enthielt dann erstmals eine entsprechende Regelung. In dieselbe Richtung stießen die zwischen 1904 und 1907 erlassenen neuen Bauordnungen der meisten Städte. Bereits 1910 wurden sie einer erneuten Revision unterzogen.

Sicherlich waren nicht alle Einzelheiten der bis 1912 getroffenen Regelungen im Sinne Schmidts als positiv zu bewerten, doch wird deutlich, dass Robert Schmidt mit seiner Denkschrift nicht Neuland betrat, ja dass nicht einmal die Grünflächenkommission dies mit ihrer Arbeit getan hatte. Vielmehr zeigt sich, dass die Denkschrift und die Einrichtung einer Grünflächenkommission vor dem Hintergrund der Bemühungen des Regierungspräsidiums seit der Jahrhundertwende eigentlich keine außergewöhnliche Besonderheit darstellen. In gewissem Sinne spektakulär konnte die Aufnahme der Denkschrift in der Region nur werden durch die heftige Ablehnung seitens der Oberbürgermeister, verbunden mit dem Vorwurf des Plagiats im Falle der textidentischen Dissertation.

Die Stellung, die die Denkschrift Robert Schmidts in der Geschichtsschreibung des Städtebaus sowie der Raum- und Landesplanung einnimmt, ergibt sich auch daraus, dass es sich hier um einen leicht verfügbaren Text handelt, und dass sowohl der Verfasser als auch sein späterer Dienstherr Hans Luther in einschlägigen Veröffentlichungen in Handbüchern und Lexika die Version entwickelt haben, es führe ein direkter Weg von der Grünflächenkommission zur Gründung des Siedlungsverbandes Ruhrkohlenbezirk im Jahre 1920, dem Robert Schmidt dann zwölf Jahre als Direktor vorgestanden hat (Luther 1924; Schmidt 1920; Schmidt 1928, 4; Schmidt 1930/2, 210 f.; Hecker 1959, 29 f.; Pfannschmidt 1970). Von einer solchen direkten Verbindung kann, streng genommen, aber keine Rede sein.

Ruhrprovinz oder Siedlungsverband?

Die wichtigsten Anliegen der Denkschrift finden sich im SVR-Gesetz von 1920 tatsächlich wieder. Trotzdem kann Robert Schmidt nicht als Initiator der SVR-Gründung beschrieben werden (Hecker 1959, 30 f.; Pfannschmidt 1970; Umlauf 1958, 31; Umlauf 1986, 2). In den archivalischen Quellen, die die Vorgeschichte des Siedlungsverbandes ziemlich lückenlos abdecken, findet sich der Name Robert Schmidt nur sehr selten. Der am häufigsten genannte Name aus dem Ruhrgebiet ist Hans Luther, Essener Oberbürgermeister von Juni 1918 bis Juli 1924, 1922/23 Reichsernährungsminister, 1923/25 Reichsfinanzminister, 1925/26 Reichskanzler, 1930/33 Präsident der Reichsbank, 1933/37 deutscher Botschafter in den USA. Versucht man die Entstehungsgeschichte des SVR auf den Kern zu bringen, so müsste man sagen: Der Siedlungsverband hat seinen Ursprung in den Bestrebungen zur Gründung einer neuen preußischen Provinz, die den gesamten Industriebezirk umfassen sollte, der sogenannten »Ruhrprovinz«. Der SVR ist als Ergebnis das, was sich von der Ruhrprovinzidee unter den gegebenen Bedingungen durchsetzen ließ. Das Anliegen der Landesplanung fehlte zwar nicht bei den 1919 längere Zeit noch geheimen Aktivitäten, die letztlich zum SVR führten, doch hat es zunächst nur eine zweitrangige Rolle gespielt.

Die Ruhrprovinz wurde um 1900 zum ersten Male gefordert, als angesichts des rasanten Wirtschafts- und Bevölkerungswachstums die staatlichen Verwaltungsgrenzen im Revier sich als zunehmend hinderlich herausstellten. Bei Ende des Ersten Weltkrieges wurde die Idee wieder aktuell, als sich unterschiedlichste territoriale Veränderungen als möglich abzeichneten. Die wichtigsten Bereiche, in denen es um solche territorialen Neuregelungen ging, waren:

— die Verfassungsdiskussion um den Entwurf von Hugo Preuß (Auflösung Preußens, neue Struktur des Reiches, das als unitarischer Staat auf der Grundlage provinzähnlicher Gebilde aufgebaut sein sollte);

— der in den besetzten Gebieten des Reiches von Frankreich protegierte Separatismus und verwandte Bestrebungen (also die Frage: Rheinische Republik ja oder nein, innerhalb des Reichsverbandes oder als selbstständiger Pufferstaat);

— die Diskussion um die neue Wirtschaftsverfassung des Deutschen Reiches (Hoffacker 1989, 67–96). Hier sind insbesondere die Debatten um den Reichswirtschaftsrat gemeint, der sich auf den Unterbau von Bezirkswirtschaftsräten stützen sollte (Verordnung, Reichsgesetzblatt vom 4.5.1920; Weimarer Verfassung, Art. 165). Diese Bezirkswirtschaftsräte bestanden aus Vertretern von Unternehmern, Gewerkschaften, anderen Interessengruppen und politischen Instanzen. Ihre Aufgabe war es, eine Verständigung über Fragen der Wirtschaftsentwicklung in festgelegten Gebieten herbeizuführen. Auch dieses korporative, letztlich aus der Kriegswirtschaft entspringende Modell forderte eine territoriale Neuregelung, weil die Bezirke dieser Wirtschaftsräte aus wirtschaftlichen und sozialen Zusammenhängen, unabhängig von den bisherigen Verwaltungsgrenzen, abgeleitet werden sollten.

— die industrialismus-skeptische, wenn nicht -feindliche Grundstimmung der Nationalversammlung und der Preußischen Verfassunggebenden Landesversammlung. Die Mehrheit der Abgeordneten beider Parlamente, die Reichsregierung und die preußische Regierung waren davon überzeugt, dass es keine Zukunft für einen Industriestaat Deutschland in der bisherigen Form gab. Diese Einschätzung fußte auf der Annahme, dass durch weltwirtschaftliche Verschiebungen, die der Weltkrieg ausgelöst hatte, deutsche Industrieprodukte kaum exportierbar wären. Diese Veränderungen galten den Verantwortlichen als dauerhaft, so dass sie sich zur Entwicklung prinzipiell neuer Perspektiven gezwungen sahen. Die in diesem Zusammenhang entworfenen Leitlinien des Handelns waren: Abbau der Städte, Auffüllung des deutschen Ostens (West-Ost-Siedlung), Ausbau des agrarischen Wirtschaftselements mit selbstversorgerischer Zielrichtung, Abbau des industriellen Wirtschaftsanteils und — damit sind wir zurück im Ruhrgebiet — Ausbau der heimischen Rohstoffgewinnung (Hoffacker 1989, 51–56).

Es fällt auf, dass es sich um ein ausgesprochen raumplanerisches Leitbild handelt, denn es enthält in enger Beziehung räumliche und gesellschaftliche Ordnungsvorstellungen. Und in der Tat sind von diesem Leitbild die entscheidenden Anstöße ausgegangen für die Entstehung der deutschen Raumplanung, die dann ab 1934 rechtlich verankert wurde. Von den Personen, die in den zwanziger und frühen dreißiger Jahren an der Formulierung dieses Leitbildes führend beteiligt waren, seien hier nur als die wahrscheinlich bekanntesten genannt: Robert Schmidt, Gustav Langen, Martin Pfannschmidt, Leberecht Migge, Werner Friedrich Bruck und wiederum Hans Luther (Hoffacker 1989, 32 ff., 59 ff., 172 ff., 193 ff., 213 ff., 330 ff., 341 ff.).

Vor dem Hintergrund der hier skizzierten Zusammenhänge ist der Siedlungsverband Ruhrkohlenbezirk entstanden. Zunächst hatte Hans Luther mit vielfachen Aktivitäten sowie in zahlreichen Kontakten mit Friedrich Ebert, der Nationalversammlung und der Preußischen Verfassunggebenden Landesversammlung versucht, die Gründung der Ruhrprovinz durchzusetzen. Aus unterschiedlichen Gründen gelang ihm dies nicht. Da eröffnete eine Handlungsanweisung, die aus dem eben genannten Leitbild abgeleitet wurde, gegen Ende des Jahres 1919 doch noch eine Möglichkeit, einiges in diese Richtung gehend zu realisieren: Die geforderte verstärkte Nutzung heimischer Energien und die damalige internationale Energiekrise, die Kohle zu einem gefragten Exportgut hatte werden lassen, hatte zu einem Ausbauprogramm für das Ruhrgebiet geführt. Dabei gilt es in Erinnerung zu behalten, dass dies vor dem Hintergrund eines geplanten Abbaus industriellen Wirtschaftens geschah. Das Ausbauprogramm für das Ruhrgebiet wies beeindruckende Vorgaben auf: 150.000 Bergleute sollten zusätzlich beschäftigt und insgesamt 600.000 Menschen neu angesiedelt werden, dies alles in kürzester Frist. Das Reichswirtschaftsministerium plante, die Realisierung dieser Ziele einem Reichs- oder preußischen Staatskommissar aufzugeben, der zusammen mit einer Zwangsgenossenschaft von Unternehmern und Gewerkschaften auch den Wohnungsbau durchführen sollte. (Diese Zwangsgenossenschaft existiert in veränderter Form bis heute, es ist die Treuhandstelle für Bergmannswohnstätten, kurz: THS). Als Luther von diesem Programm erfuhr, sah er eine erneute Chance für die Umsetzung seiner alten Pläne. Zusammen mit seinen Beigeordneten Bucerius und Schmidt arbeitete er das Konzept für eine Organisation aus, die diese wahrhaft landesplanerische Aufgabe übernehmen sollte. Im Oktober und November 1919 klärte Luther (manchmal in Begleitung von Bucerius, niemals in Begleitung von Schmidt) bei Reichsregierung und preußischer Regierung alle Fragen um den Entwurf. Erst danach wurden die Ruhrgebietsgemeinden mit dem (fertigen) Vorhaben konfrontiert. Verschiedene Städte griffen den Plan scharf an, Regierungspräsidenten und Provinzregierungen lehnten ab, doch die Staatsregierung in Berlin stimmte zu. Erst in den parlamentarischen Beratungen wurde aus dem Gesetzentwurf, der zuletzt einstimmig verabschiedet wurde, die Möglichkeit gestrichen, den Siedlungsverband von einem Organ der Landesplanung zu einem Organ der allgemeinen Staatsverwaltung (also etwa einer Provinz) auszubauen. Dies wäre nach Luthers Entwurf, den die preußische Staatsregierung bereits akzeptiert hatte, allein durch einen Regierungsbeschluss möglich gewesen. Nun musste das Parlament – wollte man entsprechende Kompetenzerweiterungen vornehmen – das

Gesetz novellieren. Trotzdem hatte der Siedlungsverband eine höchst irritierende Struktur, und juristische Untersuchungen der Zeit kamen zu dem Ergebnis, dass es sich hier nicht um einen Zweckverband handelte, sondern um eine Art Provinz mit eingeschränktem Geschäftsbereich (Heitkamp 1922, 99 ff.). Wiederholt wurden bis 1932 auch Versuche gemacht, den Geschäftsbereich in eindeutiger Weise zu erweitern (Hoffacker 1989, 67 ff., 96 ff., 107 ff.).

Die Entwicklung des SVR bis zum Ende der Weimarer Republik endete nach positiven praktischen Anfängen schließlich in finanzieller Lähmung – ein Zustand, der vor allem auf die obstruktive Politik der Rheinprovinz und der Provinz Westfalen zurückzuführen war, die sich niemals mit dem neuen Gebilde SVR abgefunden hatten. Insbesondere das ihm zugewiesene Aufgabengebiet Straßenbau hatte den SVR dazu gezwungen, sich finanziell in großem Stil zu engagieren und sehr große Kredite aufzunehmen, wobei ihm staatlicherseits verwehrt wurde, dafür auf langfristige, zinsgünstige ausländische Anleihen zurückzugreifen. Die durch den Ersten Weltkrieg verursachte Zwangspause bei Investitionen in die Infrastruktur hatte einen großen Nachholbedarf entstehen lassen, der wesentlich verschärft wurde durch die schnell zunehmende Zahl von Automobilen, insbesondere von Nutzfahrzeugen. Hier musste der SVR aktiv werden, denn er hatte in seinem Gebiet gewissermaßen die Wegebaupflichten der Provinzen übernommen. Doch anders als erwartet, entzogen sich die Provinzen jedweder finanzieller Beteiligung. So erklärt es sich, dass der Anteil des Schuldendienstes bis 1932 auf fast 78 Prozent des SVR-Haushalts ansteigen konnte und den Verband handlungsunfähig werden ließ.

Nach der Pensionierung Robert Schmidts im Jahr 1932 hatte Philipp August Rappaport, bis dahin Erster Beigeordneter und Stellvertretender Direktor, zunächst die Leitung des SVR übernommen. Im November 1932 und Januar 1933 führte er Verhandlungen mit den Provinzen über die Fragen, ob der SVR überhaupt fortbestehen könnte und wie sich beide Provinzen im Falle einer positiven Entscheidung in die Arbeit einbeziehen ließen. Angesichts der kompromisslosen Haltung der Provinzvertreter blieben die Treffen jedoch ohne Ergebnis, sodass im April 1933 von der neuen nationalsozialistischen Staatsführung ein Staatskommissar, Justus Dillgardt, eingesetzt wurde. Sein Gutachten über die bisherige Entwicklung des SVR und über die Gründe, die die aktuelle Zwangslage hatten entstehen lassen, liefen jedoch allen Hoffnungen der Provinzen zuwider. Dillgardt rechtfertigte die ab 1920 geleistete Arbeit als sinnvoll und schrieb eindeutig den Provinzen die Schuld an den finanziellen Problemen zu. Angesichts der positiven Haltung der Ruhrgebietsgemeinden und der Wirtschaft des Reviers gegenüber dem Verband befürwortete er unter anderem sogar eine eigenständige und bessere finanzielle Basis für den SVR. Trotzdem fielen die Entscheidungen gegen den Verband. Ab März 1934 wirkte er nur noch beratend an den Planungen im Straßenbau mit, die Provinzen besaßen wieder die uneingeschränkte Zuständigkeit. Auch der Aufbau der ab 1935 bestehenden Reichsstelle für Raumordnung gab dem SVR keine Kompetenzen zurück, sondern fixierte seine neue untergeordnete Stellung. Zwar war er ab 1936 Teil der reichsweiten staatlichen Struktur Raumordnung, doch die Oberpräsidenten der Rheinprovinz und der Provinz Westfalen waren gegenüber dem SVR weisungsberechtigt (Hoffacker 1989, 110–142).

Literatur

Crew, David: Bochum. Sozialgeschichte einer Industriestadt 1860–1914. Frankfurt am Main/Berlin 1980

Hecker, Hermann: Zur Geschichte der Landesplanung. Hamburg 1959

Hegemann, Werner (Hg.): Der Städtebau nach den Ergebnissen der Allgemeinen Städtebau-Ausstellung in Berlin nebst einem Anhang: Die Internationale Städtebau-Ausstellung in Düsseldorf. Teil 1, Berlin 1911; Teil 2, Berlin 1913

Heitkamp, Fritz: Die Behördenorganisation nach dem Gesetz betreffend Verbandsordnung für den Siedlungsverband Ruhrkohlenbezirk vom 5. Mai 1920 und ihre verwaltungstechnische Bedeutung. Diss. 1922 (Universität Erlangen)

Hoffacker, Heinz Wilhelm: Entstehung der Raumplanung, konservative Gesellschaftsreform und das Ruhrgebiet 1918–1933. Essen 1989

Hoffacker, Heinz Wilhelm: Robert Schmidt und die Gartenstadt. In: Kommunalverband Ruhrgebiet/IBA Internationale Bauausstellung Emscherpark (Hg.): Robert-Schmidt-Preis 1992, Dokumentation, Thema: Gartenstadt Heute. Essen 1993, S. 8–20

Hoffmann, Erich: Dr. Francis Kruse, Königlich Preußischer Regierungspräsident. Leipzig 1937

Horst, Willy: Studien über die Zusammenhänge zwischen Bevölkerungsbewegung und Industrieentwicklung im rheinisch-westfälischen Industriegebiet. Essen 1937

Knopp, Gisbert: Die preußische Verwaltung des Regierungsbezirks Düsseldorf in den Jahren 1899–1919. Köln/Berlin 1974

Kruse, Francis: Vergangenes und Gebliebenes. Lebenserinnerungen eines preußischen Beamten. Eschwege 1967

Langewiesche, Dieter: Wanderungsbewegungen in der Hochindustrialisierungsperiode. Regionale, innerstädtische und interstädtische Mobilität in Deutschland 1880–1914. In: Vierteljahrschrift für Sozial- und Wirtschaftsgeschichte, 64.Jg./1977, S. 1–40

Leendertz, Ariane: Ordnung schaffen. Deutsche Raumplanung im 20. Jahrhundert. Göttingen 2008

Luther, Hans: Ruhrsiedlungsverband. In: Handwörterbuch der Kommunalwissenschaften, Bd. 3. Jena 1924, S. 550–554

Pfannschmidt, Martin: Robert Schmidt/Essen: Der Mensch und sein Werk. Dem Begründer der deutschen Landesplanung zum hundertsten Geburtstag. In: Raumforschung und Raumordnung, 28. Jg./1970, S. 61–66

Schmidt, Robert: Denkschrift betreffend Grundsätze zur Aufstellung eines General-Siedelungsplanes für den Regierungsbezirk Düsseldorf (rechtsrheinisch). Essen 1912

Schmidt, Robert: Ein Generalsiedelungsplan für den rheinisch-westfälischen Industriebezirk. In: Preußische Gemeinde-Zeitung, 6.Jg./1913, S. 495–500, 515–521

Schmidt, Robert: Siedlungsverband Ruhrkohlenbezirk. In: Die Bauwelt, 11.Jg./1920, H. 4

Schmidt, Robert: Entstehung und Aufgaben des Siedlungsverbandes Ruhrkohlenbezirk. In: West-Woche, Jg. 1928, Nr. 17, S. 3–6

Schmidt, Robert: Landesplanung und Verwaltungsgebiete im Ruhrgebiet. In: International housing and town planning bulletin, Jg. 1930, S. 3–16

Schmidt, Robert: Zehn Jahre Landesplanung und Siedlungsverband Ruhrkohlenbezirk. In: Jahrbuch der Bodenreform, 26.Jg./1930, S. 208–217

Tampke, Jürgen: The Ruhr and Revolution. The Origin and Course of the Revolutionary Movement in the Rhenish-Westphalian Industrial Region, 1912–1919. Diss. 1975 (Australian National University, Canberra)

Umlauf, Josef: Wesen und Organisation der Landesplanung. Essen 1958

Umlauf, Josef: Zur Entwicklungsgeschichte der Landesplanung und Raumordnung. Hannover 1986

Verordnung über den Vorläufigen Reichswirtschaftsrat vom 4.5.1920. In: Reichsgesetzblatt 1920, S. 858

Weimarer Verfassung: Artikel 165 über die Errichtung des Reichswirtschaftsrates

Wiel, Paul: Wirtschaftsgeschichte des Ruhrgebietes. Essen 1970

Manfred Walz
Die Eingemeindungen im Ruhrgebiet 1928/29 – Praxistest für Robert Schmidts Stadtmodell

Die Eingemeindungen im »Ruhrkohlenbezirk« Ende der 1920er Jahre boten für den Siedlungsverband Ruhrkohlenbezirk (SVR) und insbesondere für den Verbandsdirektor Robert Schmidt die Möglichkeit, eine aus seiner Sicht städtebaulich sinnvolle und wirtschaftlich tragfähige Neuordnung der Region anzustreben. Der Prozess wurde angestoßen durch die umfangreichen Zechenschließungen Mitte der 1920er Jahre im südlichen Ruhrgebiet und 1926 auch förmlich angeordnet durch den preußischen Innenminister Severing. Schmidt erhielt durch die ministerielle Anordnung die Möglichkeit, das in seiner Denkschrift 1912 entwickelte Stadtmodell zu überprüfen. Insofern wurde die kommunale Neuordnung des »Ruhrkohlenbezirks« ein impliziter, bei den Eingemeindungen mitlaufender Praxistest der 1912 formulierten städtebaulichen Leitideen zur Stadt- und Regionalentwicklung sowie der dort definierten Gliederungseinheiten Mittelstadt, Großstadt und Großkreis.

Die Ausgangssituation vor den großen Eingemeindungen

Im konjunkturellen Aufschwung Mitte der 1920er Jahre, der auf die Ruhrbesetzung durch Belgier und Franzosen 1923 folgte, versuchte die Preußische Landesregierung mit dem Gesetz zur Neuregelung der kommunalen Grenzen (26.2.1926) von Berlin aus das Ruhrgebiet neu zu ordnen. Sie wollte damit den vorhersehbar schwerwiegenden kommunalwirtschaftlichen und sozialen Folgen für die Gemeinden gegensteuern, die aus den laufenden und den sich anbahnenden Stilllegungen der Magerkohlenzechen im südlichen Ruhrkohlenbezirk zu erwarten waren. Die Landesregierung hatte unter anderem die Vorstellung, dass durch den großzügigen Aufbau größerer kommunaler Einheiten »… leistungsfähige Träger für die gewaltig gewachsenen Aufgaben auf dem Gebiete der Wohlfahrtspflege und der Erwerbslosenfürsorge geschaffen werden mussten« (Dortmunder Zeitung vom 3.11.1927).

Schon 1926 hatte sich im südlichen Ruhrgebiet die Lage der Bergleute dramatisch zugespitzt. Den Tiefpunkt markiert der Juni 1926, nachdem viele kleine Zechen im Süden zwischen 1923 und 1925 »wegen technischer Defizite und Unrentabilität« (Farrenkopf 2009, 102) still gelegt worden waren und deutlich produktivere und größere Zechen in der nördlichen Emscherzone abgeteuft und ausgebaut wurden. Im Ergebnis dieser Nordwanderung des Bergbaus verloren mehr als 18.000 Bergleute aus den Gemeinden und Kreisen am Südrand des Ruhrgebiets ihre Arbeit. Vielen der kleinen Landkreisgemeinden im Süden brachen infolge der massenhaften Stilllegungen die Einnahmen aus Gewerbe- und Lohnsteuern weg.

Das war die Ausgangslage im Ruhrgebiet, die die Preußische Landesregierung im Jahr 1926 dazu veranlasste, eine Neuordnung der ganzen Region einzuleiten. Der SVR war aufgefordert, diesen Prozess zu begleiten. Schmidt formulierte 1928 in der »Denkschrift betr. Neuregelung des Ruhrbezirks« das Gesamtkonzept mit einem eigenen prozessoffenen Vorschlag, der entsprechende Grundsätze zur Behandlung bzw. Zusammenlegung kommunaler Einheiten beinhaltete. Im Verlauf dieses Prozesses war der SVR darüber hinaus immer wieder gefordert, detaillierte Stellungnahmen bei Einzelregelungen zu Zusammenlegungen, Abtrennungen bzw. Aufteilungen von Ortsteilen abzugeben oder sogar zu Grenzverläufen zwischen einzelnen Kommunen Aussagen zu treffen.

Das Stadtmodell Robert Schmidts

In seiner Denkschrift aus dem Jahr 1912 hatte Schmidt ein organhaftes Modell der Stadtkonzeption entwickelt. Dort nahm er bereits die planerische Diskussion der 1920er Jahre um ein Stadtmodell vorweg: »Der Stadtplan entwickelt sich sinngemäß aus dem Element der Wohn- und Arbeitsstätte zu dem Molekül des Wohnhauses, oder des gewerblichen Betriebes, weiter zu dem Teilorganismus Wohnhausgruppe, Wohnviertel, Geschäftsviertel, Gewerbe- und Industrieviertel und muß sich mit den Beziehungen zwischen den einzelnen Teilen zum einheitlichen Organismus gestalten ...« (Denkschrift 1912, 6). Von Schmidt gewählte Formulierungen wie »Verkehrsbedürfnisse der Zukunft«, »genug Grünanlagen [...] freizuhalten, oder sich den Grund und Boden [dazu] zu sichern« zeugen von Überlegungen zur Stadtstruktur, die nach Inhalt und Diktion schon 1912 die Sprache der erst 1933 formulierten Charta von Athen sprechen.

Die Blätter 19 und 25 der Denkschrift von 1912 zeigen den radial-konzentrischen Aufbau von Essen bzw. »einer werdenden Großstadt«, die im Grundaufbau durchaus dem von Dortmund vor der Eingemeindung der Nachbarstadt Hörde ähnelte: mit Hafen- und Industriegebieten nördlich des Stadtzentrums. Schmidt nannte das Schema einer Großstadt »Zentralsiedlung« (ebd., 86) und entwickelte die Anforderungen an die verschiedenen Verkehrsnetze der Eisenbahnen, Werksbahnen, Straßenbahnen und Straßen: »Neue Linien müssen eingefügt werden zur Verbindung der Arbeitszentren, Wohnviertel und Großgrünflächen« (ebd., 85).

Schmidt nutzte seine Position als Verbandsdirektor ab 1920 immer wieder aufs Neue, um über das Stadtmodell hinaus für einen gesetzmäßig sinnvollen strukturellen Zusammenhang von Stadtentwicklung und Landesplanung zu argumentieren. So schickte er den »nach den Erfahrungen des Ruhrsiedlungsverbandes ausgearbeiteten Vorentwurf [des] wirtschaftlichen Nutzungsplans« für das Ruhrgebiet an Fachverbände, den Deutschen Städtetag und schließlich an den zuständigen preußischen Minister (Schmidt 1925, 773). Dieser Nutzungsplan bestimmte nach seinem Verständnis die »allgemeine Lösung (der Bebauung), denn der Bebauungsplan ist das Detail«. Mit Blick auf den Ruhrkohlenbezirk warb er im Preußischen Städtetag für den dort beschrittenen Weg einer »speziellen Landesplanung auf interkommunalem Wege« (Schmidt 1926, 11). Damit thematisierte Schmidt nicht nur die planerischen Diskussionen der 1920er Jahre. Er wirkte, mit dem Erfahrungsgewicht des SVR als Beleg, darüber hinaus ein auf die Formulierung des Referentenentwurfs eines Städtebaugesetzes für das Land Preußen (Schmidt 1925, 773) und damit auch auf den nachfolgenden, jedoch nicht verabschiedeten Gesetzentwurf zur Neuordnung der Städte im Reich. Insgesamt ist festzustellen, dass Schmidt für eine sinnvolle Fügung und für den praktischen Weg zur Neugliederung der Region warb. Weder brachte er sein Stadtmodell dabei explizit ein, noch wird in den vorliegenden Dokumenten erkennbar, dass er es als Ganzes für die einzelnen Städte des Ruhrkohlenbezirks weiter ausdifferenzierte.

Der Neuordnungsvorschlag Robert Schmidts von 1928

In seiner Denkschrift von 1928 zur Eingemeindungsproblematik legte Schmidt einen Gliederungsvorschlag für das ganze Verbandsgebiet vor: Diese zeigt im Kern eine in vier »Interessenzonen« – West, Mitte, Mark und Ost – gegliederte zusammenhängende Stadtzone, die in Großkreise eingebettet ist. »Die *Gesamtlösung* soll die *Gestaltung entwicklungsfähiger Großstädte im Innern und die Schaffung leistungsfähiger Landkreise* (Großkreise) *am Rande des Bezirks* zum Ziel haben, weil nur hierdurch die fortdauernden Eingemeindungsbestrebungen vermieden und stetig vorausschauende Kommunalarbeit ermöglicht werden kann« (Denkschrift 1928, 9; Hervorhebungen im Original).

Schmidt ging davon aus, dass die »Wirtschaftsform des Staates [...] immer Industrie- und Agrarstaat bleiben wird« und daher Vorgabe für eine geordnete Siedlungspolitik sein muss. Er sah zwei Siedlungselemente erster Ordnung vor, die sich zu einer städtebaulichen und regionalökonomischen Einheit ergänzen sollten: Zum einen die *Stadtkreiswirtschaft* mit hoher baulicher Dichte, die im Zuge ergän-

Vorschlag Robert Schmidts zur Neuordnung des Ruhrkohlenbezirks 1928 Quelle: Denkschrift 1928, Anlage 7

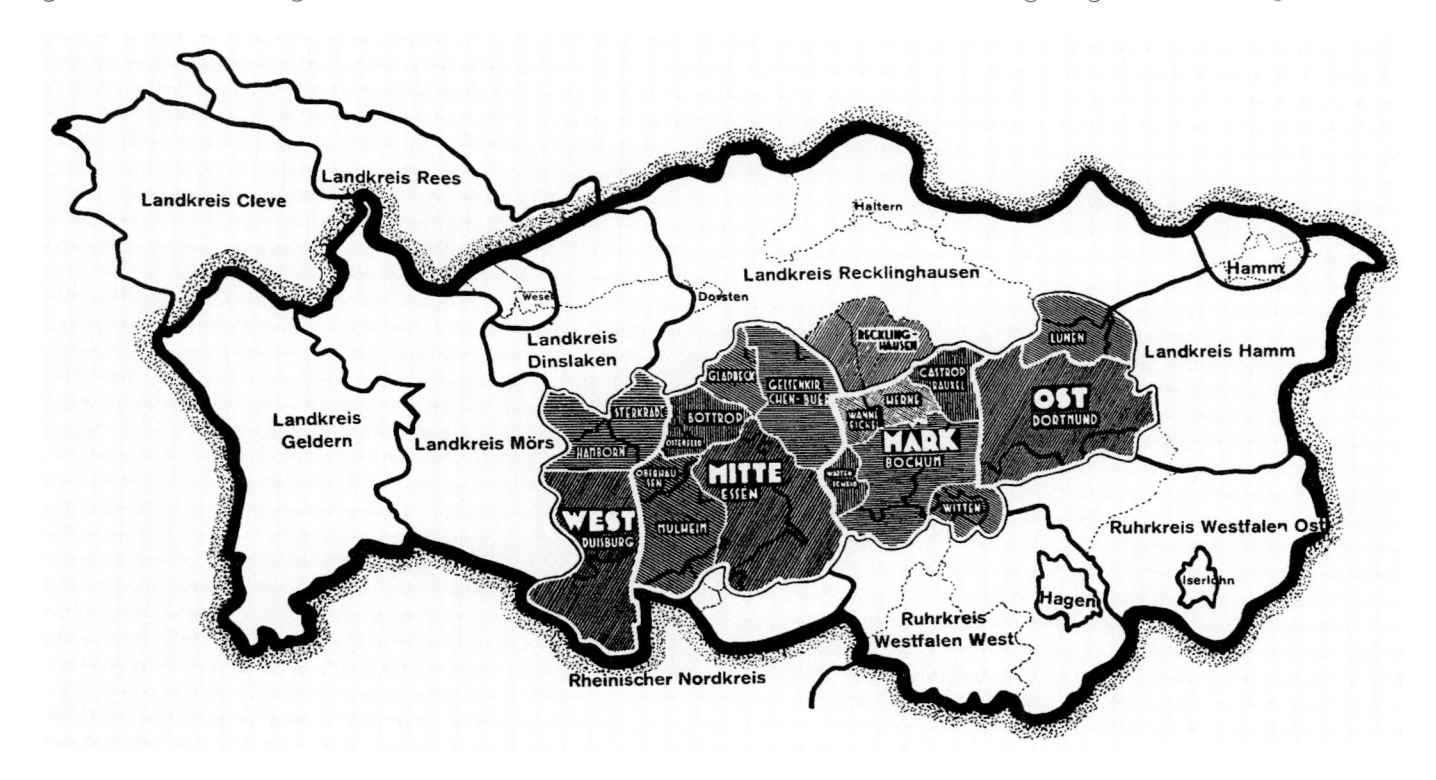

zender Eingemeindungen zur aufgelockerte Großstadt mit Industriebesatz werden sollte; zum anderen die *Landkreiswirtschaft*, die in der Verwaltungseinheit »Großkreis« über »eingestreute« Industrien verfügte. Dort würde aber im Sinne eines regionalen Gleichgewichtsmodells vor allem die »staatserhaltende Bodenwirtschaft« entwickelt. Die Verbindung beider sah er nicht als Konstrukt kleiner regional integrierter Wirtschaftskreisläufe, sondern als zukunftsweisende Verbindung der jeweiligen Großstadt mit den angrenzenden Großkreisen. Dahinter stand die Zielvorstellung einer über Ergänzungsflächen des Großkreises entlasteten Stadtkreiswirtschaft. So sollten aufgelockerte Großstädte entstehen, die mit den Großkreisen im Sinne eines materiell wirksamen Interessenausgleichs kooperieren würden. Schmidt betonte, dass Großstädte »nur nach« städtebaulichen Grundsätzen geschaffen werden dürften. Ihre »Neubildung« lediglich nach wirtschaftlichen Gesichtspunkten vorzunehmen ergäbe keine Städte, sondern Verwaltungsbezirke ohne passende Verwaltungsform (ebd., 8).

Insgesamt zeichnete Schmidt das Bild eines dynamischen Gleichgewichtsmodells der Region. Ausgehend vom Beispiel Essen stellte er sich vor, dass die in den Interessenzonen zusammengeführten Kommunen in einem auf etwa drei Jahrzehnte angelegten Aushandlungsprozess ihre beständige Form finden könnten (ebd., 25). Diese könnte dann in einem neuen Eingemeindungsprozess – spätestens also in den 1970er Jahren (!) – überprüft und neu eingerichtet werden.

Neben den Siedlungselementen der sich in den Interessenzonen *neu formierenden Großstädte* der Stadtwirtschaft und in den *Großkreisen* der Landkreiswirtschaft definierte Schmidt als Siedlungstyp noch *Mittelstädte*, die er als temporäre Siedlungselemente behandelte. Eingezwängt zwischen Großstädten sollten sie in diesen aufgehen; als Solitäre in einem Großkreis gelegen sollten sie wieder in den Landkreis eingefügt werden (ebd., 6); als Gemeinde mit weniger als 25.000 Einwohnern sollten sie als selbstständige Gebietseinheiten langfristig aufgelöst werden.

In seinem Neuordnungskonzept gaben die vier oben aufgezählten Interessenzonen der Kernzone den Rahmen für vier unterschiedliche Stadtwirtschaften vor. In ihnen sollten sich neue zusammenhängende Stadtstrukturen formieren können. »Die in ihr liegenden Städte […] sollen gegenüber der ganzen Interessenzone zunächst ihre volle Selbständigkeit behalten. […] Sie sollen nur durch Zuteilung zu einer bestimmten Interessenzone darauf hingewiesen werden, daß ihre zwischengemeindlichen Belange im Rahmen dieses Gebildes liegen …«. So sollte ein engerer Zusammenschluss vorbereitet werden, der zu ihrer »siedlungstechnischen und wirtschaftlichen Stärkung« führen und gleichzeitig eine »Rekordkonkurrenz« zwischen ihnen ausschalten würde (ebd., 6 f.).

Für diese neu zu formierenden Städte der Kernzone entwickelte er kein explizites Leitbild – etwa wie das 1912 von ihm vorgelegte Stadtmodell. Zunächst lehnte er die finanzielle Sanierung von Kreisen bzw. Städten als alleinige Begründung für Eingemeindungen ab. Demgegenüber formulierte er *zehn Grundsätze*, die den Prozess der Stadtbildung in den dargestellten vier Interessenzonen leiten sollten (Nummerierung nach dem Original). Für die Formierung neuer Stadtgebilde formulierte er fünf Grundsätze:

– *Grundsatz 1:* Sie sollten über eine breite Steuerbasis und möglichst gleiche Steuersätze verfügen.

- *Grundsatz 2:* Sie sollten die Betriebsflächen größerer Werke nicht zerschneiden.
- *Grundsatz 5:* Es sollten eher »junge Gebilde« zusammengelegt werden.
- *Grundsatz 8:* Zusammenlegungen sollten zu einem einzigen lebendig pulsierenden Stadtgebilde führen (nicht wie bei den Städten Duisburg und Hamborn oder Mülheim und Duisburg, die sich nach seiner Ansicht wegen trennender Infrastrukturen nicht einfach zusammenfügen ließen).
- *Grundsatz 9:* Sie sollten nicht nur nach »Zu- oder Abneigung der Bevölkerung gegen irgendeinen Zusammenschluss …« erfolgen.

Weitere Grundsätze bezogen sich auf den genauen Zuschnitt neuer Einheiten:
- *Grundsatz 3:* Die Selbstständigkeit genügend starker, aber an eine Großstadt angrenzenden Gemeinden sollte gegen die »zentripetale Finanzwirkung« der Großstadt geschützt werden.
- *Grundsatz 4:* Es sollten »zwingende Gründe« vorliegen, bevor eine starke Mittelstadt wie z.B. Wattenscheid (!) oder Witten (!) in eine Großstadt aufgehen könnte.
- *Grundsatz 7:* Der Geländebedarf der Großstädte bei beschäftigungsbedingtem Wachstum der Bevölkerung sollte so berücksichtigt werden, dass einerseits stabile Großkreise erhalten blieben und andererseits alte Siedlungskerne »aufgelockert« würden.
- *Grundsatz 10:* Hierin formulierte Schmidt eine Orientierung für anstehende Grenzziehungen neu: »Städtebaulich unüberwindbare Hindernisse im Gelände sind gute Grenzen, wie z.B. große Bahn- und Werksanlagen (ebd., 10–12).

Im Zusammenhang mit diesen Grundsätzen war Schmidt wichtig, dass »dem unerwünscht maßlosen Anwachsen der Großstädte […] eine zweckmäßige Grenze gesetzt« würde, eine Grenzlinie, die dem »streuförmigen« Wachstum der Großkreise Entwicklungszeit und -raum gegenüber dem »konzentrischen« Wachstum der Großstädte geben sollte (ebd., 9).

Der Vorschlag zur Verteilung der Gemeinden auf Großstädte bzw. auf die sie umgebenden Großkreise sollte zu kompakteren Einheiten der Kernstädte Duisburg, Mühlheim, Essen, Bochum und Dortmund und gleichzeitig zur Auflockerung durch »Ergänzungsgemeinden« in der jeweiligen Interessenzone führen. Dabei ist interessant, dass z.B. Dortmund im Süden nur die Stadt Hörde eingemeinden sollte, während der große Rest des Landkreises Hörde, einer der Impulsgeber für die Eingemeindungen, im »Ruhrkreis Westfalen Ost« aufgehen sollte. Die Großkreise wurden zwar mit ihrer Grenzlinie zu den Großstädten weitgehend definiert, ihre tatsächliche Zusammensetzung aus den Gemeinden des SVR bzw. ihr konkreter Umriss sollten aber erst im weiteren Eingemeindungsprozess mit den südlich bzw. nördlich an die Kernzone angrenzenden Landkreisen genauer bestimmt werden.

Ergebnis der Eingemeindungen – das Fazit Robert Schmidts

Nach einem fast dreijährigen Prozess der Neuformierung von Gemeindeeinheiten folgte im August 1929 abschließend das Gesetz über die kommunale Neugliederung. Es gab neu 27 statt 29 Verwaltungseinheiten zuvor; im Ergebnis waren in neuem Zuschnitt 18 Stadtkreise und 9 Landkreise entstanden. Die Stadtkreise hatten ihre Fläche auf Kosten der Landkreise um 710 km² (auf 1.880 km²) vergrößert und dabei 725.000 zusätzliche Einwohner gewonnen.

In seiner Bilanzierung zu den Ergebnissen der Eingemeindungen traf Schmidt mehrere Feststellungen:
- Die neue Lösung stellt »… ein einheitliches Siedlungsgebilde dar«.
- Es gibt aneinander anstoßende Großstädte, die nicht mehr durch Landkreise getrennt werden und die eine Reihe von Mittelstädten umschließt.
- Diesen Kern umschließen Landkreise, in die die »… übrigen Mittelstädte eingegliedert sind«.
- Die zwischen den Stadtkernen eingezwängten Landkreise sind verbunden zu einer »Kette von Siedlungskernen […] zwischen Hamborn und Recklinghausen«, die die Hellwegstädte in gewisser Hinsicht ergänzen und ihnen bestimmte Aufgaben im Wirtschaftsprozess (der Bergbau-Nordwanderung) abnehmen (Schmidt 1929, 1043).

Die neuen Stadteinheiten umfassten jetzt »durchweg Siedlungskerne aus den verschiedenen Entwicklungsabschnitten. Die Stadterweiterungen sind vorwiegend in nördlicher und südlicher Richtung erfolgt« (ebd., 1043). Hierin erkannte Schmidt – in Bezug auf die zukünftige Regionalentwicklung des Ruhrgebiets – den Weg zu einer unmittelbaren nord-südlichen Verbindung der bisherigen »Ruhr-, Hellweg- und Emscherkette« innerhalb der großen Städte im Revier – ohne die bisher dazwischen liegenden Korridore aus selbstständigen Kleinstädten und Landgemeinden. Ein Auftrag der Integration zur neuen Gesamtstadt, der heute nicht aktueller formuliert werden könnte!

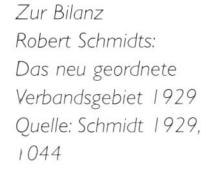

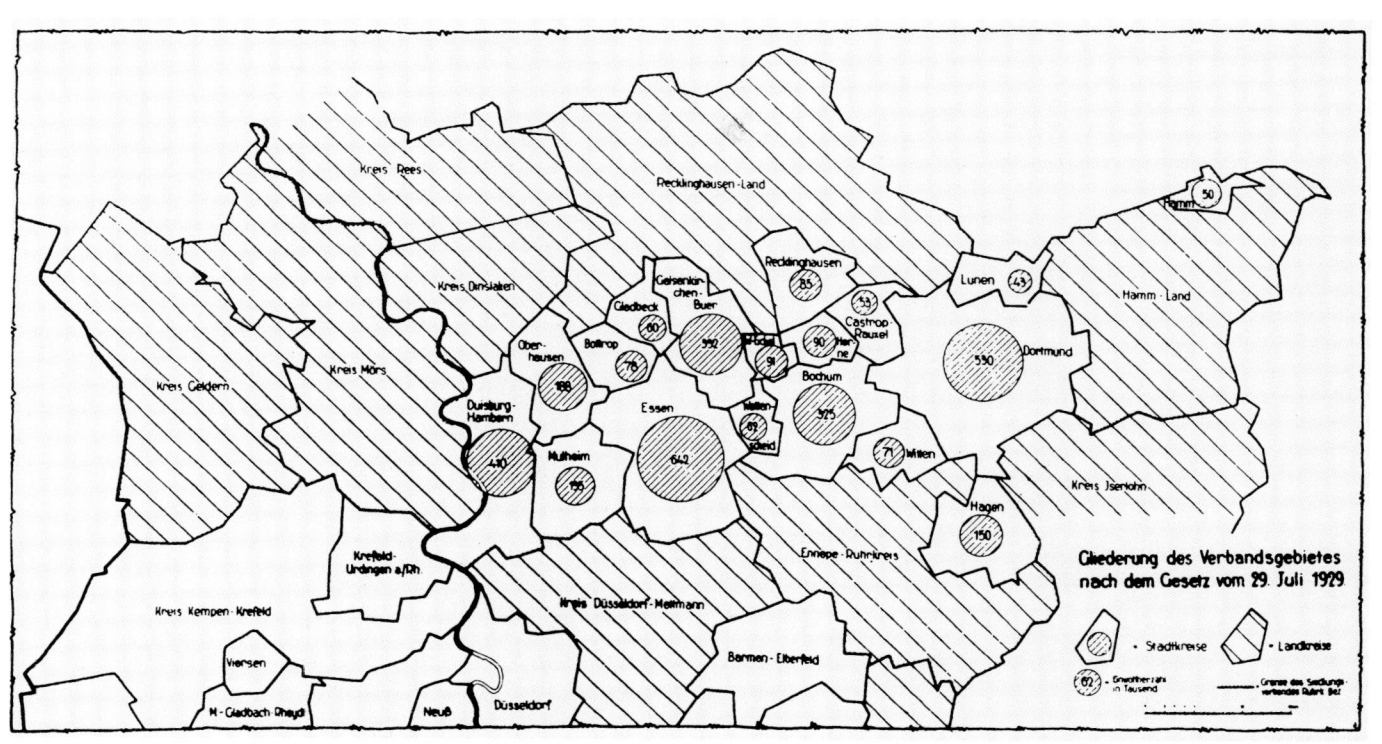

Zur Bilanz Robert Schmidts: Das neu geordnete Verbandsgebiet 1929 Quelle: Schmidt 1929, 1044

Robert Schmidt beschrieb die unterschiedlichen Gewinne der neu zugeschnittenen Großstädte als Aufträge für ihre Entwicklung (ebd., 1043):
- Duisburg: erhält als Montanstadt zusammen mit Hamborn Erholungsräume und 4.000 ha landwirtschaftliche Fläche im Süden aus dem ehemaligen Landkreis Düsseldorf.
- Oberhausen: wird die Stadt der Gutehoffnungshütte mit allen deren Tochterwerken.
- Essen: erhält starken Zuwachs an landwirtschaftlichen Flächen im Süden, kleine und mittlere Industrien und im Norden bedeutenden Zuwachs an Bergwerken.
- Bochum: wird mit 35 Zechen und Betriebsanlagen Schwerpunkt des Steinkohlebergbaus.
- Dortmund: behält sein Profil als Montanstadt. Die Stadt erhält Erweiterungsflächen für Wohnbau und Industrie insbesondere im Norden sowie Erholungs- und Wassergewinnungsflächen im Süden aus dem aufgelösten Landkreis Hörde.

Insgesamt bewertete Schmidt das erreichte Ergebnis weitgehend positiv:
- Die Einwohnerdichte konnte auf rechnerisch durchschnittliche 24,1 EW/ha verringert werden, mit 11,3 EW/ha als Minimum für Castrop-Rauxel und 43,1 EW/ha als Maximum für Wanne-Eickel (ebd., 1042). Zum Vergleich: Hörde hatte 95 EW/ha und war damit die dichtest bebaute Stadt Preußens.
- Ebenso konnten die wirtschaftlichen Beziehungen des südlichen »Ruhrbezirks« gestärkt werden.
- Die Zugewinne an Flächen wertete er unterschiedlich negativ, besonders für Oberhausen, wo die »siedlungstechnischen Schäden verewigt« würden.
- Abschließend maß er der möglichen »Rationalisierung der Kommunalverwaltungen« besondere Bedeutung zu (ebd., 1046).

Insgesamt erwartete Schmidt von der Neugliederung eine vergrößerte Wirtschaftskraft der Gemeinwesen. Er ging davon aus, dass die anstehenden übergemeindlichen Aufgaben – insbesondere die des Verkehrs – in Arbeitsgemeinschaften der Gemeinden besser bewältigt werden könnten. Seine Kritik setzte dort an, wo sein Vorschlag zur ausgewogenen Einbettung der Stadtwirtschaften der Kernzonen in Großkreise dadurch zerstört wurde, dass »…. die Bildung der großen Stadtkreise unter Aufsaugung der in der Stadtzone noch bestehenden Landkreise zur Tat geworden ist« (Benedict 2000, 51).

Das Scheitern bei dem Vorsatz, die Großstädte nicht weiter zu vergrößern, den er mit der Eingangserwartung des preußischen Ministers des Innern teilte, relativierte er mit folgendem Eingeständnis: »Die Zuteilung neuer Gebiete zu Großstädten bedeutet heute und in Zukunft nicht mehr die Übertragung von siedlungstechnischen Fehlern, sondern sie ist die einzige Möglichkeit, die Fehler einer früheren Entwicklung auszugleichen« (Schmidt 1929, 1047). Daraus jedoch die Notwendigkeit weitergehender Neuordnungen zu folgern, lehnte er ab. Abschließend stellte er fest, dass »… ein allgemeiner Zusammenschluss des Gebiets zu einer Einheitsgemeinde kaum in den Bereich der Möglichkeit gezogen zu werden braucht« (ebd., 1047). Damit knüpft er an seine Eingangsbemerkung zur Denkschrift von 1928 an, in der er schreibt: »Aus einem Haufen Städte kann man aber keine Stadt machen, höchstens einen Verwaltungsbezirk. Eine Stadt ist ein Organismus, der städtebaulich nach bestimmten Grundsätzen geschaffen und verwaltet werden muß« (Denkschrift 1928, 3). Im Übrigen ging er davon aus, dass eine neu geordnete Gebietsstruktur mindestens drei Jahrzehnte zu ihrer Stabilisierung brauche.

Robert Schmidt: weitere Schlussfolgerungen nach 1929

Als Konsequenz aus der Neuordnung sah Schmidt den »Wirtschaftsplan« als einen Rahmen, der zukünftig für die Entwicklung der einzelnen Kommune im Bezug zu den Nachbargemeinden und für die Region notwendig und geeignet wäre. Dieser Plan sollte jeweils auf Ergebnissen gemeindeübergreifender Arbeitsgruppen zu Themen der Infrastruktur aufbauen und mit anderen Kommunen abgestimmt werden. So sollte dieser Plan das wesentliche Instrument einer »speziellen Landesplanung« für das Ruhrgebiet werden. Im Gebiet des SVR wurde der Wirtschaftsplan bereits oft erprobt als das geeignete Instrument für eine städtebauliche, stadttechnische und flächenökonomische Entwicklung einzelner Städte im regionalen Zusammenhang des Ruhrgebiets.

Rückblickend bewertete Schmidt sehr zurückhaltend, dass seine stadtstrukturellen und raumordnerischen Zielsetzungen in den vorliegenden Ergebnissen der Eingemeindung nur partiell eingelöst wurden. Insbesondere wurde seine Vorstellung vom Interessenausgleich zwischen den Flächenanforderungen von Großindustrie und Landwirtschaft und vom Zuschnitt der Großstädte nach Branchenschwerpunkten in den so genannten »Interessenzonen« nicht aufgenommen. In der Summe gesehen hatten sich bei diesen Eingemeindungen weitgehend die Interessen der Montanindustrien durchgesetzt, die sich in einem dynamischen Prozess der Zentralisierung befanden. Unbeeindruckt von diesen Ergebnissen der Eingemeindung bzw. kommunalen Neugliederung warb Schmidt aber auch nach seiner Ablösung 1932 als Verbandsdirektor weiter dafür, die Arbeitsmethoden und Aufgaben des SVR als beispielhaft für die Landesplanung im Reichsgebiet zu übernehmen. Dies tat er z.B. in einem Vortrag (Schmidt 1931) und in Vorschlägen z.B. zur Änderung des Reichs-Wohnsiedlungsgesetzes (Schmidt 1934). Dort wurde immerhin der im SVR eingeübte Planungsbaustein »Wirtschaftsplan« für die Gesamtplanung einer Stadt verankert.

Literatur

Benedikt, Andreas: 80 Jahre im Dienst des Ruhrgebiets, Essen 2006

Farrenkopf, Michael: Zechensterben. In: Prossek et al. 2009, S. 102 f.

Hoebink, Hein: Mehr Raum – mehr Macht. Preußische Kommunalpolitik und Raumplanung im rheinisch-westfälischen Industriebezirk 1900–1933. Essen 1990

Prossek, Achim; Schneider, Hartmut; Wessel, Horst A.; Wetterau, Burkhard; Wiktorin, Dorothea (Hg.): Atlas der Metropole Ruhr: Vielfalt und Wandel des Ruhrgebiets im Kartenbild. Köln 2009

Schmidt, Robert (1912): Denkschrift betreffend Grundsätze zur Aufstellung eines General-Siedelungsplanes. Essen 1912; Reprint: Regionalverband Ruhr (Hg.), Essen 2009

Schmidt, Robert (1925): Das neue Preußische Städtebaugesetz. In: Bauwelt, H. 334/1925, S. 772 ff.

Schmidt, Robert (1926): »Landesplanung«, Vortrag in der Hauptausschusssitzung des Preußischen Städtetags 1926, Abschrift (Archiv für soziale Bewegungen, Bochum; Bestand RVR)

Schmidt, Robert (1929): Das Gesetz über die kommunale Neugliederung des rhein.-westf. Industriegebiets vom 29. Juli 1929 und der Siedlungsverband.

In: Beitrag für die Ruhr und Rhein Wirtschaftszeitung 1929, H. 32 (9. August 1929), S. 1041–1047

Schmidt, Robert (1931): Die Aufgaben des Siedlungsverbandes Ruhrkohlenbezirk. In: Verkehr und Industrie, Vortragsreihe des Reichsbundes Deutscher Technik. Berlin ca. 1931 (Archiv für soziale Bewegungen, Bochum; Bestand RVR)

Schmidt, Robert (1934): Vorschlag für die weitere Ausgestaltung des Reichsgesetzes über die Aufschließung von Wohnsiedlungsgebieten (Manuskript), 1934 (Archiv für soziale Bewegungen, Bochum; Bestand RVR)

Schmidt, Robert (Verf.), SVR (Hg.): Denkschrift betr. Neuregelung des Ruhrbezirks. Essen 1928

Verein für die bergbaulichen Interessen in Essen (Hg.): Wirtschaftszahlen aus dem Ruhrbergbau. Essen 1928

Dirk-Marko Hampel
Der Siedlungsverband Ruhrkohlenbezirk (SVR) und der Verkehr im Ruhrgebiet zwischen 1920 und 1952
Von der Gründung des SVR bis zum ersten Gesamtverkehrsplan für das Ruhrgebiet

Vor der Gründung des Siedlungsverbands Ruhrkohlenbezirk (SVR) nahmen die so genannten »Provinzialstraßen« im Ruhrgebiet wie in ganz Preußen die Hauptlast des Straßenfernverkehrs auf. Das bestehende Netz von Fernverbindungsstraßen hatte sich über Jahrhunderte entwickelt und wurde seit dem frühen 19. Jahrhundert von der Rheinprovinz und der Provinz Westfalen unterhalten. Die Provinzen hielten zwar ihre Straßen in Stand, bauten vorhandene jedoch nicht aus und schufen auch keine neuen Straßen. Typischerweise verliefen diese Straßen mitten durch die dem steigenden Verkehrsaufkommen nicht mehr gewachsenen Stadt- und Dorfkerne im Ruhrgebiet. Allerdings hatten auch die Kommunen kein Interesse, in eigener Regie Umgehungsstraßen zu schaffen. Aus Schmidts Sicht genügten die vorhandenen Provinzialstraßen aufgrund ihres Zustandes nicht als Hauptstraßen zur Bewältigung des überörtlichen Straßenverkehrs. (Friemann 1958, 3; Schmidt 1912, 55–65)

Das seit der Mitte des 19. Jahrhunderts überwiegend auf Initiative von drei konkurrierenden privaten Eisenbahngesellschaften im Ruhrgebiet entstandene Eisenbahnnetz zeichnete sich aus durch eine klare West-Ost-Dominanz in der Streckenführung zwischen Duisburg und Dortmund, während Verbindungen in der Nord-Süd-Relation oder diagonal verlaufende Strecken unterrepräsentiert waren. Problematisch war auch, dass die Verwaltung der seit den 1880er Jahren in der Preußischen Staatsbahn aufgegangen Eisenbahngesellschaften ihre Ausbauplanungen für Strecken und Anlagen möglichst lang unter Verschluss hielten und erst an die Öffentlichkeit gingen, wenn die Führung einer Strecke festlag und die Pläne aufgestellt waren, um damit der Bodenspekulation vorzubeugen. Dies führte dazu, dass die betroffenen Kommunen kaum in der Lage waren, ihre eigenen Planungen auf die Planungen der Staatsbahn einzustellen. Schmidt schlug vor, dass es im Eisenbahnverkehr zu einer Trennung von Personen- und Güterverkehr kommen sollte, verbunden mit einem gleichzeitigen Ausbau des Eisenbahnnetzes. Die hierfür notwendigen Flächen sollten im aufzustellenden »General-Siedelungsplan« freigehalten werden. Die im »Gesetz betreffend Verbandsordnung für den Siedlungsverband Ruhrkohlenbezirk« vom 5. Mai 1920 (kurz: SVR-Gesetz) rechtlich verankerte Idee der »Verkehrsbänder« war geboren. Zusätzlich forderte Schmidt die Einrichtung eines Vorortverkehrs durch die Preußische Staatsbahn, um damit eine bessere Nutzung der Eisenbahn auch im Nah- und Regionalverkehr zu erreichen. (Friemann

1958, 2, 4; Hansing 1924, 1, 11; Klee 2005; Schmidt 1912, 77–85)

Besonders schwierig war die Situation im öffentlichen Personennahverkehr, der fast ausschließlich mit Straßenbahnen abgewickelt wurde. Ähnlich der heterogenen Entwicklung des Eisenbahnnetzes, das immerhin mit einer einheitlichen Spurweite betrieben wurde, setzte ab 1881 mit den ersten von Pferden gezogenen Straßenbahnen in Dortmund und Duisburg die Ausbildung eines »Netzes der Netze« ein. Besonders nach Beginn des Siegeszuges elektrischer Straßenbahnen am Anfang der 1890er Jahre und der Vereinfachung des Baus von Straßenbahnen durch das preußische Kleinbahngesetz vom 28. Juli 1892 wucherten im polyzentralen Rheinisch-Westfälischen Kohlenrevier bis zum Ersten Weltkrieg, von vielen Städten und Gemeinden ausgehend, Straßenbahnnetze in unterschiedlicher Trägerschaft ohne Gesamtplanung »wild« aufeinander zu.[1] (Reuther 2007; Schöningh 1911)

Zur Verbesserung des öffentlichen Personennahverkehrs schlug Schmidt 1912 zunächst die Verlegung der dem interkommunalen Verkehr dienenden Straßenbahnstrecken auf einen eigenen Bahnkörper vor, um den Straßenbahnverkehr flüssiger und störungsfreier getrennt vom übrigen Fahrzeugverkehr stattfinden zu lassen. Die Straßen sollten eine Gesamtbreite von 24 bis 28 Metern erhalten. Der SVR fand in diesem Bereich ein wichtiges Betätigungsfeld. (Friemann 1958, 2)

Der Verkehr im SVR-Gesetz vom 5. Mai 1920

Das Gesetz vom 5. Mai 1920 gab dem SVR den rechtlichen Rahmen, um sich seiner in § 1 festgelegten Hauptaufgabe, der »Förderung der Siedlungstätigkeit«, und den daraus abgeleiteten, notwendigen Aufgaben, unter anderem im Bereich Verkehr, widmen zu können. Dabei galt es, jegliche Form des Verkehrs, insbesondere den Straßenverkehr, den Personen- und Güterverkehr der Deutschen Reichsbahn, den Güterverkehr der privaten Industriebahnen und den Straßenbahnverkehr sowie auch den Luft- und Schiffsverkehr bei den Flächennutzungsplanungen zu berücksichtigen und zu verbessern. (Schmidt 1921)

Zentrales Instrument war die im SVR-Gesetz festgelegte Übertragung der Zuständigkeit für die Fluchtlinienfestsetzung »für Durchgangs- oder Ausfallstraßen, insbesondere auch für solche Straßen und Plätze, die über den Bezirk einer Gemeinde hinausgehenden Schienen betriebenen Beförderungsanstalten dienen oder dienen sollten«. Hier standen der Kraftfahrzeugverkehr auf bestehenden Straßen und der interkommunale Schienenverkehr auf Straßen, der Straßenbahnverkehr, im Mittelpunkt der vorgesehenen Verbesserungen. Das SVR-Gesetz bot eine neuartige Möglichkeit der Freihaltung von Verkehrsflächen jeder Art: das »Verkehrsband«. Verkehrsbänder waren gemäß SVR-Gesetz »Geländestreifen, die Verkehrsmitteln jeder Art, insbesondere Eisenbahnen, Kleinbahnen oder Kraftwagen dienen sollen«. Es handelte sich dabei also um die planerische Festlegung von Flächen, die für eine verkehrliche Nutzung jeglicher Art freizuhalten waren, z.B. für Bahnstrecken jeder Art wie auch für Straßen. Unter diese Flächen fielen auch Kanalbauten und Flughäfen. (SVR-Gesetz, § 16, Abs. 1 f.; Hansing 1924, 9–11; Müller 1965, 20)

Besonderes Augenmerk galt im SVR-Gesetz auf »die Förderung des Kleinbahnwesens, insbesondere des zwischengemeindlichen Verkehrs«. Dazu wurden die gemäß des Kleinbahngesetzes von 1892 von den anliegenden Gemeinden und Kreisen wahrgenommenen Rechte hinsichtlich der Wegebenutzung durch »Kleinbahnen« auf den SVR übertragen, ebenso die damit verbundene Verwaltungsaufsicht, das heißt die Rechte zur Genehmigung für den Neu-, Um- oder Ausbau und zum Betrieb von »Kleinbahnen«, also auch Straßenbahnen, die bisher den für das Gebiet des SVR zuständigen Regierungspräsidien zustanden. Dieser hatte das Recht, die Entwürfe in Bezug auf ihre Auswirkungen auf die Gesamtplanungen des SVR zu überprüfen, z.B. auf die vorgesehene Lage von Gleisen in Straßen. Die technische Aufsicht blieb jedoch weiterhin bei der sogenannten Kleinbahnaufsicht, das heißt bei der jeweils zuständigen Reichsbahndirektion. (SVR-Gesetz §1, Abs. 2, §25, §19; Friemann 1958, 25; Hansing 1924, 2 f.)

Die Umsetzung des SVR-Gesetzes ab 1920

Im Herbst 1920 nahm die Geschäftsstelle des SVR in Essen ihre Arbeit auf. Es ging zunächst um die Erstellung der grundlegenden Unterlagen für die Vorhaben der nächsten Jahre, die in eine Phase der Planung des Straßenausbaus und -neubaus mündete, die sich nicht zuletzt durch die schwierigen wirtschaftlichen und politischen Verhältnisse in Deutschland und besonders im Ruhrgebiet bis in das Jahr 1925 hinzog. 1920/21 wurde erstmals ein »Verbandsplan« aufgestellt, der dann im Dreijahresrhythmus aktualisiert wurde. (SVR 1920/21; SVR 1920–1927, 4, 6, 13)

Für den Bereich Verkehr bedeutete dies die Festlegung eines Durchgangsstraßennetzes bzw. von Hauptverkehrsrouten, den so genannten »Verbandsstraßen«.[2] Weiterhin stellte man Normen und Richtlinien für den Ausbau bestehender und den Bau neuer Straßen auf. So legte man die Breite von Straßen mit Straßenbahnstrecke auf 26 Meter fest, jener ohne Straßenbahn auf 18 Meter. Gleichzeitig wurde auch die Gleislage innerhalb von Straßen in Abhängigkeit von ihrer Breite bestimmt, um eine optimale Nutzung der Straßenoberfläche durch alle Verkehrsteilnehmer zu gewährleisten.[3] (SVR 1920/21; SVR 1920–1927, 6; Verbandsstraßen 1930)

Die Reichsbahn[4] nutzte die rechtlichen Möglichkeiten des SVR zur Festlegung von Verkehrsbändern zur Flächenfreihaltung für neuer Streckentrassen zur Netzergänzung besonders im Nord-Süd-Verkehr[5] und Diagonalverkehr, zum mehrgleisigen Ausbau bestehender Strecken und zum Um- und Ausbau von Personen- und Güterbahnhöfen. Der SVR hatte jedoch, abgesehen von der Fluchtlinienfestsetzung, keinen weiteren gesetzlich festgelegten Einfluss auf den Eisenbahnbetrieb, z.B. auf die Streckenplanung. Nur durch Verhandlungen konnten Fahrplanverbesserungen und zusätzliche Haltepunkte für den Personenverkehr geschaffen werden oder nur vom Güterverkehr genutzte Strecken auch für den Personenverkehr freigegeben werden. Ein zentrales Thema war die Einführung eines nach dem Muster der Berliner oder Hamburger Vororttarife gestalteten, günstigen »Ruhr-Bezirkstarifs« für einen in gleichmäßigen Intervallen verkehrenden Personennahverkehr der Reichsbahn. (Friemann 1951, 78; Friemann 1958, 5, 12 f.; Hansing 1921; Hansing 1924, 4; Hansing 1925, 563; SVR 1920/21; SVR 1921/22, 14; SVR, 1928, 14)

Es galt der Grundsatz, dass die Festlegung von Verkehrsbändern nur im öffentlichen Interesse und nicht für private Zwecke erfolgen durfte. Private Anlagen, wie Industriebahnen, konnten von solcher volkswirtschaftlichen Bedeutung sein, dass ein »öffentliches Schutzbedürfnis« für sie vorlag. Somit konnten auch für die ausgedehnten Gleisnetze und Bahnhofsanlagen der schwerindustriellen Güterbahnen »Verkehrsbänder« freigehalten werden. Über diese Möglichkeit hatte der SVR Einfluss auf die Lage dieser Strecken, z.B. zur platzsparenden Flächennutzung. (Friemann 1958, 10; SVR 1920–1927, 8)

Die Zusammenarbeit mit der Reichsbahn blieb immer schwierig, besonders wenn es darum ging, Verbesserungen für andere Verkehrsteilnehmer durchzusetzen.[6] Achillesfersen im Ruhrgebietsverkehr waren und blieben die zahlreichen niveaugleichen Kreuzungen zwischen Reichsbahn- bzw. Industriebahnstrecken und Straßen. Der dichte Zugverkehr verursachte lang anhaltende Verkehrsstockungen an den Bahnübergängen. Eine besondere Brisanz erlangte dieses Problem, wenn in diesen Straßen Straßenbahnstrecken verliefen, die die Eisenbahnstrecken kreuzten.[7] Es wird ein Interessenkonflikt zwischen der Reichsbahn und den Straßenbahnunternehmen deutlich, der die Arbeit des SVR zur Verbesserung des Verkehrs begleitete, ohne dass er eine rechtliche Handhabe zur Beseitigung solcher Probleme hatte. Erschwerend kam hinzu, dass die Reichsbahn im Genehmigungsprozess neuer Straßenbahnstrecken konkurrierende, Einspruch erhebende Partei gegenüber den anderen Verkehrsunternehmen war und, wie erwähnt, gleichzeitig deren technische Genehmigungs- und Aufsichtsbehörde. Diese Janusköpfigkeit prägte die Zusammenarbeit mit der Reichsbahn. (Hansing 1929; Plankreuzungen 1930; Schmidt 1930)

Im Verbandsgebiet gab es im Jahr 1920 1.030 Kilometer Straßenbahnstrecken, davon 190 in Normalspur und 840 in Meterspur.

Der SVR war nun die Institution, die die Verkehrsbetriebe untereinander und mit sich in ein intensives Gespräch brachte. Im Rahmen des SVR wurde im Herbst 1920 der »Kleinbahnausschuß« ins Leben gerufen, dem ein Vertreter des SVR und sechs Leiter von Verkehrsbetrieben aus dem Verbandsgebiet angehörten. Ziel des Kleinbahnausschusses war die Verbesserung des Straßenbahnverkehrs durch Intensivierung der Zusammenarbeit der Nahverkehrsbetriebe und den daraus resultierenden Ausbau der interkommunalen Straßenbahnverbindungen. Dies sollte gerade und besonders zwischen Städten und Gemeinden geschehen, die von unterschiedlichen Verkehrsbetrieben mit Nahverkehrsleistungen versorgt wurden und wo sich nicht schon von Beginn an interkommunaler Verkehr ergeben hatte, wie z.B. zwischen Bochum und Gelsenkirchen mit der Bochum-Gelsenkirchener Straßenbahnen AG.[8] Um dieses Ziel zu erreichen, mussten Gleisverbindungen zwischen benachbarten Straßenbahnbetriebsnetzen gleicher Spurweite geschaffen werden. Ein bemerkenswertes Beispiel für die Folgen nicht zentral gelenkter Nahverkehrsentwicklung im Ruhrgebiet waren die geradezu kruden Verhältnisse des Straßenbahnverkehrs in der Herner Innenstadt. Dort trafen sich bis 1920/21 Straßenbahnen von sechs Gesellschaften, die trotz gleicher Spurweite fast alle keine Gleisverbindung untereinander hatten.[9] Um einen zügigen Verkehr zu gewährleisten, galt es, bestehende Straßenbahnstrecken zweigleisig auszubauen. Nach Möglichkeit sollten eigene Bahnkörper zur Entlastung der Straßen und für einen störungsfreien Betrieb angelegt werden.[10] Ziel war die Einführung von »Gemeinschaftsverkehren«, umsteigefreien Straßenbahnverbindungen zwischen meist zwei, selten auch drei Verkehrsbetrieben im zwischenstädtischen oder auch innerstädtischen Verkehr,[11] besonders zwischen Kommunen, die keine oder nur eine unzureichende Eisenbahnverbindung untereinander aufzuweisen hatten. Kurz nach der ersten Einberufung des Kleinbahnausschusses 1920 gründete sich 1921 der »Verein der Klein- und Straßenbahnen im Gebiet des Siedlungsverbandes Ruhrkohlenbezirk e.V.«, kurz »Hertener Verein« genannt.[12] (Friemann 1958, 14ff.; Müller 1965, 17; Reuter 2007; Schmidt 1921, 88; SVR 1920/21; SVR 1921/22, 15)

Der SVR unterstützte ebenfalls die Planungen für die um 1910 anvisierte elektrische Rheinisch-Westfälische Städteschnellbahn von Köln über Düsseldorf, Duisburg und Essen nach Dortmund.[13] 1923 folgte die Gründung der »Studiengesellschaft für die Rheinisch-Westfälische Städteschnellbahn«, in deren Geschäftsführung der langjährige Verkehrsdezernent des SVR, Wilhelm Hansing, vertreten war. 1924 wurde die Konzession erteilt.[14] (Friemann 1958, 10f.; Hansing 1925, 566; Müller 1965, 9–12, 28)

Weiterhin erhielt der SVR per Gesetz das Recht, »Bahnen« zu bauen, bauen zu lassen, zu betreiben und betreiben zu lassen, ggf. zu kaufen.[15] Vor diesem Hintergrund übernahm er für anliegende, interessierte Kommunen die Planung diverser Überlandbahntrassen.[16] Es handelte sich meist um Verbindungen, die weder als Eisenbahn- noch als Straßenbahnstrecken vorhanden waren. Die Projekte blieben jedoch weitgehend im Planungsstadium stecken und der SVR baute selbstständig keine Überlandbahn- oder Straßenbahnstrecken, da die Finanzierung des Neu- und Ausbaus von Verbandsstraßen seine Finanzmittel weitgehend erschöpfte. (SVR-Gesetz §19; Friemann 1958, 5f.)

Ab Mitte der 1920er Jahre wurde aufgrund der wesentlich verbesserten Fahrzeugtechnik der Autobus zu einem ernst zu nehmenden Verkehrsmittel und zu einer Konkurrenz für Straßenbahn- und Eisenbahnverbindungen. Eine Vielzahl von Konzessionen wurde beantragt, häufig für Autobuslinien parallel zu Straßenbahn- und Eisenbahnstrecken. Der SVR hatte jedoch auf die Konzessionserteilung keinen Einfluss: Genehmigungsbehörde war, wie bis 1920 für Straßenbahnstrecken, das jeweils zuständige Regierungspräsidium. Der SVR schaltete sich aufgrund der Konkurrenzsituation zu Straßenbahnstrecken, für deren

Verbesserung er qua Gesetz verpflichtet war, ein und wurde nachfolgend aufgrund seiner Kompetenz in Verkehrsfragen als Gutachter gehört. In einem speziellen Fall beteiligte sich der SVR selbst an einem Nahverkehrsunternehmen, das heißt an einer Gesellschaft für Autobuslinienverkehr. (SVR 1920–1927, 17, 20; SVR 1924/25, 9 f.)

Auch um den Anschluss des Ruhrgebietes an den ebenfalls Mitte der 1920er Jahre in Deutschland aufblühenden Luftverkehr bemühte sich der SVR. Fluchtlinienverfahren wurden für verschiedene Flugplätze durchgeführt, z.B. Essen/Mülheim und Dortmund-Brackel.[17] (SVR 1920–1927, 12, 20) Zum Aufgabenfeld des SVR gehörte schließlich auch die Förderung des Schiffsverkehrs. Da die großen Kanäle der Region, wie z.B. der Rhein-Herne-Kanal, überwiegend schon vor dem Ersten Weltkrieg fertiggestellt waren, blieb die Tätigkeit hier jedoch überschaubar. (Friemann 1958, 11)

Neben dem Straßenbau widmete sich der SVR ab 1926 der Einführung einer einheitlichen Beschilderung der von ihm betreuten Durchgangs- und Hauptverkehrsstraßen.[18] 1926 wurde erstmals eine Verkehrszählung an den Hauptverkehrsstraßen an 290 Zählstellen mit etwa 1.000 Zählpunkten zur Ermittlung der Verkehrsbelastung durchgeführt. Dieser Zählung folgte 1927 eine auf ein schon erwähntes, besonderes Problem des Ruhrgebietsverkehrs zugeschnittene Zählung: zu den Behinderungen des Verkehrs durch Plankreuzungen mit Eisenbahnstrecken unter besonderer Berücksichtigung von Straßen mit Straßenbahnstrecken.[19] 1928 begannen die Provinzen, Kreise und Städte gemeinsam mit dem SVR die Planung eines einheitlichen Radfahrwegenetzes jenseits der Verbandsstraßen, dessen Ausbau allerdings nur sehr schleppend vorwärts ging.[20] Im selben Jahr gelang dem SVR eine weitgehende Vereinheitlichung der »Kraftdroschkentarife« im Ruhrgebiet. 1930 erfolgte eine erneute Zählung des Straßenverkehrs an nunmehr 1.200 Zählpunkten, bei der eine Verdreifachung des Verkehrs seit 1926 festgestellt wurde. (SVR 1920–1927, 15, 19, 21; SVR 1924/25, 1; SVR 1925/26, 8; Verkehrszählung 1926; SVR 1926/27, 10; SVR 1927, 12; SVR 1928, 7, 15; SVR 1930, 14, 34; Plankreuzungen 1930; Verbandsstraßen 1930, 7)

Die Reichsbahn gab als Antwort auf die Planungen zur Rheinisch-Westfälischen Städteschnellbahn im November 1927 bekannt, die wichtigsten Eisenbahnstrecken der Region viergleisig auszubauen. Schließlich führte sie am 2. Oktober 1932 den »Ruhr-Schnellverkehr« als ersten Schritt zur Beschleunigung des Eisenbahnnahverkehrs ein. (Müller 1965, 11 f.)

Im Nahverkehr wurde der Aus- und Neubau von Straßenbahnstrecken vorangetrieben und die Zahl der »Gemeinschaftsverkehre« nahm von Jahr zu Jahr zu, sodass von einem maßgeblichen Erfolg des SVR bei der Förderung der Zusammenarbeit der Straßenbahnbetriebe gesprochen werden kann. Das Straßenbahnnetz im SVR wuchs zwischen 1920 und 1926 um 126 Kilometer, das heißt um etwa 12 Prozent.[21] Diese Entwicklung setzte sich bis in die Weltwirtschaftskrise fort. Gefördert wurde vom SVR auch die Einführung von Übergangstarifen zwischen mindestens zwei Verkehrsbetrieben, die die Nutzung des Nahverkehrs verbilligen und vereinfachen sollten.[22] Vor dem Hintergrund des Kleinbahnausschusses und des »Hertener Vereins« kam es im April 1927 zur Gründung einer »Studiengesellschaft zur Prüfung der Vereinheitlichung des gesamten Straßenbahnwesens« beim SVR.[23] (Diesselhorst 1927, 1283 f.; Friemann 1958, 16; Müller 1965, 28; Reuther 2007, 43; SVR 1927, 16; SVR 1928, 15)

Trotz des schwierigen Verhältnisses zwischen den Nahverkehrsbetrieben und Kommunen einerseits und der Reichsbahn andererseits wuchs zum Ende der 1920er Jahre auf beiden Seiten die Einsicht in die Notwendigkeit eines Gesamtverkehrsplanes. Im Jahr 1929 kam es zur Bildung einer lockeren Arbeitsgemeinschaft für einen Gesamtverkehrsplan Ruhrgebiet – unter Federführung des SVR gemeinsam mit dem ebenfalls 1920 gegründeten wirtschaftsnahen »Verkehrsverband Industriebezirk«. Ziel war die Ermittlung der Verkehrsstruktur, die Zusammenfassung und Abstimmung aller Planungen, die Aufgabenteilung zwischen den Verkehrsmitteln und die Festlegung der künftigen Gesamtverkehrsgestaltung. Im Jahr 1931 wurde erstmals der Personenverkehr auf der Eisenbahn und im Folgejahr bei den Nahverkehrsbetrieben gezählt. Ebenfalls 1932 traten die Reichsbahndirektion Essen, die Rheinprovinz und die Provinz Westfalen sowie die »Vereinigung der Stadt- und Landkreise des Rheinisch-Westfälischen Industriegebietes« der »Arbeitsgemeinschaft für einen Verkehrsplan des Ruhrkohlenbezirks« bei, sodass erstmals alle relevanten Verkehrsinstitutionen und Verwaltungseinheiten einschließlich des SVR an einem Tisch saßen. (Friemann 1951, 80; Müller 1965, 23; SVR 1930, 21 f.; SVR 1932, 17)

1933 bis 1945 – Kompetenzentzug, Konzentration und Zerstörung

Einen Rückschlag erlitten die Bemühungen des SVR zur weiteren Verbesserung und Vereinheitlichung des Straßenbahnwesens durch das »Reichsgesetz über die Beförderung von Personen zu Lande« vom 4. Dezember 1934. Die dem SVR 1920 übertragene Genehmigungs- und Aufsichtsfunktion wurde den Regierungspräsidien wieder zurückgegeben.[24] Ferner wurde dem SVR per Gesetz auch die Hoheit über die Hauptverkehrsstraßen, die »Verbandsstraßen«, entzogen.[25] Der »Hertener Verein« ging 1936 in der »Untergruppe Essen« der »Reichsverkehrsgruppe Schienenbahnen« auf.

Das Jahr 1938 hätte zu einem für die Entwicklung des Nahverkehrs im Ruhrgebiet wichtigen Jahr werden können, wenn nicht der Beginn des Zweiten Weltkriegs viele Pläne hätte Makulatur werden lassen. Im April 1938 kam es erstmals zur Vereinbarung einer konkreten Zusammenarbeit zwischen der Reichsbahn und den öffentlichen Nahverkehrsbetrieben im SVR-Gebiet. Die Reichsbahndirektion Essen bildete mit den Verkehrsbetrieben die »Arbeitsgemeinschaft der Verkehrsträger für den Nahverkehr des Ruhrbezirks« und sie schlossen ein »Abkommen über die Zusammenarbeit im Personen-Nahverkehr des Ruhrbezirks«. Ziele waren die »bestmögliche Ausnutzung« der vorhandenen Ressourcen, z.B. durch die Abstimmung der Fahrpläne, die Einführung von Übergangstarifen und die Vermeidung von Wettbewerb. Die Umsetzung dieser revolutionären Vereinbarung wurde durch den Beginn des Zweiten Weltkriegs verhindert.

Ebenfalls im Jahr 1938 erschien nach neun Jahren Vorbereitung der erste Teil des Gesamtverkehrsplanes für das Gebiet des Siedlungsverbandes Ruhrkohlenbezirk, der allerdings noch keine Planungsvorschläge enthielt, sondern eine Bestandsaufnahme war. Die weitere Bearbeitung des Gesamtverkehrsplans vereitelte zunächst der Zweite Weltkrieg. Schließlich legte 1938 der vom SVR beauftragte Stuttgarter Verkehrswissenschaftler Prof. Dr.-Ing. Carl Pirath ein Gutachten zur »Neugestaltung des öffentlichen Personen-Nahverkehrs im Ruhrkohlenbezirk« vor. Dort empfahl er eine »Tarifeinheit« der

Verkehrsmittel als Vorstufe für eine »Betriebseinheit«, das heißt den Zusammenschluss aller Nahverkehrsbetriebe in einem gemischtwirtschaftlichen Gesamtbetrieb. Der mit der Umsetzung des Zusammenschlusses beauftragte Staatskommissar war bereits ernannt, als auch hier der Beginn des Zweiten Weltkriegs die Ausführung verhinderte. (Friemann 1958, 31; Hansing 1937, 320 f.; Müller 1965, 17, 23, 28 f., 33; Pirath 1938, SVR/KVR 2000, 55)

1945 bis 1952 – Wiederaufbau und Orientierung

Nach Ende des Zweiten Weltkriegs waren sowohl die Reichsbahn als auch die Nahverkehrsbetriebe mit dem Wiederaufbau der in weiten Teilen zerstörten oder stark beschädigten Infrastruktur beschäftigt. Es war auf beiden Seiten kein Interesse vorhanden, das »Abkommen über die Zusammenarbeit im Personen-Nahverkehr des Ruhrbezirks« von 1938 zu beleben. Der SVR regte 1946/47 beim Verkehrsminister des neu gegründeten Landes Nordrhein-Westfalen die »Zusammenfassung« der Nahverkehrsbetriebe an, was aber ohne positives Echo blieb. Nach Behebung der schlimmsten Schäden kam es 1947 in einem »Sonderausschuß Ruhrbezirk« des »Vereins der Straßenbahnen und sonstigen öffentlichen Personen-Verkehrsunternehmen im Britischen Besatzungsgebiet« zu einer erneuten engeren Zusammenarbeit im Sinne des 1936 gleichgeschalteten »Hertener Vereins«. Dieser Vereinigung folgte 1949 in der Tradition sowohl des ehemaligen Kleinbahnausschusses beim SVR als auch des »Hertener Vereins« die »Gemeinschaft der Nahverkehrsbetriebe Ruhr-Wupper-Niederrhein (GNR)«. Der SVR saß im Verwaltungsrat des neuen Verbandes.

Nach der Währungsreform und der verstärkten Verfügbarkeit von neuen Omnibussen kam es zu einer Welle von Konzessionsanträgen besonders von privaten Betreibern für neue Autobuslinien. Der SVR befürchtete eine Zersplitterung des Omnibusverkehrs und konnte die Gründung von »Koordinierungsausschüssen für den Omnibuslinienverkehr« durchsetzen. Im engeren Ruhrgebiet erhielten die kommunalen Nahverkehrsbetriebe im Allgemeinen die Konzessionen für neue Omnibuslinien, während die privaten Betreiber auf die Randbereiche beschränkt blieben.

Im Jahr 1950 waren alle Beteiligten soweit, wieder über die Fortsetzung und Vollendung der Arbeiten am Gesamtverkehrsplan zu verhandeln. Die Arbeitsgemeinschaft von 1929 bzw. von 1932 lebte wieder auf.[26] Kriegszerstörungen, verändernder Wiederaufbau sowie verlagerte Verkehrsströme erzwangen eine Überprüfung der vorhandenen Unterlagen. Die Betrachtung wurde auf den gesamten Straßen- und Schienenverkehr ausgedehnt. Wesentliche Änderungen ergaben sich aufgrund der rasanten Zunahme des Straßenverkehrs, der geplanten Elektrifizierung der wichtigen Eisenbahnstrecken im Ruhrgebiet und der dadurch zu erwartenden Beschleunigung des Personenzugverkehrs, ferner die Entstehung vielfältiger Omnibuslinien der Deutschen Bundesbahn. Im Jahr 1952 begannen die Arbeiten am zweiten Teil des Gesamtverkehrsplans mit Verkehrszählungen für den Straßen-, den Eisenbahn-, den Straßenbahn- und den Omnibusverkehr. Zum wiederholten Mal wurden die Verkehrsstärke und erstmals auch die Verkehrsströme ermittelt. Im Jahr 1956 konnten die Ergebnisse dieser Arbeiten, fast dreißig Jahre, nachdem erste Vorarbeiten 1929 begonnen hatten, zu einem Abschluss gebracht und in ähnlicher Form wie schon der erste Teil 1938 veröffentlicht werden. Damit lag 44 Jahre nach Robert Schmidts Denkschrift erstmals ein tragfähiger Gesamtverkehrsplan für das Ruhrgebiet vor. (Friemann, 1951, bes. 85 f.; Friemann 1958, 28, 30a f.; Müller 1965, 12, 14, 17, 24, 26–28, 30 f., 33 f.

Anmerkungen

1. Zusätzlich erschwert wurde der Verkehr dadurch, dass die von Dortmund und Duisburg ausgehenden Straßenbahnstrecken in der so genannten Normalspur angelegt waren, während der weitaus größere Teil des Ruhrgebietes zwischen beiden Städten, einschließlich des heutigen Duisburger Nordens (Hamborn) und des heutigen Dortmunder Südens (Landkreis Hörde), meterspurige Straßenbahnstrecken erhielt. So entstanden in Ruhrort, Meiderich, Mülheim, Brambauer, Henrichenburg, Castrop und Lütgendortmund technisch bedingte Zwangsumsteigepunkte zwischen den normal- und den meterspurigen Netzen. Aber auch zwischen den meterspurigen Netzen verschiedener Gesellschaften gab es nur in Ausnahmefällen Gleisverbindungen, sodass auch dort die Fahrgäste üblicherweise auf dem Weg zwischen zwei Nachbarstädten bzw. -netzen umsteigen mussten.
2. Sie wurden, abhängig von ihrem Verlauf, in Nord-Süd- oder Ost-West-Richtung bzw. als Diagonale mit den Kürzeln »NS«, »OW« bzw. »D« und einer nachfolgenden römischen Zahl nach einem festgelegten Schema bezeichnet. So erhielt die heutige A 40, die unter der Bezeichnung »Ruhrschnellweg« sicherlich bekannteste Straße des Ruhrgebietes, in ihrem damaligen Zustand und Verlauf die Bezeichnung »OW IV« (Friemann 1951, 81 f.; Müller 1965, 20). Vorausschauend legte man das »Verkehrsband« sofort in einer Breite fest, das nach dem Zweiten Weltkrieg einen autobahnähnlichen Ausbau des Ruhrschnellweges zuließ (Steinhauer 1967, 23 f.).
3. Hier wird sogleich die besondere Beachtung deutlich, die der SVR der Verbesserung der Straßenbahnverhältnisse beimaß.
4. Im Jahr 1925 betrug die Länge des Eisenbahnnetzes im Ruhrgebiet etwa 1.250 km (Hansing 1925, 563).
5. Ein wichtiges derartiges Projekt war die Nord-Süd-Verbindung von Essen nach Haltern über Gladbeck bzw. Buer und Marl, die nach etwa 70 Jahren Planung 1968 Jahren eröffnet wurde. Grundlage war ein vom SVR festgestelltes Verkehrsband (Hansing 1925, 563; Klee 2005, 152).
6. Bereits Schöningh beschäftigte sich in seiner 1911 erschienenen Dissertation ausführlich mit dem problematischen Verhältnis zwischen der Staatsbahn und den Kleinbahnen. An die Beseitigung dieser Probleme ging der SVR ab 1920 mit unterschiedlichem Erfolg planmäßig heran (Schöningh 1911, 14–68).
7. Die Beseitigung von Planübergängen erforderte beim SVR einen langen Atem bei den Verhandlungen und hohen Kapitaleinsatz bei allen Beteiligten (Hansing 1937, 320). Auch beim Neubau von Straßenbahnstrecken, bei denen eine – wenn auch nur wenig befahrene – Reichsbahnstrecke schienengleich gekreuzt werden sollte, verweigerte schon ab etwa 1900 die Preußische Staatsbahn kategorisch ihre Zustimmung (SVR 1928, 15).
8. Durchgehende Straßenbahnverbindungen fehlten zu Beginn der 1920er Jahre in großer Zahl, z.B. zwischen Essen und Gladbeck bzw. Buer (hergestellt im September 1921) sowie Oberhausen und Essen (hergestellt im Dezember 1924). Dies machte sich umso störender bemerkbar, als dass die Straßenbahnen im Ruhrgebiet häufig die Aufgaben von nicht vorhandenen oder nur unzureichend bedienten Eisenbahnstrecken zu übernehmen hatten. Dies galt besonders, wie erwähnt, für die unterentwickelten Nord-Süd- und Diagonal-Relationen des Eisenbahnnetzes, für die die hier genannten Verbindungen Beispiele sind (Hansing 1925, 566).
9. Dies waren die Bochum-Gelsenkirchener Straßenbahnen AG, die Straßenbahn Herne – Baukau – Recklinghausen, die Straßenbahn Herne – Sodingen – Castrop, die Kommunale Straßenbahngesellschaft Landkreis Gelsenkirchen, die Straßenbahn der Stadt Herne und die Westfälische Straßenbahn. Die Netze dieser sechs Gesellschaften wurden 1921, vermittelt und angeleitet durch den SVR, sämtlich miteinander verbunden (Hansing 1925, 566 f.; SVR 1921/22, 14). Ähnliche Situationen wie in Herne ergaben sich z.B. auch in (Alt-)Oberhausen (dort an fünf Stellen) sowie

Wissenschaftlichen Verein für Verkehrswesen e.V., Bezirksvereinigung Rhein-Ruhr der Deutschen Verkehrswissenschaftlichen Gesellschaft e.V., Sonderheft 1965, Essen 1965

(Pirath 1938): Pirath, Carl: Neugestaltung des öffentlichen Personennahverkehrs im Ruhrkohlenbezirk, Gutachten, hrsg. vom SVR, Essen 1938

(Plankreuzungen 1930): Verbandsdirektor des SVR (Hg.): Verkehrszählung an Plankreuzungen im Ruhrkohlenbezirk, Essen 1930

(Reuther 2007): Reuther, Axel: Straßenbahn im Ruhrgebiet, München 2007

(Schmidt 1912): Schmidt, Robert: Denkschrift betreffend Grundsätze zur Aufstellung eines General-Siedelungsplanes für den Regierungsbezirk Düsseldorf (rechtsrheinisch), Essen 1912

(Schmidt 1921): Schmidt, Robert: Das Verkehrswesen im Rahmen des SVR. In: Wirtschaftliche Nachrichten aus dem Ruhrbezirk, Nr. 4, 1921, S. 86–89

(Schmidt 1926): [Schmidt, Robert:] Die Tätigkeit des SVR, Nach einem Vortrag der Verbandsleitung am 20. Juli 1926 vor dem Wohnungsausschuß des Preußischen Landtages, Essen o.J. [1926]

(Schmidt 1927): Schmidt[, Robert]: Kraftfahrwesen und Strassenpolitik in Rheinland und Westfalen. In: Wirtschaftliche Nachrichten für Rhein und Ruhr, 6.10.1927, S. 1285–1286

(Schmidt 1928): Schmidt, Robert: Der Ruhrsiedlungsverband und die Weiterentwicklung des rheinisch-westfälischen Industriegebietes. In: Zeitschrift des Rheinischen Vereins für Denkmalpflege und Heimatschutz, 21. Jg, H. 1, 1928, S. 140–143

(Schmidt 1930): Schmidt, Robert: Zehn Jahre Landesplanung und SVR. In: A[dolf] Damaschke (Hg.), Jahrbuch der Bodenreform, Vierteljahrshefte, 26. Bd., Jena 1930

(Schöningh 1911): Schöningh, F[erdinand]: Die Geschichte und wirtschaftliche Bedeutung der Kleinbahnen (Überlandstraßenbahnen) im rheinisch-westfälischen Kohlenrevier, Unter besonderer Berücksichtigung der Stellung der Staatseisenbahnverwaltung und der Kommunen zum Straßenbahnbau, Paderborn 1911

(Steinhauer 1967): Steinhauer, Gerhard: Robert Schmidt, Lebensbild eines großen Ordners, Schriften der Volks- und Betriebswirtschaftlichen Vereinigung im rheinisch-westfälischen Industriegebiet, Sonderreihe H. 6, Köln/Opladen 1967

(SVR 1920/21): Verwaltungsbericht über das erste halbe Geschäftsjahr des SVR [Oktober 1920 – März 1921], o.O. [Essen] o.J. [1921]. (Typoskript)

(SVR 1920–1927): Die Tätigkeit des SVR in den Jahren 1920–1927, o.O. [Essen] o.J. [1928]

(SVR 1921/22): Verwaltungsbericht [des SVR, Geschäftsjahr April 1921 – März 1922], o.O. [Essen] o.J. [1922]. (Typoskript)

(SVR 1924/25): Verwaltungsbericht des SVR für das Geschäftsjahr 1924, o.O. [Essen] o.J. [1925]. (Typoskript);

(SVR 1925/26): Verwaltungsbericht des SVR für das Geschäftsjahr 1925, o.O. [Essen] o.J. [1926]. (Typoskript);

(SVR 1926/27): Verwaltungsbericht des SVR für das Geschäftsjahr 1926, Essen 1927

(SVR 1927): Verwaltungsbericht des SVR für 1927, Essen 1928

(SVR 1928): Verwaltungsbericht des SVR für das Kalenderjahr 1928, Essen 1929

(SVR 1929): Verwaltungsbericht des SVR für das Kalenderjahr 1929, Essen 1930

(SVR 1930): Verwaltungsbericht des SVR für das Kalenderjahr 1930, Essen 1931

(SVR 1931): Verwaltungsbericht des SVR für das Kalenderjahr 1931, Essen 1932

(SVR 1932): Verwaltungsbericht des SVR für das Kalenderjahr 1932, Essen 1933

(SVR 1970): SVR (Hg.): SVR 1920–1970, Schriftenreihe SVR, Essen 1970

(SVR-Gesetz): Gesetz betreffend Verbandsordnung für den SVR vom 5. Mai 1920/29. Juli 1929, o.O., o.J.

(SVR/KVR 1996): Kommunalverband Ruhrgebiet (Hg.): Das Ruhrgebiet und der SVR/KVR, Eine Dokumentation der Verbandsgeschichte, bearb. v. Andreas Benedict, Essen 1996

(SVR/KVR 2000): Benedict, Andreas: 80 Jahre im Dienst des Ruhrgebiets, SVR und KVR im historischen Überblick 1920–2000, hrsg. vom KVR, Essen 2000

(Verbandsstraßen 1930): N.N.: Denkschrift Verbandsstrassen, o.O. [Essen] o.J. [1930] (Typoskript)

(Verkehrszählung 1926): Verbandsdirektor des SVR (Hg.): Verkehrszählung auf den Hauptstraßen des Ruhrkohlenbezirks in dem Zeitabschnitt Januar bis Juni 1926, Essen 1928

Dirk Schubert

Vom wuchernden Wachstum zur planvollen Entwicklung Hamburgs

Fritz Schumacher als Vorkämpfer einer vorausschauenden Regional- und Landesplanung

Das wuchernde Wachstum der Großstädte war bis Ende des 19. Jahrhunderts vornehmlich durch Eingemeindungen der schwächeren und kleineren Umlandgemeinden gelöst worden. Seit Beginn des 20. Jahrhunderts drängten Unternehmer und Wirtschaftsverbände auf übergeordnete Planung, um gemeindliche Egoismen und Kirchturmpolitik durch eine vorausschauende Verkehrs-, Infrastruktur- und Siedlungspolitik zu ergänzen. Stadtplanung innerhalb der administrativen Grenzen war nicht mehr hinreichend, um die rasche Ausdehnung der Bebauung der Städte über die Stadtgrenzen hinaus zu steuern. Überörtliche, integrierte und überfachliche Planung auf regionaler Ebene wurde eingefordert. Schumacher suchte das »Zeitproblem, das wir ›Landesplanung‹ nennen« (Schumacher 1932a, 6) dabei nicht mit einem »hemmungslosen Ausdehnungsbestreben« und »Großstadtimperialismus« oder einer »Kolonialpolitik« zu begründen (Matzerath 1980, 67), sondern mittels von Fakten und Argumenten sowie von Debatten »auf Augenhöhe« die Sinnfälligkeit einer Planung »ohne Grenzen« zu fundieren. Er blickte bewundernd auf »die glänzenden Erfolge« des Ruhrsiedlungsverbands, von dem man lernen könne, und auf den »geschickten Leiter Robert Schmidt« (Schumacher 1927, 46).

Fritz Schumachers Bedeutung als Vorkämpfer für eine stadtregionale Planung im Raum Hamburg und in Deutschland ist aus planerischer Perspektive bereits vielfach erörtert worden. Viele der Ausarbeitungen zu diesem Thema sind aus der Sicht der planenden Verwaltungen mit einer umfassenden Darstellung von Sachzwängen verfasst, sind mit vielfach konkreten (Planungs-)Absichten und Interessen verbunden oder beinhalten weitgehend ausschnittsweise Wiedergaben von Originaltexten (Kallmorgen 1969; Ockert 1950). Häufig dominierten auch Verwaltungsjuristen das Thema mit dem Fokus auf Eingemeindungen und räumliche Reorganisation. Da die (Vor-)Arbeiten für stadtregionale Planung von Fritz Schumacher »nur« schriftlich vorliegen und sich nicht unmittelbar in Bauwerken und Projekten manifestiert haben, sind sie quasi »unsichtbar« und meist weniger beachtet worden. Eine Skizze der nach dem Ersten Weltkrieg geleisteten Vorarbeiten und Bestandsaufnahmen unter Federführung von Fritz Schumacher erschließt aber nicht nur den Umfang und die Komplexität dieser Arbeiten, sondern zugleich die verwandten innovativen Methoden, die ein Kompendium für die Etablierung der Regional- und Landesplanung bilden sollten (Pahl-Weber 1992; Necker/Woyke 2009; Harth 1994).

Für Schumacher ging es zunächst vordringlich um die »Reform der Großstadt«, um die »Wohnungsfrage« – und hier insbesondere um die »Siedlung der Masse«, die Ausgestaltung der Kleinwohnungsfrage. Die Gartenstadtpropagandisten würden die »Folgen der Massenansammlung in der Großstadt dadurch bekämpfen, dass sie den Riesenkörper der Großstadt zerteilten. [...] Leute wie Howard und Fritsch wollten das Problem der Großstadt lösen, indem sie es gleichsam umgingen« (Schumacher 1917, 17). Schumacher ging es nicht um die Auflösung der Großstadt, sondern darum, »ihr reformierend zu Leibe zu rücken« und ihr zugleich adäquate Entwicklungs- und Erweiterungsmöglichkeiten bereitzustellen. Dabei wiederum würden die lokalen Eigentümlichkeiten Hamburgs erschwerend wirken.

»Das Problem eines ›Großhamburg‹ hat wie alle Dinge in dieser Stadt in *Hafen*fragen seinen Ursprung, aber es wächst weit über wirtschaftlich-technische Gesichtspunkte hinaus und wird letzten Endes eine soziale Frage von tiefgreifender allgemeiner Bedeutung. In gegebenen historischen Verhältnissen vergisst man leicht, dass auch der Organismus eines menschlichen Wesens sich nur gesund zu entwickeln vermag, wenn diese Verhältnisse ein *natürliches* Wachstum gestatten. Was ein ›natürliches Wachstum‹ bedeuten würde, kann man sich mit seltener Deutlichkeit vergegenwärtigen, wenn eine Stadt ein so klar und deutlich ausgeprägtes Kraftzentrum besitzt wie Hamburg in seinem Hafen« (Schumacher in: Ockert 1950, 96 f.). Fritz Schumacher, spiritus rector der Hamburger Stadtplanung und Meister der taktisch-strategischen Argumentation, nutzte diese biologistische Metapher, um nach dem Ersten Weltkrieg die zwingende Notwendigkeit einer weitschauenden und abgestimmten Landesplanung zu begründen. Was später 1937 zum Groß-Hamburg-Gesetz führen sollte, war bereits vor dem Ersten Weltkrieg unter gänzlich anderen Vorzeichen, Motiven und Bedingungen erörtert worden. Schon 1907 begann der Kampf um die »Groß-Hamburg-Frage«, der zunächst in verschiedenen Zeitungen ausgetragen wurde.

Vor dem Ersten Weltkrieg war auch in anderen deutschen Wirtschaftszentren wie dem Ruhrgebiet, Berlin und Mitteldeutschland die Frage der stadt-regionalen Planung dringlich geworden. Schumacher kritisierte später, dass z.B. die Überlegungen einer territorialen Neuordnung Niedersachsens gänzlich ohne Berücksichtigung Hamburgs erörtert würden. »Die territoriale Zerrissenheit Niedersachsens« wies dabei durchaus ähnliche Absurditäten wie die Hamburgs auf.

Die »Groß-Hamburg«-Frage

Es ging dabei zentral um die Frage, ob das wirtschaftliche Überleben Hamburgs so eng mit der Erweiterung des Stadtgebietes verknüpft war, wie behauptet wurde, oder ob es nicht doch um eine territoriale Machtausdehnung ging (Johe 1988). Hamburg hatte seine Handels- und Hafeninteressen durch umfangreiche und schwierige Wasserbauten seit dem 15. Jahrhundert gesichert und war bemüht, das gesamte Gebiet an der Unterelbe (mit Rechten z.B. in Cuxhaven) für Handel und Schifffahrt bis zum hamburgischen Staatsgebiet zu kontrollieren. »Diese engeren Beziehungen lokaler Art, die das Wesen seiner Eigenschaft als Hafen bestimmen, hat Hamburg nicht als müheloses Geschenk erhalten; es hat die von der Natur gegebenen Anknüpfungspunkte an der Stelle, wo es einen Siedlungskörper angesetzt hat, in ständiger Weiterarbeit umgestaltet« (Schumacher 1927, 3). Die Tonnage der Hamburg anlaufenden Seeschiffe hatte sich zwischen 1886 und 1913 mehr als verdreifacht, die Anzahl der eingelaufenen (immer größeren) Schiffe mehr als verdoppelt (Wendemuth/Böttcher 1928, 226). Werften und Seehafenindustrien boomten, Gewerbe, Versicherungen, Reedereien und Dienstleistungen nahmen einen raschen Aufschwung. Die Bevölkerungszahl Hamburgs hatte sich im selben Zeitraum verdoppelt und vor dem Ersten Weltkrieg die Millionengrenze erreicht. Es war daher durchaus naheliegend, angesichts dieses ein Vierteljahrhundert währenden Wachstums in allen Bereichen bei allen Planungen für Hamburg von ähnlichen Szenarien für die Zukunft auszugehen.

Aber die Stadt Hamburg war von den Nachbarstädten Altona, Wandsbek und Harburg sowie 300 Landgemeinden, die allesamt zu den preußischen Provinzen Schleswig-Holstein oder Hannover gehörten, umgeben. Hier galten acht verschiedene Bauordnungen, und eifersüchtig wurden jeweils unterschiedliche Eigeninteressen verfolgt. Arbeiter pendelten nach Hamburg und umgekehrt in die Nachbargemeinden, während die Planung an den Gemeindegrenzen halt machte. Bezogen auf die Gesamtagglomeration bildete sich zunehmend eine Art funktionaler und stadträumlicher Arbeitsteilung heraus: Während in Hamburg vor allem Handel, Kaufmannschaft und Dienstleistungsbereiche konzentriert waren, siedelten sich in den preußischen Gemeinden Altona-Ottensen, Harburg und Wandsbek vor allem Gewerbe und Industrien an. Damit verbunden war die Konzentration großer Arbeitermassen in diesen sonst eher vorstadtähnlichen Bezirken, die bis 1937 selbstständige Städte bzw. Großstädte bleiben sollten.

Mit dem Bau der Speicherstadt und der Einrichtung des Freihafens setzte die Umstrukturierung der Innenstadt zur geschäftigen City ein. Die neu errichteten Arbeitwohnquartiere rückten immer stärker an die (Hamburger) Peripherie und wurden auf hamburgischem Gebiet durch die elektrische S-Bahn (1906) und die Hoch- und U-Bahn (1912) mit den Arbeitsstätten im Hafen verbunden. Der Aufschwung des Handels und der Schifffahrt korrespondierte mit der Bevölkerungsvermehrung und würde eine Gebietserweiterung erfordern und eine vorausschauende Hafen- und Siedlungsplanung dringlich machen. Im Jahr 1915 fand das Problem mangelnder Planungen im Unterelbe-Gebiet gar Eingang in die Kriegszieldebatte und in der unmittelbaren Nachkriegszeit forderte auch der Arbeiter- und Soldatenrat 1918 eine »Territorialhoheit über das ganze Ufergebiet der Elbe von Geesthacht bis zu seiner Mündung« (Johe 1988, 19).

Das am 20. Dezember 1918 dem Arbeiter- und Soldatenrat sowie dem Senat vorgelegte »Techniker-Projekt« oder »Projekt der Oberbeamten« beinhaltete aber auch eine kleinere und realistischere Alternative. In der Öffentlichkeit wahrgenommen, verbreitet und erörtert wurde zunächst – möglicherweise aus politisch-strategischen Gründen – nur die »große« Lösung. Damit konnten Hamburg »imperialistische« Eingemeindungs- und Vergrößerungsabsichten unterstellt werden (Schumacher 1932a, 8). Im Sitzungsprotokoll heißt es: Erörtert wurde die Frage, »ob über dieses so skizzierte nähere Gebiet hinaus elbabwärts eine Gebietserweiterung erforderlich ist. Die Frage wurde von den Technikern einstimmig bejaht. Es ist die Tiefhaltung des Elbstromes, die eine solche Ausdehnung erheischt« (Baumann 1919a, 33). Die Gefahr einer Abschnürung Schleswig-Holsteins würde nicht bestehen und weiter in der Zusammenfassung heißt es: »Die Grenzen eines Groß-Hamburgs müssen alle für die Lösung der zukünftigen Aufgaben der Schiffahrt, Industrie

Dirk Schubert

*Schema der »wirklichen« (oben) und Schema der »natürlichen« Entwicklung (unten) des Organismus Hamburg
Quelle: F. Schumacher. Sein Schaffen als Städtebauer und Landesplaner, Tübingen 1950, S. 98*

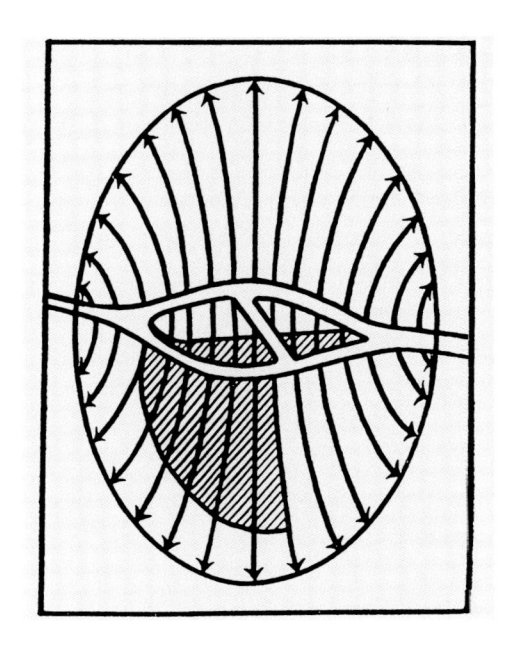

und Siedlung erforderlichen Gelände umfassen. Insbesondere ist es notwendig, das gesamte Gebiet der Stromspaltung einschließlich des Randgebietes zu einer Betriebs- und Verwaltungseinheit zusammenzufassen, um eine organische Funktionsteilung im Hafenbetrieb nach den Grundsätzen höchster Zweckmäßigkeit zu ermöglichen. [...] Für die Aufgaben der Siedelungspolitik ist ein Gebiet erforderlich, das die Unterbringung einer wachsenden Großstadtbevölkerung in gelockerter Bauweise unter Berücksichtigung der Lage des Hauptarbeitsgebietes ermöglicht« (Baumann 1919a, 29–30).

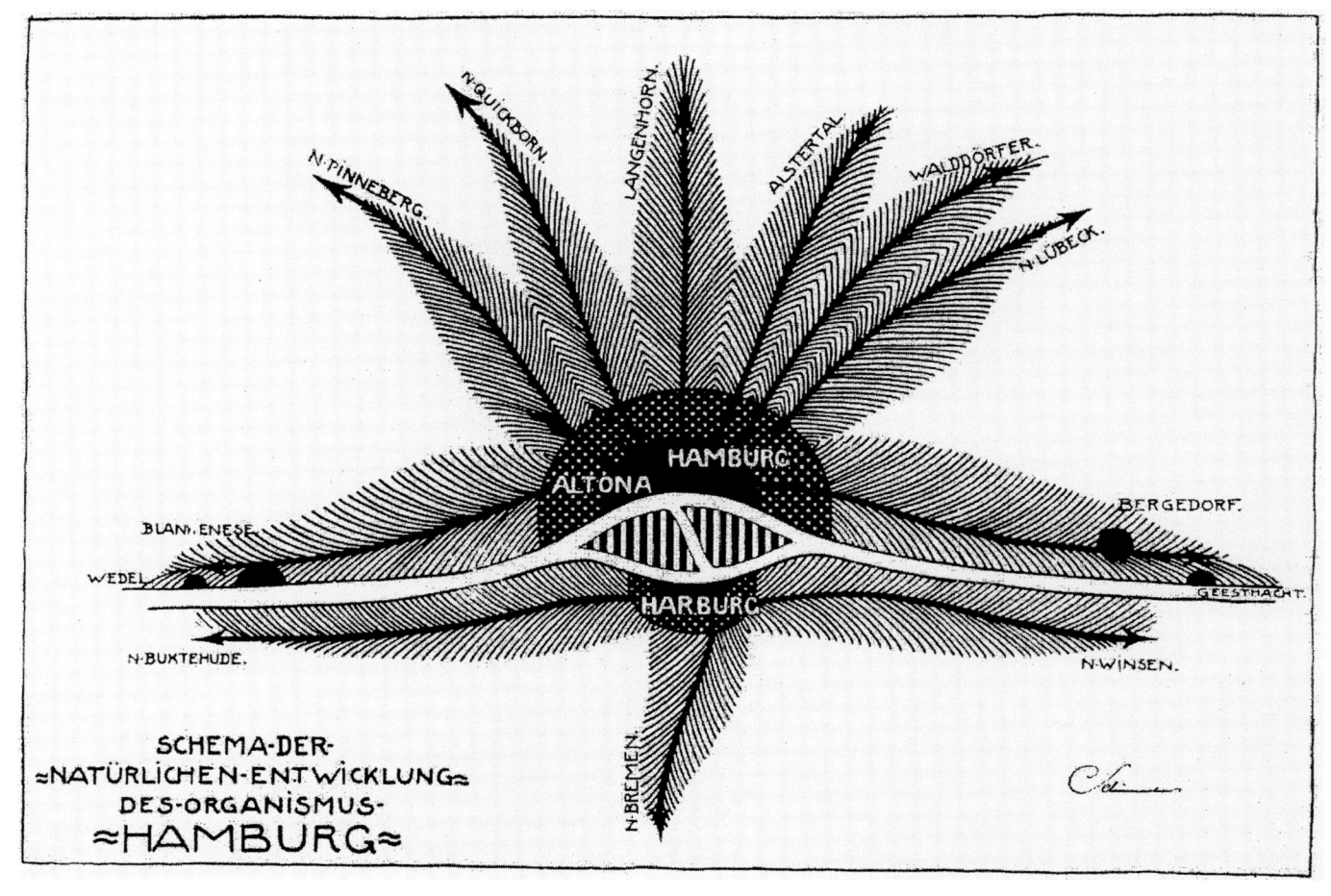

In der von F.S. Baumann herausgegebenen Reihe »Gross-Hamburgische Streitfragen« wurden die Gründe der eingeforderten Gebietsrestrukturierung aus verschiedenen Perspektiven wiederholt. So schrieb er, dass bei der Bearbeitung des statistischen Materials einem »eindringlich zum Bewusstsein (kommt), ein wie unnatürlicher Zustand durch die gegenwärtigen Grenzen geschaffen ist« (Baumann 1919b, 5). In einem anderen Band der Reihe heißt es: »Die nachfolgenden Untersuchungen zeigen, dass Hamburg aus eigener Kraft innerhalb seiner Landesgrenzen eine weltstädtische Verkehrs- und Siedlungspolitik nicht verfolgen kann« (Sürth 1919, 7).

Befürwortet wurde ein Zusammenschluss mit Hamburg auch von der Seite Altonas und Wandsbeks. Die Steuern wurden zwar am Wohnort abgeführt, aber Altona und Wandsbek hatten zudem Steuerabgaben an die zuständigen Behörden in Schleswig (Regierungspräsident) und in Kiel (Oberregierungspräsident und Landesfinanzamt) zu leisten, während in Hamburg Staats- und Kommunalsteuern fast identisch waren, bzw. Hamburg als Freie und Hansestadt über diese Steuereinnahmen disponieren konnte. Auch im Magistrat von Wandsbek wurde an den Regierungspräsidenten in Schleswig das Ersuchen gerichtet, die »erforderlichen Schritte zur Eingemeindung Wandsbeks in ein Groß-Hamburg zu tun« (Hamburger Senat 1921, 36). Wilhelmsburg suchte aus ähnlichen Gründen eine Eingemeindung voranzutreiben. »Wir sehen also, dass Wilhelmsburg Hamburg notwendig hat, dass aber auch umgekehrt Hamburg auf der Elbinsel Wilhelmsburg alles vorfindet, was es gebraucht zur Ausgestaltung seiner Wirtschaft« (ebd., 101). Die mit großen Erwartungen 1919 eingeleiteten Bestrebungen zur Neugliederung des Reiches zeitigten aber für Hamburg keine konkreten Ergebnisse.

Neu war dabei in diesem Kontext nicht nur die Perspektive der gemeindeübergreifenden Planung, sondern auch die integrative und überfachliche Perspektive, wie Schumacher schreibt: »Es ist wohl eine der wichtigsten Neuerungen der Nachkriegszeit, dass das Gefühl für das Stück heimischer Welt, dem man sich unmittelbar verantwortlich fühlte, sich ausweitete: statt auf das Zukunftsgebilde eines politischen umgrenzten Raumes begann es sich auf das seinem inneren Wesen nach organische Gebilde eines einheitlichen Lebensraumes zu beziehen« (Schumacher 1936: 215)

»Die natürliche Entwicklung des Organismus Hamburg«

Vor dem Ersten Weltkrieg waren über 50 Prozent des deutschen Seehandels über Hamburg abgewickelt worden. Der Weltkrieg unterbrach abrupt den Jahrzehnte langen Boom. Bereits im April 1919 hatte der Senat der preußischen Regierung eine Denkschrift vorlegt, die allerdings zu keinen konkreten Verhandlungen führte. 1921 legte der Senat eine erweiterte umfangreiche Denkschrift vor, die durch einen Anlagenband ergänzt wurde. Wie bereits zuvor wurde neben der »selbstverständlichen Wahrung« der hamburgischen Interessen auf die »deutschen Lebensinteressen« verwiesen. »Nicht um hamburgischen Profit, sondern um Deutschlands Leben und Erstarkung handelt es sich. […] Großhamburg als friedliche Mehrung des Reichs« (Hamburger Senat 1921, 3). Wieder basierte die Argumentation vor allem auf dem »Mangel an Raum für Hafenanlagen«. Weiter wurde auf fehlendes Industriegelände im Hafen und die Notwendigkeit von Siedlungen um den Hafen verwiesen. Es wurde resümiert: »Gemehrt wird und soll werden aber vor allem das Reich, und diese Gewissheit muß alle Schwierigkeiten auf dem Wege zu Großhamburg überwinden; sie muß vor allem den Willen zu Großhamburg wecken und stärken. […] Durchsetzen wird Großhamburg sich früher oder später mit der Kraft eines Naturgesetzes« (ebd., 64). Vor allem die Hafenarbeiter-Wohnungsfrage war wiederum eng mit der lokalen Ökonomie verkoppelt, die Anwesenheit und flexible Arbeitsorganisation vor Ort im Hafen erforderte.

Während die Werftarbeiter geregelte Arbeitszeiten hatten, mussten die Arbeiter im Umschlag zeitnah zum Be- und Entladen der Schiffe verfügbar sein. Es wurde darauf verwiesen, dass in anderen (konkurrierenden) Seehäfen wie Antwerpen und Rotterdam reichliche Wohngelegenheit in nächster Nähe der Häfen zur Verfügung steht. Es wurde vorgeschlagen, drei getrennte Arbeiterstädte in Wilhelmsburg, Altenwärder und Finkenwärder zu errichten, in denen über 70.000 Hafen- und Industriearbeiter untergebracht werden könnten. Der Gedanke wurde verkoppelt mit der Ausschaltung der Bodenspekulation, dem Kriegerheimstättengedanken und der Errichtung einer »Friedensstadt« (Sieveking/Jung 1920).

Bestandteil der Denkschrift des Senats von 1921 war eine Veröffentlichung von Fritz Schumacher, »Großhamburg als wohnungspolitische Frage«, in der er resümierte: »Man kann deshalb mit vollem Rechte sagen, dass es nicht nur die Nöte der Hamburger Hafenfrage, sondern in gleichem Maße die Nöte der Hamburger Wohnfrage sind, was gebieterisch zu einer Neugestaltung der Hamburger Grenzen drängt« (Hamburger Senat 1921, 43; Schumacher 1919, 107 ff.). Nach Schumachers Vorstellungen sollten vom Hafen als »Kraftzentrum der Stadt« Entwicklungsimpulse in alle Richtungen ausgehen und (gesunde) Wohnquartiere dabei den Arbeitsstätten zugeordnet werden. Schumacher munitionierte die Hamburger Pläne der Erweiterung des hamburgischen Staatsgebiets durch diverse Bestandsaufnahmen von Hamburg und seinem Umland. Sie fanden Eingang in seine wirkungsmächtige Darstellung der unter den gegebenen Einschränkungen real zu erwartenden und der natürlichen Entwicklung, wie sie gewünscht und nach einer Beseitigung der Entwicklungshindernisse auch möglich wäre. Schumacher selbst nannte dies seine »Schemata der wirklichen und der natürlichen Entwicklung des Organismus Hamburg«.

Schumacher ging davon aus, dass das Stromspaltungsgebiet der Elbe mit dem Marschboden das »natürliche Arbeitsgebiet« für Hamburg sei. Das Wohnen in der Marsch sei ungesund und die Nähe zur Elbe und zu Wasserläufen und Kanälen würde sich dagegen für Güterumschlag, Werften und Seehafenindustrien anbieten. Die sandigen Geestböden würden dagegen das geeignete Wohnland bilden. Hier allerdings sei Hamburg eine planmäßige Entwicklung verstellt, da nur in nordöstlicher Richtung – nicht aber in der Nähe der Arbeitsstätten – neue, gesunde Wohnquartiere entstehen könnten. »Wir sehen aus dieser Diagnose der Hamburger Nöte, daß ein hauptsächlicher Krankheitsgrund auf dem unnatürlichen Zufallsverhältnis von Marsch zu Geest innerhalb der Hamburger Grenzen beruht. […] Das wünschenswerte Bild wäre statt dessen, daß das Arbeitsgebiet der Marsch als mittlerer Kern rings umgeben wäre mit einem rahmenden Streifen des Wohngebietes der Geest. Alle Wohn- und Verkehrsprobleme würden damit leicht und natürlich zu lösen sein: von allen Seiten könnte sich der kürzeste und ungehemmteste Verkehrsweg zum Arbeitsgebiete bahnen. Diese Probleme werden gegenwärtig dadurch so unlösbar, daß im Hamburger Besitz Geest- und Marschland ganz voneinander getrennt liegen« (Hamburger Senat 1921, 39).

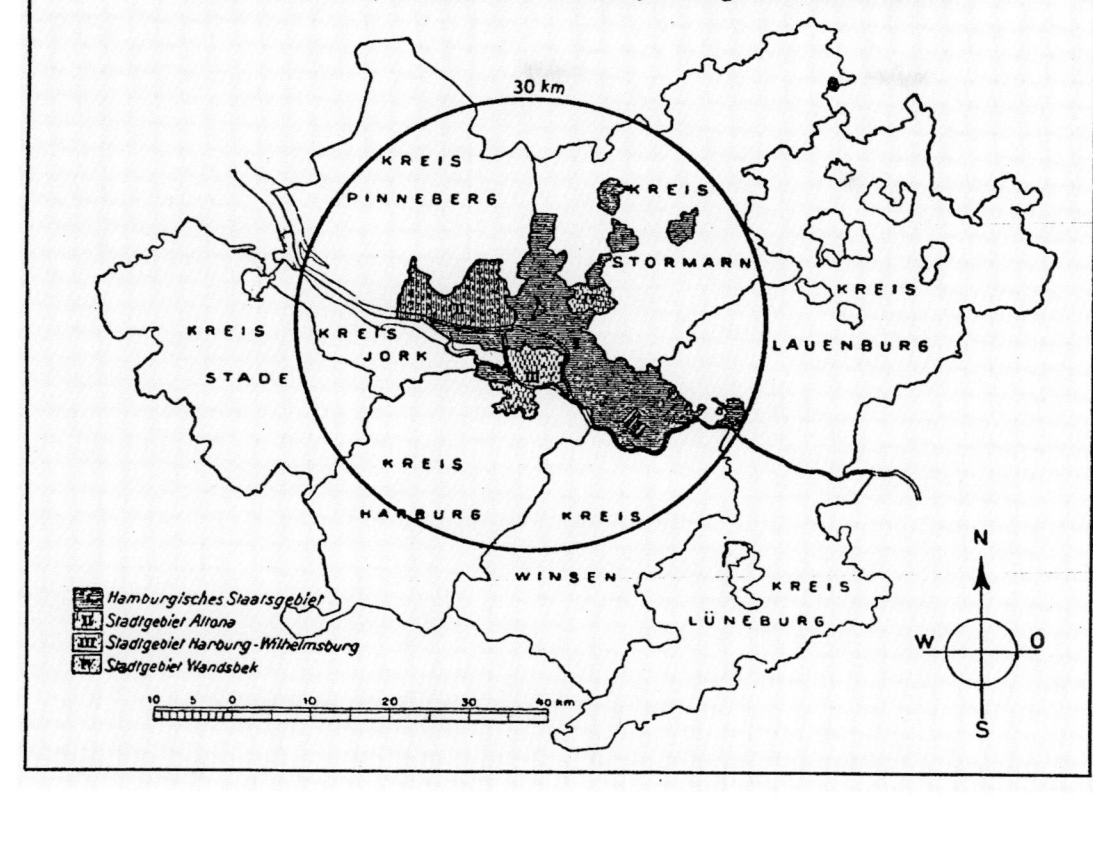

Das von der unterelbischen Landesplanung berührte Gebiet

Bereich der Hamburgisch-Preußischen Landesplanung und Areal mit einem 30-Kilometer-Radius um das Hamburger Rathaus
Quelle: W. Kallmorgen, Schumacher und Hamburg. Eine fachliche Dokumentation, Hamburg 1969, S. 117

Die Gegenüberstellung der beiden schematischen Darstellungen ist mit diversen, häufig biologistischen Begrifflichkeiten unterfüttert worden. So ist von der wirklichen, unnatürlichen, eingeschränkten, unorganischen, verkrüppelten, gehemmten, kranken gegenüber der gesunden, natürlichen, organischen, wünschenswerten Entwicklung die Rede (Schumacher 1921, 63–65). Das eindrucksvolle »Schema der natürlichen Entwicklung des Organismus Hamburg« wurde rasch zum »Fächerplan«, »Federplan« oder »Achsenplan« überhöht.

Schumacher ging dabei von Hamburg als dem »natürlichen Zentrum« der Region aus. »Die städtebauliche Entwicklung muß den schematischen Hauptstrahlen entsprechend der Elbe auf den Geesträndern nahe dem Arbeitsgebiet der Marsch gefördert werden«. Die Entwicklungsachsen folgten den Verkehrsverbindungen in die umliegenden Städte. Bei einer geordneten Entwicklung sollten die Achsenzwischenräume tunlichst von Bebauungen frei gehalten werden und als Grünzüge genutzt werden. Die Frei- und Grünräume waren integrale Bestandteile der Konzeption, und das Zuwachsen der Freiräume an den Achsenwurzeln wurde schon von Schumacher mit großer Sorge betrachtet. Er kämpfte dabei nicht nur mit der Feder, sondern auch – wie die Schemata belegen – wirkungsvoll mit dem Zeichenstift (Ockert 1950, 6).

Schumachers Schema zielte nicht auf eine polyzentrische, sondern auf eine axiale Entwicklung der Region. Es sollte für die nächsten Jahrzehnte das maßgebliche räumliche Leitbild bleiben. Das Schema war mit seiner Botschaft und minimalistischen Darstellung nicht nur für Fachleute, sondern auch für Laien verständlich und überzeugend. Schumacher führte als weitere Begründung aus: »Denn diese Kraft natürlichen Wachstums wirkt auf dem Gebiet menschlicher Siedlung nicht etwa dadurch, daß man die Dinge sich selbst überlässt. Was daraus entsteht, ist ein Wuchern; das Ergebnis ist nicht Wachstum, sondern Chaos. Und so müssen wir uns eben behelfen mit einem Ersatzmittel für das Nichtvorhandensein einer natürlichen Wachstumskraft in den Dingen, die von Menschengeist und Vernunft geboren werden. Ein Hilfsmittel für diesen Ersatz natürlichen Wachstums ist die Landesplanung« (Schumacher 1932a, 45).

Damit aber waren längst nicht alle Gegner von einer Gebietsreorganisation und einer übergeordneten Planung mit dem Zentrum Hamburg überzeugt. Joseph Stübben, der Nestor des Städtebaus, unterstützte mittelbar die preußische Position: »Der Senat ist in geschickter Weise bestrebt, seine weitgehenden Wünsche nicht als auf den Vorteil Hamburgs, sondern auf die Forderung der Wohlfahrt des Reiches gerichtet darzustellen, denn es handele sich um die Aufrechterhaltung von Hamburgs Wettbewerbsfähigkeit gegenüber den Auslands-Welthäfen als eines Werkzeuges deutschen Wiederaufbaus. [...] Die Pläne Hamburgs würden unmittelbar zum Handelsmonopol und zur Verkümmerung der anderen deutschen Seehäfen führen« (Stübben 1922, 137). Stübben hatte schon 1893/94 einen Erweiterungsplan für Altona erstellt; Schumacher suchte dagegen – ohne antipreußische Polemik – mittels Plänen und Argumenten zu überzeugen und schuf ein einprägsames Schema, das die Gebietsreform zur notwendigen Voraussetzung für die Großstadtreform erklärte.

Planerische Vorarbeiten für die Regionalplanung

Die Umschlagzahlen im Güterverkehr der Vorkriegszeit wurden erst Mitte der 1920er Jahre wieder erreicht, die Einwohnerzahl hatte gegenüber der Vorkriegszeit bis 1933 in zwei Dekaden »nur« noch um ca. 80.000 Personen zugenommen. Die dynamische Wachstumsphase der Vorkriegsjahrzehnte war damit von einer Periode der Konsolidierung, Restrukturierung und Diversifizierung der lokalen Wirtschaft abgelöst worden. Der Handlungsdruck für stadtregionale Planung bestand zwar unverändert fort, aber die Dringlichkeit war abgeschwächt. Der Begründungsargumentation Hamburgs gegenüber Preußen war damit der Wind aus den Segeln genommen, zumal die Zuständigkeiten für die Wasserstraße Elbe im Jahr 1921 an das Reich übergingen.

Zwar hatte es mit den Köhlbrand-Verträgen 1868, 1896 und 1908 Verbesserungen und Flussbegradigungen gegeben, von denen alle drei Häfen profitierten. Noch 1925 gab es für den Harburger Hafen großzügige preußische Erweiterungspläne Richtung Wilhelmsburg. »Das Zusammenwirken der Preußischen Staatsregierung mit der Stadt, dem Großhandel und der Großindustrie hat den preußischer Seehafen Harburg zu seiner jetzigen Größe emporblühen lassen und wird ihn auch durch den Aufschluß dieser neuen Gebiete zu weiterer Entwicklung führen« (Preußisches Ministerium für Handel und Gewerbe 1925, 40). Die Jahre nach dem Ersten Weltkrieg waren damit durch scharfe und heftige Auseinandersetzungen zwischen den verschiedenen preußischen und hamburgischen Stellen geprägt. Auch blieben die Nachbarstädte nicht untätig. 1923 war im Auftrag des preußischen Ministeriums für Volkswohlfahrt von den Stadtplanern Prof. Josef Brix und Gustav Oelsner ein »Generalsiedlungsplan für das preußische Staatsgebiet im Anschluß an das Hamburger Staatsgebiet« vorgelegt worden, der weder mit anderen Ministerien noch mit Hamburg koordiniert war (Timm 1985). Anders als Schumachers monozentrisches Achsenmodell gingen die Vorschläge von Brix und Oelsner in Richtung eines polyzentrischen Modells. Durch dezentrale Wohngebiete sollte das Zentrum entlastet werden und die Nutzungsfunktionen räumlich »gesondert« werden. 1927 hatte sich schließlich durch Eingemeindungen von Groß- und Klein-Flottbek, Nienstedten, Blankenese, Rissen, Osdorf, Iserbrook, Sülldorf, Lurup, Eidelstedt und Stellingen-Langenfelde die Stadtfläche von Altona verdoppelt (Loose 1988).

Auch für Harburg erstellten Brix und Oelsner eine Expertise: »Gutachten über die städtebauliche Eigenart und Entwicklung Harburgs« (Machule 1988, 280; Hohlbein 1988). Darin wurde eine weitere Orientierung auf die Hafenentwicklung vorgeschlagen, zugleich aber die Abhängigkeit von Hamburg betont. Als schließlich 1927 Wilhelmsburg mit Harburg vereinigt wurde, war mit über 115.000 Einwohnern eine neue Großstadt im Süden Hamburgs erwachsen. Harburgs Stadtoberbaurat Karl Köster, nach 1933 Schumachers Nachfolger in Hamburg, folgte Schumachers Paradigma, dass dem Hafen und der Industrie das Marschland in Wilhelmsburg zuzuordnen sei, während das Geestland im Süden (Harburg) für Wohnen und Erholung auszuweisen sei (Köster 1929).

Schließlich kam es 1928 zur Gründung des Hamburgisch-Preußischen Landesplanungsausschusses und komplementär 1929 zur Gründung der Hamburgisch-Preußischen Hafengemeinschaft. Für den Landesplanungsausschuss wurde in einem Radius von 30 km um das Hamburger Rathaus festgelegt, dass »ohne Grenzen« zu analysieren sei. Fritz Schumacher wurde Leiter des technischen Unterausschusses, der die vielfältigen Voruntersuchungen und Bestandsaufnahmen initiierte. »Das bedeutet: die soziologischen Verhältnisse müssen durch wissenschaftliche Methoden erfasst sein. Die Grundlage dafür gibt die Statistik. [...] Alle solche Vorarbeiten der ›Bestandsaufnahme‹, aus denen eine verantwortungsbewußte Planung hervorgeht, bedürfen bei der Landesplanung eines weit größeren Aufwandes an Kraft als beim städtischen Generalbebauungsplan – nicht etwa nur, weil es sich um größere Räume handelt –, sondern weil weit weniger Unterlagen dafür vorhanden sind [...]. Das darf aber nicht dazu führen, diese mehr wissenschaftlich eingestellte Seite des Tuns zu überschätzen, sie ist und bleibt nichts anderes als eine Hilfeleistung für das Eigentliche: das Gestalten« (Schumacher 1951, 24 f.).

In den Arbeiten der Fachausschüsse wurde eine Vielzahl von grundlegenden Daten und wissenswerter Gegebenheiten erhoben. Die Wirkungsmöglichkeiten waren allerdings eingeschränkt, da Finanzmittel und Exekutivbefugnisse fehlten. Vor allem aber wurden Vorhaben der Gemeinden im Planungsbereich erörtert. Schumacher ordnete die vorbereitenden Planungsarbeiten in folgende Struktur: Übersichten über den topografischen, soziologischen, geschichtlichen und naturkundlichen Zustand.

Dieser Bestandsaufnahme folgten »gestaltende Planungsarbeiten«, wie Freiflächen (Grünanlagen, Straßen, Bahnen etc.) und Bauflächen (Plan der Hafengebiete, Industrieverteilung und Siedlungsentwicklung (Schumacher 1932a, 17 ff.). Beeindruckend ist dabei nicht nur die Breite der Bestandsaufnahmen, sondern sind auch die innovativen kartografischen Darstellungsmethoden komplexer sozialräumlicher Zusammenhänge. Schumacher berichtete, wie sich bei einem Rundflug eine »Verkleinerung des Raumes« ergeben würde und welche Missgestaltungen erst aus der Luft erkennbar würden (Schumacher 1936, 233). So wurden nicht nur die diversen Vorschläge zur territorialen Neugliederung gegenübergestellt, sondern Zuständigkeiten und kulturelle Eigenarten bis hin zu den Mundarten erfasst (Schumacher 1932b, 27 ff.). Die mehr oder minder wissenschaftlich legitimierten Ideen zur Neuordnung der Region klassifizierte Schumacher in fünf Kategorien: volkskundliche, politische (Gleichgewicht föderativer Einheiten), verkehrliche, wirtschaftsgeografische und historische Stammeszusammenhänge.

Auf die kritische Frage nach dem Sinn von Landesplanung führte Schumacher aus: »Was die Landesplanung will, das ist: für einen Lebensraum das Wachstumsgesetz aufzustellen« (Schumacher 1936, 223). Die planerischen Vorarbeiten waren damit breit angelegt und gründlich erfolgt, die Interessen der Akteure waren gutachterlich begründet worden und es war nun an der Politik, eine Entscheidung zu treffen. Aber nach der Weltwirtschaftskrise 1929 und der Massenarbeitslosigkeit setzte eine unvorhersehbare Welle chaotischer Siedlungsentwicklung ein. »In dieser ganzen Stadtfluchtbewegung spielt vor allem die ›Wohnlaube‹ eine unheilvolle Rolle« (ebd., 231). Familien gaben zu Tausenden ihre Stadtwohnung auf, und es begann eine Wanderungsbewegung in die ländliche Umgebung. Diese (ungeplante) Schrebergartenbewegung nahm einen ungeahnten Aufschwung (Ockert 1953, 22). Eine »flutartige Bewegung« und Grundstücksaufteilungen würden zu sozialhygienischen Zuständen in der Großstadtumgebung führen. »Allerlei wilde Siedlungen, die menschlich höchst sympathischer Willenskraft entsprungen sind« (Schumacher 1932c, 382), die aber mittels fehlender Gesetze von der Landesplanung nicht gesteuert werden könnten. Hamburg war zur schrumpfenden Stadt geworden, von 1927 bis 1936 gab es stagnierende bzw. geringfügig rückläufige Einwohnerzahlen (vgl. Schumacher 1932d, 10).

Ausblick

Die intensive Arbeitszeit des Hamburgisch-Preußischen Landesplanungsausschusses dauerte nur fünf Jahre: von 1928 bis 1933. »Als ich 1933 mein Amt niederlegte, war es gerade gelungen, sowohl die grundlegende wissenschaftliche als auch die gestaltende Arbeit für das ganze Gebiet im Umkreis von dreißig Kilometer um Hamburg in zahlreichen gewaltigen Plänen festzulegen […]« (Schumacher 1949, 477). Nach der Machtübernahme der Nationalsozialisten stand die Groß-Hamburg-Frage zunächst nicht prioritär auf der Agenda. Nach Schumachers Versetzung in den Ruhestand übernahm Karl Köster (bis dahin Stadtoberbaurat in Harburg) die Dienstgeschäfte des Oberbaudirektors in Hamburg. Er betonte: »Niemand kann an dem großen Ergebnis dieser Arbeit [des Landesplanungsausschusses, der Verf.] vorübergehen« (Köster 1933, 55). Aber die Nationalsozialisten suchten einen zentralistischen Einheitsstaat zu schaffen und 1935 wurde die Reichsstelle für Raumordnung als oberste Einheit für die Reichs- und Landesplanung gegründet und wurden die regionalen Planungsverbände abgeschafft. An ihre Stelle traten flächendeckend für das ganze Deutsche Reich 23 Landesplanungsgemeinschaften als nachgeordnete Dienststellen (Bose/Pahl-Weber 1986). Der Hamburgisch-Preußische Landesplanungsausschuss wurde damit aufgelöst und durch die Landesplanungsgemeinschaft Hamburg ersetzt. Nicht die systematischen Vorarbeiten des Landesplanungsausschusses waren schließlich für das

Groß-Hamburg Gesetz 1937 wegbereitend, sondern eine willkürliche Anordnung des Reichsstatthalters Hermann Göring an die preußischen Dienststellen.

Schumachers Wirken blieb keine Hamburgensie, sondern war eingebettet in nationale und internationale Bestrebungen der Etablierung der Regional- und Landesplanung. Die von Schumacher 1922 mitbegründete Einrichtung »Deutsche Akademie für Städtebau und Landesplanung« führte nicht zufällig den Begriff Landesplanung in ihrem Namen (Prager 1955, 32 ff.). Mit Fritz Schumacher und den bekanntesten deutschen Stadt- und Regionalplanern im Präsidium suchte sie internationale Vernetzungen zu befördern, die sich u.a. mit dem Internationalen Verband für Wohnungswesen und Städtebau ergaben. Auch die Namensänderung 1924 in »International Federation for Town and Country Planning« spiegelte die zukünftige Relevanz einer Stadtgrenzen übergreifenden Planung wider. 1924 referierte Fritz Schumacher als deutscher Berichterstatter (neben Robert Schmidt) auf dem Kongress in Amsterdam – so steht es in vielen Publikationen – über Grünpolitik für die Großstadtumgebung. Er lag allerdings krank im Bett, wie er später selbst berichtete: »[…] dies wichtige Thema [wurde] nicht etwa einem anderen Fachmann zugeteilt, sondern meine im Bette geschriebene Abhandlung wurde vom Vorsitzenden in meinem Namen verlesen« (Schumacher 1936, 162).

Literatur

Baumann, Frederik S. (1919a): Groß-Hamburg, Anlage 1. Referat über den Vortrag der Hamburger Baudirektoren vom 20. Dezember 1918. Hamburg 1919

Baumann, Frederik S. (1919b): Die Bevölkerung Hamburgs. Hamburg 1919

Bose, Michael; Pahl-Weber, Elke: Regional- und Landesplanung im Hamburger Planungsraum bis zum Groß-Hamburg Gesetz 1937. In: Bose, Michael; Holtmann, Michael; Machule, Dittmar; Pahl-Weber, Elke; Schubert, Dirk: … ein neues Hamburg entsteht … Hamburg 1986, S. 9–16

Hamburger Senat: Großhamburg, Denkschrift des Hamburger Senats, Anhangsband. Hamburg 1921

Harth, Susanne: Stadt und Region, Fritz Schumachers Konzepte zu Wohnungsbau und Stadtgestalt in Hamburg. In: Frank, Hartmut (Hg.): Fritz Schumacher, Reformkultur und Moderne. Stuttgart 1994, S. 157–182

Hohlbein, Hartmut: Harburg-Wilhelmsburg, Von der Doppelstadt zum Hamburger Verwaltungsbezirk. In: Landeszentrale für politische Bildung (Hg.): Vom Vier-Städte-Gebiet zur Einheitsgemeinde, Altona – Harburg-Wilhelmsburg – Wandsbek gehen in Groß-Hamburg auf. Hamburg 1988, S. 69–74

Johe, Werner: Territorialer Expansionsdrang oder wirtschaftliche Notwendigkeit? Die Gross-Hamburg-Frage. In: Landeszentrale für politische Bildung (Hg.): Vom Vier-Städte-Gebiet zur Einheitsgemeinde. Altona – Harburg-Wilhelmsburg – Wandsbek gehen in Groß-Hamburg auf. Hamburg 1988, S. 9–40

Kallmorgen, Werner: Schumacher und Hamburg, Eine fachliche Dokumentation zu seinem 100. Geburtstag. Hamburg 1969

Köster, Karl (1929): Aufgaben der Stadt Harburg-Wilhelmsburg. In: Architekten- und Ingenieurverein zu Hamburg (Hg.): Hamburg und seine Bauten mit Altona, Wandsbek und Harburg-Wilhelmsburg 1918–1929. Hamburg 1929, S. 116–119

Köster, Karl (1933): Aus dem Programm Karl Kösters. In: Bau-Rundschau, Nr. 24, 1933, S. 55

Loose, Hans-Dieter: Altona und die Gross-Hamburg Frage. In: Landeszentrale für politische Bildung (Hg.): Vom Vier-Städte-Gebiet zur Einheitsgemeinde, Altona – Harburg-Wilhelmsburg –

Wandsbek gehen in Groß-Hamburg auf. Hamburg 1988, S. 41–55

Machule, Dittmar: 100 Jahre Städtebau in Harburg – Stadtplanung und Wohnungsbau zwischen 1845 und 1945. In: Ellermeyer, Jürgen; Richter, Klaus; Stegmann, Dirk (Hg.): Harburg. Von der Burg zur Industriestadt. Beiträge zur Geschichte Harburgs 1288–1938. Hamburg 1988, S. 280

Matzerath, Horst: Städtewachstum und Eingemeindungen im 19. Jahrhundert. In: Reulecke, Jürgen (Hg.): Die deutsche Stadt im Industriezeitalter, Beiträge zur modernen deutschen Stadtgeschichte. Wuppertal 1980, S. 67–90

Necker, Sylvia; Woyke, Meik: Vom Achsenkonzept zur Metropolregion, Stadt- und Regionalplanung für den Großraum Hamburg seit dem Ersten Weltkrieg. In: Zeitschrift des Vereins für Hamburgische Geschichte, Bd. 95. Hamburg 2009, S. 143–166

Ockert, Erwin (Hg.): Fritz Schumacher, Sein Schaffen als Städtebauer und Landesplaner. Tübingen 1950

Ockert, Erwin: Der Hamburgisch-Preußische Landesplanungsausschuß. In: Architekten- und Ingenieurverein Hamburg e.V.: Hamburg und seine Bauten 1929–1953. Hamburg 1953, S. 22

Pahl-Weber, Elke: Fritz Schumacher und die Anfänge der Regional- und Landesplanung. In: Schriftenreihe der Arbeitsgruppe Fritz-Schumacher-Kolloquium. Hamburg 1992

Prager, Stephan: Die Deutsche Akademie für Städtebau und Landesplanung. Rückblick und Ausblick 1922–1925. Tübingen 1955

Preußisches Ministerium für Handel und Gewerbe: Preussische Staatshäfen. Berlin 1925

Schumacher, Fritz (1917): Die Kleinwohnung, Studien zur Wohnungsfrage. Leipzig 1917

Schumacher, Fritz (1919): Gross-Hamburg als wohnungspolitische Frage. In: Schmollers Jahrbuch für Gesetzgebung, Verwaltung und Volkswirtschaft, Bd. 43. Berlin 1919

Schumacher, Fritz (1921): Das gesunde und das kranke »Hamburg«. In: Bau-Rundschau, Nr. 5, 1921, S. 63–65

Schumacher, Fritz (1927): Zukunftsfragen an der Unterelbe, Gedanken zum »Gross-Hamburg«-Thema. Jena 1927

Schumacher, Fritz (1932a): Wesen und Organisation der Landesplanung im Hamburgisch-Preußischen Planungsgebiet. Hamburg 1932

Schumacher Fritz (1932b): Das Gebiet Unterelbe-Hamburg im Rahmen einer Neugliederung des Reiches. Hamburg 1932

Schumacher, Fritz (1932c): Siedlungs-Sorgen. In: Deutsche Bauzeitung, Mai, 1932, S. 382–384

Schumacher, Fritz (1932d): Das Werden einer Wohnstadt, Bilder vom neuen Hamburg. Hamburg 1932

Schumacher, Fritz (1936): Rundblicke, Ein Buch von Reisen und Erfahrungen. Stuttgart und Berlin 1936

Schumacher, Fritz (1949): Stufen des Lebens, Erinnerungen eines Baumeisters. Stuttgart 1949

Schumacher, Fritz (1951): Vom Städtebau zur Landesplanung und Fragen städtebaulicher Gestaltung. Tübingen 1951

Sieveking, Wilhelm; Jung, Christian: Die fehlende Arbeiterstadt des Hamburger Hafens. Hamburg 1920

Stübben, Josef: Groß-Hamburg. In: Deutsche Bauzeitung, Nr. 23, März 1922, S. 137–140

Sürth, Anton: Die Verkehrs- und Siedlungspolitik der Freien und Hansestadt Hamburg. Hamburg 1919

Timm, Christoph: Der Preußische Generalsiedlungsplan für Groß-Hamburg von 1923. In: Zeitschrift des Vereins für Hamburgische Geschichte, Bd. 71. Hamburg 1985, S. 75–123

Wendemuth, Ludwig; Böttcher, Walter: Der Hafen von Hamburg. Hamburg 1928

Harald Kegler
Der Landesplanungsverband für den Mitteldeutschen Industriebezirk
Anfänge und Perspektiven der Landesplanung in Mitteldeutschland 1925 bis 1933

Stephan Prager (1875–1969) war der Initiator, Gründer und geistige Wegbereiter der Landesplanung in Mitteldeutschland. Er bereitete einen der innovativsten und zugleich weit über den damaligen Stand der überörtlichen Planung hinausgehenden Verbände seit Anfang der 1920er Jahre vor. Mitteldeutschland gehörte damals – neben dem Ruhrgebiet – zu den wirtschaftlich dynamischsten Gebieten in Deutschland. Hier war die »High-Tech-Schmiede« mit Luftfahrtindustrie, Filmchemie und Maschinenbau konzentriert. Diese Dynamik verlangte nach überörtlicher Koordination und strategischer Planung. Mit seinen Beiträgen zur Landesplanung hat Stephan Prager diesem Fachgebiet – weit über Mitteldeutschland hinaus – weitreichende Impulse verliehen.

Zunächst sei hier ein fiktives Interview aus dem Jahre 1962 mit Stephan Prager »wiedergegeben«, der darin über die Aussichten der Mitteldeutschen Planung befragt wurde.[1]

Lieber Herr Prof. Prager: Bevor Sie 1927 in die Rheinprovinz nach Düsseldorf gingen, um den dortigen Planungsverband aufzubauen, wirkten Sie in Mitteldeutschland. Sie gründeten im Jahr 1925 den Landesplanungsverband für den Mitteldeutschen Industriebezirk, mit Sitz in Merseburg. Wir wollen dem nachgehen. Doch zunächst möchte ich Sie anlässlich des 30. Jahrestages des »Merseburger Planungsatlas«[2] um eine kurze Einschätzung bitten.

Stephan Prager (sp): Es ist erstaunlich, dass Sie ihn erwähnen. Der ist offenbar doch nicht vergessen. Aber mir gebührt nur der bescheidene Anfang. Letztlich hat ihn Martin Pfannschmidt federführend erstellt. Doch haben wir zwischen 1922 und 1925 die Grundlagen gelegt. In Erfurt und Halle wurden die fachpolitischen Weichen gestellt, als die Wirtschaftsverbände zusammentraten und eine übergreifende Planung forderten, was dann in Halle am 2. April 1925 mit der Gründung des Gesamtsiedlungsausschusses für den mitteldeutschen Industriebezirk vollzogen wurde. Wir waren damals in Merseburg beim Regierungspräsidenten der Provinz Sachsen. Eine unglaubliche Zeit – ohne Geld. Es gab zunächst ja nur Millionen an wertlosem Inflationsgeld, aber kaum wirkliche Haushaltsmittel; erst Ende 1923 wurde es besser, als mit der Rentenmark wieder »richtiges« Geld in Umlauf kam. Es musste enorm viel kommuniziert werden, Partnerschaftsarbeit war angesagt, Überredungskunst, Kompromisse und Visionen. Das war schließlich auch die Grundlage für den Erfolg – bis 1932. Ich glaube, dass damals ein Planwerk und eine Kultur der Landesplanung entstanden ist (nicht nur bei uns, aber hier in besonderem Maße), von der wir heute und eventuell in Zukunft noch lernen können.

Was könnte das sein?

sp: Wir haben ja alle gehofft, dass der Reichstag ein Städtebaugesetz verabschiedet, in welchem auch die Landesplanung geregelt wird und wir auf solider, demokratisch verfasster Grundlage langfristig und durchsetzungsfähig planen können. Dazu kam es nicht. Wir mussten im »rechtsfreien« Raum agieren. Das war bei der Legitimation nicht förderlich, hat aber viel Kreativität frei gesetzt. Derzeit beginnt die Verrechtlichung in der Bundesrepublik, mal sehen, ob da nicht zu viel verregelt wird. Heute bin ich – rückblickend – froh, dass wir diesen Spielraum hatten. Wir haben eine der umfassendsten Analysen dieses Raumes erstellt, und das mit bescheidenen Mitteln. Da wäre es angebracht, heute zu schauen, wie sich der Raum verändert hat. Wir haben, wie Kollege von Walthausen am Beispiel des Geiseltals 1929 geplant hatte, etwa 70 Jahre als Planungshorizont angelegt. Doch ist inzwischen einiges in der politischen und wirtschaftlichen Entwicklung dazwischen gekommen, was wir nicht erwartet bzw. erhofft hatten. Und wir hatten ein dynamisches Plansystem entwickelt – ich will nicht vermessen sein, aber da versuchen heute die jungen Kollegen mit kybernetischen Methoden zu arbeiten; da waren wir bereits dran, wenngleich wir diesen Begriff und die mathematischen Modelle nicht hatten (ob die wirklich nötig sind, weiß ich nicht). Und: man kann das Planwerk heute noch mit Genuss anschauen. Das haben wir dann auch gewürdigt, als wir am 28. Juni 1932 zur letzten Vollversammlung des Landesplanungsverbandes in Merseburg noch einmal zusammen gekommen waren. Daran habe ich mich auch immer wieder erinnert, als ich in Theresienstadt war. Aber blicken wir nach vorn.

Wagen wir eine Vorausschau. Sie sprachen davon, dass Sie einen Planungshorizont von etwa 70 Jahren hatten. Nehmen wir ein Jubiläum an. Was würden Sie sagen, welche Aussichten würden Sie der Landesplanung in Mitteldeutschland geben für das Jahr 2012, also in 50 Jahren?

sp: Als ich 1914 in den USA ankam, fand gerade die große Planungsausstellung in New York statt. Ich war begeistert und fasziniert. Welch ein Planungsmut herrschte dort! Wenn so etwas in 50 Jahren anzutreffen wäre, würde das sehr wohl ein Fortschritt sein. Damit meine ich nicht eine simple Staatsplanung, wie sie derzeit in Mitteldeutschland herrscht. Mir geht es um eine übergreifende Planung, wie sie mein Freund Gustav Langen 1927 prägte, indem er diese als Raumordnung definierte. Er hat ja bereits von der Endlichkeit der Ressourcen, von Bewahrung und verantwortlicher Entwicklung gesprochen. Vor allem aber würde ich sehen, dass (wieder) eine übergreifende Landesplanung aufgebaut wird, in der Flächennutzung, Wirtschaft, Bevölkerung, Grün und Städtebau vereint sind. Eine Raumplanung von Dresden bis Magdeburg und Erfurt würde mir vorschweben; ein weit reichendes Planwerk, ohne Halt an Grenzen und getragen von vielen Menschen, mit einer Vision für das Jahr 2050. Wir hatten ja schon geahnt, dass die Braunkohle um das Jahr 2000 sich erschöpfen würde – noch wird wohl sehr intensiv gefördert, aber das hat sein Ende. Die Industrie wird eine andere Energiebasis brauchen, und so viele Flächen werden nicht mehr benötigt werden wie noch heute. Es wird viel grüner werden.

Die städtebauliche Qualität in den Städten und Dörfern wird dann viel wichtiger sein, ja ein neues Stadt-Land-Verhältnis generell steht dann zur Debatte. Dass wir noch so viele Menschen beherbergen müssen, glaube ich nicht; das war ja damals unser Hauptproblem. Woran ich weiterhin glaube, wäre unsere Orientierung auf die Eisenbahn. Wir hatten

87

Landesplanungs-
verband für den
Mitteldeutschen
Industriebezirk

»Mitteldeutscher Planungsatlas«, Plan der Gewerbe-, Wohn- und Grünflächen Nr. 23: Dabei handelt es sich um einen regionalen Flächennutzungsplan, der heute die Bezeichnung »strategischer Plan« bekommen hätte; in ihm sind die wesentlichen Entwicklungslinien der Siedlungsentwicklung, der Gewerbeflächen, der Grünkorridore und des Massenverkehrs mit den Einzugsbereichen der Eisenbahn verzeichnet. Quelle: Landesplanung für den mitteldeutschen Industriebezirk, Merseburg 1932 (Archiv Kegler) dem Automobil nur eine Bedeutung für den unmittelbaren Nahverkehr eingeräumt. Auf allen Langstrecken und im Massenverkehr sollte die Bahn dominieren. Es spricht auch in Zukunft eigentlich nichts dagegen. Ja, und dann wäre ein »Planungsatlas 2.0« ein Ziel, das ich sehen würde. Ansonsten hoffe ich, dass wir das Trauma überwinden, das wir nach 1933 erlitten und an dem wir immer noch laborieren.

Der Merseburger Planungsatlas

In Gestalt des »Landesplanungsverbands für den Mitteldeutschen Industriebezirk« (Gesamtsiedlungsausschuss) entstand zwischen 1923/25 und 1932 eines der bedeutendsten Planungsgremien Deutschlands. Dabei spielten die Gebiete der preußischen Provinz Sachsen sowie Thüringen eine herausragende Rolle.[3] Es umfasste zunächst nur den Regierungsbezirk

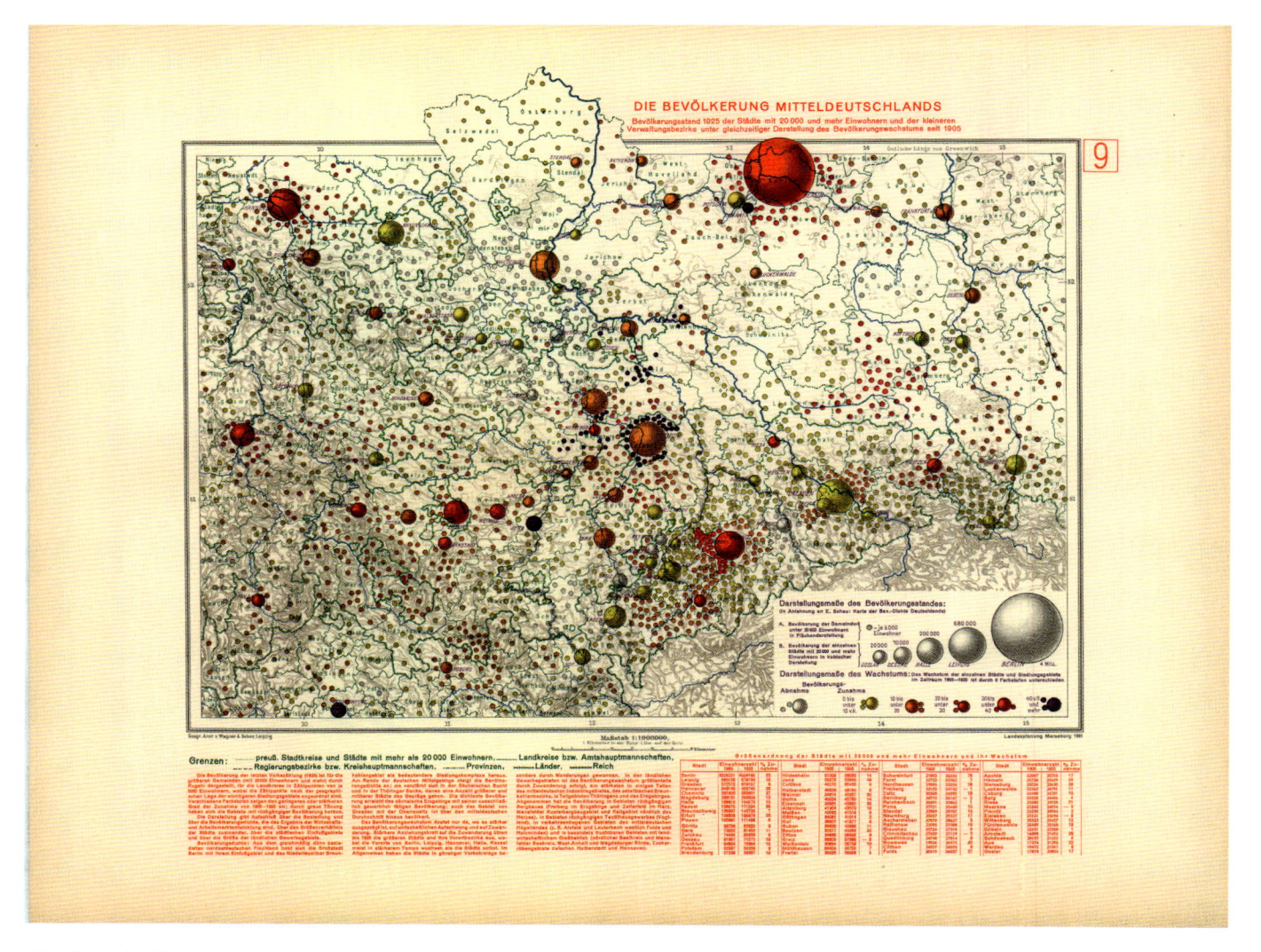

»Mitteldeutscher Planungsatlas«, Bevölkerungsentwicklung Nr. 9: In dieser Karte sind die wachsenden und schrumpfenden Städte Mitteldeutschlands dargestellt; es fällt auf, dass in bestimmten Gebieten (z.B. Mansfelder Land, Ostthüringen) auch schon in den 1920er Jahren Schrumpfungserscheinungen auftraten.
Quelle: Landesplanung für den mitteldeutschen Industriebezirk, Merseburg 1932 (Archiv Kegler)

Merseburg, dann aber den gesamten Raum zwischen Erfurt, Halle, Dessau und Magdeburg. Hinsichtlich der Planungskultur, d.h. bezogen auf die institutionelle Struktur, den Charakter der Planungsarbeit, die wissenschaftliche Qualität, das Aufgabenfeld und die inhaltlichen Orientierungen der Planung, formulierte dieser Verband Standards moderner Planung von internationalem Rang. Bemerkenswert erscheinen vor allem der informell-demokratische Charakter und die durch eine zweistufige Struktur des Verbands angelegte breite Beteiligungsmöglichkeit aus Verwaltungen, Wirtschaft, Landwirtschaft und Politik sowie Fachdisziplinen. Die Planungen trugen orientierenden, diskursiven Charakter. Die Arbeiten verliefen wechselwirkend auf zwei relativ eigenständigen Ebenen, in den so genannten dezentralen »Siedlungsausschüssen« und in einem übergreifenden Zusammenschluss, eben dem »Ver-

Landesplanungsverband für den Mitteldeutschen Industriebezirk

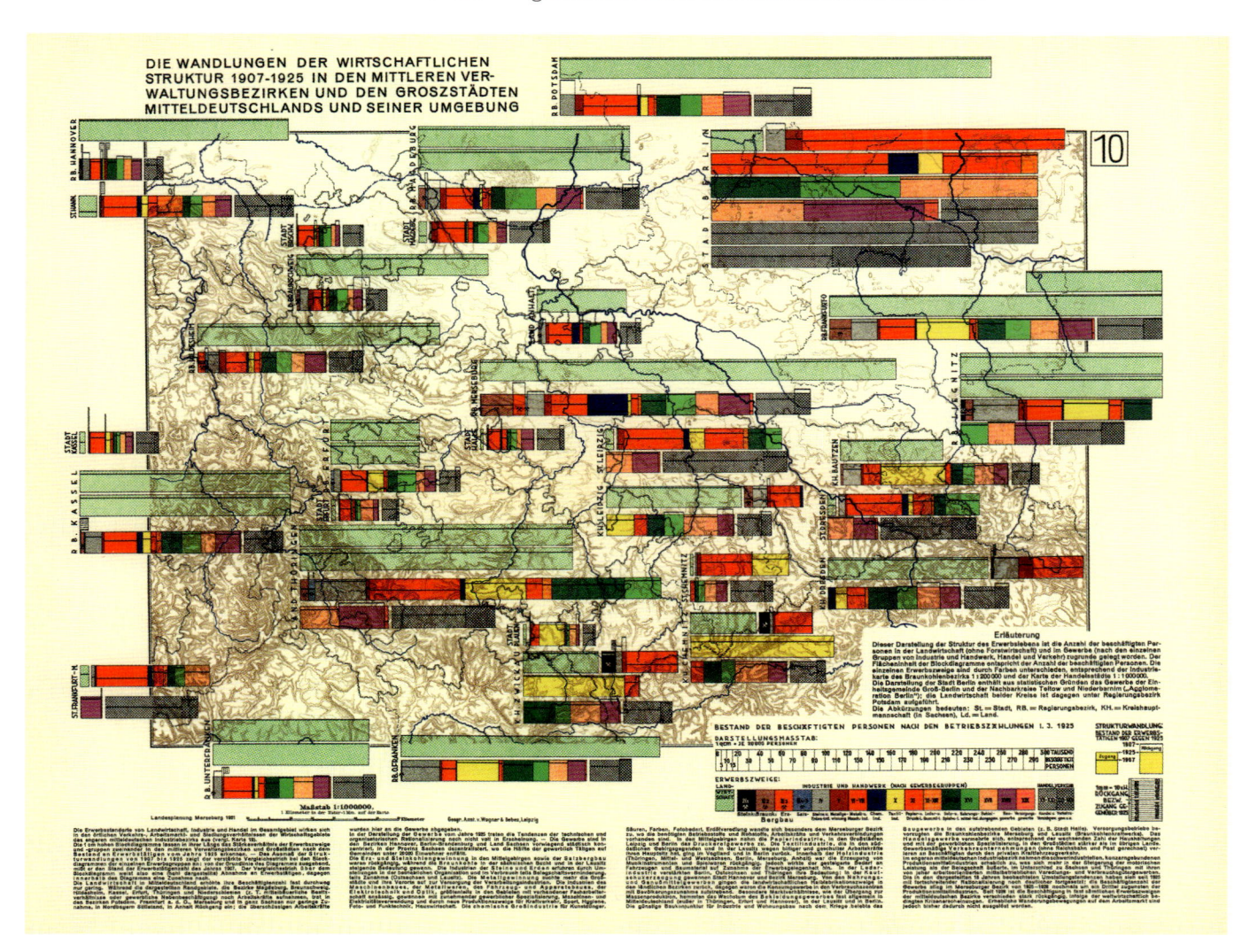

»Mitteldeutscher Planungsatlas«, Wirtschaftsstrukturen Nr. 10: Diese graphisch anspruchsvolle Karte verdeutlicht die Zeit-, Raum- und Branchenstruktur der Wirtschaft in einem außerordentlich differenzierten Bild. So werden die Veränderungen der Branchenstrukturen der ersten zwei Jahrzehnte des 20. Jahrhunderts und ihre jeweilige Bedeutungsverschiebung dargestellt. Allein dieses analytische Material könnte heute erneut Aufschlüsse über wirtschaftliche Standortveränderungen geben. Quelle: Landesplanung für den mitteldeutschen Industriebezirk, Merseburg 1932 (Archiv Kegler)

band« von Gebietskörperschaften, Unternehmensvereinigungen und ab 1927 dem Land Anhalt. Es war der erste grenzüberschreitende Planungsverband Deutschlands. Die Vereinigung basierte auf Freiwilligkeit und wurde von der Planungsstelle in Merseburg koordiniert. Sie war also kein förmlicher Verband, weswegen sie auch 1928 in »Landesplanung für den engeren mitteldeutschen Industriebezirk« umbenannt wurde.

Die Siedlungsausschüsse auf dezentraler Ebene waren Foren, in denen verschiedene Interessenvertreter über Gemeindegrenzen hinweg Orientierungen für wirtschaftliche, infrastrukturelle und sozialkulturelle Entwicklungen erörterten. Beraten von der Planungsstelle in Merseburg, erstellten sie Einzelpläne zu den Wirtschaftsgebieten. Diese Planungen gründeten sich auf externen Sachverstand von Architekten und Städtebauern, deren Beiträge die Planungsstelle anregte. Die räumliche Struktur der Siedlungsausschüsse folgte der ursprünglich für den Regierungsbezirk Merseburg definierten Aufteilung der Wirtschaftsgebiete, d.h. die Gebiete bildeten Industrienester, die von großen landwirtschaftlichen Flächen umfasst wurden.

Auf der Verbandsebene ging es um die Abstimmung der Flächennutzungspläne (der Begriff wurde um 1930 eingeführt, ansonsten hießen sie Flächenwidmungspläne) zu einem »General-Siedlungsplan«, der den Charakter eines orientierenden Rahmenplans trug. Er beinhaltete die Planung von Gewerbebereichen, Bergbaugebieten und ihrer Folgeentwicklung sowie die Koordinierung des öffentlichen Nahverkehrs (vorrangig der Eisenbahn), der Naturschutzbelange und der Anlage von Wohnsiedlungen. Die in der Planungsstelle bzw. für den Verband arbeitenden »Plantechniker« repräsentierten den damals höchsten Entwicklungsstand der wissenschaftlichen Disziplin, wie z.B. Martin Pfannschmidt, Verbandsgründer Stephan Prager oder Hermann Jansen. Mit der Herausgabe des Mitteldeutschen Planungsatlas (»Landesplanung für den mitteldeutschen Industriebezirk«) erschien 1932 (Druck 1930/31) das umfassendste wissenschaftliche Planungswerk Deutschlands, das bis heute eine planungshistorische Fundgrube geblieben ist. Er beinhaltete insgesamt 39 Plandarstellungen mit Analysekarten im Maßstab 1:1.000.000 für das Gesamtgebiet Mitteldeutschlands (zwischen Berlin, Hannover, Kassel und Dresden), Analysen und Planungen im Maßstab 1:200.000 für das engere mitteldeutsche Industriegebiet (Magdeburg, Erfurt, Leipzig, Dessau) sowie städtebauliche Wirtschaftspläne für die einzelnen Wirtschaftsgebiete im Maßstab 1:50.000 bzw. 1:25.000. Dabei führten die »Ausschnitte aus dem Aufgabenbereich der allgemeinen Landesplanung«, wie die Verkehrsübersichtspläne (vor allem Nr. 18 und Nr. 22), der Gewerbe-, Wohn- und Grünflächenplan (Nr. 23, das Kernstück des gesamten Planwerkes) und der Plan der Gas- und Kraftversorgung (Nr. 24) die wesentlichen planerischen Arbeiten zusammen.

Die Darstellungen der Pläne entsprechen etwa den heute gültigen Maßstäben von Flächennutzungsplanung, Regionalplanung und Raumordnung. Dabei weisen die Wirtschaftspläne auch städtebauliche Strukturen auf, waren also auf die dreidimensionale Darstellung ausgerichtet. Sie bildeten insofern ein Bindeglied zwischen flächiger Standortplanung und konkretem Städtebau im Raum. Auch das war eine Innovation. Der Mitteldeutsche Planungsverband war im Jahr 1932 die einzige von 31 Planungsvereinigungen im Deutschen Reich, die ein solches Planwerk geschaffen hatte.[4] Dieses Ergebnis war zudem durch eine intensive, grenzüberschreitende Zusammenarbeit mit den benachbarten Planungsgremien in West-Sachsen und Ost-Thüringen sowie mit den großen Städten und Landkreisen Mitteldeutschlands zustande gekommen.

Ein Fazit

Die Bundesrepublik Deutschland verfügt heute über ein ausdifferenziertes System der Landesplanung, von der Raumordnung auf Bundesebene bis zur Regionalplanung in den Ländern. Auch international ist die Landesplanung, zumindest in der Europäischen Union, fester Bestandteil von übergreifender Politik. Sie gewinnt angesichts von Klima-, Demografie- und Wirtschaftswandlungen noch an Bedeutung und ist dabei selbst einem Veränderungsdruck ausgesetzt. Die heutige Landesplanung (Raumordnung) entstand in Deutschland vor einhundert Jahren im Ruhrgebiet. Dort hatten sich die Probleme der chaotisch wachsenden Industrie derart zugespitzt, dass eine übergreifende kommunale Regulierung der räumlichen Entwicklung von Industrien, Infrastrukturen und Wohnsiedlungen notwendig erschien. Es war also zunächst eine reaktive Planung, oder auch: Schadensbegrenzung. Hier entstand 1920 der erste kommunale Verband als Träger einer solchen Planungsabsicht, der Siedlungsverband Ruhrkohlebezirk. Ihm galt und gilt

»Das Geiseltal in 70–80 Jahren«, Querfurter Tageblatt vom 22.12.1928
Quelle: Stadtarchiv Querfurt, Querfurter Tageblatt.

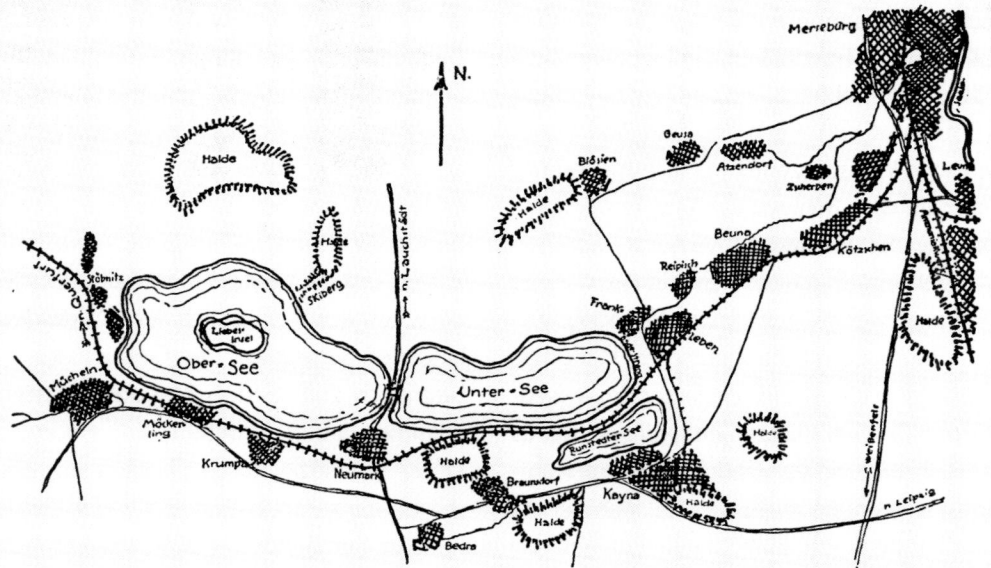

teilweise heftig bekämpft. Das war vor allem dann der Fall, wenn die Planung der Region aufoktroyiert wurde. Diese Problematik, dass Regionalplanung in Deutschland im Auftrag des Staates verbindliche Raumordnungsregeln festlegen muss, und zwar häufig zulasten einzelner Kommunen, hat die Entwicklung der Regionalverbände nachhaltig belastet. Dass es dennoch erfolgreiche Verbände gibt, ist eher der Kooperationsnotwendigkeit und dem meist gelungenen Kooperationsmanagement der Verbände und damit einzelnen Personen zu verdanken.

Kurzüberblick über die Verbände

Heute sind alle Verdichtungsräume in Regionalorganisationen eingebunden, die auf zwei Grundmodelle zurückzuführen sind:
- Kooperationsmodelle; das sind Verbandsformen, in Analogie zum Zweckverbandsrecht oder Vereinsrecht, und
- Integrationsmodelle; das sind großräumige Gebietskörperschaften, meist in Analogie zum Kreisordnungsrecht.

Allerdings hat jeder Verdichtungsraum sein eigenes Modell entwickelt, sodass es zwischen den beiden Grundformen in der Praxis eine breite Palette von Varianten gibt. Die Varianz bezieht sich vor allem auf die übertragenen Aufgaben, die Kompetenzen sowie die Entscheidungsstrukturen.

Ostdeutsche Verdichtungsräume organisierten sich nach der Wende über Regionalverbände mit Schwerpunkten in Regionalplanung und Landschaftsrahmenplanung. Komplexere Regionalorganisationen finden sich deshalb nur im Gebiet der alten Bundesrepublik.

Unter Ausdifferenzierung der Verbandsformen lassen sich für die Regionalorganisationen – vereinfacht – vier Gruppen identifizieren, davon drei für Kooperationsmodelle und eine Gruppe für Integrationsmodelle:
- einfache Regionalverbandsmodelle, die primär die Aufgaben der Regionalplanung und Landschaftsplanung wahrnehmen. Dazu gehören Leipzig, Dresden, Chemnitz, Frankfurt/M., Kassel, Freiburg/Brsg., München, Nürnberg/Fürth. Mitunter wird die Zentralfunktion angereichert durch Übernahme der ÖPNV-Koordination oder des Freiflächenmanagements und der Naherholung;
- komplexere Regionalverbandsmodelle, die auch Aufgaben der Regionalentwicklung übernehmen, z.B. beim Verband Rhein-Neckar;
- semi-gebietskörperschaftliche Regionalverbände mit weitreichenden Funktionen in Fragen der Siedlungs- und Regionalentwicklung. Dies gilt einzig für den Verband Region Stuttgart;
- gebietskörperschaftliche Organisationen mit umfassenden regionalen Kompetenzen. Davon gibt es inzwischen drei: in Aachen, Hannover und Saarbrücken.

Die Verbände haben trotz der großen Unterschiede in ihrer Wirtschafts- und Kommunalstruktur sowie in ihren Aufgaben, Finanzierungen und Problemstellungen einige Gemeinsamkeiten:
- Fast alle Verbände wurden durch staatliche Regelung geschaffen. Lediglich der Raum München hatte sich bereits 1950 zum »*Planungsverband Äußerer Wirtschaftsraum*« zusammengeschlossen, und zwar durch kommunale Initiative »bottom up«, um die Flächennutzungsplanung zu koordinieren und gemeinsame Interessen besser durchsetzen zu können.

- Die Verbände wurden üblicherweise in Analogie zum Zweckverbandsrecht entwickelt. Sie schaffen insofern eine Quasi-Föderation auf regionaler Ebene. Lediglich die Region Stuttgart wurde 1994 mit einem direkt gewählten Regionalparlament ausgestattet, und die Frankfurter Region sowie Saarbrücken (Funktion eines Planungsverbands nach §205 Abs. 6 BauGB) erhielten eine Gemeindekammer, weil die Flächennutzungsplanung, der Kernbereich der kommunalen Selbstverwaltung, vom Verband vorbereitet wird.
- Ihre wesentlichen Aufgaben waren ursprünglich lediglich planerischer Art; erst in späterer Zeit wurden ihnen auch Aufgaben der Leistungsverwaltung übertragen, insbesondere der ÖPNV und die Naherholung (Ausnahme: Saarbrücken).
- Fast alle Verbände erweiterten ihren funktionalen Wirkungskreis dadurch, dass sie Trägerorganisationen für bestimmte Aufgaben gründeten oder sich daran beteiligten, z.B. solche für Abfallwirtschaft, Naherholung und/oder Standortmarketing.
- Die gewählte Governance-Form geht bei den meisten Verbänden über die formalen Entscheidungsstrukturen hinaus: Netzwerke, thematische Diskurse, Planungsdiplomatie und Ähnliches ergänzen die formalen Entscheidungsstrukturen und dominieren sie zudem nicht selten. Lediglich im Plan-Vollzug wird auf förmlichere Interaktionsformen wie Gebote und Verbote sowie Strafandrohung zurückgegriffen.

Worin sich die Verbände deutlich unterscheiden (abgesehen von Interessenlagen, Interessenkonflikten und damit verbundenen Entscheidungsverfahren), das sind der Aufgabenumfang, die Entscheidungsstrukturen, teilweise die Finanzierung. Und es sind immer die strukturellen Konfliktlagen, die Verbands-Handeln beeinträchtigen:
- Der Aufgabenumfang kann – wie bereits angedeutet – vom reinen Planungsverband bis zu einem Verband mit Trägerfunktion reichen.
- Die Entscheidungsstrukturen können dem klassischen Zweckverband nachgebildet sein. Aber auch eine zusätzliche kommunale Kammer gibt es (in Frankfurt und Saarbrücken) Oder es gibt direkt gewählte Organe, wie es für gebietskörperschaftliche Organisationen üblich ist. Direkt gewählt werden dann die Regionalversammlung und die Regionsdirektoren. Das finden wir in Aachen, Hannover, Saarbrücken und teilweise auch in Stuttgart, dort allerdings nur bezogen auf die Regionalversammlung.
- Hinsichtlich der Finanzierung dominiert die Umlagefinanzierung. Aber immer sind auch staatliche Zuweisungen enthalten für die übertragene Aufgabe der Regionalplanung, die – mit Ausnahme Niedersachsens – als kondominiale, also als zugleich staatliche und kommunale Aufgabe wahrgenommen wird.

Die Verbände im Zeitablauf

Die meisten Verbände in Verdichtungsräumen sind erst ca. 15 Jahre nach dem Zweiten Weltkrieg entstanden, als Folge der wachsenden Verstädterung, der schnellen Siedlungsentwicklung, aber auch der fehlenden Möglichkeiten, durch Eingemeindung die Umlandgemeinden enger an die Kernstadt zu binden. Lediglich im Saarland und im Raum Hannover wurde die Gebietsreform der 1970er Jahre dazu genutzt, um auch die Verdichtungsräume gebietskörperschaftlich neu zu gliedern. So wurde 1974 der Stadtverband Saarbrücken gegründet, ein Zusammenschluss von Kreis und Stadt Saarbrücken, und in Hannover wurde der Kommunalverband in eine Art Großkreis umgewandelt, indem der großkreisartige »Verband Großraum Hannover« geschaffen wurde. Aber während der Saarbrücker Verband bis heute besteht, wurde das Hannoveraner Modell 1980 wieder aufgegeben. Eine mit Saarbrücken vergleichbare Lösung wurde erst 2001 in Hannover (Region Hannover) und 2004 in Aachen (StadtRegion Aachen) gegründet.

Wenn man die Stadtstaaten Bremen und Hamburg (Gemeinsame Landesplanung) und den Münchener Planungsverband Äußerer Wirtschaftsraum ausklammert, so war der erste Stadt-Umland-Verband der Bundesrepublik Deutschland der Großraumverband Hannover (1963). Später kamen hinzu: Raumordnungsverband Rhein-Neckar 1970, Zweckverband Raum Kassel 1972, Region Nürnberg 1973, Regionalverband Südlicher Oberrhein 1973, Regionaler Planungsverband München 1973, Umlandverband Frankfurt 1975. Zur Mitte der 1970er Jahre brach die Diskussion über die Organisation von Verdichtungsräumen zwar kurzfristig ab, flammte aber schon zu Beginn der 1980er Jahre wieder auf (Fürst et al. 1990, 11). Die Gründe hierfür waren

– die zunehmende Zersiedelung der Landschaft,
– die zunehmende Zahl von Zweckverbänden in Verdichtungsräumen und
– die Suche nach kosteneffizienten Organisationsformen für Verdichtungsräume.

Immer heftiger wurde die Auseinandersetzung zwischen denen, die »härtere« Organisationsmodelle forderten, und jenen, die mit »weichen« Formen der Kooperation auszukommen glaubten (vgl. Fürst 1997). »Hart« und »weich« bezieht sich darauf, wie autonom die Regionalorganisation ist hinsichtlich ihrer

– Aufgaben (monofunktonal oder plurifunktional?),
– Ressourcen (eigene oder zuweisungsabhängig?) und
– Entscheidungskompetenz (direkt gewählte Regionalversammlung oder Delegiertenversammlung?).

Nach 1990 wurden weitere Verbände gegründet, teilweise in Reaktion auf die Europäisierung und den globalen Wettbewerb, teilweise in Anpassung an die veränderte Situation nach der Wende in Ostdeutschland:

– Zweckverband Großraum Braunschweig (1991),
– Regionaler Planungsverband Westsachsen (1992),
– Regionaler Planungsverband Elbtal/Osterzgebirge (1992),
– Regionaler Planungsverband Chemnitz-Erzgebirge (1992),
– Verband Region Stuttgart (1994), allerdings als Nachfolger eines früheren Regionalverbandes.

Überblickt man die Verbände im Zeitablauf, so lässt sich vereinfacht das Folgende beobachten:

– In den 1920er Jahren wurden die Verbände als Verhinderungs-Verbände gegründet: Sie sollten die Vernichtung von Freiräumen (Bergbaufolgen) und die ausufernde Zersiedlung mit ihren hohen Infrastrukturkosten verhindern.
– Zunehmend wurden die Verbände aber auch für positive regionale Weiterentwicklungen genutzt: zur Verbesserung der

regionalen Infrastrukturversorgung und zur Förderung der Wirtschaftsentwicklung.
- In den 1960er- und 1970er Jahren schuf man Verbände in Reaktion auf eine anstehende Gebietsreform sowie zur Wahrnehmung landesplanerischer Aufgaben (Baugesetzbuch 1960; Bundes-Raumordnungsgesetz 1965). In den 1960er Jahren wurden in fast allen Bundesländern erste Diskussionen aufgenommen, wie die Kommunalstrukturen modernisiert werden sollten, um den erweiterten Raumverflechtungen, den erhöhten Verwaltungsanforderungen und den wachsenden kommunalen Aufgaben bei nur begrenzt steigerungsfähigen Einnahmen gerecht werden zu können.
- In den 1990er Jahren und noch mehr in den 2000er Jahren traten neben planerische Aufgaben auch Befürchtungen, die Regionen könnten im inter-regionalen Wettbewerb hinter den anderen Regionen zurückfallen. Waren die Verbände davor primär binnenorientiert, so waren sie ab Ende der 1980er Jahre mindestens in gleichem Maße außenorientiert – bezogen auf Unternehmen, Wettbewerber-Regionen, Lobbying in Brüssel und bei den Landesregierungen.

Die in den ersten Nachkriegsjahrzehnten entstandenen Verbände mussten gegen die kommunale Furcht ankämpfen, Vorstufe von Eingemeindungen bzw. Gebietsreformen zu sein. Sie mussten andererseits aber auch die Gemeinden zur Kooperation gewinnen, um ihre Flächennutzungsplanung in großräumigerem Kontext zu sehen. Das löste Spannungen zu den Landkreisen aus, die nicht erkennen konnten, welchen Mehrwert ein Verband gegenüber kreisgebundenen Planungen haben sollte. Die Folge war, dass die kreisangehörigen Gemeinden fast überall nur über ihren Kreis repräsentiert wurden, während kreisfreie Gemeinden ein direktes Mitspracherecht hatten. Darin lag ein struktureller Konflikt fast aller Verbände: Die Kreise fürchteten, der Verband würde an ihnen vorbei direkt mit den Gemeinden paktieren. Die Gemeinden dagegen akzeptierten immer weniger, lediglich über den Kreis vermittelt mitreden zu können, und das um so weniger, je größer und stärker sie als Folge der Gebietsreform in den 1970er Jahren wurden.

Regionalverbände in Verdichtungsräumen hatten aber auch noch eine andere Konfliktfront: die gegenüber dem Land. Denn je größer sie waren, d.h. je mehr Einwohner sie umfassten, desto eher wurden sie vom Land als »Gegenmacht« empfunden. Immerhin boten sie eine Plattform, über die sich die Opposition formieren konnte: Der SVR wurde folglich 1979 zum Kommunalverband Ruhrgebiet (KVR) reorganisiert, der mit der Gebietsreform 1974 geschaffene gebietskörperschaftliche »Großraumverband Hannover« 1980 ganz aufgelöst.

Einige generalisierende Aussagen über die Verbände

Es gibt keinen systematischen Vergleich der Organisationsmodelle hinsichtlich ihrer Effektivität und Nebenwirkungen. Auch die Organisationswissenschaften tun sich außerordentlich schwer, solche Vergleiche systematisch zu ziehen und daraus Vorschläge für optimierte Modelle abzuleiten. Denn die Zahl der Einflussfaktoren ist erheblich: Wirkungen gehen nicht nur von den formalen Organisationsstrukturen aus, sondern entscheidend von den »weichen« Faktoren (z.B. Organisationskultur,

Persönlichkeiten) und historischen Bedingungen (tradierte Konflikte).

Kooperationsmodelle sind für deutsche Verdichtungsräume typisch, aber immer Kompromiss-Strukturen:

a) Regionalverbände werden üblicherweise gegründet, weil ein Problemdruck vorhanden ist, ganz selten, weil sich die Kommunen unternehmerisch verhalten und für »ihre« Region ein neues Profil gewinnen wollen. Die Gründe liegen auf der Hand:
   – das von Regionalverbänden zu behandelnde Problem, also Planung und Koordination, hat Kollektivgut-Charakter: Die einzelne Kommune hat ein geringeres Interesse daran als das Kollektiv insgesamt. Denn jede einzelne Kommune muss zu dessen Bearbeitung mehr Kosten aufbringen, als sie sich Vorteile daraus verspricht.
   – Verbände sind eingebunden in interkommunale Konfliktstrukturen, die häufig von den Betroffenen als Nullsummenspiele wahrgenommen werden. Dazu gehören beispielsweise: die Forderung der Kernstadt nach Finanzausgleich für zentralörtliche Leistungen; der Imperialismusverdacht der Umlandgemeinden gegenüber der Kernstadt; die Autonomieängste der Kommunen gegenüber einer »neuen Ebene«.
   – Verbände verändern die kommunalen Machtstrukturen auf Kreisebene, weil die neue regionale Ebene auch dann, wenn sie von den Kreisen kontrolliert wird, nicht mehr dem einzelnen Kreis untersteht, sondern dem Kollektiv.
   – die wichtigsten Macht-Akteure, die darüber bestimmen, ob Verbände zustande kommen oder nicht, sind das Land, die Kreise und die Kernstadt, in geringerem Maße die größeren kreisangehörigen Städte. Sie alle verstärken sich durch weitere Akteure: die kommunalen Spitzenverbände, die Parteien, häufig die Wirtschaft (Kammern), auch die Medien. Aber ihre Interessenlagen sind keineswegs gleichgerichtet. Folglich entstehen Interessenkonflikte, ökonomisch gesprochen: Transaktionskosten, wenn ein Verband gegründet werden soll.

b) Regionen, die dem Wettbewerb stärker ausgesetzt sind und ihn bedrohlich empfinden, tendieren eher zu festeren Regionalorganisationen, sofern die Transaktionskosten nicht zu hoch sind, wie
   – harte Konkurrenz der regionalen Kommunen um Investoren und Einwohner,
   – imperialistisches Verhalten der Kernstadt in der Vergangenheit,
   – fehlender Druck aus Wirtschaftskreisen zugunsten der Regionsbildung (z.B. wenn in der Region wenige globale Unternehmen ihren Stammsitz haben),
   – größere Zahl von Landkreisen/Städten, die ihre Autonomie ganz oder teilweise verlieren würden.

c) Konfliktlagen und Verlaufsformen der Verbände resultieren aus dem Spannungsverhältnis zwischen regionaler Steuerung und kommunaler Autonomie:
   – zwischen der interventionistischen Regionalplanung und der kommunalen Planungsautonomie,
   – zwischen den Autonomieängsten der kreisfreien Städte bzw. Landkreise und dem Machtanspruch des Verbands,
   – zwischen der Dominanz der Kernstadt und den Umlandgemeinden,
   – zwischen wohlhabenden und armen Kommunen, womit sich eine Finanzausgleichsproblematik verbindet, und

— zwischen dem Regionalismus der Wirtschaft und dem Lokalismus der Kommunen.
d) Kooperationsverbände sind in der Regel Delegierten-Verbände mit der Folge, dass sie nur über ein sehr eng begrenztes Potenzial der Konfliktbearbeitung verfügen, meist dem Konsensprinzip folgen und stärker Lokalinteressen als Regionalbelange in den Vordergrund bringen.
e) Wo der Staat (das Bundesland) die betreffende Region politisch schwach halten will, sind eher schwache Verbandsstrukturen zu erwarten:
— Verbände mit direktdemokratischen Entscheidungsorganen erhöhen die Autonomiekonflikte und sind deshalb selten; es gibt sie neben Saarbrücken lediglich in Stuttgart (1994), Hannover (2001) und Aachen (2010). Wo sie entstanden, war der »gefühlte Außendruck« so hoch, dass die Kommunen bereit waren, zugunsten des Abbaus dieses Drucks auf Autonomiebelange zu verzichten.
— Direktdemokratisch organisierte Verbände sind aufgrund der Dominanz von politischen Parteien zwar konfliktfähiger als Delegiertenversammlungen, weil das Mehrheitsprinzip anwendbar ist. Aber sie haben mehr Schwierigkeiten, die Kooperation ihrer Mitgliedsgemeinden zu gewinnen: Delegierten-Versammlungen erlauben eine direkte Einbindung der Gemeinden in die Region, eine direkt gewählte Versammlung schließt dies eher aus.
f) Kooperationsverbände geraten stärker unter Veränderungsdruck als Integrationsverbände: Veränderungsdruck kommt aus dem Umfeld, den sich ändernden Aufgaben und den sich wandelnden regionalen Konfliktstrukturen. Dabei gelingt es selten, eine regional optimierte Organisationsstruktur zu finden, weil jeder Verband das Ergebnis politisch-administrativer Aushandlungsprozesse ist, insbesondere dann, wenn die Initiative zu seiner Gründung von einem machtvollen Akteur, z.B. Land oder Kernstadt, ausging. Die Veränderungsdynamik bezieht sich auf Aufgabenmehrung, Aufgabenvollzug und Bemühungen, mehr betriebswirtschaftliche Effizienz durch Entpolitisierung zu erreichen:
— Eine wesentliche Dynamik resultiert aus dem Spannungsverhältnis zwischen zentripetalen und zentrifugalen Kräften. Denn Regionalverbände ringen um politisch-administrative Stärke, die sie aus Aufgaben beziehen (Zentripetalkräfte). Sie müssen sich über die Aufgaben legitimieren. In Zeiten der Finanznot sind darin allerdings Konflikte vorprogrammiert.
— Kooperationsmodelle sind stärker von Auflösung bedroht als Verbände, die als eigenständige Institutionen verfasst sind. Sie werden sehr viel stärker von sich wandelnden Umfeldeinflüssen beeinflusst als stärker institutionalisierte Verbände.
— Je durchgreifender Verbände organisiert werden, d.h. in Richtung Integrationsmodelle, desto mehr richten sie sich auf Aufgabenvollzug. Im Unterschied dazu wirken Kooperationsmodelle eher diskursiv, mit Schwerpunkt auf planerischen Aufgaben. Um Zugriff auf den Aufgabenvollzug zu bekommen, initiieren Kooperationsmodelle dann gern ausgegliederte Organisationen oder beteiligen sich daran.
— Kooperationsmodelle führen einerseits meist dazu, dass der Wettbewerb unter

den Gemeinden größer wird. Aber andererseits hat dieser Wettbewerb meist auch zur Folge, dass man ihn über arbeitsteilige Verhältnisse wieder abbaut. Dann entstehen komplementäre Strukturen, die wiederum die Kooperation begünstigen.

g) Eine Regionalidentität der Bevölkerung ist für eine erfolgreiche Regionalorganisation keine Voraussetzung. Zwar kann der öffentliche Nahverkehr, wenn er regional organisiert wird und die Region eine noch überschaubare Größe behält, die regionale Identität fördern (Beispiele: Hannover, Frankfurt, Stuttgart). Wo allerdings eine starke Regionalidentität der Bevölkerung besteht, führt sie meist dazu, dass auch die Politik und teilweise auch die Wirtschaft sich intensiver für die Region engagieren. Viel wichtiger ist das Vorhandensein von Regionalidentität bei Kommunen und Wirtschaft: Die Kooperation der Gemeinden muss in der Region ausgeprägt sein, und die Wirtschaft muss sich für die Region engagieren. Allerdings sind das funktionale Governance-Arrangements, d.h. sie beziehen sich meist nicht auf die Region insgesamt, sondern primär auf Projekte. Solche Netzwerke sind umso stärker, je mehr sie durch gemeinsame »belief systems« unterfüttert werden, z.B. durch eine gemeinsame Vision von Entwicklungszielen, gemeinsame historische Wurzeln, gemeinsame »narratives« über erfolgreiche Zusammenarbeit in der Vergangenheit;

h) Die Governance-Arrangements, also die Art und Weise, wie Verbände auf Probleme reagieren, werden wesentlich bestimmt von der Aufgabe, der Situation in Verbindung mit der Stärke einer Institution und den Handlungsorientierungen bzw. Einstellungen der Akteure. Governance-Arrangements können kooperativ oder konfliktorientiert, rigide-formalistisch oder diplomatisch-integrativ, mittelfristig lernorientiert oder auf kurzfristiges »Vom-Tisch-Haben-Wollen« ausgerichtet sein.

Tabelle: Ausgewählte Regionalverbände im Vergleich

Verband	Formale Organisation	Aufgaben	Finanzierung	Sonstiges
Bremen	Regionale Arbeitsgemeinschaft, e.V.; Mitglieder: 2 Länder, 11 Landkreise, 3 kreisfreie Städte, 6 IHKs Organe: Delegiertenversammlung, Parlamentar. Beirat, Wiss. Beirat, Geschäftsstelle	Beratung und Förderung der interkommunalen Kooperation, Förderung der Metropolregion	Einwohnerumlage Mitgliedsbeiträge Länderzuschuss für Förderfonds	seit 2007 »Metropolregion Bremen-Oldenburg im Nordwesten e.V.« (der Verein besteht als Förderverein fort)
Freiburg (Brsg.)	Regionalverband (Pflichtverband); Mitglieder: Stadt Freiburg, 3 Landkreise (126 Gemeinden) Organe: Delegiertenversammlung	Regional- u. Landschaftsrahmenplg., regionale Entwicklungskonzepte	Umlage (Hauptteil), Landeszuschuss, projektgebundene Drittmittel	Hat auch kommunale Beratungsfunktion sowie Lobbyfunktion gegenüber Land und Bund.
Frankfurt Rhein-Main	Planungsverband (Pflichtverband) Mitglieder: 75 Städte und Gemeinden Organe: Delegiertenversammlung, Kammer u. Vorstand (24 Mitgl., u.a. OB Frankfurt, OB Offenbach; Landräte von 6 Kreisen)	Regionaler FNPlan, Landschaftsplan. Beteiligung am Regionalpark, Standortmarketing, Kulturregion	Umlage (Hauptteil), projektgebundene Zuschüsse	»Metropolgesetz« von 2011 löst die bisheriges Konstrukt ab (auch: Rat der Region).

Verband	Formale Organisation	Aufgaben	Finanzierung	Sonstiges
Kassel	Zweckverband, Mitglieder: Stadt u. Landkreis Kassel, 9 kreisangehörige Gemeinden Organe: Delegiertenversammlung, Vorstand, Geschäftsführer	Koordination von FNP, Landschaftsplanung, Gebietsentwicklung; kommunale Entwicklungspläne	Umlage Zuschüsse von Bund und Land projektgebundene Drittmittel	Vertritt die Region in der Regionalplanungs-organisation Nordhessen.
Nürnberg	Regionalverband (Pflichtverband), Mitglieder: 4 kreisfr. Städte, 4 Landkreise, 82 kreisangehörige. Gemeinden Organe: Delegiertenversammlung, Verbandsausschuss, Verbandsvorsitzender	Regionalplanung	Umlage	Daneben existiert seit 2005 die Europäische Metropolregion Nürnberg.
München	Planungsverband Äußerer Wirtschaftsraum; Zweckverband (freiwilliger kommunaler Zusammenschluss) Mitglieder: Stadt München, 8 Landkreise, 141 Kommunen Organe: Delegiertenversammlung, Verbandsausschuss, Vorsitzender, Geschäftsführer	Planungsaufträge der Mitglieder Moderation	Mitgliedsbeiträge Projektgebundene Mittel	Freiwilliger Zusammenschluss; gleichzeitig Geschäftsstelle für den Regionalen Planungsverband (Pflichtverband)
Rhein-Neckar	Regionalverband Mitglieder: 6 kreisfreie Städte und 4 Landkreise Organe: Delegiertenversammlung, Verwaltungsrat, Vorsitzender	Regionalplanung, Wirtsch.förderung, Standortmarketing, Landschaftspark, Koordination (ÖPNV und Energie), Träger reg. bedeutsamer Kongresse usw., Tourismusmarketing	Umlage (größter Teil) Landeszuschüsse Projektgebundene Drittmittel	Erstreckt sich über 3 Bundesländer; *auch für Regionalentwicklung zuständig ist* die Metropolregion Rhein-Neckar GmbH (Verband u. Wirtschaft halten je 50%).
Ruhrgebiet	Regionalverband Ruhr (RVR) Mitglieder: 11 kreisfreie Städte und 4 Landkreise Organe: Delegiertenversammlung (OBs, Landräte), Verbandsausschuss, Verbandsversammlung, Regionalrat, Regionaldirektorin	Masterpläne, Staatl. Regionalplanung, Freiflächensicherung und -entwicklung, Naherholung, Wirtschafts-Förderung, Träger des Emscher Landschaftspark, von regionalen Kultur- und Freizeitanlagen, »Verbandsgrün« als Pflichtaufgabe	Umlagen (größter Teil) Projektgebundene Zuschüsse	Deleg.-Versammlung nach Proporz der letzten Kommunalwahlen, Austrittsrecht
Stuttgart	Semi-Gebietskörperschaft Mitglieder: Stadt Stuttgart, 5 Landkreise und 179 Gemeinden Organe: Versammlung (direkt gewählt), Vorsitzender, Direktor	Regionalplan Landschafts-Rahmenplan ÖPNV-Planung SPNV und Nahverkehr, Entsorgung (teilweise) Wirtschaftsförderung Tourismusmarketing, Landschaftspark, regional bedeutsame Kongresse, Kultur-, Sport- u. Freizeit-Veranstaltungen neue Messen	Umlagen (Hauptteil) Landeszuschuss Projektgebundene Drittmittel	Typus einer Regionalen Entwicklungsgesellschaft

Verband	Formale Organisation	Aufgaben	Finanzierung	Sonstiges
Aachen	Regionaler Großkreis Mitglieder: Kreisfreie Stadt Aachen und 9 Gemeinden Organe: Versammlung und Hauptverwaltungsbeamter (beide direkt gewählt), Städteregionstag, Städteregionsrat, Städteregionsausschuss	Aufgaben des früheren Landkreises Aachen und der Unteren Landesbehörden; Aufgaben der Stadt Aachen, soweit regional bedeutsam	Umlagen Staatliche Zuweisungen Projektgebundene Entgelte/Drittmittel	Ähnlich dem Modell Hannover, jedoch bleibt Aachen formal kreisfrei; hohe Integration durch gemeinsamen Rahmenplan der Regionalentwicklung
Hannover	Regionaler Großkreis Mitglieder: Kreisangehörige Stadt Hannover und 20 Gemeinden Organe: Regionalversammlung und Regionspräsident (beide direkt gewählt), Regionsausschuss	Träger f. Berufsschulen, Sozialhilfe, Jugendhilfe, ÖPNV, Klinikum, Abfallwirtschaft Untere Landesbehörde f. Natur- und Gewässerschutz, Abfall, Bodenschutz, Landesplanung u.a., FNP-Genehmigung, Regional- und Landschaftsplanung Wirtschaftsförderung	40% Umlage 60% Zuweisungen	Hannover wurde eingekreist, nimmt aber viele Aufgaben noch selbst wahr, die für die übrigen Gemeinden von der Region übernommen wurden: Kreisstraßen, Ausländerbehörde, Feuerschutz, Rettungswesen
Saarbrücken	Regionaler Großkreis Mitglieder: Stadt Saarbrücken und 9 Gemeinden Organe: Regionalversammlung und Verbandsdirektor (beide direkt gewählt); Verbandsausschuss (Kreisausschuss), Delegiertenversammlung (Kooperationsrat)	Aufgaben des Landkreises, FNP-Erstellung, ÖPNV, Wirtschaftsförderung	Umlage Zuweisungen	bis 2008 »Stadtverband Saarbrücken«; Umlandgemeinden bekamen mehr Mitspracherechte (Kooperationsrat). Kompetenz-Erweiterung des Kooperationsrats verfassungsrechtlich umstritten.

Quelle: eigene Zusammenstellung, 2012

Ergänzende Einschätzungen

Die Organisation der Stadt-Umland-Kooperation in Verdichtungsräumen wird heute gern mit den politikwissenschaftlichen Kategorien der »Regional Governance« diskutiert (vgl. Fürst 2010). Gemeint ist damit, dass sich neue Steuerungsformen herausgebildet haben, die über die klassischen Verbände hinausgehen. Sie sind meist nicht mehr nur auf kommunales Handeln bezogen, sondern integrieren wirtschaftliche Akteure, mitunter auch Akteure der Zivilgesellschaft. Es sind eher Koordinationsverfahren. Regional Governance kann eine neue Ethik der Gemeinwohl-Orientierung in die regionalen und kommunalen Akteure einbringen. Sie kann aber auch Optionen öffnen, z.B. dass Probleme über Verhandlungen, aber auch über Diskurse und gemeinsam entwickelte Problemdefinitionen und Lösungsansätze kollektiv wirksamer gelöst werden können. Die Praxis ist von Idealvorstellungen einer »guten« Regional Govenance noch einige Schritte entfernt. Es kommt auch selten zu einer wirklichen regionalen Gemeinwlorientierung – meist sind die Stadt-Umland-Verbände über Projekte aktiv, in denen sich diejenigen engagieren, die von den Projekten profitieren oder negativ betroffen sind. Und dabei spielen Partikularinteressen immer noch eine dominante Rolle, auch wenn sie durch häufigen Bezug auf längerfristige Entwicklungen der Region stärker auf Gemeinwohlbelange bezogen werden als früher.

Bei allen Organisationsentscheidungen spielen der Zeitgeist bzw. »belief systems« eine große Rolle, insbesondere dann, wenn Organisationsberater herangezogen werden. Aber selten bleiben Organisationsstrukturen so, wie ihre Autoren sich diese auf dem Reißbrett vorstellten: Interaktionen, neue Herausforderungen, neue Personen, sich wandelnde Technologien (IuK-Technologie, e-Government etc.), auch sich wandelnde Organisationstheorien und -modelle bestimmen die Praxis.

Deshalb ist es sinnvoll, Verbände stärker unter dem Aspekt ihrer Governance-Qualität zu betrachten: was sie zur Klärung von regional bedeutsamen Problemen und deren Lösung beitragen können; und wie sie es hinbekommen, dass sich die Akteure für ihre Region engagieren, bis hin zur Bereitschaft, für ihre Region Geld und persönliche Leistungen zu erbringen. Es gibt allerdings keine Belege dafür, dass Integrationsmodelle effektiver sind, auch wenn in der Literatur neuerdings wieder verstärkt auf »harte« Verbandsformen zurückgegriffen wird (Blume 2009, 175 ff.). Dennoch nimmt in der Praxis die Begeisterung für »weiche« Governance-Arrangements deutlich ab, weil sie als zu wenig umsetzungsorientiert, zu wenig konfliktfähig und gegenüber einer kritischen Öffentlichkeit als zu intransparent gelten.

Literatur

Blume, Tillmann: Die ökonomischen Effekte regionaler Kooperation. Theorie und Empirie am Beispiel monozentrischer Regionen Westdeutschlands, Marburg 2009

Fürst, Dietrich: Regional Governance. In: Benz, A.; Dose, N. (Hg.): Governance – Regieren in komplexen Regelsystemen. Eine Einführung. Wiesbaden 2010, 2. Aufl., S. 49–68

Fürst, Dietrich: »Weiche« versus »harte« Kommunalverbände: Gibt es Gründe für eine »härtere« Institutionalisierung der regionalen Kooperation? In: Seiler, G. (Hg.): Gelebte Demokratie. Festschrift für Manfred Rommel. Stuttgart 1997, S. 131–158

Fürst, Dietrich; Klinger, Werner; Knieling, Jörg; Mönnecke, Margit; Zeck, Hildegard: Regionalverbände im Vergleich. Baden-Baden 1990

Hesse, Joachim Jens; Götz, Alexander: Kooperation statt Fusion? Interkommunale Zusammenarbeit in den Flächenländern. Baden-Baden 2006

Ludwig, Jürgen; Mandel, Klaus; Schwieger, Christopher; Terizakis, Georgios (Hg.): Metropolregionen in Deutschland: 11 Beispiele für Regional Governance. Baden-Baden 2009

Prager, Stephan: Landesplanung, in: Handwörterbuch des Wohnungswesens. Jena 1930, S. 486–491

Klaus R. Kunzmann
Strategische Planung in Europa: ein Streifzug

Strategische Planung ist in den vergangenen beiden Jahrzehnten zu einem viel behandelten Thema wissenschaftlicher Forschung geworden (Vallée 2012). Überall in Europa wird strategische Planung betrieben. Doch das, was strategische regionale Planung ist, wird von denen, die sie fordern, fördern und betreiben, unterschiedlich gesehen. Strategische Planung ist, trotz vieler wissenschaftlicher Definitionen, nach wie vor ein wenig scharfes, ein »fuzzy concept«, auch wenn es über Sprachgrenzen hinaus wissenschaftlichen Konsens über wesentliche Merkmale strategischer Planung gibt. Einig sind sich die Promotoren darin, dass die oft allzu bürokratisierte und verrechtlichte Regionalplanung aus ihrer politischen Bedeutungslosigkeit herausgeführt werden muss. Sie sind sich auch darin einig, dass die regionale Planung und Bürgerferne von den unzähligen, wie eine Zwangsjacke wirkenden Vorschriften befreit werden muss, die im Laufe der zurückliegenden Jahrzehnte in der politisch-administrativen Praxis formuliert und erlassen wurden; oder zumindest darin einig, dass diese Form der Regionalplanung durch eine strategische Planung ergänzt werden muss, die wieder räumliche Visionen und Ziele für die Zukunft einer Region und ihrer Bewohner formuliert und Wege aufzeigt, wie diese Visionen in der politischen Wirklichkeit umgesetzt werden können. In einer Zeit, in der in Europa räumliche Entwicklung im Rahmen von Planungs- und Entscheidungsprozessen auf mehreren Ebenen gesteuert wird – in Deutschland sind es mindestes vier Ebenen: EU, Bund, Land, Region –, ist Regionalentwicklung zu einem sehr komplexen Aushandlungsprozess im Spannungsfeld von individuellen und institutionellen Interessen und hoheitlichen Aufgaben des öffentlichen Sektors geworden (Fürst 2000).

Was ist strategische Planung?

Das Konzept der strategischen Planung wird überall in Europa unterschiedlich verstanden. Strategische Regionalplanung ist ein Experimentierfeld der Bemühungen, in einer globalen, markt-orientierten Gesellschaft Konsens zwischen privaten, öffentlichen und zivilgesellschaftlichen Gruppen herbeizuführen, im regionalen Konsens gefundene Ziele gemeinsam zu verfolgen und umzusetzen.

Es gibt bislang kein allgemein gültiges, oder gar von der Europäischen Kommission verbindlich vorgeschriebenes Konzept, wie strategische Planung zu geschehen habe und wer es mit wem und wann betreiben solle. Angesichts der sehr unterschiedlichen Herausforderungen der Regionalentwicklung – sei es in Bulgarien, im Südosten Englands, im Großraum Paris, in Lappland oder im Ruhrgebiet – würde ein einheitliches Konzept, das über mehr als einige grundsätzliche methodische Prinzipien hinausgeht, mehr Schaden anrichten als Nutzen bringen. Jedenfalls würde es nicht den Zweck erfüllen, strategische Leitlinien für die zukünftige Entwicklung einer Region zu liefern. In jüngster Zeit versucht die Europäische Union ihre regionalen Programme dadurch zu legitimieren, dass sie für transnationale Räume, für europäische Großregionen, regionale Strategien erarbeiten lässt, die dann als Grundlage für die Mit-Finanzierung regionaler Projekte und finanzieller Zuwendungen dienen. Den Anfang machten die Baltische Region und die Donauregion (Sielker 2012).

Was ist strategische Planung? In der Welt der Unternehmen ist das Buch von Harry Mintzberg (1994, dt. 1995) ein Standardwerk geworden. Darin werden die Herausforderungen an strategische Planungsprozesse in Unternehmen wie folgt definiert: »thinking about the future«, »integrating decision-making«, »improving co-ordinating mechanisms«. Das gilt im Wesentlichen auch für die strategische Regionalplanung. Auch sie muss sich Gedanken über mögliche Zukünfte eines Raumes machen, muss in regionale Planungs- und Entscheidungsprozesse integriert sein und muss Maßnahmen koordiniert umsetzen, sonst bleibt sie schöngeistige Planungspoetik. John Friedmann (1987) hat dies auf eine knappe Formel gebracht: Es geht in der Planung darum, vom Wissen zum Handeln zu kommen. Dies ist in der Raumplanung – ob auf nationaler, regionaler oder lokaler Ebene – nicht immer einfach, denn die Einflussmöglichkeiten von Planung und Politik sind in der freien Marktwirtschaft und in demokratisch kontrollierten Gesellschaftssystemen beschränkt. Die jüngste Krise der Finanzmärkte in Europa und darüber hinaus hat dies deutlich gezeigt. Patsy Healey, eine der kreativsten Vordenkerinnen räumlicher Planung im anglo-amerikanischen Raum, hat die gesellschaftliche Dimension der strategischen Planung betont und sie wie folgt formuliert (Healey 2006): »Strategic planning is a social process through which a range of people in diverse institutional relations and positions come together to design plan-making processes and develop contents and strategies for the management of spatial change.«

Weitere Definitionen der strategischen Planung finden sich bei Albrechts/Balducci (2012): »Strategic planning focuses on results and implementation by framing decisions, actions and projects, and it incorporates monitoring, evaluation, feedback, adjustment and revision.« Albrechts/Healey/Kunzmann (2003) formulieren es so: »Strategic planning produces frameworks and interpretive images capable of mobilizing people into action and in some cases of constructing a new governance culture.« Auch in Deutschland sind in den vergangenen Jahren die Unzulänglichkeiten und Defizite traditioneller Regionalplanung artikuliert worden. Auch hier wird eine bessere strategische Ausrichtung der Regionalplanung gefordert. In einer Veröffentlichung der deutschen Akademie für Raumforschung und Landesplanung definiert Vallée (2012) diese strategische Regionalplanung wie folgt: »Strategische Regionalplanung ist ein neues Planungsverständnis, das durch eine zielbezogene Steuerung mit einer räumlichen Entwicklungsperspektive und deren Umsetzung charakterisiert ist. Sie ist ganzheitlich, prozessorientiert und umfasst eine Reihe von Tätigkeiten, die jeweils in Produkte münden. Kern der strategischen Regionalplanung ist die Entwicklungsaufgabe in einem kooperativen Prozess mit Partnern. Strategische Regionalplanung strebt eine zielbezogene Steuerung und deren Umsetzung an und versteht sich damit als ein

Planungsprozess, der zielorientiert, überörtlich, überfachlich, entwickelnd, ordnend, sichernd und ausgleichend ist.«

Dies sind nur einige wenige Zitate aus der inzwischen unübersehbaren Menge wissenschaftlicher und praktischer Auseinandersetzungen mit strategischer Regionalplanung. Doch ein Zwischenruf: Reflexionen zur räumlichen Planung sind immer in die jeweiligen kulturellen und politisch-administrativen Planungskulturen eingebettet! Nicht selten dient daher der Anspruch, strategische Planung theoretisch zu fassen, dazu, Aufmerksamkeit für Reflexionen über erfolgreiche und weniger erfolgreiche regionale Entwicklungsprozesse in der Region zu wecken, aus der die Autorinnen und Autoren ihre Rückschlüsse ziehen. »Strategisch« ist dann all das, was auch so genannt wird.

Strategische Regionalentwicklung ist in einer Zeit, in der in großen Teilen Westeuropas keine wesentliche quantitative Erweiterung der physisch-materiellen Infrastruktur notwendig ist, ein Instrument der öffentlichen Verwaltung, das Ziele aufzeigt, wie die Lebensqualität in einer Region für alle Bewohner gesichert und die wirtschaftliche Entwicklung vorangetrieben werden kann; wie Arbeitsplätze gesichert, wie natürliche Ressourcen geschützt, kulturelle Traditionen erhalten und soziale Belange befriedigt werden können, und wie die Bevölkerung einer Region in offene Planungs- und Entscheidungsprozesse einbezogen werden kann. In der Regel ist strategische Planung kein gesetzlich abgesichertes Instrument in bestehenden politisch-administrativen Räumen, sondern ein (Lern-)Instrument zur kooperativen und partizipativen Raumentwicklung, das im Rahmen von offenen Prozessen und Räumen sowie mit allen Akteuren einer Region regionale Herausforderungen zum Anlass nimmt, um Visionen und Leitlinien für zukünftige räumliche Entwicklungen zu formulieren und deren Umsetzung zu erörtern.

Die Praxis der Strategischen Planung in Europa

Regionale Planung wird in den Regionen und Ländern Europas sehr unterschiedlich gehandhabt. In manchen Regionen gibt es überhaupt keine etablierte regionale Planung, oft auch keine nationalen räumlichen Strategien, die über die Planungen für die materielle Infrastruktur, also Bahn und Straßennetze, hinausgehen. Selbst in Deutschland wird nationale Raumordnung und in manchen Bundesländern sogar die Landesplanung nur noch in sehr reduzierter Form und ohne glaubhafte Begeisterung betrieben.

Die Ansätze zu strategischer Raumentwicklung in Europa unterscheiden sich nach den Anlässen, den regionaltypischen Herausforderungen und den administrativen Rahmenbedingungen. Die metropolitanen Stadtregionen von Paris und London, oder auch von Mailand, stehen vor der ständigen Herausforderung, wie sie die weitere räumliche Ausdehnung des stadtregionalen Siedlungsraumes und die Folgeprobleme dieses Wachstums umwelt- und sozialgerecht bewältigen können. Andere Regionen suchen Eigenständigkeit zu demonstrieren und ihre regionale Identität dadurch zu schärfen, dass sie Leitlinien für eine ausgeglichene räumliche Entwicklung aufstellen. Dies sind beispielsweise die Regionen Nordirland, Wales und Schottland im Vereinigten Königreich, die Region Flandern in Belgien oder das Baskenland in Spanien. Wieder etwas in Mode gekommen sind in jüngster Zeit schließlich Wettbewerbe zur Findung stadtregionaler

Visionen, wie beispielsweise für die räumliche Entwicklung der Stadtregionen von Paris und Helsinki. Sie folgen der Tradition internationaler städtebaulicher Wettbewerbe, wie sie 1911/12 bzw. 1957 zum Bau der neuen Bundeshauptstädte Australiens und Brasiliens, Canberra und Brasilia, ausgelobt wurden. Auch das Ruhrgebiet bzw. der Regionalverband Ruhr veranstaltet einen städtebaulichen Wettbewerb. Solche Wettbewerbe haben keinen prozessualen Charakter, sie sind vielmehr medienwirksame Instrumente, um neue Bilder in den Köpfen der Meinungsträger zu schaffen und damit regionale Denkblockaden zu überwinden.

Im Folgenden werden Bemühungen aus einzelnen Regionen und Stadtregionen in Europa, regionale räumliche Entwicklung strategisch und prozessorientiert zu steuern, kurz skizziert. Mit dem Ruhrgebiet lässt sich keine dieser Regionen vergleichen; die dortigen Erfahrungen mit unterschiedlichen Formen der strategischen Regionalplanung sind daher nur bedingt übertragbar.

Gent/Terneuzen

Der strukturelle Wandel der Industrie hat die belgische Kanalzone um Gent und Terneuzen hart getroffen. Vielfältige Interessenkonflikte zwischen Hafengesellschaft, Gemeinden und Bevölkerung der Kanalzone erschweren die notwendige Umstrukturierung und Revitalisierung. Auf Initiative des Gouverneurs der Provinz Ost-Flandern und eines Beamten in der Provinzregierung, unterstützt durch Mittel der Europäischen Kommission, wurde im Jahre 1993 ein Prozess zur strategischen Entwicklung der Region in Gang gesetzt, der bis heute anhält. Zur Bewältigung der Konflikte wurde ein Kooperationsverbund zwischen verschiedenen Behörden der Region Flandern, der Provinz Ost-Flandern, der Stadt Gent und zwei weiteren Gemeinden, der Hafengesellschaft und zivilgesellschaftlichen Gruppierungen etabliert. Dieses projektbezogene Akteursnetzwerk wurde von einem unabhängigen Planungsbüro moderiert, das ebenfalls damit beauftragt wurde, ein strategisches Konzept für die Kanalzone zu erstellen und die schrittweise Umsetzung zu begleiten. Viele Projekte, die im Verlauf des Prozesses entwickelt wurden, konnten verwirklicht werden, weitere sind in Umsetzung. Der Kooperationsverbund ist auch nach 20 (!) Jahren noch tätig (Van den Broek 2008; Albrechts/Van den Broek 2009).

Flandern

Flandern, die prosperierende Region in Belgien, hat einen ersten strategischen Regionalplan im Jahre 1997 verabschiedet. Dieser Plan konzentrierte sich auf territoriale »cluster« und infrastrukturelle »gateways«. Aus der Einsicht, dass die polyzentrische Region gegenüber benachbarten Stadtregionen in den Niederlanden, Nordfrankreich und Deutschland gestärkt werden muss, und um die infrastrukturelle Entwicklung der Region besser aufeinander abzustimmen, hat die Provinzregierung von Flandern in der Folge ein stärker profiliertes, strategisches Leitbild erarbeiten lassen, in dessen Mittelpunkt die Städte Antwerpen, Gent, Hasselt, Genk, Leuven und Brüssel stehen. Ergebnis war ein Leitbild mit dem symbolischen Namen »Flämischer Diamant«. Er sollte die beteiligten Städte überzeugen, ein strategisches Netzwerk von Planungs- und Entscheidungsträgern in der Region zu knüpfen, wie es im Fall der Hafenzone Gent/Terneuzen gelungen war. Doch dieses Netzwerk kam nicht zustande. Nach politischem Wechsel und aufgrund geringer Kooperationsbereitschaft der beteiligten Akteure fand diese strategische Planung keine Fortsetzung. Lediglich einzelne konkrete Konzepte zur Entwicklung des Schelde-Flusstales zwischen Antwerpen und Gent sowie zur Verbesserung des öffentlichen Nahverkehrs in der Region wurden weiter verfolgt. Ansonsten erfolgte die regionale Entwicklung unter Beteiligung sozialer Partner und Umweltgruppen für ganz Flandern auf der Grundlage traditioneller regionaler Planung und so genannter »Policy Notes« (Copus 2011, Adams/Harris 2005).

Wales

Wales ist die vergleichsweise am stärksten benachteiligte Region im Vereinigten Königreich. So sind große Landesteile von den urbanen Zentren des Vereinigten Königreichs aus nur sehr schwer erreichbar. Die Bevölkerungszahl stagniert bei etwa 3 Mio. Menschen, bei fortschreitender demografischer Alterung. Die wenigen alt-industrialisierten Standorte im Süden (Swansea, Port Talbot, Newport) und Norden (Bangor und das Hinterland von Liverpool) sind vom strukturellen Wandel betroffen. Lediglich Cardiff, Regierungs- und Verwaltungssitz, renommierte Universitätsstadt und kulturelles Zentrum des Landes, und sein sub-regionales Umfeld haben heute größere wirtschaftliche Bedeutung. Der Rest des Landes wird geprägt durch rein landwirtschaftliche Strukturen, Naturparks, Zweitwohnungssitze und Fremdenverkehrsorte entlang der Küste. Aufgrund seiner eigenen Landessprache (Walisisch), die allerdings nur noch etwa 16 Prozent der Bevölkerung beherrschen, hat Wales jedoch eine sehr große regionale Identität. Im Jahre 2003 verabschiedete die Regierung von Wales unter Federführung der Ministerin für *Finance, Local Government and Public Services* (auch Hochschuldozentin für Raumplanung an der Universität Cardiff) eine *National Spatial Perspective* – einen Raumordnungsplan, der die Entwicklungslinien für die nächsten zwanzig Jahre aufzeigen sollte. Dieser Plan wurde in einem aufwändigen Prozess der regionalen Beteiligung erstellt. Die strategische »Vision« des Planes teilt das Land in vier Handlungszonen mit weichen Grenzen ein. Diese Handlungszonen reflektieren die jeweiligen sub-regionalen Herausforderungen und bauen auf den territorialen Potenzialen der einzelnen Räume auf, für die dann entsprechende Entwicklungsschwerpunkte gesetzt werden. Nachhaltigkeitsziele und die räumliche Dimension stehen dabei im Vordergrund. Das mit großem didaktischen Anspruch erstellte Dokument fordert die Öffentlichkeit im Lande auf, zu den dort dargestellten regionalen Analysen, Zielen und Empfehlungen der Strategie Stellung zu nehmen (Welsh Assembly 2003).

Schottland

Schottland hat sich immer bemüht, die Regionalentwicklung weitgehend unabhängig vom Einfluss der Regierung in London zu betreiben, sich auch von der aus ideologischen und parteipolitischen Gründen oft wechselnden nationalen Gesetzgebung nicht zu sehr beeinflussen zu lassen. Im Jahre 2006 hat das Land sein Planungssystem (wieder einmal) geändert und ein dreistufiges Planungssystem (Schottland, Stadtregionen, Kommunen) geschaffen. An die Stelle der alten regionalen *Structure Plans* sind *Strategic Development Plans* getreten, die allerdings nur noch für vier Stadtregionen in Schottland erarbeitet werden. Der Prozess zur Erstellung dieser strategischen Entwicklungspläne ist von der schottischen Regierung gesetzlich festgelegt. Die Prozessorientierung soll dafür sorgen, dass die regionalen Entwicklungsprozesse klarer, transparenter, sowie stärker zukunfts- und handlungsorientiert sind. Diese strategischen Pläne werden von neu eingerichteten *Strategic Development Planning Authorities (SDPA)* erstellt und müssen von der schottischen Regierung in Edinburgh genehmigt werden.

Eine der vier Regionen, die ihre eigene Entwicklungsplanung betreiben, ist die Stadtregion Glasgow mit 1,8 Mio. Einwohnern. Sie ist diejenige Region in Schottland, die aufgrund ihrer industriellen Vergangenheit am stärksten vom wirtschaftlichen Strukturwandel betroffen ist, die es aber im vorigen Jahrzehnt geschafft hat, ihren Kern, die Innenstadt von Glasgow, erfolgreich zu revitalisieren. Die SDPA in Glasgow ist ein Zusammenschluss von acht Gemeinden.

Die inhaltlichen Schwerpunkte des strategischen Entwicklungsplanes spiegeln das Bemühen um die Stabilisierung der demografischen Entwicklung wider, sie regen an, die Siedlungsstruktur zu verdichten, die polyzentrische Raumstruktur zu stärken und ein regionales Netz von grünen Korridoren zu schaffen. Sie fordern ein klares Bekenntnis zur *low carbon* Nachhaltigkeit, eine bessere Abstimmung von Flächennutzung und öffentlichem Nahverkehr. Eine Reihe von Leuchtturm-Projekten zur Umnutzung alter Industrieareale in der Region soll mischgenutzte Flächen für neue Wohn- und Gewerbegebiete schaffen. Der strategische Entwicklungsplan für die Stadtregion Glasgow wird durch einen Aktionsplan ergänzt, der festlegt, wer die Vorschläge aus dem strategischen Plan wann umsetzen muss. Der gesamte Planungsprozess folgt allerdings mehr der Vorgehensweise traditioneller politisch-administrativer Regionalplanung als Ansätzen, die eine stärkere Beteiligung der Bevölkerung und der Zivilgesellschaft vorsehen (SDPA 2012).

Stockholm

Die Stadtregion Stockholm hat in den vergangenen Jahrzehnten fortlaufende Zersiedlungsprozesse erfahren müssen. Sie sind die Folge zunehmender Konzentration wirtschaftlicher Aktivitäten in der Hauptstadtregion Schwedens. Sie spiegeln aber auch die politische Macht starker Gemeinden in der Stadtregion wider, die die Flächennutzung auf ihrem Gebiet weitgehend selbst bestimmen können. Im Jahre 2006 hat die Regionalversammlung der Stadtregion Stockholm ihre Planer damit beauftragt, einen neuen regionalen Entwicklungsplan zu erarbeiten. Dieser Plan, *RUFS 2010*, der in einem langen und aufwändigen Prozess und unter intensiver Mitwirkung regionaler Akteure von der regionalen Verwaltung erarbeitet wurde, konnte im Jahre 2010 verabschiedet werden. Dieser strategische Plan hat eine mittlere (2030) und eine langfristige (2050) Perspektive. Die Stärkung einer polyzentralen Raumstruktur und der damit erforderliche weitere Ausbau eines effizienten öffentlichen Nahverkehrsnetzes sind die zentralen Anliegen. Gegenüber früherer Praxis der Regionalplanung in Schweden hat dieser Plan einen sehr viel stärkeren Prozess- und Lerncharakter. In der Umsetzung ist er auf die aktive Zusammenarbeit regionaler Akteure angewiesen. Der Plan, ein glaubhafter Kompromiss zwischen ökonomischen und ökologischen Zielen, ist der Entscheidungsrahmen für zahlreiche regionale Aktionsprogramme, die in Zusammenarbeit mit den 26 Kommunen der Stadtregion umgesetzt werden (Hede 2010).

Helsinki

Wie in vielen Stadtregionen Europas ist die räumliche Ordnung und Entwicklung der Stadt auch im finnischen Helsinki Gegenstand von Auseinandersetzungen zwischen den politischen Kräften in der Kernstadt und denen der sie umgebenden Gemeinden. Die zunehmende Konzentration wirtschaftlicher Aktivitäten hat auch in der Hauptstadtregion Helsinki zu ungeordnetem Wachstum geführt, das durch keine regionale Planung gesteuert wird. Auf Initiative der Stadt Helsinki und in Kooperation mit den Gemeinden der Stadtregion wurde 2010 ein internationaler städtebaulicher Wettbewerb *Helsinki 2050* ausgelobt, der ein räumliches Leitbild für die prosperierende Hauptstadtregion erbringen sollte. Die nicht besonders spektakulären Ergebnisse dieses Wettbewerbs haben viele Diskussionen zum Ausbau der Verkehrsinfrastruktur, insbesondere des öffentlichen Nahverkehrs, und zur Lokalisierung von neuen Wohngebieten ausgelöst. Doch diese Debatten wurden von kontroversen Überlegungen zur politisch-administrativen Organisation der Stadtregion überschattet. Die zahlreichen, durchaus prüfungswürdigen Denkanstöße des Wettbewerbs rückten in der Folge schnell in den Hintergrund. Ein solides strategisches Konzept für eine zukunftsorientierte Entwicklung der Hauptstadtregion hat der Wettbewerb offensichtlich nicht hervorgebracht. Er konnte es auch nicht, weil Wettbewerbe dieser Art den Mechanismen und Prinzipien umfassender strategischer Planung ohnehin nicht entsprechen (Jury 2007; Ache 2008).

Mailand

Der Großraum Mailand ist ein hoch verdichteter, aber wenig geordneter Siedlungsraum im Norden Italiens mit mehr als 9 Mio. Einwohnern, einer Vielzahl von kleinen und mittleren Gemeinden, immensen Verkehrproblemen, großer Umweltverschmutzung und sehr komplexen politisch-administrativen Rahmenbedingungen, die eine koordinierte und inhaltlich wie politisch ausgewogene, strategische Raumentwicklung erschweren, wenn nicht gar unmöglich machen. Das Wachstum dieses wirtschaftlich starken Raumes ist trotz demografischer Stagnation in Italien ungebremst. Die soziale Polarisierung nimmt allerdings kontinuierlich zu und die Umweltbedingungen verschlechtern sich.

Strategische Regionalplanung hat die Provinzregierung schon 1993 betrieben, allerdings ohne dass sie damit sichtbare Erfolge erzielen konnte. Auf Anregung und in Zusammenarbeit mit der Provinzregierung wurde dann im Jahre 2004 ein Team der Technischen Hochschule Mailand (*Politecnico di Milano*) beauftragt, an der strategischen Planung und Raumentwicklung für die Stadtregion Mailand mitzuwirken. Unter dem programmatischen Titel *city of cities* bzw. *città di città* hat das Team einen umfangreichen, fünf Jahre dauernden regionalen Prozess angestoßen, der die Gemeinden und viele lokale und regionale Aktionsgruppen der zivilen Gesellschaft in die Diskussion um die zukünftige räumliche Entwicklung der Stadtregion eingebunden hat. In Form von regionalen Wettbewerben wurden Gemeinden und Gruppen der Zivilgesellschaft aufgefordert umsetzbare Ideen für die Verbesserung der Lebensqualität in der Region zu liefern. Die Wettbewerbe sollten gute Praxis in der Region sichtbar machen, Bürger in den Prozess der Regionalentwicklung einbeziehen und Akteure identifizieren, die bereit waren, an der Verbesserung der *Habitability* (Bewohnbarkeit) der Stadtregion mitzuwirken.

Viele innovative Anstöße des gesamten Projektes blieben im Großen und Ganzen ohne Folgen, auch wenn die siegreichen Projekte der beiden Wettbewerbe verwirklicht werden konnten. Nach dem Ende des Projekts veränderten sich allerdings die politischen

Rahmenbedingungen und die politisch Verantwortlichen übernahmen neue Funktionen. Damit waren wesentliche Grundlagen für die Fortsetzung des anspruchsvollen Experiments nicht mehr gegeben (Balducci et al. 2010). Ein neues Gesetz der Zentralregierung in Rom hat inzwischen alle Stadtregionen in Italien aufgefordert sich zu institutionalisieren, um die regionalen Herausforderungen gemeinsam zu bewältigen.

London

Der Großraum London, der im Grunde den gesamten Südosten von England umfasst (2011: 8,2 Mio. Einwohner), ist seit Jahrzehnten Gegenstand von Planungen zur strategischen Entwicklung der Weltstadt. Der strategische *Greater London Plan* von Patrick Abercrombie aus dem Jahr 1944 hat Planungsgeschichte gemacht. Er wurde die Leitlinie für die räumliche Planung und Entwicklung des Großraums London. Bekannt wurde er vor allem durch seine Anstöße zum Bau neuer Städte und die Sicherung eines regionalen Grüngürtels, der die weitere Zersiedlung der Stadtregion aufhalten sollte.

Zu Beginn des 21. Jahrhunderts gab es ein von der Europäischen Kommission gefördertes Projekt zur Erstellung eines strategischen Plans für die Stadtregion London. Er sollte die Leitlinie für die Arbeit der sozialdemokratischen Stadtregierung bilden. Dazu kam es jedoch nicht, weil sich die politischen Machtverhältnisse änderten. Die offen planungsfeindliche Haltung der politischen Mehrheit in England hat bislang strategische Entscheidungen zur Begrenzung des wirtschaftlichen Wachstums von London und zur Lösung der Flughafenfrage verhindert. Doch im Jahr 2008 wurde – vor allem im Hinblick auf die 2012 in London stattfindenden Olympischen Spiele – ein neuer strategischer Plan für London aufgelegt, der Leitlinien für die zukünftige Entwicklung der Stadt definiert (*London 2020*), für die bis zum Jahr 2030 bzw. 2050 Einwohnerzahlen in der Größenordnung von 10 bzw. 11,5 Millionen prognostiziert werden Die politischen Ambitionen sind groß. Die Stadt soll als Standort für internationale Fach- und Führungskräfte weiter ausgebaut werden. London soll dabei nicht nur seine Rolle als globaler Finanzplatz gegen Konkurrenten aus Asien (Shanghai und Singapur) verteidigen, sondern auch zur bedeutendsten Wissenschaftsstadt der Welt werden. Dazu soll die physische Infrastruktur (ÖPNV und Straßen) modernisiert und weiter ausgebaut werden. Neue Wissenschaftsparks sollen entstehen. Der jährliche Bedarf an Wohnungen wird im nächsten Jahrzehnt auf 43.000 Einheiten geschätzt, was in etwa den Bau von drei neuen Stadtbezirken bedeuten würde. (FT 2013, 7). Die Wohnungen können im Wesentlichen nur auf industriell genutzten Flächen errichtet werden. Unter dem Zeitdiktat der Olympischen Spiele konnte bereits der innenstadtnahe Stadtbezirk im Osten Londons, wo die Spiele ihren Mittelpunkt hatten, effizient umstrukturiert werden (London Boroughs 2009). Das strategische Ziel ist deutlich: »Cities in Germany have 10 times as many planners, while they remain provincial. London somehow powers ahead« (FT 2013, 9).

Paris – Île-de-France

Die Stadtregion Paris bzw. die Île-de-France, in der über 12 Mio. Menschen in 1281 (!) mittleren Städten, kleinen und kleinsten Gemeinden leben (Paris selbst hat nur 1,8 Mio. Einwohner), ist ein über Jahrzehnte hinweg mehr oder wenig ungeordnet gewachsener semi-urbaner Verdichtungsraum mit erheblichen strukturellen Problemen. Alle Funktionen, die in der Stadt Paris keinen Raum fanden, wurden über Jahrzehnte in die Vorstädte verbannt. Der strukturelle Wandel ist überall sichtbar. Migranten aus den ehemaligen Kolonien Frankreichs, die in Paris keinen bezahlbaren Wohnraum finden, leben in ethnisch sortierten Quartieren des sozialen Wohnungsbaus am Rande der Stadt. Die sozialen Disparitäten zwischen einzelnen Standorten sind immens. Sie waren in den vergangenen Jahren die Ursachen der »Kriege« in den Vorstädten, die in französischen und internationalen Medien aufmerksam verfolgt wurden. Die Straßen nach Paris sind durch Tagespendler und umfangreiche Logistiktransporte im Umfeld des internationalen Flughafens *Charles-de-Gaulle* chronisch verstopft. Der regionale öffentliche Nahverkehr ist den Anforderungen der täglichen Pendlerströme nicht gewachsen.

Die starke mediale Präsenz der strukturellen Probleme in der Region und der ständige Wettbewerb mit London um die metropolitane Spitzenposition in Europa hat die nationale Regierung in Paris im Jahre 2010 veranlasst, der Entwicklung der Stadtregion und damit der zukünftigen Entwicklung der Metropole Paris mehr Aufmerksamkeit zukommen zu lassen. Der vom damaligen französischen Präsidenten Nicolas Sarkozy lancierte, weltweit beachtete Wettbewerb *Le Grand Paris* ergab eine Vielfalt von Vorschlägen zur räumlich-architektonischen Zukunft der Stadtregion Paris (Bodenschatz et. al. 2010). Der Wettbewerb hat Denkanstöße gegeben und eindrucksvolle Bilder geliefert, doch näher an den wirklichen Problemen der Region sind das räumliche Leitbild und die strategischen Konzepte der Region Île-de-France für den beschleunigten Ausbau des öffentlichen Nahverkehrs, sowie Vorschläge zur Entwicklung von funktionalen Clustern ausgewählter Wirtschaftssektoren in der Region, für die Verträge zwischen der nationalen Regierung und einzelnen Zusammenschlüssen von Gemeinden (*contracts de développement territorial*) abgeschlossen wurden. Trotz der sehr komplexen und divergierenden politischen Entscheidungsstrukturen in der Region werden die strategischen Überlegungen im Spannungsfeld von staatlicher Intervention und lokalen Ängsten und Bedürfnissen weiter entwickelt und systematisch umgesetzt (Liotard 2013).

Merkmale strategischer Regionalplanung

Die vorhergehende knappe Darstellung gibt einen kurzen Einblick in die mögliche Spannbreite strategischer Regionalplanung in Europa. Strategische regionale Entwicklung haben in den vergangenen Jahren aber auch andere Regionen betrieben, so beispielsweise die Stadtregionen Kopenhagen/Malmö (Öresund), Lyon (Rhône-Alpes), Katalonien (Barcelona) oder Bilbao. Natürlich sind die Schwerpunkte und die gesetzten Akzente jeweils sehr unterschiedlich. Sie reflektieren die heterogenen Planungskulturen in den einzelnen Ländern. Auch die Zeiträume, für die die Strategien gelten, unterscheiden sich.

Die Beispiele zeigen, dass überall in Europa ein Paradigmenwechsel stattgefunden hat; weg von einer statischen und mehr technokratischen sowie an gesetzlichen Regelungen orientierten physischen Regionalplanung und hin zu einer mehr dynamischen und strategischen Regionalplanung, die mehr will, als nur Flächen auf Nutzen aufzuteilen, Grünflächen zu erhalten, Versorgungsbereiche zu sichern und Trassen für Energie- und Verkehrsnetze freizuhalten. Aufgrund des besonderen Problemdrucks wird strategische Regionalplanung vor allem in Stadtregionen betrieben. Planer und Planerinnen, die dort tätig sind, müssen in der Lage sein, die meist sehr komplexen Überzeugungs- und Aushandlungsprozesse zu organisieren, zu steuern, aber auch zu moderieren.

Wesentliche Merkmale strategischer Regionalentwicklung sind:
- die eindeutige Prozessorientierung und die nachlassende Bedeutung von Plänen,
- die breite Einbindung aller gesellschaftlichen Akteure in Planungs- und Entscheidungsprozesse unter Beteiligung der Bevölkerung und der Gruppen der Zivilgesellschaft,
- die Kombination von »*top-down*«- und »*bottom-up*«-Entscheidungsstrukturen,
- die besondere Rolle von Schlüsselpersonen und Führungspersönlichkeiten als Motoren der Planungs- und Entscheidungsprozesse,
- der breite Einsatz von Instrumenten zur Kommunikation mit der regionalen Öffentlichkeit und die besondere Bedeutung der Visualisierung der strategischen Anliegen,
- die Pfadabhängigkeit der gewählten Strategien,
- die weitgehende Dominanz wirtschaftlicher Dimensionen der Regionalentwicklung,
- die Ausrichtung auf polyzentrische Strukturen und ÖPNV-Netze,
- die Fokussierung auf einzelne Projekte.

Die Übertragbarkeit von Strategien von einer in eine andere Region ist immer nur beschränkt möglich. Natürlich können verantwortliche Planer und Planerinnen immer von guten oder schlechten Erfahrungen anderer Regionen lernen. Die große Beteiligung an den von der EU finanzierten interregionalen Programmen ist ein Indiz dafür. Doch letztlich muss jede Region ihren eigenen Weg finden.

Strategische Planung: ein Lernprozess

Strategische Regionalplanung ist nicht Gebietsentwicklungsplanung, nicht Bauleitplanung, nicht Flächennutzungsplanung. Sie ist nicht auf eine an administrativen Grenzen orientierte Planungs- und Entscheidungsebene beschränkt, aber doch vorrangig für Stadtregionen (in Deutschland »Europäische Metropolregionen« genannt) angebracht. In Deutschland ist sie kein gesetzlich abgesichertes Instrument, sondern ein offener Prozess zur kooperativen und partizipativen Raumentwicklung. Strategische Planung ist unentbehrlich, um
- Bewusstsein für die Region als Lebenswelt und politisches Handlungsfeld zu schaffen und nachhaltig zu sichern,
- ökologische und soziale Dimensionen in der Raumentwicklung zu verankern, und
- Ziele für eine umweltverträglichen Mobilität und der darauf bezogenen effizienten Ausgestaltung des öffentlichen Verkehrs einer Stadtregion zu setzen und deren Verwirklichung zu ermöglichen.

Strategische Regionalplanung ist zielorientiert, also vor allem auf die Beseitigung von räumlichen Missständen, auf die Aufwertung von vernachlässigte Räumen und auf aktuelle oder absehbare Herausforderungen (*zero emission*) ausgerichtet. Sie erfolgt in Zusammenarbeit mit allen Akteuren einer Stadt, Stadtregion oder Region prozessorientiert und strebt an, Bedingungen der Raumentwicklung ziel- und projektorientiert zu lenken (Infrastruktur, Verdichtung an Knotenpunkten des ÖPNV, raumfunktionale Arbeitsteilung). Strategische Regionalentwicklung ist falsch verstanden, wenn sie ausschließlich darauf ausgerichtet wird, Flächenbedarfe für Wohnen und Gewerbe zu prognostizieren und auf dieser Grundlage physische Pläne zu erstellen, also für den Ausbau der physischen und sozialen Infrastruktur, für die Zonierung von bebauten und zu bebauenden Flächen oder für den Schutz von natürlichen und kulturellen Ressourcen. Sie ist kein Plan, der schrittweise umgesetzt wird, so wie der Plan eines Architekten für ein Haus. Strategische Planung ist vielmehr ein Prozess: ein Lernprozess für Institutionen und Entscheidungsträger in einer Region; für jene Institutionen, die für den Erhalt und die Modernisierung der technischen Infrastruktur einer Region zuständig sind; für Investoren, die in einer Region investieren wollen oder zu Investitionen ermutigt werden; für die gewählten Vertreter der Gesellschaft, die in lokalen und Regionen Entscheidungsgremien Ziele diskutieren und Entscheidungen treffen; und schließlich für die Gruppen ziviler Gesellschaft, die ihre Lebensräume erhalten und lebenswerter gestalten wollen. Dieser Lernprozess hat keinen Anfang und kein Ende.

Die Planer strategischer Planung sind nicht allein Regionalplaner im traditionellen Sinne, die auf der Grundlage der datengestützten Kenntnis der Region, und somit auch ihrer Mängel und Defizite, neue Ziele aufstellen und sie räumlich konkretisieren, die Flächenprognosen für Wohnen und Gewerbe erstellen. Sie sind auch Moderatoren, die versuchen müssen, die meist sehr unterschiedlichen Interessen vieler Akteure in einer Region auszugleichen. Diesen Ausgleich zu finden, erfordert kommunikative Fähigkeiten in Wort und Bild, wobei die bildliche Kommunikation in der Informationsgesellschaft für den Einsatz in der strategischen Regionalplanung immer wichtiger geworden ist (Thierstein/Förster 2006). Mit Hilfe neuer Kommunikationstechnologien ist dies viel leichter geworden. Dabei geht es nicht nur um GIS-basierte Pläne regionaler Tatbestände und umfangreicher Datensammlungen, sondern um die Visualisierung von Zielen. Wenn mit der immer besseren verbalen und bildlichen Darstellung die Inhalte in den Hintergrund rücken, können aber auch neue Probleme der medialen Vernebelung und Manipulation entstehen. Bilder können »ins Auge gehen« und Entwicklungen vorgaukeln, die dann der Wirklichkeit nicht standhalten (Kunzmann 1993).

Strategische Planung ist ein Lernprozess, in dessen Verlauf alle Beteiligten lernen: die Planer wie die Bewohner, die politischen Mandatsträger wie die Akteure der Wirtschaft, die Medien wie auch die verschiedenen Gruppen der Zivilgesellschaft.

Lehren für das Ruhrgebiet?

Lassen sich aus den hier kurz skizzierten Beispielen Lehren für die strategische Planung in Deutschland, für die regionale Planung im Ruhrgebiet ziehen? Die Erfahrung zeigt, dass komplexe planerische Instrumente wie die strategische Regionalplanung nicht von einer politisch-gesellschaftlichen Planungskultur auf eine andere übertragen werden können. Dies gilt insbesondere, weil die komplexe strukturelle Ausgangslage und die »kopflose« polyzentrische Struktur des Ruhrgebietes eine zukunftsorientierte und effiziente strategische Planung erschwert. Hinzu kommt, dass es wenig Anzeichen dafür gibt, dass eine mutige strategische Planung für das Ruhrgebiet von den politischen Kräften in der Region wirklich gewollt ist; siehe dazu auch den Beitrag »Ruhrgebietslied« von Klaus R. Kunzmann in diesem Band. Die sinnvolle, jedenfalls gut gemeinte Einbeziehung der regionalen Bevölkerung in die strategische Regionalplanung im Rahmen von aufwändigen Beteiligungsprozessen wird das Bewusstsein der regionalen Planer schärfen. Sie werden erfahren, wie weit ihre eigene Einsicht in die räumlichen Herausforderungen und die Bedürfnisse und Erwartungen der Bewohner und der Unternehmen im Revier auseinanderklaffen. Konsens wird nur schwer zu erreichen sein, und wenn dann nur auf einem wenig anspruchsvollen Niveau. Es ist zu befürchten, dass die regionalen Foren am Ende ein Papier verabschieden, das die wünschenswerte regionale Entwicklung mit wohl gesetzten Sätzen beschreibt, deren Verwirklichung jedoch dem guten Willen der etablierten, schon in der Vergangenheit die Entwicklung dominierenden regionalen Kräfte überlässt. Mit großer Wahrscheinlichkeit wird es im Ruhrgebiet auch keinen regionalen, von allen lokalen Kräften legitimierten und unterstützten Akteur geben, der eine – wie auch immer formulierte und ausgehandelte – regionale Strategie gegen zu erwartende Widerstände von unten wie von oben, von der Wirtschaft wie von einzelnen Gruppen der Zivilgesellschaft durchsetzen könnte. Es muss noch einmal daran erinnert werden, dass das Ruhrgebiet keine Metropole ist wie London, Paris oder auch Berlin, keine Hauptstadt wie Helsinki oder Brüssel. Das Ruhrgebiet lässt sich auch nicht mit Schottland oder Wales vergleichen. Also muss es seinen eigenen Weg in die Zukunft finden, und dieser Weg ist schmerzhaft, da er mit Schrumpfen verbunden ist, kaum einmal mit Prozessen, die neue Ansätze der Regionalentwicklung erfordern, für die die Planenden bislang nur wenig innovative Ideen entwickelt haben. Planen »für mehr« ist immer leichter als Planen »für weniger«, das immer Verlierer zurücklässt und wenig Situationen schaffen kann, die nur Gewinner kennt.

Strategische Regionalentwicklung ist immer ein besonderer Kraftakt. Wenn die regionalen Promotoren des Regionalverbandes Ruhrgebiet es verstehen, die Gunst der Stunde für das Öffnen eines Zeitfensters zu nutzen, können sie möglicherweise ein strategisches Dokument zur Raumentwicklung der Region durchsetzen; dies jedenfalls solange, wie sich die politischen oder wirtschaftlichen oder auch ideologischen Rahmenbedingen nicht verändern und es Unterstützung von übergeordneten Institutionen gibt. Doch die geringen öffentlichen Reaktionen auf den mit großem Aufwand betriebenen Wettbewerb zur Zukunft des Ruhrgebietes stimmen nicht optimistisch. Jedenfalls fanden die Ergebnisse dieses Wettbewerbs wenig mediale und folglich auch keine politische Aufmerksamkeit. Wie immer in den vergangenen Jahrzehnten: Die Zukunft der Region wird in der Staatskanzlei des Landes, in den kommunalen Parteigremien und den Chefetagen der großen Unternehmen entschieden. Sie wird nicht im Rahmen strategischer Regionalplanung vorbereitet.

Literatur

Ache, Peter: Helsinki: Wachstumspol an der Ostsee. Perspektiven der Stadtentwicklung in einer nordeuropäischen Metropole. In: RaumPlanung 140, 2008, S. 199–204

Adams, Neil; Neil Harris: grids – Best Practice Guidelines for Regional Development Strategies. Brüssel/Cardiff 2005 (Iris Consulting/Cardiff University)

Albrechts, Louis: Strategic (spatial) planning reexamined. In: Environment and Planning B, 31.Jg., 2004, S. 743–758

Albrechts, Louis; Patsey Healey; Klaus R. Kunzmann: Strategic Spatial Planning and Regional Governance in Europe. In: Journal of the American Planning Association, 69.Jg., 2003, H. 2, S. 113–129

Albrechts, Luis; Jef van der Broek: From discourse to facts. The case of the ROM project in Gent, Belgium. In: Town Planning Review, 75.Jg., 2009, Bd. 2, S. 127–150

Alden, Jeremy; Philip Boland (Hg.): Regional Development Strategies: A European Perspective. London 1996

Balducci, Alessandro; Valeria Fedeli; Gabriele Pasqui: Strategic Planning for Contemporary Urban Regions. City of Cities: A Project for Milan. Farnhem 2011

Bodenschatz, Harald; Christina Gräwe; Harald Kegler; Hans-Dieter Nägelke: Stadtvisionen 1910|2010 Berlin, Paris, London, Chicago. 100 Jahre Allgemeine Städtebau-Ausstellungen. Berlin 2010

Cerretta, Maria; Grazia Concilio; Valeria Monno (Hg.): Making Strategies in Spatial Planning: Knowledge and Values. Urban and Landscape Perspectives, Bd. 9. Heidelberg 2010

Copus, Peter: Key questions for strategic spatial planning: Global challenges in Flandres. In: Department of Spatial Planning, Housing Policy and Immovable Heritage, Flemish Government (Hg.): Global challenges in polycentric regions – What role for strategic spatial planning. Conference Proceedings. Brüssel 2011, S. 11–23

Dunford, Michael; Ray Hudson: Successful European Regions – Northern Ireland Learning from Others. Belfast 1996 (Northern Ireland Economic Council)

Friedmann, John: Planning in the Public Domain: From Knowledge to Action. Princeton 1987

FT: Financial Times, London & the World, Part Four: The future of the city [Ausgabe vom 4.12.2013]

Fürst, Dietrich: Raumplanung: Herausforderungen des deutschen Institutionensystems. Detmold 2010

Healey, Patsy: Relational complexity and the imaginative power of strategic spatial planning. In: European Planning Studies, 14.Jg., 2006, H. 4, S. 525–546

Hede, Hans: Policentricity in the Stockholm Region. In: Department of Spatial Planning, Housing Policy and Immovable Heritage, Flemish Government (Hg.): Global challenges in polycentric regions – What role for strategic spatial planning. Conference Proceedings. Brüssel 2011, S. 24–37

Jury of Greater Helsinki Vision 2050: Greater Helsinki Vision 2050 – International Ideas Competition, Jury Protocol, Helsinki 2007

Kunzmann, Klaus R.: Geodesign: Chance oder Gefahr? In: Informationen zur Raumentwicklung, Planungskartographie und Geodesign. Bonn 1993, S. 389–396

Kunzmann, Klaus R.: Strategic Spatial Development through Information and Communication. In: Salet, Willem; Andreas Faludi (Hg.): The Revival of Strategic Spatial Planning. Amsterdam 2000, S. 259–266

Liotard, Martine: Le »Grand Paris«. The metropolitan dimension. Ile-de-France Case Study. METREX Spring Conference. Glasgow, 26.4.2013

London Boroughs: Strategic Regeneration Framework. An Olympic Legacy for the Host Boroughs. London 2009

Mintzberg, Henry: Die strategische Planung: Aufstieg, Niedergang und Neubestimmung. München 1995

Müller, Bernhard; Stephan Löb; Karsten Zimmermann (Hg.): Steuerung und Planung im Wandel. Festschrift für Dietrich Fürst. Wiesbaden 2004

Osterlynck, Stijn; Jef van den Broeck; Louis Albrechts, Frank Moulaert; Ann Verhetsel (Hg.): Strategic Spatial Projects: Catalysts for Change. London 2011

Salet, Willem; Andreas Faludi (Hg.): The Revival of Strategic Spatial Planning. Amsterdam 2000

SDPA (Glasgow and the Clyde Valley Strategic Planning Authority): The Glasgow and The Clyde Valley Strategic Development Plan 2012. Glasgow 2012

Sielker, Franziska: Makroregionale Strategien der EU und »Soft Spaces«, Perspektiven an der Donau. Dortmund 2012 (Diplomarbeit, Fakultät Raumplanung, TU Dortmund)

Tang, Yan; Klaus R. Kunzmann: Die Entwicklung der Stadtplanung in Peking. In: Informationen zur Raumentwicklung, H. 8, 2008, S. 457–470

Thierstein, Alain; Agnes Förster: The Image and the Region: Making Mega City Regions Visible. Baden/Aargau 2008

Vallée, Dirk (Hg.): Strategische Regionalplanung. Forschungs- und Sitzungsberichte der Akademie für Raumforschung und Landesplanung (ARL), Bd. 237. Hannover 2012

Van den Broeck, Pieter: The Changing Position of Strategic Spatial Planning in Flanders. A Socio-Political and Instrument-Based Perspective. International Planning Studies, 13.Jg., 2008, H. 3

Welsh Assembly Government: People, Places, Futures: The Wales Spatial Plan. Cardiff 2003

Axel Zutz

»Grüne Arbeit« im Ruhrgebiet
Heimatschutz und Landschaftspflege als Impulsgeber und Bestandteil der frühen Regionalplanung zwischen 1930 und 1960[1]

Heute werben Broschüren mit Ausflugstipps zu Haldengipfeln und künstlichen Badeseen als Orte der Freizeit und Erholung im Ruhrgebiet. Die Bedeutung derartiger Freiräume für die postindustrielle Ruhrgebiets-Identität steht außer Frage. Die Grundsteine dafür wurden gelegt, als an ein Ruhrgebiet ohne aktiven Bergbau noch kaum zu denken war: Es ist kein halbes Jahrhundert her, dass Grünplaner darum kämpften, wenigstens die schlimmsten Hinterlassenschaften von Bergbau und Industrie einer ökologisch wie ästhetisch akzeptablen Gestaltung zuzuführen.

Die Entwicklung der Grünräume im Ruhrgebiet ist insgesamt kein neues Thema (Kastorff-Viehmann 1998; Von Petz 1998). Die vergleichsweise frühe Etablierung der Regionalplanung durch den Siedlungsverband Ruhrkohlenbezirk (SVR) war von nationaler, wenn nicht internationaler Bedeutung, sicherte sie doch die planmäßige Entwicklung so genannter Verbandsgrünflächen. Bisher erfolgte die Beschreibung der Grüngeschichte des Ruhrgebietes zumeist ausgehend von den stadtbezogenen Problemen. Mit diesem Beitrag ist eine Ergänzung bzw. Weiterentwicklung dieser Ansätze beabsichtigt, als hier der Themenkomplex »Schutz, Pflege und Gestaltung der Kulturlandschaft« als Ausgangspunkt der Betrachtung, dargestellt an den Biografien der »Landschaftsanwälte« Guido Erxleben und Rudolf Ungewitter, gewählt wird.

Im Zuge der zunehmenden Industrialisierung und Urbanisierung mit ihren raumgreifenden Infrastrukturen, wie Kanälen, Stauseen, Energie-, Eisenbahn- und Verkehrstrassen usw., aber auch wegen des wachsenden Bedarfs an Bodenschätzen und Wasser, nicht zuletzt auch an Nahrung produzierendem Agrarland, erweiterte sich die Aufgabe eines planmäßigen Umgangs mit den grünen Ressourcen vom städtischen Raum in den Bereich außer-städtischer, so genannter Kulturlandschaft. Waren hier Natur- und Heimatschützer bereits seit der Jahrhundertwende aktiv, um besonders schützenswerte Naturelemente im Sinne einer Denkmalschutz-ähnlichen Naturdenkmalpflege vor Abtragung und Überbauung zu bewahren, mehrten sich ab Mitte/Ende der 1920er Jahre Stimmen, die eine umfassende, abgestimmte und vorausschauende Regional- und Landesplanung unter Berücksichtigung des Natur- und Landschaftsschutzes einforderten. Dieser Trend schlug sich auch im Ruhrgebiet nieder, so legte die Satzung des SVR fest: »Bei der Durchführung der Aufgaben sind die Interessen der Denkmalpflege und des Heimatschutzes möglichst zu berücksichtigen«.[2] Neben regionalplanerischen Fragen waren hier insbesondere Umweltschutzaspekte von Bedeutung (Schmidt 1927, 1928).

Die Entwicklung einer arbeitsfähigen Landschaftspflege nahm schrittweise ihren Anfang in den 1930er und 1940er Jahren, beschleunigt

*Halde und Weide,
Mutterbodensicherung
Quelle: Seifert 1941*

durch umfangreiche Natur- und Landschaftseingriffe wie Maßnahmen des Reichs-Arbeitsdienstes, aber auch Großprojekte wie den Reichsautobahn- und Wasserstraßenbau. Das Ruhrgebiet stellte auf diesem Gebiet neben dem Mitteldeutschen Industriegebiet eine Pionierregion dar, da sich hier industriehistorisch bedingt zahlreiche Probleme konzentrierten und schon früh den Naturschutz auf den Plan riefen (Klose 1917). Kreuzungspunkte der modernen Regional- und Landesplanung zeigen sich auch in den biografischen Verflechtungen zentraler Personen der Landschaftspflege in ihrem Einsatz in beiden Industriegebieten (vgl. hierzu auch den Beitrag von Harald Kegler in diesem Band).

Zentrale Figuren der Landschaftspflege für das Ruhrgebiet waren die Landschaftsgestalter Guido Erxleben (1892–1959) und Rudolf Ungewitter (1901–1988).[3] Durch die Vorstellung dieser zwei Akteure des gestalteten Grüns sollen planerische Entwicklungsschritte nachgezeichnet und die mit den Ideen von »Landschaft« verbundenen Weltbilder angedeutet werden. Beider Schaffen – wie auch das etlicher anderer Akteure in diesem Bereich – zeigt eine bemerkenswerte Kontinuität über alle politischen Systemwechsel hinweg: von der späten Weimarer Republik, über die Jahre des Nationalsozialismus, bis hinein in die Nachkriegsgesellschaften im Westen und Osten Deutschlands.

Ursprünge der Landschaftsgestaltung im Schutz der Heimat

Die Zeit der Heimatschutzbewegung von der Jahrhundertwende bis zum Ende der 1920er Jahre ist gekennzeichnet durch eine fortwährende Auseinandersetzung mit den technischbaulichen Entwicklungen und die Suche nach gesellschaftlich tragfähigen Lösungen im Sinne einer »Versöhnbarkeit« von Tradition und Moderne, von Siedlung und Landschaft.

Der am stärksten landschaftsverändernde Industriezweig im Ruhrgebiet war der Bergbau. Die Rekultivierung vorübergehender Landnut-

*Von Erxleben gestalteter Autobahnsee bei Duisburg
Quelle: Seifert 1953, 97*

zungen wie Kippen und Halden beschäftigte etwa seit dem Ersten Weltkrieg Forstwirte und -wissenschaftler, Bodenkundler, Wasser- und Bergbauingenieure, Landschaftsgestalter und nicht zuletzt Heimatschützer sowie Landes- und Lokalpolitiker. Es ging darum, das in Anspruch genommene Land nach Abschluss der Auskohlung wieder für eine land- und forstwirtschaftliche Nutzung in Kultur zu nehmen (also zu re-kultivieren) oder für Produktions-, Siedlungs- und Erholungszwecke nutzbar zu machen.

Heimatschützer wie Werner Lindner (1883–1964)[4] oder Hinrich Meyer Jungclaussen (1888–1970),[5] der sich bereits vor 1933 intensiv für eine so genannte »landschaftliche Eingliederung« technischer Bauten einsetzte (Zutz 2006), hegten deswegen große Erwartungen in die entstehende Landesplanung. Dieser Hoffnung verlieh unter anderen Philipp August Rappaport (1879–1955), stellvertretender Verbandsdirektor und Erster Beigeordneter des SVR, in seinem grundlegenden Artikel »Landschaft und Landesplanung« in der Zeitschrift »Gartenkunst« Ausdruck, der 1932 erschien.[6] Rappaport, der sich insbesondere der Fortschreibung der Freiflächensicherung im Ruhrgebiet widmete, bemängelte hier den auf Landes- und Reichsebene fehlenden gesetzlich verankerten Landschaftsschutz, welchen er unter Verweis auf die anstehenden gesellschaftlichen Aufgaben einforderte (Rappaport 1929, 1930).

Erste konkrete Hinweise auf die landschaftsgestalterische Entwicklung von Tagebaugruben und -halden zu Elementen einer Bergbaufolgelandschaft finden sich 1923 in der Zeitschrift »Gartenkunst«. Ausgehend von der »große[n] Gefahr für die Landschaftsschönheit« fragte der Autor »Was ist zu tun, um den Anblick zu mildern?« (Hempel 1923, 79). Seine Vorschläge beschränkten sich jedoch auf die Forderung, »durch eine grüne Kulisse dem Auge die Verödung zu entziehen.« (ebd.) Die Notwendigkeit eines »geeigneten Sachverständigen für Naturschutz und Heimatpflege« als Garanten für die landschaftliche Rekultivierung des Bergbaus wurde hier unter Bezugnahme auf die Gartenkunst zum ersten Mal formuliert (ebd., 65, 67).

Landschaftsgestaltung als Aufgabe des Reichsarbeitsdienstes und beim Bau der Reichsautobahnen

Während der Zeit des Nationalsozialismus verdichteten sich sowohl landschaftliche Eingriffe als auch begleitende landschaftsgestalterische Maßnahmen. Da »Landschaft« in Verbindung mit »Heimat« im »Dritten Reich« eine hohe ideologische Aufladung erfuhr, kam ihrer Gestaltung eine besondere politische Funktion zu. Ein hinsichtlich der Forderung nach Mitwirkung von Landschaftsgestaltern besonders hart umkämpftes Gebiet waren die Maßnahmen des 1931 eingerichteten, zunächst freiwilligen Arbeitsdienstes (Meyer Jungclaussen 1933). Zum 1. Juni 1935 wurden vier Reichsautobahn-Landschaftsgestalter, darunter Guido Erxleben und Hinrich Meyer Jungclaussen, durch den »Reichskommissar für den Freiwilligen Arbeitsdienst« für jeweils mehrere festgelegte Gaue zur Mitwirkung beauftragt und dieses in einem Erlass an die Arbeitsgauleitungen festgelegt (Meyer Jungclaussen 1936, Mrass 1970).

Erxleben wurde »Reichsarbeitsdienst-Gaureferent für Landschaftsgestaltung« in Essen und Westfalen-Süd. In diesem Zusammenhang veröffentlichte er im Mai 1938 einen Artikel in der Zeitschrift »Gartenkunst«: Ausgehend von der »Gleichrichtung von Landschaft und völkischer Eigenart« war es für ihn kein Zufall, dass die »Hochburgen der destruktivsten und undeutschesten Weltanschauung, des Kommunismus, in den landschaftlich verwüsteten Gebieten, in den ›Industriewüsten‹ lagen«. Unter der Losung »Der autoritäre Staat kann und muß eingreifen!« forderte Erxleben insbesondere hinsichtlich der Begrünung von Haldenbergen nicht die Wiederherstellung alter Landschaftstypen als »ästhetisches Kunstgebilde vergangener Zeit« – »typische Landschaft« sei im Industriegebiet nicht mehr vorhanden –, sondern die Erschaffung einer neuen Kulturlandschaft, die in ihrer Sprache »einfach, ehrlich und klar« sein soll und in der dem »sozialen Grün« entsprechend große Flächen eingeräumt würden (Erxleben 1938).

Beim Bau der Reichsautobahnen (RAB) standen Erxleben und Ungewitter von Anbeginn im Dienste des »Generalinspektors für das deutsche Straßenwesen« Fritz Todt und gehörten zum inneren Kern der Gruppe so genannter »Landschaftsanwälte« unter der Leitung von »Reichslandschaftsanwalt« Alwin Seifert[7] (1890–1972).

Todt hatte Ende 1933 den »Reichsbund Volkstum und Heimat«[8] um die Nennung weiterer Personen gebeten, die als »Landschaftsanwälte« fungieren könnten – allerdings nicht ohne darauf hinzuweisen, dass »keine engherzigen Landschaftsphantasten« genannt werden sollten. Vorgeschlagen wurden daraufhin neben Seifert unter anderen die Gartenarchitekten Erxleben und Meyer Jungclaussen (Zeller 2003, 83). Die Benennung Erxlebens lag darin begründet, dass er bis 1933 ein führendes Mitglied des »Verbandes deutscher Gartenarchitekten« (VDG) gewesen war.

Auf der Suche nach einem Koordinator für die Aufgabe führte Todt Anfang Januar 1934

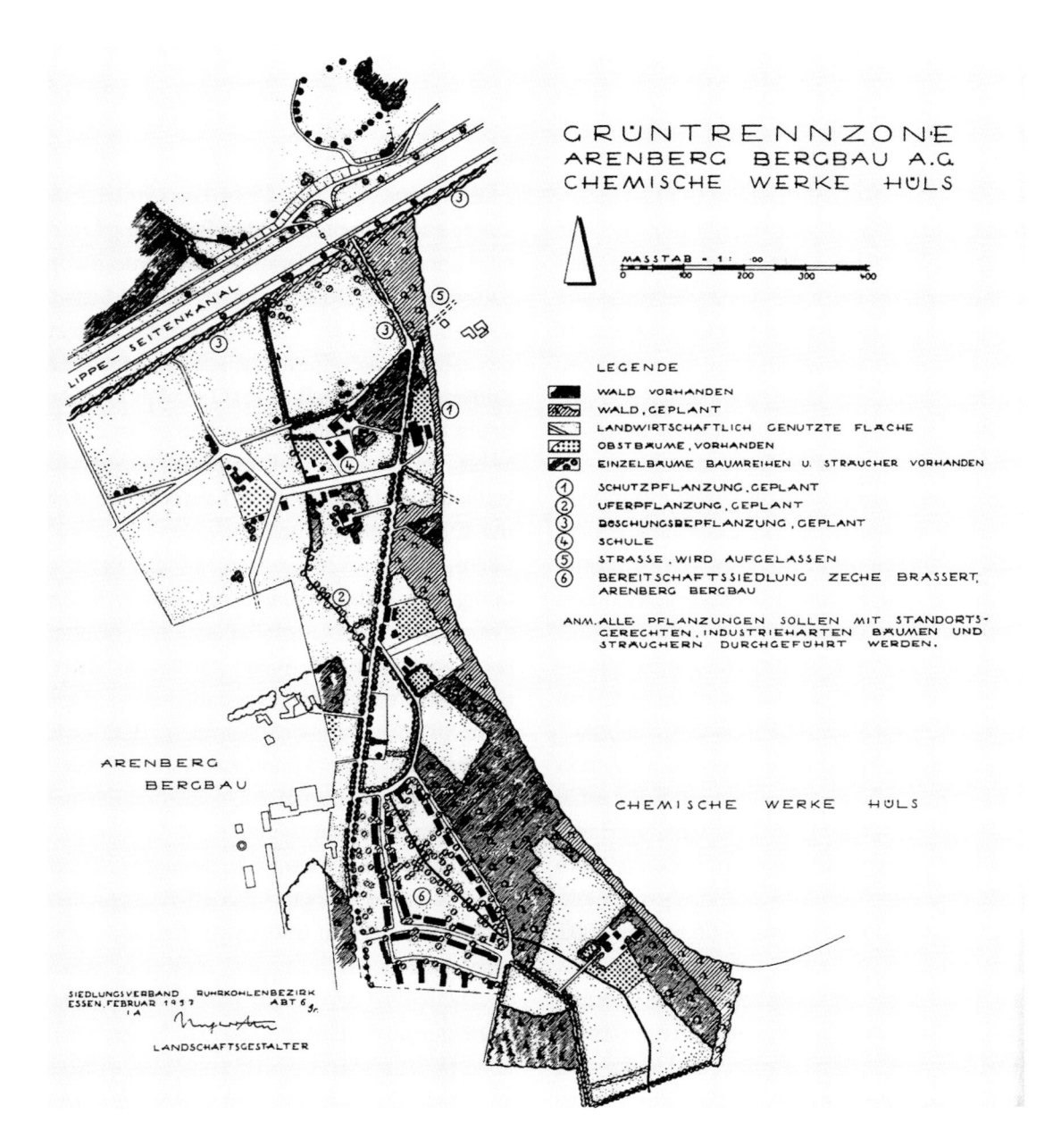

*Von Ungewitter 1957 geplante Grüntrennzone
Quelle: Olschowy 1970*

Gespräche mit Meyer Jungclaussen, Seifert und Ungewitter, aus denen Seifert als sein Favorit hervorging (Mrass 1970, 15). Ungewitter ist aller Wahrscheinlichkeit nach wegen seiner siebenjährigen USA-Erfahrungen eingeladen worden, so berichtete er 1932 in der »Gartenkunst« über die öffentliche Anstellung von Landschaftsarchitekten in zwölf US-Bundesstaaten.

Ein Drittel der bis 1936 auf etwa 30 angestiegenen Zahl der Landschaftsanwälte war Mitglied oder bekennender Anhänger der NSDAP; für Ungewitter ist eine Anwartschaft in den Jahren 1937/38 belegt.[9]

Durch ihre Anbindung an den militaristisch durchorganisierten Reichsautobahnbau und wegen dessen großer propagandistischer Bedeutung für das NS-Regime hatten die Landschaftsanwälte einen wichtigen Platz im nationalsozialistischen »Apparat« von Ingenieuren (u.a. Ludwig 1974, Rohkrämer 2003). Neben stärker ideologisch ausgerichteten Schulungen auf der Plassenburg, der »Reichsschule der deutschen Technik«

Miedzyrzecz) im damaligen Osten Brandenburgs (SN 156). Exleben war in den Jahren 1941 bis 1943 am Westwall- und am Atlantikwallbau beteiligt (SN 117, 118, 119). Auch hier hatten die Landschaftsanwälte, ähnlich wie auf den Reichsautobahnbaustellen, mit dem Einsatz von Zwangsarbeitern zu tun. Erxleben betreute auch die Anlage des Truppenübungsplatzes Baumholder südlich des Hunsrücks, wofür sowjetische Kriegsgefangene eingesetzt wurden (SN 118, 1).

Landschaftspflege als Aufbauprogramm

Von den Landschaftsanwälten arbeitete nach Kriegsende keiner im Aufgabengebiet der Vorkriegsjahre weiter, denn die Arbeiten an seinerzeit begonnenen Kanal- und Autobahnabschnitten im Gebiet der alliierten Besatzungszonen in Deutschland wurden zunächst nicht fortgesetzt. Dennoch gab es trotz des Wechsels in andere Aufgabenbereiche[14] eine Kontinuität der Ideen und Konzepte und man befand sich weiterhin in regem Austausch.[15] Der Neuaufbau der Verwaltungen eröffnete gleichzeitig die Chance, die zu Beginn der 1940er Jahre formulierten Vorstellungen von einer institutionalisierten allgemeinen Landschaftspflege zu verwirklichen. Ausgangspunkt für die Landespflege nach 1945 waren die unter den Bedingungen von Terror, Vertreibung und Ermordung ganzer Bevölkerungsteile 1942 im RKF formulierten so genannten »Landschaftsregeln« in Kombination mit den Sternberger Organisations-Vorschlägen der Landschaftsanwälte (Zutz 2009).

Die größte Wirkung entfaltete das unter anderem durch die Initiative des ehemaligen Landschaftsanwalts Erxleben für die Britische Besatzungszone in Münster/Westfalen ab 1947 eingerichtete »Amt für Landespflege«.[16] Erxleben arbeitete und warb hier in der Tradition der Landschaftsanwälte für die Pflege und Entwicklung der »unabdingbaren Wohlfahrtseinrichtungen der Landschaft« (ebd., 4). In den ersten Arbeitsjahren wurden auch Maßnahmen im Ruhrgebiet angestoßen, dem »die besondere Liebe des Amtes« galt: So wurden in Fortsetzung der bereits 1928 vom SVR begonnenen Bepflanzung von Bahndämmen[17] als »Grüngerippe« bis 1950 weitere 35 km Eisenbahnböschungen begrünt, wofür – wie schon seinerzeit für den Autobahnbau – die »Zentralstelle für Vegetationskartierung« die pflanzensoziologischen Untersuchungen lieferte. Pflanzmaßnahmen in größerem Umfang hatte der SVR bereits ab 1928 organisiert (Berkowski 1930, 33). Daran hatte der SVR insbesondere deswegen ein Interesse, da diese Strecken dann als grünes Netz von Hecken in der Landschaft wirksam werden sollten. Die Bahndammbegrünungen können als linienhafte Grünstrukturen auch als Vorbild für die späteren Kanaluferbegrünungen angesehen werden. Weiterhin wurden ab 1947 erste Untersuchungen für die Begrünung von Halden durchgeführt, die der SVR 1928 noch nicht aufnehmen konnte (Kühn 1984 [1950], 108 f.; Hollweg 1952; Häpke 2012, 250 f.), sowie Erhebungen zu Landschaftsschäden infolge von Wind- und Wassererosion, Bergsenkungen u. a. durchgeführt und diese Schäden fotografisch dokumentiert.[18]

Ungewitter engagierte sich, nachdem er zunächst in Niedersachsen einen Auftrag der »Landesstelle für Naturschutz und Landespflege« bearbeiten konnte (Ungewitter 1949), in der Sowjetischen Besatzungszone für den Aufbau einer ministeriellen Landespflege in Thüringen (Ungewitter 1952). Vermutlich ab 1948/49 war Ungewitter am »Institut für

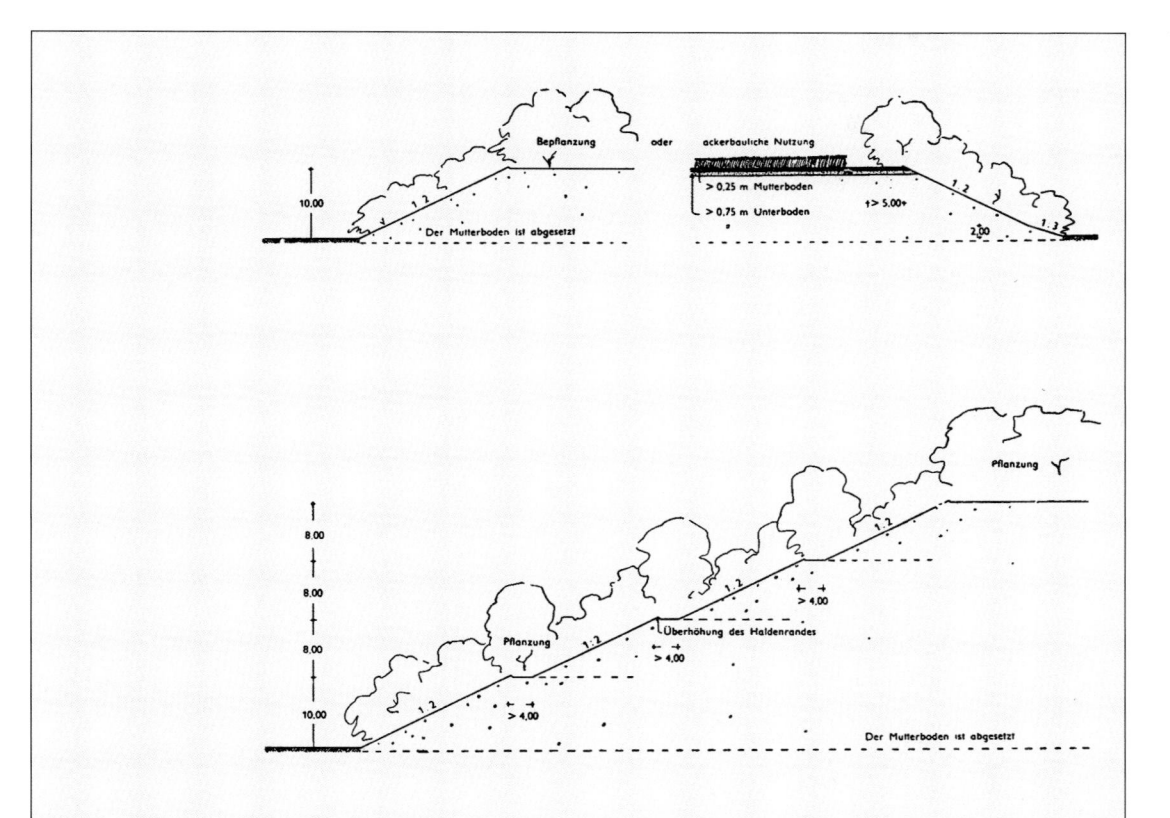

B. Form der Halde (siehe Skizze)

1. Spitzkegel sowie hohe steile Böschungen sind zu vermeiden, da sie infolge Austrocknung in ihrem oberen Teil und durch Auswaschung an ihren langen Böschungen nur schwer zu begrünen sind.

2. Am günstigsten wirkt sich die Form terrassierter Tafelberge aus.

   a) Höhe der Terrassen:
   Je niedriger desto besser; größte zulässige Höhe 8 bis 10 m, bei der untersten Terrasse 10 bis 15 m.

   b) Böschungswinkel:
   Im allgemeinen entsprechend dem natürlichen Schüttwinkel des Materials. Ein Böschungsverhältnis von 1:2 = 26,5 Grad ist noch verhältnismäßig günstig. Je steiler der Böschungswinkel, desto schwieriger ist jedoch eine Begrünung durchzuführen. Durch entsprechende Verminderung der Schütthöhe muß dieser Ungunst entgegengewirkt werden.

   c) Breite der zurückspringenden Absätze (Terrassen) etwa 4 m oder mehr; je gröber das Material ist, desto breiter müssen die Absätze gehalten werden.

3. Dadurch, daß die Terrassen mit leichtem Gefälle zum Berg hin angelegt oder die Böschungen an ihrem oberen äußeren Rand mit einer kleinen wallartigen Überhöhung versehen werden, kann der Gefahr der Auswaschung (Grabenspülung) wirkungsvoll vorgebeugt werden.

4. Dasselbe gilt für den Rand des Haldenplateaus. Eine horizontale Lage des Haldenplateaus ist aus dem gleichen Grunde erforderlich.

5. Bei niedrigen Halden ist ein Ausrunden des Haldenfußes durch Abflachen der untersten 2 bis 3 m Schüttung auf 1:3 möglich.

Im übrigen wird empfohlen, für die Planung und Durchführung von Haldenbepflanzungen den Siedlungsverband Ruhrkohlenbezirk, Essen, beratend hinzuzuziehen.

*Vorgaben zur Schüttung von Halden
Quelle: Ungewitter 1954*

Planung im Stadt- und Landbau« des Ministeriums für Wirtschaft an der Staatlichen Hochschule für Baukunst und Bildende Künste in Weimar angestellt. Zusammen mit dem »Sonderausschuß zum Schutz der Kulturlandschaft« beim »Landes-Ernährungs-Ausschuß« sowie der »Abteilung Naturschutz des Amtes für Denkmalpflege und Naturschutz« plante und betreute Ungewitter (ähnlich Erxleben in Münster) Windschutzpflanzungen. Diese wurden mit Unterstützung der »Vereinigung der gegenseitigen Bauernhilfe« (VdgB), der »Jungen Pioniere« und der »Freien Deutschen Jugend« (FDJ) ausgeführt (Oberkrome 2004, 304).

Ungewitter war auch thüringischer Landesverantwortlicher für das Projekt »Landschaftsdiagnose der DDR«, eine flächendeckende Bestandserhebung von »Landschaftsschäden«. Perspektivisch ging es hierbei – orientiert am »Großen Stalinplan zur Umgestaltung der Natur« – darum, Flurschutz-, Erosionsschutz- sowie Gewässerschutzpflanzungen vorzubereiten. In den anderen vier Ländern der DDR wurde das Projekt von den vormaligen Landschaftsanwälten Werner Bauch, Martin Ehlers, Hermann Göritz und Otto Rindt geleitet und in Berlin an der Deutschen Bauakademie von den Landschaftsarchitekten Reinhold Lingner und Frank Erich Carl koordiniert (Gelbrich 1995; Hiller 2002; Zutz 2003). Das Projekt wurde, unter anderem mit Verweis auf die NS-Vergangenheit aller fünf Arbeitsgruppenleiter, gestoppt, woraufhin Ungewitter die DDR in Richtung Westen verließ.

Ab 1953 war Ungewitter 13 Jahre für den SVR tätig. Mit dieser Position wurde eine regionalverantwortliche Beschäftigung entsprechend dem landschaftsanwaltlichen Aufgabenprofil erreicht. Ungewitters Maxime war es »die Landschaft des Reviers mit dem alles versöhnenden Grün zu durchziehen« (Ungewitter, Landespflege, 1954, 2). Bis 1961 veröffentlichte er 17 Aufsätze, die sich alle auf das Ruhrgebiet beziehen.

Im Beitrag »Landespflege im Ruhrgebiet« (1954) formulierte er, dass mit dem SVR als einem »Beispiel bisher ohnegleichen« das Allgemeininteresse über das Privatinteresse gestellt worden sei. Das hieß für ihn, dass damit das »weitere restlose Zusammenfließen der großen, immer weiter sich ausdehnenden Städte und Industriezentren« aufgehalten und ein Weg für die Schaffung grüner Erholungsgebiete für die Bevölkerung geebnet wurde. Landespflege im Ruhrgebiet sei deshalb eine »planerische Aufgabe von sozialpolitischer Bedeutung«. Es komme jetzt darauf an, nicht nur »das vorhandene Grün zu verteidigen und neues Grün zu schaffen«, sondern, »in der Entwicklung mit-

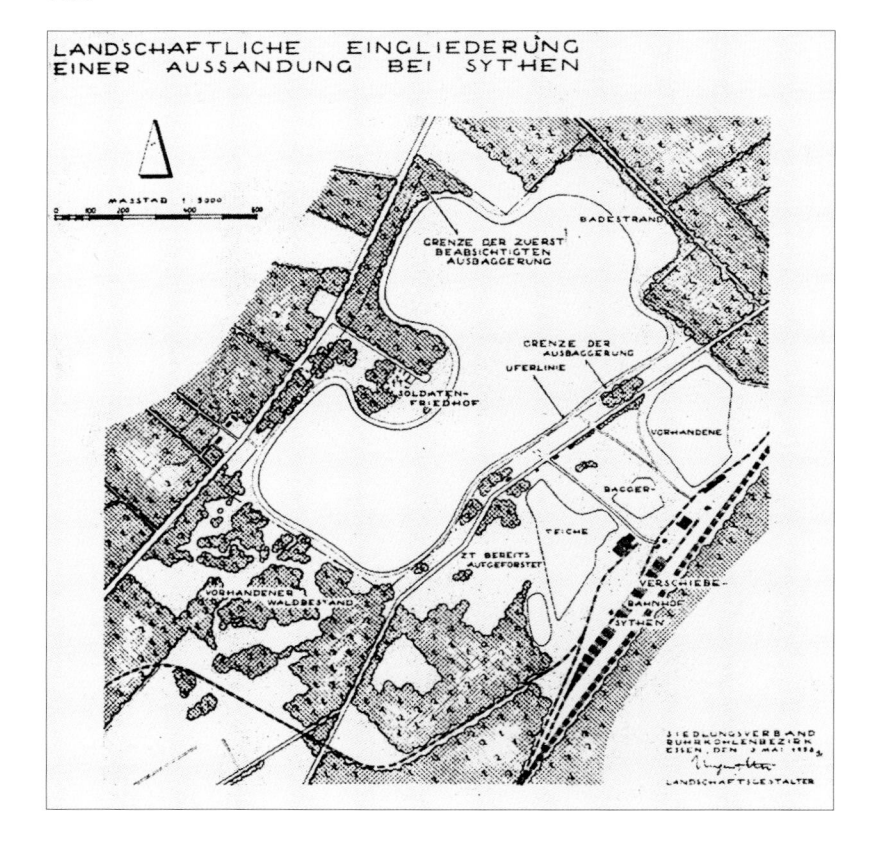

Landschaftliche Eingliederung einer Aussandung bei Sythen
Quelle: Ungewitter 1958

planend, in kameradschaftlicher Zusammenarbeit« die landschaftliche Entwicklung bereits im jeweils frühen Planungsstadium mitzubestimmen. Ungewitter formulierte vorsichtig, ohne die Landschaftsanwälte beim Reichsautobahnbau zu benennen: »Es ergab sich allmählich die Notwendigkeit, schon bei der Entstehung neuer Projekte einen landespflegerisch ausgerichteten Planer einzuschalten, welcher mit bestimmten Vorschlägen oder Auflagen die landschaftliche Eingliederung in diesem frühen Stadium der Entwicklung vorbereitet, welcher aber auch später ihre Verwirklichung und Erfüllung verfolgt und durchsetzt« (ebd., 2).

In der Tradition der Landschaftsanwälte formulierte Ungewitter in Abstimmung mit regionalen Institutionen 1954 drei wichtige Merkblätter, die an Vorarbeiten Erxlebens aus dem Jahr 1942 anknüpften:[19]
— »Die Schüttung und Begrünung von Halden«
— »Umpflanzung von Halden«
— »Die landschaftliche Eingliederung von Baggergruben«

Mit den Hinweisen auf geeignete Haldenschüttungsformen wollte Ungewitter das Endprodukt einer begrünten Halde mit Erholungsnutzen bereits von Anbeginn mitberücksichtigt und festgelegt in so genannten »Schüttungsplänen« festgelegt wissen.[20] Gleiches galt für die Nachnutzung von Baggergruben, für deren Modellierung noch das Abbaugerät der Grubenbetreiber genutzt werden sollte, denn diese seien schließlich verpflichtet, für die landschaftliche Eingliederung zu sorgen.[21]

Die »Heilung von Landschaftsschäden« war »eine der vordringlichsten Aufgaben« der Nachkriegszeit:[22] Dazu gehörten Flurschutz, Haldenbegrünung,[23] Trümmer- und Müllbergbegrünung, Böschungsbepflanzung, Ödlandaufforstung, Rekultivierung von Kies- und Sandgruben.[24] Hinzu kamen Uferbegrünung, Eingrünung technischer Anlagen, Waldpflege, Aus- und Aufbau eines »regionalen Grünflächensystems«,[25] Verbesserung der Erholungsmöglichkeiten.[26] Dafür leistete der SVR die Beratung, finanzielle Unterstützung, die Aufstellung von Landschaftsplänen, den Ankauf von Flächen.[27]

Moderner Heimatschutz und landschaftliche Daseinsvorsorge

Die »ordnende Hand des Siedlungsverbandes« (1953)[28] bot mit der Position Ungewitters Raum für Kontinuität und Umsetzung der ab 1940 entwickelten Landschaftspflege-Programme von Landschaftsanwälten und RKF. Das Grün war zugleich (wie 1933) eine Metapher für den Neubeginn und den Wiederaufbau. Man kann die Maßnahmen zur Haldensicherung und Ödland-Rekultivierung – ähnlich den Landschaftsgestaltungs-Programmen von Reichsarbeitsdienst und Reichsautobahnbau nach den Erschütterungen der Weltwirtschaftskrise – auch als einen Beitrag zur Stabilisierung einer verunsicherten Nachkriegsgesellschaft auf der Suche nach »harmonischer Einheit« sehen (Rappaport 1954, 89).[29]

Die Idee der Plan- und Herstellbarkeit von Landschaft durchläuft in den hier betrachteten 30 Jahren einen bedeutenden Modernisierungsschub, der nicht zuletzt durch Gestaltungszuständigkeiten und Machtbefugnisse genährt wurde, die unter den totalitären Bedingungen des Nationalsozialismus bestanden hatten. In der Tradition der Gedanken Robert Schmidts erfuhr das heimatschützerische Programm einer »Landschaftlichen Daseinsvorsorge« durch den SVR über die

Zäsuren 1933 und 1945 hinweg seine Fortschreibung in Verantwortung der öffentlichen Hand. Anhand der Arbeitsfelder der beiden im Ruhrgebiet tätigen Landschaftsanwälte Erxleben und Ungewitter wurden ausschnitthaft hierfür entscheidende Strukturen und Entwicklungspfade nachgezeichnet. Sie lassen erkennen, dass und wie der Natur- und Heimatschutz – trotz und nach seiner mehr oder weniger völkischen Orientierung, seiner ideologischen Aufladung und Einbindung in das verbrecherische Programm des NS-Regimes zur Versklavung, Vertreibung und Ermordung der östlichen Nachbarvölker – als soziale und umweltpolitische Aufgabe in der bundesdeutschen Nachkriegsgesellschaft angekommen ist.

Anmerkungen

1 So der Titel einer Broschüre des SVR [1966].
2 Verbandsordnung vom 5.5.1920 § 1 [2].
3 Biografische Einträge bei Gröning/Wolschke-Bulmahn 1997, 86, 395.
4 1914 bis 1933 Geschäftsführer des »Deutschen Bundes Heimatschutz« (DBH); ein völkisch orientierter Anhänger des Nationalsozialismus, der im Auftrag Himmlers ab 1939 baugestalterische Richtlinien für Dörfer und Städte in den »eingegliederten« Gebieten Polens erarbeitete; 1959 erhielt er das große Bundesverdienstkreuz (Banck 2007).
5 Hinrich Meyer Jungclaussen war bis 1933 Schriftführer der »Fürst Pückler-Gesellschaft«.
6 Zum SVR und den Beziehungen nach Thüringen bzw. zu Meyer Jungclaussen s. Oberkrome 2004.
7 Vertreter der Heimatschutzbewegung; in den 1930er Jahren widmete er sich neben der »Landschaftlichen Eingliederung« der Autobahnen vor allem einem »Naturnahen Wasserbau«; 1938 nachträglich zum 1.5.1937 von Rudolf Hess als NSDAP-Mitglied angemeldet; nach dem Krieg Professor am Lehrstuhl für Landschaftspflege, Landschaftsgestaltung sowie Straßen- und Wasserbau der TH München. Zu Seifert vgl. Reitsam 2001; zu den Landschaftsanwälten vgl. Zutz 2009.
8 Der »Reichsbund Volkstum und Heimat« war die gleichgeschaltete Organisation der vor 1933 bestehenden Heimatschutzverbände.
9 Auflistung im Zusammenhang mit dem Stopp der »Landschaftsdiagnose der DDR«, undatiert und ohne Verfasser bei der Notiz Linz vom 29.3.1951 im Bundesarchiv Lichterfelde, Akte DC-1 433.
10 ab 1935 Leiter des Planungsamtes der Stadt Eberswalde, ab 1939 Kreisbaurat der Stadt Minden; von 1953 bis 1970 Professor für Städtebau und Landesplanung an der RWTH Aachen (Pflug 1969, 5 ff.; Bandholtz/Kühn 1984, 326 f.).
11 Gröning/Wolschke-Bulmahn 1987; Fehn 2003.
12 1933–45 Professor an der Berliner Friedrich-Wilhelm Universität und trotz seiner politischen Belastung 1958–68 Professor für Landesplanung und Raumordnung an der Universität Hannover (Rössler/Schleiermacher 1993; Gutschow 2001).
13 1934–45 Professor und Direktor des Instituts für Gartengestaltung (ab 1939 »Landschafts- und Gartengestaltung«) an der Landwirtschaftlichen Hochschule Berlin. Hauptwerk: Die Landschaftsfibel, Berlin 1942. Er war von 1947 bis 1958 trotz seiner politischen Belastung Ordinarius für Landespflege, Garten- und Landschaftsgestaltung an der Technischen Hochschule Hannover (Gröning/Wolschke-Bulmahn 1997, 415 ff.; Kellner 1998).
14 So empfahl Seifert im März 1947 z.B. dem Geschäftsführer des Arbeitskreises Landespflege, Walter Pingel, die Einstellung von 17 seiner Landschaftsanwälte (SN 23).
15 Vgl. z.B. den Bericht »Neuaufbau am Boden« von einem Treffen der Landschaftsgestalter im Juli 1947 in Hammerberg/Uchte (SN 23).
16 Darin aufgegriffen wurden Vorschläge von Kühn aus dem Jahr 1941. Kühn war ehrenamtlicher Leiter des Amtes (Bandholtz/Kühn 1984, 105, 326; Kühn 1950; Barnard 1959, 50).
17 an Bahnstrecken zwischen Duisburg, Gelsenkirchen-Buer und Mülheim/Ruhr, durchgeführt in Abstimmung mit der Reichsbahn und den Anliegerkommunen (Häpke 2012, 250).
18 Eine gute Zusammenstellung solch einer Art Schadenserhebung befindet sich im Ruhrmuseum auf der Zeche Zollverein. Es handelt sich um Bestände aus dem SVR, die sich heute im Archiv des Industriemuseums des Landschaftsverbandes Rheinland in Oberhausen befinden. Für die

Auskunft danke ich dem Kurator der Abteilung Naturkunde im Ruhrmuseum Herrn Dr. Stefan Siemer.
19 Der Verbandsdirektor des Siedlungsverbandes Ruhrkohlenbezirk: Denkschrift über die Unterbringung von Haldenmassen (Entwurf vom 16.9.1942) im SN 103.
20 Ungewitter, Begrünen 1954, 87 f.; Ungewitter, Schüttung 1955.
21 Ungewitter, Begrünen 1954, 93 f., Ungewitter, Restwasserflächen 1960.
22 SVR-Verbandsdirektor Halstenberg 1967.
23 Die Zahlen zum Umfang der Haldenbegrünungen differieren: SVR-Landforstmeister Mellinghoff nennt für die Jahre von 1951 bis 1968 295 ha, von denen aber zu diesem Zeitpunkt bereits ca. 60 ha wieder abgetragen wurden (Mellinghoff 1968, 15). Häpke zitiert aus dem Geschäftsbericht des SVR von 1958 die Angabe »über 400 ha« begrünter Halden (252 nach SVR 1959, 19). Von Borke gibt 450 ha für den Zeitraum 1952–1962 an (1964, 240).
24 Die »Begrünungsaktion Ruhrkohlenbezirk« umfasste 1951 bis 1965 insgesamt 1289 ha, durchgeführt mit einem Kostenaufwand von 1,85 Mio. DM.
25 Basis ist der Gebietsentwicklungsplan vom 7.5.1962.
26 Anlage von 11 »grünen Parkplätzen« 1953–1965.
27 Dafür wurden 42 Landschaftsgestaltungspläne erstellt (SVR [1966]; Halstenberg 1969; Häpke 2012, 251 ff.).
28 Titel einer SVR-Broschüre von ca. 1953 (Ungewitter, Wandlungen 1959, 183).
29 Der vormalige, 1933 »in den Ruhestand versetzte« und 1945 nach 12 Jahren Berufsverbot wieder eingesetzte Verbandsdirektor Philipp August Rappaport (1932–1933 und 1945–1951) entwickelt in seinem planungsphilosophischen Text, unter Aufgreifen der bereits 1932 in der »Gartenkunst« formulierten Thesen, erneut die Idee der »Landschaftlichen Eingliederung« von Industrie und Siedlung um den Begriff der »Bildung«, allerdings ohne Verweise auf Traditionsbezüge. Zur Grünpolitik des SVR nach 1945 vgl. auch Orth 1952; Rappaport 1952.

Literatur

Bandholtz, Thomas; Kühn, Lotte: Erich Kühn. Stadt und Natur, Vorträge, Aufsätze, Dokumente 1932–1981. Hamburg 1984

Banck, Barbara: Werner Lindner. Industriemoderne und regionale Identität, Dissertation an der Universität Dortmund. Dortmund 2007

Barnard, Egon: Erfahrungen des Amtes für Landespflege Münster im Flurbereinigungsverfahren. In: Bundesministerium für Ernährung, Landwirtschaft und Forsten (Hg.): Landschaftspflege und Flurbereinigung. Ein Bericht über die Arbeitstagung in Münster vom 5. bis zum 7. Oktober 1955 zusammengestellt und bearbeitet von Gerhard Olschowy. Stuttgart 1959

Berkowski, Walter: Blumen und Bäume am Bahndamm. Berlin 1930

Erxleben, Guido: Industrie und »Landschaft«. In: Die Gartenkunst 5/1938, S. 124–125

Fehn, Klaus: »Lebensgemeinschaft von Volk und Raum«: Zur nationalsozialistischen Landschaftsplanung in den eroberten Ostgebieten. In: Radkau/Uekötter 2003, S. 207–224

Gelbrich, Helmut: Landschaftsplanung in der DDR in den 50er Jahren. In: Natur und Landschaft, H. 11/1995, S. 539–545

Gröning, Gert; Wolschke-Bulmahn, Joachim: Die Liebe zur Landschaft. Teil III. Der Drang nach Osten: Zur Entwicklung der Landespflege im Nationalsozialismus und während des Zweiten Weltkrieges in den »eingegliederten Ostgebieten«. München 1987

Gröning, Gert; Wolschke-Bulmahn, Joachim: Grüne Biographien. Biographisches Handbuch zur Landschaftsarchitektur des 20. Jahrhunderts in Deutschland. Berlin/Hannover 1997

Gutschow, Niels: Ordnungswahn. Architekten planen im »eingedeutschten Osten« 1939–1945. Basel/Gütersloh/Berlin 2001

Häpke, Ulrich: Freiraumverluste und Freiraumschutz im Ruhrgebiet. Common-Property-Institution als Lösungsansatz? (Dortmunder Beiträge zur Raumplanung, Bd. 139), Dortmund 2012

Halstenberg, Friedrich: Grünflächenpolitik im Siedlungsverband Ruhrkohlenbezirk. In: Boettger, Alfred C. (Hg.): Stadt und Landschaft, Raum und Zeit.

Festschrift für Erich Kühn zur Vollendung seines 65. Lebensjahres. Köln 1969, S. 281–290

Hempel, R.: Die Pflege der landschaftlichen Schönheit bei Anlage von Wasserstraßen und Kulturbauten. In: Gartenkunst Teil I 6/1923, S. 65–67, Teil II 7/1923, S. 78–81

Hiller, Olaf (Hg.): Die Landschaftsdiagnose der DDR. Zeitgeschichte und Wirkung eines Forschungsprojekts aus der Gründungsphase der DDR: Tagung an der TU Berlin, 15./16. Nov. 1996. Materialien zur Geschichte der Gartenkunst, Bd. 6. Berlin 2002

Hollweg, Ernst Günter: Haldenbegrünung im Ruhrgebiet. In: Garten und Landschaft, H. 7/1952, S. 23–24

Kastorff-Viehmann, Renate: Das Ruhrgebiet eine »grüne Stadt«? In: Kastorff-Viehmann 1998, S. 7–15

Kastorff-Viehmann, Renate: Die Stadt und das Grün 1860–1960. In: Kastorff-Viehmann 1998, S. 49–141

Kastorff-Viehmann, Renate (Hg.): Die grüne Stadt. Siedlungen, Parks, Wälder, Grünflächen 1860–1960 im Ruhrgebiet. Essen 1998

Kellner, Ursula: Heinrich Friedrich Wiepking (1891–1973). Leben, Lehre und Werk, Dissertation an der Universität Hannover. Hannover 1998

Klose, Hans: Das westfälische Industriegebiet und die Erhaltung der Natur. In: Staatliche Stelle für Naturdenkmalpflege in Preußen (Hg.): Naturdenkmäler – Vorträge und Aufsätze (Bd. 2). Berlin 1917, S. 339–454

Kühn, Erich: Landschaftspflege – Eine neue Aufgabe im Dienste der Heimat. In: Heimat und Reich, H. 11/1940, Nachdruck in: Kühn, Erich: Stadt und Natur. Vorträge, Aufsätze, Dokumente (Hg. Bandholtz, Thomas; Kühn, Lotte 1984), S. 101–104

Kühn, Erich: Drei Jahre Landschaftspflege in Westfalen. Manuskript 1950, auszugsweise veröffentlicht in: Garten und Landschaft, H. 12/1950, Abdruck in: Bandholtz, Kühn 1984, 105 ff.

Lindner, Werner: Landesplanung und Heimatschutz. In: Gartenkunst, H. 1/1932, S. 9–13

Ludwig, Karl-Heinz: Technik und Ingenieure im Dritten Reich. Düsseldorf 1974

Maier, Helmut: Nationalsozialistische Technikideologie und die Politisierung des »Technikerstandes«: Fritz Todt und die Zeitschrift »Deutsche Technik«. In: Dietz, Burkhard; Fessner, Michael; Maier, Helmut (Hg.): Technische Intelligenz und »Kulturfaktor Technik«: Kulturvorstellungen von Technikern und Ingenieuren zwischen Kaiserreich und früher Bundesrepublik Deutschland. Münster/New York/München/Berlin 1996, S. 253–268

Mellinghoff, K.: Bisherige Erfahrungen. In: Knabe, Wilhelm; Mellinghoff, K.; Meyer, F.; Schmidt-Lorenz, R.: Haldenbegrünung im Ruhrgebiet. (Schriftenreihe Siedlungsverband Ruhrkohlenbezirk, Bd. 22), Essen 1968

Meyer, Torsten; Zutz, Axel: Auf dem Weg zum Senftenberger Seengebiet. Protagonisten und Institutionen der Rekultivierung von Braunkohlentagebauen in der Niederlausitz (1920–1960). In: Betker, Frank; Benke, Carsten; Bernhard, Christoph (Hg.): Paradigmenwechsel und Kontinuitätslinien im DDR-Städtebau. Neue Forschungen zur ostdeutschen Architektur- und Planungsgeschichte (= REGIOtransfer Bd. 8, Schriftenreihe des Leibniz-Instituts für Regionalentwicklung und Strukturplanung). Erkner b. Berlin 2010, S. 273–328

Meyer Jungclaussen, Hinrich: Braunkohlenbergbau und Landschaftsbild. Landschaftliche Gestaltungsfragen im Braunkohlenbergbau-Gelände. Gedanken über Waldbau und Landschaftsbild. Flugschrift Nr. 5 der Fürst Pückler-Gesellschaft. Sonderdruck aus: Braunkohle, H. 14/1933

Meyer Jungclaussen, Hinrich: Arbeitsdienst und Landschaftsbild. In: Thüringer Fähnlein, Monatshefte für die mitteldeutsche Heimat, H. 8/1933

Meyer Jungclaussen, Hinrich: Vortrag auf der ersten Reichstagung für Naturschutz. In: Nachrichtenblatt für Naturschutz, 13. Jg. (1936) S. 121

Mrass, Walter: Die Organisation des staatlichen Naturschutzes und der Landschaftspflege im Deutschen Reich und in der Bundesrepublik Deutschland seit 1935, gemessen an der Aufgabenstellung in einer modernen Industriegesellschaft (Sonderheft Landschaft und Stadt Nr. 1). Stuttgart 1970

Nietfeld, Anette: Reichsautobahn und Landschaftspflege – Landschaftspflege im Nationalsozialismus am Beispiel der Reichsautobahn, Diplomarbeit an der TU Berlin, Werkstattberichte des Instituts für Landschaftsökonomie, Bd. 13. Berlin 1985

Oberkrome, Willi: Deutsche Heimat. Nationale Konzeption und regionale Praxis von Naturschutz, Landschaftsgestaltung und Kulturpolitik in Westfalen-Lippe und Thüringen (1900–1960). (Forschungen zur Regionalgeschichte, Bd. 47). Paderborn/München/Wien/Zürich 2004

Olschowy, Gerhard: Landschaft und Technik. Landespflege in der Industriegesellschaft. Hannover 1970

Orth, Josef: Landschaftsgestaltung und Landschaftspflege im Ruhrgebiet. In: Garten und Landschaft, H. 7/1952, S. 25–26

Pflug, Wolfram: Festschrift für Erich Kühn. Köln 1969

Radkau, Joachim; Uekötter, Frank (Hg.): Naturschutz und Nationalsozialismus. Frankfurt am Main/New York 2003

Rappaport, Philipp August: Grüngestaltung der heutigen Stadt. Vortrag auf der Tagung des Verbandes deutscher Gartenarchitekten, Duisburg, 18. Juli 1929. In: Gartenkunst, H. 9/1929, S. 140–142

Rappaport, Philipp August: Die Bedeutung der Freiflächen in der heutigen Stadtgestaltung. In: Beilage Stadt- und Landesplanung, Verkehrswesen, Versorgungsanlagen zur Deutschen Bauzeitung Nr. 97–98, 18/1930

Rappaport, Philipp August: Landschaft und Landesplanung In: Gartenkunst, H. 1/1932, S. 13–16

Rappaport, Philipp August: Das Grün im Ruhrgebiet. In: Garten und Landschaft, H. 7/1952, S. 21–22

Rappaport, Philipp August: Leben und Landschaft im Wandel der Zeiten. (Schriftenreihe der deutschen Akademie für Städtebau und Landesplanung, Bd. VI), Tübingen 1954

Reitsam, Charlotte: Das Konzept der »bodenständigen Gartenkunst« Alwin Seiferts. Fachliche Hintergründe und Rezeption bis in die Nachkriegszeit, Dissertation Technische Universität München. Frankfurt/Main 2001

Reitsam, Charlotte: Reichautobahn im Spannungsfeld von Natur und Technik. Internationale und interdisziplinäre Verflechtungen, Habilitationsarbeit an der Architekturfakultät der TU München, Freising 2007; publiziert unter dem Titel: Reichsautobahn-Landschaften im Spannungsfeld von Natur und Technik. Transatlantische und interdisziplinäre Verflechtungen. Saarbrücken 2009

Rössler, Mechthild; Schleiermacher, Sabine (Hg.): Der »Generalplan Ost«. Hauptlinien der nationalsozialistischen Planungs- und Vernichtungspolitik. Berlin 1993

Rohkrämer, Thomas: Die Vision einer deutschen Technik. Ingenieure und das »Dritte Reich«. In: Hardtwig, Wolfgang (Hg.): Utopie und politische Herrschaft in der Zwischenkriegszeit. München 2003, S. 287–307

Rollins, William H.: Whose Landscape? Technology, Fascisms and Environmentalism on the National Socialist Autobahn. In: Annals of the Association of the American Geographers, H. 3/1995, S. 257–272

Rollins, William H.: A Greener Vision of Home. Cultural Politics and Environmental Reform in the German Heimatschutz Movement 1904–1918. Michigan 1997

Schmidt, Robert (SVR): Walderhaltung im Ruhrkohlenbezirk. Essen 1927

Schmidt, Robert (SVR): Rauchbekämpfung im Ruhrkohlenbezirk. Essen 1928

Seidler, Franz W.: Fritz Todt: Baumeister des Dritten Reiches. München/Berlin 1986

Seidler, Franz W.: Die Organisation Todt. Bauten für Staat und Wehrmacht 1938–1945. Bonn 1998

Seifert, Alwin: Mahnung an die Bergherren. In: Deutsche Technik, H. 1/1941 (Sonderdruck mit einem Vorwort von Fritz Todt)

Seifert, Alwin: Guido Erxleben †. In: Garten und Landschaft, H. 4/1950, S. 1

Seifert, Alwin: Gutachten über die Wiederherstellung einer gesunden Kulturlandschaft in den vom Braunkohlen-Tagebau umgestürzten Gebieten zwischen Köln und Aachen. In: Rheinischer Verein für Denkmalpflege und Heimatschutz (Hg.): Das Rheinische Braunkohlengebiet – Eine Landschaft in Not! Denkschrift, Neuss 1953, S. 86–104

Siedlungsverband Ruhrkohlenbezirk: Waldschutz und Landespflege im Ruhrgebiet. Essen 1959

Siedlungsverband Ruhrkohlenbezirk: Grüne Arbeit im Ruhrgebiet. Essen 1966

SN: Seifert Nachlass, archiviert an der TU München

Ungewitter, Rudolf: Amerikanische Autostraßen. Eine kritische Betrachtung. In: Gartenkunst, H. 6/1932, S. 178–182

Ungewitter, Rudolf: Praktischer Landschaftsschutz im Kreise Burgdorf, Hannover. In: Garten und Landschaft, H. 3+4/1949, S. 15–17

Ungewitter, Rudolf: Erläuterungen zur Erstuntersuchung über die Notwendigkeit landschaftsgestalterischer Maßnahmen. Weimar 1952 (Thüringer Landesanstalt für Umwelt und Geologie, Bibliothek, Sign. NA50)

Ungewitter, Rudolf: Landespflege im Ruhrgebiet. In: Garten und Landschaft, H. 11/1954, S. 1–4

Ungewitter, Rudolf: Die Begrünung extremer Standorte im Ruhrgebiet. In: Olschowy, Gerhard; Köhler, Herbert (Hg.): Begrünen und Rekultivieren von extremen Standorten. Vorträge, Aussprachen und Ergebnisse der Bundestagung für Landschaftsanwälte vom 13.–15.10.1954 in Tübingen. Bearbeitet und zusammengestellt von G. Olschowy – BML – und Dr. H. Köhler – AID. Münster 1955, S. 74–81

Ungewitter, Rudolf (Als Empfehlung herausgegeben vom Siedlungsverband Ruhrkohlenbezirk in Verbindung mit: Oberbergamt Dortmund, Schutzgemeinschaft deutscher Wald, Landesverband Nordrhein Westfalen e.V. Essen, Steinkohlenbergbauverein Essen, Verein Deutscher Eisenhüttenleute Düsseldorf, Essen): Die Schüttung und Begrünung von Halden, Umpflanzung von Halden, Die landschaftliche Eingliederung von Baggergruben. Essen 1954

Ungewitter, Rudolf: Zur Schüttung von Halden im Ruhrgebiet. In: Garten und Landschaft, H. 9/1955, S. 7–11

Ungewitter, Rudolf: Gestaltung von Restwasserflächen und Abraumhalden. In: Natur und Landschaft, H. 3/1959, S. 42–43

Von Petz, Ursula: Robert Schmidt und die Grünflächenpolitik im Ruhrgebiet. In: Kastorff-Viehmann 1998, S. 25–47

Zeller, Thomas: Straße, Bahn, Panorama. Verkehrswege und Landschaftsveränderung in Deutschland 1930–1990. Frankfurt am Main 2002

Zeller, Thomas: »ganz Deutschland sein Garten«: Alwin Seifert und die Landschaft des Nationalsozialismus« In: Radkau/Uekötter (Hg.), S. 273–307

Zutz, Axel: Die Landschaftsdiagnose der DDR. In: Garten und Landschaft, H. 3/2003, S. 34–37

Zutz, Axel: »Heimatliche Landschaftsgestaltung« – Die Herausbildung des Prinzips der landschaftlichen ›Eingliederung‹ dargestellt am Beispiel der Flugschriften der Fürst Pückler-Gesellschaft 1931–1934. In: Kazal, Irene; Voigt, Annette; Weil, Angela; Zutz, Axel (Hg.): Kulturen der Landschaft. Ideen von Kulturlandschaft zwischen Tradition und Modernisierung. (Landschaftsentwicklung und Umweltforschung, Bd. 127, Schriftenreihe der Fakultät Architektur Umwelt Gesellschaft der TU Berlin). Berlin 2006, S. 39–58

Zutz, Axel: Wege grüner Moderne: Praxis und Erfahrung der Landschaftsanwälte des NS-Staates zwischen 1930 und 1960. In: Mäding, Heinrich; Strubelt, Wendelin (Hg.): Vom Dritten Reich zur Bundesrepublik. Beiträge einer Tagung zur Geschichte von Raumforschung und Raumplanung (Arbeitsmaterial der Akademie für Raumplanung und Landesforschung Nr. 346). Hannover 2009, S. 101–148

Yasemin Utku

»Landschaften« im Ruhrgebiet – Programme und Programmierungen

Im vorliegenden Beitrag werden planerische Überlegungen seit Anfang der 1960er Jahre in der Auseinandersetzung mit regional bedeutsamen Grün- und Freiflächen im Ruhrgebiet beschrieben. Meines Erachtens ist der Paradigmenwechsel im Umgang mit Landschaft bzw. dem Verständnis von »Landschaft« in der Region zu dieser Zeit – etwa zur Halbzeit des Jubiläums der Veröffentlichung von Schmidt – am größten. Dabei geht es mir bei dem Thema Landschaft vor allem um die kulturelle Prägung und die Wahrnehmung der Gestalt des Grüns in diesem Raum – und weniger um geografische Aspekte wie die Abgrenzbarkeit zu anderen Räumen.

Mit den in der Nachkriegszeit vorgelegten Planwerken für das Ruhrgebiet wurden große Ziele verbunden. Zunächst noch davon ausgehend, dass es insbesondere um die Steuerung von Wachstum im Ruhrgebiet gehen sollte, wurde vor allem über den Ausbau von Infrastrukturen nachgedacht. Grünordnungspläne dienten dabei vor allem der Trennung von Funktionen und sicherten gleichzeitig Räume für Infrastrukturen im großen Maßstab. Gleichwohl waren der Freiraumschutz und die Stärkung von Erholungsfunktionen auf der Agenda. Die wirtschaftlichen Einbrüche der 1960er Jahre führten schließlich zu einer »neuen« Weichenstellung in der Strukturierung und Ausgestaltung der Region. Hinzu kam ein wachsendes Umweltbewusstsein. Beispielhaft dafür sind der Ausspruch von Willy Brandt »Der Himmel über dem Ruhrgebiet muss wieder blau werden« von 1961[1] und ein Artikel im Magazin DER SPIEGEL über die katastrophalen Umweltverschmutzungen durch die Schwerindustrie in der Region, mit dem einiges ins Rollen gebracht wurde (Spiegel, 33/1961). Und schließlich wurde auch die zunehmende Zersiedelung der Landschaftsräume ein Faktor für eine planerische Steuerung: »Das Ruhrgebiet erlebte in den Wiederaufbaujahren eine Renaissance des Kleinsiedlungs-, Stadtrandsiedlungs- und Heimstättengedankens. Weiträumige, durchgrünte Siedlungen mit ein- und zweigeschossiger Einfamilienhausbebauung, oft Reihenhäuser, mit Gärten und Vorgärten, fraßen sich außerhalb der Kernzone regelrecht in die Freiflächen. […] Anstelle der ›Verländlichung‹ schritt nun eine ›Vervorortung‹ der Region voran – immer alles durchgrünt« (Kastorff-Viehmann 1998, 128). Was zunächst noch im Sinne des Leitbildes der gegliederten und aufgelockerten Stadt gewünscht war, erwies sich mit dem massiven Flächenverbrauch zu einem wachsenden Problem. Zudem veränderte sich mit dem Motorisierten Individualverkehr die Funktion der Grün- und Freiflächen im Ruhrgebiet für die Freizeitnutzung. Man ging jedoch noch davon aus, dass es eine weitere bauliche Verdichtung im Ruhrgebiet geben würde und mit der Motorisierung und der verlängerten Freizeit eine »Ausflugsland-

Yasemin Utku

*Hauptrichtungen der Erholungsverkehre, Untersuchung des SVR
Quelle: Siedlungsverband Ruhrkohlenbezirk (Hg.): Regionalplanung. Essen 1960, VII/4 Erholung, o. S.*

schaft« in den Randbereichen der Region entwickelt werden könnte. Nachbarbezirke könnten dergestalt als Ausgleichsräume für die Kernzone im Ruhrgebiet fungieren (SVR 1960b, Entwicklungsprogramm VII/4).

Die Entwicklung und Einbeziehung der umgebenden Landschaften war auch im Sinne des Siedlungsverbandes Ruhrkohlenbezirk (SVR), der Ende der 1950er Jahre insbesondere Räume für die Naherholung in den Randbereichen der Region etablieren wollte. Gleichzeitig hielt der SVR auch an den Ideen Schmidts fest und wollte eine stärkere Heranführung des Grüns an die Zentren durchsetzen. Dabei wurde seit Beginn der 1950er Jahre die »ästhetische Durchgrünung« der Region propagiert, beispielsweise die »landschaftliche Einbindung« bergbaulicher und industrieller Anlagen (Kegel 1954, 37), Haldenbegrünungen oder Pflanzungen entlang von Bahntrassen und Werksgeländen. Es entstand vor allem eine Art »Abstandsgrün« zwischen Wohnen und Industrie bzw. entlang von Infrastrukturbändern. Einerseits gab es also viel neues Grün in der industriell geprägten Siedlungsstruktur, andererseits aber wies dieses Grün nur eine geringe Nutzungsqualität auf. Seit 1951 lief das von der Landesregierung und dem SVR ins

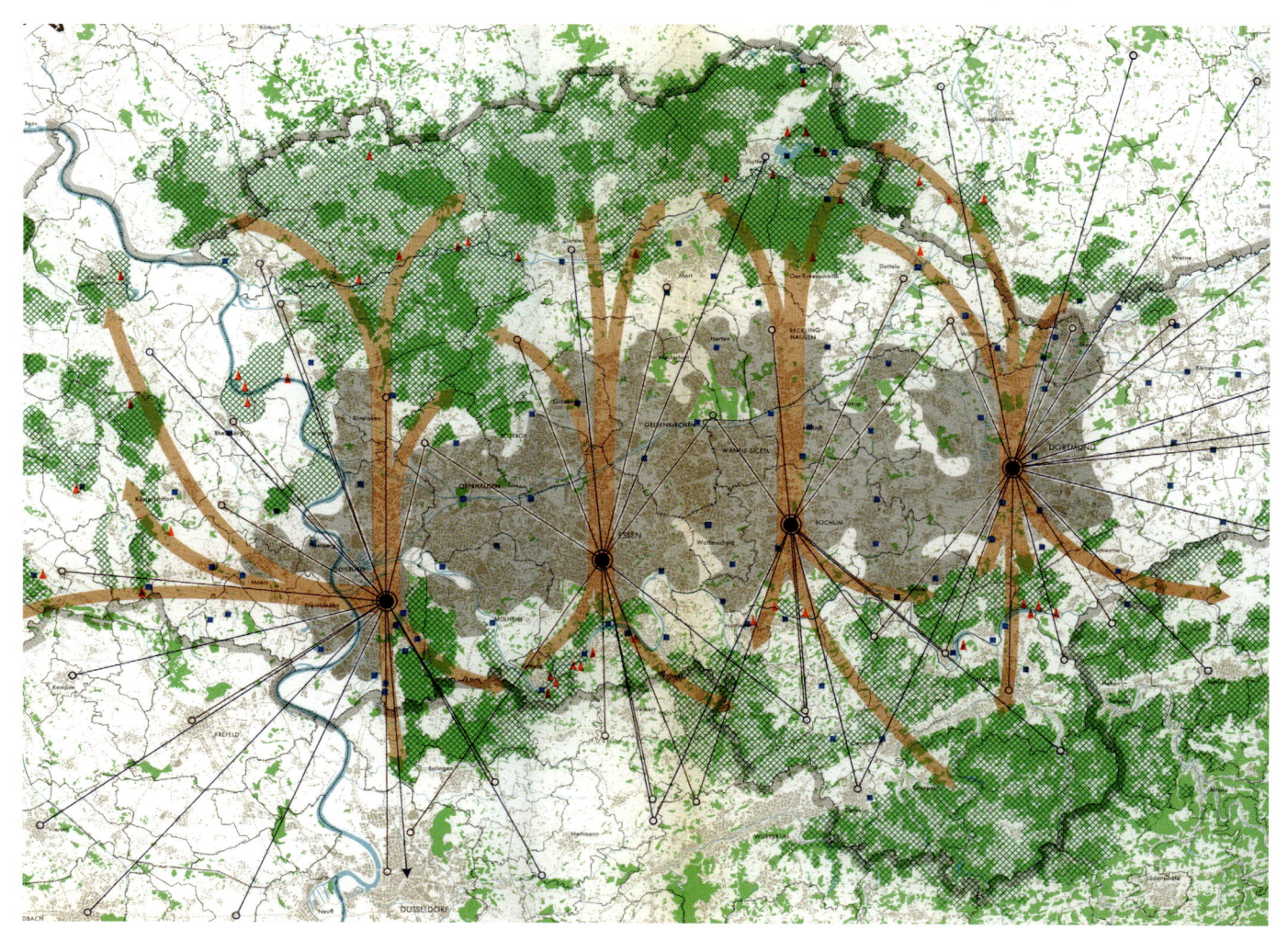

Leben gerufene Programm »Begrünung Ruhrkohlenbezirk«, das 1957 mit einer landesseitigen Förderung von Haldenbegrünungen verbunden wurde.[2]

Ab Anfang der 1960er Jahre rückte auch die planerische Vorsorge und räumlich profilierte Ausgestaltung der Region verstärkt in den Blick. Ein zentrales Thema war die Schaffung von zusätzlichen Erholungsflächen im Verdichtungsraum des Ruhrgebiets. Im Abschnitt »VIII – Entwicklungsprogramm« des Planungsatlas »Regionalplanung« des SVR von 1960 sind die Aufgabenfelder von Karl-Heinz Tietzsch, dem damaligen Baudirektor und Leiter der Abteilung Landesplanung des SVR, benannt und Zonierungen für die künftige Entwicklung festgelegt worden. Die Dreiteilung der Region in eine »Saturierungszone« im Süden und eine »Ordnungszone« im Kern des Ruhrgebiets sowie eine »Entwicklungszone« im Norden orientierte sich relativ nüchtern und funktional an der Nordwanderung des Bergbaus. Kleinräumig – und unabhängig von kommunalen Grenzen – wurden ergänzende Vorschläge zur Profilierung von Teilräumen vorgelegt, bezogen auf die Wirtschaftsentwicklung oder auf Landschaftsthemen. Beispielsweise geschah dies mit der Entwicklung eines Planungsgebiets »Ruhrvilla« in der Saturierungszone: mit durchgrünten Wohngebieten zur Entlastung der Ordnungszone und entwicklungsfähigen Erholungsgebieten im Umfeld des Baldeneysees; oder aber mit dem Planungsgebiet »Kanalkreuz« mit geringer Zersiedlung und hohem Potenzial zum Ausbau überörtlicher Erholungsfunktionen im landwirtschaftlich geprägten Freiraum (SVR 1960b, Entwicklungsprogramm VIII/3). Für jeden der 17 Teilräume wurden Planungsmotive mit Aussagen zur Siedlungs-, Wirtschafts- und Verkehrsstruktur und zu Grünräumen vorgelegt. Auch darüber wird eine Neuorientierung deutlich: an der Industrie-«Landschaft«. Es wurde an einer neuen Strukturierung der Region mit kleineren Einheiten gearbeitet – nicht zuletzt mit Hilfe von »grünen Themen« und »grünen Räumen«.

Tietzsch überlagerte sein »Entwicklungsprogramm« mit einem Entwurf für ein »regionales Grünflächensystem« und betonte auch

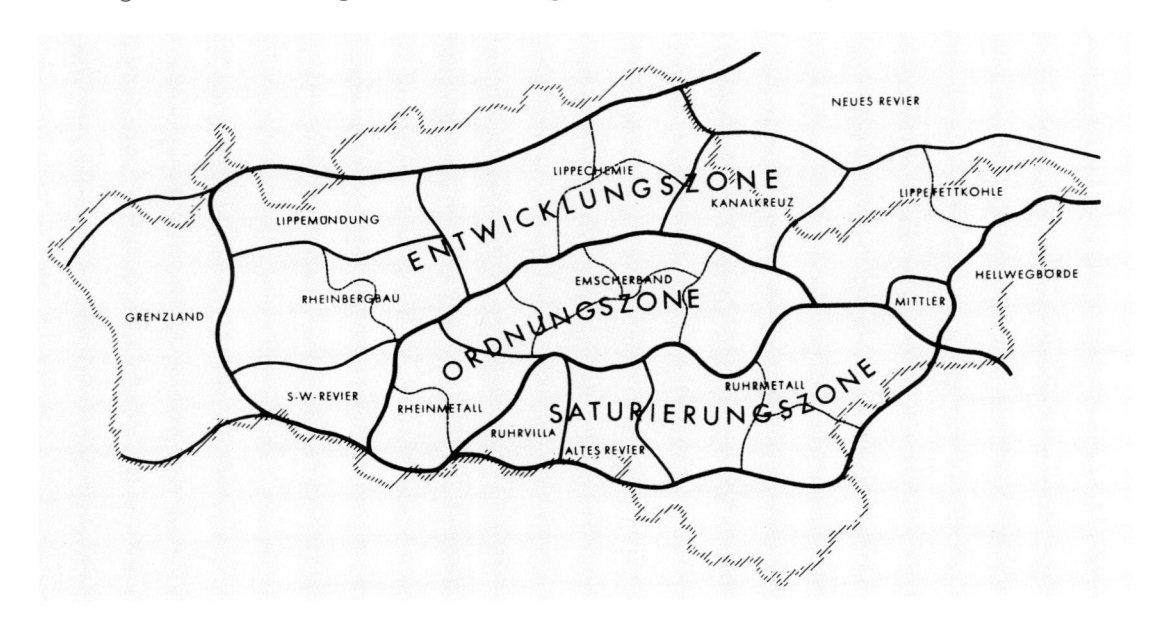

Gliederung des Ruhrgebiets in Planungszonen und -motive, SVR 1960 Quelle: Siedlungsverband Ruhrkohlenbezirk (Hg.): Regionalplanung. Essen 1960, VIII/4 Entwicklungsprogramm, o.S.

Yasemin Utku

*Regionales Grünflächensystem in der Überlagerung mit den Planungszonen, SVR 1960
Quelle: Siedlungsverband Ruhrkohlenbezirk (Hg.): Regionalplanung. Essen 1960, VIII/4a Grünflächen im Entwicklungsprogramm, o.S.*

im Referentenentwurf von 1961 für den aufzustellenden Gebietsentwicklungsplan die Verknüpfung von innerstädtischen Grünflächen mit den Freiflächen in den Randbereichen des Ruhrgebiets. Laut Tietzsch sollte dies nicht nur einen Ausgleich gegenüber der städtischen Bebauung sicherstellen, sondern vor allem die Zersiedlung in der Kernzone des Ruhrgebiets eindämmen. Weitere Aussagen zur Gestalt bzw. der Gestaltung dieser Freiräume – auch im Sinne einer Gebrauchsqualität für die angestrebte Erholungsfunktion – wurden nicht gemacht. Im Entwicklungsprogramm hatten die Grünzüge[3] (hier wird noch von »Grünflächen« gesprochen) mehrere Funktionen zu erfüllen: als Trennlinien zwischen Industrie und Siedlung, als regionale und städtebauliche Gliederung, zur Luftverbesserung und Sicherung von Wassergewinnungsbieten sowie zur Erholung und Aufnahme von Wegeverbindungen zu den großflächigen Naturräumen im Norden und Süden des Ruhrgebiets (SVR 1960b, Entwicklungsprogramm VIII/4a). Die Sicherung der »regionalen Grünzüge« sowie der großen Landschaftsräume war seit den 1920er Jahren eines der zentralen Themen im SVR. Durch Flächenankäufe und Aufforstung erfolgte eine Stärkung und Festigung dieser Struktur, die entgegen dem sonst üblichen »Muster« des grünen Rings um einen Verdichtungsraum eine regionale Gliederung des Ballungsraums in Nord-Süd-Richtung fokussierte.

Unterstützt wurde dieser Ansatz auch durch die gutachterliche Stellungnahme zum geplanten »Entwicklungsprogramm für den Ruhrkohlenbezirk«. Hierfür hatte der SVR ausgewiesene Experten[4] eingeladen, die das Konzept der regionalen Gliederung in »funktionale Einheiten« befürworteten. In der Stellungnahme von 1961 wurde insbesondere das Konzept der Gliederung durch Grünzüge positiv hervorgehoben: »Die Unterzeichneten halten diese Konzeption, die, einmal einprägsam dargelegt, geradezu selbstverständlich wirkt, für ausgezeichnet und der Sache voll angemessen.« (SVR 1961, 9) Das Entwicklungsprogramm sollte unter Einbeziehung einiger Teile des Planungsatlas »Regionalplanung« zu einem eigenständigen Werk werden. Zwei Schwerpunkte sollten nach Auffassung der Gutachter für die Regionalentwicklung herausgearbeitet werden: die Gestaltung der Grünzonen einerseits und die Bestimmung funktionaler Einheiten mit ihren zentralen Orten andererseits (ebd., 10–14). Das Schema von Rudolf Wurzer, das in der Stellungnahme zum Referentenentwurf veröffentlicht ist, konzentriert sich auf die »Ordnungszone«, die industrielle Kernzone des Ruhrgebiets, und zeigt eine geringe Differenzierung der Freiräume. Gut erkennbar ist der Ansatz, einzelne Städte mit ihren Industriezonen in »Einheiten« zusammenzufassen und damit die Polyzentralität der Region zu stärken.

In dem vom SVR veröffentlichten Gebietsentwicklungsplan (GEP) 1966, dem verbindlichen Regionalplan für das Ruhrgebiet, wurden die sieben in Nord-Süd-Richtung verlaufenden

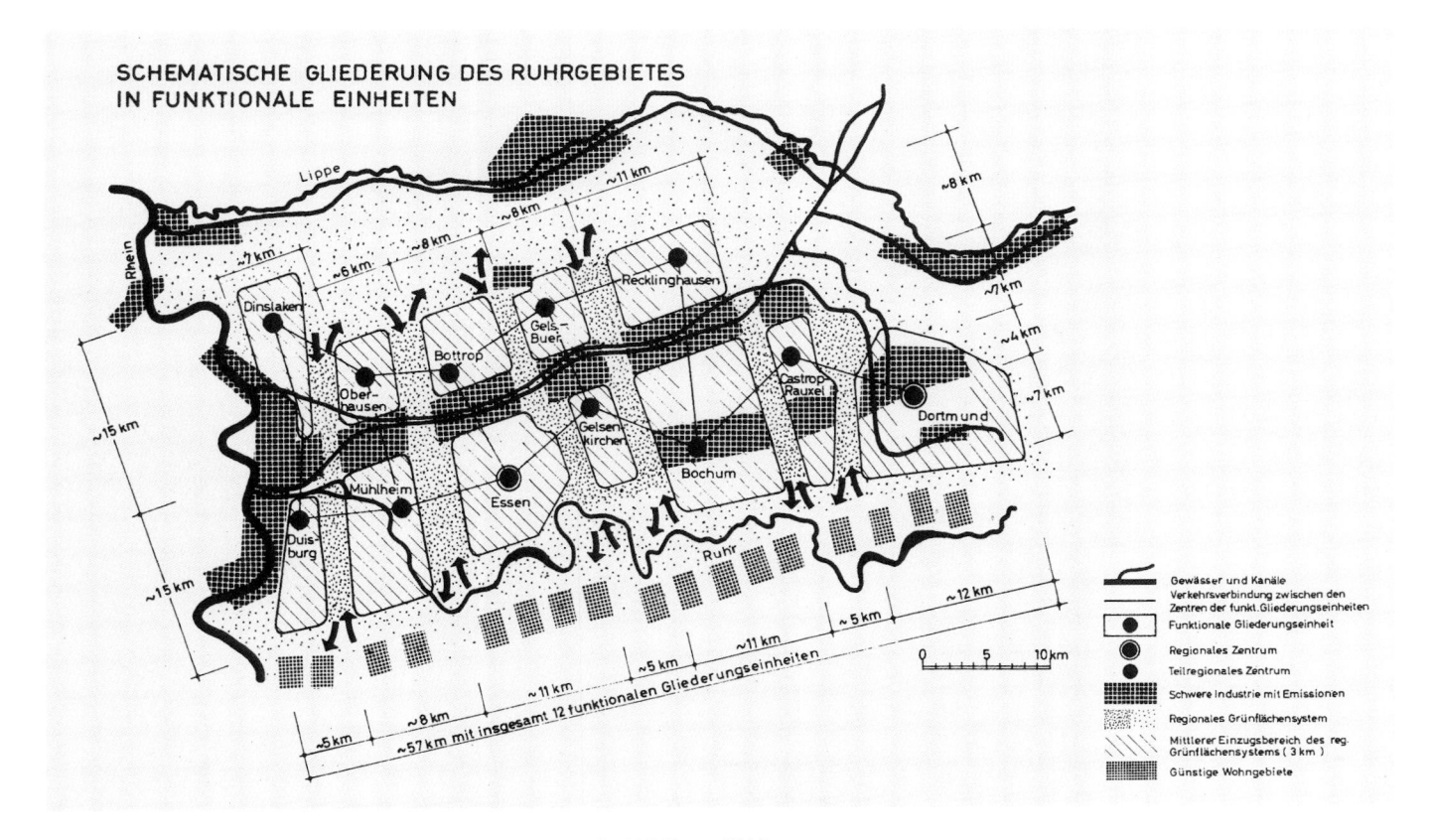

Gliederung des Ruhrgebiets in funktionale Einheiten, Schema von Rudolf Wurzer, 1961
Quelle: Siedlungsverband Ruhrkohlenbezirk (Hg.): Stellungnahme zum Referentenentwurf »Entwicklungsprogramm für den Ruhrkohlenbezirk«. Vorgelegt von Dr. E. Dittrich, Dr. G. Isenberg, G.C. Lange, Dr. R. Wurzer auf Ersuchen der SVR. Essen 1961, Schematische Gliederung des Ruhrgebiets in funktionale Einheiten (Arch. O.Prof. Dr. Rudolf Wurzer), o.S. (zwischen S. 9 und S. 10)

*Grundelemente der räumlichen Struktur mit regionalem Grünflächensystem, Gebietsentwicklungsplan 1966
Quelle: Siedlungsverband Ruhrkohlenbezirk (Hg.): Gebietsentwicklungsplan 1966. Köln 1967, Grundelemente der räumlichen Struktur, S. 67*

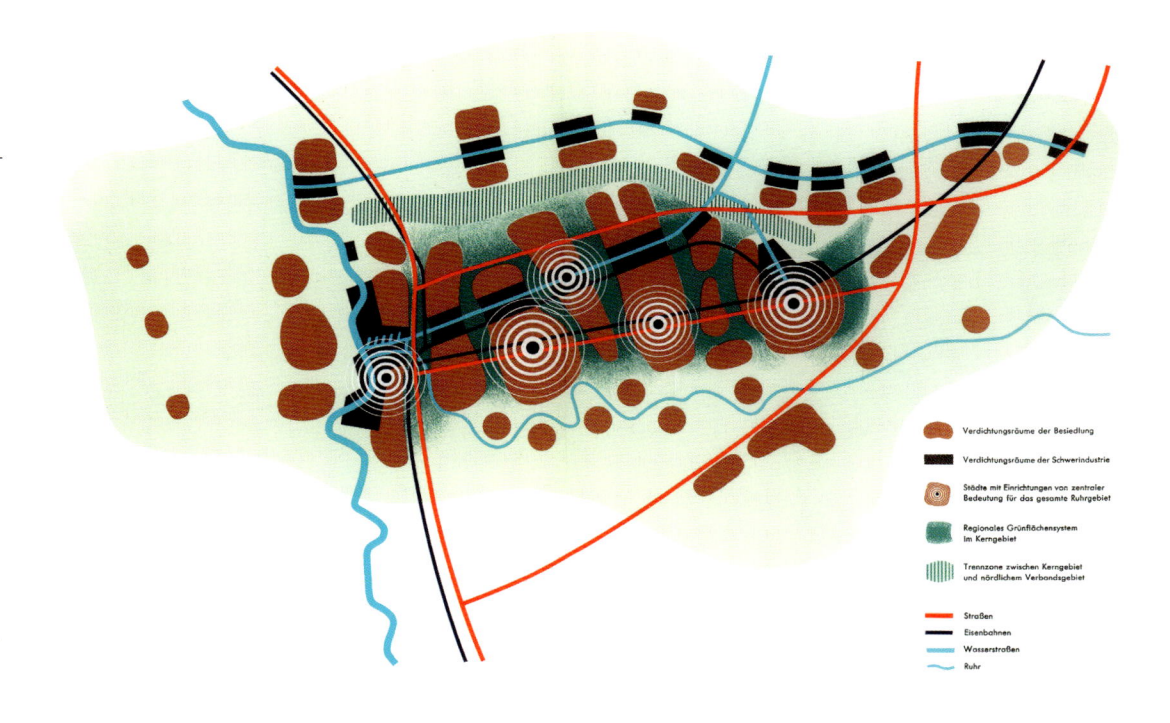

regionalen Grünzüge als raumplanerisches Instrument festgesetzt und erstmals rechtlich abgesichert. Diese ordnende Funktion der Grünzüge in der diffusen Siedlungsstruktur war bedeutend, denn es wurden nicht nur bestehende Grünräume gesichert, sondern es sollten auch neue Flächen zur Stärkung dieser Grünzüge »aktiviert« werden.[5] Mit der Festlegung der Grünzüge war jedoch keine gestaltete »Landschaft« im herkömmlichen Sinne verbunden, vielmehr wurden damit Räume zur Unterbringung von Infrastrukturen für Trassen oder Abraum festgeschrieben, die einer alltäglichen Nutzung dieser Flächen durch die im Umfeld lebende Bewohnerschaft entgegenstanden.

Das Konzept des SVR stieß nicht nur auf Zustimmung, und mehrere Planer stellten eigene Überlegungen zur Strukturierung der Region an. So kritisierte z.B. der Stadtplaner Martin Einsele,[6] der in den 1960er Jahren im Ruhrgebiet tätig war, dass die Grünzüge offenbar vor allem als Reserveflächen für Versorgungsleitungen und Verkehrswege dienen sollten und eine qualitätsvolle Ausgestaltung nicht erkennbar sei. Die von den Planern des SVR angeführten Vorteile ihres Konzeptes, wie die funktionale Trennung und die Gliederung mit Grünzügen, hielt Einsele für unzutreffend. Er bezweifelte die Sinnhaftigkeit der Forderung nach »Entballung«, da es im Ruhrgebiet, gemessen an Großstädten wie Berlin oder London, an einer vergleichbaren Dichte fehle (Einsele 1995, 57 ff.). Er legte mit seinem Konzept der »Ruhrstadt« im Jahr 1963 einen Ansatz vor, der von einer zu verdichtenden Bebauung entlang des Hellwegs zwischen Duisburg und Dortmund ausging. Er favorisierte die Schaffung von innerstädtischen Parks in kommunaler Hand und erläuterte: »Hier entstehen ruhige Innenräume der Stadt, vergleichbar mit dem Innenhof beim Atriumhaus oder dem Anger unter der Linde im altdeutschen Dorf. Beispiele solcher ›guten Stuben‹ gibt es im zentralen Bereich von Groß-London, ebenso gut im Tiergarten in Berlin oder auch in der Gruga, dem Schloss Berge oder dem Gladbecker Stadtwald« (Einsele 1995, 63 ff.). Er favorisierte eine »Ruhrstadt« mit einem dichten und nutzungsgemischten Kernraum in einer bandartigen Struktur in West-Ost-Richtung –

Konzeption Ruhrstadt, Schema von Martin Einsele, 1963
Quelle: Einsele, Martin: Planen im Ruhrgebiet. In: Gerhard Boeddinghaus (Hg.): Gesellschaft durch Dichte. Bauwelt Fundamente 107. Braunschweig/Wiesbaden 1995, S. 67

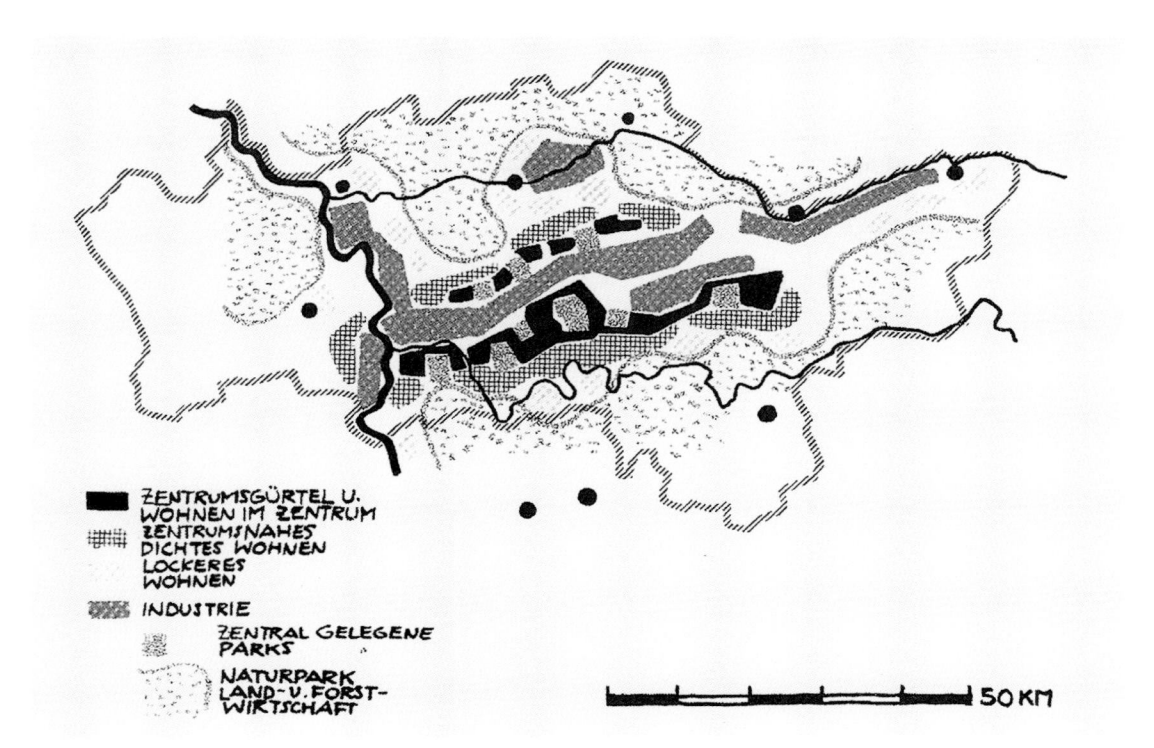

so ziemlich das Gegenteil von dem, was der SVR mit seinem Konzept der Gliederung vorgelegt hatte.

Es wurde auch auf kommunaler Ebene an einer »Durchgrünung« der Region – im Sinne Einseles – in zentralen städtischen Bereichen gearbeitet. Wesentliche Meilensteine waren in diesem Zusammenhang die Bundesgartenschauen 1959 in Dortmund und 1965 in Essen. Große Freibereiche bzw. bestehende Parks wurden für diese Anlässe erweitert und zu Freizeitparks ausgebaut. Neue Parks im »klassischen« Sinne entstanden in den Ruhrgebietsstädten zu dieser Zeit jedoch eher selten und wenn, dann beispielsweise durch die Nachnutzung von Friedhöfen. Häufiger handelte es sich um die »ungeplante« Aneignung von Freiräumen in den städtischen Randlagen wie den Grünzügen, z.B. für Grabeland (Kastorff-Viehmann 1998, 130 f.). Die neuen Parks wurden schließlich nicht im zentralen Kernbereich des Ruhrgebiets, sondern in der nördlichen und von der Schwerindustrie stark belasteten Emscherzone realisiert. Der SVR begann in der zweiten Hälfte der 1960er Jahre mit einem Programm zur Schaffung von so genannten Revierparks – einer Mischung aus Park und Freizeitlandschaft. Insgesamt fünf Anlagen[7] entstanden im Kontext der Grünzüge zwischen den Städten. Die Grundlage hierfür wurde 1968 von der Landesregierung NRW im Entwicklungsprogramms Ruhr (EPR) festgelegt: »Die Industrielandschaft des Ruhrgebiets muss durch den Ausbau weiterer regionaler Erholungseinrichtungen anziehender gemacht werden« (Landesregierung Nordrhein-Westfalen 1968, 65). Leitvorstellung war, möglichst vielfältige Einrichtungen zur Naherholung an gut erreichbaren Standorten zu bündeln und damit im Sinne der dezentralen Konzentration Freizeitangebote auf regionaler Ebene zu installieren. Das Programm wurde 1979 mit dem fünften Revierpark Mattlerbusch in Duisburg beendet. Eine Vernetzung der Einrichtungen war zunächst noch nicht vorgesehen (die Verknüpfung mit einem Radwegenetz erfolgte erst im Rahmen der IBA Emscher Park), stattdessen sollten sie aus regionaler Perspektive an »zentraler« Stelle mit einem großen Einzugsbereich im Grenzbereich mehrerer Städte

Yasemin Utku

Ausbau regionaler Erholungseinrichtungen im Ruhrgebiet 1968–1973 Quelle: Landesregierung Nordrhein-Westfalen (Hg.): Entwicklungsprogramm Ruhr 1968–1973. Düsseldorf 1968, o. S. (zwischen S. 66 und S. 67), Karte 10

liegen. Sie waren – und sind – Freizeitzentren mit Spiel- und Sportplätzen, Schwimmbädern, Eisbahnen usw. und sollten für bis zu 50.000 Bewohner des Ruhrgebiets zu Fuß in maximal 15 Minuten erreichbar sein (ebd., 65 f.).

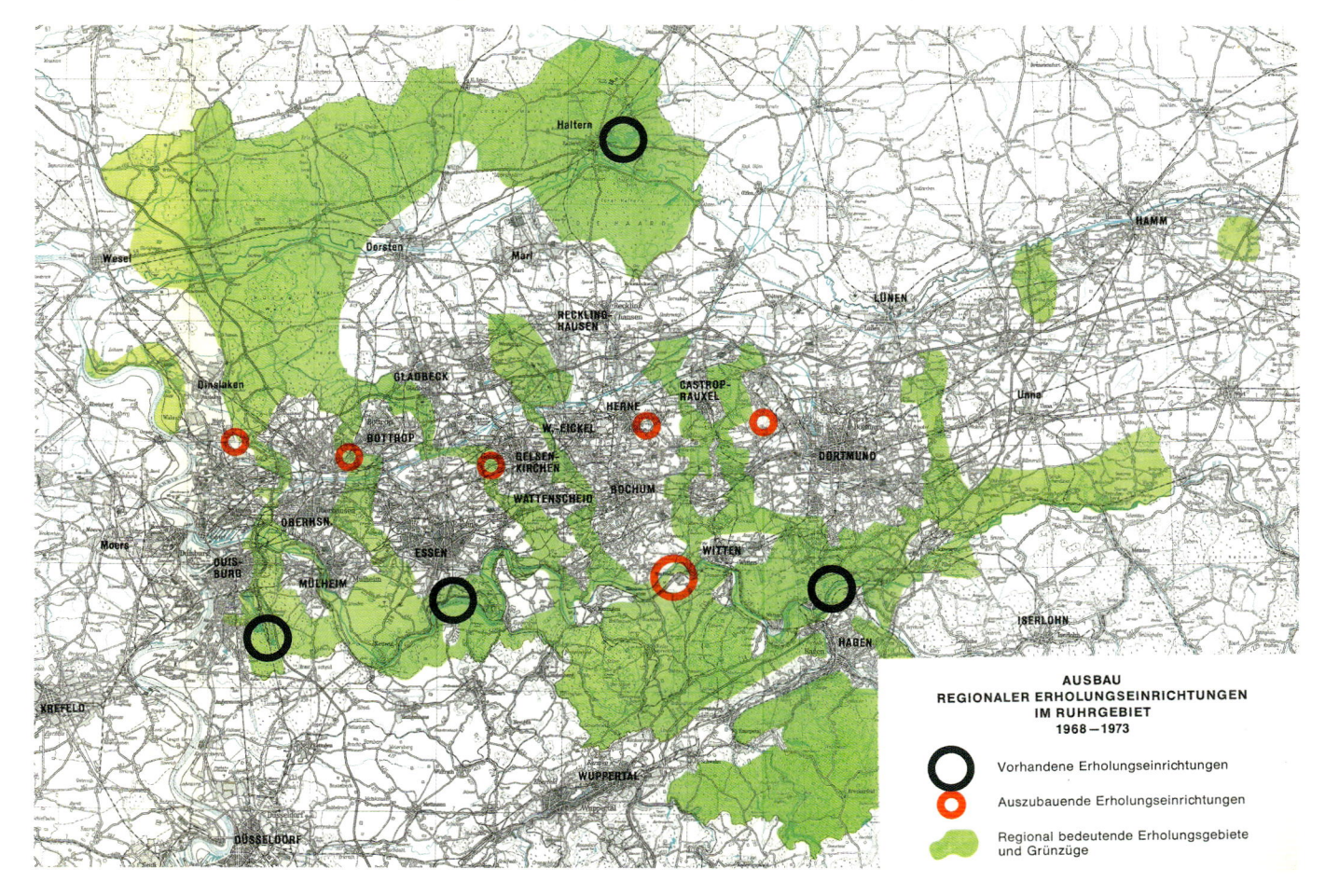

Neben den Revierparks bildeten Ausbau und Weiterentwicklung von Erholungsschwerpunkten in den großen Freiräumen eine bedeutende Aufgabe, insbesondere in der so genannten »Saturierungszone« am südlichen Rand der Region: Mit dem Kemnader Stausee sollte eine Lücke attraktiver Erholungseinrichtungen geschlossen werden. Mit diesem Programm ging es also um die Realisierung von neuen Freizeiteinrichtungen, die in ihrer Dimensionierung und Komplexität schon fast »Maschinen« waren und die einen neuen Typus Landschaft verkörpern sollten. Gleichzeitig wurde außerhalb des Verdichtungsraums auch an der »malerischen Landschaft« weitergebaut. Die »Pflege der Stadtlandschaft« war überdies ein eigener Punkt im EPR (ebd., 67 ff.): Dazu gehörten nach wie vor die Haldenbegrünungen und die Herstellung bzw. die Anlage von Grün- und Freiflächen, nun aber auch Gebäudeabbruch und Planierung vor der Geländebegrünung sowie die Erneuerung alter Gebäude – ein Rundum-Paket für die Implementierung der »postindustriellen Landschaften« im Ruhrgebiet. Die Grünzüge waren trotz der ihnen zugeschriebenen Erholungsfunktion jedoch zuvorderst Bestandteil einer regionalen Ordnung im Sinne eines Strukturprinzips und weniger in der Idee von »Landschaften«, mit denen malerische Bilder erzeugt werden sollten – und die Revierparks waren Infrastrukturen im Naherholungswesen und keine »Parks« im herkömmlichen Sinne. Insgesamt wurde damit im Industrieraum ein neuer Landschaftstypus – man könnte sagen – im Sinne einer »verspäteten Moderne« installiert und auch ein Bekenntnis zu einer »Industrielandschaft« abgelegt.

Abgelöst wurde das Entwicklungsprogramm Ruhr (EPR) durch das »Nordrhein-Westfalen-Programm 1975«. Friedrich Halstenberg,[8] 1965/66 Verbandsdirektor und damit auch verantwortlich für den Gebietsentwicklungsplan 1966, wurde später Chef der Staatskanzlei des Landes Nordrhein-Westfalen und war dort an der Entwicklung des »Nordrhein-Westfalen-Programms 1975« beteiligt, das im März 1970 vorgestellt wurde. Im selben Jahr erschienen die »16 Prognosen für NRW 2000« (Schmacke 1970), und darin erläuterte Halstenberg den Maßstab des Programms: »Es erstreckt sich vielmehr nur auf solche Maßnahmen, die von besonders großer struktureller Bedeutung für die zukünftige Entwicklung des Landes sind« (Halstenberg 1970, 31). Das Programm zielte nun auf gesamt NRW, und unter der Überschrift »Umweltgestaltung« hob er auf die Notwendigkeit der Landesplanung ab. Erstmals sollte sich ein Landesentwicklungsplan (Plan III) mit der Freiraum-Infrastruktur auf Landesebene befassen. Er wies zudem explizit auf die zunehmende Bedeutung von Freizeit- und Erholungseinrichtungen hin – insbesondere in Gebieten mit unterdurchschnittlicher Wirtschaftsentwicklung (ebd., 39). Ebenfalls in der Veröffentlichung von Schmacke äußerte sich Erich Kühn,[9] der erst in der Politik und dann ab 1953 Professor für Städtebau und Landesplanung an der RWTH Aachen war, zur Notwendigkeit eines »landschaftlichen« Umbaus: »Der Freiraum ist unerlässliche Ergänzung des Gebauten. In dem Maß, in dem die Arbeitszeit verkürzt wird, nimmt seine Bedeutung zu. [...] Noch wird der Freiraum als Zutat, als Dekoration oder gar als ›Negativraum‹ gesehen. [...] Was für Ebenezer Howard noch eine ideale Ergänzung war – die Einbeziehung des unbebauten Umlandes in die städtische Planung –, wird durch die Gegebenheiten unserer Zeit lebensnotwendig, durch Psychologie und Kunst gerechtfertigt und durch kommunale Neuordnung verwaltungsmäßig verfestigt werden müssen« (Kühn 1970, 93f.). Kühn bezog sich dabei dezidiert auf das Ruhrgebiet und nannte neben kulturellen Aktivitäten, wie beispielsweise Ausstellungen und Gesprächskreise, die Gartenschauen als wichtige strukturfördernde Maßnahmen. Gleichzeitig wies er auf das Erfordernis zum Erhalt historischer Bauten als Symbole einer postindustriellen Landschaft hin und nannte dabei die Zeche Zollern in Dortmund-Bövinghausen (ebd., 102). Der Erhalt und die Entwicklung der Anlage Anfang der 1970er Jahre war ein Meilenstein für die Etablierung der Industriedenkmalpflege. Damit wurde die Basis für die später international hoch geachtete »Industriekultur« gelegt, die im Rahmen der Internationalen Bauausstellung (IBA) Emscher Park zur Marke der Region und zum Exportschlager für den Umgang mit industriellen Hinterlassenschaften avancierte. Kühn hatte frühzeitig das Potenzial für einen neuen Typus der regionalen Landschaft im Ruhrgebiet erkannt und er hob ab auf ein wie auch immer geartetes Zusammenwirken bzw. eine verstärkte Kooperation der Ruhrgebietsstädte: »Da ein Zusammenschluss kaum zu erwarten ist, sollte die kommunale Neuordnung wenigstens die Nord-Süd-Elemente des Kammsystems aufnehmen. Die im Entwicklungsplan des Ruhrsiedlungsverbandes vorgesehenen Nord-Süd-Freizonen entsprechen in ihrer Aufgabe und ihrer Größe dem Denkmodell des Kammsystems. Sie sind gutes und gestaltfähiges Rohmaterial« (ebd., 105 f.). Die Vervollständigung der Kammstruktur erfolgte dann einige Jahre später mit dem Konzept des in West-Ost-Richtung orientierten Emscher Landschaftsparks.

Erich Kühn griff in seinen Überlegungen zur Weiterentwicklung des Ruhrgebiets auch Ideen des Architekten Eckhard Schulze-Fielitz[10] auf, der in den 1960er Jahren mit seinem Raumstadt-Modell Berühmtheit erlangt und bereits 1960 – entgegen der Praxis der landschaftlichen Eingrünung – Modelle zur Bebauung der Halden im Kernraum des Ruhrgebiets erarbeitet hatte. Ende der 1960er Jahre schlug Schulze-Fielitz dann im Rahmen der Podiumsdiskussion »Mit dem Ruhrprogramm zur Weltstadt?«[11] vor, der Ruhr ein Rückgrat in Form eines bandartigen Zentrums zu geben. Er kritisierte die Leitvorstellungen eines polyzentrischen Ruhrgebiets, in dem auch Kleinstädte, die weit von der Hauptachse entfernt liegen, in gleicher Weise entwickelt würden (ebd., 104). Schulze-Fielitz bezog damit eine ähnliche Position wie Einsele, der ebenfalls eine Verdichtung im Kernbereich des Ruhrgebiets zur Entwicklung von mehr »Urbanität« favorisierte. Kühn stimmte diesen Ansätzen zu, wenngleich er die Grundstruktur der vorhandenen Grünzüge auch als Grundgerüst der Regionalstruktur begriff. Er hatte mit seinen »Prognosen für NRW 2000« und dem darin enthaltenen Forderungskatalog einige bedeutsame Themen für die Entwicklung des Ruhrgebiets aufgerufen, die in der Folgezeit dann tatsächlich auch vertieft wurden.

Ab 1975 war der Siedlungsverband zwar offiziell nicht mehr zuständig für das Nachdenken über Zukunftsoptionen des Ruhrgebiets,[12] dafür verstärkte er aber seine Aktivitäten im Bereich der Grün- und Umweltplanung – ganz im Sinne von Robert Schmidt. Neue Aufgabenfelder wie beispielsweise die Altlastenbeseitigung, Standortfragen für Deponien und Müllbeseitigung kamen hinzu (Petz 1995, 48 f.). Und schließlich ging es auch um die stärkere Integration von Grün in den Alltag: in das Wohnen und Arbeiten. Ende der 1980er Jahre wurde dies dann auch von der IBA Emscher Park für das nördliche Ruhrgebiet propagiert und – unter Einbeziehung von Industrierelikten bzw. »postmontaner Kultur« – erneut ein neuer Landschaftstypus generiert. Der in West-Ost-Richtung in einer Längsausrichtung von mehr als 70 Kilometern verlaufende Emscher Landschaftspark war zentrales Anliegen und verbindende räumliche Klammer der IBA. Neben der zu schaffenden landschaftlichen Attraktivität ging es auch hier um eine räumliche und städtebauliche Ordnung – mit der Verknüpfung der Nord-Süd-Grünzüge, die Kühn (und andere) schon angesprochen hatte; auch hier in einer schon fast »logischen« Folge der funktionalen Planungen der 1960er Jahre.

Die ehemals zur Trennung von Arbeiten und Wohnen geschaffenen Grünzüge mit den verwandelten Industrie-Arealen wurden zu parkähnlichen Gebilden – neuen Landschaften – zusammengeschlossen. Diese Neudefinition von Grünräumen beförderte gleichzeitig ein neues Natur- und Landschaftsverständnis: Die Industrienatur und der Industriewald wurden »erfunden« – und damit naturräumliche Belastungen durch industrielle Vornutzungen kaschiert (s. hierzu auch den Beitrag von Ulrich Häpke in diesem Band). Mit der »Route Industrienatur«, inzwischen auch schon touristisch in Wert gesetzt, stellt dieser Landschafts- bzw. Stadtnaturtyp, der sich über die Vornutzung definiert, ein regionales Alleinstellungsmerkmal dar (Hohn et. al. 2009, 188).

Diese Landschaft wurde ebenso kulturell hervorgebracht wie kulturell weitergetragen: in Form von Landschaft bzw. Landschaften wie die der 1960er Jahre. Den IBA-Planungen kamen die Maßnahmen der Nachkriegszeit zur Eingrünung der Region, aber auch die ersten Inwertsetzungen industrieller Objekte in den 1970er Jahren und schließlich auch die neu erwachte »Siedlungskultur« im Umgang mit den historischen – und durchgrünten – Arbeitersiedlungen zugute. Der IBA ist es gelungen, den Umgang mit der Industrieregion und die Ausformulierung einer postmontanen Landschaft in eine einzigartige Kulturlandschaft in

Anschauungsorte der Route Industrienatur
1 Landschaftspark Duisburg-Nord
2 Brache Vondern, Oberhausen
3 Ruderalpark Frintrop, Essen
4 Schurenbachhalde, Essen
5 Zeche/Kokerei Zollverein, Essen
6 Skulpturenwald Rheinelbe, Gelsenkirchen
7 Landschaftspark Emscherbruch/Hoheward, Gelsenkirchen und Herten
8 Zeche Hannover, Bochum; Park Königsgrube, Herne
9 Westpark, Bochum
10 Heinrichshütte, Hattingen
11 Halde Lothringen I/II, Bochum
12 Zeche Nachtigall, Witten
13 Kokerei Hansa, Dortmund
14 Naturschutzgebiet Hallerey, Dortmund
15 Halde Großes Holz, Bergkamen
16 Naturschutzgebiet Beversee, Bergkamen
17 Halde Sachsen, Hamm

Industriewald
1 Mathias Stinnes
2 Zollverein
3 Zeche Bismarck
4 Zeche Graf Bismarck
5 Chemische Schalke
6 Zeche Rheinelbe
7 Zeche Alma
8 General Blumenthal 11
9 König Ludwig 1/2
10 Südl. König Ludwig 1/2
11 Ewald-Fortsetzung
12 Constantin 10
13 Viktor 3/4
14 Emscher-Lippe 3/4
15 Hafen Minister Achenbach
16 Zeche Waltrop
17 Kokerei Hansa

- Informationszentrum Emscher Landschaftspark/ Route Industrienatur, Haus Ripshorst, Oberhausen
- Emscher Landschaftspark (ELP)
- Neues Emschertal
- Rundkurs Ruhrgebiet
- Ruhrtal Radweg
- Emscher Park Radweg

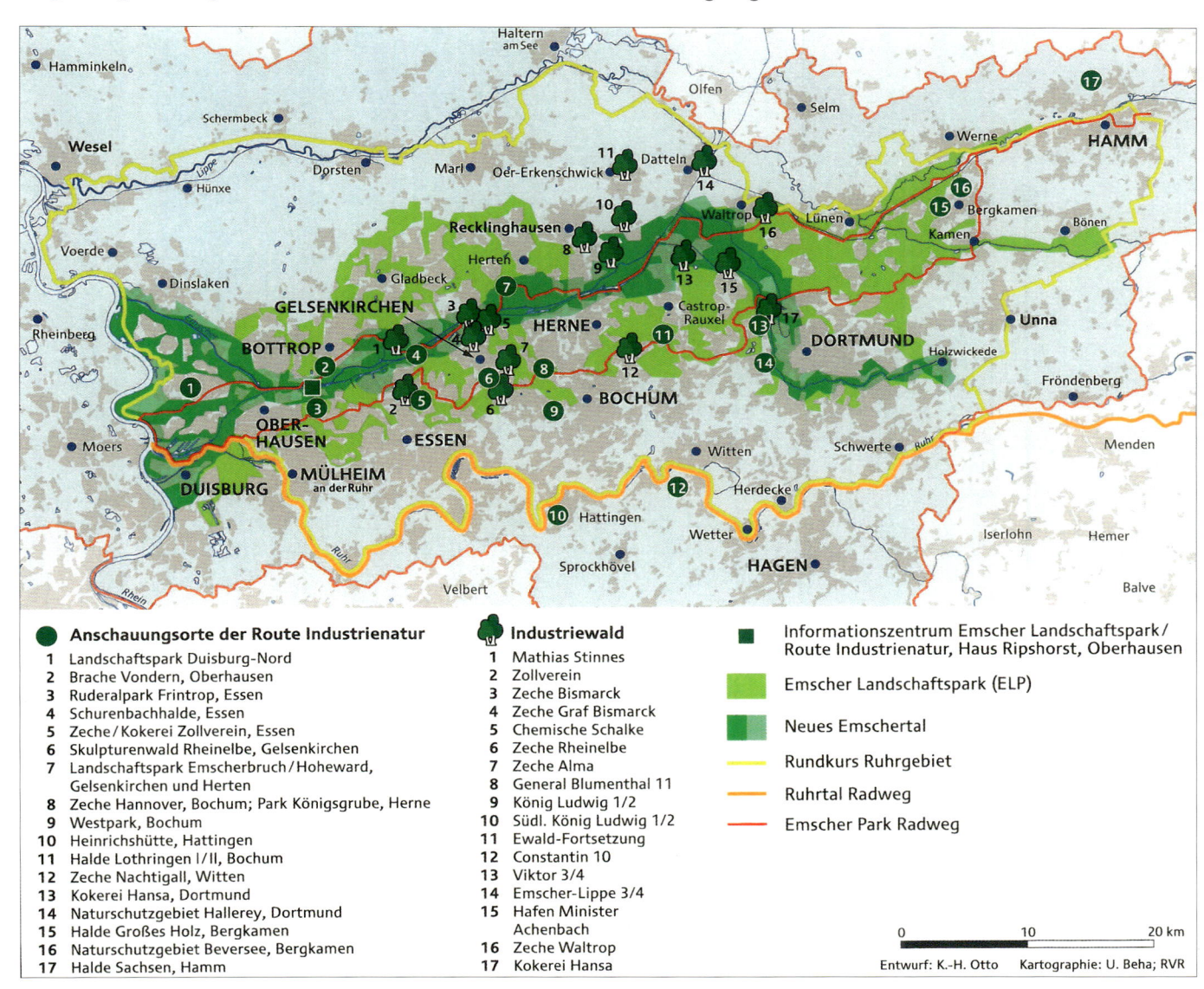

Entwurf: K.-H. Otto   Kartographie: U. Beha; RVR

Emscher Landschaftspark, Neues Emschertal und Industrienatur
Quelle: Achim Prossek, Helmut Schneider, Horst A. Wessel, Burkhard Wetterau, Dorothea Wiktorin (Hg.): Atlas der Metropole Ruhr. Köln 2009, S. 189 (Abb. im Artikel von Uta Hohn, Andreas Keil, Karl-Heinz Otto: Potenziale postindustrieller Stadtnatur, S. 188 f.)

wirk- und bildmächtige Programme zu übersetzen. Der Landschaftspark Duisburg-Nord auf einem rund 200 Hektar umfassenden ehemaligen Hüttenwerksgelände mit einer zeitgenössischen Freiraumgestaltung unter Einbeziehung industrieller Relikte und der Integration aktueller Freizeitaktivitäten ist dafür ein herausragendes Beispiel. Er ist nicht nur ein Publikumsmagnet, sondern inzwischen auch eine überregional bekannte »Landmarke« für den Wandel im Ruhrgebiet.

Das Ruhrgebiet ist nicht nur ein Labor des wirtschaftlichen Strukturwandels, es ist auch ein Experimentierfeld und ein Möglichkeitsraum für neue Landschaften. Das haben insbesondere die Planungen der verganenen 50 Jahre im Spannungsfeld von Wachstum und Schrumpfung der Region gezeigt. Die Sicherung und Weiterentwicklung von Freiraum spielten dabei immer eine wesentliche Rolle. Deutlich ist in diesem Zusammenhang jedoch der Vorrang der »Programmierung« von freizeit- und erholungsbezogenen Freiräumen. Demgegenüber sind die Rolle und die Qualität der Forst- und Landwirtschaft diffus geblieben und auch in der Zukunft noch unklar.

Mit den regional wirksamen Grünräumen und -strukturen wird heute die spezifische Urbanität des Ruhrgebiets verbunden. Bei den »Programmen«, die auf die IBA folgten (dazu gehören beispielsweise die Masterpläne sowie der Emscher-Umbau mit dem »Neuen Emschertal« und schließlich auch die Kulturhauptstadt des Jahres 2010), ging es und geht es auch in den nächsten Jahren darum, die Landmarken der Region sowie die Industriekultur und die Industrienatur im Emscher Landschaftspark zu einem neuen urbanen Landschaftstyp zusammenzuführen. Als besondere Qualitäten werden der »Innere Rand« (Polívka/Roost 2011, 50 ff.) des Ruhrgebiets mit der Nähe zu Grün- und Freiräumen herausgearbeitet und wird der Emscher Landschaftspark als der »Central Park« der Region propagiert – das Grün bzw. die Landschaft scheint nun im Zentrum der Region angekommen zu sein.

Anmerkungen

1 Mit der Aussage von Willy Brandt auf dem Wahlkongress der SPD in der Bonner Beethovenhalle am 28.4.1961 machte er einen bis dahin eher als »regionales Problem« wahrgenommenen Zustand zum Thema des Bundeswahlkampfs. Einige Wochen später folgte dann *Der Spiegel* mit einer Titelgeschichte zur Situation im Ruhrgebiet.

2 Insgesamt wurden im Ruhrgebiet Flächen im Umfang von rund 1.000 ha zwischen 1949 und 1959 begrünt bzw. aufgeforstet, darunter auch zahlreiche Halden (SVR 1960, 80).

3 »Regionale Grünzüge« bezeichnen bandartige Freiflächen, die z.B. land- und forstwirtschaftlich genutzt werden oder aber auch Parks und Sportanlagen enthalten können. Ziel war und ist die Sicherung von Freiräumen auf gemeindlicher und gemeindeübergreifender Ebene und somit die Verhinderung des Zusammenwachsens von Siedlungsräumen.

4 Die Expertenrunde setzte sich aus vier Personen zusammen: Dr. E. Dittrich, Direktor des Instituts für Raumforschung in der Bundesanstalt für Landeskunde und Raumforschung, Bad Godesberg; Dr. G. Isenberg, Ministerialrat im Bundesministerium der Finanzen, Bonn; G.C. Lange, Stellvertretender Direktor des Provinciale Planologische Dienst (Provinzialamt für Raumplanung) in der Provinz Zuid-Holland, Den Haag; Prof. Dr. R. Wurzer, Landesoberbaurat a.D., Vorstand des Instituts für Städtebau, Landesplanung und Raumordnung an der TH Wien.

5 Im GEP wurde anhand eines Beispiels die baurechtliche Ausweisung der Flächen für die regionale und kommunale Planung im Bereich eines Grünzuges dargestellt (vgl. SVR 1967, 70 ff. und Abb. 25).

6 Martin Einsele (1928–2000) war bis 1964 in Gladbeck als Stadtplaner in der Stadtverwaltung tätig; danach eigenes Büro im Ruhrgebiet, ab 1973 Professor an der Universität Dortmund, 1975 Wechsel an die TH Darmstadt und von 1981 bis 1997 Professor für Entwerfen und Städtebau an der Universität Karlsruhe.

7 Die ersten Revierparks entstanden in der Emscherzone, wo es an Naherholungsangeboten am stärksten mangelte. Die Revierparks in zeitlicher Reihenfolge: Gysenbergpark, Herne (1970); Revierpark Nienhausen, Gelsenkirchen/Essen (1972); Revierpark Vonderort, Oberhausen/Bottrop (1974); Revierpark Wischlingen, Dortmund (1976); Revierpark Mattlerbusch, Duisburg (1979).

8 Friedrich Halstenberg (1920–2010), Jurist, 1957 Promotion. Seit 1951 war er Referent beim Deutschen Städtetag, 1954 bis 1962 Generalsekretär des Verbandes für Wohnungswesen, Städtebau und Raumplanung, 1965/66 Direktor des SVR, ab 1966 Staatssekretär und Chef der Staatskanzlei unter Heinz Kühn, seit 1968 Hon.-Prof. an der Fakultät Raumplanung, Universität Dortmund.

9 Erich Kühn (1902–1981), Architekt, war 1939–45 Kreisbaurat in Minden, richtete ab 1947 in der damaligen Provinz Westfalen das Amt für Landespflege ein, war in verschiedenen Ministerien des Landes NRW tätig und wurde 1953 auf den Lehrstuhl für Städtebau und Landesplanung an der RWTH Aachen berufen.

10 Eckhardt Schulze-Fielitz (geb. 1929), Architekt, 1955 Büro mit Ulrich Schmidt von Altenstadt und Ernst von Rudloff, erstellte ab 1958/59 ein Konzept der Raumstrukturen als systematische Ordnung des Raumes, erweitert zur Raumstadt. Diese Konzepte zählen zu den frühen *Megastructure*-Projekten und wurden erstmals im Mai 1960 auf der Ausstellung »26 Architekten aus der Bundesrepublik« gezeigt und nachfolgend in der *bauwelt* publiziert. 1962 Raumstadt-Pavillon auf der deubau-Messe in Essen.

11 Schulze-Fielitz war Teilnehmer eines Podiumsgesprächs im Juni 1968 in Mülheim/Ruhr, veranstaltet vom Deutschen Verband für Wohnungswesen, Städtebau und Raumplanung (Hinweis in Kühn: Überlegungen zur Städteplanung, Anmerkung 16, S. 108); ebenso wurde Schulze-Fielitz vom SVR in die Reihe »Experimente« eingeladen, um dort von den Möglichkeiten seines Raumstadt-Konzeptes für das Ruhrgebiet zu berichten (vgl. idr 83/68, 1–4).

12 Durch das Landesplanungsgesetz vom 8.4.1975 wurde die Regionalplanung den neu gebildeten Bezirksplanungsräten bei den Bezirksregierungen übertragen, denen sie seinerzeit, im Jahr 1920, durch das Verbandsgesetz entzogen worden war.

Literatur

Der Spiegel/N.N.: Ruhr Luftreinigung – Zu blauen Himmeln. Der Spiegel 33/1961, S. 22–33

Einsele, Martin: Planen im Ruhrgebiet. In: Gerhard Boeddinghaus (Hg.): Gesellschaft durch Dichte. Bauwelt Fundamente 107. Braunschweig/Wiesbaden 1995, S. 50–69

Halstenberg, Friedrich: Ein Land plant seine Zukunft. In: Schmacke 1970, S. 25–42

Hohn, Uta; Keil, Andreas; Otto, Karl-Heinz: Potenziale postindustrieller Stadtnatur. In: Prossek et. al. 2009, S. 188–189

idr/G.St.: Aufgebockte Stadt kennt keine Verkehrsnöte. Erstes Beispiel eines veränderbaren Stadtbausystems sollte im Ruhrgebiet erprobt werden. idr (= Informationsdienst Ruhr) 83/68, S. 1–4

Kastorff-Viehmann, Renate: Die Stadt und das Grün 1860–1960. In: Renate Kastorff-Viehmann (Hg.): Die grüne Stadt. Essen 1998, S. 19–139 (insbes. S. 128–132)

Kegel, Sturm; Siedlungsverband Ruhrkohlenbezirk: Der Siedlungsverband Ruhrkohlenbezirk – die ordnende Hand im Ruhrgebiet. Düsseldorf 1954

Kommunalverband Ruhrgebiet (Hg.): Kommunalverband – Ruhrgebiet. Wege, Spuren. Festschrift zum 75-jährigen Bestehen. Essen 1995

Kühn, Erich: Überlegungen zur Städteplanung. In: Schmacke 1970, S. 83–108

Landesregierung Nordrhein-Westfalen (Hg.): Entwicklungsprogramm Ruhr 1968–1973. Düsseldorf 1968

Museum Folkwang (Hg.): Urbanität gestalten. Stadtbaukultur in Essen und im Ruhrgebiet 1900 bis 2010. Ausstellungskatalog. Essen 2011

Petz, Ursula von: Vom Siedlungsverband Ruhrkohlenbezirk zum Kommunalverband Ruhrgebiet. In:

Kommunalverband Ruhrgebiet 1995, S. 7–67 (insbes. S. 40–47)

Pitzonka, Sonja: Postindustrielle Grünplanung und ihre Grundlagen. In: Museum Folkwang 2011, S. 159–164

Polívka, Jan; Roost, Frank: Kerne, Adern, Ränder. In: Reicher et al. 2011, S. 38–79

Prossek, Achim; Schneider, Helmut; Wetterau, Burkhard (Hg.): Atlas der Metropole Ruhr. Vielfalt und Wandel des Ruhrgebiets im Kartenbild. Köln 2009

Reicher, Christa; Kunzmann, Klaus R.; Polívka, Jan; Roost, Frank; Utku, Yasemin; Wegener, Michael (Hg.): Schichten einer Region. Kartenstücke zur räumlichen Struktur des Ruhrgebiets. Berlin 2011

Schmacke, Ernst (Hg.): Nordrhein-Westfalen auf dem Weg ins Jahr 2000. 16 Prognosen. Düsseldorf 1970

SVR 1960a – Siedlungsverband Ruhrkohlenbezirk (Hg.): Tätigkeitsbericht 1958–60. Essen 1960

SVR 1960b – Siedlungsverband Ruhrkohlenbezirk (Hg.): Regionalplanung. Essen 1960

SVR 1961 – Siedlungsverband Ruhrkohlenbezirk (Hg.): Stellungnahme zum Referentenentwurf »Entwicklungsprogramm für den Ruhrkohlenbezirk«. Vorgelegt von Dr. E. Dittrich, Dr. G. Isenberg, G.C. Lange, Dr. R. Wurzer auf Ersuchen der SVR. Essen 1961

SVR 1967 – Siedlungsverband Ruhrkohlenbezirk (Hg.): Gebietsentwicklungsplan 1966. Köln 1967

SVR 1969 – Siedlungsverband Ruhrkohlenbezirk (Hg.): Siedlungsschwerpunkte im Ruhrgebiet. Grundlagen eines regionalen Planungskonzeptes. Essen 1969

Ulrich Häpke
Hundert Jahre Freiraumschutz und Freiraumverluste im Ruhrgebiet

Bereits bis zum Jahr 2010 sollte der Freiraumverbrauch bundesweit auf 12 Hektar pro Tag gesenkt werden, hatte die Enquete-Kommission »Schutz des Menschen und der Umwelt« des deutschen Bundestages gefordert (Enquete-Kommission 1998, 238), bevor die Bundesregierung in ihrer Nachhaltigkeitsstrategie dieses Ziel deutlich abschwächte: auf nur noch 30 Hektar pro Tag bis zum Jahr 2020 (Bundesregierung 2002, 71). Obwohl nichts darauf hindeutet, dass zumindest dieses Ziel erreicht werden könnte – die Problematik der Freiraumverluste ist auch auf Bundesebene inzwischen anerkannt.

Im Ruhrgebiet reicht der Einsatz für den Freiraumschutz mehr als hundert Jahre zurück. Um die heutige Freiraumsituation zu verstehen und um Hinweise für künftige Strategien zum Freiraumschutz zu gewinnen, soll im Folgenden ein knapper Überblick über die bisher wichtigsten Aktivitäten gegeben werden, von den zivilgesellschaftlichen Anfängen bis zu den Maßnahmen des Siedlungsverbandes Ruhrkohlenbezirk (SVR) und seiner Nachfolger.

Zivilgesellschaftliche Initiativen als Vorreiter

Bereits im 19. Jahrhundert haben sich im heutigen Ruhrgebiet zivilgesellschaftliche Initiativen für den Freiraumschutz eingesetzt, getragen von Bauern, Bürgern und Arbeitern. Kommunale und unternehmerische Aktivitäten kamen hinzu.

Bäuerliche Proteste richteten sich gegen die Teilung gemeinschaftlich genutzter Ländereien, die in anderen Gegenden als Allmenden und in Nordwestdeutschland als Marken, Gemeinheiten und Vö(h)den bezeichnet wurden. Ihre Teilung war im 19. Jahrhundert in vielen Städten die Voraussetzung dafür, dass neue Stadtviertel errichtet werden konnten (Häpke 2012, 47 ff.). Ein Beispiel ist die Bochumer »Vöderevolution«, bei der die Vödeberechtigten nicht nur gegen die Teilung protestierten, sondern auch ganz praktisch die angelieferten Grenzsteine zerschlugen (Neumann 1993, 76).

Kaufleute, Industrielle und andere Angehörige des städtischen Bürgertums gründeten Vereine und (Aktien-)Gesellschaften, die Grundstücke kauften und darauf öffentliche Parks und Gärten anlegten. Beispiele hierfür sind die Stadtgärten und ähnliche Anlagen in Essen (1863), Hamm (1882), Hagen (1884), Dortmund (1889) und Mülheim/Ruhr (1907). Hinzu kamen Kooperationsprojekte mit Kommunen wie in Eickel (1899) und Verschönerungsvereine, die die Parkpflege übernahmen (Gaida/Grothe 1997; Häpke 2012, 160 f.). Arbeiterfamilien bewirtschafteten Kleingärten und bildeten Vereine zur Selbstverwaltung ihrer Kleingartenanlagen (Häpke 2012, 176 ff.).

Auch die Kommunen griffen das Freiraumthema auf und entdeckten Parkanlagen als Standortfaktor. So hat die Stadt Bochum trotz der bäuerlichen Proteste die gemeinschaftlich genutzte »Vöde« schließlich doch noch geteilt, um einen Stadtpark und in seinem Umfeld ein Villenviertel anzulegen. Ähnliches geschah z.B. am Kaiser-Wilhelm-Hain in Dortmund, am Lütgendortmunder Volksgarten oder am Castroper Stadtgarten (Häpke 2012, 155). Sogar die ersten Unternehmen erkannten die Nützlichkeit des Grüns. So ist die Halde Zollverein 1/2 in Essen spätestens seit 1895 bis in die 1920er Jahre hinein mit Robinien bepflanzt worden, um den Haldenkörper zu stabilisieren und die Erosion des Materials zu verhindern (Knabe 1968, 26).

Robert Schmidts »Denkschrift« und zwei ganz andere Lösungsansätze

Im Jahr 1910 war das Thema Freiraumschutz bei der Düsseldorfer Bezirksregierung angekommen. Damals wurde in Düsseldorf die Berliner Städtebauausstellung gezeigt – mit Entwürfen zur weiteren Hauptstadtentwicklung und Informationen über andere Weltstädte. Wie Robert Schmidt im Vorwort zu seiner 1912 als Dissertation erschienenen »Denkschrift« berichtete, hatte der Düsseldorfer Regierungspräsident am Rande dieser Ausstellung mehrere Kommunal- und Regierungsvertreter zu einer Besprechung über die »Frage der Grünflächen« und ihre Lösung eingeladen. Vorgeschlagen wurde ein »Nationalpark für den […] Industriebezirk« in Gestalt eines »Wiesen- und Waldgürtel[s]«. Schmidt erhielt den Auftrag, diese Überlegungen auszuarbeiten (Schmidt 1912, 1). Seine Vorschläge setzten sich deutlich ab von den zeitgleichen Arbeiten seiner Fachkollegen Friedrich Strehlow und Martin Wagner.

Zu Schmidts Eckpunkten gehört seine These, dass das Freiflächenproblem nicht isoliert, sondern nur im Rahmen eines »General-Siedelungsplanes« gelöst werden könne. Dabei lehnte Schmidt die häufig geforderte Gründung eines Zweckverbandes ab. Vielmehr sollte der General-Siedelungsplan von einer freiwilligen Vereinigung lokaler Experten ausgearbeitet werden. Allerdings sollte eine Zentralstelle den Experten Ziele vorgeben und ihre Ergebnisse kontrollieren. Zur Trägerschaft dieser Zentralstelle machte Schmidt keine Angaben. Zur Realisierung des Freiraumschutzes hielt er die Überführung der Grünflächen in das öffentliche Eigentum von Kommunen, Stiftungen oder Vereinen sowie ein kommunales Enteignungsrecht für notwendig (Schmidt 1912, 1, 69, 92, 99).

Schon ein Jahr zuvor, nämlich 1911, hatte Friedrich Strehlow – später Leiter des Dortmunder Wohnungsamtes sowie Mitgründer und Geschäftsführer der Dortmunder Gemeinnützigen Wohnungsgesellschaft (DoGeWo) (Kastorff-Viehmann 1995, 313) – seine Dissertation zur »Bau- und Wohnungsfrage« im Ruhrgebiet veröffentlicht. Ob Schmidt die Dissertation von Strehlow kannte, ist nicht bekannt. Strehlow hielt eine isolierte Lösung für die Freiflächenfrage für unmöglich, lehnte einen umfassenden Bebauungsplan allerdings ebenso ab: viel zu komplex und als Steuerungsinstrument ungeeignet. Notwendig erschien ihm demgegenüber ein Zweckverband der Kommunen, der sich auf die wichtigsten Einzelaufgaben, insbesondere auf die Planung von überörtlichen Straßen, konzentrieren sollte. Strehlow forderte eine Zentralstelle, in der Trägerschaft des Zweckverbandes, zur umfassenden Beratung der Kommunen.

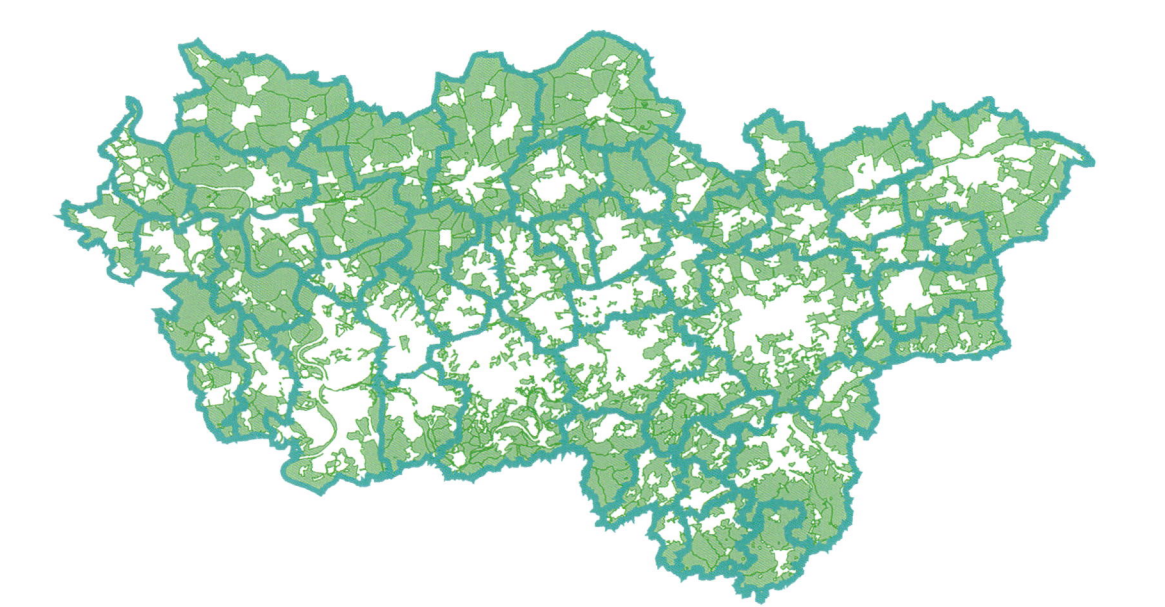

Verbandsgrünflächen im Ruhrgebiet 2011
© *Regionalverband Ruhr, Wullenkord, 2011*

Dabei sollten auch Schutz und Erreichbarkeit der Freiflächen thematisiert werden. Enteignungen lehnte Strehlow ab und forderte stattdessen einen vorausschauenden freihändigen Erwerb von Grünflächen an den Stadträndern (Strehlow 1911, 122 f., 132 ff., 137 ff., 162).

Martin Wagner, der in Berlin tätig war, hielt – anders als seine Ruhrgebietskollegen – eine spezielle kommunale Freiflächenplanung für notwendig. Eine rechtliche Grundlage hierfür sah er im damaligen Fluchtliniengesetz, und zwar in der Zielsetzung, die Gesundheit der Bevölkerung zu fördern. Die »sanitäre«, also gesundheitliche Funktion von Grünflächen war für Wagner am wichtigsten. Auf der Grundlage empirischer Untersuchungen erarbeitete er Pro-Kopf-Richtwerte für den gesundheitlich begründeten Freiflächenbedarf, mit deren Hilfe kommunale Grünflächen offensiv eingefordert werden könnten – ein Ansatz, der in späteren Jahren zwar einzelne Nachfolger fand, trotzdem aber von der Mehrheit der Profession wegen mangelnder Objektivität zurückgewiesen wurde (ganz anders als z. B. im Wohnungswesen). Zur Umsetzung lehnte auch Wagner eine Enteignung von Freiflächen ab, weil letztlich doch zu teuer, forderte aber Kommunalabgaben für Bauherren, um damit den Erwerb von Grünflächen im Umfeld neuer Gebäude finanzieren zu können. Nichts deutet bisher daraufhin, dass Wagners »Beitrag zur Freiflächentheorie« im Ruhrgebiet wahrgenommen worden wäre (Wagner 1915, 2 f., 73–82, 84).

Die Verbandsgründung und die Verbandsgrünflächen

Vor und während des Ersten Weltkrieges wird keine dieser Überlegungen umgesetzt, bis im Jahr 1920 der Siedlungsverband Ruhrkohlenbezirk (SVR) gegründet wird, und zwar als Zweckverband der Ruhrgebietskommunen. Zu den Kompetenzen des SVR gehörte nicht etwa die Aufstellung eines General-Siedelungsplanes. Vielmehr musste er sich auf wichtige Einzelaufgaben konzentrieren, insbesondere auf die Verkehrsplanung (Hampel 2012; s. auch dessen Beitrag in diesem Buch) und die Sicherung von Freiflächen. Hierfür erhält der SVR ein neues Instrument: die Verbandsgrünfläche. Auf Beschluss seines Verbandsausschusses, den man als geschäftsführenden Ausschuss der großen Verbandsversammlung ansehen kann, wurden Freiflächen in ein »Verbandsverzeichnis« eintragen. Damit bekam der Verband die Kompetenz, für diese Flächen selbst Fluchtlinien-, später: Bebauungspläne festzusetzen oder entsprechende Pläne der jeweiligen Kommune zu genehmigen. Diese Kompetenz hat der SVR nur selten wahrgenommen, weil er sich mit den Kommunen zumeist verständigen konnte (Häpke 2012, 225 ff.).

Der SVR praktizierte also eine besondere, regionale Grün- und Freiflächenplanung in Kooperation mit den Kommunen – und letztlich sogar, quasi als *ultima ratio*, mit hoheitlichen Funktionen ausgestattet, wenn eine solche Kooperation, aus welchen Gründen auch immer, nicht möglich war. Rechtliche Grundlage hierfür war zunächst das Preußische Fluchtliniengesetz in einer Ergänzung aus dem Jahr 1918 (und wurde später das Bundesbaugesetz). Recht bald zeigten sich die Schwächen des Instrumentes »Verbandsgrünfläche«, die der SVR durch eine immer differenziertere Freiraumpolitik zu überwinden versuchte.

Baumschutzgesetz, Walderhaltung und Anpflanzungen

Zunächst konnten zwar die Verbandsgrünflächen – zumindest per Saldo, nach laufenden Zu- und Abgängen – gesichert werden, nicht aber ihr Aufwuchs. Vor allem Baumbestände und Waldflächen gingen weiterhin verloren. Daher entwarf der SVR das Baumschutz- und Uferwegegesetz, das 1922 verabschiedet wurde und seitdem in Großstädten und deren Umgebung, in Bade- und Kurorten sowie in Industriegebieten Anwendung fand. Abholzungen wurden damit zwar nicht verhindert, sie blieben aber nur noch auf Antrag möglich und wurden vom SVR als Genehmigungsbehörde zumeist mit der Pflicht zur Wiederaufforstung verknüpft. Dieses Baumschutz- und Uferwegegesetz wurde zum Vorbild für die späteren Wald- und Forstgesetze.

Waldfläche im rechtsrheinischen Ruhrgebiet, 1878–2012 (in ha)
Quelle: Häpke 2012, S. 94
© Regionalverband Ruhr 2012

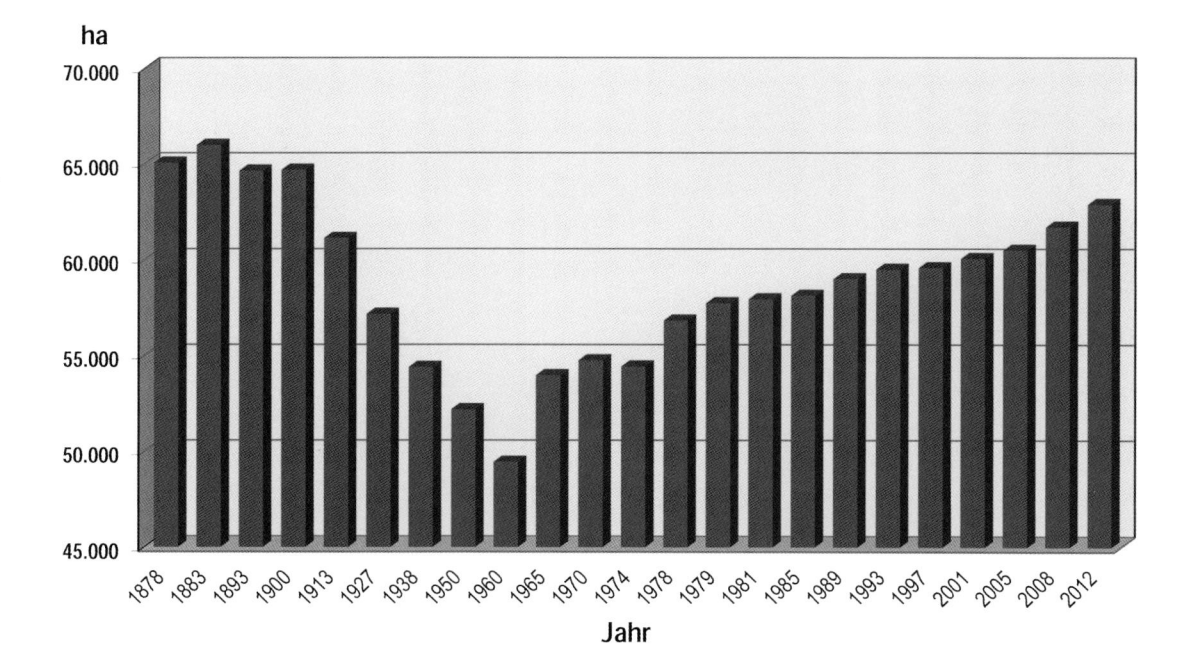

Doch Wälder wurden schon damals nicht nur durch Rodungen zerstört, sondern auch durch Umweltverschmutzungen, d.h. die damaligen »Rauchschäden«, sowie durch Waldbrände und so genannten »Waldfrevel«.

Robert Schmidt verfasste 1927 eine eindrucksvolle Denkschrift zur Walderhaltung und entwickelte hierzu vielfältige Aktivitäten. Für die Aufklärungsarbeit wurde sogar ein Film produziert, der an Schulen vorgeführt wurde. Die ersten Feuerwachtürme wurden errichtet und mit Personal besetzt. In eigenen Baumschulen züchtete der SVR robuste, rauchharte Gehölze. In Kooperation mit der Reichsbahn wurden Bahndämme bepflanzt. Bei der Bepflanzung von Halden erlitt der SVR allerdings immer wieder Rückschläge durch umfangreiche »Abhaldungen«, weil die Haldeneigentümer das Material gewinnbringend an den Straßenbau verkauften (Häpke 2012, 99 ff.; SVR 1927). Trotz aller Waldschutzmaßnahmen des SVR gingen während der nationalsozialistischen Kriegsvorbereitungen, im Zweiten Weltkrieg und beim anschließenden Wiederaufbau bis 1960 noch mehrere tausend Hektar Wälder im Ruhrgebiet verloren.

Da das von Robert Schmidt geforderte Enteignungsrecht für Grünflächen nicht zustande kam, blieb nur der freihändige Grunderwerb, um Freiflächen in öffentliches Eigentum zu überführen. Hierfür stellten der SVR und die Preußische Landesregierung in den 1920er Jahren, wie auch das Land Nordrhein-Westfalen dann wieder in den 1950er Jahren Fördermittel zur Verfügung, damit die Kommunen Grün- und Freiflächen erwerben konnten. Allerdings nutzten viele Kommunen diese Förderung für ihre Bodenvorratspolitik und haben etliche erworbene Grundstücke nach kurzer Zeit von Freiraum, insbesondere Wald, zu Bauland umgewidmet (Kruse 1987). Ende der 1960er Jahre begann der SVR daher mit dem eigenen Grunderwerb und verfügt inzwischen über 17.000 Hektar Freiraum, überwiegend Waldflächen (RVR 12–3).

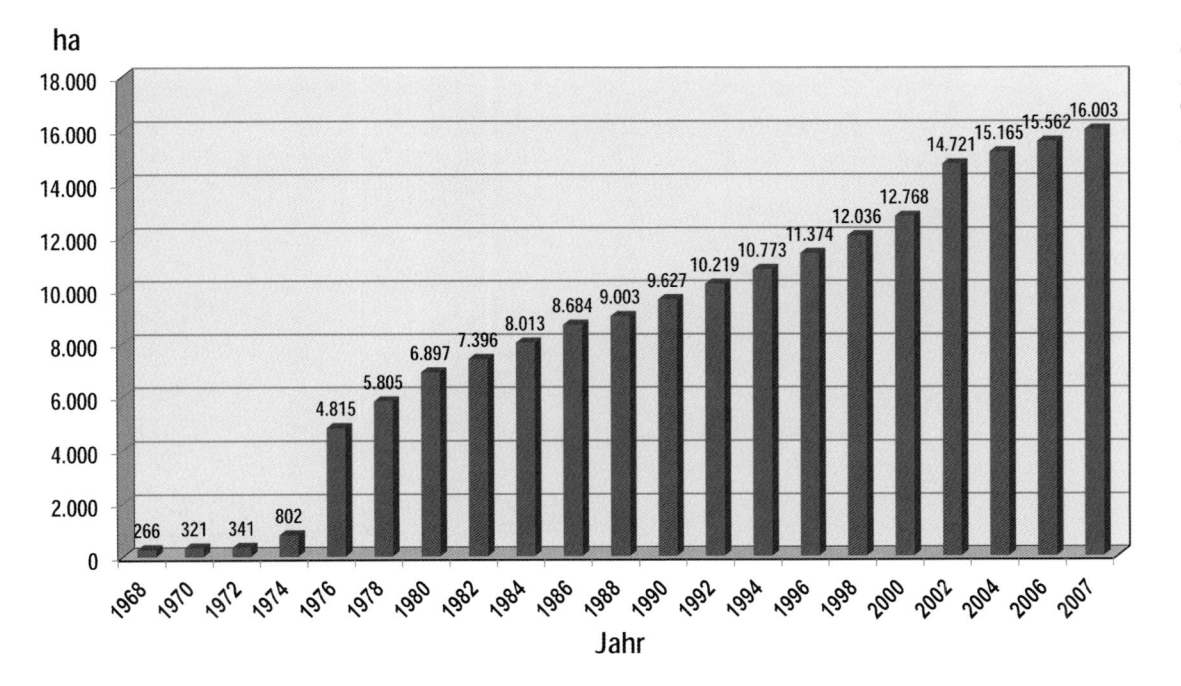

Grundeigentum des SVR / KVR / RVR (in ha) © Regionalverband Ruhr, Rethemeier, 2007)

Camouflage und Downcycling

Nach der Wiederaufbauphase setzten neue Entwicklungen ein. Die Strukturkrise im Ruhrgebiet wurde unübersehbar, als mit dem beginnenden Zechensterben und der Deindustrialisierung Industrie- und Zechenbrachen entstanden. Zugleich wuchs in der Gesellschaft das Umweltbewusstsein. Die bis dahin »wilden« Müllkippen wurden »geordnet« und begrünt. Eine der ersten neu angelegten Deponien war die Zentraldeponie Emscherbruch, eröffnet im Jahr 1968. Obwohl der Abfall hier Jahrzehnte lang lagern würde, wurde die Mülldeponie von den verantwortlichen Betreibern als »Modellversuch einer Landschaftsveränderung« beschönigt und als »Zwischennutzung« im Rahmen einer »planmäßige(n) Landschaftspflege und -gestaltung« (Neufang 1975, 7; SVR 1975) geradezu verharmlost.

Da der Straßenbau kein Haldenmaterial mehr brauchte, konnten Halden dauerhaft aufgeforstet oder anderweitig begrünt werden, genauso wie ein Teil der zunehmenden Brachflächen im Ruhrgebiet. Dadurch und durch Wiederaufforstungen vergrößerten sich zwar die Waldflächen wieder, allerdings wurden Müll, Abraum und Altlasten durch diese Begrünung nicht beseitigt, sondern nur versteckt, getarnt oder »camoufliert«. Im Rahmen der Internationalen Bauausstellung (IBA) EmscherPark wurde der Camouflage-Prozess in den 1990er Jahren perfektioniert: Ästhetisierung belasteter Standorte durch besondere landschafts- und gartenarchitektonische Gestaltungen – Landschaftskunst als Tarnung für Altlasten.

Für mindestens dreizehn der während der IBA Emscher Park angelegten neuen Parks sind frühere Kokereistandorte belegt. Hinzu kommen die Halden, die unter einem generellen Altlastenverdacht stehen, weil niemand weiß, was alles an Zechenmüll zusammen mit dem toten Gestein »auf Halde gekippt« wurde (Häpke 2012, 265 ff.).

Hintergrund für den Camouflage-Prozess sind die hohen Kosten, die für die Entgiftung von belasteten Brachflächen aufgewandt werden müssten. Zumeist wird nur ein Teil der Kontaminationen wirklich beseitigt. Die verbleibenden Giftstoffe werden nur gesichert. Eine Wiedernutzung als Gewerbe- oder gar als Wohngebiet kommt daher nur für einen Teil der Industriebrachen infrage.

Weiterhin werden Freiflächen, vor allem landwirtschaftlich genutzte, in Siedlungsflächen umgewandelt, bebaut, asphaltiert, versiegelt, während Deponien, Halden und Brachen zu Freiräumen erklärt werden. Originärer Freiraum mit unbelasteten Böden wird weiter verbraucht, während der neu geschaffene Freiraum aus übernutzten, häufig schadstoff-haltigen Böden besteht. Unter etlichen neuen Grün- und Parkanlagen liegen geradezu »tickende Zeitbomben« (Günter et al. 2007, 25, 32). Diese Art des Flächenrecyclings, auch als Flächenkreislaufwirtschaft bezeichnet, entpuppt sich somit als Downcycling.

Doch obwohl auf alten Brachflächen – teilweise unbelastet, teilweise dekontaminiert, teilweise nur gesichert – viele neue Grünanlagen entstanden sind, gab es im Ruhrgebiet noch nie so wenige Grün- und Freiflächen wie heute.

Ursache ist eine allgemeine Entdichtung, bei der die Anzahl der Einwohner, der Wohnungen, der Gewerbebetriebe und der Arbeitsplätze je Hektar abnimmt.

Verbandsgrünflächen und der Verlust der Verbindlichkeit

Noch einmal zurück zu den Verbandsgrünflächen: In den 1970er Jahren betrieb die Landesregierung die kommunale und behördliche Neugliederung in Nordrhein-Westfalen. Dabei wurden kleinere von größeren Kommunen eingemeindet, und der Siedlungsverband Ruhrkohlenbezirk (SVR) wurde, in etwas geänderter räumlicher Abgrenzung, zum Kommunalverband Ruhrgebiet (KVR). Dabei verlor der Verband etliche Kompetenzen, nicht nur die Regionalplanung. Eine wichtige Veränderung war, dass der KVR die Verbandsgrünflächen nicht mehr durch eigene Bebauungspläne sichern konnte, sondern nur noch als Träger öffentlicher Belange Stellungnahmen zu kommunalen und anderen Planungen abgeben durfte. Zu einem Zeitpunkt, da ein großer Teil des tatsächlich vorhandenen Freiraums im Ruhrgebiet als Verbandsgrünfläche eingetragen war, nahm die Landesregierung diesem Instrument seine frühere Verbindlichkeit.

Als der KVR im Jahr 2004 zum Regionalverband Ruhr (RVR) wurde, blieb die Sicherung der Verbandsgrünflächen immerhin als Pflichtaufgabe im RVR-Gesetz verankert. Im Jahr 2007 wurde durch eine Novellierung des RVR-Gesetzes die Zuständigkeit für Beschlüsse über Verbandsgrünflächen, über Löschungen und Neuaufnahmen auf die Verbandsversammlung, also auf das »Ruhrparlament« verlagert (Häpke 2012, 225 ff.). Merkwürdig ist nur, dass die Verbandsgrünflächen seitdem noch kein Thema in der Verbandsversammlung waren. Ebenso merkwürdig ist, dass die Wissenschaft in den zurückliegenden Jahren in etlichen Gutachten über neue Instrumente zum Freiraumschutz nachgedacht, die Verbandsgrünflächen bisher aber noch nicht beachtet hat (Ausschuss 2007; Engelhardt 2004; Meurer 2001; Bizer et al. 1998).

Zivilgesellschaftliche Entwicklungen und die nächsten Aufgaben

In der Zwischenzeit hat auch die zivilgesellschaftliche Bewegung zum Freiraumschutz Rückschläge erlitten, aber nicht aufgegeben. Aufgrund ihrer Bedeutung für die Ernährung der städtischen Bevölkerung wurden die Kleingärtner seit dem Ersten Weltkrieg staatlich immer stärker gefördert, aber auch immer weiteren Reglementierungen unterworfen, die ihren Höhepunkt in der Gleichschaltung während der NS-Zeit fanden. Erst Mitte der 1950er Jahre konnten die Kleingärtner ihre innere Demokratie wiederherstellen und sind seitdem zu einem wichtigen Faktor der Stadtentwicklung im Ruhrgebiet geworden (Häpke 2012, 170 ff.).

Ähnlich erging es der Landwirtschaft. Nachdem die bäuerlichen Proteste gegen die Teilung und Privatisierung der Marken und Gemeinheiten gescheitert waren, begann (ebenfalls im Ersten Weltkrieg) eine staatliche Reglementierung und Agrarförderung – die Anfänge der bis heute praktizierten Agrarpolitik. Ihr Ziel war, die Produktivität zu steigern und nebenbei landwirtschaftliche Flächen für andere Zwecke freizusetzen. Obwohl sich die Landwirte im Ruhrgebiet »urbanisierten«, d.h. sich auf die besonderen Marktbedingungen im Ballungsraum einstellten, ist der Umfang ihrer Nutzflächen und die Zahl ihrer Betriebe dauerhaft rückläufig (Häpke 2012, 33 ff.). Inzwischen wird die Agrarförderung auf die betrieblichen Nutzflächen bezogen, weshalb die Landwirtschaft immer deutlicher gegen die Flächenverluste protestiert. Die bürgerschaftlichen Initiativen hatten die Trägerschaft der von ihnen noch im 19. Jahrhundert gegründeten Parkanlagen aufgeben müssen, weil die Betriebskosten ihre Möglichkeiten überstiegen. Stattdessen wurden Fördervereine für Parks gegründet, und bei entsprechenden Anlässen bilden sich immer wieder Bürgerinitiativen, die gegen Freiraumzerstörungen protestieren und sie zu verhindern versuchen (Häpke 2012, 160 ff.). So sind gerade in den vergangenen Jahren neue Initiativen entstanden, getragen von Angehörigen der jungen Generation, von Frauen, von Migranten. Stichworte sind interkulturelle Gärten und andere Formen des *urban gardening* (Müller 2011). All diese Akteure verbindet, dass sie sich für das Recht der Stadtbevölkerung auf Natur einsetzen.

Diese zivilgesellschaftlichen Aktivitäten ohne Gängelung zu unterstützen, die von Flächenverlusten am meisten betroffene Landwirtschaft zu fördern und die Verbandsgrünflächen wieder zu stärken, wären wichtige Schritte, um den in der Nachhaltigkeitsstrategie propagierten Freiraumschutz zu erreichen und um die Anliegen und Aufträge von Robert Schmidt, Friedrich Strehlow und Martin Wagner zu erfüllen.

Literatur

Ausschuss für Bildung, Forschung und Technikfolgenabschätzung (18. Ausschuss): Bericht gemäß § 56 a der Geschäftsordnung. Technikfolgenabschätzung (TA). TA-Projekt: Reduzierung der Flächeninanspruchnahme – Ziele, Maßnahmen, Wirkungen. Deutscher Bundestag, Drucksache 16/4500 vom 2.3.2007. Berlin 2007

Bizer, Kilian, Dieter Ewringmann, Eckhard Bergmann, Fabian Dosch, Klaus Einig, Gérard Hutter: Mögliche Maßnahmen, Instrumente und Wirkungen einer Steuerung der Verkehrs- und Siedlungsflächennutzung. Berlin/Heidelberg 1998

Bundesregierung: Perspektiven für Deutschland. Unsere Strategie für eine nachhaltige Entwicklung. Berlin 2002

Engelhardt, Claudia: Flächenverbrauch in NRW, Landtags-Information 13/1083, hg. vom Parlamentarischen Beratungs- und Gutachterdienst des Landtags NRW. Düsseldorf 2004

Enquete-Kommission »Schutz des Menschen und der Umwelt« des 13. Deutschen Bundestages: Konzept Nachhaltigkeit. Vom Leitbild zur Umsetzung, Abschlussbericht. Zur Sache 4/98. Bonn 1998

Gaida, Wolfgang, Helmut Grothe: Vom Kaisergarten zum Revierpark. Essen 1997

Günter, Roland, Janne Günter, Peter Liedtke: Industrie-Wald und Landschafts-Kunst im Ruhrgebiet. Essen 2007

Hampel, Dirk-Marko: Der SVR und der Verkehr im Ruhrgebiet 1920–1952. Beitrag zur Tagung »Das Erbe Robert Schmidts: 100 Jahre regionale Planung im Revier« am 8. November 2012 in Essen

Häpke, Ulrich: Freiraumverluste und Freiraumschutz im Ruhrgebiet. Common-Property-Institutionen als Lösungsansatz? (Diss. Universität Kassel 2010), Dortmunder Beiträge zur Raumplanung, Bd. 139. Dortmund 2012

IT.NRW (= Information und Technik Nordrhein-Westfalen): Bodenflächen in Nordrhein-Westfalen nach Art der tatsächlichen Nutzung, Ausgaben ... Ergebnisse der Flächenerhebung am 31. Dezember ... Düsseldorf 2009 ff. (Ausgaben 2009 bis 2012)

Kastorff-Viehmann, Renate: Die Planer und Städtebauer. In: Kastorff-Viehmann, Renate, Ursula von Petz, Manfred Walz: Stadtentwicklung Dortmund: Die moderne Industriestadt 1918–1946. Dortmunder Beiträge zur Raumplanung, Bd. 70. Dortmund 1995, S. 299–314

Knabe, Wilhelm: Gliederungsmöglichkeiten und Beschreibung der Bergehalden. In: Knabe, W., K. Mellinghoff, F. Meyer, R. Schmidt-Lorenz: Haldenbegrünung im Ruhrgebiet. Schriftenreihe Siedlungsverband Ruhrkohlenbezirk Nr. 22. Essen 1968, S. 18–33

Kruse, Matthias: Die Grünflächenpolitik des Siedlungsverbandes Ruhrkohlenbezirk (SVR/KVR) – Geschichte, Entwicklung und Bedeutung für die Grünflächen- und Walderhaltung (Diplomarbeit TU München). München 1987

LDS NRW (= Landesamt für Datenverarbeitung und Statistik Nordrhein-Westfalen): Bodenflächen in Nordrhein-Westfalen ... nach Nutzungsarten der Vermessungsverwaltung, Statistische Berichte C I 9 – ... Düsseldorf 1980 ff. (Ausgaben 1979 bis 2008)

Meurer, Petra: Instrumente für eine nachhaltige Entwicklung von Flächennutzungen (Diss. Universität Kassel 2000), Frankfurt am Main u.a. 2001

Müller, Christa (Hg.): Urban Gardening. München 2011

Neufang, Heinz: Vorwort. In: SVR 1975, S. 7

Neumann, Enno: Friedrich von Schell und sein Denkmal in Bochum. Bochum 1993

Regionalverband Ruhr: RVR-Datenbank-Statistik, online: www.metropoleruhr.de/fileadmin/user_upload/metropoleruhr.de/Bilder/Daten___Fakten/Regionalstatistik_PDF/Flaeche/Flaeche_11_Tab.pdf (Zugriff am 11.01.2013)

Regionalverband Ruhr – Team 11–1 Verbandsverzeichnis: Verbandsgrünflächen. Essen 2011

Regionalverband Ruhr – Team 12–3 Bewirtschaftung von Liegenschaften: Grundbesitz des RVR am 01.01.12. Essen 2012

Schmidt, Robert: Denkschrift betreffend Grundsätze zur Aufstellung eines General-Siedelungsplanes für den Regierungsbezirk Düsseldorf (rechtsrheinisch). Essen 1912

Siedlungsverband Ruhrkohlenbezirk (SVR): Denkschrift über die Walderhaltung im Ruhrkohlenbezirk. Essen 1927

Siedlungsverband Ruhrkohlenbezirk (SVR): Der Emscherbruch. Modellversuch einer Landschaftsveränderung im industriellen Verdichtungsraum des Ruhrgebietes durch planmäßige Landschaftspflege und -gestaltung. Essen 1975

Strehlow, Friedrich: Die Boden- und Wohnungsfrage des rheinisch-westfälischen Industriebezirkes (Diss. Universität Münster). Essen 1911

Wagner, Martin: Das Sanitäre Grün der Städte. Ein Beitrag zur Freiflächentheorie (Diss. Technische Hochschule Charlottenburg). Berlin 1915

Pascal Cormont

Klimaanpassung und Regionalplanung im Ruhrgebiet

Der Klimawandel als gesellschaftliches, politisches, ökologisches und ökonomisches Problem beherrscht seit geraumer Zeit die öffentliche Wahrnehmung. Da sich immer deutlicher abzeichnet, dass sich gravierende Veränderungen des Klimas (mit entsprechenden Auswirkungen auf bestehende soziale, ökologische und ökonomische Prozesse) durch Klimaschutzmaßnahmen alleine nicht mehr verhindern lassen, gewinnen zunehmend Ansätze zur Anpassung an den Klimawandel an Bedeutung. In der wissenschaftlichen Debatte und nationalen Förderpolitik wird dabei sehr stark auf die räumliche Ebene der Region fokussiert, da hier ein großes Bewältigungspotenzial für die Klimaanpassung vermutet wird.

Auch für das Ruhrgebiet als größtem Ballungsraum Deutschlands mit seinen gut fünf Millionen Einwohnern stellt sich die Frage, welche Folgen der Klimawandel für die Region bringt und wie damit künftig umgegangen werden soll. Allerdings existieren für diesen neuen Aufgabentypus auf regionaler Ebene bislang keine explizit hierfür zuständigen politischen oder organisatorischen Strukturen.

Als Lösung werden daher die Bildung primär informeller Netzwerke und der gezielte Aufbau spezifischer Kapazitäten vorgeschlagen, die möglichst viele unterschiedliche öffentliche und private Akteure und Interessensgruppen umfassen (sollen).

Im Folgenden wird das Netzwerk- und Forschungsprojekt *dynaklim* beschrieben, welches im Gebiet Emscher-Lippe-Ruhr Klimaanpassungsprozesse durch regionale Kooperation organisiert und zu institutionalisieren sucht. Die Erfahrungen im Projektalltag lassen erkennen, dass der räumlichen Planung – speziell der Regionalplanung – eine zentrale Bedeutung bei der Bewältigung des Klimawandels und der hierfür erforderlichen regionalen Koordination zukommen kann. Abschließend soll ein Ausblick auf die Perspektiven regionaler (Klima-) Koordination im Ruhrgebiet gewagt werden.[1]

Das Forschungs- und Netzwerkvorhaben *dynaklim*

Als eines von insgesamt sieben Projektverbünden in Deutschland wird im Rahmen des Forschungsprogramms »KLIMZUG – Klimawandel in Regionen zukunftsfähig gestalten« durch das Bundesministerium für Bildung und Forschung (BMBF) die »*dyn*amische Anpassung regionaler Planungs- und Entwicklungsprozesse an die Auswirkungen des *Klim*awandels in der Emscher-Lippe-Region (Ruhrgebiet)« (*dynaklim*) gefördert.[2] Im Mittelpunkt des 2009 begonnenen und bis Mitte 2014 laufenden Forschungs- und Netzwerkprojektes stehen die prognostizierten regionalen Auswirkungen des erwarteten Klimawandels

Dynamische Anpassung regionaler Prozesse und Stärkung der Anpassungsfähigkeit der Region

Teilziel V
Region vernetzen, Wissen vermitteln, Synergien organisieren, Entscheidungen vorbereiten

Teilziel R „Roadmap 2020 Regionale Klimaadaption"
Roadmap initiieren, gemeinsam erarbeiten, nachhaltig umsetzen

Teilziel W
Veränderten Wasserhaushalt nachhaltig nutzen, Infrastruktur flexibler gestalten, Innovationen schaffen

Teilziel I
Regionale Wirtschaftspolitik auf Klimawandel ausrichten Wirtschafts- und Innovationskraft stärken

Teilziel F
Organisation der Wasserwirtschaft optimieren, neue Finanzierungsmodelle entwickeln

Teilziel P
Anpassungspotenziale politischer, planerischer und administrativer Prozesse analysieren und nutzen.

Der dynaklim-Projektansatz
Quelle: dynaklim

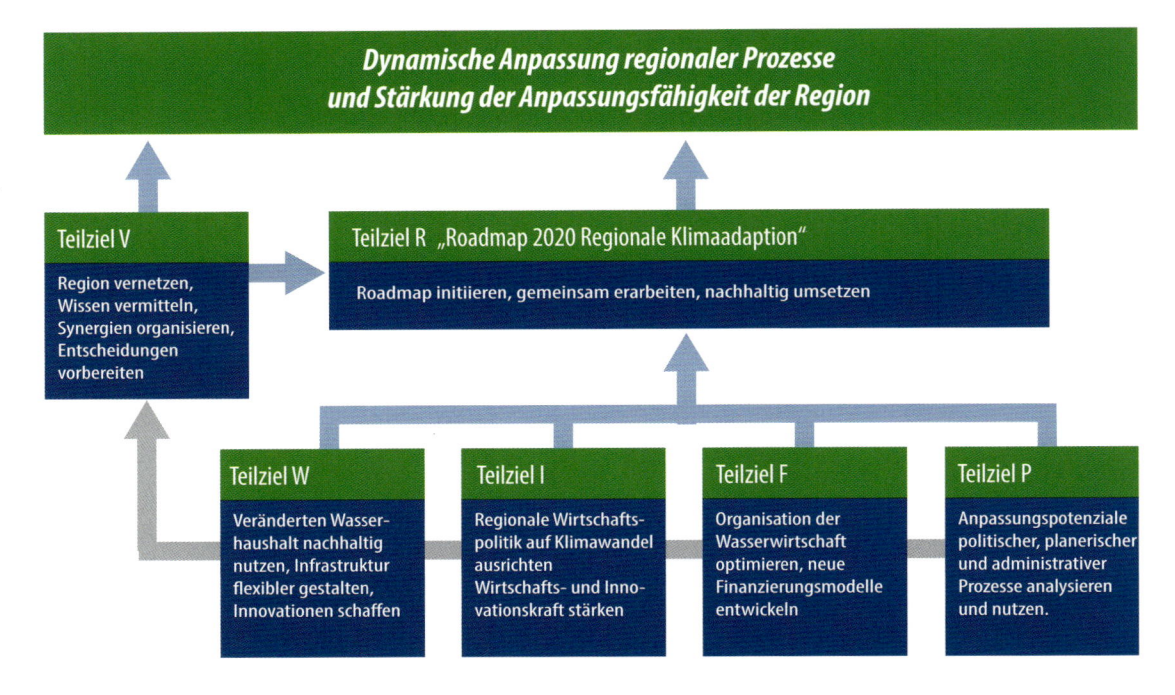

auf den Wasserhaushalt sowie die damit verbundenen Folgewirkungen für Bevölkerung, Wirtschaft, Infrastruktur, Natur und Umwelt. Der Projektansatz verfolgt das Ziel, relevante Akteure in der Emscher-Lippe-Ruhr-Region in die Lage zu versetzen, mögliche Chancen und Risiken des Klimawandels zu antizipieren, um sich vorausschauend und pro-aktiv darauf einstellen zu können (dynaklim 2008, 1). Hierzu sollen Institutionen und Stakeholder (neu) miteinander vernetzt werden, um Wissen auszutauschen, Synergien zu organisieren und Entscheidungen vorzubereiten sowie gemeinsam eine strategische Roadmap für das weitere Handeln zu erarbeiten. Die fachlichen Grundlagen und Vorarbeiten hierzu sind Gegenstand weiterer Teilziele, die den gesamten regionalen Wasserhaushalt und die Organisation der Wasserwirtschaft ausführlich durchleuchten, Risiken und Potenziale für die regionale Wirtschaft und Innovationskraft betrachten sowie die Bewältigungsfähigkeit des bestehenden politisch-administrativen Systems auf regionaler und kommunaler Ebene überprüfen.

Die Abgrenzung der Projektregion orientiert sich an den Einzugsgebieten der Oberflächengewässer Emscher und Lippe und umfasst dabei das gesamte Verbandsgebiet der sondergesetzlichen Wasserwirtschaftsverbände Emschergenossenschaft und Lippeverband.[3] Diese Übereinstimmung soll ermöglichen, die gegebenen naturräumlichen und ressourcenbezogenen Verflechtungen funktional und problemorientiert besser abzubilden. Um gleichzeitig jedoch auch den erforderlichen administrativen Bezügen Rechnung zu tragen, wurde das gesamte Gebiet des Regionalverbands Ruhr (RVR) von Beginn an in die Projektbetrachtungen einbezogen. Die Ränder der Projektregion bleiben bewusst diffus und unbestimmt, um auf diese Weise tatsächliche oder sich erst im Zeitverlauf ergebende Bezüge einer späteren Bearbeitung zugänglich zu machen. Tendenziell begünstigt werden soll dadurch zudem der Austausch zwischen dem eher städtisch geprägten Kernbereich des Ruhrgebiets und dem eher ländlich strukturierten Umland (im südlichen Münsterland) sowie der allgemeine Wissenstransfer nach außen.

Die Polyzentralität des Ruhrgebietes und die Vielzahl unterschiedlicher Kompetenz- und Zuständigkeitsräume innerhalb der Region stellen die Intention, regional abgestimmte

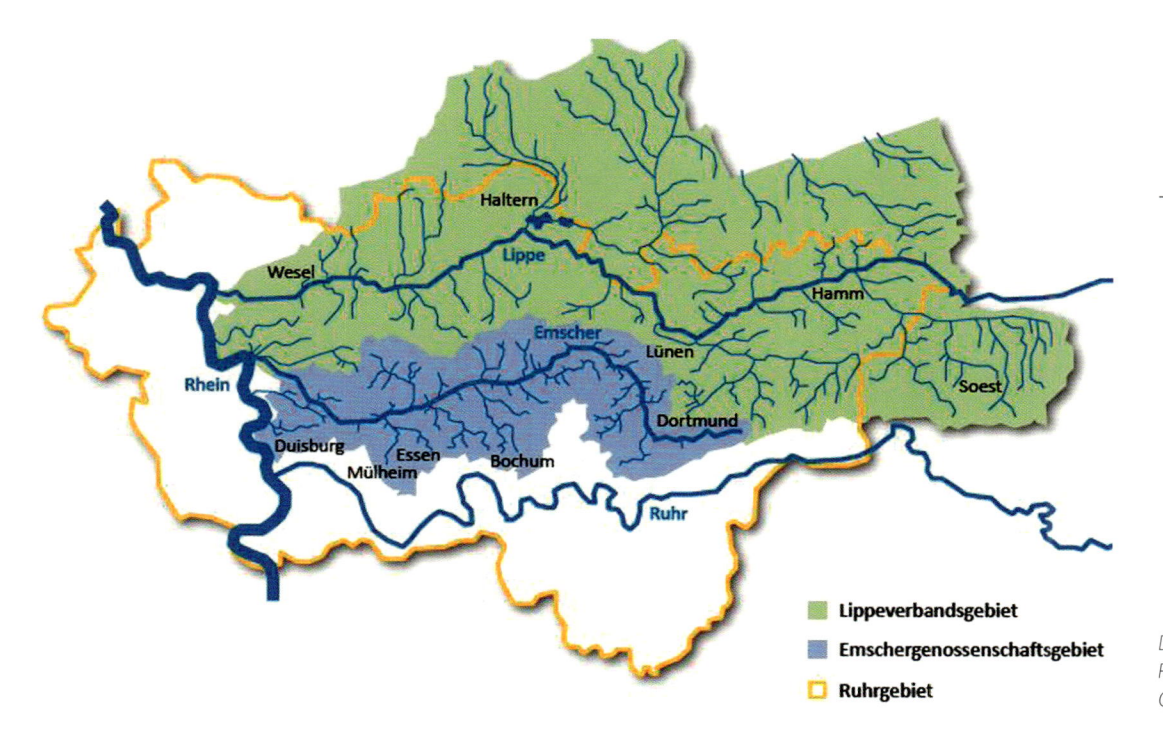

- Lippeverbandsgebiet
- Emschergenossenschaftsgebiet
- Ruhrgebiet

*Die dynaklim-Projektregion
Quelle: dynaklim*

Handlungsfähigkeit herzustellen, vor große Herausforderungen.[4] Interessant erscheint es daher, die Vorgehensweise näher zu betrachten, mit der *dynaklim* vor dem Hintergrund einer derartigen Raumkulisse experimentiert: Neben den eigentlichen Forschungsleistungen, die vornehmlich durch das Konsortium der Projektinitiatoren[5] erbracht werden, bilden analog zu den zuvor genannten Zielsetzungen so genannte thematische Plattformen die zentralen Arbeitseinheiten.

In diesen Plattformen treten regionale Stakeholder themenspezifisch zusammen, um sich über bestimmte Sachverhalte und Probleme (gegenseitig) zu informieren sowie potenzielle Maßnahmen und weitere Schritte zu eruieren. Die Teilnahme steht grundsätzlich allen regionalen Vertretern der (vornehmlich Planungs- und Umwelt-)Verwaltung, der Zivilgesellschaft, der Wirtschaft, der Politik, Dienstleistungserbringern der Wasserwirtschaft sowie weiteren Interessierten offen. Die genaue Akteurszusammensetzung, Themenauswahl und der betreffende räumliche Kontext können dabei anlassbedingt und situationsabhängig differenziert und in weitere (Teil-)Arbeitsgruppen untergliedert werden.[6] Dies schließt ein, dass die Plattformtreffen auch an unterschiedlichen Orten in der Region stattfinden können und sollen. Das Plattformkonzept zeichnet sich somit durch eine hohe Flexibilität aus, die es ermöglicht, bestimmte Probleme im Bedarfsfall und ggf. ortsnah, unabhängig von formalen Hierarchien oder administrativen Zuständigkeiten, zu thematisieren.

Zentrale Forschungsleistungen und Plattformergebnisse, die bereits bis etwa zur Hälfte der Projektlaufzeit erbracht wurden und vorliegen, werden seither in so genannten Pilotprojekten interdisziplinär angewendet, erprobt und an ausgesuchten Orten exemplarisch umgesetzt. Damit sollen der Regionsöffentlichkeit die Praktikabilität, der Vorbildcharakter sowie daraus resultierende Entwicklungsimpulse illustriert werden. Innovativen Charakter entfalten dabei nicht nur die gewählten Maßnahmen und Konzepte, sondern auch die integrative Beteiligung unterschiedlicher Fachdisziplinen, Akteursgruppen und Hierarchien.[7]

Die wechselseitige Abstimmung der einzelnen Aktivitäten in den Plattformen und Pilotprojekten sowie die Vernetzung der

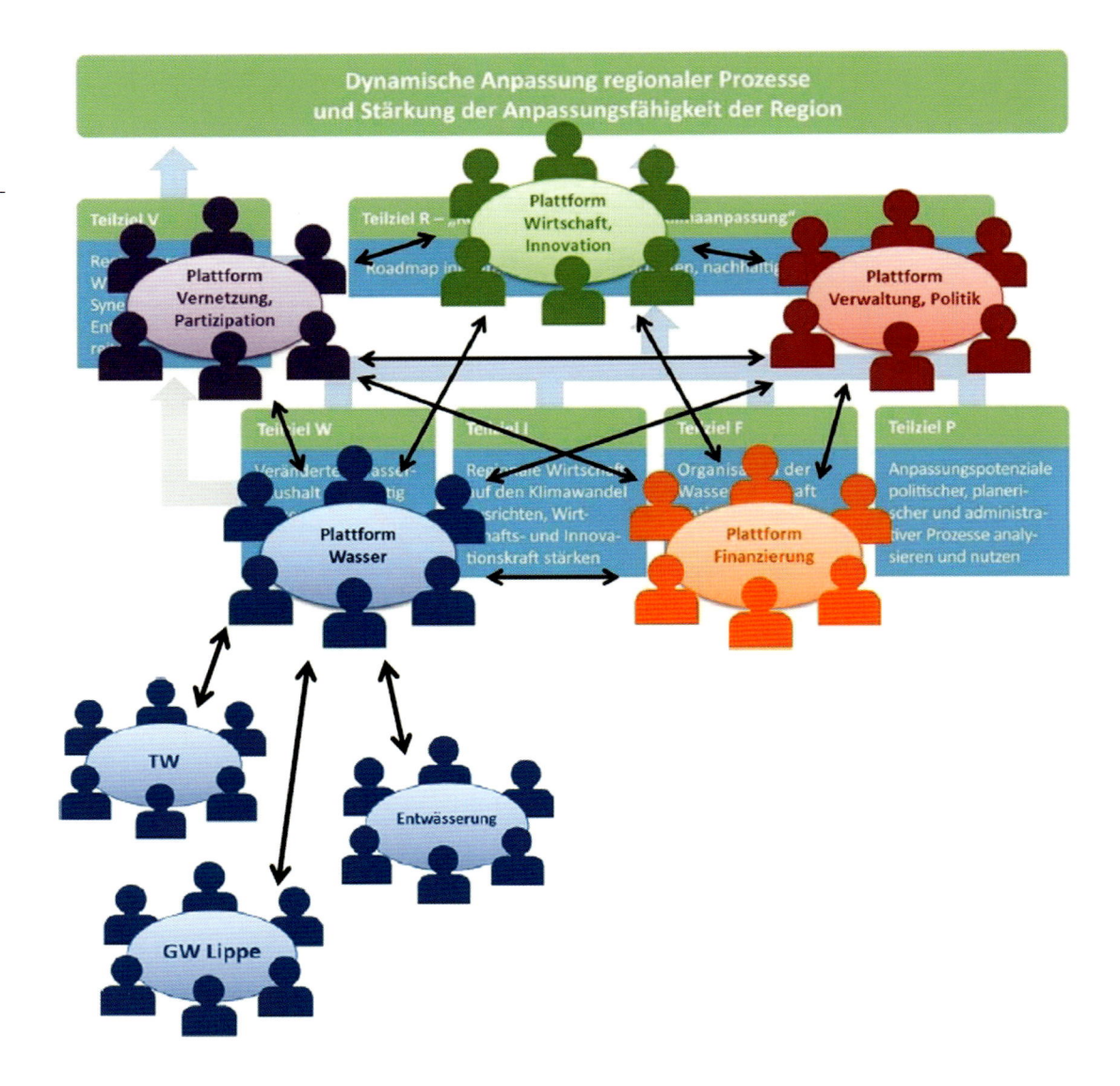

Die dynaklim-*Plattformstruktur*
Quelle: dynaklim

Akteure und Wissensbestände werden in *dynaklim* auf mehrfache Weise gewährleistet: zum einen über das eigene Veranstaltungsformat so genannter Vernetzungsworkshops, zum anderen aber auch durch die gleichzeitige Teilnahme von Akteuren an mehreren Plattformen oder durch die Zusammenlegung unterschiedlicher Plattformen – sofern es die Thematik einfordert oder wünschenswert erscheinen lässt. Die maßgebliche Koordinierungsleistung erfolgt jedoch über die zuvor schon angesprochene Roadmap.[8] Ihre Aufgabe ist es, Ergebnisse zu bündeln und sie unter Berücksichtigung regionaler Entwicklungstrends, möglicher Entwicklungspfade und abgeleiteter Szenarien zu einem strategischen Handlungs- und Entwicklungsprogramm für die regionale Anpassung zusammenzuführen. Die Roadmap ist gedacht als innovative Orientierungsmarke mit konkreten Zielen, Zeitfenstern, Zuständigkeiten, Maßnahmen und Aussagen zum Ressourcenbedarf bei der Umsetzung regionaler Klimaanpassung und soll auf diese Weise die weitere Projekt- und Plattformarbeit strukturieren und das Handeln regionaler Akteure anleiten. Eine weitere Besonderheit besteht in der grundsätzlichen inhaltlichen Offenheit der Roadmap: Neben fachspezifischen Aspekten zum Wasserhaushalt und zur Wasserinfrastruktur kann und soll sie weitere

Die Handlungsfelder der dynaklim-Roadmap Quelle: Birke et al. 2011, 10

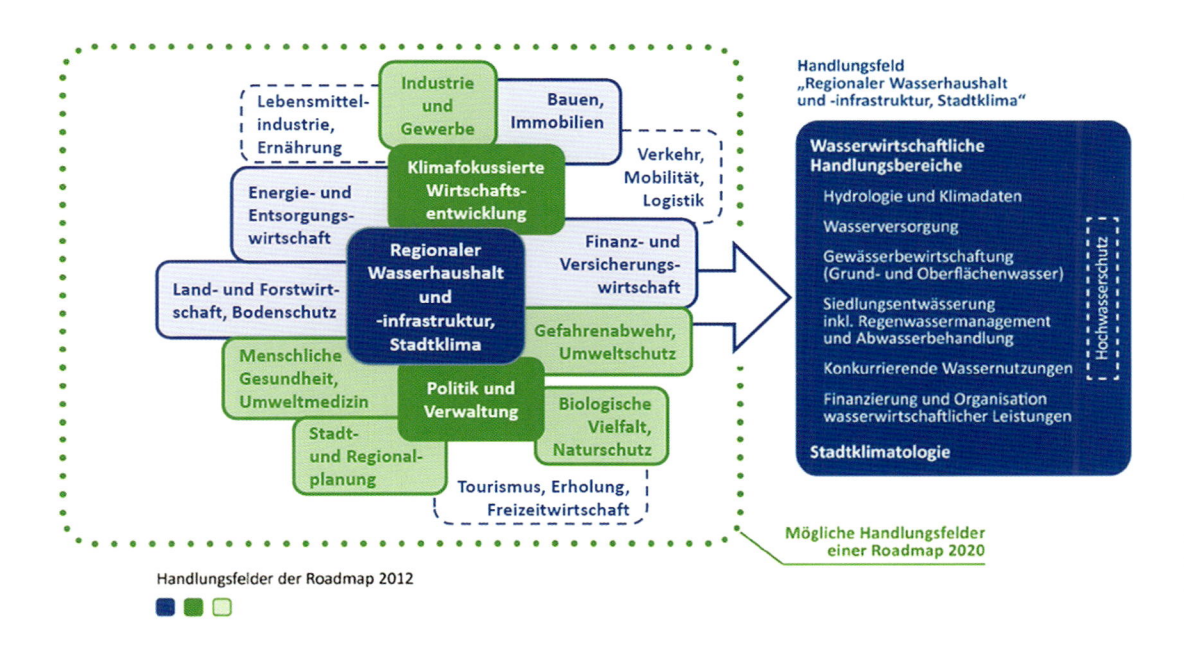

Handlungsfelder berücksichtigen und Zusammenhänge integrativ erfassen und aufzeigen. Dieses Wesensmerkmal wird die Roadmap jedoch vor allem erst in längerfristiger Perspektive ausspielen können. Daher ist vorgesehen, das Instrument der Roadmap auch nach Auslaufen des Projektes eigenständig durch regionale Akteure fortzuführen; zumal sie erst dann auch ihre größte Stärke ausspielen kann: das Potenzial, durch kontinuierliche Monitoring- und Fortschreibungsprozesse sich rasch ändernde Rahmenbedingungen und (neue) Entwicklungen zu erfassen und hierauf schnell und dynamisch zu reagieren, um so die regionale Resilienz zu erhöhen.[9]

Die Umsetzung regionaler Klimaanpassung im Ruhrgebiet

Nach über der Hälfte der Projektlaufzeit lässt sich nachweisen, dass durch *dynaklim* regionale Vernetzungsprozesse im Ruhrgebiet erfolgreich angestoßen werden konnten.[10] So ist es gelungen, im Politikfeld Wasser durch neue Akteurskonstellationen zusätzliche Handlungsräume zu eröffnen, das Bewusstsein für Klimaanpassung zu schärfen sowie (neues) Wissen zu generieren und auszutauschen. Zugleich lassen sich am Beispiel der Region ähnliche Feststellungen treffen, wie sie auch in der allgemeinen Klimaanpassungsdebatte thematisiert werden: Die Anpassung an die Folgen des Klimawandels gestaltet sich hoch komplex und das im KLIMZUG-Förderansatz angenommene Bedürfnis nach regionaler Koordination kann bestätigt werden. Hinzu kommt, dass sich das »System Wasser« in vielfältiger Weise abhängig von weiteren gesellschaftlichen Entwicklungen und Trends erweist (wie z.B. dem Klimaschutz, dem demografischen oder dem Strukturwandel), welche integrierte Auswertungs- und Entscheidungsstrukturen herausfordern.

Als sehr anspruchsvoll erweist sich der Umgang mit dem Faktor Zeit. Langfristig wirkende klimatische Auswirkungen und Umsetzungszyklen kollidieren mit (kurzfristigen) Interessen und Vorstellungen.[11] Außerdem verbleibt ein hoher Unsicherheitsgrad mit einer großen Bandbreite an möglichen Klimaentwicklungen und der genauen Ausprägung potenzieller Folgen. Hieraus resultiert ein hoher Bedarf an dauerhaften und flexiblen Managementstrukturen.

Die Konzipierung und Umsetzung von Klimaanpassung eröffnet aber auch neue Perspektiven und Möglichkeiten. Zum einen erlauben nötig werdende Anpassungsmaßnahmen die gleichzeitige Behebung bestehender Missstände, zum anderen bieten sie viel Raum für Kreativität, Gestaltung sowie für neue regionalökonomische Chancen und Innovationen.[12] Hier wird auch die Schnittstelle des *dynaklim*-Ansatzes zur Regionalentwicklung besonders augenfällig. Es geht letztlich nicht (nur) um das Abwenden von Schäden und die Minimierung von Risiken im Sinne eines Erhalts des Status quo heutiger Strukturen; Anpassung bedeutet vielmehr auch neue Entwicklungspfade zu prüfen und ggf. zu nutzen. Aktiv möchte die Roadmap dies in der Emscher-Lippe-Ruhr-Region unterstützen, indem sie Zielsetzungen mit (neuen und bestehenden) Visionen und Leitbildern zu verknüpfen sucht.

Gleichwohl treten aber auch im *dynaklim*-Prozess einige strukturelle Defizite zutage. Zu nennen sind hier die selektive Akteurszusammensetzung und Partizipationsresonanz. Sie konterkarieren den explizit verfolgten Ansatz von Offenheit, Beteiligungspluralität und Transparenz und begünstigen die Überbetonung spezifischer (Wasser-)Fachbelange und das Ausblenden bestehender intersektoraler Zusammenhänge mit weiteren Handlungs- und Politikfeldern.[13]

Eng damit zusammen hängt die Frage nach der Legitimität von Entscheidungen und der Verbindlichkeit beschlossener Maßnahmen, Konzepte bzw. der Roadmap als (sektoraler) Regionalstrategie. Die Teilnahme von Akteuren erfolgt freiwillig, die Umsetzung von Anpassungsoptionen lediglich durch Selbstbindung. Eine formalisierte Rückkopplung zu demokratisch legitimieren Willensbildungsprozessen ist bislang noch nicht geglückt. Somit kann auch nicht sichergestellt werden, dass primär dem regionalen Gemeinwesen zugute kommende Richtlinien oder Schritte zulasten individueller Vorteile oder Lasten eingehalten und umgesetzt werden. Darüber hinaus können Beschlüsse und ausgehandelte Kompromisse nur ein verzerrtes Abbild der Interessenslage ergeben und an fehlender Akzeptanz leiden, sofern wichtige Stakeholder (bewusst oder unbewusst) nicht beteiligt wurden.

Schließlich schränken Koordinationsprobleme im Mehrebenensystem und der fehlende Einfluss auf supra- und extraregionale Rahmenbedingungen die Handlungsfähigkeit von *dynaklim* ein. Das der Polyzentralität geschuldete, wenig ausgeprägte regionale Bewusstsein im Ruhrgebiet erschwert die Wahrnehmung der »Region« als Gestaltungsebene.

Der potenzielle Beitrag der Regionalplanung zur Klimaanpassung

Angesichts des zuvor beschriebenen Bedarfs an integrierender Koordinierung und flexiblen Managementstrukturen, der Eröffnung neuer Entwicklungschancen sowie der verbleibenden Strukturdefizite interessiert die Frage, ob und inwieweit die Regionalplanung zur Lösung der aufgeworfenen Aspekte beitragen könnte. Grundsätzlich wird in der (raumwissenschaftlichen) Klimadiskussion der Raumplanung eine wichtige Bedeutung zugesprochen.[14] Insbesondere die Regionalplanung mit ihren Instrumentarien und ihrem speziellen regionalen Wissen sei geeignet, eine klimaangepasste Raumentwicklung zu unterstützen (Kinder 2010, 25; ARL 2009) sowie »ausgewogene Lösungsvorschläge für die komplexen planerischen Herausforderungen der heutigen Zeit zu unterbreiten« (Vallée 2012a, 2). Nach § 1 ROG folgt die Regionalplanung der Leitvorstellung einer nachhaltigen Raumentwicklung und hat die Aufgabe, zusammenfassende, überörtliche und fachübergreifende Pläne zu erstellen. In § 13 ROG wird zudem die regionale Kooperation und Förderung interkommunaler Zusammenarbeit – explizit auch in Netzwerken – mit öffentlichen und privaten Akteuren angeregt. Prinzipiell steht es der Regionalplanung offen, folgende Funktionen zu erfüllen:

— Sie kann als »entscheidende Instanz« (Scholich 2008, 476) frühzeitig sich wechselseitig beeinflussende oder tangierende Belange unterschiedlicher Politik- und Handlungsfelder überfachlich zusammenführen, Synergien und Zielkonflikte sichtbar machen und auf diese Weise zu einem effizienten Mitteleinsatz aus (knappen) öffentlichen Finanztöpfen verhelfen (Greiving 2012, 29 f.). Zugleich stellt sie ein wichtiges Bindeglied zwischen unterschiedlichen Ebenen im vertikalen Verwaltungsaufbau dar (*Integrations- und Koordinierungsfunktion*).

— Die Regionalplanung kann auf (neue) Herausforderungen und Entwicklungspotenziale aufmerksam machen, regionale Diskurse anregen und regionalen Akteuren Orientierung für (oft nicht wahrnehmbare) Vorteile regionaler Kooperation geben (Fürst 2010, 73) (*Impuls-, Orientierungs- und Entwicklungsfunktion*).

— Sie kann regional bedeutsame Aushandlungsprozesse überfachlich und neutral moderieren. Angesichts der mit dem Klimawandel verbundenen Unsicherheit vermögen konsensual getroffene Beschlüsse eine normgenerierende (und somit allgemein akzeptierte) Wirkung zu entfalten und können so Entscheidungen auch ohne vollständige Information oder Erfahrungswerte ermöglichen (Greiving 2012, 46) (*Moderations- und Konsensfunktion*).

— Nur schwach organisierte oder kommunizierte Interessen bringt die Regionalplanung als deren »Anwalt« in Abwägungsprozesse ein und agiert bei Raumnutzungskonflikten aus der Perspektive des Gemeinwohls (Fürst 2010, 74). Durch enge Rückkopplung mit demokratisch legitimierten Instanzen (direkt gewählte oder durch kommunale Vertretungen bestimmte regionale Planungsverbände) kann sie so informell getroffenen Absprachen zu Akzeptanz verhelfen (*Legitimationsfunktion*).

— Die Instrumente der Raumbeobachtung ermöglichen eine kontinuierliche Überwachung von Prozessen und Zielvorgaben, sodass – im Sinne der Resilienz – eine schnelle Reaktion auf (neue) Herausforderungen oder Störeinflüsse möglich wird (*Monitoring- und Warnfunktion*).

— Die Regionalplanung kann mit ihren formellen Verfahren und Werkzeugen informelle Kooperationen und Ergebnisse hoheitlich rahmen und mithilfe des »Schattens der Hierarchie« (Scharpf 2000) Beteiligungsanreize für öffentliche Akteure (Kommunen) setzen. Sie kann außerdem durch eigene Strukturen eine Plattform für Verständigungsprozesse anbieten und durch den rechtzeitigen Einbezug der Adressaten von Zielen und Maßnahmen deren Umsetzungschancen erhöhen (*Implementationsfunktion*).

Sofern die Regionalplanung diese Funktionen aktiv ausfüllt, kann sie Klimaanpassungsprozesse wirkungsvoll unterstützen. Das Beispiel *dynaklim* umfasst allerdings auch Handlungsbereiche, in welchen der Regionalplanung klassischerweise Grenzen gesetzt sind, da sie keinen eindeutigen Raumbezug aufweisen, die Überörtlichkeit nicht gegeben ist, der (bauliche) Bestandsschutz nach § 14 GG (Eigentumsgarantie) gilt oder sie auf zu verändernde Denk- und Verhaltensmuster abstellen.[15] Die regionale Klimaanpassung bedarf daher eines Steuerungsansatzes, der informelle Arrangements wie in *dynaklim* mit formell-hierarchischen Strukturen wie der Regionalplanung zusammenführt, in einen regionalpolitischen Zusammenhang einstellt und über rein raumbedeutsame Aspekte hinausgeht. Der gegenwärtig diskutierte Ansatz der Strategischen Regionalplanung, der die Bildung strategischer Netzwerke vorsieht, kommt dem sehr nahe und würde sich zudem eignen, neben der Bewältigung des Klimawandels auch weitere Themen und Handlungsfelder einem regional koordinierenden Diskurs zuzuführen sowie neue Entwicklungsimpulse freizusetzen.[16]

Perspektiven regionaler (Klima-)Koordination im Ruhrgebiet

Mein Vorschlag lautet daher, den durch *dynaklim* angestoßenen regionalen Klimaanpassungsprozess im Ruhrgebiet perspektivisch stärker an die Regionalplanung zu koppeln und in eine umfassende Regionalentwicklungsstrategie einzubetten, die über den Fokus »Wasser« hinaus erweitert wird. Der praktizierte *dynaklim*-Ansatz bietet mit seinen erprobten, hochflexiblen und kontextangepassten (Arbeits-)Strukturen eine geeignete Vorlage für ein zu konzipierendes Regionalmanagement.

Als regionaler »Manager«, Initiator und Prozess-Steuerer könnte die (strategische) Regionalplanung regionale Prozesse interdisziplinär koordinieren, überfachlich-neutral moderieren, regionalen Austausch und Wissenstransfer in thematischen Plattformen (weiter) organisieren und Ergebnisse in Gestalt der Roadmap in einem fortwährenden Lern- und Erfahrungsprozess bündeln, intersektoral abstimmen und mit einer Leitorientierung verknüpfen. Statt wie bisher lediglich Flächennutzungen festzulegen, sollte sie raumwirksame Aktivitäten miteinander abstimmen und ihre Partizipationserfahrung stärker nutzen, um unterschiedliche Akteursgruppen in regionale Prozesse einzubinden. Während klassisch raumbedeutsame Aspekte sich verbindlich im Regionalplan verankern ließen, könnten darüber hinausgehende Regelungen in Form politischer Handlungskonzepte, freiwilliger Selbstverpflichtungen durch die Kommunen oder Vereinbarungen mit Privaten Geltungskraft erhalten (Gnest/Priebs 2008, 494).

Die Voraussetzungen hierfür sind im Ruhrgebiet nicht schlecht. Der RVR ist seit 2009 (erneut) Träger der Regionalplanung[17] und betreibt aktuell ein umfassendes informelles, strategisch ausgerichtetes Vorlaufverfahren zur Neuaufstellung des Regionalplans,[18] das von Ablauf und Struktur hohe Schnittmengen zu *dynaklim* aufweist und die einmalige Gelegenheit bietet, das von Projekten wie *dynaklim* nur auf Zeit belegte Themenfeld Klimawandel/Klimaanpassung dauerhaft im Ruhrgebiet institutionell zu besetzen und auszugestalten.[19] Darüber hinaus nimmt der RVR als regionaler Verband aber auch zahlreiche weitere Steuerungs-, Entwicklungs- und Verwaltungsaufgaben wahr, die einen Ausbau der *dynaklim*-Organisations- und Arbeitsstruktur zum Regionalmanagement als Baustein einer strategischer Regionalplanung begünstigen würden.

Nötig wären hierzu aber klare politische Signale – sowohl der Landes- als auch der kommunalen Ebene, um der ob ihrer spezifischen Vorteile häufig (noch) verkannten regionalen Ebene (Scholich 2008, 478) einen höheren Stellenwert einzuräumen, den Aufbau entsprechend erforderlicher und bislang nicht vorhandener Kapazitäten und Ressourcen zu ermöglichen sowie aus Konkurrenzdenken und Autonomieverlustängsten resultierenden Widerständen (insbesondere von kommunaler Seite) entgegenzuwirken.

Fazit

Das Forschungs- und Netzwerkprojekt *dynaklim* zur Anpassung an den Klimawandel bietet einen konkreten Anlass, sich im Ruhrgebiet mit Fragen der regionalen Koordination und Zusammenarbeit zu befassen. Die Regionalplanung erscheint dabei geeignet, strukturelle Defizite abzumildern, die sich im Rahmen des *dynaklim*-Prozesses offenbaren, und die Umsetzung von Klimaanpassung zu befördern. Zugleich hat sich durch *dynaklim* eine Organisations- und Arbeitsstruktur herausgebildet, die als sehr vielversprechend erscheint im Umgang mit Risiken und bei der Nutzung von Potenzialen regionaler Bedeutung. Sie könnte als Vorbild für ein umfassendes Regionalmanagement zur Initiierung und Umsetzung regionaler Entscheidungs- und Entwicklungsprozesse gelten. Vorgeschlagen wird daher die Kopplung des *dynaklim*-Ansatzes mit der Regionalplanung bzw. dessen Weiterentwicklung zu einer stärker gestalterisch und prozessual agierenden Strategischen Regionalplanung. Deren Etablierung käme dem Bedürfnis nach verbesserter regionaler Handlungsfähigkeit angesichts aktueller (globaler) Herausforderungen (nicht nur des Klimawandels) nach und könnte bei erfolgreicher Umsetzung einer integrierten Klimapolitik (Klimaschutz, Klimaanpassung und Energiewende) einen wesentlichen Beitrag bei der weiteren Entwicklung der Region zur Metropole Ruhr darstellen. Eingelöst würde damit der Anspruch des RVR, im Sinne Robert Schmidts »auch in weiterer Zukunft […] Ideen und operative Möglichkeiten für die informelle Planung und deren gestaltende Kraft in der Region aufbringen« zu wollen (Klink/Rommelspacher 2009).

Anmerkungen

1 Der Beitrag basiert auf einem Vortrag des Verfassers, der am 7.6.2012 auf dem Jungen Forum der ARL in Hannover gehalten wurde. Die entsprechende Tagungspublikation befindet sich derzeit im Erscheinen.
2 Weitere Informationen finden sich unter www.klimzug.de.
3 Zum Aufgabenspektrum der Verbände gehören die Abwasserreinigung, die Sicherung des Abflusses, die Bewirtschaftung von Grund- und Regenwasser, der Hochwasserschutz sowie die Unterhaltung der Gewässer. Die rechtliche Grundlage beruht auf dem »Gesetz über die Emschergenossenschaft« (EmscherGG) und dem »Gesetz über den Lippeverband« (LippeVG; beide abrufbar unter: www.recht.nrw.de).
4 So gibt es neben diversen politisch-administrativen Grenzen verschiedener hierarchischer Ebenen (Regierungsbezirke, Kreise, [kreisfreie] Städte und Gemeinden), der Zugehörigkeit zu den historischen Landschaftsräumen Rheinland, Westfalen und Münsterland sowie Abgrenzungen im (privat-)wirtschaftlichen Bereich zahlreiche weitere informelle Arrangements zwischen regionalen Akteuren und Institutionen (Mielke/Münter 2010, 32 ff.). Sie durchschneiden oder tangieren die Region und prägen die Kooperationsmöglichkeiten in Abhängigkeit von einer im Ruhrgebiet aus der Montanzeit nachwirkenden spezifischen Konsenskultur, kleinräumig orientierter sozialer Strukturen und einer starken Binnenorientierung (Bogumil et al. 2012, 14 ff.). Visuell besonders aufschlussreich ist hierzu auch: Reicher et al. 2011, S. 183–195.
5 Diese umfassen 13 regionale und außerregionale Institutionen aus Wissenschaft und Forschung,

Wirtschaft sowie wasserwirtschaftlichen Einrichtungen.
6 Beispielsweise werden Fragestellungen von allgemeiner und regionsweiter Bedeutung in der Plattform »Wasser« diskutiert, die spezifische Grundwasserproblematik in trockenen Sommern im Bereich der mittleren Lippe hingegen in einem ihr untergliederten eigenen Arbeitskreis mit nur hierzu relevanten und interessierten Akteuren.
7 Aktuell gibt es sechs Pilotprojekte an unterschiedlichen Orten der Region. Weitere Informationen finden sich unter www.dynaklim.de.
8 Die *dynaklim*-Roadmap lehnt sich an das Modell der nachhaltigkeitsorientierten integrierten Roadmap für gesellschafts- und entwicklungspolitische Problemstellungen an, die vom Institut für Zukunftsstudien und Technologiebewertung (IZT) entwickelt wurde (Behrendt 2010).
9 Weitere Informationen zur *dynaklim*-Roadmap finden sich bei Birke et al. 2011.
10 Die nachfolgenden Ausführungen beruhen auf Erhebungen und Auswertungen der sozialwissenschaftlichen Begleitforschung zu *dynaklim*. Weitere Informationen hierzu finden sich unter www.dynaklim.de/dynaklim/index/dynaklim/projekt/Projektergebnisse/e1-4.
11 So z.B. Wahlperioden, betriebswirtschaftlichen Planungsrahmen, Investitions- und Sanierungszyklen usw.
12 So kann z.B. die Umsetzung einer dezentralen Regenwasserversickerung gleichzeitig mit Maßnahmen zur städtebaulichen Umfeldgestaltung kombiniert werden, welche sich wiederum positiv auf die Investitionsbereitschaft von Eigentümern auswirken kann, wie das Beispiel einer Dortmunder Wohnsiedlung belegt. In einem anderen Fall gelang es einem Unternehmen, mithilfe der durch *dynaklim* erhaltenen Prognosedaten ein neues und innovatives Produkt zu entwickeln und sich somit einen Wettbewerbsvorteil gegenüber (inter-)nationalen Konkurrenten zu verschaffen.
13 So besteht z.B. die Gefahr, dass bei der Diskussion um die Nutzung von Wasserressourcen zur Energieerzeugung (Kühlwasser) die grundsätzliche Wahl der Energieerzeugung selbst unbeachtet bleibt. An anderer Stelle könnten mögliche Synergien (unbewusst) übersehen werden (z.B. die Überlagerung der wasserwirtschaftlichen und klimatischen mit der ökologischen und Erholungsfunktion von Freiflächen vor dem Hintergrund einer sich in Siedlungskernen konzentrierenden alternden Gesellschaft).
14 So z.B. im Weißbuch der EU-Kommission zur Anpassung an den Klimawandel (Kommission der Europäischen Gemeinschaften 2009, 5), in der Deutschen Anpassungsstrategie (DAS) (BMU 2009, 43 f.) oder in der Anpassungsstrategie für Nordrhein-Westfalen (MUNLV 2009, 126 ff.).
15 Zu nennen wären hier beispielhaft Bewirtschaftungsstrategien in der Landwirtschaft, die Bereitschaft zur Eigenvorsorge, (neue) Finanzierungsmodelle für wasserbezogene Dienstleistungen oder Erwägungen zur Verbesserung der Organisationsstruktur der öffentlichen Verwaltung.
16 Ausführliche Darlegungen zum Konzept der Strategischen Regionalplanung finden sich bei Vallée 2012b.
17 Vom Landtag Nordrhein-Westfalen beschlossen im Gesetz zur Übertragung der Regionalplanung für die Metropole Ruhr auf den Regionalverband Ruhr vom 5.6.2007 (GV. NRW, 212).
18 Weitere Informationen zum so genannten Regionalen Diskurs des RVR finden sich unter: http://www.metropoleruhr.de/regionalverband-ruhr/regionaler-diskurs.html.
19 Hierzu passt, dass der RVR nach eigener Aussage ohnehin »nach frischen Aufgaben [sucht], um das Revier zur Metropole schmieden zu können« (Korfmann 2012, 4).

Literatur

ARL (Akademie für Raumforschung und Landesplanung) (Hg.): Klimawandel als Aufgabe der Regionalplanung. Positionspapier aus der ARL Nr. 81, Hannover 2009

Behrendt, Siegfried: Integriertes Roadmapping. Nachhaltigkeitsorientierung in Innovationsprozessen des Pervasive Computing, Berlin/Heidelberg 2010

Birke, Martin; Jens Hasse; Manfred Lieber; Nicole Rauscher; Michael Schwarz: Roadmap 2020. Der Weg zu einer regionalen Anpassungsstrategie. *dynaklim*-Informationsbroschüre, o.O. 2011 [http://dynaklim.ahu.de/dynaklim/dms/templatingkit/themes/dynaklim/pdf/download/Infomaterial/Brosch-ren/Broschuere_Roadmap_klein/Roadmap%202020%3A%20Der%20Weg%20zu%20einer%20regionalen%20Klimaanpassungsstrategie.pdf; Zugriff am 23.07.2012]

BMU (Bundesministerium für Umwelt, Naturschutz und Reaktorsicherheit): Dem Klimawandel begegnen. Die Deutsche Anpassungsstrategie. Berlin 2009

Bogumil, Jörg; Rolf G.Heinze; Franz Lehner; Klaus P. Strohmeier: Viel erreicht – wenig gewonnen. Ein realistischer Blick auf das Ruhrgebiet. Essen 2012

dynaklim: Antrag auf Förderung des Netzwerkprojektes dynaklim. Aachen 2008

Fürst, Dietrich: Modernisierung der Raumplanung. In: Scholich, Dietmar; Müller, Peter (Hg.): Planungen für den Raum zwischen Integration und Fragmentierung. Frankfurt am Main 2010, S. 69–94

GG (Grundgesetz für die Bundesrepublik Deutschland) vom 23.05.1949, zuletzt geändert durch Artikel 1 des Gesetzes vom 11.07.2012 (BGBl. I, S. 1478)

Gnest, Holger; Axel Priebs: Raumplanung in der Zukunft. Anforderungen, künftig bedeutsame Themen und Aufgaben aus Sicht der Praxis. In: Raumforschung und Raumordnung, 66.Jg. (2008), H. 6, S. 486–497

Greiving, Stefan: Die integrierte Betrachtung von Klimawandel und demographischem Wandel als zentrale Herausforderung für die Raumplanung. In: Hill, Alexandra; Achim Prossek (Hg.): Metropolis und Region. Aktuelle Herausforderungen für Stadtforschung und Raumplanung. Detmold 2012, S. 27–49

Kinder, Ulrich: Planung unter veränderten Vorzeichen. In: Scholich, Dietmar; Peter Müller (Hg.): Planungen für den Raum zwischen Integration und Fragmentierung. Frankfurt am Main 2010, S. 11–33

Klink, Heinz-Dieter; Thomas Rommelspacher: Nachdruck aus besonderem Anlass. Robert Schmidt und die Gründungsurkunde des SVR. Vorwort zum Reprint »Denkschrift betreffend Grundsätze zur Aufstellung eines General-Siedelungsplanes für den Regierungsbezirk Düsseldorf (rechtsrheinisch)«. Essen 2009

Kommission der Europäischen Gemeinschaften: Anpassung an den Klimawandel: Ein europäischer Aktionsrahmen. Weißbuch. Brüssel 2009

Korfmann, Matthias: Das Revier will nicht auf dem Teppich bleiben. In: Westdeutsche Allgemeine Zeitung, 31.05.2012

Mielke, Bernd; Angelika Münter: Bestandsaufnahme neuer Regionalisierungsansätze in Nordrhein-Westfalen. In: Mielke, Bernd; Angelika Münter (Hg.): Neue Regionalisierungsansätze in Nordrhein-Westfalen. Arbeitsmaterial der ARL 352. Hannover 2010, S. 32–59

MUNLV (Ministerium für Umwelt und Naturschutz, Landwirtschaft und Verbraucherschutz des Landes Nordrhein-Westfalen): Anpassung an den Klimawandel. Eine Strategie für Nordrhein-Westfalen. Düsseldorf 2009

Reicher, Christa; Klaus R. Kunzmann; Jan Polívka; Frank Roost; Yasemin Utku; Michael Wegener (Hg.): Schichten einer Region. Kartenstücke zur räumlichen Struktur des Ruhrgebiets. Berlin 2011

ROG (Raumordnungsgesetz) vom 22.12.2008 (BGBl. I, S. 2986), zuletzt geändert durch Artikel 9 des Gesetzes vom 31.07.2009 (BGBl. I, S. 2585)

Scharpf, Fritz W.: Interaktionsformen. Akteurzentrierter Institutionalismus in der Politikforschung. Opladen 2000

Scholich, Dietmar: Die Rolle der Raumplanung in der Gesellschaft. In: Raumforschung und Raumordnung, 66.Jg. (2008), H. 6, S. 475–485

Vallée, Dirk: Hintergrund und Ziele. In: Vallée, Dirk (Hg.): Strategische Regionalplanung. Forschungs- und Sitzungsberichte der ARL 237. Hannover 2012a, S. 2–17

Vallée, Dirk (Hg.): Strategische Regionalplanung. Forschungs- und Sitzungsberichte der ARL 237. Hannover 2012b

Martina Oldengott
Der Zeit voraus – Flussgebietsmanagement als regionale Gemeinschaftsaufgabe

Robert Schmidt hatte für das Ruhrgebiet weit voraus gedacht, als er Anfang des 20. Jahrhunderts seine regionalplanerischen Strategien entwickelte und damit eine Grundlage für geordnetes Siedlungswachstum und für mehr Lebensqualität im Ruhrgebiet schuf. Die besondere Herausforderung für seine Arbeit war die Steuerung einer polyzentrisch strukturierten Siedlungsagglomeration. Sich über Gemeindegrenzen hinaus gemeinsame Ziele zu stecken und diese mit vereinten Kräften auch umzusetzen, das fiel zu dieser Zeit in keiner Stadt leicht, die im Begriff war, durch Wachstum und durch Eingemeindung von umliegenden Dörfern zu einer Großstadt zusammenzuwachsen.

Zu den herausragenden und nur über die Grenzen einer Kommune hinaus zu bewältigenden Problemen gehörte damals die technische Infrastruktur, zu deren Elementen heute ganz selbstverständlich auch die Versorgung mit Trinkwasser und eine hygienische Beseitigung von Abwasser zählen. Die Wasserwirtschaft wurde damals angesichts rasant wachsender Städte und gänzlich fehlender Kanalisation vor allem vor hygienische Herausforderungen gestellt. So wurden in vielen europäischen Metropolen mit Zuspitzung der gesundheitlichen Probleme[1] innerhalb kurzer Zeit unterirdische Abwasserkanäle und -netze gebaut. Die Verhältnisse im Ruhrgebiet erschwerten den Bau solcher Infrastrukturen allerdings; hier mussten wegen des untertage sich vollziehenden Steinkohleabbaus und der anhaltenden Bergsenkungen besondere Lösungen gefunden werden, die insbesondere das Flusssystem der Emscher über mehr als hundert Jahre prägen sollten. Aber die Bewältigung wasserwirtschaftlicher Aufgaben war im Ruhrgebiet von Anbeginn nicht nur ein technisches Problem, sondern auch ein organisatorisches und administratives.

Der Weg zur Gründung der Emschergenossenschaft

Auf staatlicher Ebene waren die Grundlagen einer effizienteren Verwaltung zwar mit der territorialen Neugliederung zu Anfang des 19. Jahrhunderts bereits gelegt worden. Die Zugehörigkeit des gesamten späteren Ruhrgebiets zu Preußen (seit 1815), die Bildung der Regierungsbezirke, der Bergämter und der staatlichen Bergaufsicht hatte politische und räumliche Organisationseinheiten unterhalb der Provinzebene geschaffen, mit denen auch der mangelnden Effizienz des frühen Ruhr-Bergbaus begegnet werden sollte (Hamme/Geschichtsarbeitskreis Bochum 1987, 48). In der Wasserwirtschaft erfolgten grundlegende Reformen jedoch erst einige Jahrzehnte später; hier wurde den Auswirkungen des Bergbaus und des Siedlungswachstums zunächst

Sohlschalverlegung an der Emscher beim Ausbau zum oberirdischen Schmutzlauf um 1950; diese Betonschalen wurden Emschersohlen genannt
Quelle: Archiv Emschergenossenschaft/CD 001/02

auf kommunaler Ebene mit Provisorien und Einzellösungen begegnet.

Vor der Industrialisierung war die Emscher ein kleiner, eher bedeutungsloser Fluss mit zahlreichen Mühlen in einer wenig besiedelten, sumpfigen Bruchlandschaft. Das Leben im Emschertal war deprimierend für die kleinen Emscherbauern: Der Fluss träge, zu wenig Gefälle, zu wenig Wasserdruck, unzureichende Vorflut, zahlreiche Überschwemmungen – und diese schnell und unberechenbar eintretend. An diesen natürlichen Charaktereigenschaften der Emscher änderte sich bis in das frühe 19. Jahrhundert nichts (Peters 1999, 25–27). Nachdem aber Industrie, Bergbau und Stahlproduktion aufblühten, boten die Emscher und ihre Nebenläufe eine ideale Lösung für den Transport des Abwassers, zogen diese sich doch als dichtes Netzwerk von Bächen durch nahezu die gesamte Stadtlandschaft und führten mitten in die Städte hinein, im wahrsten Sinne des Wortes bis vor die Haustür. Es war einfach, sich seines Abwassers zu entledigen, sowohl des häuslichen als auch des gewerblichen: Die Fließgewässer transportierten aus eigener natürlicher Kraft alles in Richtung Rhein weiter.

Zu Problemen kam es erst infolge des fortschreitenden und immer intensiver betriebenen Bergbaus: überall dort wo Kohle abgebaut wurde, kam es zu Bergsenkungen. Die Wasserläufe sackten an vielen Stellen ab, das notwendige Gefälle ging verloren, das Wasser konnte nicht mehr abfließen. Besonders schlimm war die Situation nach Hochwässern, wenn das Wasser in den breiten Auen stehen blieb. In den Bergsenken bildeten sich Tümpelchen und Seenlandschaften – Krankheitsherde für die Ausbreitung von Malaria, Typhus, Ruhr und Cholera. Epidemien waren die Folge und als gegen Ende des 19. Jahrhunderts permanent etwa 25 Prozent der arbeitenden Bevölkerung im Ruhrgebiet krank und arbeitsunfähig waren, musste vom preußischen Staat eingeschritten werden, um einen dauerhaften volkswirtschaftlichen Schaden abzuwenden. Das war die Geburtsstunde der Emschergenossen-

Der Zeit voraus – Flussgebietsmanagement als regionale Gemeinschaftsaufgabe

Die ersten Techniker der Emschergenossenschaft, vorne rechts sitzend Wilhelm Middeldorf; Aufnahme von Anfang des 20. Jahrhunderts Quelle: Archiv Emschergenossnschaft/CD 7/ Gesch 115 hg

schaft und des technischen Emschersystems im 20. Jahrhundert. Die weitere wirtschaftliche Entwicklung bedurfte eines funktionierenden Abwassersystems und der Gewährleistung von Hochwassersicherheit.

Erste Schritte zur regionalen Lösung des Abwasserproblems wurden im Jahr 1899 unternommen. Am 14. Dezember 1899 traten auf Einladung des Regierungspräsidenten von Arnsberg Vertreter der Kommunen, des Bergbaus und der Industrie zusammen, um darüber zu beraten, wie die wasserwirtschaftlichen Missstände im Einzugsgebiet des Emschersystems behoben werden könnten. Die »Einsetzung einer Kommission zur Aufstellung eines generellen Entwässerungsprojekts für das Emschertal« (Peters 1999, 14 f.), so der offizielle Auftrag, war die Folge – und die Geburtsstunde der Emschergenossenschaft, denn von diesem Tag an wurde genossenschaftliche Arbeit geleistet. Mitglieder wurden die Kommunen und gewerblichen Unternehmen (und sind es auch bis heute). Aus dem preußischen Ministerium für öffentliche Arbeiten in Berlin kam der Wasserbauinspektor Wilhelm Middeldorf, der sich für diese Aufgabe vom Staatsdienst hatte beurlauben lassen, zur Emschergenossenschaft und übernahm dort ab 1. Juli 1901 alleinverantwortlich die Projektleitung für die Emscherregulierung (Bleidick 2009, 81–104; Emschergenossenschaft 2009, 30). Er entwarf eine Strategie für das, was wir heute Flussgebietsmanagement nennen. Nach seinen Plänen wurde das System von oberirdischen Abwasserkanälen gebaut, das ein ganzes Jahrhundert gehalten hat, das im Einzugsbereich der Emscher und ihrer Nebenläufe für Schutz vor Hochwasser, für eine funktionierende Vorflut und für die Vermeidung von Epidemien gesorgt und damit eine rasante wirtschaftliche Entwicklung des Ruhrgebiets ermöglicht hat. Nach dem Vorbild der Emschergenossenschaft wurden später der Lippeverband (1926) und auch weitere Wasserverbände gegründet. Die Bereitschaft, sich zusammenzutun, wurde am 14. Juli 1904 auf ein stabiles Fundament gestellt, indem ein preußisches Sondergesetz die Aufgaben und Kompetenzen der Emschergenossenschaft festlegte. An erster Stelle stand die Regelung der Vorflut und der Abwasserreinigung im Emschergebiet nach einem einheitlichen Ansatz. Im Jahr 1906 nahm die Genossenschaft ihre praktische Arbeit auf. 1908 beschloss die Emschergenossenschaft, ihren Verwaltungshauptsitz in Essen zu errichten, der damals wichtigsten und zudem zentral gelegenen Stadt im Ruhrgebiet (Emschergenossenschaft 2009, 6 f.).

Vorzüge des Genossenschaftsmodells in der Wasserwirtschaft

Die damaligen wasserwirtschaftlichen Akteure waren mit der Entscheidung für das Genossenschaftsmodell ihrer Zeit weit voraus, schufen sie doch regionale Kooperationsformen, die nicht an kurzfristiger Rendite, sondern an langfristigem Vorteil und dementsprechend verantwortungsvollem Handeln orientiert sind.[2] Die Vereinten Nationen haben 2012 zum Internationalen Jahr der Genossenschaften ausgerufen, um weltweit auf die positive Rolle dieser Organisationsform für eine wirtschaftlich und sozial nachhaltige Entwicklung aufmerksam zu machen.

Schon vor 165 Jahren trug die Stammväter der genossenschaftlichen Bewegung die Erkenntnis, dass »mehrere kleine Kräfte vereint eine große bilden«, wie es Hermann Schulze-Delitzsch formulierte. Sein Mitstreiter Friedrich Wilhelm Raiffeisen drückte es so aus: »Was man nicht allein durchsetzen kann, dazu soll man sich mit Anderen verbinden.« (Die Bundesregierung 2012). Genau dies war auch der tragende Gedanke bei der Gründung der Emschergenossenschaft. »Einer für Alle, Alle für Einen« ist ein Motto, das die Einstellung der Menschen widerspiegelt, die im Ruhrgebiet lebten und arbeiteten! Ohne eine solche Grundeinstellung wäre Vieles in den vergangenen 200 Jahren nicht möglich gewesen, zum Beispiel die Arbeit im Bergbau und damit die Industrialisierung Deutschlands. Auf die Wasserwirtschaft übertragen bedeutete dies, die verbreitete kommunale »Kirchturmpolitik« zu überwinden und sich auf einen gemeinsamen regionalen Plan zur Lösung der wasserwirtschaftlichen Herausforderungen zu verständigen. Im Laufe der Zeit kamen zu der Vorflutregelung, zum Hochwasserschutz und zur Abwasserbeseitigung viele weitere Aufgaben hinzu, die die Emschergenossenschaft mit dem ganzheitlichen Ansatz eines Flussgebietsmanagements betreibt.

Die große Errungenschaft gegenüber unzähligen provisorischen Lösungen in den Emschergemeinden war die Errichtung eines kompletten, ineinander greifenden oberirdischen Abwasserkanalnetzes, das alle Gewässer des Fluss-Systems betraf. In Sohlschalen gebettet, der Fluss und seine Bäche begradigt, das Flussbett dort auf- und unterfüttert, wo es in Bergsenken zu verschwinden drohte, durch hohe Deiche oder tiefe Einschnitte dem Blick entzogen, aber mit seinen Gerüchen omnipräsent, waren die Wohnsiedlungen und Arbeitsstätten nun vor der Emscher sicher. Als markante Landschaftsskulptur und mit strenger Geradlinigkeit prägt der kanalisierte Fluss das Emschertal seit hundert Jahren auf seine eigene und einzigartige Weise.

Aktuelle Aufgaben einer integrierten Wasserwirtschaft

Man mag es bedauern, dass der Bergbau den Bau eines unterirdischen Abwasserkanalnetzes ausschloss. Aber dieser Teil der Landes- und

Wirtschaftsgeschichte eröffnet uns heute – nach dem Rückzug des Bergbaus und nach dem Abklingen der Bergsenkungen – Optionen, die in anderen Großstädten nicht mehr bestehen. Dort wurden Wasserläufe verrohrt und verschwanden aus dem Stadtbild, wurden mit Straßen und Gebäuden überbaut, sodass es heute nur selten möglich ist, das Wasser in der Stadt als offenes Fließgewässer erlebbar zu machen. Das Emschertal hat sich diese Optionen, wenn vielleicht auch unfreiwillig, erhalten. Das Wasser kann für Natur und Landschaft und für die Menschen in der Stadt als bereicherndes Element zurückgewonnen werden.

Neben dem Schutzbedürfnis bestehen die Anforderungen heute in der Schaffung möglichst naturnaher Hoch-, Mittel- und Niedrigwasserabflüsse und einer biologisch guten Wasserqualität. Hierbei sind die Auswirkungen von wasserwirtschaftlichen Maßnahmen auf den gesamten Wasserkreislauf und auf die von ihm abhängigen Gewässerlebensgemeinschaften sowie auf den Menschen zu berücksichtigen. Das Regenwassermanagement spielt dabei eine große Rolle.

Zu den Aufgaben der Emschergenossenschaft und des Lippeverbands gehört auch die Grundwasserbewirtschaftung. Im Auftrag des Bergbaus sorgen die beiden Verbände dafür, dass Wohnen und Arbeiten im Ruhrgebiet überhaupt noch und mit hoher Lebensqualität möglich ist. Denn würde nicht Tag und Nacht das Grundwasser abgepumpt werden, stünde fast die Hälfte der Region unter Wasser: Das sind die so genannten »Ewigkeitskosten des Bergbaus« von jährlich etwa 550 Mio. € (Archiv.pro-herten 2011, 25). Zu den Eckpfeilern einer nachhaltigen integrierten Wasserwirtschaft gehört heute aber mehr: Die Verknüpfung der Wasserwirtschaft mit der Regionalentwicklung beinhaltet ein ganzheitliches Vorgehen mit vielfältigen Auswirkungen auf die Stadt- und Landschaftsentwicklung, auf die Biodiversität, den Abbau von Barrieren, Erwerb von Flächen für Potenzialräume der Neuen Emscher, in denen sie eigendynamisch Auen ausbilden kann. Energie-Effizienz und Energierückgewinnung aus dem Klärschlamm und aus der Abwasserwärme haben einen hohen Stellenwert. Vor allem im Hinblick auf den Klimawandel ist die Dimensionierung von Kanalrohren ein wichtiges Thema, begleitet von dem Bemühen, naturnahe Retentionsbereiche für Regenwasser und für die Hochwasser-Ereignisse des Gewässersystems zu schaffen. Auf diese Weise ist die Emschergenossenschaft in die Resilienzforschung, in die Diskussionen der Mitigation und Adaption von aquatischen Ökosystemen und technischen Maßnahmen eingebunden.

Mit dem Emscher-Umbau war Ende der 1980er Jahre begonnen worden, nachdem der Bergbau sich immer weiter aus der Region zurückgezogen hatte und die Bergsenkungen abgeklungen waren. Das war die Voraussetzung dafür, das Schmutzwasser in unterirdischen Rohren abzuleiten und die Emschergewässer nach und nach naturnah umgestalten zu können. Erste Beispiele für naturnah umgestaltete Nebenläufe der Emscher waren der Dellwiger Bach in Dortmund, der Deininghauser Bach in Castrop-Rauxel und der Läppkes Mühlenbach in Oberhausen.

Sicherlich war in den 1990er Jahren die Internationale Bauausstellung (IBA) Emscher Park, die den Emscher-Umbau zum Leitprojekt für den Strukturwandel und für die Verbesserung der Lebensqualität machte, bei der politischen Durchsetzung eine große Unterstützung. Es wurde immer deutlicher, wie wichtig es für die Stadt- und Regionalentwicklung, für wirtschaftliche Impulse und für ein neues

Image des Ruhrgebietes ist, aus den ehemaligen Meideräumen, den eingezäunten, stinkenden und lebensgefährlichen Abwasserkanälen, Gewässer mit Erlebnismöglichkeiten für Erholungssuchende zu entwickeln. Im Jahr 1992 fiel in den genossenschaftlichen Gremien der Emschergenossenschaft (das heißt, getragen von den Städten, den Industrie- und Gewerbebetrieben und dem Bergbau) der Beschluss, wasserwirtschaftlich neue Wege einzuschlagen und das Emschersystem naturnah umzubauen. Nun war es möglich, Emscher anders zu denken. Vor allem die Verabschiedung der Europäischen Wasserrahmenrichtlinie 1998 hat dem Auftrag der Genossenschaft für den Umbau des Emschersystems Rückenwind verliehen. Spätestens jetzt war klar, dass die naturnahe Umgestaltung der Gewässer keine Kür, sondern eine Pflichtaufgabe ist. Bis Ende 2017 soll das Emschergebiet abwasserfrei und bis Ende 2020 sollen 400 Kilometer Wasserläufe umgebaut sein – ein Generationenprojekt, das es mit vergleichbarem Umfang und einem Aufwand von insgesamt 4,5 Mrd. € in Europa nicht noch einmal gibt.

Der Masterplan Emscher-Zukunft

Gerade das seit Jahrzehnten intensiv im so genannten »Strukturwandel« begriffene Ruhrgebiet braucht Gemeinschaft stiftende Ideen und Bilder, um die Menschen zu gewinnen und sie zu motivieren, sich einzubringen. Die Emschergenossenschaft hat in Umfragen die Erfahrung gemacht, dass die Menschen die technische Emscher des 20. Jahrhunderts als Teil der Identität ihrer Heimat schätzen, dass sie sich aber nun darauf freuen, wenn der Gestank verschwindet, die Wege am Wasser betreten werden dürfen und für die Erholung genutzt werden können. Es bedarf einer gemeinsamen Vision für den Weg in eine gute Zukunft. Der Emscherumbau und die Entwicklung des Neuen Emschertals haben das Potenzial dazu! Kernstück des integrierten Handelns rund um den neuen Wasserkreislauf ist der Masterplan Emscher-Zukunft (Emschergenossenschaft 2006).

Auch dieser ist gemeinsam mit den Mitgliedern der Emschergenossenschaft, vor allem den für Planung und Umweltentwicklung verantwortlichen Mitarbeitern und Mitarbeiterinnen in Kommunen im Emschergebiet, über mehrere Jahre erarbeitet und 2006 vorgelegt worden. Der Masterplan kommuniziert die harten wasserwirtschaftlichen und gewässerökologischen Fakten des strategischen Flussgebietsmanagements anschaulich und verständlich für die Menschen in der Region. Seine zentralen Zielvorgaben lauten, die Emscher wieder zu einem von Abwässern befreiten Gewässer zu machen, das naturnah gestaltet ist und attraktiven Lebensraum für Menschen, Tiere und Pflanzen bietet.

Mit zukunftsfähiger wasserwirtschaftlicher Infrastruktur schaffen wir einen blauen Fluss. Die wasserwirtschaftliche Planung beschäftigt sich mit dem Emscherkanal einschließlich seiner technischen Bauten als Voraussetzung für den Gewässerumbau und definiert die für die ökologische Verbesserung nutzbaren Räume aus Sicht des Hochwasserschutzes. Auch Grundwasser- und Regenwasserbewirtschaftung sind Bestandteil der wasserwirtschaftlichen Konzeption.

Voraussetzung und erster Schritt für die wasserwirtschaftliche Modernisierung war die Ertüchtigung und Dezentralisierung der Abwasserreinigung. Mit der Umrüstung wurde 1988 bei der Kläranlage »Alte Emscher« in Duisburg begonnen. Es folgten die Kläranlagen

Dortmund-Deusen 1994, Bottrop 1997 und das Klärwerk Emschermündung in Dinslaken 2001. Vier biologische Großkläranlagen auf dem neuesten Stand der Technik bewältigen also heute die Aufbereitung der häuslichen und industriellen Abwässer der Emscherregion.

Diese wasserwirtschaftliche Infrastruktur gilt es nicht nur zu planen und zu bauen, sondern auch zu unterhalten. Dabei ist ebenso ständige Innovation gefordert wie bei neuen technischen Entwicklungen. Im Jahr 2011 ist zum Beispiel die Emschergenossenschaft für ein Steuerungstool zur Instandhaltung der Infrastruktur mit dem »Instandhaltungs-Oscar« der Abwasserwirtschaft, dem »Maintainer Award 2011«, ausgezeichnet worden.

Derzeit liegt der Arbeitsschwerpunkt des Umbaus nach der Abwasserreinigung nun auf dem Bau unterirdischer Abwasserkanäle entlang der 350 km langen Emschergewässer. Von den insgesamt 400 Kilometern unterirdischer Kanäle, die erforderlich sind, um diese Flüsse und Bäche vom Schmutzwasser zu befreien, ist inzwischen eine etwa 230 km lange Kanalstrecke einschließlich der zugehörigen Regenwasserbehandlungsanlagen fertig gestellt. Die bisher oberirdisch ablaufenden Haushalts- und Industrieabwässer werden unterirdisch den Kläranlagen zugeführt, während die Gewässer künftig aus sauberem Quell- und Regenwasser sowie dem gereinigten Abwasser gespeist werden. Wasserwirtschaftliches Herzstück ist der 51 km lange Abwasserkanal Emscher, dessen Inbetriebnahme für 2017 vorgesehen ist.

Beim Emscher-Umbau wird in vielen Bereichen technisches Neuland betreten. So wurde beispielsweise ein automatisiertes Inspektions- und Reinigungssystem entwickelt, um damit die herkömmlich bemannte Inspektion zu ersetzen – eine Innovation, die 2008 mit dem »Goldenen Kanaldeckel« vom Institut für Unterirdische Infrastruktur GmbH ausgezeichnet wurde.

Ein großer Schwerpunkt zur Weiterentwicklung der qualitativ hochwertigen Abwasserwirtschaft liegt in der Verringerung der Gewässerbelastung mit Mikroverunreinigungen und Keimen. Beispielhaft ist dafür das EU-Forschungsvorhaben »Pills« zu Mikroverunreinigungen, der »Elimination von Arzneimittelrückständen in kommunalen Kläranlagen«. Hier entwickelte die Emschergenossenschaft zusammen mit dem Marienhospital Gelsenkirchen eine Pilotanlage zur Eliminierung pharmazeutischer Spurenstoffe aus dem Krankenhausabwasser. Die regionale Verantwortung für die Abwasserreinigung war für die Emschergenossenschaft eine hohe Motivation, in diesem Forschungsvorhaben eine federführende Rolle einzunehmen.[3]

Natürlich gibt es viele weitere Möglichkeiten, zu guter Wasserqualität und effizienter Wasserbewirtschaftung beizutragen. Eine davon ist die naturnahe Regenwasserabkopplung. Sie entlastet die Abwasser-Infrastruktur, unterstützt den natürlichen Wasserhaushalt und verbessert das Stadtklima. Am 31.10.2005 haben die Emscherstädte, das Land NRW sowie die Emschergenossenschaft die »Zukunftsvereinbarung Regenwasser« unterzeichnet. Ziel der Zukunftsvereinbarung ist es, bis zum Jahr 2020 im wasserwirtschaftlichen Einzugsgebiet der Emscher 15 Prozent des Abflusses von der Kanalisation abzukoppeln. Die Regenwasserprojekte erreichen die Menschen unmittelbar vor ihrer eigenen Haustür. Zum Beispiel wurden in den Freiräumen von Wohnsiedlungen und Quartiersgrünflächen Teiche und Rinnen für das Regenwasser modelliert und machen so auf kurzen Wegen das Wasser als Gestaltungselement erlebbar. Die Welheimer Mark in Bottrop und die Sonnenschein-Siedlung in Castrop-Rauxel sind gelungene Beispiele der Kooperation mit der Wohnungsbaugesellschaft Vivawest Wohnen GmbH. Zu den älteren spektakulären Projekten gehören die Gewerbeflächen im Landschaftspark Duisburg Nord, die in die Alte Emscher entwässern und sie mit gutem, sauberem Wasser nähren. Die Wasserflächen des neuen ThyssenKrupp-Hauptquartiers mit den »Five Hills« des Krupp-Gürtels werden durch Regenwasser gespeist. Am Rand und in unmittelbarer Nachbarschaft zur Universität entstehen gerade hochwertige und innenstadtnahe Wohnungen. Die Regenwasser-Kooperation »Regen auf neuen Wegen«, geschlossen mit den Kommunen, vielen privaten Institutionen sowie den Wohnungsbaugesellschaften, ist eine von vielen Kooperationen der Emschergenossenschaft im Emschertal.

Auch die wissenschaftlichen Begleituntersuchungen zeigen, dass die umgestalteten Bäche schnell und erfolgreich von der Pflanzen- und Tierwelt zurückerobert werden. Fast ein Drittel (105 km) der insgesamt 350 km langen oberirdischen Wasserläufe im Emschersystem sind bereits abwasserfrei und umgestaltet; eine eigendynamische Gewässerentwicklung ist initiiert worden.

Der Fluss wird mit seinen Potenzialen der Region wieder zurückgegeben. Die ökologische Planung enthält ein Konzept von Entwicklungsschwerpunkten und Verbundräumen für die gewässertypische Entwicklung der Neuen Blauen Emscher. Die Verknüpfung von ökologischen Trittsteinen am Fluss, an den Bachmündungen und jenseits der Ufer schafft einen Biotopverbund, der die zentrale Rolle der Emscher als die Verbindungsachse des regionalen Ost-West-Grünzugs unterstreicht. Dieser ganzheitliche Ansatz ist deshalb von Belang, weil sich die Emscher von ihren Voraussetzungen her auf voller Länge als durchgängiger Lebensraum entwickeln kann. Im Gegensatz zu anderen Flüssen werden keine Wehre, Sperrbauwerke oder Stauseen Barrieren für die Bewegung von Pflanzen und Tieren bilden. Mit dem Emscherumbau werden die Voraussetzungen für eine eigendynamische Entwicklung und Stabilisierung der Gewässer-Lebensräume geschaffen. Die notwendigen Reaktionszeit von bis zu zehn Jahren auf die verbesserten Umweltbedingungen der Gewässerökologie mitgerechnet ist davon auszugehen, dass die Emscher und ihre Nebenläufe bis 2027 einen guten ökologischen Zustand beziehungsweise ein gutes ökologisches Potenzial entsprechend der EU-Wasserrahmenrichtlinie (EU-WRRL) erreichen.

Ruhrbanität ist Emscher-Urbanität!

Die wasserwirtschaftliche Modernisierung wirkt über den Fluss, über die Wasserwirtschaft hinaus: Der Emscher-Umbau und der Masterplan Emscher-Zukunft stehen für den Transformationsprozess des gesamten ökologischen Strukturwandels einer alt-industrialisierten Region. Der Emscher-Umbau wird zum Impulsgeber für den Wandel der ganzen Region. Mehr Wasser, Freiraum und qualifiziertes Grün: das sind die städtebaulichen Chancen, die der Emscherumbau bietet. Der Masterplan Emscher-Zukunft stützt sich auf die naturräumlichen Voraussetzungen sowie die städtebaulichen, wirtschaftlichen und gesellschaftlichen Entwicklungsperspektiven der Emscherregion. Er formuliert gesamträumliche Zielsetzungen für die Landschaftsentwicklung und ein Leitbild für ein unverwechselbares Erscheinungsbild der Emscher mit ihrem

*Das Klärwerk Bottrop, 1991–1996 errichtet
Quelle: Archiv Emschergenossenschaft/CD 788/2104301*

Umfeld. Der städtebaulich-freiräumliche Planungsansatz entwickelt in einem weiteren Schritt Vorstellungen für die Nutzung von Flächen für Freizeit, Erholung und Tourismus, für Wohnen und Arbeiten im neuen Emschertal. Dazu gehören zahlreiche Potenzialplanungen und Konzepte Dritter, insbesondere der kommunalen und industriell gewerblichen Mitglieder der Emschergenossenschaft. Weit über die künftigen Ufer und Deiche der Emscher hinaus werden auf diese Weise Wohnsiedlungen, Infrastruktur, Gewerbegebiete und Industrieanlagen an der Emscher in das Handlungskonzept mit einbezogen. Das macht einmal mehr deutlich, dass der Umbau des Flusses in alle Räume des Neuen Emschertals ausstrahlt, in denen Impulse des Umbaus und gestalterische Ansätze von Partnern und Akteuren aufgegriffen werden. Es zeigt aber auch deutlich, welcher Mehrwert aus gemeinschaftlichem Handeln für das Emschertal erwächst. So ist aus einer ehemaligen Kläranlage in Bottrop-Ebel ein Stadtteilpark geworden; mehr noch: dort wird heute im ehemaligen Maschinenhaus erfolgreich eine Gastronomie betrieben,

die mit sozialem Engagement verbunden ist. Dort und auch im Rahmen der Pflege der Außenanlagen werden jungen Menschen Qualifizierungsmöglichkeiten und die Chance der Rückkehr in den Ersten Arbeitsmarkt geboten. In diesem Fall ist die Emschergenossenschaft Eigentümerin und Hauptakteurin, oft ist sie auch Ideengeberin, Projektentwicklerin oder Partnerin der Mitgliederkommunen, zum Beispiel bei dem geplanten Projekt »Wohnen an der Emscher« in Castrop-Rauxel. Die landschaftliche Aufwertung besteht nicht nur aus Wegen am Wasser, sondern häufig gehen Kunst, Landschaftskultur und Wasserwirtschaft eine optimale Verbindung ein, wie es beim Projekt »Über Wasser gehen« an der Seseke der Fall ist. Kurz nach der Veröffentlichung des Masterplans Emscher-Zukunft ist 2006 mit den entsprechenden Fachministerien für Stadtentwicklung und für Umwelt und mit der Stadt Bottrop eine Kooperation zur Verknüpfung wasserwirtschaftlicher und städtebaulicher Anliegen eingegangen worden. Diese Zusammenarbeit und entsprechende Förderung versetzt das ganze Emschergebiet in die Lage, in sozial benachteiligten Stadtteilen gemeinsam mit den Bürgerinnen und Bürgern Projekte zu entwickeln und umzusetzen. »Spielen und Lernen am und über das Wasser« ist ein erfolgreiches Beispiel am Hahnenbach in Gladbeck.

Der Masterplan Emscher-Zukunft begleitet als übergreifende und langfristige strategische Planung, als Drehbuch und Kommunikationsplattform den Prozess dieser regionalen Entwicklung. Gleichzeitig bietet er einen Ausblick auf die Zukunft der gesamten Emscher und des neuen Emschertals von der Quelle in Holzwickede bis zur Mündung in den Rhein, auf 85 Kilometer Länge und quer durch das gesamte Revier. Schon heute bildet die Emscher zusammen mit dem parallel laufenden Rhein-Herne-Kanal und der Autobahn A 42, dem Emscherschnellweg, eine lange Ost-West-Verbindungsachse im nördlichen Ruhrgebiet – zukünftig wird sie der verbindende Strang für neue Entwicklungen und Attraktionen in der Region werden. Das Zusammenspiel von strategischer Planung, von regionalem Dialog und regionaler Kooperation bis hin zu bereits realisierten Einzelprojekten haben sowohl die Jury des Deutschen Städtebaupreises 2012 als auch die Jury des Deutschen Landschaftsarchitekturpreises 2013 bewogen, den Masterplan Emscher-Zukunft jeweils mit einem Sonderpreis für technische Infrastruktur auszuzeichnen.

Wasserwirtschaft und Klimawandel

Der Klimawandel hat unmittelbare Folgen für den Wasserhaushalt in unserer Region. Die wasserwirtschaftliche Infrastruktur muss so angepasst werden, dass sie die zu erwartenden extremen Wetterlagen bewältigt. Mit der Beteiligung am europaweiten Projekt »*Future Cities*« engagiert sich die Emschergenossenschaft für die Entwicklung von Lösungswegen, mit denen Städte proaktiv auf das sich ändernde Klima angepasst werden können. Um die Stadtregionen »klimafit« zu machen, setzt das Projekt in drei Bereichen an: an den städtischen Grünflächen, an den Wassersystemen und am Energieverbrauch.

Die Wasserwirtschaft eröffnet aber auch neue Energiemärkte und schont gleichzeitig das Klima. Strom und Wärme aus dem Faulgas von Klärwerken zu gewinnen, ist bei der Emschergenossenschaft längst Realität. Eine weitere Option ist die unmittelbare Nutzung des Abwassers als Energielieferant mit Hilfe von Wärmepumpen. Aktuell hinzugekommen ist die Möglichkeit, Gas betriebene Fahrzeuge der Emschergenossenschaft an der betriebseigenen Kläranlage in Bottrop mit Methan oder Wasserstoff zu betanken, das aus Faulgas gewonnen wurde. Faulgas, das bei der Abwasserreinigung auf Kläranlagen erzeugt wird, eignet sich als regenerativer Energieträger sehr gut für die nachhaltige und klimaneutrale Erzeugung von »grünem Wasserstoff«. Kläranlagen können daher einen wichtigen Beitrag für den Aufbau der Wasserstoff-Infrastruktur leisten und in Zukunft die dringend erforderliche Bereitstellung von grünem Wasserstoff dezentral sicherstellen. In Deutschlands größter Kläranlage in Bottrop wird derzeit ein neues Verfahren zur Aufarbeitung von Klärgas und zur großtechnischen Produktion von Methangas integriert. In einem weiteren Schritt wird das Methangas dann in gasförmigen Wasserstoff umgewandelt. Das Projekt lief bisher so erfolgreich, dass es mit dem »Innovation Award 2008« der International Water Association ausgezeichnet wurde. Im Rahmen des Projekts »Innovation City« hat sich die Emschergenossenschaft als Kooperationspartnerin das Ziel gesetzt, mit der Kläranlage in Bottrop innerhalb von wenigen Jahren energieautark zu werden.

Noch lange sind sicherlich nicht alle Möglichkeiten ausgeschöpft. Nirgendwo sonst ließen sich so eindrucksvoll die veränderten gesellschaftlichen Bedingungen mit der Stadt- und Freiraumentwicklung, mit der Wasser- und Energiewirtschaft und dem Thema Arbeitsmarkt in Zusammenhang bringen. Das ist ein Alleinstellungsmerkmal der historischen Genese der Schichten in dieser polyzentrischen Metropolregion. Allein als wasserwirtschaftliches Infrastrukturprojekt hat der Emscher-Umbau erheblichen Anteil am ökonomischen und ökologischen Fortschritt der Region.

Ökonomische Effekte aus gemeinschaftlicher Leistung

Als bedeutendes abwassertechnisches und wasserwirtschaftliches Infrastrukturprojekt führt der Emscherumbau zu erheblichen ökonomischen, ökologischen und sozialen Impulsen für die Region. Unmittelbar positiv wirkt sich das Projekt auf die Erreichung der Ziele Beschäftigung und Wachstum aus. Die Emschergenossenschaft hat seit Anfang der 1990er Jahre bereits rund 2,2 Mrd. € in den Umbau des Emschersystems investiert; weitere rund 2,3 Mrd. € werden in den nächsten Jahren folgen. Investitionen im Wert von jeweils mehreren Hunderttausend Euro werden an jedem Arbeitstag ausgelöst, davon entfallen über 80 Prozent auf siedlungswasserwirtschaftliche Infrastrukturbauten, wie Kanäle und Kläranlagen.

Es werden durch den Emscherumbau aber außerdem fiskalische Effekte erzielt werden: Durchschnittlich 5.500 jährlich gesicherte bzw. geschaffene Arbeitsplätze (davon aufgrund des hohen Regionalbezuges allein etwa 3.400 in Nordrhein Westfalen) führen dazu, dass insgesamt etwa 2,6 Mrd. € an Steuern und Sozialversicherungsbeiträgen über die Laufzeit des Gesamtprojekts generiert werden. Die Wirkung des Emscherumbaus geht aber weit über die geschilderten Beschäftigungs- und Wachstumseffekte hinaus. Das Projekt bietet große Chancen, die Standortattraktivität der Region nachhaltig zu verbessern, mit positiven Wirkungen auf die Umfeldbedingungen für Unternehmen, wie auch auf die Lebensqualität der Bevölkerung.

Die Revitalisierung der Stadtlandschaft, die einmalige Durchdringung von Landschaft und Stadt ist eine gute Grundlage, um das Emschertal als eine familienfreundliche Region mit hoher Lebensqualität weiterzuentwickeln. Die Mehrzahl der Menschen mit Kindern – und von ihnen hängt nun einmal wesentlich die Zukunft einer Gesellschaft ab – versteht darunter ein gutes Angebot an Kindergärten und Schulen. Außerdem wünschen sie sich neben guter Verkehrsanbindung und Geschäftsausstattung im Wohn-Nahbereich attraktive Frei- und Erholungsräume. Das wird vor allem dann geschätzt, wenn auch das Element Wasser mit seiner zusätzlichen Anziehungskraft an natürlichen und künstlichen Uferräumen anzutreffen ist.

Die damit verbundenen realen Veränderungen wie auch der Imagewandel können helfen, die prognostizierten negativen Abwanderungstendenzen abzuschwächen und die Entwicklung der Einwohnerzahlen positiv zu beeinflussen – insofern ist das Projekt auch eine Antwort auf die regionalen Herausforderungen des demografischen Wandels: Die mit dem Emscherumbau zu erzielenden wasserwirtschaftlichen und strukturpolitischen

Der Deininghauser Bach in Castrop-Rauxel nach der naturnahen Umgestaltung in den 1990er Jahren
Quelle: Archiv Emschergenossenschaft/CD 49/2390 20

Effekte können einen signifikanten Beitrag zur Hervorhebung der Stärken unseres Landes und zur Verbesserung von Wachstum und Innovation unserer Region leisten.

Der Emscher-Umbau: auch ein Impuls für Kulturprojekte und den Wandel durch Kultur

Der ökologische Umbau des Emschersystems wurde schon während der IBA Emscher Park in den 1990er Jahren als Jahrhundertwerk und als weltweit einmalig gelobt. Damals warb die Landesregierung mit dem Motto »Wenn der Wandel eine Heimat hat, dann liegt sie im Revier« für die strukturellen Veränderungen. Stolz auf die Vergangenheit sollte Mut und Kraft für die Zukunft verleihen. Der laufende Umbau des Emscher-Systems war dann auch mehr als zehn Jahre später einer der Gründe für die Vergabe des Titels »Europäische Kulturhauptstadt 2010« an das Ruhrgebiet. Zu Recht war man in Brüssel der Auffassung, dass man das Motto der Kulturhauptstadt 2010 »Kultur durch Wandel – Wandel durch Kultur« nirgendwo besser erfahren kann als in der Emscherregion mit ihren vielfältigen Veränderungen.

Zum Neuen Emschertal gehört das »Zweistromland« von Emscher und Rhein-Herne Kanal bzw. die Insel, die sich von Castrop-Rauxel bis Oberhausen auf 34 km Länge zwischen der Emscher und dem Schifffahrtskanal erstreckt. Mit einer Größe von 11 qkm ist die Emscherinsel ungefähr so groß wie die Insel Juist und bietet bei einer Breite von 30 m bis 2 km eine ausgesprochen abwechslungsreiche Nutzung. Noch ist sie ein eher vergessenes Stück Stadtlandschaft, aber durch den Umbau der Emscher wird die Insel zum zentralen Freiraum-Element des Neuen Emschertals werden. Das Zusammenwirken von Fluss und Schifffahrtskanal mit unterschiedlichen Funktionen schafft ein spannungsreiches Potenzial auch für kulturelle Prozesse. Vor diesem Hintergrund hat auch die Emschergenossenschaft für die Ermöglichung von spannenden Projekten im Kulturhauptstadt geeignete Orte und Flächen als Spielstätten zur Verfügung gestellt.

Unter anderem wurde gemeinsam mit dem Regionalverband Ruhr (RVR) und mit Fördermitteln des Landes NRW die Ausstellung »EMSCHERKUNST.2010« auf der Emscherinsel realisiert.[4]

An einigen Orten des Emschertals konzentrieren sich die Aktivitäten, sodass von ihnen besonders viel Energie ausstrahlt. Diese Schaufenster des Wandels mit den Städten und weiteren Partnern unserer Region zu entwickeln wird eine wichtige Aufgabe der nächsten Jahre sein – gewissermaßen eine Verstetigung der kulturellen Belebung in der Region, wie sie mit dem Kulturhauptstadtjahr einherging. Mit Kultur- und Bildungsprojekten wird das Interesse der Bevölkerung geweckt und eine breite Akzeptanz dafür geschaffen.

Das Neue Emschertal als Werkstatt und Schaufenster des Strukturwandels im Ruhrgebiet

Das Emschertal wird im Jahr 2020, wenn das Emschersystem umgebaut ist, zu einem Herzstück der Region geworden sein. Auf dem Weg dorthin braucht es nach der Internationalen Bauausstellung Emscherpark (1989–1999), nach der Fußballweltmeisterschaft von 2006 und nach der Kulturhauptstadt Europas RUHR.2010 eine neue große Herausforderung, die alle regionalen Kräfte bündelt und die hier lebenden Menschen einbindet, aber auch den Blick der Welt hierher lenkt. Es geht nicht nur um Städtebau, nicht nur um Wasserwirtschaft und Landschaftsentwicklung, nicht nur um Sport oder Kultur, sondern um die komplexe Vielfalt aller Anstrengungen im Strukturwandel. Es geht vor allem auch darum zu zeigen, wie eine Region gesellschaftliche Veränderungsprozesse erfolgreich steuert.

Die Emscher ist wie die Zechen und Stahlwerke Sinnbild für die Vergangenheit des Ruhrgebiets. Sie ist in den Köpfen der Menschen verankert und steht zugleich für die Zukunft der Region. Ohne mediale Aufmerksamkeit, ohne die Bilder von einer neuen, blauen und naturnahen Emscher werden wir es nicht schaffen, die Vorstellung von einer zukunftsfähigen Metropolregion auch bei den Bürgerinnen und Bürgern zu vermitteln.

Große Teile des nördlichen Ruhrgebiets, vor allem die Stadtteile an den Ufern der Emscher, haben erhebliche strukturelle Probleme. Sozial-, Bildungs- und Gesundheitsdaten belegen eine Misere, die sich möglicherweise noch zuspitzen wird, die einen Wandel besonders notwendig erscheinen lassen. Gerade diese Ausgangslage macht das Emschertal zu einem Modellfall für andere Regionen weit über Deutschland hinaus. Am Beispiel Emscher ist es möglich aufzuzeigen, wie der wasserwirtschaftliche und ökologische Umbau eines Flussgebiets allen Schwierigkeiten zum Trotz einen regionalgesellschaftlichen Lernprozess anstoßen kann, der das vorhandene Potenzial der Region erschließt und eine nachhaltige Entwicklung in Gang setzt.

Dieser Aufgabe wird sich die Emschergenossenschaft in den kommenden Jahren weiter intensiv widmen. Allerdings wird im Alleingang nur wenig bewegt werden können, sondern es braucht für diese Aufgaben starke Partner – Kooperationen, die auch gepflegt sein wollen: mit der Landesregierung, mit den Städten in der Region, mit Industrie- und Gewerbeunternehmen. Gemeinsam mit dem Regionalverband Ruhr, der Wasser- und Schifffahrtsverwaltung, den Emscher-Freunden, den Natur- und Umweltverbänden und vielen anderen engagiert sich die Emschergenossenschaft für das »Neue Emschertal«.

Mit dem Regionalverband Ruhr gibt es besonders viele Schnittstellen, sei es bei Planung, Bau und Unterhaltung von Wegesystemen, bei der wasserbezogenen Bildungsarbeit oder bei der Entwicklung des Emschertals und der Nord-Süd-Grünzüge. Es ist sinnvoll, auf diesen und anderen Feldern noch intensiver zusammenzuarbeiten, und insofern war und ist die 2006 eingegangene Kooperation beider Häuser in der »Arbeitsgemeinschaft Neues Emschertal« ein wichtiger Schritt in die richtige Richtung. Ein zusätzlicher Fortschritt könnte durch die Schaffung einer regionalen Bürgerstiftung erreicht werden, die sich darauf konzentriert, das zu vernetzen, was an guten Ideen schon vorhanden ist, und »Raum« für neues Denken ermöglicht. In diesem Sinne kann und sollte die nachhaltige und integrierte Wasserwirtschaft aus der Sicht des Flussmanagements grundsätzlich als regionale Gemeinschaftsaufgabe betrieben werden.

Anmerkungen

1. Ausbrüche von Cholera, Typhus usw. häuften sich und nahmen gerade in großen Ballungsräumen epidemische Ausmaße an; besonders folgenschwer erwies sich die Cholera-Epidemie in Hamburg im Jahr 1892.
2. Nach einer Privatisierungswelle kommunaler Energie- und Wasserbetriebe in den 1990er Jahren zeigen sich inzwischen vermehrt die negativen Folgen von Versorgungsunternehmen in privater Trägerschaft, bei denen nicht nachhaltiges Wirtschaften, sondern kurzfristige Rendite das oberste Ziel ist. So hat beispielsweise die Stadt Paris ihre Wasserbetriebe im Jahr Jahr 2010 rekommunalisiert.
3. Über Spurenstoffe im Abwasser wird in der Öffentlichkeit viel diskutiert – besonders seit die Analytik seit einigen Jahren auch geringe Konzentrationen nachweisen kann. Über die Auswirkungen solch geringer Konzentrationen auf die Gesundheit weiß man heute noch nicht genug. Dort wo diese Stoffe aber in hohen Dosen auftreten, und Krankenhäuser sind solche Hot Spots, sind jedoch multiresistente Bakterien nachweisbar. Eine Zuleitung ins Abwasser ohne Eintrag reduzierende zusätzliche Schutzfilter sollte daher vermieden werden.
4. 2013 hat sich die »Emscherkunst« erneut dem Wandel des Emschertals gewidmet und diesmal den unteren Abschnitt zwischen Gelsenkirchen und der Emschermündung in den Mittelpunkt gerückt.

Literatur

Anmerkungen zum Beginn des Ruhrbergbaus. In: Hamme. Geschichtsarbeitskreis Bochum-Hamme der Volkshochschule Bochum (Hg.): Arbeiten und Leben zwischen Schlackenberg und Schlachthof. Bochum 1987, S. 48

Archiv.pro-herten (2011): Bergbau & Bergschäden, die Altlasten [http://archiv.pro-herten.de/dl/umwelt/umw-bergbauschaeden.pdf; Zugriff am 11.02.2013]

Bleidick, Dietmar: Die Anfänge der Emschergenossenschaft. In: Peters, Ralf (Hg.): 100 Jahre Wasserwirtschaft im Revier. Die Emschergenossenschaft 1899–1999. Bottrop/Essen 1999, S. 90–104

Bleidick, Dietmar: Gründerjahre von 1899 bis 1904. In: Peters, Ralf (Hg.): 100 Jahre Wasserwirtschaft im Revier. Die Emschergenossenschaft 1899–1999. Bottrop/Essen 1999, S. 74–89

Bundesregierung (2012): Rede von Bundeskanzlerin Angela Merkel beim Internationalen Jahr der Genossenschaften [http://www.bundesregierung.de/Content/DE/Rede/2012/04/2012–04-26-merkel-genossenschaft.html; Zugriff am 11.02.2013]

Emschergenossenschaft: Das Emscherhaus. Essen 2009, S. 6–7, 30

Peters, Ralf: 100 Jahre Wasserwirtschaft im Revier. Bottrop/Essen 1999, S. 25–27

Celina Kress
Urbanität und kulturelles Erbe: Zur Identität der Stadtregion

Identität und Gestaltung urbaner Räume stehen in enger Verbindung zueinander. Im Verlauf der zurückliegenden Jahrzehnte haben die Zentren europäischer Städte einen enormen Aufschwung genommen: Nicht zuletzt vor dem Hintergrund wachsender regionaler und internationaler Konkurrenz richtet sich das Interesse am Ort und von außen auf die Stadtkerne: (Historische) Innenstädte wurden und werden restauriert, teilweise rekonstruiert, mit anspruchsvoll gestalteten öffentlichen Räumen, ambitionierten Kulturbauten und gehobenen Wohnangeboten ausgestattet (Becker et al. 2008, Bodenschatz/Laible 2008, Altrock 2012). In direkter Nachbarschaft zu den gewachsenen Innenstädten entstehen in Großstädten und Metropolen »New Downtowns« als Großprojekte mit eigener, neuer Logik (Helbrecht/Dirksmeier 2009). Diese Entwicklungen sind sowohl Ergebnis als auch Bedingung dafür, dass Städte über ihre Zentren vermittelt und wahrgenommen werden – von Besuchern aus der ganzen Welt ebenso wie von ihren Einwohnern, die sich mit »ihren« Innenstädten identifizieren.

Zentrum und Peripherie gehören zusammen

Die städtebaulichen Umbau- und Aufwertungsprojekte von Stadtkernen sowie die sich bereits seit den 1990er Jahren abzeichnenden Anzeichen für eine gezielte Rückwanderung von Teilen der Bevölkerung in die Städte wurden von der Stadtforschung erst relativ spät und zurückhaltend als *Reurbanisierung* konzeptualisiert (etwa von Häußermann/Siebel 1987; Läpple 2005; Geppert/Gornig 2010; sowie jüngst im Überblick von Brake/Herfert 2012). In zahlreichen Projekten wurden Entwicklungsdynamiken an den Rändern der Städte untersucht, die zentrifugalen Kräfte, die Städte wachsen ließen und zugleich aufzulösen drohten. Verstärkt wurden auch Handlungs- und Verteilungsmuster sowie Governance-Strukturen in den Stadtregionen thematisiert (etwa Aring 1999; Brake 2001; Matthiesen 2002; Eisinger/Schneider 2003; Borsdorf/Zembri 2004; Sieverts et al. 2005; Läpple/Soyka 2007). Auslöser für das wissenschaftliche Interesse an Suburbia waren die erneuten Wachstumsschübe und neue, veränderte materielle und soziale Ausprägungen der Urbanisierung im Umland der Städte seit den 1990er Jahren (Aring 1999, 20–24; Phelps et al. 2006; Borsdorf 2004). Inzwischen zeichnet sich immer deutlicher ab, dass wir es wohl langfristig mit gleichzeitig und dynamisch verlaufenden Entwicklungsprozessen im Zentrum und an den Rändern der Städte zu tun haben werden. So führen zum Teil rasante Aufwertungsprozesse in den Stadtzentren zu gravierenden sozialen Verdrängungsprozessen und zunehmender

Segregation, während sich an den Rändern soziale Milieus und Geschlechterrollen weiter ausdifferenzieren, Nutzungsmuster und professionelle Beziehungen diversifizieren und vielfältig nach innen und nach außen vernetzen. So verwischt allmählich die konzeptionelle Trennschärfe zwischen Kernstadt und den so genannten »suburbanen« Räumen.[1]

Damit gilt es, die in der allgemeinen Vorstellung und im Bewusstsein von Planern und Stadtforschern tief verankerte Dichotomie von Zentrum und Peripherie der Städte aufzulösen und Städte wieder als Ganzes zu begreifen. Dies bedingt zum einen die Ausweitung des Urbanitätsbegriffs auf Teile der Stadtregion sowie zum anderen zugleich eine Zurückhaltung bei der Verwendung des Begriffs Suburbia. Ein veränderter Umgang mit beiden Begriffen kann sowohl dazu beitragen, den Blick auf historische, kulturelle, und soziale Besonderheiten in der Stadtregion freizulegen und dadurch die Ausprägung lokaler Identität zu fördern als auch insgesamt das Bewusstsein dafür stärken, dass beide Teilbereiche der Städte auf vielfältige Weise miteinander verflochten sind und zusammengehören.

Hindernisse für eine »eigenständige Identität« der Stadtregion

Mitte der 1990er Jahre konstatierte Thomas Sieverts in seinem Text zur »Zwischenstadt« (Sieverts 1999, 23):
- »Die Zwischenstadt hat weder in der Vorstellung ihrer Bewohner noch als Feld der Politik eine eigenständige Identität.
- Die Aufgabe [der Gestaltung der Zwischenstadt, Anm. d. Verf.] ist mit herkömmlichen Mitteln des Städtebaus und der Architektur nicht lösbar, es müssten neue Wege beschritten werden, die aber noch unklar sind.
- Nicht zuletzt verstellt uns die Faszination des Mythos der Alten Stadt den Blick auf die Realität der Peripherie.«

Erstaunlicherweise haben diese Beobachtungen auch nach fünfzehn Jahren kaum an Gültigkeit verloren, obwohl seither – und inzwischen fast notorisch – auf »Identität« als zentrales Ziel stadtregionaler Planungspolitik verwiesen wird (vgl. etwa HCU 2013; Segebade 2009, 35; Phelps et al. 2006, 52–57). Doch real stellen sich Stadtregionen noch immer vor allem als disparate räumliche Arrangements dar; als schwer erfassbare Raumstrukturen, geprägt von vielfältigen Funktionen, sich wandelnden Nutzungsmustern und unübersichtlichen Governance-Strukturen. Noch immer gelten suburbane Räume als überwiegend sozial homogen und werden mit überkommenen Geschlechterrollen konnotiert. Gewandelte Arbeits-, Geschlechter- und Mobilitätsmuster am Rand der Städte werden erst jüngst von der Forschung wahrgenommen und interpretiert (vgl. etwa Menzl 2011, Frank 2012).

Die weiterhin von Autobahnkreuzen, Schnellrestaurants, großmaßstäblichem Einzelhandel und Shoppingmalls bestimmten Raumbilder sind international austauschbar und scheinen sich der Ausprägung lokaler Identität zu widersetzen. Dass aber auch die ästhetische Anschauung suburbaner Räume Ergebnis sozialer Konstruktionen ist und sich mit dem Zeitgeist, durch wissenschaftliche Analysen wie auch in der planerischen Realität durchaus verändern kann, wird im Ruhrgebiet gerade sichtbar: Denn hier entfaltet das Leitbild des Stadt-Landschaftsparks, das Robert Schmidt ab 1912 entwickelte, gegenwärtig offensichtlich identitätsprägende Kraft für die Region.

Der Landschafts- und Industriepark wird zu einem allgemein akzeptierten und positiv konnotierten Merkmal der Region. Basierend auf der kollektiv erlebten historischen Kontinuität der Parklandschaft als Komplementär der Industrielandschaft kann sich das Revier – auch in den Köpfen seiner Bewohner – allmählich vom Pott zum Park wandeln.

Im Folgenden werden Ursachen für die Schwierigkeit der Identitätsbildung in Stadtregionen auf zwei Ebenen beleuchtet: erstens in Hinblick auf Entwicklungsmuster der Urbanisierung im 20. und frühen 21. Jahrhundert und zweitens in Hinblick auf den Umgang mit Begriffen.

Urbanisierung als Suburbanisierung und als Reurbanisierung

Die Geschichte der Urbanisierung im 20. Jahrhundert lässt sich als Prozess der Dezentralisierung, Entdichtung und Entmischung von Städten beschreiben. Das durch die Industrialisierung ausgelöste rasante Anwachsen der Städte im 19. Jahrhundert ging mit der Erfahrung extremer räumlicher Verdichtung einher. Den damit verbundenen räumlichsozialen Dynamiken standen die städtischen Gemeinwesen zuerst relativ unvorbereitet gegenüber. Mit der urbanen Dichte waren mangelhafte hygienische Verhältnisse verbunden und vielfältige soziale und gesundheitliche Gefährdungen und Zumutungen, die das Bild vom lebensbedrohlichen Moloch Stadt formten. Auf dieser Wahrnehmungs- und Erfahrungsbasis wurden wirkmächtige städtebaulich-gesellschaftliche Gegenmodelle entwickelt, welche die Debatten wie auch die reale Stadtentwicklung seit dem Ersten Weltkrieg leiteten, so vor allem das Konzept der genossenschaftlich organisierten *Garden City* Ebenezer Howards, die Idee der vertikalen *Ville Radieuse* von Le Corbusier, sowie Frank Lloyd Wrights Modell der weit ausgedehnten Agrar-Wohn-Landschaft, die *Broadacre City*. Mit Elementen dieser städtebaulich-gesellschaftlichen Visionen sollten die als defizitär wahrgenommenen Städte des 19. Jahrhunderts korrigiert und ergänzt werden. Ihre faktische Realität musste noch bis Mitte des 20. Jahrhunderts anerkannt werden. Erst die Zerstörungen des Zweiten Weltkriegs erlaubten die Realisierung der vorgeschlagenen Ideen und Prinzipien in unerwartetem Umfang: Nach Kriegsende waren die entscheidenden Akteursnetzwerke fest genug verknüpft, um einen »Wiederaufbau« der Städte im Geiste der in der Charta von Athen festgeschriebenen Grundsätze des funktionalistischen Städtebaus auch international durchzusetzen und zu realisieren. In der Experten-Allianz aus Planern, Architekten, Politikern, Wirtschaftskonzernen und großen Wohnungsbaugesellschaften entstanden weltweit funktional differenzierte Innenstädte, die – bis heute erkennbar – geprägt sind von Verwaltungs- und Gewerbebauten in Form von Scheiben- oder Punkthochhäusern, aufgeweiteten Schnellstraßen, sowie den vom Zeilenbau dominierten Wohnvierteln in angemessener Entfernung. Dem wachsenden Grad der Automobilisierung von Privathaushalten entsprechend begannen seit den 1950er Jahren Reihen- und Einfamilienhausgebiete an den Rändern zu wachsen.

Gegen die stadträumlich-sozialen Ergebnisse dieser international ähnlich strukturierten Form des Wieder- und Neuaufbaus der Städte formierte sich bereits seit Ende der 1950er Jahre in Europa und in den USA Widerstand auf breiter gesellschaftlicher Basis. Die Stadtforscherin und Aktivistin Jane Jacobs leitete den

Celina Kress

*Begleitpublikation der Ausstellung »FRITZ | DORF | STADT – Kolonistendörfer in der Metropolregion«, die 2012 in Potsdam, Berlin, Erkner, Friedrichshagen und Rixdorf/Neukölln gezeigt wurde
Layout: design.BÜROSTICH+, Potsdam*

Kampf um 1960 mit ihrem zivilgesellschaftlichen Widerstand gegen geplante Flächensanierungen im New Yorker Greenwich Village ein. Zu diesem Zeitpunkt veröffentlichte Kevin Lynch seine Schrift »The Image of the City« (Lynch 1960), das »Identität« – auf der Basis konkreter Anschauung und Wahrnehmung – zu einer wesentlichen Kategorie der Stadtbetrachtung und Grundlage für die weitere Stadtgestaltung machte. Die von Lynch vorgestellte Methode der Stadtwahrnehmung und -analyse wurde zu einem Schlüsselwerkzeug bei der Wiederentdeckung und Revitalisierung überlieferter Stadtstrukturen. Lynch untersuchte Elemente und deren sichtbare Formen in *Innen*städten verschiedener amerikanischer Städte, um ihren individuellen Charakter, ihre Identität, zu beschreiben, und Jane Jacobs griff Lynchs Methoden der Raumbeobachtung in ihrer Streitschrift von 1961 auf (Jacobs 1961).

Auch Aldo Rossis Mitte der 1960er Jahre erschienener Entwurf einer »grundlegenden Theorie des Urbanen« (Rossi 1966) fußte auf dem Wahrnehmungskonzept Kevin Lynchs und dem Begriff der Identität. Rossis Forderung nach vertiefter anschauungsmäßiger und historischer Analyse der vorhandenen stadträumlichen Strukturen zielte dabei bereits auf eine Synthese. Für Rossi ging es um die Gestaltung der *ganzen* Stadt: den Schutz und die In-Wert-Setzung historischer Strukturen in den Innenstädten, sowie zugleich um die Aufwertung und Qualifizierung der durch die Ordnungsprinzipien der Moderne geprägten Stadträume an der Peripherie (Rossi 1961). Diese Zielrichtung der theoretischen und praktischen Tätigkeit Rossis wurde jedoch kaum wahrgenommen. Mitte der 1960er Jahre stand nicht die Stadt als Ganzes, sondern die Rettung von zentralen Teilbereichen auf der

Agenda. Es ging darum, kompakte Innenstädte vor Abriss und Entleerung zu schützen und die Zersiedelung der Landschaft zu stoppen. Dafür wurden den egalisierenden Planungskonzepten und Reformversprechen der Moderne an den Rändern der Städte die sozial-atmosphärischen Besonderheiten kompakter Innenstadtquartiere gegenübergestellt: Offenheit, Toleranz, Differenz und Heterogenität, Authentizität und Vielfalt der Lebensstile ebenso wie räumliche Orientierung, Erkennbarkeit, Lesbarkeit, Überschaubarkeit und Nachbarschaftlichkeit. Fest verknüpft mit den Raumbildern der bürgerlichen Stadt des 19. Jahrhunderts, wurden diese Qualitäten zugleich mit den Begriffen »Urbanität« und »Identität« verbunden. In dieser begrifflichen und argumentativen Allianz gewann das Ziel der Wieder-In-Wert-Setzung überlieferter Innenstadtstrukturen an Überzeugungskraft und führte schließlich zu dem jüngst allgemein konstatierten Trend der Reurbanisierung. Solange aber zentrifugale und dezentralisierende Tendenzen der Stadtentwicklung weiterhin als direkte Bedrohung für die Kernstadtentwicklung wahrgenommen wurden, standen »Urbanität« und »Identität« als Kategorien zur Beschreibung der Peripherie nicht zur Verfügung. Zugleich erhob auch niemand Einspruch gegen die Verwendung des aus den USA importierten und per se abwertenden Begriffs Suburbia für die urbane Peripherie, obwohl verschiedentlich darauf hingewiesen wurde, dass amerikanische Stadtentwicklungsmuster, also vor allem die Suburbanisierung, nicht ohne weiteres auf europäische Städte übertragbar seien (vgl. Hesse/Schmitz 1998, 442–445). Inzwischen steigt die Sensibilität für die Bedeutung von Namen und Bezeichnungen für Räume, in denen wir leben, und wird explizit auf Bereiche, die außerhalb der Stadtgrenzen liegen, ausgedehnt (vgl. Beiträge in Schenk et al. 2012). Etwas zu identifizieren bedeutet, es zu beschreiben und zu benennen. Namen und Begriffe sind also eine entscheidende Grundlage der Identitätsbildung. Tatsächlich ist die begriffliche Kennzeichnung eine Voraussetzung für die Wahrnehmung, Erkennbarkeit, für Verstehen, Verfügbarkeit und Aneignung der jeweils unterschiedlich struktu-

Eröffnung der Ausstellung im Rathaus Kleinmachnow im Januar 2011. »100 Jahre Nachbarschaften in der Metropolregion: Kleinmachnow & Zehlendorf«
Foto: Jack Rehse, 2011

Celina Kress

rierten und genutzten Räume an der Peripherie. Namen präfigurieren unsere Einstellung und spiegeln unsere Bewertungen wider. Sollte die Aufmerksamkeit für die Gestaltung dieser Zonen zunehmen – und vieles spricht dafür –, so wird sich auch ein differenzierteres Vokabular für ihre dichte Beschreibung entwickeln.

Projekte zur (Wieder-)Entdeckung urban-ruraler Zusammenhänge

Insgesamt steigt das Bewusstsein dafür, dass es um die integrierte Weiterentwicklung und Gestaltung von Zentrum und Peripherie geht. Dringend erforderlich ist dafür die Überarbeitung der für beide Bereiche konstituierenden Begriffe: Urbanität und Landschaft. Für den aktuell diskutierten Ansatz, suburbane Räume als Teil von Kulturlandschaften zu verstehen, liegen erste vielversprechende Ergebnisse vor (Schenk et al. 2012; vgl. auch innovative Projekte für den Umgang mit urbanisierten Landschaften in Hartz/Kühne 2011). Komplementär dazu müsste der Begriff der Urbanität neu konzeptualisiert und aus seiner entpolitisierten Verengung auf städtische Lebensstile in Gründerzeitquartieren befreit werden, etwa im Sinne Edgar Salins, der Urbanität als Form von Gemeinsinn, Toleranz, offener Kommunikation und politischer Partizipation auf der Basis umfassender Bildung definierte, ohne diese Qualitäten einer bestimmten Form oder Zentralität der Stadt zuzuweisen (Salin 1960; vgl. Kress 2012).

Was kann man also konkret vor Ort tun, um die Ausprägung lokaler Identität in Stadtregionen zu fördern? Es geht darum, suburbane Räume identifizierbar zu machen, d.h., Zusammenhänge in fragmentierten Räumen herzustellen, meist verborgene (historische) Spuren lesbar, erlebbar und somit allgemein verfügbar zu machen. Darauf zielten zwei Kulturprojekte ab, die 2012 und 2010/2011 in der Berlin-Brandenburger Stadtregion als interkommunale und länderübergreifende Kooperationen durchgeführt wurden. Elemente dieser Projekte werden hier beispielhaft skizziert:

Im Rahmen von Kulturland-Brandenburg 2012 »KOMMT ZUR VERNUNFT! Friedrich der Zweite von Preuszen« entstand das von team [best], projekte für baukultur und stadt/Berlin kuratierte Projekt: »FRITZ | DORF | STADT – Kolonistendörfer in der Metropolregion«. Inhaltlicher Hintergrund war die Innere Kolonisation, ein nationales Großprojekt Friedrichs II., durch das rund 400.000 Menschen – Flüchtlinge aus ganz Europa – in Preußen neu angesiedelt und allein in der Region Berlin-Brandenburg etwa 500 neue Dörfer gegrün-

Der Ausstellungskubus »FRITZ | DORF | STADT – Kolonistendörfer in der Metropolregion«
Foto: [best], 2012

193
Urbanität und
kulturelles Erbe:
Zur Identität
der Stadtregion

100 JAHRE NACHBARSCHAFTEN
IN DER METROPOLREGION: KLEINMACHNOW & ZEHLENDORF

Die Ausstellung nimmt zum ersten Mal die gemeinsame Geschichte der der Brandenburgischen Gemeinde Kleinmachnow und des Berliner Ortsteils Zehlendorf in den Blick. Es werden parallele Entwicklungs-, Bau- und Siedlungsmuster dargestellt, ebenso wie lebensweltliche Ähnlichkeiten. Zugleich offenbaren sich Unterschiede und Konkurrenzen innerhalb der beiden Wohnvororte.

WOHNST DU NOCH ODER LEBST DU SCHON IM GRÜNEN?

Mit besonderer Vehemenz stellte sich diese Frage in der ersten Hälfte des 20. Jahrhunderts. Heute stehen die Wohnangebote im Südwesten Berlins als gleichberechtigte Alternative neben denen der innerstädtischen Bezirke. Die Gemeinde Kleinmachnow und der Stadtteil Zehlendorf offerieren vielfältige städtische Wohnangebote. Das Ortsbild dominieren nicht dichte, mehrgeschossige Wohnhäuser wie in der Innenstadt, sondern Reihenhäuser, Doppelhäuser, Typenhäuser oder individuelle Einfamilienhäuser im Grünen. Das bauliche Erbe beider Gemeinden umfasst unterschiedlichste Wohntypen, aus denen sich breit gemischte Bewohner-Strukturen ergeben.

STILVIELFALT ALS HISTORISCHES ERBE

Die Ausstellung zeigt auch die enorme Stilvielfalt bei der Hausgestaltung in der ersten Hälfte des 20. Jahrhunderts. Das Spektrum reicht von luxuriösen Villen der Kaiserzeit, über Kleinhäusern der frühen 1920er Jahre bis hin zu progressiven Einfamilienhäusern und zutiefst konservativen Zeilensiedlungen der 1930er Jahre. Englischer Landhausstil findet sich ebenso wie der Reformstil der sich auf die Zeit um 1800 bezieht. Häuser der progressiven Moderne finden sich neben Beispielen für den baubehördlich verordneten Konservatismus in den 1930er Jahren.

NACHHALTIGE ENTWICKLUNG DER METROPOLREGION DURCH DIE BAHN

Entscheidende Bedeutung beim Start der dezentralen, städtischen Wohngebiete hatte der effiziente Schnellbahnverkehr. Schnellbahnverbindungen zur Innenstadt gaben entscheidende Impulse für die attraktive und nachhaltige Entwicklung dieser Wohngebiete in der Metropolregion. Sie gilt es auch in Zukunft weiter zu stärken.

01 KLEINMACHNOW UND ZEHLENDORF AUS DER VOGELPERSPEKTIVE, WERBESCHAUBILD VON MAX SCHAMMLER, 1933

02 VILLENKOLONIE ZEHLENDORF-WEST AUS DER VOGELPERSPEKTIVE, WERBESCHAUBILD DER ZEHLENDORF-WEST TERRAIN AG, UM 1910

Ausstellung »100 Jahre Nachbarschaften in der Metropolregion: Kleinmachnow & Zehlendorf«, Überblick Siedlungspaare. Layout: realbrands design, Berlin det wurden. Ein mobiler Ausstellungskubus zeigte Geschichte und Gegenwart von vier dieser Dörfer. Die Ausstellung machte den erstaunlichen Wandel im Urbanisierungsprozess der Städte Potsdam und Berlin sichtbar und befasste sich mit der aktuellen Bedeutung der bis heute gut erhaltenen dörflichen Strukturen in der Großstadtregion. Der Würfel wurde im Verlauf eines Jahres an vielen Stellen in der Stadtregion und in den Hauptstädten Potsdam und Berlin präsentiert.[2]

Im Jahr 2010 entstand das Projekt »100 Jahre Nachbarschaften in der Metropolregion. Kleinmachnow and Zehlendorf«. Obwohl die benachbarten Gemeinden siedlungshistorisch ähnlich geprägt sind und im Alltag vielfältige Berührungsflächen bestehen, ist die Kommunikation über die Landesgrenze hinweg von Vorurteilen und Ressentiments belastet. Die Entwicklung des Siedlungsmosaiks wurde zum Ausgangspunkt einer Ausstellung, die jeweils gleichzeitig entwickelte Terrains vergleichend einander gegenüberstellte. Auch hier war die dichte Einbindung in lokale und überörtliche Zusammenhänge entscheidend: Die Ausstellung wurde nacheinander in den Rathäusern der Gemeinden gezeigt und jeweils von den Bürgermeistern und weiteren lokalen Repräsentanten eröffnet.[3] Als Begleitveranstaltung der Ausstellung Stadtvisionen 1910|2010 an der TU Berlin war sie in übergeordnete Diskurse zur Entwicklung der Großstadtregion integriert. Entscheidend für das Gelingen der zwischen Planung und Kulturvermittlung angelegten Projekte war die enge Zusammenarbeit einer Vielzahl lokal und überörtlich agierender Akteure.[4]

Sowohl-als-auch: Gestaltung eigenständiger Teile und der Stadt als Ganzes

Diese Projekte sind als Kulturprojekte zugleich Teil der stadtregionalen Planungspraxis. Ihre Ergebnisse stehen als Ergänzung klassischer Datensammlungen, als Wissensspeicher und Planungshilfe zur Verfügung. Sie leisten einen wichtigen Beitrag zur Lesbarkeit, Begreifbarkeit und »inneren Verfügbarkeit« (Sieverts 1997) der Stadtregion.

Lokale Ereignisse, Landmarken, baukulturelles Erbe, Geschichtslandschaften, Erzählungen, Inszenierungen bilden ein fragmentiertes, teilweise verborgenes Informationssystem in der Peripherie von Städten. Diese Informationen sind vor Ort stark nachgefragt. Denn die kaum sichtbaren, teilweise schwer zugänglichen und verknüpfbaren Hinweise auf historisch gewachsene naturräumliche, technische und soziokulturelle Zusammenhänge sind Grundlage lokaler Identität, und zu Recht vermuten Bewohner und Bewohnerinnen darin Orientierungshilfen. So gilt es, historische, visuelle und haptisch erfahrbare Spuren aufzudecken und sie in sinnvollen Projekten am jeweiligen Ort erkennbar und erfahrbar zu machen, um sie schließlich in urbane Gesamtszenarien einzubetten. Denn die Stadt als Ganzes wieder in den Blick zu nehmen ist eine wichtige Voraussetzung für nachhaltige Entwicklungen in Stadtregionen. Dabei gewinnen die Verbindungen zwischen der Kernstadt und den sie umgebenden Regionen weiter an Bedeutung: auf der Ebene technischer Infrastrukturen, insbesondere des öffentlichen Nahverkehrs, im Bereich der Governance (vgl. Repp et al. 2012), sowie in Bezug auf stadtregionale Selbst- und Fremdbilder, die auf raumbezogenen Identitäten beruhen.

Nimmt man die Stärkung lokaler Identität in der Stadtregion als Planungsziel ernst, empfiehlt es sich, konventionelle Planungswerkzeuge und -strategien im Umgang mit suburbanen Räumen durch innovative und kreative Formen partizipativer Entdeckungs- und Gestaltungsprojekte zu ergänzen.

Anmerkungen

1 Dies macht auch der gerade erschienene »Suburbia Atlas« sichtbar: die Kartierung einer Vielzahl von Themenbereichen liefert ein dichtes Bild vielschichtiger Zusammenhänge im Hamburger Verflechtungsraum. Besonders interessant sind neben den klassischen Darstellungen etwa zu Nutzungsstrukturen, Siedlungsentwicklung und Bevölkerungsdichte, differenziertere Erhebungen zum Wohnen (Mobilitätskosten), regionalen Formen der Zusammenarbeit (kooperative Governance), sowie kulturelle Bewertungen des suburbanen Raums (mediale Präsenz und Fast-Food-Architektur). Die komplexen Raumbeobachtungen machen zugleich deutlich, dass eine auf Pendlerströmen basierende räumliche Abgrenzung des urbanen Umlands zu kurz greift und vor allem nach innen (in die Stadt hinein) wertvolles Erklärungspotenzial verschenkt (HCU 2013).
2 Die Ausstellung »FRITZ | DORF | STADT – Kolonistendörfer in der Metropolregion« fand von Juni bis Dezember 2012 an Stationen in Potsdam-Babelsberg, Erkner und Berlin (Friedrichshagen, Neukölln, Mitte) statt.
3 Die Ausstellung »100 Jahre Nachbarschaften in der Metropolregion: Kleinmachnow & Zehlendorf« wurde im Dezember 2010 und im Januar 2011 in den Rathäusern von Zehlendorf und Kleinmachnow gezeigt. Die Exponate und Texte der Ausstellungen wurden in zwei Begleitpublikationen aufbereitet und verfügbar gemacht (Bröcker/Kress/Oelker 2012; Bröcker/Jüttemann/Kress 2011).
4 Dazu gehörten Ministerium für Infrastruktur und Landwirtschaft des Landes Brandenburg, Kulturland Brandenburg, Gemeinsame Landesplanung Berlin-Brandenburg, Senatsverwaltung für Stadtentwicklung und Umwelt Berlin, Center for Metropolitan Studies/Technische Universität Berlin, Stadtkontor GmbH, Gemeinde Kleinmachnow, Bezirk Steglitz-Zehlendorf von Berlin, sowie lokale Wohnungsbaugesellschaften.

Literatur

Aring, Jürgen: Suburbia – Postsuburbia – Zwischenstadt. Die jüngere Wohnsiedlungsentwicklung im Umland der großen Städte Westdeutschlands und Folgerungen für die Regionale Planung und Steuerung. Hannover 1999

Altrock, Uwe: Städtebau in der Bestandsentwicklung – vom Durchbruch nachmoderner Leitbilder bis zu Tendenzen hybriden Städtebaus. In: Jahrbuch Stadterneuerung 2012. Schwerpunkt »40 Jahre Städtebauförderung – 50 Jahre Nachmoderne«. Berlin 2012, S. 125–146

Becker, Annette; Jung, Karen; Schmal, Peter C.: New Urbanity. Die europäische Stadt im 21. Jahrhundert. München 2008

Bodenschatz, Harald; Laible, Ulrike (Hg.): Großstädte von morgen. Internationale Strategien des Stadtumbaus. Berlin 2008

Borsdorf, Axel: On the Way to Post-suburbia? Changing structures in the outskirts of European cities. In: Borsdorf, Axel; Zembri, Pierre (Hg.): European City Structures. Insights on Outskirts. Brüssel 2004, S. 7–30

Borsdorf, Axel; Zembri, Pierre (Hg.): European City Structures. Insights on Outskirts. Brüssel 2004

Brake, Klaus; Herfert, Günter (Hg.): Reurbanisierung. Materialität und Diskurs in Deutschland. Wiesbaden 2012

Brake, Klaus; Dangschat, Jens; Herfert, Günter (Hg.): Suburbanisierung in Deutschland. Aktuelle Tendenzen. Opladen 2001

Bröcker, Nicola; Jüttemann, Andreas; Kress, Celina: 100 Jahre Nachbarschaften in der Metropolregion: Kleinmachnow & Zehlendorf. Berlin 2011

Bröcker, Nicola; Kress, Celina; Oelker, Simone: FRITZ | DORF | STADT – Kolonistendörfer in der Metropolregion. Potsdam 2013 (2. Aufl.)

Eisinger, Angelus; Schneider, Michel (Hg.): Stadtland Schweiz. Untersuchungen und Fallstudien zur räumlichen Struktur und Entwicklung in der Schweiz. Basel, Boston, Berlin 2003

Frank, Susanne: Reurbanisierung als innere Suburbanisierung. In: Hill, Alexandra; Prossek, Achim (Hg.): Metropolis und Region. Dortmund 2012, S. 69–80

Geppert, Kurt; Gornig, Martin: Mehr Jobs, mehr Menschen: Die Anziehungskraft der großen Städte wächst. In: Wochenbericht des DIW Berlin, H. 19/2010, S. 2–10

Hartz, Andrea; Kühne, Olaf: Transformation von Stadtlandschaften: Ästhetisch-partizipative Planungsansätze. In: Altrock, Uwe; Hahne, Ulf; Reuther, Iris (Hg.): Gewinnen, Verlieren, Transformieren. Die europäischen Stadtregionen in Bewegung. Berlin 2011, S. 152–173

HCU (HafenCity Universität Hamburg), Fachgebiete Städtebau und Quartierplanung [Michael Koch et al.] sowie Stadtplanung und Regionalentwicklung [Jörg Knieling et al.] (Hg.): Suburbia-Atlas. Hamburg 2013

Helbrecht, Ilse; Dirksmeier, Peter: New Downtowns – eine neue Form der Zentralität und Urbanität in der Weltgesellschaft. In: Geographische Zeitschrift, Jg. 97, H. 2–3/2009, S. 60–76

Hesse, Markus; Schmitz, Stefan: Stadtentwicklung im Zeichen von »Auflösung« und Nachhaltigkeit. In: Informationen zur Raumentwicklung, H. 7–8/1998, S. 435–453

Jacobs, Jane: The Death and Life of Great American Cities. New York 1961

Kress, Celina: Urbanität und Architektur: Zur »Rückeroberung der Stadt« im 20. Jahrhundert bis in die Gegenwart. In: Informationen zur modernen Stadtgeschichte, H. 2/2012, S. 86–92

Läpple, Dieter: Phönix aus der Asche: Die Neuerfindung der Stadt. In: Berking, Helmut; Löw, Martina (Hg.): Die Wirklichkeit der Städte. Baden-Baden 2005, S. 397–413

Läpple, Dieter; Soyka, Andrea: Stadt – Zwischenstadt – Stadtregion: Raumwirtschaftliche Transformationen in der Stadtregion Frankfurt/Rhein-Main. Wuppertal 2007

Lynch, Kevin: The Image of the City. Cambridge/Mass. 1960

Matthiesen, Ulf (Hg.): An den Rändern der deutschen Hauptstadt. Opladen 2002.

Menzl, Marcus: Die Vielfalt von Lebensentwürfen in »trägen Raumstrukturen« – Sind suburbane Räume erneuerungsfähig? In: Herrmann, Heike; Keller, Carsten; Neef, Rainer; Ruhne, Renate (Hg.): Die Besonderheit des Städtischen. Wiesbaden 2011, S. 301–319

Phelps, Nicholas A.; Parsons, Nick; Ballas, Dimitris; Dowling, Andrew: Post-Suburban Europe. Planning and Politics at the Margins of Europe's Capital Cities. New York 2006

Repp, Annegret; Zscheischler, Jana; Weith, Thomas; et al.: Urban-rurale Verflechtungen. Analytische Zugänge und Governance-Diskurs. Nachhaltiges Landmanagement, Diskussionspapier Nr. 4. Zentrum für Agrarlandschaftsforschung (ZALF), Müncheberg 2012 [http://modul-b.nachhaltiges-landmanagement.de/fileadmin/user_upload/Dokumente/Papers/Repp2012_Urban-rurale_Verflechtungen.pdf]

Rossi, Aldo: La città e la periferia. In: Casabella 253, 1961, S. 22–26

Rossi, Aldo: L'Architettura della Città. Padua 1966

Salin, Edgar: Urbanität. In: Deutscher Städtetag (Hg.): Erneuerung unserer Städte. Referate, Aussprachen und Ergebnisse der Augsburger Hauptversammlung des Deutschen Städtetages 1960. Augsburg 1960, S. 9–34

Schenk, Winfried; Kühn, Manfred; Leibenath, Markus; Tzschaschel, Sabine (Hg.): Suburbane Räume als Kulturlandschaften (Forschungs- und Sitzungsberichte der ARL 236). Hannover 2012

Sieverts, Thomas: Zur Lesbarkeit und inneren Verfügbarkeit der Stadtregion Berlin als Lebensraum. In: Mahnken, Gerhard (Hg.): Raum und Identität. Potentiale und Konflikte in der Stadt- und Regionalentwicklung. Erkner b. Berlin 1997, S. 53–69

Sieverts, Thomas: Zwischenstadt: zwischen Ort und Welt, Raum und Zeit, Stadt und Land. Boston, Berlin 1999 (3. Aufl.)

Sieverts, Thomas; Koch, Michael; Stein, Ursula; Steinbusch, Michael: Zwischenstadt – inzwischen Stadt? Entdecken, Begreifen, Verändern. Querschnittsband. Wuppertal 2005

Volker Kreibich und Sabine Baumgart
Steuerung der Siedlungsentwicklung in mega-urbanen Regionen – Lernen von Robert Schmidt?

Im beginnenden 21. Jahrhundert sind unter dem Einfluss der Globalisierung von Wirtschafts- und Finanzbeziehungen ähnliche Entwicklungslinien für das weltweite Städtewachstum zu erkennen wie zur Zeit der Industrialisierung im Ruhrgebiet. Der Beitrag fragt nach raumbezogenen Ähnlichkeiten und Unterschieden der Urbanisierung im 19./20. und 21. Jahrhundert und ihrer planerischen Steuerung.

Die Urbanisierung des Ruhrkohlenbezirks zur Zeit Robert Schmidts

Die Bevölkerung des Ruhrgebiets wuchs während der Industrialisierung ähnlich schnell wie die Einwohnerzahl in den heutigen mega-urbanen Agglomerationen. In den Großstädten der Emscher- und Wupperzone wurden städtische »Bevölkerungsdichtigkeiten« von durchschnittlich 124 »Seelen pro Hektar« bzw. 12.400 EW/km^2 überschritten; in den Altstädten dieser Großstädte wurden sogar Dichten um 25.000 EW/km^2 erreicht (Schmidt 1912, 24). Die frühindustrielle Urbanisierung der Ruhrregion erfolgte unter drei Rahmenbedingungen, die bei der Frage nach der Übertragbarkeit der Erkenntnisse Robert Schmidts auf aktuelle globale Verstädterungsprozesse zu beachten sind:
– Die Verstädterung ging Hand in Hand mit hohem Wirtschaftswachstum, stetigem Arbeitsplatzausbau und kontinuierlichem Rückgang der Massenarmut.
– Der öffentliche Sektor und teilweise auch Unternehmen der Großindustrie engagierten sich zunehmend in der Bereitstellung der primären Versorgungsinfrastruktur.
– Die Siedlungsentwicklung folgte zwar den Investitionsvorhaben der Montanindustrie, wurde aber auf der Bebauungsplanebene bis in kleinste Details von staatlichen und kommunalen Vorgaben geregelt.

Die öffentliche Hand war ein aktiver, effektiver und effizienter »Player« im Prozess der frühindustriellen Urbanisierung im Ruhrgebiet.

Schutz von Grün- und Erholungsflächen im Interesse der Volksgesundheit

Die ehemals dörfliche, von der Montanindustrie überformte Siedlungsstruktur des Ruhrkohlenbezirks umfasste ausgedehnte Grünflächen, die sich für eine räumliche Gliederung des vorhersehbaren weiteren Siedlungswachstums geradezu anboten. Die Freihaltung dieser Grünflächen und die Planung von Freiräumen mit einem »systematischen Klein- und Großgrünflächennetz« (Schmidt 1912, 90) bildete die zentrale Strategie des General-Siedelungsplans von Robert Schmidt. In Anlehnung an das Vorsorgeprinzip »kommt es bei den Grünflächen darauf an, die Kosten, die sicherlich entstehen werden, durch das vorläufige Freihalten später auf ein Minimum herabzudrücken« (ebd.). Zur Begründung seiner weitreichenden und weit vorausschauenden Planungsvision bezog sich Robert Schmidt auf verschiedene Ursachenkomplexe, die alle letztlich mit dem Ziel einer Verbesserung der Volksgesundheit zusammenhängen.

Gesundheitsvorsorge war für Robert Schmidt das Leitthema für die stadtregionale Entwicklung mit Blick auf Grünflächen, Dichten und Infrastruktur: »Wo die Sonne hinkommt, braucht der Arzt nicht hinzugehen« (ebd., 54). Er sah Licht, Luft, Besonnung als zentrale Elemente der räumlichen Planung von Siedlungs- und Grünflächen; dazu gehörten auch das Freihalten von Grünzügen von Bebauung, auch wenn er dies als einen »scharfen Eingriff in das Privateigentum« (ebd., 67) bewertete, sowie der Schutz großer zusammenhängender Grünflächen außerhalb der Siedlungsbereiche: »Aufgabe der Planung wird es sein müssen, aus diesen Großgrünflächen durch Erhaltung, Ergänzung und insbesondere durch Verkehrsverbesserungen den notwendigen Vorteil für die Bevölkerung zu ziehen« (ebd., 68).

Es wird zu prüfen sein, ob die analytischen Einsichten und planerischen Schlussfolgerungen Robert Schmidts auch in den viel größeren und noch dynamischer wachsenden mega-urbanen Agglomerationen von heute ihre Relevanz behalten.

Phänomene der gegenwärtigen Mega-Urbanisierung

Das zukünftige Bevölkerungswachstum wird sich fast ausschließlich in den Städten der Entwicklungsländer und mit abnehmender Dynamik in denen der Schwellenländer konzentrieren. Erstmals in der menschlichen Geschichte erfolgt eine Verstädterung *von* Armut und eine Verstädterung *in* Armut.

Im Hinblick auf unsere Fragestellung nach der Steuerung der Siedlungsentwicklung interessieren vor allem die Städte mit Hyperwachstum in den Entwicklungsländern (Afrika, Südasien), also solche mit hohem natürlichen Bevölkerungswachstum, starker Zuwanderung, geringem Wirtschaftswachstum, partieller globaler Integration und schwacher Siedlungsplanung. Die formalen Instrumente für die hoheitliche Planung der Siedlungsentwicklung sind zwar weitgehend vorhanden, können aber nicht wirksam eingesetzt werden. In den armen Städten des globalen Südens wird die Siedlungsentwicklung wegen der Unwirksamkeit staatlicher Institutionen deshalb weitgehend ohne hoheitliche Planung mit informellen institutionellen Strukturen und Prozessen (»informality as an organizing logic«, Roy 2005, 147) geregelt.

Die Mehrdeutigkeit dieses Begriffs, dessen planungstheoretischer Bedeutungsgehalt von kommunikativer Planung (so wird der Begriff auch vom RVR verwendet) über Selbsthilfe-Konzepte und -Strategien einzelner Bevölkerungsgruppen bis zur Illegalität (Korruption und Kriminalität) reicht, begründete in den zurückliegenden zehn Jahren eine neue interdisziplinäre Forschungsrichtung (zur Einordnung des Phänomens siehe Baumgart/Kreibich 2012).

In den Großstädten in Afrika südlich der Sahara und ähnlich in mega-urbanen Agglomerationen in Süd- und Südostasien werden die meisten Wohn- und Gewerbegebäude ohne Baugenehmigung auf Grundstücken ohne Grundbucheintrag errichtet. Die Flächen sind nicht für Wohn- oder Gewerbenutzung ausgewiesen und nur unzureichend

Bevölkerungsentwicklung im Ruhrgebiet

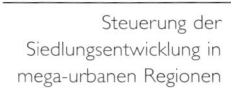

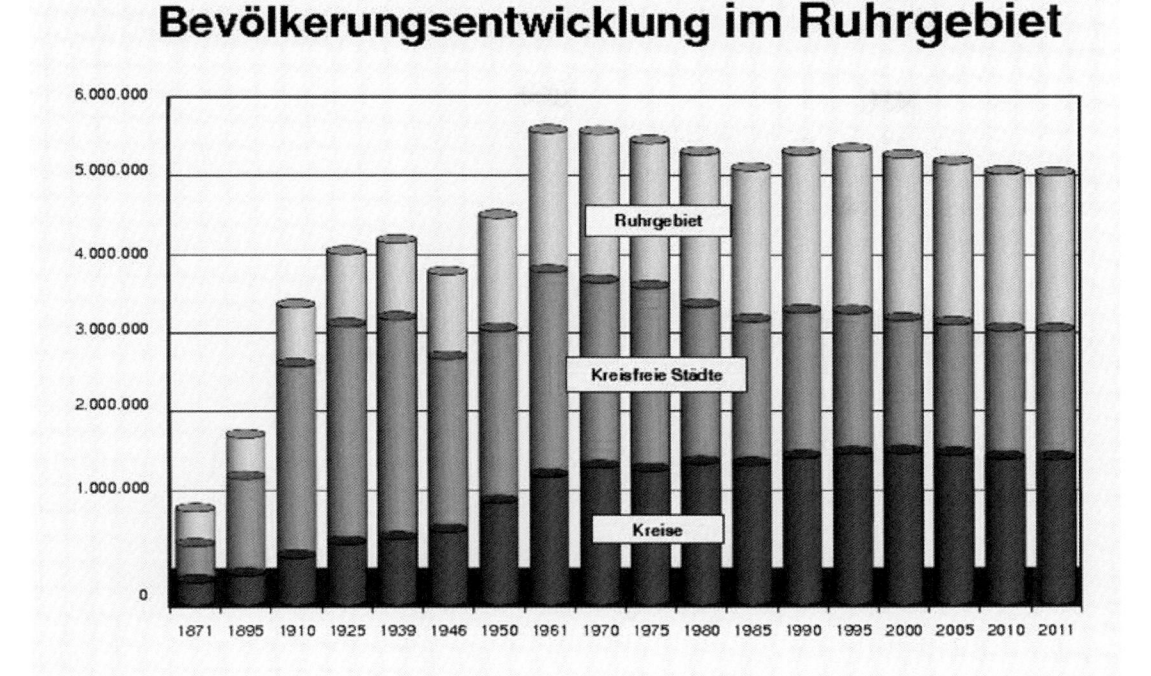

Verstädterung nach Entwicklungsstand (Stadtbevölkerung in %)
Quelle: UN 2010

an öffentliche Infrastrukturen angebunden. Trotzdem versinken diese Städte nicht im Chaos, sondern verfügen über eine Funktionalität, die in weiten Teilen ausreicht, um ein Basisniveau für die Faktor-Allokation und die städtische Mobilität zu gewährleisten, das Wachstum nationaler Volkswirtschaften zu fördern und eine minimale Grundversorgung und den Lebensunterhalt – wenn auch vielfach unter prekären Bedingungen – für Millionen Menschen zu sichern. Dieser scheinbare Widerspruch löst sich auf, wenn der Beitrag städtischer Informalität angemessen gewürdigt wird. Das Fehlen hoheitlicher Planung und Regulierung wird durch »›extra-legale‹ Regulationssysteme« (Roy/Al Sayyad 2004, 26) kompensiert, mit denen die Entwicklung funktionaler Siedlungsstrukturen und die Grundversorgung der unteren Einkommensgruppen erzielt werden kann – ohne hoheitliche Planung, sondern angeleitet von der »unsichtbaren Hand« informeller Institutionen, die von der Gemeinschaft der Siedler verwaltet werden (Kreibich 2010).

Bei der Gründung neuer Siedlungen werden häufig auch Flächen für gemeinschaftliche Nutzungen (wie Friedhöfe, Märkte, Schulen und Versammlungsplätze) trotz hohen Siedlungsdrucks freigehalten, weil Konsens darüber hergestellt werden kann, dass sie für die Versorgung und die Gemeinschaft notwendig sind, beispielsweise zum Fußballspiel oder für Friedhöfe oder Schulen. Die »unsichtbare Hand« der informellen Planung ist aber nicht in der Lage, großräumige Freiflächen wie Parks, Grünzüge oder Versorgungstrassen planerisch zu sichern und von Bebauung freizuhalten. Mit wachsendem Siedlungsdruck und steigenden Bodenwerten wachsen die Siedlungsränder sogar in Flächen hinein, die anfangs wegen der Gefahr von Überflutungen, Hangrutschungen oder wegen kultureller Tabus (z.B. Heilige Wälder) für bauliche Nutzungen gemieden wurden.

In der folgenden Entwicklungsphase der Konsolidierung nimmt vor allem in Siedlungen mit armen Bewohnern mit der Nachverdichtung die soziale und ethnische Heterogenität zu; damit schwindet der Zusammenhalt der Siedlergemeinschaft. Mit den schnell steigenden Bodenwerten wächst der Druck auf verbliebene Frei- und Restflächen, bis Versammlungsplätze, Verbindungswege und sogar Friedhöfe von den Rändern her bebaut werden und ihre Versorgungsfunktion verlieren. Märkte müssen aufgegeben werden und Erschließungsstraßen werden unterbrochen. Als öffentliche Räume bleiben nur noch die Verkehrsflächen übrig, die aber noch zusätzliche Funktionen der Grund- und Nahversorgung, vor allem durch Straßenhändler, übernehmen müssen.

Häufig bildet sich erst im Zuge der Nachverdichtung die charakteristische Morphologie von Armensiedlungen heraus: mit niedriger, aber dichter Bebauung ohne Freiflächen, mit großen Quartieren ohne Erschließung und mit unzureichender Versorgung. Eine Nachrüstung mit leitungsgebundener Infrastruktur (Wasser, Abwasser) ist wegen fehlender linearer Freiraumstrukturen unverhältnismäßig teuer. Die Einrichtung sozialer Versorgungseinrichtungen (Schulen, Kliniken) und wohnungsnaher Grün- und Freiflächen scheitert häufig an hohen Grunderwerbskosten oder ineffizienten Enteignungsverfahren. Das gilt vor allem für die nachträgliche Ausweisung und Bereitstellung von Parks und großräumigen Freiflächen.

Die meisten großstädtischen Agglomerationen im globalen Süden verfügen deshalb kaum über wohnungsnahe oder großflächige öffentliche Grün- oder Freiflächen, und den Stadtregionen fehlen gliedernde Freiräume. Halböffentliche Grünflächen, oftmals in wenig gepflegtem Zustand, finden sich noch vereinzelt in Tempel- oder Palastanlagen oder in räumlicher Verknüpfung mit öffentlichen Einrichtungen wie einem Universitätscampus oder entlang von Flussufern. Halböffentliche Platzanlagen – meist überdacht und klimatisiert – bieten die *Malls* der neuen Einkaufszentren an zentralen Verkehrsknotenpunkten. Dorthin zieht sich die wohlhabende Mittel- und reiche Oberschicht ebenso zurück wie zum Wohnen in die privaten Grünanlagen ihrer *gated communities*.

Mit der Strategie einer flächenbezogenen Vorsorgepolitik der öffentlichen Hand, die zur Gründung des Ruhrkohlenbezirks führte, war Robert Schmidt in großem Umfang erfolgreich. Noch heute prägen die regionalen Grünzüge, die damals ausgewiesen wurden und bis heute gesichert werden, die Siedlungsstruktur des Ruhrgebiets. In den Großstädten des armen globalen Südens würde er damit allerdings scheitern, weil die öffentliche Hand nicht in der Lage ist, vorausschauende Flächensicherung zu betreiben und ausgewiesene Freiflächen vor Bebauung zu bewahren. Im Gegensatz zum preußischen Staat vor hundert Jahren ist es heutzutage den meisten Gebietskörperschaften in den armen Ländern nicht möglich, »den Ausbau [d.h. die Umsetzung des Generalsiedelungsplans; d.Verf.] durch systematisch verteilte Bauvorschriften zu sichern« (Schmidt 1912, 6).

Bereits die Lokalisierung und planerische Ausweisung großräumiger Grün- und Freiflächen stößt auf den Widerstand einflussreicher Landbesitzer oder wird von Spekulanten missbraucht, um in Erwartung späterer Preissteigerungen oder Enteignungsverfahren Schlüsselflächen zu erwerben. Robert Schmidt konnte dagegen die Macht des Staates aufbieten: »[Der General-Siedelungsplan] bestimmt zunächst, daß gewisse Landstreifen wie Bänder zwischen den Städten frei bleiben müssen. [...] Die Fläche kann genau so gut genutzt und zur Rente gebracht werden, wie das weiter zurück liegende sogenannte Hinterland,

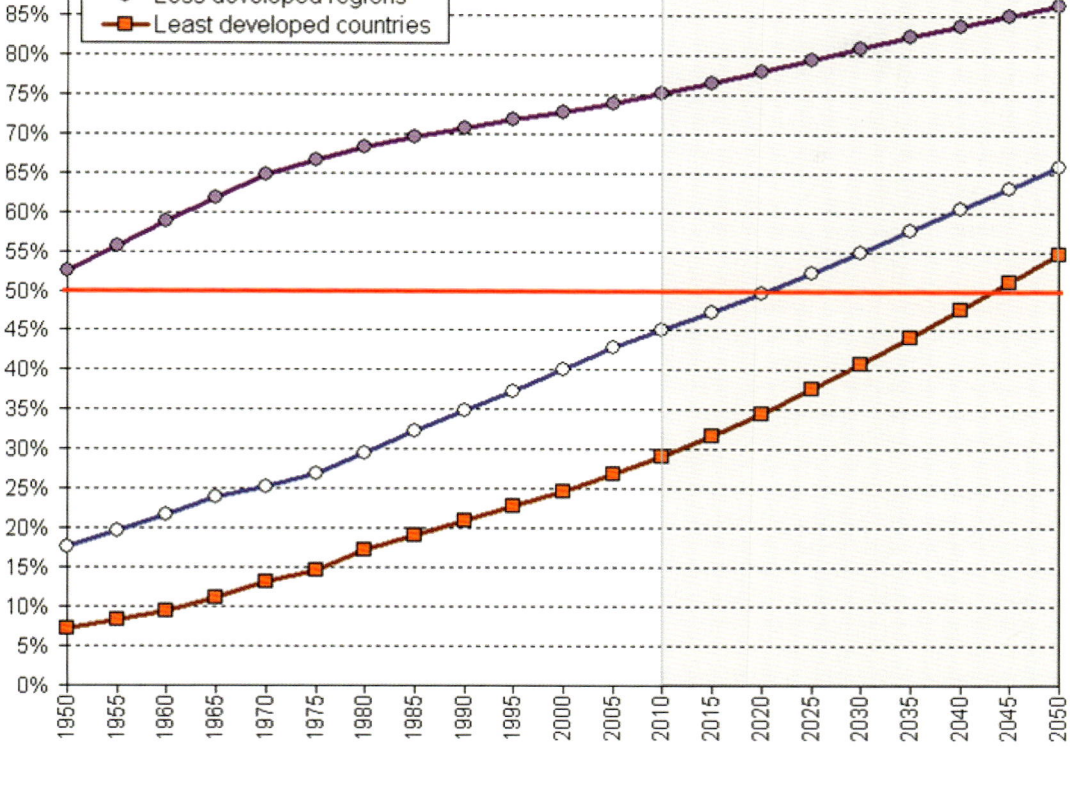

*Bevölkerungsentwicklung im Ruhrgebiet
Quelle: Regionalverband Ruhr/Team 3–1; zuletzt aktualisiert August 2012;
http://www.metropoleruhr.de/regionalverband-ruhr/statistik-analysen/statistik-trends/bevoelkerung/entwicklung.html*

darf aber auch aus diesem Grund später nicht etwa von intelligenten Taxatoren als Bauland geschätzt werden, wenn sie im öffentlichen Interesse in Anspruch genommen wird« (ebd.). Damit erkannte Robert Schmidt sogar die sozio-ökonomische Bedeutung von Zwischennutzungen für die langfristige Sicherung von Freiflächen.

Informality governance

Langfristig wirkungsvolle Strategien zur Entwicklung einer nachhaltigen Siedlungsstruktur in den mega-urbanen Agglomerationen des armen globalen Südens lassen sich nicht unmittelbar aus dem öffentlich-rechtlichen Planungsinstrumentarium des reichen globalen Nordens ableiten, auch wenn dieses formelle und informelle Instrumente verknüpft. Das klassische Regierungshandeln wird deshalb zunehmend geöffnet in Richtung einer vielseitigen Steuerungs- und Regelstruktur, bei der staatliche und gesellschaftliche Akteure zusammenwirken. Dabei müssen sich die Akteursbeziehungen durch die Übernahme hierarchischer, kompetitiver und kooperativer Arbeitsweisen verändern, die formelle wie informelle Elemente beinhalten.

Dieses Konzept, das ausweislich seiner Homepage auch vom Regionalverband Ruhr (RVR) verfolgt wird, würde den politisch-administrativen Akteuren in den explodierenden urbanen Agglomerationen der armen Länder die Möglichkeit bieten, ihre knappen Planungs- und Umsetzungsressourcen durch die Kooperation mit informellen Institutionen *at the grassroots* zu ergänzen. Sie müssten sich dazu auf eine Strategie einlassen, bei der »Steuerungssubjekt und -objekt sich nicht mehr eindeutig unterscheiden [lassen], weil die Regelungsadressaten selber am Entwerfen von Regeln und ihrer Durchsetzung mitwirken« (Mayntz 2004, o.S.). Der Begriff der *informality governance* ist vielleicht geeignet, dieses komplementäre Verhältnis von Regierenden bzw. Planern und Regierten bzw. Beplanten zu benennen. Er soll verdeutlichen, dass in gesellschaftlichen Milieus, die von Informalität geprägt sind, kluge Regierungsführung (bzw. Siedlungsplanung) sich auf die dazugehörigen Normen und Spielregeln einlassen muss.

Sie läuft dabei aber Gefahr, selbst korrumpiert zu werden. Eine notwendige Komponente von *informality governance* sind daher Kritik- und Kontrollmechanismen, die – anders als die *checks and balances* einer Gewaltenteilung in den klassischen Demokratien – nur außerparlamentarisch in einer wachsamen Zivilgesellschaft gefunden werden können. Ein erhellendes Beispiel und vordringlicher Anwendungsfall für *informality governance* ist die bereits von Robert Schmidt geforderte Sicherung von Frei- und Grünflächen vor Invasion, Besetzung, Zweckentfremdung und Bebauung. Wenn die öffentliche Hand die Aufgabe nicht leisten kann, muss sie sich Unterstützung bei Individuen und Gruppen suchen, die ein ähnliches Interesse haben, weil ihnen die Maßnahme Nutzen stiften würde. Ihre *vested interests* gilt es zu identifizieren, zu mobilisieren und partnerschaftlich in die hoheitliche Planung zu integrieren.

Fazit

Robert Schmidt erkannte bereits zu Beginn des 20. Jahrhunderts die Notwendigkeit einer koordinierten Siedlungsentwicklung, die benachbarte Gebietskörperschaften einschließt. Seine nach knapp hundert Jahren 2009 wieder aufgelegte Denkschrift für die Siedlungsplanung im rechtsrheinischen Teil des Regierungsbezirks Düsseldorf zeugt von fachlicher und politischer Aktualität der darin enthaltenen planerischen Aussagen für das Städtewachstum während der Industrialisierung im Ruhrgebiet im 19. bzw. der Metropole Ruhr im beginnenden 20. Jahrhundert. Sein Planungskonzept der Gliederung der sich schnell verdichtenden industriellen Agglomeration durch die langfristige Sicherung ausgewählter, noch vorhandener Grün- und Freiflächen hat sich bis heute bewährt. Bei seiner Umsetzung konnte er auf einen effizienten Verwaltungsapparat setzen, dem er mit dem General-Siedelungsplan und integrierten Bebauungsplänen ein geeignetes Instrumentarium an die Hand gab.

Seine Grundsätze und Begründungen können auch für die Planung der gegenwärtigen Verstädterungsprozesse in den mega-urbanen Agglomerationen des globalen Südens Gültigkeit beanspruchen. Das Implementationsdefizit in diesen ganz anders strukturierten politischen und gesellschaftlichen Milieus gilt es allerdings zu überbrücken. Seine Planungsstrategien müssen deshalb durch inklusive und partizipative Ansätze ergänzt werden, die in Anlehnung an neue Governance-Konzepte in der Lage sind, der vorherrschenden Informalität in den gesellschaftlichen Beziehungen aktiv zu begegnen. So kann es gelingen, die Knappheit der öffentlich-rechtlichen Ressourcen und ihre strukturell bedingte Fehlallokation wenigstens teilweise zu kompensieren und langfristig funktionsfähige Siedlungs- und Freiraumstrukturen in Agglomerationsräumen zu entwickeln.

Literatur

Baumgart, Sabine; Kreibich, Volker: Informal Urbanization – Historical and Geographical Perspectives. Guest Editorial. In: disP 187, H. 4/2012, S. 12–23

Kreibich, Volker: The invisible hand – Informal urbanisation in Tanzania. In: Geographische Rundschau International Edition, 6. Jg., H. 2/2010, S. 38–43

Mayntz, Renate: Governance Theory als fortentwickelte Steuerungstheorie? MPIfG Working Paper 04/1, Max-Planck-Institut für Gesellschaftsforschung, Berlin 2004 [URL: http://www.mpifg.de/pu/workpap/wp04-1/wp04-1.html; Zugriff am 20.07.12]

RVR (Regionalverband Ruhr): Informelle Planung im Verbandsgebiet des Regionalverbandes Ruhr [http://www.metropoleruhr.de/regionalverband-ruhr/informelle-planung.html; Zugriff am 20.7.2012]

Roy, Ananya; Al Sayyad, Nezar: Urban Informality: Transnational Perspectives from the Middle East, Latin America, and South Asia. Lanham 2004, S. 26

Roy, Ananya: Urban informality – towards an epistemology of planning. In: Journal of the American Planning Association (JAPA), 71.Jg., H. 2/2005, S. 147–158

Schmidt, Robert: Denkschrift betreffend Grundsätze zur Aufstellung eines General-Siedelungsplanes für den Regierungsbezirk Düsseldorf (rechtsheinisch). Essen 1912; Reprint Essen 2009

Stefan Goch
Am (vorläufigen) Ende der Ruhrstadt-Debatten
Perspektiven der Zusammenarbeit im Ruhrgebiet

Das Ruhrgebiet ist ein polyzentrischer, aus Industriedörfern zusammengewachsener Agglomerationsraum mit montanindustrieller Vergangenheit, in dem vielfach unkoordiniert gewachsene, komplexe Akteurskonstellationen bestehen. Wie schon in den früheren Phasen beschleunigten Wandels provoziert der Strukturwandel des Ruhrgebiets immer neue Debatten um die regionale Handlungsfähigkeit. Hierbei müssen im Sinne der Diskussion um so genannte *industrial districts* die vielfältigen Ursachen regional unterschiedlicher Entwicklungsprozesse einbezogen werden. Konkret ist also der Einfluss ökonomischer und sozialer Strukturen, historischer oder kultureller Eigenarten und politisch-administrativer Institutionen zu betrachten (Sengenberger/Pyke 1992, 2–29). Wenn nach den Perspektiven der Zusammenarbeit gefragt wird, ist – ausgehend von Zustandsbeschreibungen, von gemeinsamen Problemlagen der Region und einer Analyse der Akteurskonstellationen – nach Notwendigkeiten und Möglichkeiten gemeinsamen Handelns zu suchen, sowie nach den Politikfeldern, auf denen Kooperationsstrukturen (fort)entwickelt werden müssen.

Ökonomische und soziale Strukturen

Das Ruhrgebiet ist weitgehend ein Produkt des Industriezeitalters, insbesondere der Montanindustrie. Vor allem seit deren Niedergang befindet sich die Region in einem inzwischen Jahrzehnte währenden Strukturwandel. Trotz aller fortbestehenden Wirtschaftsprobleme und Vorurteile ist festzustellen, dass der die Montan- und andere Altindustrien betreffende Strukturwandel weitgehend vollzogen ist, sodass das Ruhrgebiet schon lange keine Montanregion mehr ist. Waren ehedem knapp 500.000 Bergleute im Einsatz, so sind es derzeit keine 20.000 mehr; auch in der Eisen- und Stahlindustrie sind nurmehr gut 20.000 Menschen von ehemals 220.000 im Kern dieser Branchen beschäftigt, und der ganze produzierende Sektor ist massiv geschrumpft. Der wirtschaftsstrukturelle Wandel wird deutlich an Veränderungen der Struktur der Erwerbstätigen und der Entwicklung der Arbeitslosenquoten. Das Ruhrgebiet ist danach, trotz gewisser Schwächen, in der differenzierten Dienstleistungs- und Wissensgesellschaft angekommen (Goch 2002).

Der Wandel des Ruhrgebiets produzierte nicht nur Dienstleister, neue Mittelschichten und »Modernisierungsgewinner«, sondern führte in der zuvor recht homogenen Arbeiterregion zur Ausdifferenzierung von Lebenslagen. Mit dem Strukturwandel und der Ausdehnung neuer wirtschaftlicher Aktivitäten erfolgte auch eine Deregulierung der Arbeitsbeziehungen mit weit reichenden Folgen. Die sich mit dem Wandel verschärfende Spaltung moderner Gesellschaften und wachsende soziale Ungleichheit zeigen sich zuerst und besonders in den Städten. Hier wird die soziale Polarisierung auch in den räumlichen Strukturen sichtbar. Jenseits der modernisierten Industrie- und Dienstleistungsgesellschaft und ihrer Mittelschichten haben sich im Ruhrgebiet – vor allem im Norden – Quartiere, Stadtteile oder auch nur Straßenzüge gebildet, in denen sich bei den »Modernisierungsverlierern« Armut und eine »Kultur der Armut« ausgebreitet haben. Aufgrund der Sozialleistungen sowie noch vorhandener Selbsthilfe-Potenziale findet eine Verslumung (noch) nicht statt. Die Gruppen der Verlierer des strukturellen Wandels und die Marginalisierten des Arbeitsmarktes sowie weitere an den Rand der städtischen Gesellschaften Gedrängten verfügen weder über größere Artikulations- noch über Organisationsfähigkeiten, haben keine Drohpotenziale oder Vetomacht und können sich schließlich auch aufgrund ihrer Heterogenität nicht einmal solidarisieren. So erweisen sie sich als wenig konfliktfähig und bleiben im Schatten der Gesellschaft.

Die Heterogenität der Lebenslagen folgt dabei den alten Entwicklungszonen des Bergbaus, das heißt mit eher prekären Verhältnissen in der Emscherzone, dem letzten Rückzugsgebiet der Montanwirtschaft, sodass es nicht erstaunlich ist, dass die quer durch das Ruhrgebiet verlaufende Autobahn A 40 eine Art »Sozialäquator« geworden ist (Bogumil et al. 2012, 21). Solch eine Segregation ist letztlich ein zwar normativ als unschön empfundenes, für Städte aber normales Phänomen. Was Robert Schmidt vor hundert Jahren bereits erkannte: Segregation, Segmentierung und Heterogenisierung der Ruhrgebietsbevölkerung im Raum der Region sind Ausdruck einer gesamtregionalen bzw. eben gesamtstädtischen Entwicklung.

Das Ruhrgebietsbewusstsein

Den Menschen im Ruhrgebiet ist offensichtlich ihre Zusammengehörigkeit bewusst: Nach allen Umfragen der zurückliegenden Jahre ist das Regionalbewusstsein der Bevölkerung mit großer Konstanz ein einendes Element in der Region, wenn auch mit nachlassender Kraft an den Rändern und deutlichen Begrenzungen bei den Bevölkerungsgruppen mit einer jüngeren Zuwanderungsgeschichte. In der regionalen Identität und im Regionalbewusstsein der Bevölkerung spiegelt sich die relativ einheitliche Entwicklung des Wirtschafts- und Sozialraums wider. Unabhängig von allen Differenzierungen haben sich in der Bevölkerung, die sich selbst als relativ homogen versteht, eine Reihe von gemeinsamen Selbstbildern und Mentalitäten herausgebildet. Dazu zählen die Hoffnung auf Kooperation und Kompromiss, das Vertrauen in einen arbeitnehmerorientierten Korporatismus, sowie eine Grundorientierung an Solidarität und Gerechtigkeit. Unterstützend wirken hierbei auch der ausgesprochene Pragmatismus und eine politische Kultur, die durch Gewerkschaften, Sozialkatholizismus, eine eher unideologische Sozialdemokratie und einen sozialstaatlichen Grundkonsens geprägt wurde. Allerdings ist das Ruhrgebietsbewusstsein mehr rückwärtsgewandt und auch geprägt durch eine kollektive Erinnerung an eine inzwischen eher etwas verklärte montanindustrielle Vergangenheit (Heinemann 2003, 56–58). Wer im Ruhrgebiet zuhause ist und sich als »Ruhri« versteht, kann eher sagen, wo er herkommt, als beschreiben, was das Ruhrgebiet ist und wo es hingeht bzw. hingehen will.

Die Idee von der Ruhrstadt

In der jüngsten Vergangenheit sprachen sich bei Befragungen jeweils über zwei Drittel der Menschen im Ruhrgebiet für eine stärkere administrative Vereinheitlichung im Ruhrgebiet aus, noch stärker in den Bildungsschichten (Initiativkreis 2012, 43 ff.; Bochumer Institut 2002). Diese »Ruhris« wurden wesentliche Träger der öffentlichen Debatten über eine gemeinsame »Ruhrstadt« (Borsdorf et al. 2007; Tenfelde 1997, 550). Im Jahr 2003 war man schließlich in der Diskussion um eine Neustrukturierung der »Handlungsarena Ruhrgebiet« und die Reformierung der politischen und administrativen Strukturen im Land Nordrhein-Westfalen so weit vorangekommen, dass alle Parteien sich darauf einigen konnten, ab 2004 einen »Regionalverband Ruhr« (RVR) zu schaffen, der aus dem »Kommunalverband Ruhrgebiet« (KVR) hervorging und weitergehende Kompetenzen bekam. Der Verbleib der Planungskompetenzen bei den drei Bezirksregierungen blieb umstritten, da der Regionalverband der 53 Kommunen und vier Kreise des Ruhrgebiets die einzige Einrichtung blieb, in der über alle Grenzen und Konkurrenzen hinweg gesamtregionale Probleme hätten angegangen werden können (Petzinger et al. 2009, 149). Nicht vergessen war, dass der KVR selbst eine Nachfolgelösung für den älteren, 1920 gegründeten Siedlungsverband Ruhrkohlenbezirk (SVR) war, der wiederum die jetzt umstrittenen überörtlichen Planungskompetenzen besessen hatte. Nach mehr als 34 Jahren erhielt der RVR dann am 21. Oktober 2009 die regionale Planungshoheit für das Verbandsgebiet zurück; die Verbandsversammlung des RVR ist nun auch Planungsrat für das Ruhrgebiet. Angesichts der in zahlreichen Projekten bewiesenen Kooperationsfähigkeit der Akteure des Ruhrgebiets verschlossen sich nun auch die Landesparteien nicht mehr der Forderung nach (Rück)Übertragung der Planungshoheit in die Region.

Die Angst vor der Ruhrstadt

An konkreter Zusammenarbeit werden die Akteure der Region auch weiterhin durch zahlreiche politisch-administrative und institutionelle Strukturen gehindert; zumindest wird Kooperation erschwert. Dies zeigt ein (unvollständiger) Blick auf die unterschiedlichen, das Ruhrgebiet teilenden oder auch Teile davon mit Nachbarregionen verbindenden Gebietsabgrenzungen aller möglichen Institutionen des Staates, der Wirtschaft, der Kultur usw. (Goch 2004; Blotevogel et al. 2009): 53 kommunale Einheiten, 3 Regierungsbezirke, 2 Landschaftsverbände, 6 Regionen der regionalisierten Strukturpolitik mit Regionalkonferenzen, 9 Agenturen für Arbeit (mit Integrationscentern), 7 Arbeitsmarktregionen, dutzende Strukturpolitikprogramme und -initiativen mit unterschiedlichen Abgrenzungen, verschiedenste Wirtschaftsfördereinrichtungen, gut 30 Technologiezentren, 6 Kulturregionen, 6 Industrie- und Handelskammern, 3 Handwerkskammern, diverse gewerkschaftliche Untergliederungen, diverse Untergliederungen der Parteien, 3 katholische Bistümer, 2 evangelische Landeskirchen, 2 Ärztekammern usw. Bezeichnend ist ebenfalls die mediale Zerrissenheit der Region, sowohl bei Funk und Fernsehen als auch im Bereich der Tageszeitungen. Insbesondere lokale Orientierungen und Defizite in diesem Bereich führen dazu, dass der Region und ihren Menschen jenseits klarer politisch-administrativer Strukturen verbindende Medien und Kommunikationsorte fehlen. Es ist schon erstaunlich, wie zerschnitten das Ruhrgebiet ist, und manches davon geht auf vorindustrielle Zeiten zurück oder auf die Jahrzehnte, in denen sich das Ruhrgebiet erst als wirtschaftsstrukturelle Einheit, getragen von den Interessen der Montanindustrie, entwickelte. Es ist gleichwohl nicht nur als Verschwörungstheorie abzutun, wenn man vermutet, dass die herrschenden Akteure aus Wirtschaft und Staat eher kein starkes, einiges Ruhrgebiet wollten und wollen. Eine »Ruhrstadt« würde ein knappes Drittel der NRW-Bevölkerung repräsentieren und wäre – einheitlich handelnd – ein starker Akteur neben Landesinstitutionen und -regierung sowie den vielen anderen Einrichtungen.

Kommunales Kirchturmdenken

Nach einer langen Geschichte kommunaler Neuordnungen bis in die 1970er Jahre stellen die manchmal geradezu willkürlich voneinander abgegrenzten heute 53 kommunalen Einheiten ein zentrales Hindernis für gemeinsames Handeln in der Region dar, und nicht ganz zu Unrecht wird immer wieder ein in der Region verbreitetes »Kirchturmdenken« angeprangert. Während sich im krisenhaften Strukturwandel die Runde der Revier (Ober-)Bürgermeister mindestens gegenüber potenziellen Geldgebern »zusammenraufen« konnte, auch Wohltaten untereinander aufteilen oder kooperatives Verhalten (wie wohl zuletzt beim Umbau des »Dortmunder U«) erkaufen konnte, ist dies inzwischen schwieriger geworden. Das 1999 endgültig eingeführte, vermeintlich so demokratische süddeutsche Modell der Kommunalverfassung hat teilräumliche Egoismen verstärkt, denn die nunmehr direkt gewählten (Ober-)Bürgermeister sind nun auf ein hohes Maß an Zustimmung ihrer Bürgerinnen und Bürger angewiesen, weshalb Kommunalpolitiker/innen (wieder) stärker mit Blick auf die lokale Wählerschaft am eigenen Kirchturm orientiert bleiben müssen. Gesamtregionale Interessen, die möglicherweise im Konflikt mit lokalen Belangen stehen, können so nicht berücksichtigt werden. Die Empfehlung eines Oberbürgermeisters an einen potenziellen Investor, dass die Stadt nebenan vielleicht das bessere Grundstück hat, wäre für ihn persönlich verhängnisvoll, auch wenn die eigenen Wähler später genau dort (in der Nachbarstadt) Arbeit finden könnten (Bogumil 2012, 136 ff.).

Bewältigung des Strukturwandels

Wenn denn das Ruhrgebiet nun mehr oder weniger absichtsvoll politisch-administrativ zersplittert ist, fragt sich, wie diese Region den Strukturwandel bei allen bestehenden Problemen doch recht erfolgreich bewältigen konnte. Bei der Beantwortung hilft eine Analyse mit dem forschungsleitenden Begriff *regional governance*. Der eher vieldeutige Begriff *governance* bezeichnet die weniger institutionalisierten, weniger formellen und weniger nach formalen Regeln ablaufenden Formen der Herbeiführung von politisch-administrativen Entscheidungen. Da die Akteure in Politik und Administration mit fortschreitender Differenzierung moderner Gesellschaften an Handlungsautonomie verlieren und zunehmend auf Kooperation angewiesen sind, mussten sich neben hierarchischen Verfahren neue Steuerungs- und Regulierungsmechanismen herausbilden, wie korporatistische Gremien, Netzwerke unterschiedlicher Art, marktförmige Prozesse, Public-Private-Partnerships und Monitoring.

Möglicherweise ist das polyzentrische Ruhrgebiet mit seinen korporatistischen Erfahrungen und Übungen zur Konsensbildung aus der montanmitbestimmten Schwerindustrie in besonderer Weise in der Lage, differenzierte Antworten auf die Herausforderungen des Wandels zu finden. Die polyzentrische Struktur erleichtert letztlich die Arbeit in Netzwerken und hat auch in der Vergangenheit schon Kooperationserfahrungen geschaffen, die ja keineswegs nur ineffizient waren (vgl. Reicher et al. 2011, 218 f.). Besonders erfolgreich war in dem nun seit fast zwei Generationen andauernden Strukturwandel die Strukturpolitik des Landes Nordrhein-Westfalen, die in einem Lernprozess Verfahren förderte, die regionale Potenziale, Kompetenzen und Kooperationsfähigkeiten nutzte – beispielsweise die regionalisierte Strukturpolitik oder die Internationale Bauausstellung Emscher Park als kooperationsorientiertes regionales Strukturprogramm im nördlichen Ruhrgebiet.

Fähigkeiten zu koordinierter Problembearbeitung über verschiedene Politikfelder hinweg zeigt das Ruhrgebiet auch beim Umgang mit den sozialen bzw. sozialräumlichen Folgen des Strukturwandels, wenn innovative strukturpolitische Projekte entwickelt wurden – z.B. von den früheren sozialen Brennpunkten zur Stadtteilerneuerung und zu »Stadtteilen mit besonderem Erneuerungsbedarf« und schließlich zur »Sozialen Stadt«. In diesen Zusammenhängen sind Prozesse der Dezentralisierung und Dekonzentrierung von politischen und administrativen Aufgaben sowie flexible Formen der Kooperation und Governance-Prozesse unter Einbeziehung unterschiedlichster Akteure und die regionalisierte Problembearbeitung als »Produktivkräfte« erkannt worden (Benz et al. 1999, 29 f.). Aufgabe der verschiedenen öffentlichen Institutionen ist es dabei, in Kooperation mit unterschiedlichen Partnern politikfeldübergreifend innovative Strukturen zu schaffen und solche motivationalen Ressourcen wie Kreativität, Partizipation und Flexibilität zu mobilisieren, die im Sinne einer umfassenden Organisation der Region das Klima für eine prosperierende regionale Entwicklung schaffen. Letztlich handelt es sich dabei um eine kooperative Strategie von jeweils aufeinander angewiesenen Partnern (Sengenberger/Pyke 1992, 25 ff.; Batt 1994, 224–228; Sabel 1992, 215–250).

Regional Governance als Erfolgsrezept und funktionale Differenzierung

Das Ruhrgebiet hat den Strukturwandel trotz aller Spaltungen mit zahlreichen an Konsens orientierten Zwischenschritten hinter sich gebracht – herausgekommen ist eine moderne differenzierte Gesellschaft. Also braucht das Ruhrgebiet im Unterschied zu früherer relativer Homogenität eine funktionale Differenzierung, die für die gesamte Region Synergieeffekte durch gemeinsame Aufgabenerledigung produzieren würde, die allerdings für die vielen kleinen Zentren im polyzentrischen Raum auch einige Veränderungen mit sich bringen dürfte. Zwischen den Teilräumen wird es zu Aufgabenteilungen kommen müssen, die wiederum gesamtregional abzustimmen sind. So sollten die Einkaufszentren unterschiedliche Ausrichtungen haben, die 30 Technologiezentren jeweils andere Arbeitsschwerpunkte entwickeln, Krankenhäuser, Schulen und viele andere Einrichtungen so genannte Alleinstellungsmerkmale erarbeiten. Ganz praktisch gibt es bereits zahlreiche teilräumliche Spezialisierungen und Kooperationen vom »Last

Mile Logistik Netzwerk« über Krankenhaus-Kooperationen bis zum »WiR – Wohnen im Revier« als Gemeinschaft kommunaler Wohnungsunternehmen. Ganz praktisch bestehen und agieren im Ruhrgebiet zahlreiche Kooperationen, die z.B. gerade von der Jury des Ideenwettbewerbs »Kooperation Ruhr« ausgezeichnet wurden, für den 123 Bewerbungen eingegangen waren (vgl. http://www.kooperation-ruhr.de). Solche Netzwerke vereinen unterschiedliche Gebietskörperschaften, andere Akteure des öffentlichen Sektors und Gruppen aus der Zivilgesellschaft. Rückschläge bei der Ausbildung funktionaler Differenzierungen im Ruhrgebiet gibt es allerdings gleichwohl immer wieder: Der Kulturbereich gilt nicht erst seit dem Großereignis der Kulturhauptstadt »RUHR.2010« als ein wichtiges Potenzial, deshalb bemühen sich viele Ruhrgebietsstädte um Investitionen in diesem Bereich, sodass sich nicht nur bei den Konzerthäusern inzwischen Doppelstrukturen ergeben haben.

Dabei könnte die polyzentrische Struktur des Ruhrgebiets als vermeintliche Schwäche des Ruhrgebiets eine Stärke in hoch differenzierten Gesellschaften sein. Eine »Ruhrstadt« kann multipolar bleiben – mit vielen Zentren für ganz unterschiedliche Interessen. Vielleicht ist ja gerade die eigentümliche Verbindung von mittlerweile erreichter Urbanität mit (natürlich nicht überall anzutreffender) kleinstädtischer, nachbarschaftsorientierter Siedlungs- und Wohnweise in den Stadtteilen zukunftsweisend. Möglicherweise verbindet sich so im Ruhrgebiet die Anonymität der Großstadt (und ihrer daraus resultierenden Freiheit und Ungebundenheit: »Stadtluft macht frei«) mit dem Wunsch nach Sicherheit und Geborgenheit in einer gemeinschaftlich orientierten Lebensweise.

Organisierte funktionale Differenzierung

Funktionale Differenzierung im Ruhrgebiet bedeutet auch, dass die jeweiligen Örtlichkeiten halbwegs gut zu erreichen sind. Damit ist auf das unzulängliche Verkehrsnetz des Ruhrgebiets verwiesen, insbesondere auf das des öffentlichen Nahverkehrs. Erschwerend wirkt, dass es bis heute keine gemeinsame Verkehrsgesellschaft für den Gesamtraum gibt, sondern weiterhin die verschiedenen historisch gewachsenen (kommunalen) Verkehrsbetriebe bestehen, deren Netze immer noch unzureichend miteinander verbunden sind – bis hin zum Fortbestand teilweise unterschiedlicher Spurweiten (Reicher et al. 2011, 96–101, 222 f.; Rh.-Westf. Institut 2012, 64 ff.).

Mit dem Hinweis auf das nur gesamtregional zu organisierende Verkehrssystem wird deutlich, dass funktionale Differenzierung und Zusammenarbeit im Ruhrgebiet nicht allein mit weichen bzw. nicht-institutionalisierten Kooperationsangeboten organisiert werden kann. Ohne harte Institutionalisierungen von Gemeinschaftsaufgaben wird es nicht gehen. Nicht nur beim Verkehr, gerade auch bei der Wirtschaftsförderung, bei der es um Geld, Arbeitsplätze und Entwicklungschancen geht, wird Zusammenarbeit institutionell abgesichert werden müssen. Funktionale Differenzierung muss bei aller Kooperationsfähigkeit organisiert werden. Da es Wirtschaftszweige gibt, auf deren Ausbau allerorts größere Hoffnungen gesetzt werden, wird auch über die Verteilung von entsprechenden Einrichtungen im Raum letztlich kooperativ zu entscheiden sein. Das gilt im Bereich der Kultur- und Kreativwirtschaft und in ähnlicher Weise für den Tourismus. Schließlich stellt die Schrumpfung der Bevölkerungszahlen im Ruhrgebiet die

Städte in der Region vor neue Herausforderungen, die wegen der damit verbundenen Verluste nicht so einfach freiwillig koordiniert werden dürften.

Zu berücksichtigen ist schließlich auch, dass freiwillige Zusammenarbeit über Aushandlungsprozesse zwischen verschiedenen Akteuren zustande kommt und damit in einer wenig demokratisch legitimierten Grauzone Vereinbarungen, Kooperationen und Konsens organisiert werden. An die Stelle öffentlicher Willensbildung tritt die eher vertrauliche Konsensbildung zwischen (Organisations-)Eliten ohnehin meist etablierter Interessengruppen. Letztlich werden Gleichbehandlungsgrundsätze unterlaufen und wird ein System asymmetrischen Zugangs zur Administration aufgebaut. Auch verwischen sich Verantwortlichkeiten in einem kooperativen Prozess von Beratung, Mitbestimmung, Mitentscheidung und Selbstverpflichtung für konkrete Entscheidungen bei gleichzeitiger Aushebelung von Sanktionsmechanismen (Voelzkow 1994, 355 f.; Blotevogel 1994, 26 f.; Malachewitz 1997, 240).

Eine klare institutionelle Überwindung der politisch-administrativen Zersplitterung des Ruhrgebiets bleibt also für zentrale Politikfelder eine Voraussetzung demokratischer regionaler Entwicklungspolitik. Dabei bedarf die Gestaltung eines handlungsfähigen Ruhrgebiets einer Vorstellung von zukünftiger Urbanität im Ballungsraum, die vor dem Hintergrund der Entwicklungsgeschichte der Region notwendig anders aussehen wird als andernorts, hier vor allem polyzentrisch und notwendig funktional differenziert. Konkret erforderlich ist die Schaffung einer Ebene regionaler Politik mit handlungsfähigen Institutionen und ausreichender demokratischer Legitimation – die Debatten sind also nicht am Ende!

Literatur

Akademie für Raumforschung und Landesplanung (ARL) (Hg.): Aktuelle Fragen der Landesentwicklung in Nordrhein-Westfalen. Hannover 1994

Batt, Helge-Lothar: Kooperative regionale Industriepolitik, Prozessuales und institutionelles Regieren am Beispiel von fünf regionalen Entwicklungsgesellschaften in der Bundesrepublik Deutschland. Frankfurt a.M. 1994

Bellers, Jürgen; Brunn, Gerhard; Frey, Rainer; Lademacher, Horst; Kämpfer, Thomas (Hg.): Interkommunale Zusammenarbeit. Münster 1997

Benz, Arthur; Fürst, Dietrich; Kilper, Heiderose; Rehfeld, Dieter (Hg.): Regionalisierung: Theorie, Praxis, Perspektiven. Opladen 1999

Blotevogel, Hans H.; Münter, Angelika; Terfrüchte, Thomas: Raumwissenschaftliche Studie zur Gliederung des Landes Nordrhein-Westfalen in regionale Kooperationsräume, Abschlussbericht. Dortmund 2009

Blotevogel, Hans-Heinrich: Neue Ansätze regionaler Entwicklungspolitik in Nordrhein-Westfalen. Erfahrungen mit der regionalisierten Strukturpolitik und Perspektiven ihrer Verknüpfung mit der Landes- und Regionalplanung. In: Akademie für Raumforschung und Landesplanung (ARL) (Hg.): Aktuelle Fragen der Landesentwicklung in Nordrhein-Westfalen. Hannover 1994, S. 15–40

Bochumer Institut für angewandte Kommunikationsforschung (BIFAK): Die große Ruhrgebiets-Umfrage. Bochum 2002

Bogumil, Jörg; Heinze, Rolf G.; Lehner, Franz; Strohmeier, Klaus Peter: Viel erreicht – wenig gewonnen. Ein realistischer Blick auf das Ruhrgebiet. Essen 2012

Borsdorf, Ulrich; Grütter, Theo; Nellen, Dieter (Hg.): Ruhrstadt. Zukunft mit Geschichte. Essen 2007

Bullmann, Udo (Hg.): Die Politik der dritten Ebene. Regionen im Europa der Union. Baden-Baden 1994

Goch, Stefan: Eine Region im Kampf mit dem Strukturwandel. Strukturpolitik und Bewältigung von Strukturwandel im Ruhrgebiet. Essen 2002

Goch, Stefan: Im Dschungel des Ruhrgebiets. Akteure und Politik in der Region. Bochum 2004

Heinemann, Ulrich: Industriekultur: Vom Nutzen zum Nachteil für das Ruhrgebiet. In: Industriedenkmalpflege und Geschichtskultur H. 1/2003, S. 56–58

Initiativkreis Ruhr/Forsa-Gesellschaft für Sozialforschung und statistische Analysen (Hg.): Das Bild des Ruhrgebiets. Ergebnisse einer Befragung von Bürgern innerhalb und außerhalb des Ruhrgebiets im Auftrag des Initiativkreises Ruhr GmbH. Berlin 2012

Ludwig, Jürgen; Mandel, Klaus; Schwieger, Christopher; Terizakis, Georgios (Hg.): Metropolregionen in Deutschland. 11 Beispiele für Regional Governance. Baden-Baden 2009, 2. Aufl.

Malachewitz, Michael: Regionalisierung. In: Bellers et al. 1997, S. 229–245

Petzinger, Tana; Schulte, Stephan; Scheytt, Oliver; Tum, Carsten: Regional Governance in der Metropole Ruhr. In: Ludwig et al. 2009, S. 143–156

Pyke, Frank; Sengenberger, Werner (Hg.): Industrial Districts and Local Economic Regeneration. Genf 1992

Reicher, Christa; Kunzmann, Klaus R.; Polívka, Jan; Roost, Frank; Utku, Yasemin; Wegener, Michael (Hg.): Schichten einer Region. Kartenstücke zur räumlichen Struktur des Ruhrgebiets. Berlin 2011

Rheinisch-Westfälisches Institut für Wirtschaftsforschung (Hg.): Den Wandel gestalten – Anreize für mehr Kooperationen im Ruhrgebiet, Endbericht. Projekt im Auftrag der RAG-Stiftung. Essen 2012

Sabel, Charles F.: Studied trust: Building new forms of co-operation in a volatile economy. In: Pyke/Sengenberger 1992, S. 215–250

Sengenberger, Werner; Pyke, Frank: Industrial Districts and Local Economic Regeneration: Research and Policy Issues. In: Pyke/Sengenberger 1992, S. 3–29

Tenfelde, Klaus: Ruhrstadt. Historische Prägung der Region. In: Gewerkschaftliche Monatshefte, Jg. 1997, S. 535–551

Voelzkow, Helmut: Prozedurale Innovationen in der Strukturpolitik auf Länderebene: Das Beispiel Nordrhein-Westfalen. In: Bullmann, Udo (Hg.): Die Politik der dritten Ebene, Regionen im Europa der Union. Baden-Baden 1994, S. 347–363

Klaus R. Kunzmann
Ruhrgebietslied

Das folgende Ruhrgebietslied ist keine Epos von Hass und Hinterlist, von Mord und Rache, von menschlichen Schwächen, die das Nibelungenlied beherrschen. Es ist auch keine Geschichte von Raumansprüchen externer Herrscher, sondern es ist der Versuch, die immerwährenden Bemühungen um den strukturellen Wandel der Region zwischen Sonsbeck und Hamm, zwischen Haltern am See und Breckerfeld zu bewerten und Pfade in die Zukunft der Region aufzuzeigen.

100 Jahre ist es her, dass Robert Schmidt in seiner »Denkschrift betreffend Grundsätze zur Aufstellung eines General-Siedelungsplanes« dafür plädierte, die räumliche Entwicklung des Ruhrgebietes durch einen gemeinsamen Regionalplan zu lenken, und diese nicht den Standort-Logiken der Bergbauunternehmen und Ruhrbarone und den ihnen zugeneigten Bürgermeistern und Stadtparlamenten zu überlassen (Schmidt 1912/2009, Benedict/Willamowski 2000). Die Anregung dazu gab der 1912 gegründete Zweckverband Groß Berlin, der allerdings schon 1920 wieder aufgelöst wurde. Dieser erste Regionalplan in der deutschen Geschichte der Raumplanung ist zum Mythos geworden. Doch im Ruhrgebiet ist heute wenig von der anspruchsvoll ordnenden Hand und noch weniger von dem visionären Geist Robert Schmidts zu sehen, der über die Grenzen Deutschlands hinaus so viel Aufmerksamkeit und Anerkennung gefunden hat (siehe dazu den Beitrag von Ursula von Petz in diesem Band). Vergessen wird dabei, dass es bereits im Jahre 1899 zwei Initiativen gab, die Region als funktionales Ganzes zu betrachten. Aus privatwirtschaftlicher Initiative entstand in diesem Jahr der Ruhrtalsperrenverband, der dann ab 1913 als öffentlich-rechtlicher Wasserverband die Wasserversorgung im Ruhrgebiet zu sichern hatte. Mit der Zielsetzung, Überschwemmungen und Seuchen zu vermeiden, wurde – ebenfalls im Jahr 1899 – die Emschergenossenschaft gegründet, die dann in den Folgejahren die Emscher regulierte und zum Abwasserkanal ausbaute; eine Maßnahme, die seit nun fast dreißig Jahren in einem großen Renaturierungsprogramm schrittweise wieder rückgängig gemacht wird. Beide Institutionen sind noch heute wichtige und einflussreiche Akteure regionaler Zusammenarbeit.

Zu Beginn des 21. Jahrhunderts ist die Raumstruktur der großen polyzentrischen Stadtlandschaft gekennzeichnet durch wenige große Zentren und Hunderte von kleinen Kernen (Reicher et al. 2011). Während die großen Zentren (Dortmund, Essen, Duisburg und Bochum) um Unternehmen, qualifizierte Arbeitskräfte und Ansehen konkurrieren, bemühen sich die kleinen und mittleren Städte, die enormen Herausforderungen des Strukturwandels sozialverträglich zu bewältigen. Die wachsenden sozialen und wirtschaftlichen Disparitäten zwischen den wohlhabenden Stadtteilen im Süden der Hellwegzone und der immer weiter zurückfallenden Emscherzone sind heute auch räumlich sichtbar. Die Nordwanderung des Bergbaus, die mit dem Auslaufen der Steinkohleförderung im Ruhrgebiet zum Stillstand gekommen ist, hat die Emscherzone als Verlierer zurückgelassen und die regionale Suburbanisierung im südlichen Münsterland gefördert (Ache et al. 1992). Dies konnten weder die Landesplanung, noch die Gebietentwicklungsplanung der Regierungspräsidenten, auch nicht die IBA Emscher Park ändern. Dies liegt sicher nicht an der administrativen Aufteilung des Ruhrgebietes auf drei Regierungsbezirke, sondern vor allem am inzwischen überholten Konzept der Gebietsentwicklungsplanung der Regierungspräsidenten in Arnsberg, Münster und Düsseldorf. Sie hat zwar die drohende Zersiedlung der Ruhrgebietsränder erfolgreich aufgehalten, doch sie konnte wenig an strategischer und zukunftsorientierter Regionalentwicklung entfalten; aus politischen Gründen sollte sie dies vermutlich auch nicht tun. Die auf der Handlungsebene darüber agierende Landesplanung des Landes NRW erhielt in den 1960er Jahren große Beachtung für ihre strategische Planung, und dies auch überregional. Regionale Entwicklungsachsen und zentrale Orte bestimmten lange die Strategien der Raumordnung in Deutschland, dem Ruhrgebiet aber konnten sie keine nennenswerte Orientierung geben. Diese Landesplanung hat sich im Laufe der Jahre immer weiter zurückgezogen und kaum noch Einfluss auf die räumliche Entwicklung der Region genommen. Auch der neuerliche Anlauf zu einer strategischen Regionalplanung, wie sie der Regionalverband Ruhr (RVR) unternimmt, wird daran nichts ändern können, selbst wenn er im Hinblick auf die Einbindung aller gesellschaftlichen Gruppen im Ruhrgebiet neue Wege beschreitet, die Anlass zur Hoffnung geben (siehe dazu den Beitrag von Tönnes und Wagener in diesem Band).

Der Regionalplan des Siedlungsverbands Ruhrkohlenbezirk (SVR) aus dem Jahre 1969 hat im Ruhrgebiet vor allem das Netz von Autobahnen abgesichert, ohne das die Region schon längst kollabiert wäre. Der Plan wollte die autogerechte Stadt im Ruhrgebiet verwirklichen und der Wirtschaft dienen. Er sollte das infrastrukturelle Rückgrat für einen polyzentralen Raum werden, mit einer abgestuften Hierarchie von Straßen zur verkehrlichen Erschließung urbaner Zentren und Subzentren. Der Plan von 1969 sah für die gesamte Region ein durchaus sinnvolles, rasterförmiges Autobahnnetz vor, das in den nachfolgenden Jahrzehnten schrittweise und fast vollständig verwirklicht wurde. Die Planungen für den Ausbau des schienengebundenen öffentlichen Nahverkehrs waren demgegenüber nicht so erfolgreich. Im Gegenteil, die großen Städte favorisierten mit wenig regionalem Weitblick und mit großzügiger Hilfe der Landesregierung ihre eigenen monozentralen U-Bahnnetze, um die Einkaufszonen in ihren Innenstädten zu stärken, anstatt die vorhandenen Straßenbahnlinien zu optimieren und die regionalen Verbindungen zu verbessern. Auch die Deutsche Bundesbahn sah keinen Anlass, die Städte in der Emscherzone besser miteinander zu verbinden. Im Rückblick betrachtet, hätte hier die ideale Trasse für die Führung europäischer Hochgeschwindigkeitszüge durch das Ruhrgebiet entstehen können. Dies hätte vielleicht neue Investitionen in den Norden des Ruhrgebiets gebracht (vgl. Ache et al. 1992; Ache/Kunzmann 1992). Doch lokale Interessen der Montanindustrie und der Logistikunternehmen im Ruhrgebiet haben dies nicht gefordert oder zugelassen.

Die viel gerühmten regionalen Nord-Süd-Grünzüge des Ruhrgebietes haben die großen Städte säuberlich voneinander getrennt. Sie boten Raum für den problemlosen Bau von Trassen für Autobahnen und Hochspannungsleitungen, taugten aber nicht als attraktive Erholungsräume für die Bewohner in den angrenzenden Stadtteilen. Erst die IBA Emscher Park-Initiative hat diese Grünzüge später in ost-westlicher Richtung vernetzt und sie aufgewertet (Ganser 1999, KVR 2000). Ein erster innovativer Versuch, die polyzentrische Stadtlandschaft des Ruhrgebietes zu strukturieren, war das vom SVR im Jahre 1969 vorgeschlagene Konzept von Siedlungsschwerpunkten an Haltestellen des regionalen öffentlichen Nahverkehrs. Dies war zwar genau das, was die Region benötigte, doch wurde die zukunftsweisende Strategie nach anfänglichen Modellprojekten bald wieder aufgegeben, weil die von lokalen Wohnungsbauunternehmen realisierten Siedlungsschwerpunkte mehr dem architektonischen und städtebaulichen Zeitgeist folgten – und weniger den Wohnwünschen der aufstrebenden regionalen Mittelklasse. Und so wurden die neuen Großsiedlungen im Laufe der Zeit immer mehr zu unattraktiven Wohnstandorten einkommensschwacher und marginalisierter Haushalte. Vielleicht erhält dieses Konzept eines Tages eine zweite Chance: mit mehr politischer Unterstützung, besserer Anbindung an den öffentlichen Nahverkehr, intelligenterer Funktionsmischung; mit menschlicherer Architektur, besser nutzbaren und gepflegten Freiräumen und einem effizienten Quartiersmanagement.

Abgesehen von der kurzzeitig positiven Aufmerksamkeit, die das Ruhrgebiet während des Kulturhauptstadtjahres 2010 überregional erfahren hat, ist es in den vergangenen Jahren nicht oft aus den negativen Schlagzeilen gekommen. Die überregionale Presse berichtet, nicht immer sehr fair, über Erscheinungsformen des sichtbaren physischen und sozialen Niedergangs im Ruhrgebiet, über einzelne politische Entscheidungen oder über provokative Artikulationen gegenüber ostdeutschen Regionen. Aber auch die objektiven Strukturdaten lassen das Ruhrgebiet nicht immer in gutem Licht erscheinen, steht es doch oft nur wenig besser da als die alten Industrieregionen in Ostdeutschland, z.B. was die Zahl der hoch qualifizierten Arbeitsplätze anbelangt oder auch den Anteil von qualifizierten ausländischen Arbeitskräften. Solche Zahlen zeigen, dass die Stadtregion Ruhr nicht zu den Wunschzielen der viel beschworenen international mobilen kreativen Klasse gehört. Der Abstand zu den Regionen im Süden Deutschlands vergrößert sich immer mehr. Und da es keine regionalen Medien in der Region gibt, die die vielen Erfolgsgeschichten des strukturellen Wandels im Ruhrgebiet nach außen tragen, bleibt das Außenbild der Region diffus. An diesem Bild können auch die Marketingbemühungen des Regionalverbands Ruhr, die Region bei internationalen Immobilienmessen und Touristikbörsen als Metropole zu preisen, nichts ändern. Das negative Image der Region – vom Strukturwandel besonders stark gezeichnet, zersplittert, ohne Urbanität und attraktive Stadtkerne – ist zu stark, als dass es internationale Investoren verlocken und ermutigen könnte, in der Region zu investieren. Dabei ist die subjektive Lebensqualität im Ruhrgebiet sehr hoch: Regionale »Talente« gibt es genug, Wohnungsprobleme für Wissenschaftler und Studierende bestehen kaum. Die Hochschulen der Region sind modern und zukunftsorientiert; sie bilden hoch qualifizierte Ingenieure, Betriebswirte, Informatiker, Juristen und Ärzte aus, auch Raumplaner, Logistiker und Sozialarbeiter, also die Fachleute, die die Region benötigt. Was fehlt, sind die Arbeitsplätze, um die Absolventen nach erfolgreichem Studium in der Region angemessen zu beschäftigen. Für viele ausländische Studierende ist das Ruhrgebiet nicht anziehend genug, nicht weil die Ausbildungsangebote unattraktiv sind, sondern weil die Region nicht den *appeal* von Städten wie Berlin, München oder Heidelberg hat, weil sie außerhalb Europas kaum bekannt ist und weil die Willkommenskultur im Ruhrgebiet verbesserungsbedürftig ist. Nicht zuletzt fehlen auch Programme zur Förderung von ausländischen Gründern.

Die neue strategische Regionalplanung für das Ruhrgebiet, die mit breiter regionaler Beteiligung gestartet wurde, wird an den allgemeinen wirtschaftlichen und raumstrukturellen Rahmenbedingungen der Region nichts ändern können. Sie wird die bestehende Raumstruktur im Wesentlichen konsolidieren und den Emscher Landschaftspark sichern. Vielleicht wird sie auch den qualitativen Ausbau des öffentlichen Nahverkehrs begünstigen. Den von der Wirtschaft immer wieder geforderten weiteren Ausbau der Straßeninfrastruktur und die Ausweisung neuer Industrieflächen wird sie hoffentlich zu verhindern wissen. Vielleicht schafft sie es aber, die Entwicklung neuer, funktional gemischter Quartiere zu initiieren und die bestehende raum-funktionale Arbeitsteilung aufzuheben, wo es Sinn macht. Auch der parallel dazu ausgeschriebene städtebauliche Wettbewerb wird keine neuen Visionen für die Region bringen können. Er wird die fehlende bauliche Qualität der Stadtlandschaft nicht aufheben. Die von der IBA geretteten Industriedenkmäler können zwar die Rolle übernehmen, die Kathedralen im Stadtbild anderer Städte einnehmen, aber sie bleiben isolierte Inseln im Meer einer architektonisch belanglosen Stadtlandschaft. Die moderne Baukultur im Ruhrgebiet hat kaum Vorzeige-Objekte in der Region geschaffen und sich wenig vom Nachbarland Niederlande inspirieren lassen. Der Wettbewerb kann aber vielleicht neue Denkanstöße geben und neue Bilder kommunizieren, die die alltägliche praktische Kooperation der Städte und Gemeinden auf gemeinsame, anspruchsvollere Ziele einschwört. Es bleibt jedoch zu befürchten, dass beide Initiativen des RVR wenig Impulse für einen neuen wirtschaftlichen Aufschwung schaffen werden.

Visionen für das Ruhrgebiet

Dem Ruhrgebiet mangelte es in den vergangen Jahrzehnten nie an Visionen, aber alle diese Visionen waren in der Regel individuelle Kopfgeburten, interessengeleitete Konzepte regionaler Institutionen oder akademische Gedankenspiele, so wie beispielsweise Ideen für eine Ruhrstadt (Kunzmann 1987, 1989a, 1989b, 2008, 2010; IRPUD 2002) oder die Ausrufung der Metropolregion RheinRuhr (Krings/Kunzmann 1996; Knapp et al. 2004; BBR 2008). Der Pragmatismus der Menschen ist eine Stärke des Ruhrgebietes, er ist aber auch seine Schwäche, weil er Visionen verhindert. Vor über zwanzig Jahren war ich noch ein glühender Vertreter der Ruhrstadt. Beeindruckt von den über fünf Millionen Bewohnern des Reviers konnte ich mir eine gemeinsame Regionalverwaltung, eine Art »Greater Ruhr Council« nach dem Vorbild von London gut vorstellen. Heute sehe ich dies sehr viel nüchterner. Selbst eine einheitliche Verwaltung oder gar ein Regierungsbezirk Ruhr können zukünftige internationale Herausforderungen und Zukunftsprobleme der Region nicht bewältigen. Administrative Strukturen dieser Art lösen die wirklichen Probleme der Region nicht, sie schaffen nur neue Raumkartelle und bürokratische Seilschaften. Ich kann mir nicht vorstellen, dass ein Regierungsbezirk Ruhr in seinem regulativen Rahmen (und im Hinblick auf all die zu treffenden lokalen Rücksichtnahmen im etablierten Parteiengeflecht sowie im Kontext der wirtschaftlichen Machtstrukturen und politischen Abhängigkeiten) neue und eigene Visionen entwickeln und vor allem durchsetzen könnte. Doch das ist es, was die Region braucht. Vielleicht steht eine einheitliche Verwaltung am Ende eines langen Prozesses der regionalen Zusammenarbeit, nicht an ihrem Anfang. Dies gilt umso mehr für die noch utopischere Vision von einer Stadtregion RheinRuhr. Als 1995 in Deutschland die europäischen Metropolregionen mit der Absicht erfunden wurden, die inhaltliche Zusammenarbeit in den polyzentrischen Stadtregionen zu verbessern, war die Region RheinRuhr einer der für dieses Konzept prädestinierten Kandidaten. In diesem Zusammenhang wurde dann auch im Landesentwicklungsplan NRW 1995 die Metropolregion RheinRuhr aus der Taufe gehoben. Damals gab es für eine kurze Zeit die Hoffnung, dass mit dieser Mega-Region, die das Ruhrgebiet zusammen mit den Stadtregionen Düsseldorf, Köln/Bonn sowie Wuppertal/Solingen/Remscheid zumindest kartografisch in der Landesplanung zusammengebracht hat, eine neue Epoche der Raumentwicklungspolitik in Nordrhein-Westfalen eingeläutet wurde. Doch sehr schnell erwies sich diese mutige Vision als eine Fehlgeburt, die keine Chance hatte, politisch ernst genommen zu werden und politische Unterstützung von unten wie von oben zu finden. Die politischen Widerstände aus den großen Städten am Rhein, wie auch aus Ostwestfalen und dem Sauerland waren zu groß, um diese Mega-Region tatsächlich als Einheit und als einheitlichen Handlungsraum zu sehen. Vor allem die Landesregierung hätte nur ungern Macht an diese Mega-Region abgegeben.

Ende der 1980er Jahre gab es eine sehr erfolgreiche Vision, nicht aus den Verwaltungskontoren der Landesplanung oder der Regierungspräsidenten, auch nicht aus der Staatskanzlei oder dem Wirtschaftsministerium. Die Vision kam aus dem Städtebau-Ministerium, das damals dem jungen Minister Christoph Zöpel zugefallen war. Er hatte eine geschickte Hand und bat seinen leitenden Abteilungsleiter Karl Ganser, dem Ruhrgebiet durch eine internationale Bauausstellung – in der langen deutschen Tradition dieses Instruments der Stadtentwicklung, also durch zukunftsorientierte Projekte in der Emscherzone – ein neues Image zu verschaffen und das vorhandene industrielle Erbe der Industrieregion für eine neue Identität zu nutzen. Die Idee, die Strategie und die medienwirksamen Projekte wurden immer wieder beschrieben und gestützt (IBA 1999; Grohé/Kunzmann1999; Reicher/Niemann/Uttke 2011, Kunzmann 2011), gelegentlich aber auch kritisiert (Müller/Herrmann 1999). Die zehnjährige IBA Emscher Park – mit ihrem Leitbild der Erhaltung und kreativen Nutzung des industriellen Erbes sowie der Entwicklung eines regionalen Landschaftsparks und der Emscher-Renaturierung – ist zu einem einzigartigen Vorzeigeobjekt des Ruhrgebietes geworden, das viele Besucher aus der ganzen Welt in die Region gebracht und weltweit Aufmerksamkeit und Nachahmung gefunden hat. Dabei war die IBA Emscher Park keine umfassende strategische Planung, wie es oft von außen gesehen wurde, da sie wichtige räumliche Handlungsfelder (Verkehr, Bildung oder Wirtschaft) weder behandeln konnte, noch dazu legitimiert war. Nach außen vermittelt die IBA bis heute den Eindruck, dass das Ruhrgebiet durch diese Bauausstellung – die nie eine solche im engeren Sinne sein sollte – geholfen habe, den Strukturwandel erfolgreich zu bewältigen. Dass dies nicht ganz der Fall war, ist bekannt, aber auch, dass viele Wege, die das Konzept aufgezeigt hatte, in der Zeit danach nicht oder nur halbherzig und selektiv verfolgt wurden, und dass die IBA-Idee für andere Zwecke instrumentalisiert wurde.

Die Herausforderungen des Strukturwandels im Ruhrgebiet waren immer wieder Anlass für die Entwicklung von Konzepten und Visionen (KVR 1995). Nach tagesaktueller Aufmerksamkeit sind diese Konzepte und Visionen oft schnell in den Archiven der Visionäre und Initiatoren verschwunden. Aus der Fülle von Visionen und Konzepten in den vergangenen beiden Jahrzehnten seien nur wenige herausgegriffen.

— Mit großer Unbefangenheit hat 2002 das holländische Architekturbüro MVRDV im Auftrag der Landesregierung die Studie **RheinRuhr City** zur Zukunft der Region Ruhr erstellt. (MVRDV 2002). Doch die Planer aus dem Nachbarland waren weit weg von der politischen Realität der Region an Rhein und Ruhr und so verschwand die mit großem Aufwand konzipierte und vom Land NRW geförderte Ausstellung und ihre zweisprachige Dokumentation schnell in den Archiven (MVRDV 2002).

— Erfolgreicher war eine andere Initiative, die **Städteregion Ruhr 2030**: Im Rahmen eines Forschungsvorhabens des Bundesministeriums für Bildung und Forschung der Bundesrepublik Deutschland hatten sich im Jahre 2003 die Städte Bochum, Dortmund, Duisburg, Essen, Gelsenkirchen, Herne, Mülheim/Ruhr und Oberhausen zusammengetan, um über die Zukunft der Region gemeinsam nachzudenken. Später stießen dann noch die Städte Bottrop, Hamm und Hagen dazu. Zusammen mit der Fakultät Raumplanung der Universität Dortmund, und im Austausch mit vielen Akteuren der Region entstanden zahlreiche Ideen, wie das Ruhrgebiet im Jahre 2030 kooperieren und aussehen könnte (Davy 2004). Unter dem Motto »Kooperation und Eigensinn« war es Ziel des Projektes, das Kirchturmdenken der einzelnen Städte zu überwinden. Diese Initiative und der Kontrakt, der von den Städten unterzeichnet wurde, hat sehr viel dazu beigetragen, die jahrzehntelange interkommunale Sprachlosigkeit zu überwinden. Sie war eine wichtige Grundlage für die in den Jahren danach langsam wachsende Kooperation in der Region.

— Ein **Sonderwirtschaftsgebiet Ruhr** hatte die FDP des Landes NRW im Jahre 2005 angeregt, um versiegende Fördermittel für die regionale Wirtschaft im Ruhrgebiet anzumahnen. Zur Beschleunigung des Strukturwandels sollten die Steuersätze von Städten und Gemeinden gesenkt sowie ein »umfassendes und preisgünstiges Gewerbeflächenkonzept« mit einer Beschleunigung planungsrechtlicher Verfahren installiert werden. Natürlich wurde diese eher rückwärtsgewandte als zukunftsorientierte Anregung vom Land Nordrhein-Westfalen seinerzeit nicht aufgegriffen, denn der Mangel an Gewerbeflächen war nie wirklich das Problem der Ruhrgebiets, auch wenn die Gewerbeflächenfrage bis heute ein immer wieder vorgetragenes Anliegen wirtschaftsnaher Kreise im Revier ist (Kunzmann 2005).

— Der **Masterplan Ruhr** aus dem Jahre 2006 und das Folgedokument »Masterplan Ruhr

2010« waren eine pragmatische Initiative »von unten«, also von den Städten im Ruhrgebiet, die die städtebaulichen »Stärken und Qualitäten der Metropole Ruhr« in einer umfangreichen Dokumentation dargestellt haben. Die Pläne verstanden sich als Beitrag zur Pflege und zur Weiterentwicklung der regionalen Kooperationskultur (Städteregion Ruhr 2006, 2008). Genau genommen handelte es sich nicht um strategischen Masterpläne mit einer Vision für die Zukunft, doch bedeutete allein die gemeinsame Dokumentation schon einen gewaltigen Schritt nach vorne.

— Im Jahre 2008 gab der einflussreiche Initiativkreis Ruhr an überregionale Wirtschaftsberater den Auftrag, ein **Konzept zur Zukunft des Ruhrgebietes** zu entwickeln. Auch dieses Konzept geriet schnell wieder in Vergessenheit. Der darin enthaltene Vorschlag, im Westen von Köln einen neuen Großflughafen für die Region RheinRuhr zu errichten, zeugte eher von satirischer Kompetenz als von Kenntnis der regionalen politischen Machtverhältnisse (IR 2008).

— Die von privater Seite im Jahre 2009 finanzierte Vorstudie **Ruhrplan21**, erarbeitet vom Planungsbüro Albert Speer und Partner, führte nicht zu einem Auftrag, einen Masterplan für das Ruhrgebiet zu erstellen. Die vorgetragene nüchterne Zustandsanalyse der Region und ihrer »marginalisierten« Teilräume war für die regionalen Akteure kein akzeptabler Ausgangspunkt für die Erstellung einer regionalen Zukunftsvision. Der aus internationaler Perspektive nachvollziehbare Vorschlag, öffentliche und private Investitionen für Einkaufszentren, Unternehmensansiedlungen und Kultureinrichtungen zunächst auf die vier großen Städte zu konzentrieren und auf spätere Sickereffekte zu hoffen, fand keine Gegenliebe, weder beim Land noch bei den Städten (AS & P 2009). Für ein Konzept, das regionale Gewinner und Verlierer identifiziert und dabei intelligentes Schrumpfen zur Strategie macht, ist das Ruhrgebiet noch nicht reif: Die regionale Solidarität lässt einem solchen Ansatz keine Chance.

— Zur allgemeinen Überraschung hatte sich das Ruhrgebiet im Wettbewerb um die Wahl zur **Kulturhauptstadt Europas 2010** gegen fünfzehn Bewerber aus Deutschland durchgesetzt. In der Euphorie um diesen Erfolg entstand die Vision einer Region, in der Kultur und Kreativität die Triebkräfte des strukturellen Wandels sind. Das Programm dieses Kulturhauptstadtjahres war sehr umfangreich. Es sollte allen 53 Städten und Gemeinden die Teilnahme an der großen Medienwirksamkeit des Events ermöglichen. Viele kulturelle Initiativen wurden in das Konzept eingebunden oder neu erfunden. Doch nach dem Ende der »Kulturparty« konnte nur wenig Nachhaltiges gesichert werden. Es stellte sich schnell heraus, dass Kultur in der Region vor allem regionale Kulturbedürfnisse befriedigt, trotz aller rhetorischen Beteuerungen aber nur wenig Impulse für einen produktiven, Arbeitsplätze schaffenden Strukturwandel geben kann (RUHR 2011). Vieles, was in der Region heute auf dem Gebiet der Kultur geboten wird, ist beeindruckend, richtet sich aber in erster Linie an ein Bildungsbürgertum vor Ort, das nach einer Kulturveranstaltung nach Hause fährt; nicht an Gäste, die z.B. vor einem Konzert und danach auf städtischen Bühnen flanieren wollen. Gelsenkirchen und Bottrop hätten Walter Benjamin wahrscheinlich nicht zu seinem *Passagen-Werk* inspiriert.

– Ein Folgeprojekt des Kulturhauptstadtjahres ist der eindrucksvolle **Masterplan für die Kulturmetropole Ruhr**, der den Boden für eine bessere Koordination kultureller Initiativen in der Region bereiten soll. Fünf strategische Zielsetzungen werden mit diesem Masterplan verfolgt: Er soll aus 53 Städten eine kreative Kulturmetropole machen, kulturelle Kompetenzfelder von internationaler Bedeutung entwickeln, das Ruhrgebiet als Ausbildungs- und Entfaltungsraum für junge Talente stärken, neue Urbanität durch kulturelle Vielfalt und »Metropolenraumdesign« schaffen und eine beispielgebende interkommunale kulturelle Entwicklungszusammenarbeit etablieren. Die Rhetorik ist eindrucksvoll. Was davon umgesetzt werden kann, wird sich noch herausstellen müssen. Doch einzelne Anzeichen für einen engere Zusammenarbeit sind erkennbar (RVR 2011, 2012).
– Die aus Anlass des Kulturhauptstadtjahres an der Ruhr im Jahre 2010 von den Mitgliedern der Deutschen Akademie für Städtebau und Landesplanung erstellte **Charta für das Ruhrgebiet** fand wenig Widerhall in den Medien, der Öffentlichkeit und den politischen Gremien der Region. Die Postulate der Charta waren zeitgeistig und allgemein, wenig zukunftsorientiert und ideenreich und schon gar nicht herausfordernd. Sie konnte daher auch wenig regionale Aufmerksamkeit erzielen (Fehlemann et al. 2010).
– Zumindest auf dem Papier ist das **Konzept Ruhr 2010** eine eindrucksvolle gemeinsame Strategie von 45 Städten und Kreisen der Region zur nachhaltigen Stadt- und Regionalentwicklung. Doch auch dieses Konzept ist weniger eine Vision oder ein strategisches Leitbild für die Zukunft des Ruhrgebiets als eine umfassende und sehr pragmatische Bestandsaufnahme aller Initiativen und Projekte in diesen Städten, getroffen im Hinblick auf eine intensivere regionale Kooperation auf der Grundlage gegenseitiger Information (WMR 2008, 2010).
– Das jüngste Projekt, **Innovation City Ruhr** betitelt, ist eine Anregung des Initiativkreises Ruhr, ausgewählte Quartiere einer Stadt in der Region als energetisches Modellprojekt zu entwickeln. Dabei soll der Energiebedarf bis zum Jahre 2020 um mehr als 50 Prozent reduziert werden. In dem dafür ausgetragenen Wettbewerb fiel die Wahl auf die Stadt Bottrop, eine der am meisten benachteiligten Städte im Ruhrgebiet. So richtig kann das Projekt, das als Modell für andere Quartiere im Ruhrgebiet und darüber hinaus dienen soll, noch nicht überzeugen. Es wird sich zeigen, ob die geplanten, meist baulichen Maßnahmen zur Verbesserung der Energieeffizienz breite Unterstützung der Bewohner finden werden oder ob das Projekt lediglich ein staatlich subventioniertes Aktionsfeld inzwischen sehr viel »grüner« gewordener Industrieunternehmen sein wird (ICR 2012).

Dies waren ausgewählte Beispiele für die Vielfalt von raumbezogenen Visionen, Strategien oder Konzepten, die in den vergangenen Jahrzehnten im oder für das Ruhrgebiet mit der Absicht entwickelt wurden, den Strukturwandel zu beschleunigen und strukturelle bzw. räumliche Defizite abzubauen. Die Fülle ist eindrucksvoll. Sie zeigt das ständige Bemühen von Institutionen und Personen, eine wirtschaftlich erfolgreiche und lebenswerte Zukunft für das Ruhrgebiet zu schaffen. Daneben gibt es viele Dokumentationen einflussreicher und

Diskurs bestimmender regionaler Meinungsführer und Institutionen (hier der Verein Pro Ruhrgebiet und der Initiativkreis Ruhrgebiet), die die erreichten Erfolge des Strukturwandels preisen. Dazu gehören der *Bericht aus der Zukunft des Ruhrgebiets: Das Jahr 2031* (Bongert/Kirchhof 2006), *RUHRKRAFT: Eine Region auf dem Weg zur Weltspitze* (Peck 2009) oder *Phönix flieg. Das Ruhrgebiet entdeckt sich neu* (Engel et al. 2011). Sie sollen Kritiker widerlegen, sollen Mut machen und beweisen, dass laufende regionale Entwicklungen und Initiativen zukunftsorientiert sind. *Viel erreicht, wenig gewonnen* ist hingegen der Titel einer nüchternen Bestandsaufnahme, die die Entwicklungen im Ruhrgebiet realistisch beschreibt (Bogumil et al. 2012).

Im Jahre 2014 wird es eine weitere neue Vision für das Ruhrgebiet geben: Der RVR hat einen **Städtebaulichen Ideenwettbewerb Zukunft Metropole Ruhr 2030** ausgeschrieben. Er soll neue zukunftsorientierte Ideen für die räumliche Entwicklung der Region hervorbringen; vielleicht um davon abzulenken, dass die regionale Entwicklungspolitik des Regionalverbands Ruhr mit ihrer Metropolenrhetorik allein die strukturellen Probleme der Region nicht lösen kann.

Ruhrgebiet: enttäuschte Hoffnungen, ungenutzte Chancen

Seit zu Beginn der 1960er Jahre deutlich wurde, dass der Steinkohlebergbau seine zentrale Bedeutung für die Wirtschaft des Ruhrgebietes schrittweise verlieren würde, gab es immer wieder Initiativen und Strategien, den absehbaren und nicht aufzuhaltenden strukturellen Wandel abzufedern und neue Horizonte für die Region aufzuzeigen. Die sicher weitsichtigste und erfolgreichste Initiative war die Errichtung von Hochschulen in der Region, in Dortmund und Bochum, in Essen, Duisburg und Hagen. Hinzu kamen später die private Universität Witten und Fachhochschulen in Gelsenkirchen, Hamm, Iserlohn und Mülheim/Oberhausen. Sie haben der Region Zukunftsperspektiven eröffnet. Doch viele andere landespolitische Initiativen und Programme waren nicht mehr als verdeckte Subventionen für die großen Unternehmen in der Region, und damit für die Erhaltung der regionalen Wirtschaftsstruktur. Wenn diese Subventionen die nahe liegende Konzentration auf die regionalen Stärken und das internationale Image des Ruhrgebiets als Technologieregion gefördert und die regionalen Unternehmen dies durch weitsichtige Strategien unterstützt hätten, wäre die industriepolitisch von oben gesteuerte Modernisierung wahrscheinlich erfolgreicher gewesen. So haben viele Subventionen in der Regel nur den strukturellen Wandel verzögert oder gar verhindert. Jedenfalls könnte die Region im internationalen oder deutschen Vergleich heute sehr viel besser dastehen und müsste sich nicht immer wieder mit strukturschwachen Regionen Ostdeutschlands vergleichen lassen.

Im Laufe der vergangenen Jahrzehnte hat das Ruhrgebiet in der vom Land Nordrhein-Westfalen industriepolitisch gelenkten Wirtschaftspolitik viele Chancen liegen gelassen. Manche endogenen Potenziale, die die Region nach außen profilieren und global hätten vernetzen können, wurden nicht genutzt. Die Ansiedlung der Opel-Werke war der Erfolg eines Alleingangs der der Stadt Bochum, zudem geradezu in einer »Nacht- und Nebelaktion« vollzogen. Dass diese Ansiedlung jetzt, Jahrzehnte später, zum Problemfall geworden ist, ist außenbestimmt und liegt nicht in regionaler Verantwortung. Lediglich zwei Kompetenzen des Ruhrgebietes – die für Logistik und die für Gesundheit – fanden über die Jahrzehnte hinaus immer wieder Unterstützung. Die Logistikkompetenz ist weltweit angesehen und wird aktiv gefördert, hat aber den Übergang zu einer grünen, umweltbewussten und Ressourcen schonenden Logistik noch nicht geschafft. Die Gesundheitskompetenz ist groß, hat aber bislang nicht dazu geführt, dass sich internationale Firmen, die Gesundheitstechnologien entwickeln und weltweit vermarkten, auch im Ruhrgebiet angesiedelt hätten. Andere Chancen regionaler Kompetenzen, die nach außen wirken und die Region profilieren, wurden nicht genutzt oder vernachlässigt. Immer dominierte die Innensicht über die Außensicht. Regionale Erfolge wurden selten nach außen getragen, auch weil es das Ruhrgebiet nie geschafft hat, eine Presse zu schaffen, die jenseits von Herne, Bochum oder Oer-Erkenschwick Erfolgsgeschichten in die Welt getragen hätte. Die mediale Außenvertretung des Ruhrgebietes wurde vielmehr einzelnen Unternehmen wie Thyssen-Krupp, Hochtief, Stinnes, Metro oder auch Evonik überlassen, die vom Ruhrgebiet aus weltweit agierten. Evonik zum Beispiel weiß das technologische Ansehen des Ruhrgebietes in China geschickt zu nutzen, um dort erfolgreich Geschäfte zu machen. Die vernachlässigten Kompetenzen des Ruhrgebietes finden sich beim (eigentlich naheliegenden) Thema Kohle, aber auch in den Feldern Integration, Umwelt, Sport oder auch gewerbliche Bildung. Diese Kompetenzen seien hier kurz skizziert:

- **Kompetenzfeld Kohle**: Aus internationaler Perspektive hätte es Sinn ergeben, die letzte Zeche im Ruhrgebiet zu einer internationalen Bergwerksuniversität ganz neuer Art zu machen, zu einer Ausbildungsstätte, in der bei laufendem Betrieb Bergbauspezialisten aus aller Welt lernen könnten, wie Kohle umweltverträglich und sicher gefördert wird, Kohlebergwerke effizient und verantwortlich betrieben werden; wie Sicherheitsingenieure ausgebildet, Betriebsräte geschult werden; oder wie Wohnungswirtschaftler, Bodenspezialisten und Landschaftsplaner mit den neuesten Herausforderungen von Bergbaubetrieben und Standorten vertraut gemacht werden. Es hätte eine Einrichtung werden können, in der all die Kompetenz, die das Ruhrgebiet im Verlauf von über hundert Jahren angesammelt hat, weitergegeben worden wäre, in der geforscht würde, wie die Ausbeutung und Weiterverarbeitung von Kohle und anderen Mineralien umweltfreundlich und ressourcenschonend erfolgen könnte, in der aber auch die standortbezogenen Probleme von Bergwerken aus ganzheitlicher Perspektive mit behandelt würden. Dass dies alles in einer anderen Sprache als Deutsch hätte erfolgen müssen, war vielleicht das größte Hindernis für die tatsächliche Gründung einer solchen Hochschule im Ruhrgebiet, die ihre Außenstellen in China und Brasilien, in Südafrika, Sibirien und Australien hätte haben müssen – also überall dort, wo auch in den nächsten fünfzig Jahren noch Bergbau betrieben wird. Dies hätte auch in Form einer Stiftungsuniversität der inzwischen nicht mehr bestehenden Ruhrkohle AG (RAG) erfolgen können. Das letzte Bergwerk im Ruhrgebiet wäre also kein Auslaufmodell, auch kein Bergbaumuseum, sondern das modernste Bergwerk seiner Art, das wie ein physikalisches Forschungszentrum oder wie der Atomreaktor in Garching betrieben würde, in dem nicht mit dem Verkauf von Kohle Einnahmen erzielt würden, sondern mit dem weltweiten Verkauf von Kompetenz und der Einwerbung von Forschunsggeldern erzielt würden.

- **Kompetenzfeld Sport**: Das Ruhrgebiet sieht sich immer gerne als eine Region, in der der Sport zu Hause ist, und zwar nicht nur der Fußball. Auch andere Sportarten haben ihre Leistungszentren im Ruhrgebiet. Nirgendwo in Deutschland finden in einer Region so viele Sportveranstaltungen statt, die auch ihre ökonomischen Wirkungen haben. Doch eine weitsichtige Strukturpolitik, die darauf hingearbeitet hätte, nicht nur den Sport an sich, sondern auch die Sportwirtschaft zu fördern, hat es bis heute im Ruhrgebiet nicht gegeben. Dabei hätte dieses Betätigungsfeld, das nicht nur Fanartikel und Fußballschuhe produziert und dazu beiträgt, dass Hotels und Gaststätten an Sportwochenenden ausgelastet sind, in der postindustriellen Eventgesellschaft eine weitsichtigere regionale Aufmerksamkeit verdient. Ob Stadionbau oder I&K-Technologien für Sportanlagen, ob Sportzeitschriften oder Software für Sportkonsumenten, ob der weltweite Markt der Fernsehberichterstattung oder die Ausbildung von Sportjournalisten, ob Sportmedizin, Reha-Einrichtungen oder die Schulung von Sicherheitskräften und Hooliganbetreuern: Das komplexe Feld des Sports könnte viele regionale und export-orientierte Arbeitsplätze im Ruhrgebiet sichern. Der Export von Fußballtrainern ist eines der erfolgreichsten Förderfelder der deutschen Entwicklungshilfe und hätte Mut machen können. Doch über die von vornherein aussichtslosen Bemühungen hinaus, die Olympischen Spiele in das Ruhrgebiet zu locken, sind keine diesbezüglichen regionalen Initiativen an die Öffentlichkeit gedrungen. Auch in den *Wirtschaftsberichten Ruhr* wird die Sportwirtschaft als Zukunftsfeld nicht erwähnt (WMR 2012).

- **Kompetenzfeld Umwelt**: Aus Problemen lassen sich Chancen machen. Das Ruhrgebiet galt europaweit lange als der Prototyp einer Region mit extrem hoher Umweltbelastung und -verschmutzung. Die Situation hat sich in der Zwischenzeit deutlich verbessert. Mit beträchtlichen staatlichen Subventionen wurde über Jahrzehnte hinweg die Industrie der Region umweltverträglicher, wurden viele Hektar verseuchter Böden entgiftet, sowie unzählige Regelungen und umweltfreundliche städtebauliche Maßnahmen eingeführt, die das Ruhrgebiet grüner gemacht haben als viele andere Industrieregionen im Ausland. Ausländische Besucher jedenfalls, die alte Industriereviere in Belgien, Großbritannien, den USA, Ostdeutschland oder Osteuropa kennen, zeigen sich stets beeindruckt. Trotzdem hat die Region diese Erfolgsgeschichte nicht für eine umfassende umweltbewusste Strukturpolitik genutzt, indem sie die im Laufe von Jahrzehnten gewachsenen lokalen und regionalen Kompetenzen auf diesem Gebiet sichtbar vernetzt und internationalisiert hätte. Jüngste Initiativen, wie die »Innovation City Ruhr« oder die »Initiative zur grünen Logistik« sind, der politischen Tradition der Region entsprechend, eher nach innen als nach außen gerichtet, sie sind eher konsum-, als produktionsorientiert und sie kommen viel zu spät.

- **Kompetenzfeld Integration**: Wann immer über das Ruhrgebiet geschrieben und berichtet wird, wird die Integration polnischer und irischer Arbeitskräfte zur Beginn des 20. Jahrhunderts als große Erfolgsgeschichte gepriesen. Ob diese Erfolge wirklich so groß waren oder doch eher einer Zeit zuzuschreiben sind, in der die Arbeitskräfte aus dem Osten Mitteleuropas oder von anderswo erfolgreich für Arbeiten im Bergbau und der Stahlindustrie eingeworben werden konnten, soll hier nicht erörtert werden. Doch im Gegensatz zur erfolgreichen Integration von Italienern und Spaniern in den 1960er Jahren ist die Integration türkischer Migranten bisher keine Erfolgsgeschichte des Ruhrgebiets geworden, auch nicht die von zugewanderten Nordafrikanern oder Roma, weil Integration in der Regel als kommunales und sozialpolitisches Problem betrachtet und behandelt wird, zudem belastet mit Beschränkungen des Zugangs am Arbeitsmarkt. Dies ist weitgehend das Ergebnis der Geringschätzung der ökonomischen Potenziale dieser Migrantengruppen, aber auch des Fehlens von strukturpolitischen Maßnahmen in den 1980er Jahren, die Migrationswirtschaft als eigenständiges und zukunftsorientiertes Feld der Strukturpolitik zu betrachten und gezielt zu fördern (Kunzmann 1991). Enge Wirtschaftsbeziehungen zur Türkei könnten heute auch im Ruhrgebiet mehr Arbeitsplätze sichern – und nicht nur in Nürnberg, Stuttgart oder Mannheim. Im Grunde müsste jede Stadt im Ruhrgebiet eine Partnerstadt in der Türkei haben, mit der sie dann enge wirtschaftliche Kooperationen pflegen könnte.

– **Kompetenzfeld Gewerbliche Bildung**: Die Tradition der gewerblichen Bildung findet immer wieder Anerkennung in Europa und Asien, weil sie nachweislich zur Stärke der deutschen Wirtschaft beigetragen hat. Dieses aus anglo-amerikanischer Perspektive und der mancher internationaler *knowledge gurus* angeblich völlig überholte System, das praktische Berufserfahrung und innovative Basistechnologien vermittelt und die berufliche Bildung nicht allein den Hochschulen überlässt, hat auch im Ruhrgebiet eine lange Tradition. Die Hibernia-Schulen sind dabei ein besonders erfolgreiches Modell. Diese Tradition der gewerblichen Bildung könnte viel zielgerichteter und viel selbstbewusster für die Strukturpolitik der Region eingesetzt werden, wenn sie nicht allein unter dem Aspekt der Nachwuchsförderung für regionale Betriebe betrachtet würde, sondern als ein regionales Angebot für die Qualifizierung von Institutionen und Multiplikatoren, ja vielleicht sogar für junge Menschen aus dem Ausland, die ein praxisorientiertes, deutsches Zertifikat erwerben wollen. Die aktuelle Krise in Südeuropa hat jedenfalls Defizite auf diesem Gebiet sehr deutlich gemacht.

Die skizzierten Kompetenzfelder zeigen ungenutzte Chancen auf, die das breite Spektrum der regionalen Politiken im Ruhrgebiet ergänzen könnten. Möglicherweise hätte es gar nicht besonderer Strategien bedurft, diese vernachlässigten Kompetenzfelder strukturpolitisch zu fördern. Es hätte schon genügt, die skizzierten Felder in ihrer Arbeitsplatz sichernden Rolle zu dokumentieren und sie in unternehmerischen Netzwerken und in den Marketing-Broschüren der Region als Erfolgsgeschichten darzustellen, so wie dies im *Konzept Ruhr 2010* mit anderer Zielrichtung auch geschehen ist. Keine alte Industrieregion der Welt hat den technologischen und strukturellen Wandel so gut, so sozialverträglich bewältigt wie das Ruhrgebiet, keine hat so viel zerstörte Landschaft für die Natur zurückgewonnen. Auch das ist eine Kompetenz, die eine moderne Technologieregion exportieren kann, aber abgesehen von den diesbezüglichen Erfolgen der IBA Emscher Park wird diese Kompetenz viel zu wenig nach außen getragen, weder von den weltweit tätigen Unternehmen des Ruhrgebiets, noch von den Institutionen, die die Wirtschaft der Region vertreten.

Noch eine ungenutzte Chance sei hier erwähnt. Die Stadt Düsseldorf ist in Japan als europäischer Standort japanischer Unternehmen bekannt. Lange Zeit galt Japan als wichtiger Wirtschaftspartner Deutschlands. Düsseldorf war der Ort, wo diese Beziehungen in besonderem Maße gepflegt wurden, wo japanische Manager mit ihren Familien zeitweise lebten und wo sie Lebenswelten vorfanden, die ihnen den Auslandsaufenthalt erleichterten. Im 21. Jahrhundert hat China Japan als wichtigster Wirtschaftspartner Deutschlands in Asien abgelöst. Doch die Wirtschaftsförderer im Ruhrgebiet haben sich kaum um die Ansiedlung chinesischer Unternehmen bemüht, haben sie, im Gegensatz zu Köln oder Hamburg, eher als Konkurrenten für lokale Unternehmen betrachtet, denn als potenzielle Partner für einen immens großen Markt in Asien. Heute könnte das Ruhrgebiet bevorzugte Zielregion für chinesische Unternehmen sein, auch Zielregion chinesischer Studierender, und bevorzugter Wohnstandort chinesischer Familien in Deutschland. Chinesische Studierende stellen heute schon die größte Gruppe ausländischer Studierender an den Hochschulen im Ruhrgebiet. Wenn sie nach dem Studium im Ruhrgebiet bleiben und Unternehmen gründen könnten, wäre ihre interkulturelle Kompetenz für die Wirtschaft der Region von großem Nutzen. Doch vermutlich ist es inzwischen zu spät, entsprechende regionale Strategien zu verfolgen.

Das Ruhrgebiet 2013 und danach: Wohin könnte die Reise gehen?

Wohin könnte die Reise gehen? Wie in anderen großen Stadtregionen Europas werden auch im Ruhrgebiet die Disparitäten zwischen armen und wohlhabenden Quartieren weiter wachsen, selbst wenn dem freien Wettbewerb des freien Marktes neue Grenzen gesetzt werden. Daran können auch die Städte und Gemeinden mit ihren extrem knappen Haushaltsmitteln nicht viel ändern, und dafür werden sie zusätzliche Subventionen weder von Bund und Land erhalten, noch von der Europäischen Union, denn anderen Regionen in Europa geht es sehr viel schlechter als dem Ruhrgebiet. Das Ruhrgebiet muss sich daher damit abfinden, dass es mit dem Niedergang von Kohle und Stahl – und dem der damit verknüpften vor- und nachgelagerten Produktions- und Dienstleistungsunternehmen – seine wirtschaftliche Blütezeit hinter sich gelassen hat. Dazu ist die Region (noch) nicht bereit.

Es gibt keine einfachen Blaupausen für das Ruhrgebiet. Ich könnte mir aber drei strategische Entwicklungskorridore vorstellen, die ich hier kurz skizzieren möchte: die Besinnung auf das weltweit bewunderte Profil einer innovativen Technologieregion mit sozialer Verantwortung; die darauf ausgerichtete Stärkung des Ruhrgebietes als kreative Wissensregion mit internationalem Anspruch; die Ausrichtung neuer modellhafter Entwicklungsmaßnahmen auf eine arbeitsteilige polyzentrische Stadtregion mit Stadtquartieren, die alte lokale Identitäten bewahren und weiter entwickeln, sowie neue Identitäten schaffen.

— **Die Besinnung auf das Profil einer innovativen Technologieregion mit sozialer Verantwortung:** Das Ruhrgebiet hat sein internationales Ansehen in der Vergangenheit durch technologische Kompetenz gewonnen. Doch weil die Region immer modern sein will und deshalb leicht den jeweils aktuell modischen Wirtschaftstrends hinterher läuft, verliert sie kontinuierlich ihr weltweit anerkanntes technologisches Profil. Der Wegfall des Kohlebergbaus wird noch weitere Lücken schlagen. Doch ein diffuses modernistisches Profil der Region ist weder zukunftsfähig noch profilschärfend. In Zeiten der Globalisierung wird das Ruhrgebiet nur dann eine Spitzenrolle einnehmen können, wenn es nicht den Entwicklungslinien anderer Regionen, wie Stuttgart oder Mannheim, zu folgen versucht, sondern sich auf seine eigene erfolgreiche industrielle Vergangenheit besinnt. Dazu gehört, dass die Region die technologischen Kompetenzen sozial- und umweltverträglich weiterzuentwickeln weiß, dass sie diese Produkte und Prozesse selbst in der Region nutzt und die Wissensindustrien der Region darauf ausrichtet, sodass zukünftige Fach- und Führungskräfte aus der ganzen Welt die Region im Visier haben. Das im Ausland so bewunderte deutsche duale Ausbildungssystem könnte ein wichtiger Grundpfeiler dieser modernen effizienten und innovativen Technologieregion sein. Wenn immer wieder beklagt wird, dass in Deutschland 10.000 Ingenieure fehlen: Warum wird nicht jungen Chinesen, Vietnamesen und Russen angeboten, ins Ruhrgebiet zu kommen, hier weiter zu studieren und zu forschen und, vor allem, hier Unternehmen und Familien zu gründen und dauerhaft zu bleiben. Die postindustrielle Stadtlandschaft bietet dafür die Lebensqualität, die hoch qualifizierte Arbeitskräfte brauchen. Das Ruhrgebiet hätte dann auch gute Chancen, zum bevorzugten Investitionsstandort chinesischer Investoren zu werden, die an innovativen deutschen Technologien, jenseits der Automobilindustrie, interessiert sind.

- **Soziale Verantwortung**: Wie keine andere Region in Deutschland hat das Ruhrgebiet in den zurückliegenden Jahrzehnten, trotz aller Konkurrenz, immer ein gewisses Maß an regionaler Solidarität gezeigt, um den Abstand von Gewinnern und Verlierern des strukturellen Wandels nicht allzu groß werden zu lassen. Doch soziale Verantwortung muss dort ansetzen, wo Zukunftspotenziale übersehen werden: bei Kindern und Schulabgängern. Unter der immensen Last chronisch defizitärer lokaler Haushalte und aufgrund des Rückzugs entsprechender bundes- und landespolitischer Programme sind sowohl die vorschulische Frühförderung als auch die kommunale Beschäftigungsförderung in allen Städten der Region gefährdet, insbesondere für Bevölkerungsgruppen mit Migrationshintergrund. Dies wird gerne aus ideologischen oder parteitaktischen Gründen verdrängt oder nur verbal artikuliert. Dabei gab und gibt es zahlreiche erfolgreiche Initiativen, die Wege aufzeigen, wie soziale Verantwortung in der Praxis aussehen kann.

- **Die Stärkung des Ruhrgebietes als kreative Wissensregion mit internationalem Anspruch**: Das Ruhrgebiet hat eine vergleichsweise junge Hochschullandschaft, die im nationalen und internationalen Vergleich immer etwas benachteiligt ist, weil sie nicht mit den hoch gepriesenen Exzellenzstandorten in Berlin, München oder Heidelberg mithalten kann. Dass dies nicht mit der Qualität von Lehre und Forschung, sondern auch mit dem Image dieser Städte und ihrer Lebensqualität zu tun hat, wird bei der Bewertung der Leistungen der Hochschulen in der Regel vernachlässigt. Die bildungspolitische Offensive um Exzellenzhochschulen, die sich an den hegemonialen Modellen amerikanischer Elitehochschulen orientiert, hat leider den Blick auf die Bedeutung von Bildungseinrichtungen für die Entwicklung einer Region verschleiert. Die weitere intensive und breite Förderung der Hochschullandschaft an der Ruhr, vom *undergraduate*- zum *post-doc*-Bereich, und deren Orientierung am Technologieprofil des Ruhrgebiets ist eine der Grundvoraussetzungen für eine nachhaltige wirtschaftliche Stabilisierung. Die jungen Technologiezentren spielen dabei eine zentrale Rolle als Bindeglied zwischen Hochschulen und regionaler Industrie, denn von der Innovationskraft ihrer Unternehmen und Wissenschaftseinrichtungen hängt die wirtschaftliche Zukunft der Region entscheidend ab. Die begonnene Vernetzung der Hochschulen muss mit dem Ziel einer arbeitsteiligen Spezialisierung auf Disziplinen, die im Ruhrgebiet in besonderem Maße glaubwürdig sind, weiter intensiviert werden, ohne dass die Landesregierung dies zum Anlass für kontraproduktive Rationalisierungsstrategien nehmen kann. Es ergibt wenig Sinn, den Status-Wettbewerb der Bürgermeister und Fußballvereine mit einem kraftraubenden Wettbewerb der Hochschulen zu bereichern. Dass die Hochschulstandorte im Ruhrgebiet aber auch höchsten Anforderungen an die Lebensräume von Wissenschaftlern und ihren Familien, sowie denen der am Ort verbleibenden kreativen Gründer entsprechen müssen, um überregional attraktiv zu sein, ist leider noch nicht im politischen Bewusstsein der Region angekommen. Studierende und Wissenschaftler, die in der Region Gastfreundschaft erlebt haben, sind die besten Botschafter der Region und ihrer Unternehmen. Deshalb muss die Willkommenskultur verbessert werden, hier muss aber auch eine glaubhafte regionale »Außenpolitik« ansetzen, die über Immobilien- und Touristikmessen oder Städtepartnerschaften hinausgeht. Der Bekanntheitsgrad der Ruhrgebietshochschulen kann über die Fachöffentlichkeit hinaus im Ausland gesteigert werden. Davon profitiert letztlich auch die Wirtschaft der Region.

— **Die gezielte Förderung der polyzentrischen Stadtlandschaft:** Das Ruhrgebiet, in den nicht unumstrittenen politischen und administrativen Grenzen des Regionalverbands Ruhr, ist eine aus vielen Industriedörfern hervorgegangene polyzentrische Stadtlandschaft mit heute vier großen Städten (Bochum, Dortmund, Duisburg und Essen), einer Reihe von anderen Großstädten (Gelsenkirchen, Recklinghausen, Mülheim an der Ruhr, Oberhausen, Hamm, Hagen, Herne und Bottrop) und vielen weiteren Klein- und Mittelstädten. Im Grunde sind aber selbst die großen Städte im Ruhrgebiet bereits polyzentrische Agglomerationen von Stadtbezirken, die in der Regel nicht viel miteinander zu tun haben (wollen). Das gilt für Dortmund ebenso wie für Essen oder Duisburg. Doch dies ist im Ruhrgebiet nicht anders als in Berlin, Köln oder Tokio. Zielsetzung einer strategischen Regionalentwicklung muss es sein, diese Polyzentralität systematisch und intelligent zu fördern, zukünftige Entwicklungen also nicht auf die großen Städte zu beschränken, sondern mit Blick auf einen Zeithorizont von 25 Jahren und unter Ausnutzung der vorhandenen Flächenpotenziale schrumpfender Stadtquartiere, sowie unter Berücksichtigung des auszubauendes Netzes des öffentlichen Nahverkehrs, neue attraktive und gemischt genutzte Stadtquartiere mit eigener Identität, reduzierter interner Mobilität und öffentlichen Plätzen zu schaffen. Diese Standorte könnten exemplarisch die neue urbane Ökonomie vorführen und sollten vorzugsweise an für das Ruhrgebiet wichtigen strategischen Standorten entwickelt werden, also im Umfeld der Wissens- und Kulturstandorte, sowie entlang der Emscher. Im Verlauf von zwei Jahrzehnten könnten so, anstelle der alten Industriedörfer im Revier, schrittweise neue urbane »Dörfer« mit hoher Lebensqualität entstehen; nicht am Rande des Ruhrgebiets auf umgewandelten Ackerflächen, sondern an den erodierenden Standorten im Inneren der Region, wo neue Impulse nötig sind. Solch eine Entwicklungsstrategie ist im Prinzip in keiner Region im Westen Deutschlands leichter zu verwirklichen als im Ruhrgebiet: Die Infrastruktur ist vorhanden, die Siedlungsdichte ist gering und die Bodenpreise sind vergleichsweise niedrig. Wenn diese neuen Standorte mit gleichem Enthusiasmus in den Medien und der Öffentlichkeit gepriesen und vermarktet werden, wie die Kathedralen der Industriekultur, dann werden erste Modellprojekte auch auf andere Standorte in der Region ausstrahlen, denn nichts ist erfolgreicher als der Erfolg.

Wer die hier nur skizzierten Entwicklungen fördern könnte, muss hier unausgesprochen bleiben. Die Initiativen dazu müssen aus der Region kommen – in einem neuen gemeinsamen Kraftakt von Städten, die nicht darauf warten, dass die Landesregierung aktiv wird. Die Resolution, die die Verbandsversammlung im Frühjahr 2013 verabschiedet hat und die darauf abzielt, den RVR mit mehr Kompetenzen auszustatten, damit er die Metropolregion stärken kann, macht wenig Hoffnung. Denn die begrenzten Kompetenzen sind *nicht* der Grund dafür, dass sich im Ruhrgebiet nur wenig ändert (RVR 2013). Das »Lied vom Ruhrgebiet« wird also weiter gesungen, selbst wenn der immer stärker zusammenwachsende Städtebund nicht zu einer echten Metropole werden wird. Ein regionales »Ruhegebiet« wird das Ruhrgebiet trotz allem auch in Zukunft nicht sein. Es wird in den nächsten 100 Jahren noch viele Visionen und Konzepte brauchen, kann dabei aber auf eine Zivilgesellschaft in der Region bauen, die sich, jenseits aller politischen Kalküle, für diese Region gerne einsetzt.

Bei Burkhard Wetterau, Sebastian Müller, Achim Prossek, Caren Heidemann, Renate Kastorff-Viehmann, Klaus Dunker, Lutz Meltzer und Armin Rücker möchte ich mich für kritische Hinweise und wertvolle Anregungen zu einem ersten Entwurf dieses Beitrages bedanken.

Literatur

AS & P (= Albert Speer & Partner): Ruhrplan 21. Wandel Vielfalt, Fairness. Projektskizze zu einem Strategieatlas für die Zukunft des Ruhrgebiets. Frankfurt/Main 2009

Ache, Peter; Hansjürgen Bremm; Klaus R. Kunzmann; Michael Wegener (Hg.): Die Emscherzone: Strukturwandel, Disparitäten und eine Bauausstellung. Dortmunder Beiträge zur Raumplanung, Bd. 58. Dortmund 1992

Ache, Peter; Klaus R. Kunzmann: Bleibt die Emscherzone als Verlierer zurück? In: Ache et al. 1992, S. 7–19

BBR (= Bundesamt für Bauwesen und Raumordnung) (Hg.): Metropolregion Rhein-Ruhr. Ein Kunstprodukt. Bonn 2008

Benedikt, Andreas; Gerd Willamowski: Kommunalverband Ruhrgebiet. Essen 2000

Bogumil, Jörg; Rolf G. Heinze; Franz Lehner; Klaus-Peter Strohmeier: Viel erreicht – wenig gewonnen: Ein realistischer Blick auf das Ruhrgebiet Essen 2012

Bongert, Dirk; Roland Kirchhof (Hg.): Bericht aus der Zukunft des Ruhrgebiets. Das Jahr 2031. Bottrop 2006

Davy, Benjamin: Die Neunte Stadt. Wilde Grenzen und Städteregion Ruhr 2030. Wuppertal 2004

Engel, Klaus; Jürgen Grossmann; Bodo Hombach (Hg.): Phönix Flieg. Das Ruhrgebiet entdeckt sich neu. Essen 2011

Fehlemann, Klaus; Bernd Reiff; Wolfgang Roters; Leonore Wolters-Krebs (Hg.): CHARTA RUHR. Denkanstöße und Empfehlungen für polyzentrale Metropolen. Essen 2010

Ganser, Karl: Liebe Auf den zweiten Blick. Internationale Bauausstellung Emscher Park. Dortmund 1999

Grohé, Thomas; Klaus R. Kunzmann: The International Building Exhibition Emscher Park: Another Approach to Sustainable Development. In: N. Lutzky et al. (Hg.): Strategies for Sustainable Development of European Metropolitan Regions. European Metropolitan Regions Project. Evaluation Report. Berlin 1999 (Urban 21: Global Conference on the Urban Future)

IBA Emscher Park (Hg.): IBA 99 Finale: Das Programm. Gelsenkirchen 1999

ICR (= Innovation City Ruhr (Hg.): Blue Sky, Green City. Bottrop 2012

IR (= Initiativkreis Ruhrgebiet): Future Ruhr 2030 Strategy Paper. Essen 2008

IRPUD (= Institut für Raumplanung an der Universität Dortmund) (Hg.): Räumliche Szenarien für die Ruhrstadt 2010. Dortmunder Beiträge zur Raumplanung, Bd. P/24. Dortmund 2002

Knapp, Walter; Klaus R. Kunzmann; Peter Schmidt: A cooperate spatial future for RheinRuhr. In: European Planning Studies, 12.Jg. (2004), H. 12, S. 323–349

Krings, Josef; Klaus R. Kunzmann: Eine kommunale Agentur Rhein-Ruhr (A.R.R.). Ideenskizze zur Zukunft des KVR. In: RaumPlanung, H. 72 (1996), S. 51–53

Kunzmann, Klaus R. (1987): Ruhr 2038 – Ein Szenario. Das Ruhrgebiet in fünfzig Jahren: Eines von 25.348.906 denkbaren Szenarien. In: Revier-Kultur, H. 3–4 (1987), S. 125–131

Kunzmann, Klaus R. (1989a): Ausflug ins Morgenland. In: Geo, Sonderheft Ruhrgebiet, 1989, S. 32–38

Kunzmann, Klaus R. (1989b): Spuren in die Zukunft des Ruhrgebiets, Uni-Report. Berichte aus der Forschung der Universität Dortmund, H. 9 (1989)

Kunzmann, Klaus R. (1991): Innovative Handlungskonzepte für die strukturelle Erneuerung des Ruhrgebietes. In: ILS (Hg.): Perspektiven der Landesentwicklung Nordrhein-Westfalens im neuen Europa, Dortmund 1991, S. 135–149

Kunzmann, Klaus R. (2005): Stellungnahme für den Landtag NRW zum Antrag der FDP Fraktion zur Errichtung eines Sonderwirtschaftsgebietes Ruhr. Dortmund 2005

Kunzmann, Klaus R. (2008): Drei Szenarien zur Zukunft der unbekannten Metropole RheinRuhr. In: BBR (= Bundesamt für Bauwesen und Raumordnung) (Hg.): Metropolregion Rhein-Ruhr; Ein Kunstprodukt. Bonn 2008, S. 51–62

Kunzmann, Klaus R. (2009): Welche Zukunft für das Ruhrgebiet? Sechs Szenarien für 2035 und danach. In: Prossek et al. 2009, S. 208–211

KVR (= Kommunalverband Ruhrgebiet) (Hg.): Wege, Spuren. Festschrift zum 75- jährigen Bestehen des Kommunalverbandes Ruhrgebiet. Essen 1995

MVRDV: RheinRuhr City. Die unentdeckte Metropole. The Hidden Metropolis. Ostfildern 2002

Müller, Sebastian; Rita A. Herrmann (Hg.): Inszenierter Fortschritt. Die Emscherregion und ihre Bauausstellung. Bielefeld 1999

Peck, Christoph (Hg.): RUHRKRAFT – Eine Region auf dem Weg zur Weltspitze. Hamburg 2006

Prossek, Achim; Hartmut Schneider; Horst A. Wessel; Burkhard Wetterau; Dorothea Wiktorin (Hg.): Atlas der Metropole Ruhr: Vielfalt und Wandel des Ruhrgebiets im Kartenbild. Köln 2009

Reicher, Christa; Lars Niemann; Angela Uttke (Hg.): Internationale Bauausstellung Emscher Park: Impulse. Essen 2011

RUHR 2010 (Hg.): RUHR.2010. Die Unmögliche Kulturhauptstadt. Chronik eine Metropole im Werden, Essen 2011

RVR 2010 (= Regionalverband Ruhr) (Hg.): Konzept Ruhr. Essen 2010

RVR 2012a (Hg.): Metropole Ruhr. Landeskundliche Betrachtung des neuen Ruhrgebiets. Essen 2012

RVR 2012b (Hg.): Masterplan Kulturmetropole Ruhr. Essen 2012

RVR 2013 (Hg.): Resolution: Aufgaben konkretisieren, Strukturen optimieren – Metropole stärken. Essen 2013

Schmidt, Robert: Denkschrift betreffend Grundsätze zur Aufstellung eines General-Siedelungsplanes. Essen 1912; Reprint hrsg. vom Regionalverband Ruhr. Essen 2009

Stadt Essen (Hg.): Essen – Soziale Großstadt von Morgen. Hamburg 1962

Städteregion Ruhr (Hg.): Masterplan Ruhr. Dortmund 2006

Städteregion Ruhr (Hg.): Masterplan Ruhr 2008. Dortmund 2008

SVR (= Siedlungsverband Ruhrkohlenbezirk) (Hg.): Siedlungsschwerpunkte im Ruhrgebiet: Grundlagen eines regionalen Planungskonzeptes. Essen 1969

WMR (= Wirtschaftsförderung Metropole Ruhr); ecce (= European Centre for Creative Economy: Kreativwirtschaft Ruhr. Innovationsmotor für Wirtschaft, Kultur und Stadtentwicklung. Mülheim/Ruhr 2012

WMR (2008): Konzept Ruhr. Strategie zur nachhaltigen Stadt- und Regionalentwicklung in der Metropole Ruhr. Mülheim/Ruhr 2008

WMR (2010): Konzept Ruhr 2010: Gemeinsame Strategie der Städte und Kreise zur nachhaltigen Stadt- und Regionalentwicklung in der Metropole Ruhr. Mülheim/Ruhr 2010

Martin Tönnes und Maria T. Wagener
Regionaler Diskurs: Auf dem Weg in die Zukunft der Metropole Ruhr

Der Regionalverband Ruhr (RVR) hat Mitte 2011 unter dem Motto »Regionaler Diskurs – auf dem Weg in die Zukunft der Metropole Ruhr« einen diskursiven, auf Transparenz und Kommunikation angelegten Prozess gestartet. Dieser Prozess, der Antworten auf die komplexen Herausforderungen einer Region im Wandel sucht, gelingt nur mit dem Sachverstand und dem Engagement der Akteure in Kommunen und Fachinstitutionen, in Wirtschaft und Zivilgesellschaft. Daher lädt der RVR alle relevanten Akteure ein, den Weg in die Zukunft der Metropole Ruhr gemeinsam zu gehen und den Erarbeitungsprozess zum Regionalplan Ruhr aktiv mit zu gestalten. In der Metropole Ruhr wird damit zur zukunftsweisenden Steuerung der Regionalentwicklung eine neue Form der strategischen Regionalplanung erprobt, bei der informelle Planungsinstrumente integraler Bestandteil sind.

Mit den gesetzlichen Reformen in den Jahren 2004 und 2007 hat der Landtag des Landes Nordrhein-Westfalen dem Regionalverband Ruhr weitreichende Planungskompetenzen (zurück)gegeben: mit der Übernahme der Regionalplanung seit 31. Oktober 2009 besteht erstmals seit 1966 wieder die Chance, einen einheitlichen Regionalplan Ruhr aufzustellen. Das Verbandsgebiet ist aktuell in fünf Regionalpläne aufgeteilt. Für den RVR ist diese Änderung eine Bekräftigung dafür, den Raum als planerische Einheit in den Blick zu nehmen, strategisch konzeptionelle Überlegungen und raumordnerische Umsetzung zusammenzudenken und mit allen relevanten Akteuren einen integrierenden Rahmen für die räumliche Entwicklung zu schaffen. Dies eröffnet nicht zuletzt Chancen auf weitere positive Effekte für die gesamte Region.

Zentrale Elemente der Diskurs-Strategie

Die Rahmenbedingungen, unter denen dieser Diskurs in der Region geschieht, sind vielfältig und komplex. Dazu einige Stichworte:
– Die Region mit Kernzone und Umland ist polyzentrisch aufgebaut und verfügt über Räume mit unterschiedlichen Begabungen;
– der demografische Wandel verändert Determinanten und Zielrichtungen der Siedlungsentwicklung;
– der Klimawandel und die Anpassungen an dessen Folgen stellen die Region vor neue Herausforderungen;
– der wirtschaftliche Strukturwandel bringt neue Raumansprüche und Nutzungsmuster hervor, lässt »gebrauchte« Räume zurück;
– soziale und gesellschaftliche Prozesse und die Anforderungen an die Umsetzung der gesellschaftlichen Ziele Chancengleichheit, sowie Inklusion und Integration üben zunehmenden Einfluss auf die Planung und

Martin Tönnes
Maria T. Wagener

Prozess »Regionaler Diskurs – auf dem Weg in die Zukunft der Metropole Ruhr«, Darstellung © RVR/Sander, 2012

den Verlauf der räumlichen Entwicklung aus;
- die Zusammenarbeit in interkommunalen bzw. regionalen Netzwerken und Kooperationen ist über Jahre eingeübt und in der Region stark ausgeprägt;
- Leitideen, Konzepte und Handlungsempfehlungen liegen für verschiedenste Themenfelder vor;
- der RVR nimmt eine Sonderrolle ein: Er ist einerseits kommunal verfasster Verband und andererseits Träger der Regionalplanung, die in NRW sonst den Bezirksregierungen obliegt.

Im erwähnten Prozess »Regionaler Diskurs – auf dem Weg in die Zukunft der Metropole Ruhr« sollen sich informelle und formelle Planungsprozesse ergänzen und befruchten. Zur Entlastung und Beschleunigung des formellen Verfahrens sollen vorlaufende, informelle Prozessbausteine beitragen. Dieser Vorlauf beinhaltet verschiedene Formate: Stadt- und Teilregionale Gespräche, Regionalforen und Fachdialoge. (Grüne Schiene in der Abbildung):
- *Stadt- und Teilregionale Gespräche*: Mit dem Ziel eines intensiven Austausches über die lokalen und teilräumlichen Entwicklungen, Planungen und Ziele und den geplanten Prozess des Regionalen Diskurs tritt der

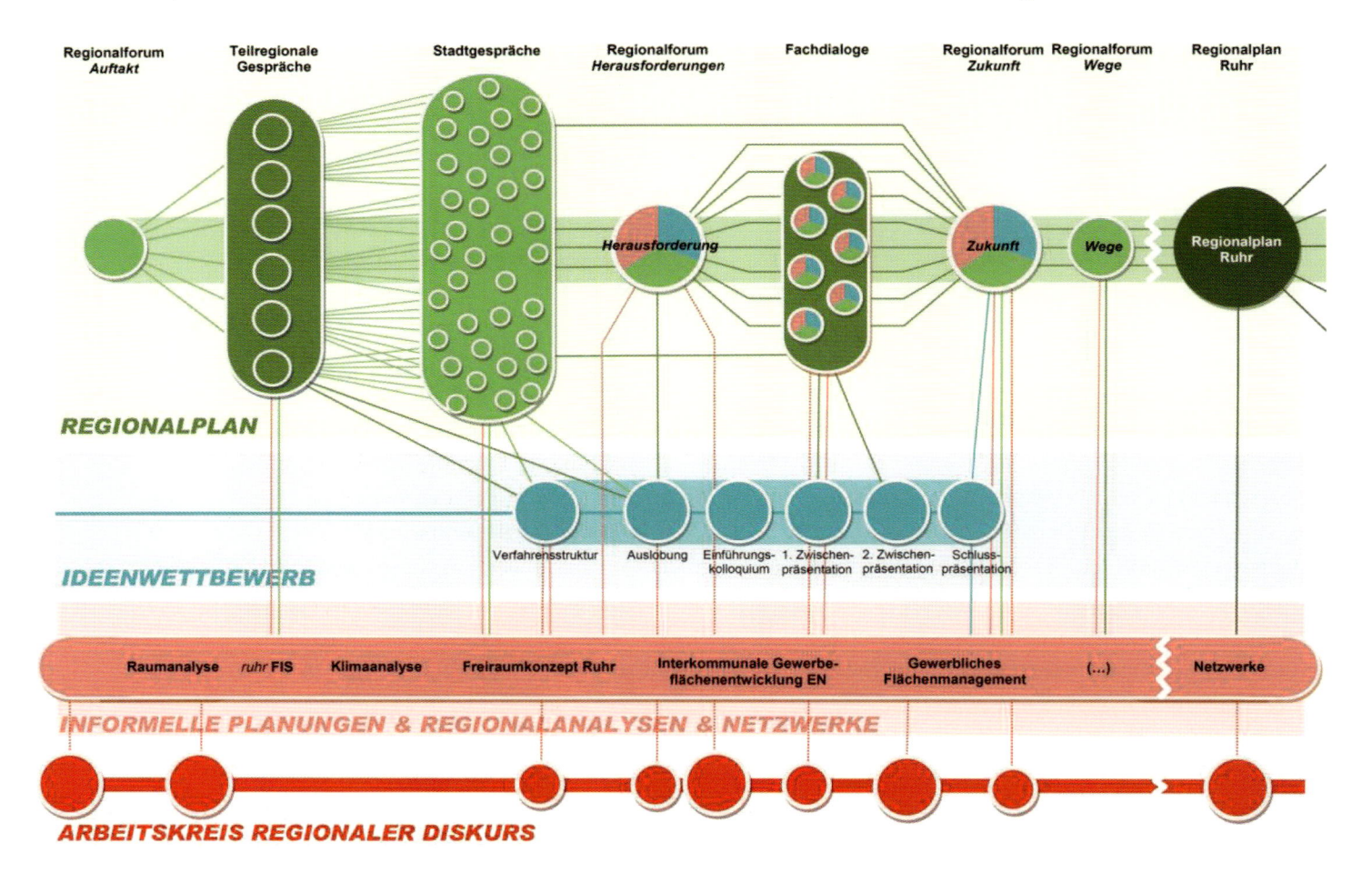

RVR an Kommunen, Planernetzwerke, die Städteregion Ruhr 2030[1] und die Planungsgemeinschaft der RFNP-Städte[2] in der Metropole Ruhr heran.
- *Regionalforen*: In drei Regionalforen werden gemeinsam mit Vertretern aus Städten, Gemeinden, Kreisen, Verbänden, Kammern, Wirtschaft, Wissenschaft und Politik unter den Stichworten »Herausforderungen«, »Zukunft« und »Wege« die Meilensteine auf dem Weg zum Regionalplan Ruhr diskutiert.
- *Fachdialoge*: Auf der Basis von Fachbeiträgen und weiteren Informationsgrundlagen werden gemeinsam fachspezifische Anforderungen an die räumliche Entwicklung der Region vertieft, wie sie sich aus der Perspektive verschiedener Akteure zeigen. Leitlinien, Grundzüge und inhaltliche Ausrichtung für planerische Festlegungen im Regionalplan sollen vorbereitet und über die Regionalplanung hinausgehende Steuerungserfordernisse und Handlungsnotwendigkeiten benannt werden.

Bisheriger Verlauf des Regionalen Diskurses

Zwischen Juni und November 2011 fanden mehr als 50 Gespräche mit den Städten und Gemeinden und den teilregionalen Akteursnetzwerken statt. Die Erkenntnisse aus diesen Gesprächen sind in die Vorbereitung des 1. Regionalforums »Herausforderungen« eingeflossen, an dem Ende November 2011 im Rahmen einer zweitägigen Veranstaltung rund 400 Teilnehmende gemeinsam die zentralen Herausforderungen für die Themenfelder Wirtschaft, Freiraumentwicklung, Natürliche Ressourcen, Verkehr und Mobilität, Siedlungsentwicklung und Energieversorgung in der Metropole Ruhr diskutiert und definiert haben. Von besonderer Bedeutung waren die Berücksichtigung zentraler demografischer, klimatischer und gesellschaftlicher Rahmenbedingungen und des Gender Mainstreaming als fachübergreifende Querschnittsaufgaben. Einige Aspekte wurden besonders häufig benannt:
- *Regionale Arbeitsteilung und Profilschärfung*: Wo liegen die räumlichen und thematischen Schwerpunkte der zukünftigen Regionalentwicklung?
- *Kern-Umlandbeziehung*: Wie lassen sich unterschiedliche Interessenslagen von Kern und Umland für die zukünftige Entwicklung positiv nutzen? Welche Ausgleichsmechanismen können entwickelt werden? Wie können interkommunale Kooperationen weiter ausgebaut werden?
- *Regionale Qualitätsstandards*: Welche Qualitäten werden einer zukünftigen Flächen-, Wirtschafts- und Freiraumentwicklung zugrunde gelegt?

Die zusammenfassenden Ergebnisse dieser Veranstaltung wurden von der Verbandsversammlung einstimmig als Grundlage für die weiteren Schritte im Regionalen Diskurs beschlossen und liegen als Dokumentation seit März 2012[3] vor. Diese gemeinsam erarbeiteten Herausforderungen wurden im Rahmen von etwa zehn sektoralen Fachdialogen zwischen Juni 2012 und März 2013 weiter vertieft. Auch die Ergebnisse dieser Fachdialoge sind dokumentiert und stehen seit der Beschlussfassung durch die Verbandsgremien einer breiten Öffentlichkeit im Internet zur Verfügung.

Regionaler Diskurs, Fachdialog Verkehr und Mobilität, Foto: RVR/Leitmann, Muck, 11/2012

Weitere Schritte zur Fortsetzung des Regionalen Diskurses

Die Ergebnisse der Fachdialoge fließen in den weiteren Prozess des Regionalen Diskurses ein:
— *Regionalforum Zukunft*: Gemeinsam werden hier die Leitlinien und Ideen für den Regionalplan und die Regionalentwicklung diskutiert und benannt.
— *Regionalforum Wege*: In seinem Rahmen werden die Grundzüge des Regionalplan-Entwurfs vorgestellt und ebenfalls öffentlich diskutiert. Im Anschluss an die Entwurfserarbeitung soll das formelle Planungsverfahren des Regionalplans Ruhr eingeleitet werden. Hierzu soll die Verbandsversammlung des RVR als Regionalrat den Erarbeitungsbeschluss fassen.
— *Ideenwettbewerb*: Er ist integraler Bestandteil des Erarbeitungsprozesses zum Regionalplan Ruhr (Blaue Schiene in der Abbildung) und setzt sich unter anderem mit den Ergebnissen auseinander, die im *Regionalforum Herausforderungen* gemeinsam erarbeitet wurden. Insbesondere mit Hilfe dieses Instrumentes ist die Zivilgesellschaft in den Prozess eingebunden. Bei der Vorbereitung und Konzipierung des Wettbewerbs leistet ein Beirat mit Expertinnen und Experten aus Wissenschaft und Politik wertvolle Arbeit.

Zielsetzung des Ideenwettbewerbs zur Zukunft der Metropole Ruhr ist es, wichtige Bausteine und Impulse für den Regionalplan Ruhr durch die Wettbewerbsbeiträge zu entwickeln und in der weiteren Umsetzung zu berücksichtigen. Er wirkt einerseits als Katalysator, in dem der Blick von außen neue Perspektiven eröffnet. Andererseits spricht er die Bürger und Bürgerinnen an und gewinnt diese dafür, sich mit ihren Ideen zur Zukunft der Metropole Ruhr unmittelbar einzubringen.[4]

In einem kooperativen Verfahren entwickeln interdisziplinäre Teams in der Auseinandersetzung mit den heute schon vorliegenden vielfältigen Konzepten und Ideen sowie unter Mitwirkung von Öffentlichkeit und Zivilgesell-

Regionaler Diskurs, Fachdialog Einzelhandel, Foto: RVR/Leitmann, 09/2012

schaft ihre eigenen Antworten auf die Herausforderungen der Region. Den Ideenwettbewerb begleitet ein Empfehlungsgremium, bestehend aus politischen Vertretern und fachlichen Expertinnen und Experten, die sich kritisch konstruktiv in den gesamten Prozess einbringen, die Teams bei der Bearbeitung ihrer konzeptionellen Ansätze unterstützen und die Ergebnisse in einer Expertise bewerten. In öffentlichen Zukunftsforen setzen sich die Planungsteams mit den Zukunftsideen der Bürgerinnen und Bürger sowie zivilgesellschaftlicher Gruppen aus der Region unmittelbar auseinander und können diese in ihren Arbeiten mit berücksichtigen.

Zum Erarbeitungsprozess

Der gesamte Prozess des Regionalen Diskurses einschließlich der Durchführung des Ideenwettbewerbs zur Zukunft der Metropole Ruhr wurde von der Verbandsversammlung des RVR beschlossen. Alle wichtigen Etappen werden dokumentiert und der Verbandsversammlung zur Beratung vorgelegt.

Die Öffentlichkeit wird mittels Presse und Internet über den Prozess laufend informiert. Eine filmische Begleitung findet ebenfalls statt. Der begleitende Arbeitskreis mit Vertreterinnen und Vertretern aus den Kommunen und den beratenden Mitgliedern der Verbandsversammlung ist für das gesamte Verfahren ein wichtiges Koordinierungsinstrument: Sowohl der Gesamtprozess als auch die einzelnen Etappen werden hier einerseits vorbereitet und konkretisiert (Rote Schiene in der Abbildung). Andererseits erfüllt der Arbeitskreis auch die Sicherstellung der Transparenz und aktuellen Information hinsichtlich Sachstand und Inhalten des Verfahrens gegenüber den 53 kommunalen Verwaltungen sowie deren politische Gremien in der Metropole Ruhr.

Der Regionale Diskurs wird bekannte Themen wie die Siedlungs- und Gewerbeflächen behandeln. Er wird aber auch neue Themen hervorbringen, beispielsweise die Rolle der Landwirtschaft im urbanen Raum mit dem

Begriff »Urban Gardening« oder eine regionsspezifische Definition von Kulturlandschaften im Zusammenhang mit dem Emscher Landschaftspark. Der neue Regionalplan Ruhr wird vieles davon aufgreifen und vertiefen. Wo das nicht gelingt, gilt es andere Formate zu finden (Rosa Schiene in der Abbildung). Der RVR bietet seine Kompetenzen ferner dazu an, zur Bearbeitung dieser Themen gemeinsam mit den verschiedenen Akteuren in der Region und auf der Basis fundierter Analysen Netze zu knüpfen, Prozesse zu gestalten, Konzepte zu entwickeln und Projekte umzusetzen. Einige aktuelle Beispiele zu verschiedenen Bereichen seien im Folgenden genannt:

- *Regionalanalyse*: das Flächeninformationssystem Ruhr (*ruhr*Fis), die Klimaanalysen (*energy*Fis) und das gewerbliche Flächenmanagement der Wirtschaftsförderung metropoleruhr GmbH (wmr),
- *Siedlungsentwicklung*: der Prozess zur interkommunalen Gewerbeflächenentwicklung im Ennepe-Ruhr-Kreis,
- *Verkehr und Mobilität*: die Vorbereitungen zu einem Regionalen Mobilitätsentwicklungskonzept und die Arbeiten zum Radschnellweg Ruhr,
- *Freizeit*: die Projektideen zum Waldband im Rahmen der Regionale 2016, die Vorbereitungen zu einem Regionalen Freizeit- und Tourismuskonzept Metropole Ruhr,
- *Freiraum*: das Freiraumkonzept Metropole Ruhr,
- *Großflächiger Einzelhandel*: eine eindeutige Positionsbestimmung zur Stärkung der Innenstädte und zur intensiven Kooperation bei der Verhinderung von großflächigen Ansiedlungsvorhaben »auf der grünen Wiese«.

Fazit

Der Regionalverband Ruhr hat die große Chance, mit der Übertragung der Kompetenz der staatlichen Regionalplanung an die Leitideen und die Arbeiten von Robert Schmidt anzuknüpfen. Zeitgemäß setzt der Regionale Diskurs zum Regionalplan Ruhr als strategischer Planungsprozess auf Transparenz und Dialog, weil eine »Top-Down-Planung« in dieser komplexen und polyzentralen Region unweigerlich zum Scheitern verurteilt wäre.

Für die Metropole Ruhr bietet sich die große Chance, die planerische Dreiteilung der Region zu überwinden und für die zentralen Zukunftsfelder zu einer gesamtregionalen Entwicklungsperspektive zu gelangen. Hierbei wird der neue Regionalplan Ruhr den gesetzlich-formalen Rahmen bilden, auf den sich sämtliche Kommunen und politischen Entscheidungsträger stützen können. Der RVR in seiner Funktion als Regionalplanungsbehörde sowie die Verbandsversammlung in ihrer Funktion als Regionalrat stellt in diesem Sinne die regionale Klammer sicher.

Mit dem Anspruch »Es geht nichts verloren!« kann der RVR als kommunaler Zweckverband die Aufgabe der Regionalplanung durch informelle Planungsinstrumente zielgerichtet und den regionalen Entwicklungserfordernissen entsprechend ergänzen. Der formale Regionalplan stößt in regional bedeutsamen Entwicklungsthemen zum Teil an die Grenzen seiner gesetzlich fixierten Kompetenzen. Deutlich wird dies z. B. am Thema Mobilität, denn eine zukunftsweisende Mobilitätsplanung ist mehr als die in den Regionalplänen erforderliche Darstellung von Infrastrukturtrassen aus den bundes- und landesgesetzlichen Bedarfsplanungen. Mit dem Auftrag für die Erarbeitung eines »Regionalen Mobilitätsentwicklungskonzeptes für die Metropole Ruhr« wird der normative Charakter des Regionalplans durch eine informelle Planung strategisch vertieft und im Rahmen eines regionalen Konsenses umgesetzt. Diese Situation ist im Bundesland Nordrhein-Westfalen einmalig und für die Zukunft der Metropole Ruhr von entscheidender Bedeutung.

Anmerkungen

1 Interkommunale Kooperationsgemeinschaft, deren Ursprung auf die Zusammenarbeit der acht kreisfreien Städte Duisburg, Oberhausen, Essen, Mülheim an der Ruhr, Gelsenkirchen, Herne, Bochum und Dortmund gemeinsam mit der Universität Dortmund, Fakultät Raumplanung, seit 2001 zurückgeht. 2007 sind die Städte Bottrop, Hagen und Hamm dieser Kooperation beigetreten.

2 Bereits im Stadtregionalen Kontrakt der Kooperationspartner der Städteregion Ruhr 2030, der 2003 unterzeichnet worden ist, ist als Leitprojekt die Entwicklung eines »Regionalen Flächennutzungsplans« genannt. Die Städte Bochum, Essen, Gelsenkirchen, Herne, Mülheim an der Ruhr und Oberhausen haben 2005 eine Planungsgemeinschaft gegründet und einen regionalen Flächennutzungsplans (RFNP) aufgestellt, der 2009 mit dem Beschluss des Planes und dessen Genehmigung durch das Ministerium für Wirtschaft, Mittelstand und Energie des Landes Nordrhein-Westfalen abgeschlossen wurde und am 03.05.2010 in Kraft trat.

3 Quelle: Regionalverband Ruhr (2012): Regionalforum Herausforderung, Dokumentation der Ergebnisse. Im Internet abrufbar unter: http://www.regionalerdiskurs.metropoleruhr.de

4 Quelle: Regionalverband Ruhr (2013): Ideenwettbewerb Zukunft Metropole Ruhr – Auslobung.

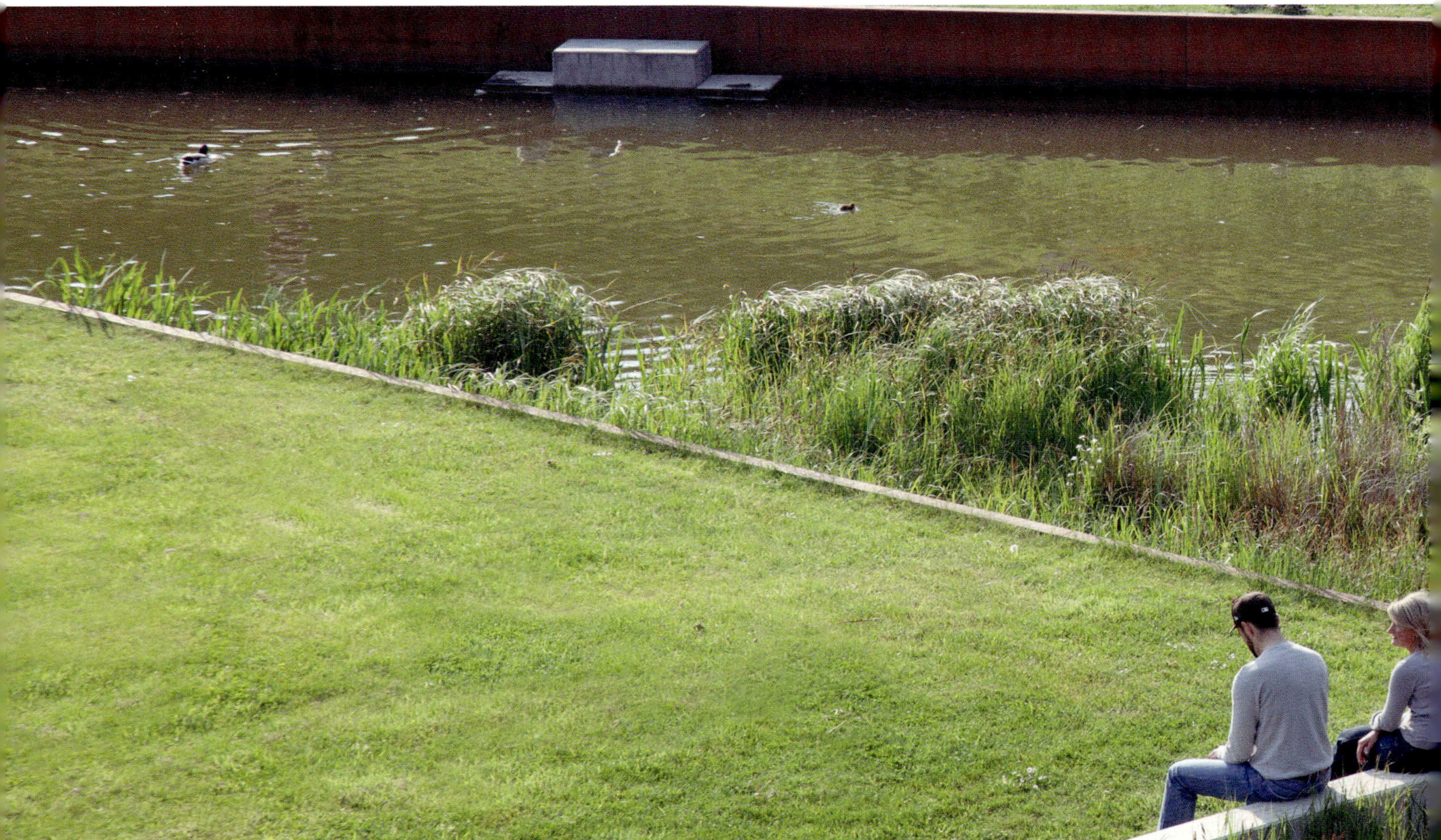

Innere Peripherie — Die Robert-Schmidt-Sommerakademie

Westpark, Bochum, © RVR, Dreyße

Karl-Friedrich Hofmann
Zur Sommerakademie

Im Hinblick auf die Stadt- und Quartiersentwicklung sowie den Wohnungsmarkt hat die NRW.BANK eine besondere Verantwortung übernommen. Dies gilt ausdrücklich in ihrer Funktion als Förderbank für den sozialen Wohnungsbau, aber auch für die Stadtentwicklung mit jährlich etwa 800 Mio. € Investitionsvolumen. Aus diesem Grund ist die NRW.BANK an innovativen Ideen und Konzepten interessiert, die sich mit der Stadtteilentwicklung befassen. Hierbei sind die Anforderungen aus der demografischen Entwicklung – wie die älter werdende Gesellschaft, veränderte Lebensstile und Wohnwünsche, die schrumpfende Bevölkerung, die notwendige Reduzierung von Energieverbrauch und Emissionen – zu berücksichtigen und gemeinsam mit den Bewohnern und in einem offensiven Umgang mit den erforderlichen Anpassungen zu realisieren.

In der Jury der Sommerakademie war die NRW.BANK vertreten, um die hervorragenden Ideen der kreativen Talente zu begutachten. Die Ergebnisse des Wettbewerbs mit einer Fülle an Ideen für die Weiterentwicklung von Siedlungsstrukturen und die Gestaltung kommunikativer Prozesse zur gesellschaftlichen Auseinandersetzung über Qualitäten und Identitäten von Raum zeigen, dass die Unterstützung der Sommerakademie die richtige Entscheidung war. Unter den Beiträgen der 43 Studierenden verschiedener Hochschulen und Fachrichtungen, die in elf interdisziplinären Arbeitsgruppen zusammengearbeitet hatten, waren fünf Vorschläge mit innovativen Ideen, die die Jury besonders überzeugt haben. Darunter befanden sich vier Arbeiten, die durch die NRW.BANK gesponsert wurden, sowie ein Beitrag, der einen Sonderpreis durch den RVR erhielt.

Der Wettbewerb im Rahmen dieser Sommerakademie befasste sich mit Kernthemen des gesellschaftspolitischen Engagements, wie Bildung, Innovation und Nachwuchsförderung. Mit ihrer Förderung unterstreicht die NRW.BANK die unternehmerische Verantwortung für das öffentliche Leben und die Gesellschaft in Nordrhein-Westfalen.

Dipl.-Ing. Karl-Friedrich Hofmann
*Leiter Wohnungsmarktbeobachtung,
bei der* NRW.BANK

Thomas Hackenfort, Dorothee im Spring-Ojih und Maria T. Wagener

Innere Peripherie: Erkenntnisse der Robert-Schmidt-Sommerakademie

1. Vielfalt der Ansätze in der Planungswerkstatt: Struktur und Grenzen im Miteinander

1.1 Organisatoren und Organisation der Sommerakademie

Zur Ausrichtung der vom 10. bis 14. September 2012 veranstalteten Sommerakademie haben sich der Fachbereich Architektur der Fachhochschule Dortmund, der in Essen ansässige Regionalverband Ruhr sowie die Fakultät Raumplanung der Technischen Universität Dortmund zusammengefunden. Diese Zusammenarbeit bezweckte vor allem die Bündelung von Wissen, Kompetenzen und einzubringenden Ressourcen.

An all dem war der Bedarf rund um die personal- und materialintensive Sommerakademie-Woche nicht gering: Ein insgesamt 16-köpfiges Betreuerteam hat an ihrer Vorbereitung bzw. Durchführung mitgewirkt, um zum einen den Stand der Forschung zum Ruhrgebietsmerkmal der Inneren Peripherie und zur Planung in der Region seit den Zeiten Robert Schmidts einzubringen. Zum anderen ging es diesem Team darum, die Hintergründe, Bedingungen und thematischen Zielsetzungen zu vermitteln, die für die Planungspraxis im Ruhrgebiet aktuell gelten. Einiges hiervon ist in die von den Stadtplanungsämtern der beteiligten Ruhrgebietskommunen mit unterstützte Auslobungsbroschüre eingeflossen, die den zugelassenen Teilnehmerinnen und Teilnehmern vor Beginn der Sommerakademie zugeschickt wurde. Darüber hinaus verfügten sie über umfangreiche Zugriffsmöglichkeiten auf bestehende Kartengrundlagen und Luftbilder des RVR. Mitunter konnten auch noch im Verlauf der Workshop-Woche spontane Wünsche der Studierenden nach spezifischen thematischen Karten mit Hilfe der Geoinformationssysteme des RVR bedient werden.

Die von Maria T. Wagener (RVR) moderierte Auftaktveranstaltung zur fünftägigen Sommerakademie begann mit der Begrüßung der 43 Teilnehmenden durch die RVR-Regionaldirektorin Karola Geiß-Netthöfel. Anschließend machte Prof. Christa Reicher (TU Dortmund) die 43 Teilnehmenden mit den Besonderheiten des Ruhrgebiets als der etwas »anderen« Metropole vertraut, bevor Prof. Dr. Renate Kastorff-Viehmann (FH Dortmund) das Wirken und die Wirkung Robert Schmidts erläuterte. Nach der Vorstellung des Plangebiets durch Dorothee im Spring-Ojih (RVR) skizzierte Thomas Hackenfort (FH Dortmund) die bereits durch die Auslobungsbroschüre vermittelte Aufgabenstellung näher, die danach in großer Runde mit dem Teilnehmerfeld diskutiert wurde.

Kaum etwas vermittelt umfassendere Eindrücke als die eigene Inaugenscheinnahme. Der größte Nachmittags-Programmpunkt des ersten Tages bestand deshalb in einer mehrstündigen

Exkursion, die zu Orten des für das Ruhrgebiet typischen harten Aufeinandertreffens von Flächen unterschiedlichster Nutzungen führte (überörtliche Verkehrsflächen, Grünflächen, gewerblich genutzte Flächen sowie, zum Erstaunen einzelner Studierender, landwirtschaftliche Flächen mit den zugehörigen Betrieben). Auch mehrere Wohnorte wurden angesteuert, um die verschiedenartigen Wohn- und Siedlungsformen erfahrbar zu machen, z. B. in der Gartenstadt Welheim in Bottrop. Das Besteigen einer Aufschüttung – einer zugänglich gemachten künstlichen Anhöhe in der Landschaft, wie es sie vielerorts und oft als Hinterlassenschaften des Bergbaus im Ruhrgebiet gibt –, verschaffte einen »Blick von oben« auf die Region. Die Exkursion endete im Klärwerk Bottrop-Welheim, wo Prof. Dr. Dr. Martina Oldengott die wasserwirtschaftlichen Aufgaben der Emschergenossenschaft zur Regulierung des regional so bedeutsamen Emscher-Flusssystems vorstellte – eine wechselhafte und für das Ruhrgebiet durchaus symptomatische Geschichte.

Exkursions-Zwischenstation mit Halden-Ausblick: Aufschüttung am Gewerbepark; Boy-Welheim
Foto: © FH DO/Walteich

Im weiteren Verlauf der Woche war stets ein fester Betreuerstab von mindestens vier Vertreter/-innen der beteiligten Hochschulen und des RVR vor Ort anwesend, um die Studierenden in organisatorischen und inhaltlichen Fragen zu unterstützen. Hinzu kamen drei Referierende, die an den Vormittagen im Atelier-Raum Inputs zu relevanten Themenbereichen vorstellten und anschließend in Einzelgesprächen vertiefend erläuterten. Nach der Zwischenpräsentation, bei der alle Arbeiten in kurzen, beamergestützten Vorträgen dem gesamten Teilnehmerfeld sowie dem Gastkritiker Prof. Andreas Fritzen, Dekan des Fachbereichs Architektur der Hochschule Bochum, vorgestellt wurden, folgte am Freitag die Endpräsentation. Hierzu war eine insgesamt elf-köpfige Jury geladen, der alle Arbeiten in knapp zehnminütigen Präsentationen vorgestellt wurden. Der Ablauf der anschließenden Preisgerichtssitzung orientierte sich ganz wesentlich an den einschlägigen formalen Grundsätzen und Richtlinien für Wettbewerbe der Raumplanung, des Städtebaus und des Bauwesens, von der Wahl der Jury-Vorsitzenden (Prof. Christa Reicher), über einen wertenden Durchgang zur Bestimmung der engeren Auswahl infrage kommender preiswürdiger Arbeiten, bis hin zur Abfassung schriftlicher Beurteilungen. Nach mehrstündigen Beratungen wurden den Teilnehmenden von der Jury noch am Abend desselben Tages die Ergebnisse, die Platzierungen, die zugesprochenen Preise sowie die Beurteilungen persönlich mitgeteilt. Fast das gesamte Teilnehmerfeld kehrte hierzu noch einmal ins Atelier zurück.

Betreuerteam
Prof. Dr. Sabine Baumgart *(TU Dortmund)*
Birgit Diermann *(RVR)*
Prof. Andreas Fritzen *(HS Bochum)*
Thomas Hackenfort *(FH Dortmund)*
Frank Joneit *(RVR)*
Prof. Dr. Renate Kastorff-Viehmann
(FH Dortmund)
Regina Mann *(RVR)*
Ilka Mecklenbrauck *(TU Dortmund)*
Lars Niemann *(TU Dortmund)*
Prof. Armin Rogall *(FH Dortmund)*
Dr. Andrea Rüdiger *(TU Dortmund)*
Johanna Schoppengerd *(TU Dortmund)*
Dorothee im Spring-Ojih *(RVR)*
Prof. i.V. Yasemin Utku *(FH Dortmund)*
Maria T. Wagener *(RVR)*
Christian Walteich *(FH Dortmund)*

Preisgericht
Prof. Christa Reicher, Jury-Vorsitzende
(TU Dortmund)
Clemens Arens *(Stadt Gelsenkirchen)*
Prof. Martin Hoelscher *(HS Ostwestfalen-Lippe)*
Christina Kleinheins *(Stadt Bottrop)*
Melanie Kloth *(NRW.BANK)*
Prof. Christian Moczala *(FH Dortmund)*
Andreas Müller *(Stadt Essen)*
Prof. Dr. Dr. Martina Oldengott
(Emschergenossenschaft)
Prof. Dr. Reiner Staubach *(HS Ostwestfalen-Lippe)*
Martin Tönnes *(RVR)*
Hendrik Trappmann *(Stadt Gladbeck)*

Hätte es sich bei der Sommerakademie um einen Kinofilm gehandelt, dann wären im Abspann noch viele weitere Helfer und Unterstützer namentlich zu nennen gewesen. Obgleich sie eher im Hintergrund oder punktuell aktiv waren, ist ihnen dennoch die erfolgreiche Vorbereitung (hier dennoch gesondert hervorzuheben: Dr. Stefan Hochstadt), der gelungene Verlauf der Auftaktveranstaltung, die Unterbringung und Verpflegung sowie letztlich die administrative Unterstützung mit zu verdanken.

Mit allen eingebrachten Sach- und Geldmitteln sowie dem Preisgeld in Höhe von insgesamt 2.000 € umfasste das Budget der Sommerakademie einen deutlich fünfstelligen Betrag, der nur dank der großzügigen Unterstützung des Hauptsponsors NRW.BANK aufgebracht werden konnte. Von den Veranstaltern getragen wurden unter anderem die Mittagsverpflegung sowie die sich ergebenden Übernachtungskosten einiger Sommerakademie-Teilnehmenden in einem Hostel in Dortmund.

Innere Peripherie
Erkenntnisse der
Robert-Schmidt-
Sommerakademie

Das Preisgericht der Sommerakademie. Im Vordergrund: der stellvertretende Direktor des RVR, Martin Tönnes
Foto: © FH DO/Walteich

Teilnehmende Fachrichtungen und Hochschulen

Architektur	RWTH Aachen (Studiengang Stadtplanung)
	HS Bochum
	FH Dortmund
	TU Dortmund
	FH Köln (Masterstudiengang Städtebau NRW)
Design	FH Dortmund
Freiraumplanung	UNI Siegen
Geographie	UNI Münster
Kulturpädagogik	HS Niederrhein/Mönchengladbach
Landschaftsarchitektur	TU München
Raumplanung	TU Dortmund
Stadtplanung	HS Ostwestfalen-Lippe/Detmold
Urban Studies	UNI Wien

Um eine interdisziplinäre Entwicklung von Ideen und Konzeptionen zu unterstreichen, waren möglichst bunt zusammengesetzte Teams gewünscht. Zur Vermeidung längerer Gewöhnungs- und Abstimmungsphasen beim Einstieg in den Workshop hatten die Teilnehmenden Gelegenheit, sich vorab selbst organisiert zusammenzufinden – unter anderem mit Hilfe eines Blogs auf einer eigens eingerichteten Internet-Seite. Hier ließen sich im Vorfeld nicht nur Fragen an die Veranstalter richten, sondern auch unter den Interessierten erste Kontakte knüpfen. An den Start gingen so zu Beginn der Sommerakademie elf Teams mit jeweils drei bis maximal fünf Mitgliedern. Nicht alle Gruppen bestanden dabei aus Studierenden unterschiedlicher Fachrichtungen – die Auswertung im Kapitel 3 zeigt die Korrelation zwischen dem Grad der fachlichen Interdisziplinarität und dem Abschneiden der Gruppen und mag so auch Einschätzungen über einen kausalen Zusammenhang zulassen.

Thomas Hackenfort
Dorothee im Spring-Ojih
Maria T. Wagener

1.2 Der Planungsraum

Die vorab zugesandte ausführliche Auslobungsbroschüre und weitere Online-Informationen zum Planungsgebiet des Sommerakademie-Wettbewerbs sollten den teilnehmenden Studierenden vor allem ein Gespür dafür vermitteln, welche zentralen Begriffe sich mit regionalplanerischen Aufgaben verbinden und wie komplex die Verhältnisse in einem großdimensionierten, typischen Gebiet der Kernzone der Metropole Ruhr sind.

Die Metropole Ruhr ist eine polyzentrische Städtelandschaft mit dicht besiedelten Großstädten im Kern, Städten mittlerer Größe im Übergangsraum und eher ländlich strukturierten Klein- und Mittelstädten im Umland. Sie weist vielfach gebrochene, disperse und mit unterschiedlichen Begabungen ausgestattete Räume auf. Diese Komplexität wirkt sich auf viele planungsrelevante

Der Planungsraum
© RVR/im Spring-Ojih

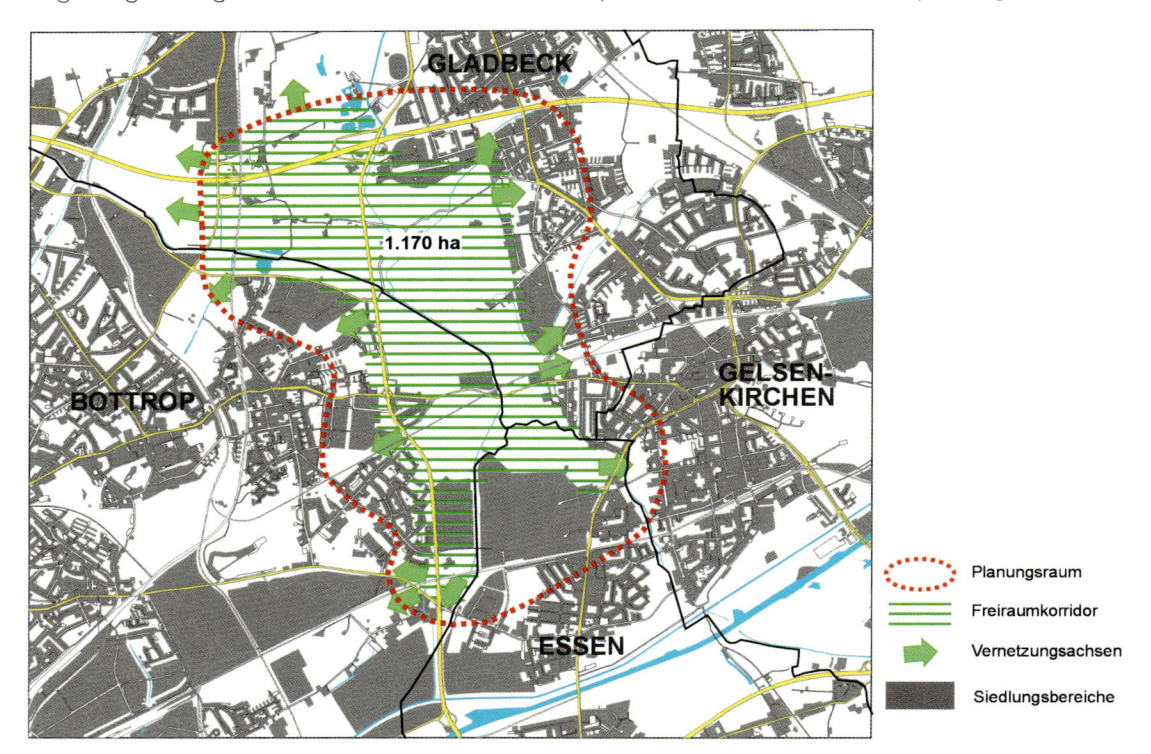

Bereiche und Aufgaben aus, u. a. auf die Verkehrsverknüpfung, die Freiraumsicherung und -entwicklung oder die Siedlungsstrukturen. Der so genannte »korridor4« bildet mit seinen vielfältigen Nutzungsübergängen einen exemplarischen Raum dieser Region ab und wurde deshalb als Planungsraum der Sommerakademie ausgewählt.

Der *korridor4* – Aufgabenfeld der Sommerakademie

Beim *korridor4* handelt es sich um ein etwa 1.170 ha großes Gebiet im Grenzraum von vier Kommunen der Emscherzone: Bottrop, Essen, Gelsenkirchen und Gladbeck. Für Essen und Gelsenkirchen ist der Regionale Flächennutzungsplan (RFNP 2010) der Städteregion Ruhr im Gebiet der Städte Bochum, Essen, Gelsenkirchen, Herne, Mülheim an der Ruhr und Oberhausen das gültige

Innere Peripherie
Erkenntnisse der
Robert-Schmidt-
Sommerakademie

*Bottrop, Blick
Richtung Tetraeder
Foto: © FH DO/Walteich*

Planwerk, für die Städte Bottrop und Gladbeck bildet der Gebietsentwicklungsplan Teilabschnitt Emscher-Lippe (GEP 2004) die Grundlage der Regionalplanung.

Der im *korridor4* enthaltene Freiraum ist mit ca. 550 ha Fläche ein bedeutender Bestandteil des Regionalen Grünzugs C im Emscher Landschaftspark, dem zentralen Park in der Kernzone der Metropole Ruhr. Er besteht aus insgesamt sieben Regionalen Grünzügen (A-G), die von Nord nach Süd verlaufen und Bestandteile eines Netzes an Grün- und Freiflächen sind, und dem noch zu entwickelnden Ost-West-Grünzug von Duisburg nach Hamm.

Durch Industrialisierung und Siedlungstätigkeit ist der Freiraum im Regionalen Grünzug C stark überformt. Wesentliche Ziele der Projekte im Emscher Landschaftspark in diesem Raum sind Maßnahmen zur Anreicherung der Natur, verbesserte Wegeverbindungen zwischen den Siedlungsbereichen, die Verknüpfung mit benachbarten Grünzügen, verbesserte Freizeitangebote und

Entwicklung der Siedlungsfläche des zentralen Ruhrgebiets (1840, 1930, 1970, 2010), Ausschnitt; Grundlagen: Schichten einer Region 2011/Stadtplanwerk © RVR

1840   1930   1970   2010

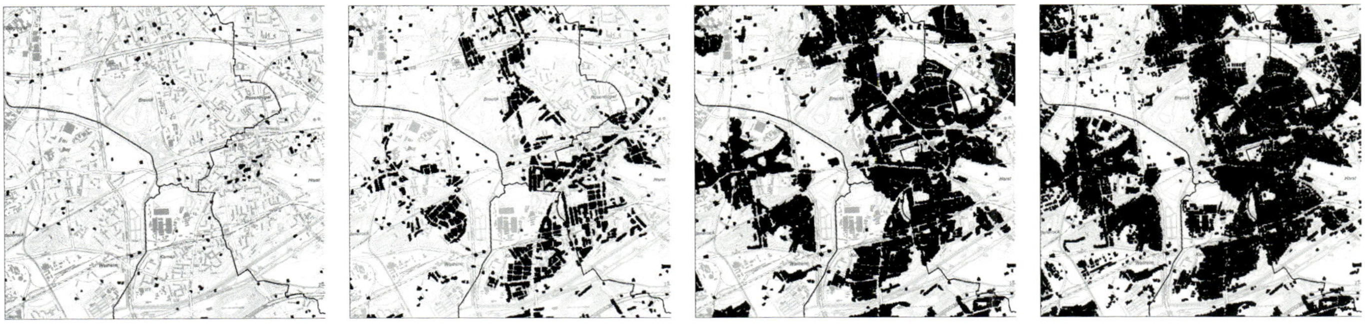

Thomas Hackenfort
Dorothee im Spring-Ojih
Maria T. Wagener

*Renaturierung eines
Nebenflusses der Boye
Foto: © FH DO/Walteich*

insgesamt eine neue Freiraumqualität. Eines der umfangreichsten Projekte im Raum ist der bereits begonnene Umbau der Boye und ihrer Nebenflüsse.

Die bestehenden Grünzüge im Verbandsgebiet gehen auf Robert Schmidts Intention zurück, die Siedlungsbereiche nicht zusammenwachsen zu lassen und im verbleibenden Freiraum wohnungsnahe Erholungsbereiche zu schaffen. Darüber hinaus dienen sie als Frischluftschneisen. Als regionstypische Merkmale sind im *korridor4* verschiedene Formen »innerer Stadtränder« zu erkennen: Es vermischen sich gebaute Stadt und umgebende Stadtlandschaft.

Im Norden wird das Gebiet von der Autobahn (A 2) Oberhausen-Hannover begrenzt, mit direktem Anschluss an die Bundesstraße B 224 Raesfeld-Solingen, die den Essener Norden mit Gelsenkirchen-Buer verbindet und im weiteren Verlauf in die Autobahn A 52 in Richtung Marl übergeht. Es gibt im Planungsraum zwei Bahnhöfe für den schienengebundenen Personennah- und Regionalverkehr: Gelsenkirchen-Buer-Süd und Bottrop-Boy. Darüber hinaus wird der Planungsraum durch zwei Güterverkehrshauptstrecken in West-Ost-Richtung durchquert. Eine Radverkehrsanbindung erfolgt über das regionale »Radverkehrsnetz NRW« und mehrere teilräumliche Routen. Unmittelbar südlich an den Planungsraum angrenzend verlaufen parallel zueinander die Emscher und der Rhein-Herne-Kanal. Dieser Kanal mit seinen Häfen ist als Wasserverkehrsweg von überregionaler Bedeutung; er wird derzeit zu einem »Kulturkanal« weiterentwickelt.

Im Planungsraum befinden sich mehrere bedeutende Freizeitziele. Eingebunden in die touristische Route der Industriekultur ist die gartenstädtische Siedlung Welheim in Bottrop, ein Beispiel für eine hervorragend sanierte ehemalige Zechensiedlung. Zu Erholungszwecken werden die begehbaren Halden genutzt; die Halde Mottbruch befindet sich noch in Schüttung und soll ebenfalls als Panorama im Rahmen der Route der Industriekultur ausgebaut werden. Einen Freizeitschwerpunkt im nördlichen Teilraum bildet in Gladbeck das mittelalterliche Wasserschloss Haus Wittringen mit angrenzendem Schlosspark und der Freizeitstätte Wittringer Wald.

Im näheren Umfeld von *korridor4* liegen zwei weitere Standorte der Route der Industriekultur: das Tetraeder als Landmarke in Bottrop und der Nordsternpark in Gelsenkirchen.

Der *korridor4* als »Freiraumkorridor« ist in seiner Zentralachse durch landwirtschaftliche Nutzung und durch das Gewässersystem der Boye mit ihren Nebenflüssen geprägt. Des Weiteren kennzeichnen den Freiraum zwei Waldgebiete, das Welheimer Wäldchen und der Strunksbusch, sowie zwei Naturschutzgebiete, das Boyetal Ost und das Natroper Feld. Weite Freiraumbereiche sind zwar unter Landschaftsschutz gestellt, das Landschaftsbild ist jedoch in großen Teilen durch Verkehrs- und Versorgungsinfrastrukturen beeinflusst. Eine Besonderheit dieses Raumes stellt die Haldenlandschaft Brauck mit sechs aufeinanderfolgenden Halden dar. An keinem anderen Ort im Ruhrgebiet gibt es eine derartige Ballung von Bergehalden. Fünf der Halden, mit Ausnahme der Halde Mottbruch, sind bereits begrünt oder zum Teil dicht bewaldet. Die öffentlich zugängigen Halden bieten ein hohes Freizeitpotenzial mit Möglichkeiten zur Naherholung und als Aussichtspunkte.

*Wasserschloss Haus Wittringen
Foto: © FH DO/Walteich*

Die Halde Mottbruch als größte und höchste Halde befindet sich zurzeit noch in Schüttung. Auf der Grundlage einer IBA-Konzeption als Landmarke gedacht, wird sie nach ihrem Ausbau wie ein Vulkankegel geformt sein und einen weiteren Merkpunkt der Route der Industriekultur bilden. Darüber hinaus bestehen Intentionen des Eigentümers (RAG), auf der Halde Windkraftanlagen zu errichten.

Die Siedlungsstruktur im Planungsraum zeichnet sich durch eine hohe Anzahl ehemaliger Zechensiedlungen, insbesondere im Stadtteil Gladbeck-Brauck, aus. Sie wurden in unterschiedlicher Weise saniert und weisen durchweg einen gartenstädtischen Charakter auf. Herauszustellen ist die Siedlung Welheim in Bottrop, die sich durch ihre Gestaltqualität und Außenwirkung hervorhebt.

Im Planungsgebiet befinden sich zudem fünf Gewerbegebiete und ein Industriebetrieb. Bei den Gewerbeparks sind zwei Ansiedlungen aufgrund ihrer Entstehungsgeschichte, Konzeption und Größe von besonderer Bedeutung:

250

Thomas Hackenfort
Dorothee im Spring-Ojih
Maria T. Wagener

rechts:
Freiraumnutzungen
© RVR/im Spring-Ojih

unten:
*Halde Mottbruch,
Gladbeck*
Foto: © RVR/Luftbild 2011

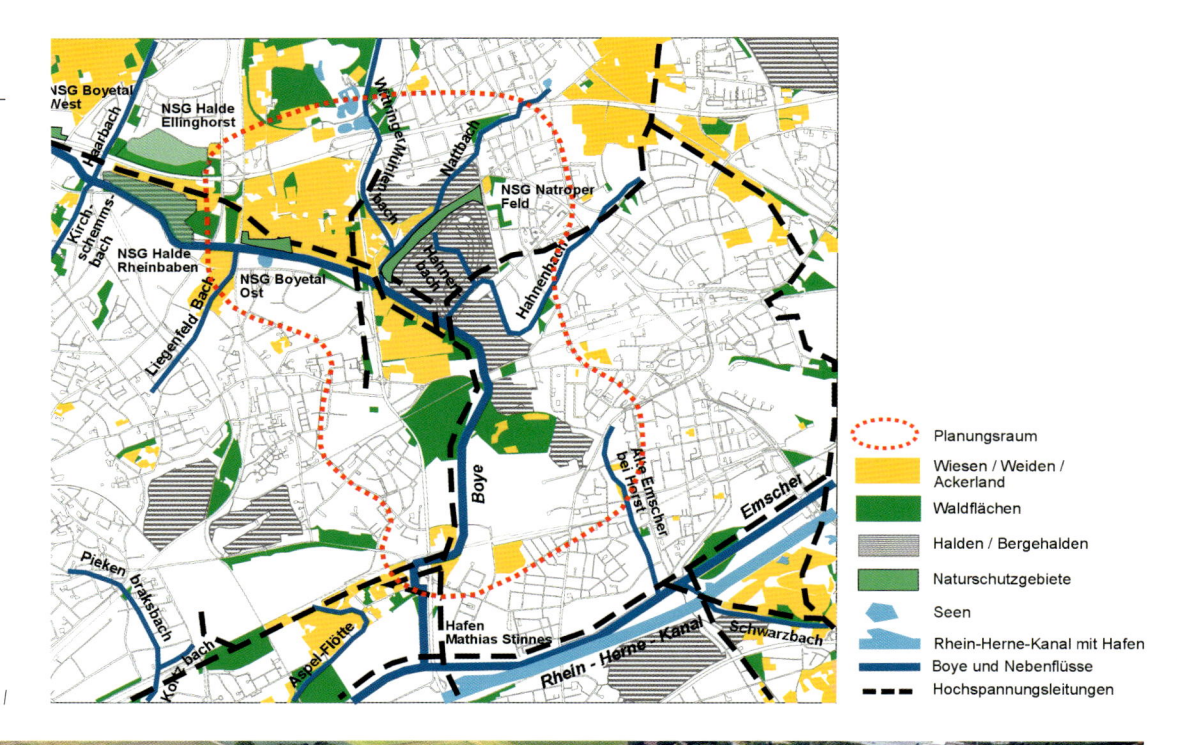

- Planungsraum
- Wiesen / Weiden / Ackerland
- Waldflächen
- Halden / Bergehalden
- Naturschutzgebiete
- Seen
- Rhein-Herne-Kanal mit Hafen
- Boye und Nebenflüsse
- Hochspannungsleitungen

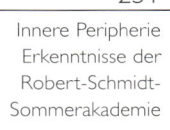

Gartenstadt Welheim, Bottrop
Foto: © FH DO/Walteich

Der Gewerbepark Brauck wurde im Rahmen der Internationalen Bauausstellung IBA Emscher Park unter Beachtung ökologischer Prinzipien entwickelt, was sich u. a. in dem hohen Grünflächenanteil und einer inselartigen Anordnung der Bauflächen widerspiegelt.

Beim Gewerbepark Boy-Welheim handelt es sich um ein ehemaliges Gelände der Chemischen Industrie. Auf dem eingegrünten Gewerbebereich sind ein Möbelhaus und ein Baumarkt errichtet worden. Die zusätzlich geschaffenen Freiflächen bieten den Bewohnern der alten und neu entstandenen Wohngebiete, u. a. einer Reihenhaussiedlung mit 110 Wohneinheiten, die Möglichkeit zu Aufenthalt und Erholung. Ergänzend wurden ein Festplatz, eine Feuerwache, ein Jugendhotel und ein Supermarkt errichtet.

Den an der Planungswerkstatt Teilnehmenden zeigte sich das Planungsgebiet *korridor4* als ein Raum, in dem sich im Zuge der Deindustrialisierung und des weitergehenden Strukturwandels auch zukünftig noch an vielen Stellen die Möglichkeit ergeben wird, einzelne Maßnahmen zum Flächennutzungswandel vorzunehmen – bis dahin gehend, den Raum insgesamt neu zu denken.

1.3 Schwerpunktsetzungen bei der Informationsvermittlung

»Was wir von der Gesellschaft und ihrer Welt wissen, wissen wir fast ausschließlich durch die Massenmedien« – diese These Niklas Luhmanns gilt zweifellos auch für einen Großteil des Wissens über das Ruhrgebiet, inklusive aller dabei medial verbreiteten Stereotypen. Auch wenn sich die räumlichen Muster wiederholen, haben unbestreitbar gleiche Problemstellungen und Herausforderungen lokal zu höchst unterschiedlichen Lösungsansätzen geführt, die, auch topografisch bedingt, einen eigenständigen Umgang mit den Flächen, Gewässern oder Siedlungsformen hervorgebracht haben. Wie sehr dabei noch einzelne Stereotype und medial lange gepflegte Deutungsmuster nachhallen, zeigte sich während der Exkursion unter anderem beim Ausblick von einer Aufschüttung: in der deutlich geäußerten Verwunderung darüber, wie sehr sich das

Ruhrgebiet mit einem Überblick verschaffenden Abstand als ausgesprochen »grüne« Region zu erkennen gibt. Die so verfestigte Wahrnehmung bewirkt, dass selbst Bewohner der Region gelegentlich über manch unbekanntes Kleinod im Ruhrgebiet staunen können.

Im Bewusstsein der Vielschichtigkeit dieser begrifflich als ein Raum erfassten Region wurden im Rahmen der Vorüberlegungen zur Sommerakademie bei den Bewerberinnen und Bewerbern umfassende allgemeine oder gar spezifisch planungsrelevante Kenntnisse über das Ruhrgebiet weder erwartet noch vorausgesetzt. Entscheidendes Zulassungskriterium war das Studium einer im weit gefassten Sinn mit Aspekten raumbezogener Planung befassten Disziplin. Wert gelegt wurde somit auf ein Teilnehmerfeld, das viele verschiedene fachliche Blickwinkel in der Sommerakademie zu vertreten und einzubringen versprach. Um hierbei zumindest auf erstes belastbares Grundwissen der studierten Fachrichtung zurückgreifen zu können, wurde darauf geachtet, dass sich die zur Planungswerkstatt zugelassenen Studierenden in einem höheren Semester befanden.

Um bei allen Freiheiten der eigenen thematischen Aneignung des Robert-Schmidt-Jubiläumsanlasses und der inhaltlichen Schwerpunktsetzung eine gemeinsame Basis und Entwurfsqualität aller teilnehmenden Teams zu erzielen, wurde das zu betrachtende Gebiet begrenzt und gleichzeitig eine Vielzahl an Informationsangeboten vorbereitet. Vermittelt wurden diese Inputs in mehreren Stufen – vorab, wie erwähnt, über eine 16-seitige Auslobungs- und Informationsbroschüre – darüber hinaus durch Aushändigung eines Info-Paketes, das neben zahlreichen weiteren Broschüren des RVR und der Emschergenossenschaft auch ein Exemplar des Nachdrucks der Dissertation Robert Schmidts enthielt, deren hundertstes Jubiläum den Anlass für die Sommerakademie geliefert hatte. Bis zum vierten Tag der Sommerakademie gab es des Weiteren insgesamt sieben Themenvorträge.

Referentinnen, Referenten und Themenschwerpunkte der im Rahmen der Sommerakademie gehaltenen Vorträge (in chronologischer Reihenfolge)

Prof. Christa Reicher *(TU Dortmund)*	Ruhrgebiet: Die »andere« Metropole
Prof. Dr. Renate Kastorff-Viehmann *(FH Dortmund)*	Das Erbe Robert Schmidts
Dorothee im Spring-Ojih *(RVR)*	Der Planungsraum
Prof. Dr. Dr. Martina Oldengott *(Emschergenossenschaft)*	Masterplan Emscher-Zukunft
Regina Mann *(RVR)*	Freiraumplanung
Frank Joneit *(RVR)*	Mobilität
Prof. Armin Rogall *(FH Dortmund)*	Energie

Die in der Auslobungs-Broschüre, der Robert-Schmidt-Dissertation, auf der Exkursion und in allen Vorträgen vermittelten Themen lassen sich inhaltlich kategorisieren nach der Auseinandersetzung mit der räumlichen Struktur des Ruhrgebiets, dem Umgang mit dem Erbe der Industrialisierung (Konversion aufgegebener Anlagen und Flächen; Schwerpunkte: Halden und ehemalige Zechensiedlungen), der touristischen oder Naherholungs-Umnutzung; der regionalen Mobilität (verstanden als Problematik der Verkehrsnetz- und Verkehrsdichte); den Methoden, Instrumenten und Materialien der Planung in der Region; der Freiraumplanung sowie der Erneuerbaren Energien und Versorgung.

Kritik, auch Selbstkritik, an dieser Form der begleitenden und betreuenden Wissensvermittlung kann ihren Ansatz dort finden, wo unverzichtbare Schwerpunktsetzungen – und ihre Rezeption

Innere Peripherie
Erkenntnisse der
Robert-Schmidt-
Sommerakademie

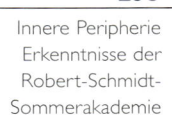

Hoch konzentriert bis zum Schluss: Das studentische Publikum bei der Vorstellung der Entwürfe. Foto: © FH DO/Walteich

bei den Teilnehmenden der Sommerakademie –zwangsläufig thematische Ausschlüsse zur Folge hatten. Zu nennen wären hier beispielhaft die Themenkreise Sozialstruktur, Bildung und Technologie. Auch ökonomische Aspekte bis hin zu aktuellen Einzelhandelskonzepten und -strategien blieben weitgehend unberücksichtigt. Selbst das Thema »Wohnen«, im größeren Maßstab als Schwerpunktsetzung »Siedlungskonzepte« verstanden, wurde vorbereitend und besonders im Zusammenhang mit der Arbeit Robert Schmidts zwar angesprochen, in seiner zeitgemäßen Bedeutung im Ruhrgebiet jedoch nicht vertieft. Facettenreich genug wäre es zweifelsohne gewesen, darin aber auch für die hier anstehende Aufgabe unbestreitbar zu komplex.

Die vorhergehende Darstellung der für die Studierenden vorab und begleitend erfolgten Wissensvermittlung (zu Robert Schmidt, zu den charakteristischen räumlichen Eigenheiten des Ruhrgebiets sowie zu einigen ausgewählten regionalplanungsrelevanten Themen) soll mit Blick auf die nachfolgende Darstellung der einzelnen Wettbewerbsarbeiten einen kleinen Einblick darin ermöglichen, an welchen Stellen die Studierenden die Inputs aufgegriffen haben, wo sie ganz eigene Schwerpunkte gesetzt haben, vor welchem Hintergrund die Arbeiten entstanden sind – und damit den Kontext aufzeigen, in dem diese zu bewerten waren. In der Vorbereitung wurde großes Augenmerk darauf gelegt, durch diese intensive Betreuung zwar für ähnliche Startbedingungen unter den Teilnehmenden zu sorgen, gleichzeitig aber eine thematische, inhaltliche oder formale Beeinflussung zu verhindern. Letztlich sollten die Studierenden so unvoreingenommen wie möglich arbeiten können. Die vermittelten Inhalte sollten zu diesem Zweck die Dimensionen des Raums sowie die Komplexität der Thematik so weit reduzieren, dass ein Lösungsansatz, eine Idee angesichts von nur dreieinhalb Tagen echter Bearbeitungszeit entwickelbar wurde. Der für studentisches Arbeiten sicher nicht alltägliche Veranstaltungsrahmen sollte die Teilnehmenden ermutigen, gedankliche Experimente zu wagen und den Planungsraum als Labor für zukünftige Entwicklungen zu begreifen.

Thomas Hackenfort
Dorothee im Spring-Ojih
Maria T. Wagener

*Studentische Arbeits-
plätze im Atelier
Foto: © FH DO/Walteich*

1.4 Aufgabenstellung und Erwartungen an die Studierenden

Die den Teilnehmenden der Sommerakademie gestellte Aufgabe bestand darin, beispielhafte, übertragbare Ideen für den Umgang mit dem Raumtypus »Innere Peripherie« zu entwickeln und mit geeigneten Mitteln zu kommunizieren. In der Planungswerkstatt sollten sich die Studierenden dazu mit dem ihnen vorgegebenen Raum auseinandersetzen, der durch unterschiedlichste Nutzungen, Planungen, Potenziale und Restriktionen geprägt ist. Sie sollten bei der Bearbeitung die historischen und aktuellen Entwicklungen des Raumes vor dem Hintergrund der Denkanstöße Robert Schmidts berücksichtigen und für sich neue Sichtweisen auf verborgene Potenziale erschließen.

In der Auseinandersetzung mit der Charakteristik des Ortes konnte der Fokus auf einzelne Aspekte gelegt werden, z. B. auf Verkehr, Freiraum, Siedlungsentwicklung, Erholungsnutzung, Eignung als Energielandschaft, Image oder Marketing. Für den Gesamtraum sollte ergänzend eine Einschätzung vorgelegt werden.

Dabei war es ausdrücklich erwünscht, in einem eher allgemein gehaltenen Zugang auch neue architektonische, landschaftsgestalterische, stadt- oder regionalplanerische Ideen und Leitbilder zu entwickeln. Darauf aufbauend sollten Zukunftsperspektiven für den Gesamtraum aufgezeigt werden. Ganz in der Tradition Robert Schmidts bezog sich diese Aufgabenstellung auf einen Teilraum, aus dem in einem höheren Konkretisierungsgrad Ideen abzuleiten und für vergleichbare Teilräume anwendbar wären.

Die Lösungsansätze sollten *inhaltlich* überzeugen, ihre Realisierbarkeit war erklärtermaßen kein Bewertungskriterium. Auch auf andere, konkretere Vorgaben wurde verzichtet, damit es der studentischen Perspektive überlassen bleiben konnte, welcher spezifische, ruhrgebietstypische Aspekt aufgegriffen und auf planvolle Weise kreativ bearbeitet wurde.

Ebenso offen blieb die Form der Darstellung: Die Teilnehmenden sollten Präsentationsformen wählen, mit denen sich ihre Ideen adäquat und unaufwändig, ohne zusätzliche Einarbeitungs- und

Innere Peripherie
Erkenntnisse der
Robert-Schmidt-
Sommerakademie

Zwischenlösungen als Inspirationsquellen: Präsentation der Arbeit »Wir im Netz«.
Foto: © FH DO/Walteich

Vorbereitungszeit, vermitteln ließen. Möglich waren, neben den eher klassischen Plandarstellungen, somit z.B. auch grafisch-textliche Aufbereitungen der Ideen in Form von Skripten, Dreh- oder Handbüchern, Illustrationen bis hin zu Comic-Strips, Filmen oder Diashows; aber auch handwerklich-gestalterische Umsetzungen der Ideen. Ein Lasercutter stand vor Ort zur Verfügung, Materialien wurden bereitgestellt.

Als Ergebnis wurden neue konzeptionelle Ansätze erhofft, die die demografische Entwicklung, die geänderten Rahmenbedingungen für eine nachhaltige Siedlungs- und Freiraumplanung sowie die Anforderungen an eine zeitgemäße Mobilität und Versorgungsinfrastruktur berücksichtigen. Um es mit dem Erläuterungstext eines Sommerakademie-Entwurfs zu sagen: »Vieles wird verbessert, aber wenig Neues geschaffen.« Genau zu dem, was über die kontinuierlichen Verbesserungen hinaus an »Neuem« geschaffen werden könnte, sollte die studentische Sommerakademie Hinweise liefern.

2. Vorstellung der Arbeiten mit Jury-Kurzgutachten

Sämtliche Arbeiten der Studierenden werden im Folgenden in unterschiedlicher Ausführlichkeit dargestellt: Alle fünf Preisträger haben zur offiziellen Preisverleihung in den Räumen des Regionalverbands Ruhr Anfang November 2012 A0-Ausstellungsplakate angefertigt, die hier neben einigen repräsentativen Ausschnitten gezeigt werden. Zu den Fotos der prämierten Arbeitsgemeinschaften finden sich auch die jeweiligen Jury-Kurzgutachten der Arbeiten.

Mit einem kleinen Bildausschnitt und der Beurteilung durch die Jury werden auch die weiteren, nicht prämierten Arbeiten vorgestellt.

Thomas Hackenfort
Dorothee im Spring-Ojih
Maria T. Wagener

Jury und Teilnehmerfeld
der Abschlusspräsentation
am 14.9.2012
Foto: © FH DO/Walteich

Titel der Arbeit;
- *Teilnehmehmende
  (Fachbereich und
  Hochschule),*
- *Entwurfsthema*
- *Platzierung*

Osmose
- Maike Artmann *(Architektur/Stadtplanung, RWTH Aachen)*, Andreas Bergler *(Raumplanung, TU Dortmund)*, Jana Müller *(Design, FH Dortmund)*, Sebastian Sowa *(Landschaftsarchitektur, TU München)* und Bianca Wanninger *(Raumplanung, TU Dortmund)*
- Innere Ränder des Ruhrgebiets: Toolbox zum neuartigen planerischen Umgang mit den mosaikartig aneinander grenzenden Flächen.
- 1. Preis 500 €

Kappes kreativ
- Lin-Leonardo Czerwinski *(Stadtplanung, RWTH Aachen)*, Vanessa Hünnemeyer *(Urban Studies, Universität Wien)* und Thomas Noldus *(Master Städtebau NRW, Köln)*
- Konzeption neuer urbaner Landwirtschaft, beispielhaft entwickelt am Pelkumer Feld.
- 2. Preis 400 €

Komma bei dat Wasser
- Stefanie Bartsch *(Raumplanung, TU Dortmund)*, Felix Erlbeck *(Landschaftsarchitektur, TU München)*, Meike Heß *(Raumplanung, TU Dortmund)*, Matthias Michels *(Kulturpädagogik, FH Mönchengladbach)* und Wiebke Weltring *(Geographie, Universität Münster)*
- Neuordnung des »Korridor 4« durch Fokussierung auf das Element »Wasser«: Seenlandschaft als Angebot der Naherholung.
- 2. Preis 400 €

PottPourrie
- Anna-Helena Csete *(Architektur, FH Dortmund)*, Stefan Demir *(Architektur, FH Dortmund)*, Marion Stark *(Master Städtebau NRW, Köln)* und Margarete Walczak *(Architektur, HS Bochum)*
- Brettspiel, das bei den Bewohnern des Ruhrgebiets spielerisch das Interesse für die Eigenschaften ihrer Region wecken soll.
- Anerkennung 200 €

Pottrait
- Stephan Gudewer *(Architektur, FH Dortmund)*, Pia Hellstern *(Architektur, FH Dortmund)*, Janna Steinhart *(Architektur, FH Dortmund)* und Lena Wesholowski *(Design, FH Dortmund)*
- Initiierung einer »Bewegung« zur strategischen und praktischen Aneignung des Ruhrgebiets in Verbindung mit den Möglichkeiten des Internets.
- RVR-Sonderpreis 500 €

RUHRcharakter – Der rote Pfaden
- Pia-Laureen Emde *(Architektur, FH Dortmund)*, Jana Hirschhäuser *(Architektur, FH Dortmund)* und Eva-Maria Plass *(Architektur, FH Dortmund)*
- Bildung eines Pfades, auf dem typische Merkmale des Ruhrgebiets neu erfahren werden können.

greenline braucker pfade
- Janina Adrian *(Architektur, FH Dortmund)*, Tino Flohe *(Architektur, FH Dortmund)*, Vanessa Heinichen *(Architektur, FH Dortmund)* und Lennart Wiedemuth *(Design, FH Dortmund)*
- Anlage eines groß dimensionierten Pfades entlang der Haldenformation als Grundstein für ein neues Erholungsgebiet.

Alles im Fluss – Wir sind eine Hafenstadt
- Jens Cymontkowski *(Architektur, FH Dortmund)*, Jenna Hué *(Architektur, FH Dortmund)*, Daniel Schilling *(Architektur, FH Dortmund)* und Lina Schmiz *(Architektur, FH Dortmund)*
- Wiederbelebung der Wasserwege als Verbindungslinien zur Erholung und Stärkung der Idee »Wir sind eine Metropole«.

ZusammenHalden
- Alina Bauer *(Stadtplanung, Hochschule OWL)*, Carina Griegoleit *(Stadtplanung, Hochschule OWL)*, Silke Mannott *(Stadtplanung, Hochschule OWL)*, Michel Poiré *(Stadtplanung, Hochschule OWL)* und Jacqueline Sauer *(Stadtplanung, Hochschule OWL)*
- Baulich-architektonische Nutzung der Halden mit dem Ziel einer engeren Verbindung zwischen den Bewohnern des Ruhrgebiets und der Region.

Wir im Netz
- Sandra Littau *(Architektur, FH Dortmund)*, Marvin Prieß *(Architektur, FH Dortmund)* und Katharina Wedde *(Architektur, FH Dortmund)*
- Neuvernetzung infrastruktureller Bestände, Allmendeflächen für eine neue Gesellschaftsform.

Korridor 4 – Ein Strategiespiel
- Marion Drewski *(Geographie, Universität Münster)*, Hanna Jülich *(Geographie, Universität Münster)* und Svenja Krings *(Geographie, Universität. Münster)*
- Spielerische Erfahrung der Komplexität regionaler Raumplanung im Sinne Robert Schmidts.

Thomas Hackenfort
Dorothee im Spring-Ojih
Maria T. Wagener

*Team »Osmose«
(v.l.n.r.) – Andreas
Bergler, Maike Artmann,
Jana Müller und Bianca
Wanninger. Sebastian
Sowa war am Abend der
Preisverleihung leider
verhindert.*

1. Preis: »Osmose«

»Die Arbeit »Osmose – Der Umgang mit Rändern« basiert auf einer umfangreichen Auseinandersetzung mit dem Raum der »Inneren Peripherie«. Die Erkenntnis, dass das Potenzial der einzelnen Flächen – Zellen genannt – von der Struktur und Durchlässigkeit der Ränder abhängt, wird von den Bearbeiterinnen und Bearbeitern in ein vielfältiges planerisches Instrumentarium umgesetzt. Beispielhaft wird aufgezeigt, wie sich die unterschiedliche Durchlässigkeit der Ränder durch dieses Instrumentarium verändern und planen lässt.

Die gesamte Arbeit überzeugt durch ihre hochprofessionelle Darstellung und liebevolle Ausarbeitung. Ohne dass es in der Präsentation ausdrücklich erwähnt wurde, ist auch ein Einsatz der vorgeschlagenen Methode als Mittel in partizipatorischen Prozessen gut vorstellbar. Damit wurde die Arbeit von der Jury einstimmig für den ersten Preis benannt.«

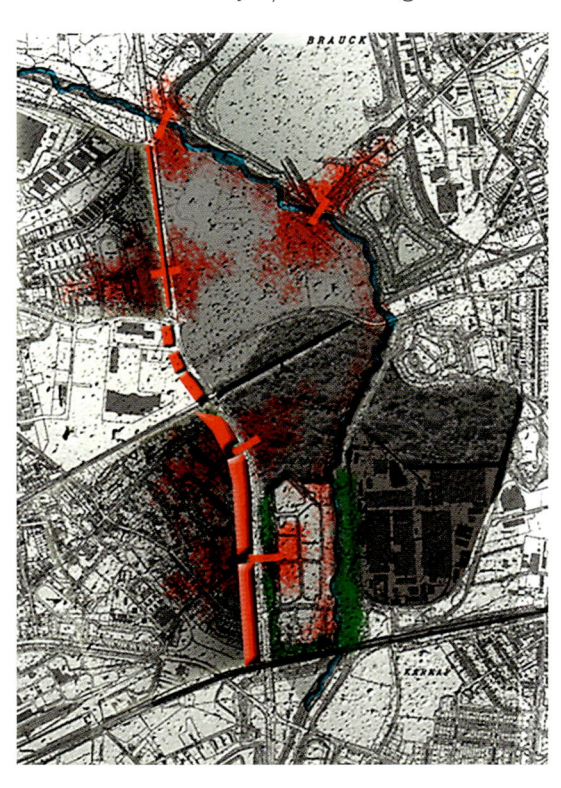

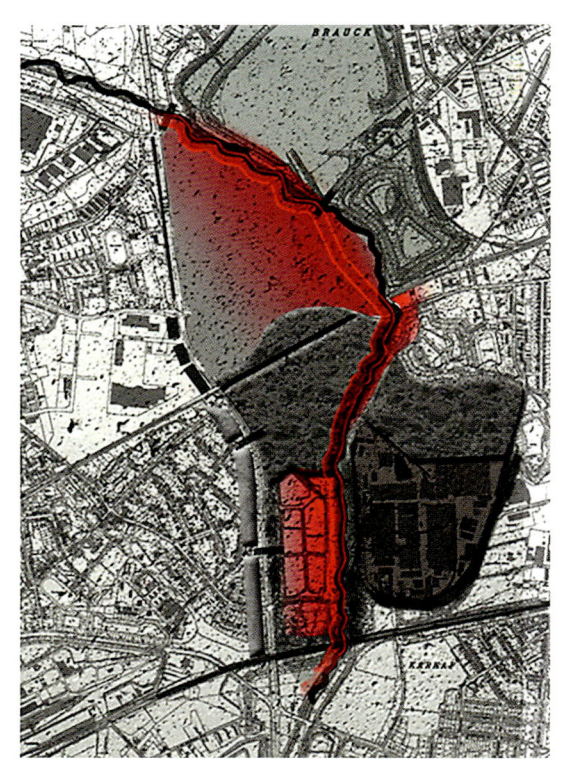

Ausschnitt aus der Arbeit des Teams »Osmose«

OSMOSE
Der Umgang mit Rändern

"Der Generalsiedelungsplan will das geordnete Zusammenleben der Menschenmassen regeln, so daß nicht immer wieder Mißstände entstehen aus sich widerstreitenden Bedürfnissen."

Robert Schmidt

ANALYSE DES KORRIDORS 4

Das Ruhrgebiet präsentiert sich heute als eine stark ausdifferenzierte, heterogene Stadtlandschaft. Gewerbeflächen, Wohnsiedlungen und Grünflächen, scheinbar beliebig, in einem schwer zu entziffernden Zusammenspiel. Ein fortwährendes Nebeneinander unterschiedlicher Nutzungen und unterschiedlicher Qualitäten. Eine Landschaft, die aus der besonderen Geschichte dieser Region hervorgegangen ist. Trotz aller Probleme, die das diffuse Nebeneinander von Nutzungen und Qualitäten mit sich bringt, ist diese besondere Landschaft ein Kennzeichen dieser Region und letztlich ein Zustand, der eine planerische Haltung einfordert, die sich aus den unterschiedlichsten planerischen Disziplinen formiert.

Im Wesen dieses Nebeneinanders liegt das Vorhandensein von Rändern. Die Arbeit macht diese Ränder zum Thema. Ränder stärken? Ränder perforieren? In welchem Verhältnis steht der Rand zur angrenzenden Fläche? Ist der Rand selbst der Raum mit Qualität? Dies waren die Fragen, die im Raum standen und die schlüssendlich zum Titel unseres Projekts geführt haben. Es braucht Ränder um zu ordnen, aber es muss auch eine Durchlässigkeit existieren, die den Raum erlebbar werden lässt. Denn darum geht es doch letztlich: Das Menschen sich in diesen Räumen bewegen, sich dort aufhalten und die Vielfalt als Qualität erleben können.

Da liegt das Bild der Zellen nah, die eben durch Zellwände organisiert sind, die aber als halbdurchlässige Membranen Bewegung ermöglichen.

Auf diesen Beobachtungen basiert unsere Idee der osmotischen Stadt- und Landschaftsentwicklung.

Osmose bezeichnet in der Biologie einen steten Strom von Molekülen durch eine semipermeable Membran, von einer Zelle in die nächste.

Im städtebaulichen Kontext ist zunächst eine Einteilung von bestimmten Flächen in Zellen von Nöten. Diese Zellen unterscheiden sich in Form, Nutzung und Potenzial. Jede der Zellen hat ihren eigenen Charakter, den es zu erkennen gilt.

Aus der Bestimmung der Zellen ergeben sich zwangsläufig Ränder zwischen zwei oder mehreren Zellen. Die Ränder fungieren dabei als ein Grenzphänomen zwischen Verbindung und Barriere.

Ein beispielhafter Raum für ein Mosaik unterschiedlicher Handlungsräume mit vielfältigen Rändern zwischen innerer Peripherie und Urbanität ist der Korridor 4 - der Raum an dem wir die modellhafte Anwendung der Toolbox demonstrieren.

Ermittlung der Grenzen im Plangebiet. 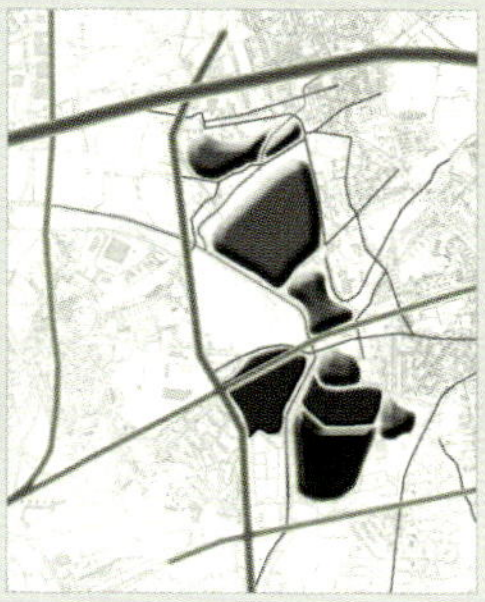 | Bestimmung der Stärke der Grenzen.  | Bewertung der Grenzen.  | Grenzen definieren Zellen.

ANLEITUNG ZUR TOOLBOX

1. ERMITTLUNG DER STÄRKE DER GRENZE
Zunächst sollte die Stärke der vorhandenen Grenze eingeschätzt werden. Ist die Grenze stark, mittelstark oder schwach? Ein Bach ist eine schwache Raumgrenze, während ein Fluss eine starke Grenze ist. Im Straßenverkehr zeichnet sich eine Autobahn als deutlich stärkere Grenze ab, als eine Landstraße.

2. ERMITTLUNG ANGRENZENDER FLÄCHEN
Im nächsten Schritt gilt es festzustellen, welche Arten von Flächen voneinander abgegrenzt werden. Wird Wohngebiet von landwirtschaftlich genutzter Fläche abgegrenzt, so liegt eine andere Situation vor als bei der Grenzbeziehung zwischen Gewerbeflächen und Wohnflächen. Folgende Flächen sind dabei zu kategorisieren: Gewerbeflächen, Industrieflächen, Wohnflächen, Agrarflächen, Halden und sonstige Freiflächen. Je nach Genauigkeit können sich noch weitere Unterkategorien wie Dorfgebiet, allgemeines Wohngebiet und reines Wohngebiet ergeben.

3. ERMITTLUNG BEDEUTUNG DER GRENZEN ALS POTENZIAL / BEEINTRÄCHTIGUNG FÜR FLÄCHEN
Nachdem die Flächen identifiziert wurden sollte bewertet werden, ob der Grenzbereich für die Flächen ein Potenzial oder eine Beeinträchtigung darstellen. Eine Schnellstraße kann beispielsweise für ein Wohngebiet eine Beeinträchtigung sein, da diese schwer zu passieren ist und zudem eine erhöhte Lärmentwicklung und ein erhöhter Schadstoffausstoß stattfinden. Für ein Gewerbegebiet jedoch kann die Schnellstraße aufgrund der Anbindungsfunktion durchaus ein Potenzial sein.

4. FORMULIERUNG DES ZIELES
Hier gilt es abzuwägen, ob eine Funktion wie die Querung der Grenze, das Ästhetische und Erlebbare im Vordergrund stehen soll und ob die Grenzen gestärkt oder geschwächt werden sollen.

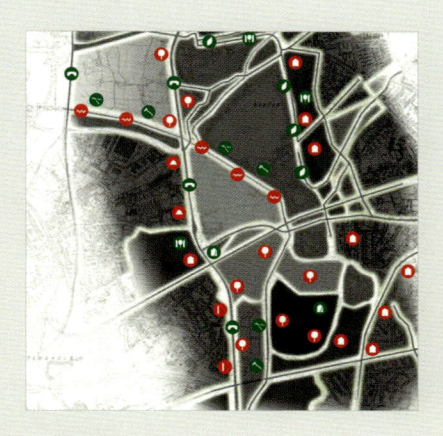

TOOLS

SCHWÄCHENDE TOOLS ZUM ÜBERWINDEN VON GRENZEN:
Brücken, Tunnel/Unterführung, Trittsteine, 1-Mann-Fähre, Kletterwald

SCHWÄCHENDE TOOLS ZUR ÄSTHETISCHEN GESTALTUNG VON GRENZEN:
Einfügen von Kunstelementen, Rodungen für Blickbeziehungen, Nutzung von Baulücken als Zugang zur angrenzenden Fläche, Alleen, öffentliche Obstwiesen, Sitzplätze und Aufenthaltsorte, Schrebergärten, Renaturierung

STÄRKENDE TOOLS ZUR GEZIELTEN ABGRENZUNG VON FLÄCHEN:
Deckelung von Verkehrsstrassen, Verdichtung durch Bepflanzung und Aufforstung, Ändern der Topografie (Wälle, Gräben), Nachverdichtung, klare Baukannten, Baumreihen als Sichtschutz, Befestigung von Uferbereichen, Abriss von Leerstand und von zersiedelnden Gebäuden

SCHWÄCHUNG VON GRENZEN
- punktuelle Rodung
- Übergänge schaffen
- vegetative Verbindungen
- Rückbau von baulichen Raumkanten
- Auslichtung des Bestandes
- grüne Nischen im städtischen Gefüge

STÄRKUNG VON GRENZEN
- Aufforstung
- bauliche Nachverdichtung
- Renaturierung / Aufweitung Wasserstellen
- Lärmschutzwall
- Lärmschutzwand

BEISPIELHAFTE ANWENDUNG EINZELNER WERKZEUGE

GRÜNE NISCHEN IM STÄDTISCHEN GEFÜGE

Im städtischen Gefüge sollen Baulücken als grüne Nischen genutzt werden, die kleinere Gärten mit Wiedererkennungswert enthalten, die zur Aufwertung des jeweiligen Quartiers beitragen.
- Blühende Blumen
- Bäume
- Aufenthaltsmöglichkeiten als Treffpunkt schaffen

In der grünen Nischen sehen wir Potential im Bereich der Gewerbeparks. Die Gedanke des Arbeitens in unmittelbarer Nähe zum Freiraum kann so unterstützt werden. Doch auch in Bereichen mit Wohnbebauung und einzelnen Baulücken eignen sich diese grünen Nischen.

RÜCKBAU VON RÄUMLICHEN BAUKANTEN

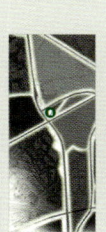

Das Symbol des Hauses mit Riss steht für die punktuelle Entfernung einzelner oder mehrere Baukörper. Dadurch wird Platz geschaffen für neue Nutzungen und erweitert damit die Möglichkeiten der optischen Wahrnehmung und der individuellen Mobilität in diesem Bereich.

Der demographische Wandel zwingt zu neuen Überlegungen bezüglich Wohnraum. Das Ruhrgebiet verfügt über zahlreichen Leerstand, sodass gehandelt werden muss. In unserem Planungsgebiet denken wir exemplarisch über den Rückbau einzelner Wohngebäude nach, um an anderer Stelle Wohnraum zu verdichten und wieder attraktiver zu gestalten.

BAULICHE NACHVERDICHTUNG

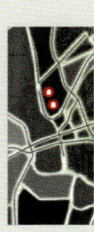

Mit diesem Werkzeug ist die bauliche Nachverdichtung in bereits bestehende Siedlungskörper gemeint. Es verdeutlicht zwar eine nur so scheffende Kante, ist aber notwendig, wenn die begrenzte Siedlungsfläche gefordert ist.
- Schließung von Baulücken
- Neubau von Häusern
- Ummutzung bzw. Nutzung von leer stehenden Gebäuden

Im Bereich der Karnaper Straße wollen wir gezielt Wohngebiete zu Gunsten neuer Freiräume verdichten. Nicht zuletzt im Hinblick auf den demographischen Wandel.

Ausstellungsplakat des Teams »Osmose«

Thomas Hackenfort
Dorothee im Spring-Ojih
Maria T. Wagener

Team »Kappes kreativ« (v.l.n.r.) – Lin-Leonardo Czerwinski, der Laudator Prof. Martin Hoelscher und Thomas Noldus. Vanessa Hünnemeyer war am Abend der Preisverleihung leider verhindert.

2. Preis: »Kappes kreativ«

»Die Arbeit legt ihren Schwerpunkt auf einen Nutzungsvorschlag mit landwirtschaftlichen Feldern für einen produktiven Park. Sie baut diese Idee auf einer sorgfältigen und konventionellen Analyse auf und nähert sich der planerischen Idee mit einer fundierten und sehr komplexen räumlichen Gesamtbetrachtung. Die freien Flächen werden auf diese Weise den Siedlungen zugeordnet und die landschaftliche Gliederung erfolgt durch die Infrastruktur der Gewässer und Wege- bzw. Straßenerschließungen.

Eine Schwäche zeichnet sich bei der nicht ausgereiften planerischen Behandlung der »inneren Ränder« und ihrer Funktion innerhalb der sinnvoll gebildeten Landschaftsräume ab. Der Vorschlag der Untertunnelung der B 224 ist konservativ und verliert an Aussagequalität, weil er hätte vertieft werden müssen, um den ambitionierten Anspruch zu erfüllen.

Die Darstellung ist sehr anschaulich und schön. Sie zeigt die zeichnerische Begabung. Die Möhre als Landmarke wurde als Augenzwinkern verstanden, und die Jury bedauert, dass kein konkreter Vorschlag für die Kennzeichnung einer neuen Nutzungskategorie des Emscher Landschaftsparks dabei herausgekommen ist. Insgesamt honoriert die Jury den sorgfältigen und machbaren, der aktuellen Diskussion im Ruhrgebiet sich widmenden Entwurf mit dem 2. Preis.«

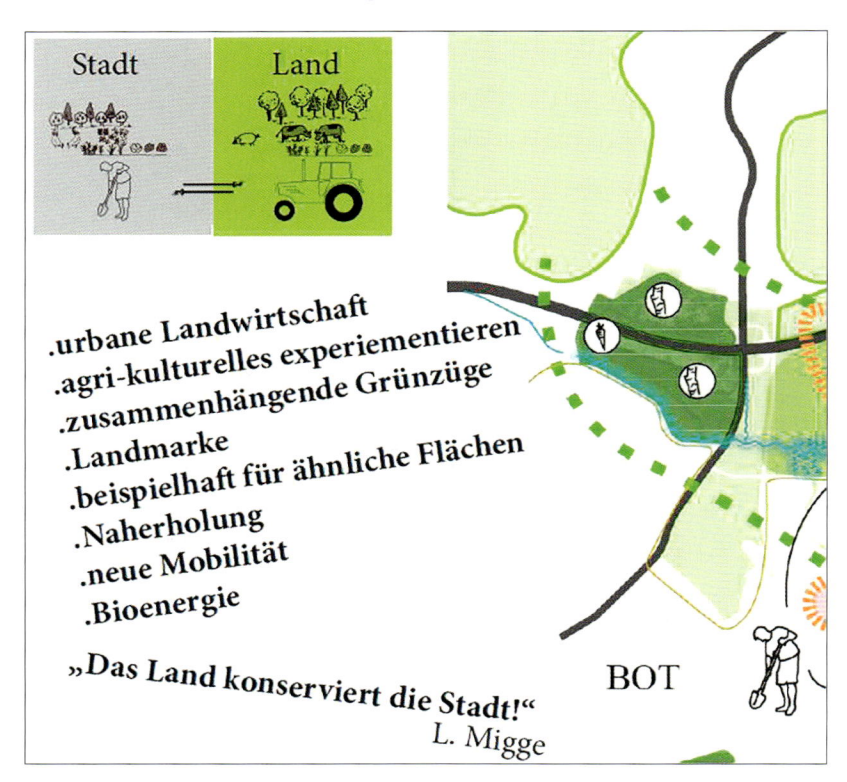

Ausschnitt aus der Arbeit des Teams »Kappes kreativ«

Ausstellungsplakat des Teams »Kappes Kreativ«

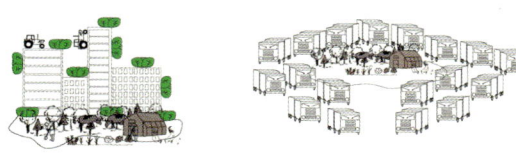

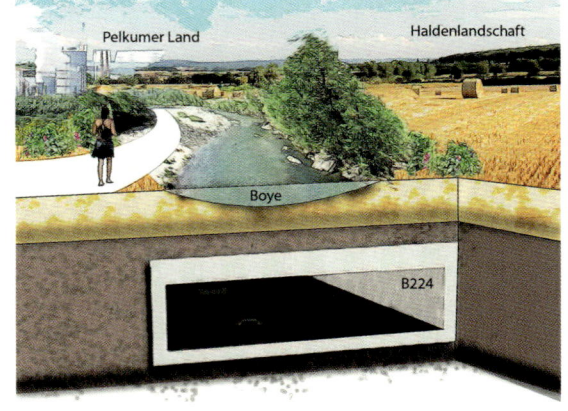

Thomas Hackenfort
Dorothee im Spring-Ojih
Maria T. Wagener

Team »Komma bei dat Wasser« (v.l.n.r.) – Matthias Michels, Wiebke Weltring, Meike Heß und Stefanie Bartsch. Felix Erlbeck war am Abend der Preisverleihung leider verhindert.

2. Preis: »Komma bei dat Wasser«

»Ausgehend von der Wahrnehmung des Korridors 4 als Durchgangsraum mit vielen undefinierten Flächen wird eine Neuordnung vorgeschlagen, die das Element Wasser in den Fokus stellt. Es entsteht ein Aufenthaltsraum, der über ein vielfältiges Wegenetz die angrenzenden Siedlungsbereiche als interkommunales Naherholungsgebiet vernetzt. Der Raum wird durch abgestufte Nutzungsvorschläge gut strukturiert.

Die Gruppe »Komma bei dat Wasser« baut auf eine klare Analyse eine saubere Konzeption auf, die auch für Probleme des Untersuchungsraums wie die Beeinträchtigung durch die B224 Lösungen vorschlägt. Die Inhalte und Vorschläge werden zudem anschaulich und ansprechend grafisch umgesetzt.«

Ausschnitt aus der Arbeit des Teams »Komma bei dat Wasser«

„Komma bei dat Wasser!"

Innere Peripherie
Robert Schmidt Sommerakademie 2012

Felix Erlbeck, Matthias Michels, Meike Heß, Stefanie Bartsch, Wiebke Weltring

Analyse

Durchgangsraum · Verkehrsbelastung · Demographischer Wandel · Mosaik · Haldenlandschaft · Wasserwege · Anthropogene Überprägung · Offene Landschaft

Wie schaut's aus?
Der Korridor 4 bildet einen mosaikartigen, heterogenen Raum mit verschiedensten Funktionen. Die offene Landschaft zwischen den Städten Bottrop und Gladbeck wird geprägt durch die – in dieser Abfolge einzigartige – HALDENLANDSCHAFT Brauck sowie anthropogen geprägten Wasserwegen. Durchschnitten wird der Bereich durch die A2 und die B224.
Die stark frequentierten Straßen verursachen eine hohe Verkehrsbelastung für die angrenzenden Wohngebiete und Naturlandschaft. Zurzeit präsentiert sich der Korridor 4 als Durchgangsraum mit vielen undefinierten Flächen und ungenutzten Potentialen.

Woran knüpfen wir an?
Eine NEUORDNUNG des Korridor 4 durch die Fokussierung auf das Element Wasser wird vorgenommen. Der vorhandene Freiraum wird erlebbar und der GRÜNZUG C durch Verbindungen nach Süden an den Emscher Landschaftspark gestärkt. Die Straßenbarrieren werden überwunden, womit die VERNETZUNG der Städte und die Interaktionen zwischen den Bewohnern gefördert werden. Im geschichtlichen Kontext des Ruhrgebiets werden bei der gesamten Entwicklung die altindustriellen Potentiale genutzt, um den DURCHGANGSRAUM ZUM AUFENTHALTSRAUM umzuformen.

Was kommt nun?
Eine SEENLANDSCHAFT entsteht – mit einem zentralen Badesee am Fuße der Halden Mottbruch und 22 sowie einem nördlichen See und einer Verbindung zu den Flotationsbecken.
Die BOYE VERBINDET die einzelnen Wasserelemente. Eine Neuordnung des Raumes wird durch die klare Funktionszuteilung des großen Haldenbereiches als vielfältiges Naherholungsgebiet erreicht.

Die für den Pendlerverkehr existenzielle B 224 soll im Bereich des zentralen Badesees von WALLANLAGEN aus Aushubmaterial des Sees eingefasst werden. Diese dienen als Sicht- und Lärmschutz, Fahrradstraße und auf Seeseite zugleich als Liegefläche und Aussichtspunkt – hier bietet sich ein ästhetisches Seepanorama mit den Halden im Hintergrund, die störenden Hochspannungsleitungen werden auf den Grund des Sees verlegt. Die Bundesstraße verliert durch die Wälle deutlich an Präsenz im Landschaftsbild und durch mehrere begrünte Übergänge wird ihre Barrierefunktion zum angrenzenden Bottrop-Boy vermindert.

Die Halden Mottbruch und 22 werden auf ihrer (süd-)westlichen Seite terrassiert und bieten Platz für Aufenthalt und Zugang zum See. Auf der östlichen Haldenseite werden die bestehenden Sportangebote beibehalten und in partizipativen Verfahren mit den Bürgern erweitert.

Der nördliche See lädt zum verweilen und spazieren ein und verbindet die neu geschaffene Seenlandschaft mit dem Schloss Wittringen. Dieser Bereich wird zusammen mit der Halde weniger intensiv genutzt und in Teilen der Natur überlassen. Die südlichste Wasserfläche wird durch die Flotationsbecken geprägt: das industrielle Erbe wird als Strand oder Schwimm- und Tauchbecken neu erlebbar gemacht.

Die umliegenden Stadtteile Karnap, Boy, Welheim, Brauck und Horst werden durch das gemeinsame Naherholungsgebiet miteinander verknüpft: Es bietet einen neuen Mittel- und Treffpunkt, welcher sich durch Wasser- und Grünadern bis in die Quartiere hineinzieht, sodass alle Stadtteile einfacher zu erreichen sind. Für diese Verbindungen werden die vorhandenen Zuflüsse (z. B. Nattbach & Wittringer Mühlenbach) genutzt. Anknüpfend an die Renaturierungen der Emschergenossenschaft werden die kanalisierten Bäche im Bereich Gelsenkirchen-Horst und Gladbach-Brauck frei gelegt und mit Fahrrad- und Radwegen ergänzt.

Auf Bottroper Stadtgebiet werden die vorhandenen Fahrradwege in Anlehnung an die Wasserwege aufgewertet und mit Brücken über die Bundesstraße zu der Seenlandschaft geführt. Die Boye wird nach den Plänen der Emschergenossenschaft bis zum Quellgebiet renaturiert und geht vom angrenzenden Wald in die Seenlandschaft über.

Es werden neue regionale Verbindungen geschaffen, z. B. entlang der Alten Emscher zur Emscherinsel, dem Emscherradweg und dem Nordsternpark. Das Haldenpanorama und die Flotationsbecken werden Teile der Route der Industriekultur.

Im Gebiet werden Flächen für die weitere Entwicklung geöffnet. Zum einen sind dies Flächen mit Potential zur Umnutzung in Bezug auf die neue Seenlandschaft: Die alte Schule an der B 224 könnte als Jugendherberge wieder Kinder beherbergen. Zum anderen sollen – nach dem Modell Land for Free im Rahmen der Kulturhauptstadt 2010 – Flächen wie die Aufschüttung bei Ostermann in Bottrop-Boy oder die Grünstreifen entlang der B224 in der Gartenstadt Welheim für die Ideen der Bürger und Bürgerinnen nutzbar gemacht werden.

Die Umsetzung des Projektes soll in Phasen ablaufen, der zentrale Badesee bildet den Beginn der Arbeiten. Die Realisierung der zwei weiteren Wasserflächen richtet sich nach dem jeweils aktuellen Nutzungsprofil: Sobald die Flotationsbecken bzw. die Landwirtschaft aufgegeben werden, können diese Phasen realisiert werden. Die Speisung der Seen erfolgt über die Boye, deren Zulaufbäche und das Grundwasser.

Gesamtplan Entwurf

Vernetzung

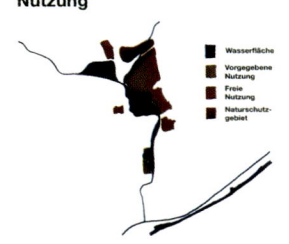

Anbindung

Nutzung
- Wasserfläche
- Vorgegebene Nutzung
- Freie Nutzung
- Naturschutzgebiet

Sichtverbindungen

Skizzen

Schemaskizze - Blick von Kippe 22

Bottrop-Boy · B224 · Halde Mottbruch

Schemaschnitt - Blick nordwärts

Schemaskizze - Flotationsbecken, Blick nordwärts

Realisierungsphasen

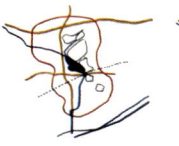

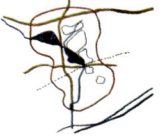

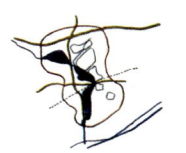

Phase 1 · Phase 2 · Phase 3

Übertragbarkeit

Hätte Robert Schmidt die Seenlandschaft auch gewollt?
Ja, denn er forderte in seiner Denkschrift das Zusammenwachsen von Stadt und Landschaft. Den Menschen sollte durch die Entwicklung von Grünzügen der Zugang zu Grünflächen im unmittelbaren Wohnumfeld erleichtert werden. Die sog. Feiertagserholungsflächen sollten geöffnet und für Jedermann erreichbar sein. Korridor 4 liegt im Grünzug C des Regionalplans, dieser wird durch die Seenlandschaft gestärkt und die Lücke zur Emscherinsel geschlossen. Den AnwohnerInnen wird ein großer Naherholungsraum geboten, der auch dem Bedarf eines weiteren Badesees für das südliche Ballungsraum Essen/Bochum entspricht.

Kann das Projekt andernorts umgesetzt werden?
Die Verbindungen zwischen den Stadtteilen und das Zusammenwachsen der Städte durch die Schaffung von landschaftlichem Erholungsraum ist der Schwerpunkt. Es werden sanfte Übergänge für den nicht motorisierten Verkehr geschaffen, die polyzentrische Stadtstruktur des Ruhrgebietes wird betont. Im Gegenzug können regionale Grünzüge erhalten und ergänzt werden. Der Mittel- und Treffpunkt kann dabei ebenso aus einer Park- oder Waldlandschaft bestehen, wichtig ist die Vernetzung der Freiflächen mit den Wohngebieten. Weiterhin kann die angegliederte Nutzung der Halden und das Konzept der Bürgerflächen in andere Räume der Metropole Ruhr übertragen werden.

Verknüpfung der Stadtteile · Stärkung der Grünzüge · Naherholung · Strukturierung · Mittel- und Treffpunkt · Betonung der Polyzentralität

Ausstellungsplakat des Teams »Komma bei dat Wasser«

Thomas Hackenfort
Dorothee im Spring-Ojih
Maria T. Wagener

Anerkennung: »PottPourrie«

»Die Arbeit nutzt das Medium Spiel, um die Wahrnehmung und Sensibilität für den Raum in der Bevölkerung als Beginn des städtebaulichen Entwicklungsprozesses zu stärken. Damit soll ein breites bürgerschaftliches Nachdenken über Aufwertungen und Gefährdungen initiiert werden.

Die Interpretation des Korridors 4 als Puzzle und die »Puzzlestein«-spezifischen Aufwertungsansätze werden als anregender Beitrag für das Nachdenken über Planung im Robert-Schmidt-Jahr gewertet.«

Team »PottPourrie« (v.l.n.r.) – Anna-Helena Csete, Margarete Walczak und Stefan Demir. Marion Stark war am Abend der Preisverleihung leider verhindert.

Ausschnitt aus der Arbeit des Teams »PottPourrie«

PottPourrie

Margarete Walczak
Stefan Demir
Marion Stark
Anna-Helena Csete

2010 – 2019: Jahrzehnt der großen Projekte und der *Akzeptanz*

Leitgedanke

Dem Projekt „PottPourrie" liegt der Gedanke Roberts Schmidts zugrunde, durch eine kluge Vernetzung von Räumen, Nutzungen und Akteuren bessere Lebensqualitäten für die Bevölkerung zu schaffen.

Daraus entstand die Idee, mit Hilfe eines Brettspiels das Interesse der Einwohner für den Planungsraum zu wecken. Bestenfalls sollen sie angeregt werden sich mit dem Bestand und bereits initiierten Projekten, auch über den Korridor 4 hinaus, auseinander zu setzen. Hierbei sollen sie unter Anderem einige Möglichkeiten der Stadt- und Raumplanung kennen lernen.

Über diesen spielerischen Ansatz sollen insbesondere die endogenen Potenziale im Planungsraum ausgemacht werden. Die Spieler sollen dabei einerseits große Projekte in ihrer näheren Umgebung verstehen und akzeptieren, andererseits aber erkennen, dass für den Korridor 4 ein behutsamer, nachhaltiger Umgang mit dem Bestand sinnvoller ist.

Auf diesem Wege könnten eigene Ideen und Zukunftsperspektiven entwickelt werden und im Idealfall in die reale zukünftige Entwicklung des Korridors 4 mit einfließen.

Konzept des Spiels

Im Planungsgebiet treffen unterschiedliche Nutzungen in einer mosaikartigen Struktur aufeinander, die man mit einem Puzzle assoziieren kann. In der ersten Spielphase wird der Gedanke des Puzzles aufgegriffen um vor allem Kinder und damit auch deren Eltern spielerisch mit dem Korridor 4 vertraut zu machen. Das fertige Puzzle dient in der zweiten Phase als Spielbrett für ein Strategiespiel, bei dem es im Wesentlichen darum geht mögliche Entwicklungspotenziale offen zu legen.

Spielphase 1

Bei dem Puzzlespiel zeigt jedes Puzzleteil eine bestimmte Fläche, aufgeteilt in Nutzungskategorien (Dunkelgrün für Wald, Hellgrün für Wiesen und Ackerflächen, Grau für Industrie- und Gewerbegebiete, Orange für Wohngebiete, Braun für die Halden). Das Puzzle verdeutlicht, dass in dem Planungsraum unterschiedlichst genutzte Flächen direkt nebeneinander liegen und dass der Raum starke Barrieren aufweist.

Spielphase 2

Die einzelnen Teile des Puzzles dienen in der zweiten Spielphase als Spielfelder. Jeder Spieler startet aus einer der vier angrenzenden Städte, also aus Bottrop, Gladbeck, Gelsenkirchen oder Essen. Durch Würfeln bewegen sich die Spieler fort und erhalten die Möglichkeit auf den einzelnen Spielfeldern aufwertende Maßnahmen durchzuführen. Je nach Wertigkeit der Maßnahme werden Punkte vergeben. Es gibt auch Maßnahmen, die sich als ungünstig herausstellen können und dementsprechend negativ gewertet werden. Auf diesem Weg wird der Korridor 4 durch das Zusammenwirken der Mitspieler nach und nach umstrukturiert und nachhaltig aufgewertet.

Formaler Gewinner des Spiels ist, wer mit seinen Aufwertungsmaßnahmen die meisten Punkte gesammelt hat. Letztendlich steht bei der Betrachtung des Spielfeldes aber die Erkenntnis, dass durch eine sinnvolle Vernetzung der Einzelmaßnahmen die Lebensqualität im Korridor 4 nachhaltig verbessert werden kann.

Spielanleitung

• Jeder Spieler erhält eine Spielfigur und platziert diese auf sich auf dem Startpunkt, also entweder in Bottrop, Essen, Gelsenkirchen oder Gladbeck.
• Der jüngste Spieler beginnt und würfelt mit zwei Würfeln, die fünf verschiedene Farben (den Feldern/ Aktionsmarken entsprechend) und ein Brückensymbol anzeigen.
• Um von Feld zu Feld zu gelangen und eine Aktionsmarke zu erhalten, muss die entsprechende Farbe gewürfelt werden.
• Es kann nur auf angrenzende Felder gesprungen werden. Es sei denn, der Spieler hat die Brücke gewürfelt und steht an einer Autobahn, Wasserstraße oder Bahntrasse. Dann kann er diese nutzen um auf ein beliebiges Feld entlang der Strecke zu springen/ fahren.
• Einer der Würfel zeigt also die Bewegungsoptionen an. Der andere die Wahl der Aktionsmarke, die gezogen werden muss solange welche vorhanden sind. Die Aktionsmarken sind so zu sagen ein Auftrag, der zu erfüllen ist.

• Erst in der darauffolgenden Spielrunde kann die Marke auf einem gleichfarbigen Feld ausgespielt werden sofern es noch frei ist. D.h. bisher hat noch kein anderer Spieler seine Aktionsmarke dort abgelegt.
• Wenn eine Aktionsmarke auf einem Feld abgelegt werden kann, wird sie umgedreht. Nun ist ersichtlich welche Maßnahme ausgeführt und mit wie vielen Punkten sie honoriert wird. Es zählt der Zahlenwert auf der Marke.
• Am Rand des Spielfeldes wird mithilfe eines Kegels der Punktestand mitgezählt.
• Aber Vorsicht! Die vermeintliche Aufwertungsmaßnahme kann sich als ungünstig herausstellen. Dementsprechend sind Aktionsmarken mit einer negativen Punktzahl ausgezeichnet. Es können also auch Negativpunkte gesammelt werden.

Ausstellungsplakat des Teams »PottPourrie«

Thomas Hackenfort
Dorothee im Spring-Ojih
Maria T. Wagener

RVR-Sonderpreis: »Pottrait«

»Die Arbeit wird mit einem Sonderpreis des RVR gewürdigt, um den strategischen Ansatz, die Idee herauszustellen. Insbesondere der partizipatorische Ansatz wird als innovativer und weiter entwickelbarer Ansatz gewürdigt. Die Nutzung des Internets ermöglicht ein dezentrales Einbringen von Ideen, allerdings nicht nur von jüngeren Menschen. Das ›Zusammenhalden‹ und ›Nachhaldigkeit‹ in Verbindung mit den neuen Kommunikationsformen überzeugt und könnte im praktischen Versuch ausprobiert werden.«

Team »Pottrait« (v.l.n.r.) – Pia Hellstern, Janna Steinhart, Stephan Gudewer und Lena Wesholowski

Ausschnitt aus der Arbeit des Teams »Pottrait«

Ausstellungsplakat des Teams »Pottrait«

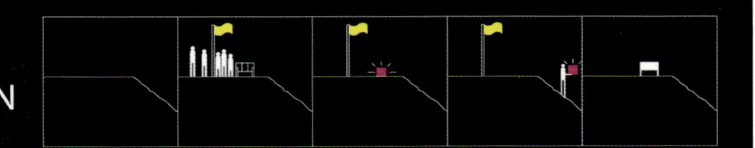

Thomas Hackenfort
Dorothee im Spring-Ojih
Maria T. Wagener

Weitere Beiträge

Es wurden weitere sechs Beiträge erstellt, die nicht prämiert worden sind. Sie werden im Folgenden kurz dargestellt.

Team »RUHRcharakter – Der rote Pfaden«
— Pia-Laureen Emde
— Jana Hirschhäuser
— Eva-Maria Plass

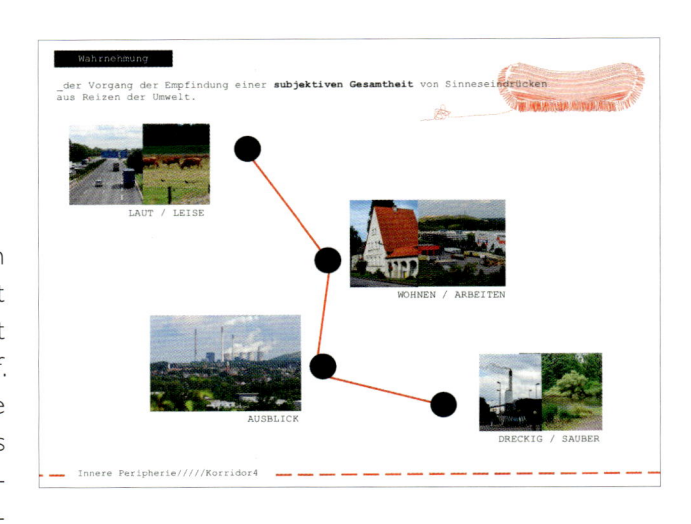

Ausschnitt aus der Arbeit des Teams »RUHRcharakter«

»Die Arbeit setzt sich intensiv mit dem Raum auseinander und greift damit den planerischen Ansatz von Robert Schmidt in ausgezeichneter Weise auf. Hierbei ist die Analyse und grafische Darstellung der »Eigenschaften« des Planungsraums besonders hervorzuheben. In ausgezeichneter Weise werden »Charakterorte«, die den Planungsraum kennzeichnen, ermittelt und in geeigneter Weise dargestellt. Die Orte der Wahrnehmung werden durch einen roten Pfad verknüpft und sollen damit neue Wege und Vernetzungen schaffen. Das Ziel der Verfasser, den Wandel zu dokumentieren und damit die Tradition und das Erbe des Ruhrgebiets zu sichern, ist gelungen. Etwas zurück bleibt dagegen die Entwicklung und Darstellung der Zukunft für den Planungsraum.«

Team »greenline braucker pfade«
— Janina Adrian
— Tino Flohe
— Vanessa Heinichen
— Lennart Wiedemuth

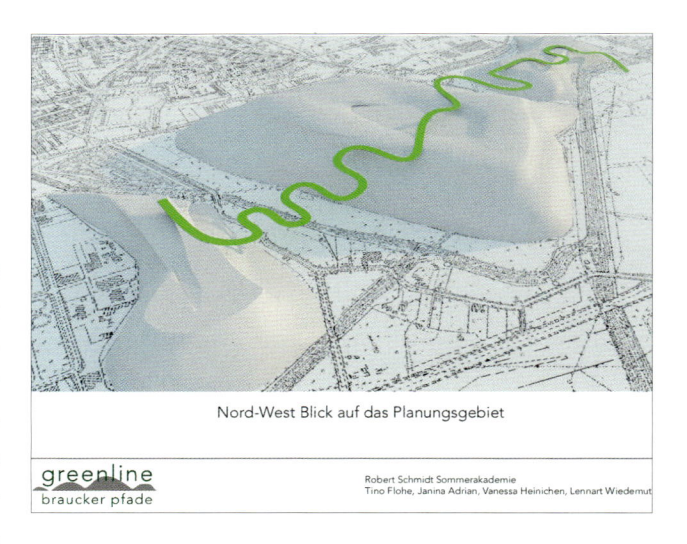

Ausschnitt aus der Arbeit des Teams »greenline braucker pfade«

»Im Mittelpunkt der Arbeit steht die Zielsetzung, Verbindungen zu schaffen und die »Innere Peripherie« zu vernetzen. Mit der »Green Line« – einer begehbaren Skulptur – wird eine prägnante Landmarke gesetzt, die die einzelnen Freiräume miteinander verbindet und die identitätsstiftend wirkt. Der Skulptur fehlt jedoch der konkrete Ortsbezug. Sie schwebt über dem Raum und könnte auch an anderen Orten errichtet werden. Die Siedlungsränder haben in der Arbeit nur bedingt Berücksichtigung gefunden. Grafisch ist das Konzept sehr überzeugend umgesetzt worden.«

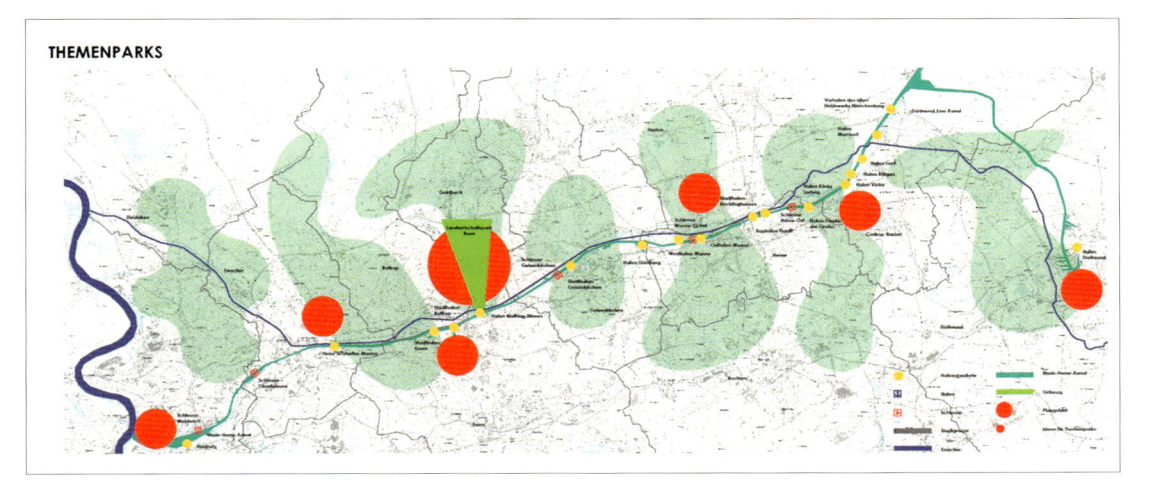

Ausschnitt aus der Arbeit des Teams »Alles im Fluss – Wir sind eine Hafenstadt«

Team »Alles im Fluss – Wir sind eine Hafenstadt«
— Jens Cymontkowski
— Jenna Hué
— Daniel Schilling
— Lina Schmiz

»Die Arbeit schlägt aufbauend auf einer interessanten Analyse des gesamten Ruhrgebiets vor, Häfen entlang der Kanalachsen als Zugänge zu den dahinter liegenden Landschaftsräumen zu nutzen. Diese Idee führt dazu, dass die Auseinandersetzung mit der »Inneren Peripherie« im Korridor 4 zu kurz kommt. Für die Entwicklung von Landschaftsräumen zwischen den Städten können die Häfen bestenfalls zusätzliche Impulse liefern.«

Team »ZusammenHalden«
— Alina Bauer
— Carina Griegoleit
— Silke Mannott
— Michel Poiré
— Jacqueline Sauer

(links:) *Ausschnitt aus der Arbeit des Teams »ZusammenHalden«*

»Die Arbeit verfolgt einen interessanten Ansatz zur Vernetzung, bezieht diesen allerdings vorwiegend auf zwischenmenschliche Beziehungen und weniger auf räumliche Verbindungen. Die abstrakten Glaskubaturen auf den Halden lösen den im Titel aufgegriffenen Anspruch durch ihre Kleinmaßstäblichkeit nicht ein. Die Relevanz für die Veränderungen im physischen Raum bleibt offen. Die Bespielung der Glaskörper führt kaum zu einer intervenierenden Planung im konventionellen Sinn. Die Arbeit liefert dennoch eine originelle Herangehensweise an das Thema.«

beschäftigen sich thematisch sowohl mit dem persönlichen Verständnis dieser Raumkategorie als auch mit den Perspektiven dieser Areale für neue Nutzungsformen und konzeptionelle Ansätze.

»Diese Vielzahl von inneren Stadträndern – Kontaktlinien zwischen bebautem und unbebautem Raum – sind ein grundlegendes Prinzip der regionalen Raumstruktur. Charakteristisch ist die extreme Verzahnung von Siedlung und Freiraum, nicht nur an den Rändern, sondern im eigentlichen Stadtgefüge. Weil solche landschaftlichen Grenzbereiche, im Vergleich zu innerstädtischen Quartieren, häufiger attraktive Raumerlebnisse bieten, stellt dies ein kaum überschätzbares Potenzial dar. Mit dem Wissen um derartige Besonderheiten und Eigenarten sind, ausgehend von aktuellen urbanen Herausforderungen, künftige Visionen, städtebauliche Strategien und Kampagnen mit neuen unverwechselbaren Qualitäten zu entwickeln: Das Ruhrgebiet der Zukunft wird so sein wie bisher, und doch ganz anders. Dabei sollten diese städtischen Freiräume mit ähnlicher Aufmerksamkeit bedacht werden, wie Straßen und Plätze als klassische Stadträume.«
Prof. Christa Reicher, Technische Universität Dortmund

»Die Inneren Peripherien sind an vielen Orten und in unterschiedlichen Dimensionen wahrnehmbar: auf der Ebene des Quartiers, aber auch als Brachflächen ehemaliger Standorte der Montanindustrie, die in direkter Nachbarschaft zu dicht bewohnten Siedlungsbeständen liegen, in denen die ehemals Beschäftigen heute noch wohnen. Mit dem Strukturwandel hat sich der ehemalige Werksstandort von seiner zentralen räumlichen Funktion als Arbeitsort zur inneren Peripherie innerhalb der dicht bebauten Stadt gewandelt.
Aufgrund ihrer integrierten Lage, deren öffentliche Erschließung mit geringem Aufwand möglich ist, bieten sie ein wichtiges Potenzial für verschiedene räumliche Nutzungen und experimentelle Konzeptionen; sei es als Standorte für kleinräumige und hocheffiziente Energieproduktion oder für neue Formen der Siedlungsentwicklung im Zusammenhang mit dem demografischen Wandel der Bevölkerung. Ähnlich wie es gelungen ist, das montanindustrielle Schienennetz für die Schaffung eines attraktiven regionalen Radwegenetzes zu nutzen, müssen Zukunftsideen für diesen Raumtypus in der Metropole Ruhr entwickelt werden.«
Martin Tönnes, Regionalverband Ruhr

Lohnenswert ist auch die weitergehende Betrachtung der Haltung, mit der die Studierenden ihren akademischen Blick auf ihnen wichtige Schwerpunkte, Zusammenhänge und Ruhrgebietsphänomene richteten. Dort, wo Robert Schmidt noch mit einigem Staunen das explosionsartige Wachstum der Bevölkerung konstatierte, dafür ›Spezial-Siedelungspläne‹ zur Klärung der Wohnungsfrage mit den Zielen der Vermeidung ungesunder Lebensverhältnisse, und die Trennung der Flächen für die Wohnbezirke und Großindustrien, durch Volkserholungsstätten bzw. Luftgeneratoren forderte, sahen die Workshop-Teilnehmenden die vordringliche Herausforderung für das Ruhrgebiet darin, eine bessere soziale Vernetzung zu erreichen. Ihre weithin gemeinsame Vorstellung bestand darin, mehr Räume und Anknüpfungspunkte für soziale Interaktionen zu schaffen. Forderungen dieser Art sind damals wie heute unzweifelhaft das Ergebnis der Auseinandersetzung mit den vorgefundenen Eigenschaften und Bedingungen im Ruhrgebiet. Interaktion oder Integration verschiedener Bevölkerungsgruppen, Herausforderungen, die durch ihre Ver- oder Entmischung entstehen, zu tragende oder zu erwartende Folgen der (De-)Industrialisierung,

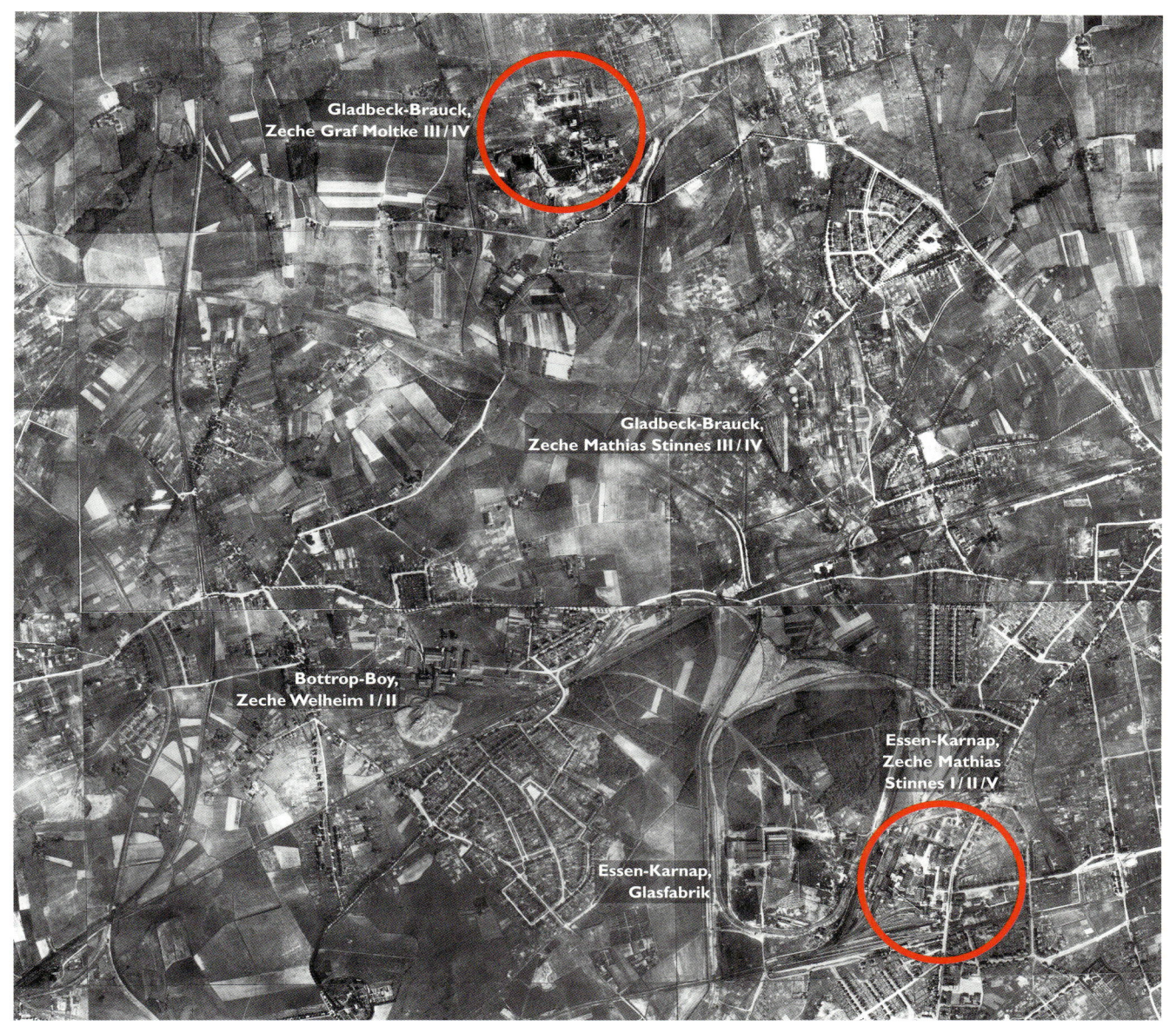

Planungsraum der Sommerakademie; © *RVR/Luftbild 1926–1938*

Zeche Mathias Stinnes I/II/V, Essen-Karnap; © *RVR/Luftbild 1926–1939*

Zeche Graf Moltke III/IV, Gladbeck-Brauck; © *RVR/Luftbild 1926–1939*

veränderte Mobilitätsanforderungen werden auch in anderen Regionen intensiv diskutiert. Es zeichnet die Teilnehmerinnen und Teilnehmer der Sommerakademie daher aus, diese Debatten offenbar nicht nur verfolgt zu haben, sondern auch in der Lage gewesen zu sein, mit den notwendig daraus zu ziehenden Konsequenzen ihren Möglichkeiten folgend umzugehen.

Mit dieser vorausgeschickten, groben Einordnung des Sommerakademie-Interesses und einigen der dabei möglich gewordenen Einsichten wird auch der Stellenwert dieses Veranstaltungsformats für Studierende während des Robert-Schmidt-Jubiläumsjahres erkennbar.

»Die Bandbreite reicht von qualitativ hochwertiger und zeitgemäßer Verdichtung, über die sorgfältige Bestandserhaltung, bis hin zu neuen Flächennutzungsstrategien, aber auch der Leerstand und Verfall wird an diesen inneren Rändern ausgeprägter sichtbar als in den alten, dicht bebauten Stadtzentren. Hier kann man die wirtschaftlichen, gesellschaftlichen, städtebaulichen und kulturellen Folgen anschaulich nachvollziehen, gleichzeitig auch besonders gut und aktuell studieren, welche strategischen Konzepte und praktischen Antworten auf den Strukturwandel dazu beitragen können, neue Perspektiven für die Entwicklung zu eröffnen.

Das Phänomen der ›Inneren Peripherien‹ ist ein Merkmal für polyzentrische Metropolregionen und für mich gleichbedeutend mit dem Emschertal. Es bietet als Kerngebiet der Industrialisierung mit historischen Siedlungskernen und Infrastruktur-Adern, wie Straßen, Schienen und Gewässern, zahlreiche Möglichkeiten als Forschungslabor für den immer noch andauernden Strukturwandel und zeigt vielschichtige regionale Entwicklungen auf. Der Umbau des Gewässersystems, der durch neue Denk- und Gestaltungs-Freiräume eine ökologische und städtebauliche Aufwertung erlaubt, dient als Beispiel, dass die Freiraumentwicklung als Steuerungsinstrument der Stadtentwicklung in schrumpfenden Gemeinden sinnvoll ist unter Berücksichtigung der Entwicklungschancen der urbanen Landwirtschaft. In diese Veränderungsprozesse sollten alle Menschen in ihrer sozialen, kulturellen und ethnischen Vielfalt einbezogen werden.«

Prof. Dr. Dr. Martina Oldengott, Emschergenossenschaft

»Innere Peripherien sind das Restprodukt der von Robert Schmidt initiierten ersten wirkungsvollen Restriktionen gegen ungebremsten Flächenverbrauch der Industrialisierung. Sie definieren für sehr viele Menschen einerseits die lokale Identität des eigenen Quartiers, andererseits die des gesamten Ruhrgebiets. Von dem Bild eines ›Parks‹ oder einer gewachsenen Naturlandschaft, aber auch geplanter Siedlungsstrukturen, sind sie weit entfernt, denn sie sind vielmehr durch Verkehrswege, Infrastrukturtrassen, aber auch durch Brachen und informelle Nutzungen geprägt.

In ihnen liegt die große Chance, ungewohnte Raumbilder zu schaffen für eine neue urbane Stadt-Landschaft und diese experimentell zu erproben, z. B. mit temporären Freiräumen, urbaner Land- und Forstwirtschaft, innovativen Wohn- und Lebensformen. Sie bieten zudem die Möglichkeit, Antworten auf die gesellschaftlichen Megatrends der Gegenwart, wie den demografischen Wandel mit einer zunehmend heterogenen Bevölkerung, den Klimawandel, den Wandel von Wohn- und Freiraumbedürfnissen, zu finden. Dabei kann eine neue, charakteristische Urbanität der Metropole Ruhr entstehen, ein stimulierender Hybrid aus gebauten und nicht bebauten Räumen, der zur Avantgarde einer zukunftsorientierten Stadtentwicklung werden kann.«

Prof. Martin Hoelscher, Hochschule Ostwestfalen-Lippe

»Das abrupte Nebeneinander von Wohnen und anderen Nutzungen sowie die zahlreichen ungestalteten Freiräume und Brachen sind kennzeichnende Merkmale des Ruhrgebiets. Der erwartete starke Bevölkerungsrückgang lässt erahnen, dass das Brachfallen – auch von Wohnungsgebäuden und Siedlungsteilen – zukünftig noch an Bedeutung gewinnen wird. Hinzu kommt, dass viele Bestandsquartiere nicht mehr den aktuellen Anforderungen entsprechen, z. B. hinsichtlich der Wohnungsgrößen und -zuschnitte und der Barrierefreiheit im Wohnungsbestand und -umfeld.

Auf Brachflächen können neue Freiraumqualitäten geschaffen, kann das Wohnungsangebot durch ergänzende, vielleicht barrierefreie oder besonders familiengerechte Neubauten erweitert werden und Raum für soziale Infrastrukturen, wie Kitas oder Pflegezentren eröffnet werden – sowohl für die vorhandenen Bewohner als auch für neue Zielgruppen. Bei der Steuerung der öffentlichen und privaten Investitionen kommt den Kommunen hierbei eine entscheidende Bedeutung zu. Sie können mit Hilfe von Wohnungsmarktanalysen, Stadtentwicklungs- und Quartiersentwicklungskonzepten entscheidend dazu beitragen, ein strategisches und kooperatives Vorgehen aller Akteure zu erreichen.«

Melanie Kloth, NRW.BANK

»Die Visionen der Workshop-Akteure bestehen konkret darin, kulturelle Verbindungs- und Treffpunkte zu schaffen, die Vielfalt und Kontraste als zu verbindende Charaktermerkmale ein und desselben Gefüges aufzugreifen, den Wandel bei gemeinsamer Historie dabei als Chance zu verstehen, noch immer vorhandene Grenzen und Mobilitätshemmnisse im Sinne eines zukünftig viel enger verzahnten Austauschs überwinden zu können.

Die Workshop-Teilnehmerinnen und Teilnehmer der Sommerakademie haben letztlich gezeigt, dass sie auf die individuellen Bedürfnisse der Bevölkerung nach einem lebenswerten Umfeld reagierten, indem sie die zeitgemäße Einbindung ihrer Mitwirkungsrechte und -möglichkeiten ideenvoll gestalteten und Bewohner wie Besucher des Ruhrgebiets ins Zentrum der Aufmerksamkeit einer Region voll innerer Peripherien rückten.

Die Inneren Peripherien strukturieren auf ungewöhnliche und oftmals krasse Weise den Raum und sind das Ergebnis ungeplanter Prozesse. Hier finden sich geballt technische Infrastrukturen und Landschaftsbauwerke. Die inneren Stadtränder haben keine klaren Kanten, sondern diffuse Übergangsbereiche von der Siedlung in die freie Landschaft.

Ihre Entwicklungsmöglichkeiten liegen in der Anomalie, Siedlungsinseln können in ihrer Charakteristik stärker herausgearbeitet werden, Ränder lassen sich betonen oder auch mit der Umgebung verzahnen, Nischen und undefinierte Übergangszonen können mit ungewöhnlichen Nutzungen belegt werden, z. B. für energieerzeugende Pflanzen in der urbanen Landwirtschaft, für Photovoltaik-Farmen, neuartige Retentionsräume der Wasserwirtschaft oder für innovative suburbane Wohnformen im Sinne eines Experimentierfeldes.«

Andreas Müller, Stadt Essen

»Der scheinbare Widerspruch zwischen ›Zentrum‹ und ›Peripherie‹ ist ein wesentliches Merkmal der Siedlungsstruktur im Ruhrgebiet. Erst die stadtübergreifende, regionale Betrachtungsweise macht deutlich, dass durch das Zusammenspiel mehrerer Randbereiche größere Freiräume entstehen. Aus der Perspektive der einzelnen Stadt hingegen wird die ›Innere Peripherie‹ eher als unbedeutende Restfläche des Stadtgebietes wahrgenommen.

Durch die (aus regionaler Sicht) zentrale Lage besitzen diese Räume ein großes Potenzial für die zukünftige Entwicklung der Metropole Ruhr, insbesondere in der Nutzung als Freizeit- und Erholungsraum. Ein gutes Beispiel hierfür ist der Freiraum rund um die ›Braucker Haldenlandschaft‹ zwischen den Städten Bottrop, Essen, Gelsenkirchen und Gladbeck. Zur Erschließung dieser Potenziale bedarf es jedoch einer Überwindung der räumlichen Barrieren und einer Vernetzung der Ränder untereinander und mit den Zentren des Ruhrgebietes. Dies gelingt nur unter der Voraussetzung eines regionalen und kooperativen Abstimmungsprozesses der Städte.«

Hendrik Trappmann, Stadt Gladbeck

Als einer von drei Bausteinen zielte die Sommerakademie wie die beiden anderen, ebenfalls mehrtägigen oder mehrteiligen Veranstaltungen darauf ab, die akademische und auch ganz praktische Reflexion des Robert-Schmidt-Erbes vor dem Hintergrund der historischen Entwicklung und der aktuellen Verfasstheit des Ruhrgebiets neu aufleben zu lassen und gemeinsam darüber nachzudenken, welche Aufgaben eine vielschichtige Planung in der Region heute zu erfüllen, welchen Fragen sie sich zu stellen hat und wie die Antworten darauf (für Praxis und Ausbildung) aussehen könnten, wenn es gelingt, sie ohne Realisierungsdruck zu formulieren.

In diesem Zusammenhang soll darauf hingewiesen werden, dass der Regionalverband Ruhr mit der ihm wieder übertragenen Kompetenz der staatlichen Regionalplanung an die Leitideen von Robert Schmidt, den Gründungsdirektor seines Rechtsvorgängers Siedlungsverband Ruhrkohlenbezirk in den 1920er Jahren anknüpft. Zeitgemäß setzt der Regionale Diskurs zum neuen Regionalplan Ruhr als strategischer Planungsprozess, als lernendes Format, auf Transparenz und Dialog, weil eine »Top-Down-Planung« unter aktuellen Rahmenbedingungen in einer komplexen und polyzentrischen Region keinen Erfolg verspricht. Größter Wert wird deshalb auf ein kooperierendes und sich gegenseitig befruchtendes Miteinander aller Akteure gelegt.

Bei den Arbeiten der Studierenden war dieses Planungsverständnis ebenfalls wahrzunehmen: Sie setzten sich zum Beispiel mit der Thematik auseinander, wie es gelingen kann, auch planungsfernen Menschen den Zugang zu raumbedeutsamen Planungen und deren Auswirkungen zu ermöglichen.

»Die Besonderheit des Ruhrgebietes ist seine Struktur. Aus Dörfern zusammengewachsen ist in der Industrialisierungsphase ein riesiger Ballungsraum entstanden, in dem ein gleichberechtigtes Nebeneinander vieler Stadtteile vorherrscht. Sie sind auch heute noch die Identifikationsorte der Bewohnerinnen und Bewohner, danach erst hat ›die Stadt‹ Bedeutung, gefolgt vom ›Revier‹. Der Grenzraum zwischen den Stadtteilen sind innere Grenzen bzw. Ränder. Sie können vielfältig genutzt werden, sind oft nah an der Natur und genauso nah an den städtischen Infrastrukturen gelegen. Die Vorteile von ländlichem Leben und Großstadt stoßen hier aufeinander. Die Räume der ›Inneren Peripherien‹ sind daher für die Identität des Ruhrgebiets wichtig. Sie gliedern die Metropole und verbinden gleichzeitig unterschiedliche Räume, deshalb sollten sie weitgehend von Bebauung freigehalten und als Zwischenräume nutzbar gemacht werden, damit sie diese Aufgaben auch weiterhin erfüllen können.«

Christina Kleinheins, Stadt Bottrop

Arbeitsraum der Sommerakademie
Foto: © FH DO/Walteich

»Die städtebauliche Entwicklung der Städte folgt sowohl örtlichen und topografischen Gegebenheiten als auch natürlichen, kulturellen oder ökonomischen Einflüssen mit ihren jeweiligen Wechselwirkungen, die über lange Zeit das Wachstum dieser Region und deren innerer und äußerer Grenzen geprägt haben. Dabei spielte die Gewinnung von Kohle mit den über- und unterirdischen Vernetzungen eine entscheidende Rolle. Die erforderliche Trennung von Funktionen führte zu weiteren Grenzen.
Von außen betrachtet ergibt sich heute eine sehr ungeordnete, diffuse Struktur dieser inneren Ränder, die im Rahmen des bereits begonnenen Rückgangs der Bevölkerungszahlen neue Entwicklungspotenziale bieten können. Hierzu sollen abgestimmte Strategien entwickelt werden, die neuzeitliche, unkonventionelle Planungsansätze der heutigen Wissensgesellschaft liefern.«

Clemens Arens, Stadt Gelsenkirchen

Allen Arbeiten gemeinsam ist die Bezugnahme auf Robert Schmidt. Die Teams haben überwiegend dessen Gedanken in Form einzelner für sie aussagekräftiger Zitate aufgegriffen, eine Übertragung der seinerzeit grundlegenden Prinzipien (Schaffung von Erholungsräumen, Vernetzung benachbarter Kommunen) als Absicht formuliert oder ihre Entwürfe dahingehend auf die Probe gestellt, wie weit sie dem Ansinnen Robert Schmidts heute entsprechen würden (Gruppe »Komma bei dat Wasser«: »Hätte Robert Schmidt die Seenlandschaft auch gewollt?«).

Ebenfalls in allen Arbeiten erkennbar ist die Beschäftigung mit der zu einem nicht geringen Teil als Dilemma behandelten Ruhrgebiets-Dichotomie aus Homogenität und Heterogenität, aus trennenden Grenzen und verbindenden Merkmalen, aus unüberschaubarer und oftmals überraschender Vielfalt bei gleichzeitig unübersehbarer Einheit.

Das Robert-Schmidt-Jubiläum stiftete zum einen den Anlass der Sommerakademie, und so war Schmidts Wirken in einer entscheidenden Phase der Ruhrgebietsentwicklung mit ins Blickfeld der Studierenden gerückt. Besonders die Präsenz und personelle Unterstützung des Regionalverbands Ruhr machte für die Teilnehmenden den regionalplanerischen Aspekt des Erbes Robert Schmidts direkt erlebbar.

Des Weiteren hat sich den Studierenden auch die Bedeutung des Strukturprinzips der Inneren Peripherien auf mehreren Ebenen erschlossen. Der Vortrag von Prof. Christa Reicher, der im Vergleich mit anderen Metropolen weitere raumbestimmende Merkmale des Ruhrgebiets herausstellte, markierte hierzu den Auftakt, dem auf der Exkursion sogleich die unmittelbare Erfahrung vor Ort folgte. Die Eindrücke der übergangslosen Nachbarschaft von Flächen, die miteinander nur auf den ersten Blick in keinem logisch verknüpften Zusammenhang zu stehen scheinen, lassen sich in allen Arbeiten wiederfinden: Halden neben Gartenstadtsiedlungen, landwirtschaftliche Nutzung, die von Gewerbegebieten und Autobahnen eingegrenzt ist, Industriebetriebe, die sich inmitten parkähnlicher Grünanlagen zu befinden scheinen, bis hin zu topografischen Anomalien, bei denen der Wasserspiegel von Flusslandschaften mitunter höher liegt als der Dachfirst direkt angrenzender Wohngebäude.

Jede raumbezogene Analyse des Ruhrgebiets muss unvermeidlich zu solchen Feststellungen gelangen, ein spezifischer Einfluss auf die Überlegungen der Sommerakademie-Teams lässt sich deshalb nicht aus den darauf bezogenen Inputs ableiten. Den Arbeitsgemeinschaften war es aber offensichtlich wichtig, im Sinne Robert Schmidts nach besonders repräsentativen Merkmalen zu suchen, die überall im Ruhrgebiet zu finden sind, um sie nicht zuletzt im (übertragenen) Sinne Robert Schmidts mit einem Verbindung stiftenden Element zu überformen, damit aus dem »Nebeneinander« gleicher Einzelmerkmale eine gemeinsame Identität gebildet werden kann.

Die von den Teams entwickelten Ideen, Vorschläge und darauf basierenden Arbeiten lassen sich weitgehend drei unterschiedlichen Hauptrichtungen zuordnen:
1. Versuch der Stärkung verbindender ruhrgebietstypischer Merkmale (RUHRcharakter – Der rote Pfaden, greenline braucker pfade, ZusammenHalden, Alles im Fluss – Wir sind eine Hafenstadt, Wir im Netz)
2. Auseinandersetzung mit dem Thema »Planung in der Region« (Osmose, PottPourrie, Pottrait, Korridor4 – Ein Strategiespiel)
3. Wiederentdeckung ursprünglicher landschaftlicher Ruhrgebiets-Qualitäten (Kappes kreativ, Komma bei dat Wasser)

Aus der Aufstellung aller Arbeitsgemeinschaften, Entwürfe und Ergebnisse (S. 256 f.) lässt sich die Vermutung ableiten, dass eine interdisziplinäre Zusammensetzung der Teams zu einem besseren Abschneiden im Wettbewerb geführt hat.

Schon aus den Entwurfsansätzen wurde deutlich, dass die Einflüsse mehrerer Fachrichtungen die Bandbreite der Perspektiven und die Ebenen der Auseinandersetzungen vergrößert haben. Die Anwendung des Prinzips Verbindungen zu schaffen lässt sich aus den Entwürfen herauslesen, in denen der Bau von Verbindungspfaden vorgeschlagen wird (greenline braucker pfade; RUHR charakter – Der rote Pfaden), bei dem die vielen Halden des Ruhrgebiets mit gleichen Elementen bebaut oder existierende Gewässer (Kanäle und Flüsse) zu einer gemeinsamen (touristisch oder zu Zwecken des Personennahverkehrs genutzten) Route verknüpft werden.

Das Planen in der Region abstrakt aufgegriffen, aber auf höchst unterschiedliche Weise bearbeitet, haben vier weitere Entwürfe. Davon haben sich zwei Arbeiten diesem Motiv in Form von Spielen mit didaktischem Hintergrund genähert (PottPourrie; Korridor4 – Ein Strategiespiel), bei

Innere Peripherie
Erkenntnisse der
Robert-Schmidt-
Sommerakademie

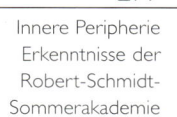

Theorie und Praxis spielend verbunden in der Arbeit »PottPourrie«. Foto: © FH DO/Walteich

denen ausgewählte, typisch erscheinende Merkmale der Region thematisiert wurden und dabei mit dem Angebot verknüpft waren, – Restriktionen und Potenziale der Region näher kennenzulernen –, beides mal abstrakter, mal konkreter ausformuliert im Hinblick auf die Möglichkeiten und Grenzen, darauf planerisch Einfluss nehmen zu können. Der wesentliche Unterschied beider Ansätze lag in der Berücksichtigung der spezifisch räumlichen Merkmale der Region: Die Arbeit »PottPourrie« erkannte stärker die mosaikartig parzellierte Nutzungsstruktur des untersuchten Gebiets.

Wie in der Inversion eines Schwarzplans hat die Gruppe »Osmose« ihr Augenmerk genau auf die Trennlinien dieser Flächenmosaike gelegt. Das von ihr verfolgte Interesse bestand in der Auseinandersetzung mit den vielfach ungeplant scheinenden Brüchen und Kanten und deren Wirkungen. Hierfür entwickelte das Team eine Toolbox, mit der erkannte Grenzen mehr planvoll-strategisch als spielerisch mithilfe von vorgegebenen Raumkategorien und Typisierungen entweder gestärkt oder reduziert werden konnten.

Die vierte, das Prinzip der Planung in der Region vertiefende Arbeit mit Namen »Pottrait« setzte einerseits sehr weitgehend auf internetbasierte, partizipative Planungsmethoden, bezog andererseits aber auch jugendkulturspezifische Methoden wie etwa Flashmobs oder Guerilla-Strategien der Aneignung mit ein. Die Grundannahme der Gruppe lautete, dass die Zukunft des Ruhrgebiets seinen jungen Bewohnern gehört, dass aber weder die Planungshorizonte noch die Verantwortlichen deren Bedürfnissen gerecht werden. Orte, auf die sich diese Bedürfnisse beziehen – oder an denen sie erkennbar unerfüllt sind –, sollten mit außergewöhnlichen Methoden (z. B. an bestimmten Stellen bewusst platzierte Portemonnaies, die nichts als eine Visitenkarte mit einer Internetadresse enthielten, über die weitergehende Informationen zur Problematik des Fundortes abrufbar waren) ins Bewusstsein der Bevölkerung gerückt werden, um so eine »Bewegung« auszulösen, die an Planungsprozessen mitzuwirken imstande ist.

Vielleicht auch ein wenig inspiriert durch das Beispiel des Masterplans Emscher-Zukunft, der als letzter Programmpunkt der Exkursion von Prof. Dr. Dr. Martina Oldengott vorgestellt wurde, haben sich zwei Entwürfe mit der Aufwertung landschaftlicher Potenziale beschäftigt. Im Falle der Gruppe »Kappes kreativ«, die ihre Entwurfsidee bereits sehr früh gefunden und konsequent bis zur Endpräsentation durchgearbeitet hat, steht dabei die landwirtschaftliche Nutzung im Vordergrund, wie sie auch unter den Schlagworten »Urban Farming« Gegenstand vieler aktueller großstädtischer Projekte ist. Die Übertragung des Konzepts auf das polyzentrische Ruhrgebiet stellt jedoch eine ganz eigene Herausforderung dar. Besonders bewusst geworden ist der Gruppe die Problematik auch beim Umgang mit den Verkehrswegen. Gerade an dieser Arbeit wurde erkennbar, dass die Region der »Inneren Peripherien« auch immer wieder eine zwitterartige Stadt-Land-Übergangszone ist, bei der es manchmal stärker von der inneren Haltung als von objektivierbaren Gegebenheiten abhängt, ob sie mehr als naturnaher Stadtraum oder urbaner Naturraum gelten kann. Diesen Deutungsmöglichkeiten hat die Gruppe »Kappes kreativ« mit einem klaren Nutzungssignal die Richtung vorgegeben.

Aus der zweiten Arbeit, die den Gedanken der Renaturierung aufgreift, spricht noch ein wenig das im Verlauf des Workshops geäußerte Erstaunen darüber, wie sehr das Erscheinungsbild des Ruhrgebiets vom verlässlichen Betrieb einer großen Anzahl auf die Region verteilter Pumpen abhängt. »Komma bei dat Wasser« verfolgte zunächst die Absicht eines ungeschminkten Umgangs mit diesem Erbe der Industrialisierung und Ressourcenausbeutung. Der zwischenzeitlich gewählte Arbeitstitel »Lass den Pottwal frei« sollte auch zum Ausdruck bringen, dass der im Masterplan Emscher-Zukunft formulierte Anspruch, die Emscher mit den Gewässern ihres Einzugsgebiets naturnäher umzugestalten, ein »Loslassen« gegenüber den unterhalb ihres Pegels liegenden Senken bedeuten kann. Dieser Begründungszusammenhang, nicht jedoch der Entwurfsgedanke, wurde allerdings aufgegeben zugunsten eines Motivs, das eher auf die Nutzung von Gewässern als Naherholungsgebiete und Objekte der Vernetzung abzielt – Badeseen als Treffpunkt der umliegend lebenden Einwohner, die sich die Seenlandschaft auch nach ihren Bedürfnissen und Interessen (etwa für Freizeit und Erholung) partizipativ aneignen.

Der Einfluss der vorbereiteten und im Verlauf der Sommerakademie zum Gegenstand der Wissensvermittlung gemachten Schwerpunkte ist zweifellos unverkennbar – nicht zuletzt bezogen auf die nicht berücksichtigten Themen. Wirtschaftsstrukturelle Fragestellungen blieben infolgedessen planerisch ebenso unberücksichtigt wie Aspekte des kulturellen Veranstaltungswesens. Selbst die explizit vermittelten Themen Energiegewinnung und -transport spielten in den Arbeiten eine bestenfalls untergeordnete Rolle.

Alle Beteiligten zeigten sich nach der intensiven Zeit der Vorbereitung und Durchführung hoch zufrieden mit dem weitgehend reibungslosen Ablauf sowie mit den letztlich im Zentrum des Interesses stehenden Arbeitsergebnissen der elf Teams.

Ganz zweifellos ist es durch die Sommerakademie gelungen, den daran Teilnehmenden die Bedeutung Robert Schmidts als Begründer der Regionalplanung im Ruhrgebiet näher zu bringen. Gleiches gilt für den Themenkreis der Regionalplanung selbst, mit seiner gerade im Ruhrgebiet aufgrund der Vielzahl der beteiligten Kommunen nicht gerade geringen Komplexität, mit den Bedingungen, unter denen sie stattfindet, und den Methoden, die ihr zugrunde liegen. Hervorzu-

Innere Peripherie
Erkenntnisse der
Robert-Schmidt-
Sommerakademie

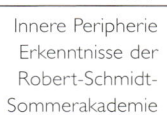

Die Gruppen bei der Bekanntgabe der prämierten Arbeiten
Foto: FH DO/Walteich

heben ist – neben der allgemein hohen Qualität der Arbeiten, der Menge verschiedener Details, die auch bei ähnlichen Ansätzen entwickelt wurde – vor allem das politische Bewusstsein der Studierenden. Alle Teams haben in ihren Entwürfen ein starkes Gespür für die Bedürfnisse der Menschen im Ruhrgebiet gezeigt, haben die Absicht verfolgt, ihnen entweder baulich oder durch neuartige Methoden der Beteiligung an Planungsprozessen auch die Möglichkeit einer größeren Identifikation mit der Region zu bieten, in der sie leben.

Workshops dieser Art, mit Studierenden, besser noch gemeinsam mit Bürgerinnen und Bürgern, können auf vielfältige Weise den Austausch zwischen Wissenschaft und Praxis, zwischen Planern und Betroffenen beflügeln. Der gesetzte Rahmen hat, wie gezeigt, zweifellos einen feststellbaren Einfluss auf die Form der Auseinandersetzung mit den behandelten Themen und damit auf die Ergebnisse und Entwürfe. Dennoch gehen daraus immer auch kleinere oder größere Impulse hervor, deren bereichernder, zukunftsweisender Ansatz erkennbar ist und im Alltag des Studiums oder der Planungspraxis aufgegriffen und vertieft werden sollte. Die Robert-Schmidt-Sommerakademie versteht sich in sofern als lernendes Format, das es in Zukunft gemeinsam weiter zu entwickeln gilt.

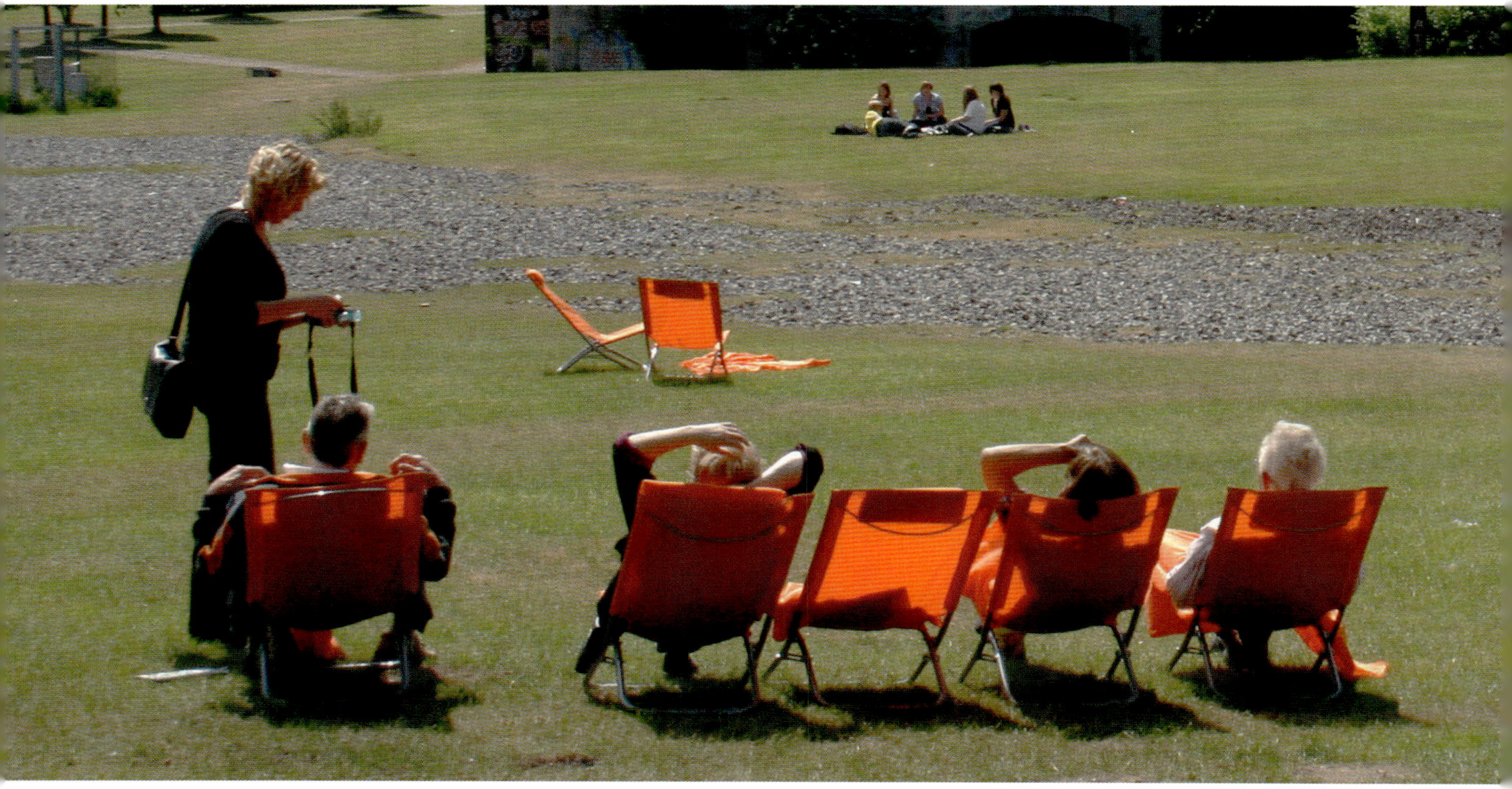

RUHR international –
Das Städtebauliche Kolloquium
im Robert-Schmidt-Jahr

Nordsternpark, Gelsenkirchen, © RVR, Kozlowski

Christa Reicher
»RUHR international« im Sommer 2012

Das Städtebauliche Kolloquium an der TU Dortmund hat sich im Sommersemester 2012 – im Jubiläumsjahr von Robert Schmidt – mit der Agglomeration Ruhr im internationalen Vergleich beschäftigt. In Anknüpfung an die vorangegangene Veranstaltung »Perspektiven RUHR« sind im Rahmen dieser Vortrags- und Diskussionsreihe die zukünftigen Entwicklungsstrategien für das Ruhrgebiet im Vergleich zu Konzepten und Strategien anderer europäischer Städte und Regionen reflektiert worden. Im Jahr 2012, in dem die Denkschrift des weltweit bekannten Planers Robert Schmidt zum Generalsiedlungsplan für das westliche Ruhrgebiet hundert Jahre alt wurde, stellte sich die Frage nach den Strategien für die Agglomeration Ruhr im Kontext ihrer 53 Städte mehr denn je. Hilfreich war es in diesem Zusammenhang, Strategien und Visionen einer möglichen Zukunft des Ruhrgebiets durch den Blick von außen und durch die Hinzuziehung des internationalen Erfahrungsschatzes zu schärfen.

Im Mittelpunkt der Diskussionen im Rahmen des Kolloquiums standen eine Reihe von Fragen: Liegt die Zukunft der Stadt in der Region? Und welche Rolle spielen in einer polyzentral organisierten Region die Landschaft, die Infrastruktur und die Baukultur? Welche Erfahrungen lassen sich aus dem internationalen Kontext in den Diskurs über eine Vision RUHR einspeisen? Die Antworten auf die Fragen waren vielfältig, zum Teil widersprüchlich.

Die Veranstaltungsreihe hat sich in Kolloquien am 24. April, 22. Mai und 19. Juni 2012 drei thematischen Schwerpunkten gewidmet, in denen jeweils internationale und regionale Referenten Inputs geliefert haben und miteinander – unter der Moderation von Prof. Dr. Rainer Danielzyk und mir – in einen Diskurs getreten sind:

24. April 2012: Metropolitane Landschaften

Im Zuge der massiven Industrialisierung haben »Landschaft produzierende« Kräfte im vorigen und vorvorigen Jahrhundert eine einzigartige Ruhrgebietslandschaft geformt. Die durch Vorträge und Diskussionen leitende Frage lautete: Welche Rolle spielen neue Formen der Landschaft in metropolitanen Räumen?

Prof. Dr. Dr. Martina Oldengott von der Emschergenossenschaft Essen hat in ihrem Beitrag »Kulturleistung Landschaft: Sehnsucht nach einer neuen Ruhrgebietsromantik« auf die Internationale Bauausstellung Emscher Park zurückgeblickt, die dem Gedanken des Wiederaufbaus von Landschaft mit Konzepten zum Landschaftspark, zu den regionalen Grünzügen und dem Umbau der Emscher eine konkrete Vorstellung verliehen hat. Sie kam zu folgenden Einschätzungen: Das Anlie-

Referenten Martina Oldengott, Karsten Buchholz, Maria T. Wagener (von links)
Foto: Uwe Gruetzner, TU Dortmund

gen, Landschaft zurückzugewinnen und wieder in Wert zu setzen, ist deshalb von großer Relevanz, weil Landschaft die Lebensqualität entscheidend beeinflusst. Dementsprechend gilt es – im Spannungsfeld zwischen den enormen technischen Baumaßnahmen der Wasserwirtschaft einerseits und der Ruhrgebietsromantik andererseits –, neue Lebensqualität im Dialog mit den Menschen zu gewinnen.

Aus der internationalen Perspektive stellte Karsten Buchholz vom Landschaftsbüro West 8 aus Rotterdam in seinem Beitrag »Second Nature« dar, wie Planungskonzepte im Umgang mit aufgegebenen Standorten gestalterisch und prozesshaft aussehen können. Der Landschaftsarchitekt stellte die Frage: »Gibt es ›die‹ Natur?« und beschrieb die Situation folgendermaßen: Die Natur hat sich durch die Anforderungen von außen verändert, ist vielfältig überformt worden. Aus den Eingriffen des Menschen ist ein spezifisches Verhältnis zwischen Stadt und Landschaft, zwischen Raum und Natur entstanden, das eher als »Zweite Natur« oder gar »Dritte Natur« zu bezeichnen ist.

In ihrem Kommentar hat Maria T. Wagener vom Regionalverband Ruhr hervorgehoben, dass die einmalige Chance genutzt werden müsse, die »verlorenen Areale« – also durch die Industrialisierung dem öffentlichen Gebrauch entzogene Flächen – wieder der Bevölkerung zurückzugeben. An jedem Ort stellten sich jedoch eigene Herausforderungen, aufgrund der vielfältigen Rahmenbedingungen. Für den Prozess der Rückgewinnung von Landschaft gebe es demnach keine Rezepte, aber man brauche Spielregeln, um den Anspruch an mehr Lebensqualität einlösen zu können.

22. Mai 2012: Infrastruktur und Urbanität

Die wachsenden Verkehrströme und die daraus resultierenden Verkehrskorridore und Infrastrukturtrassen haben das Ruhrgebiet maßgeblich geprägt. Bedeutend für die Regionalentwicklung erscheinen Antworten auf folgende Fragen: Wie hat sich dadurch die Lebensqualität und die Urbanität verändert und welche Wege zu einer nachhaltigen Mobilität sind denkbar?

Prof. Dr.-Ing. Jochen Monstadt von der Technischen Universität Darmstadt beleuchtete in seinem Beitrag »Regionale Infrastruktur für die Stadt der Zukunft und die Region Ruhr«

Veranstalter und Referenten: Rainer Danielzyk, Christian Horn, Joachim Scheiner, Christa Reicher und Jochen Monstadt (von links)
Foto: Uwe Gruetzner, TU Dortmund

die Wechselwirkung zwischen städtischen Räumen und Infrastruktur. Er erläuterte die folgenden Zusammenhänge: Produktion und Wandel von Stadträumen sind Bestandteil eines komplexen sozio-technischen Prozesses und haben damit einen unmittelbaren Einfluss auf die Urbanität und die Stadtentwicklung. Angesichts von veränderten Problemlagen kommt es jedoch zu einer anderen Infrastrukturperspektive, insbesondere zu einer »neuen Sichtbarkeit« von Infrastruktur. Das Ruhrgebiet gilt traditionell wegen seiner Komplexität in Sachen Ver- und Entsorgung als »die deutsche Infrastruktur-Kompetenz-Region«, zugleich ist diese spezielle Infrastruktur ein zentrales Merkmal lokaler und regionaler Identität sowie der Industrie- und Baukultur. Der Aufbau raumspezifischer Infrastrukturen hat die Entwicklungsdynamik der Industrieregion Ruhr befördert. Heute gilt es, diese Strukturen anzunehmen, städtebaulich aufzuwerten und als Chance in Innovationsprozessen zu nutzen.

Der Referent aus Paris, *Christian Horn* vom Planungsbüro rethink, hat unter der Überschrift »Metropolenentwicklung Paris: nach ›Les Grands Projects‹« aufgezeigt, wie in einer französischen Metropolregion unter völlig anderen politischen und gesellschaftlichen Vorzeichen die Gestaltung einer Metropole vorangetrieben wird. Er betonte die zentrale Rolle der Mobilität (welches Ausmaß, welche Form von Mobilität?). Nach seiner Einschätzung haben die insgesamt 650 Projekte für ›Grand Paris‹, auch wenn sie auf überzogenen Wachstumsvorstellungen basierten, die Diskussion über die Metropolenentwicklung befördert und vor allem hin zu Fragen geführt, für die in der Zukunft Antworten gefunden werden müssen.

Dr. Joachim Scheiner von der TU Dortmund hat in seiner Rolle als Kommentator den Zusammenhang zwischen Verkehrsinfrastruktur und Urbanität kontrovers dargestellt: Verkehrsinfrastruktur und Urbanität widersprechen sich. Verkehrsinfrastruktur und Urbanität vertragen sich. Verkehrsinfrastruktur schafft Nischen für Urbanität. Verkehrsinfrastruktur muss sich der Stadt unterordnen … Dies sind Statements, welche die komplexe Wechselwirkung zwischen Urbanität und Verkehrsinfrastruktur untermauern. Damit bestä-

*Referenten und Veranstalter: Frank Argast, Karl-Heinz Cox, Christa Reicher, Gerhard Steinebach, Ulrich Hatzfeld (von links)
Foto: Uwe Gruetzner, TU Dortmund*

tige sich, so der Kommentator, vor allem eines: Die Rolle der Planung für die Unterstützung oder Herausbildung von Urbanität dürfe nicht unterschätzt werden. Mögliche Perspektiven könnten in einer neuen Form des Infrastruktur-Urbanismus liegen, aber auch in innovativen Formen der Verknüpfung von Landschaft und Infrastruktur.

19. Juni 2012:
Baukultur und regionale Gestalt

An vielen Stellen im Ruhrgebiet driften die Bilder auseinander: Wunschvorstellungen von urbanen Räumen widersprechen den Phänomenen vielfältiger Schrumpfung. Wir fragten uns: Gibt es dennoch eine Chance für eine zukünftige regionale Baukultur und mit welchen Instrumenten und Verfahren kann diese gestärkt werden?

Prof. Dr. Gerhard Steinebach, Hochschullehrer an der TU Kaiserslautern, richtete in seinem Eingangsstatement den Fokus auf »Regionalisierung und Nationale Stadtentwicklungspolitik«. Er hob den Dreiklang aus Wissenschaft, Können und Praxis hervor und betonte, wie wichtig die Überwindung des »Knowledge-Practice-Gap« für die Gestaltung der Zukunft von Stadt und Region sei.

Aus der regionalen Perspektive hat *Prof. Dr.-Ing. Karl-Heinz Cox*, Architekt und ehemaliger Vorsitzender der Geschäftsführung der TreuHandStelle für Bergmannswohnstätten GmbH (heute THS), unter der Überschrift »Regionale Baukultur RUHR« sein kritisches Verständnis von Baukultur dargelegt. Mit dem Hinweis auf viele Missverständnisse, die mit dem Begriff Baukultur verbunden sind, vertrat Cox eine komplexere Auffassung von Baukultur und begreift Kultur als Summe aller intelligenten Tätigkeiten. Seine Einschätzung: Für das Ruhrgebiet bedeutet dieses Verständnis, die Spurensuche zu befördern, einer wirklichen Aneignungskultur Vorschub zu leisten und »vergessene« Stadtteile wieder in das Bewusstsein zu rücken. Denn Baukultur spielt sich vor allem in den Köpfen der Menschen ab und ist nicht zu verwechseln mit einem »Zeitgeist-Produkt«.

Frank Argast vom Amt für Städtebau in Zürich lenkte unter der Überschrift »Räumliche Entwicklungsstrategien für Stadt und Region Zürich« den Blick auf die internationale Metropole Zürich. Er betonte folgende Aspekte: Die »Kraft der Bilder« ist wichtig, wenn es darum geht, einen Diskurs über die Entwicklung der Stadt und der Region zu führen, nicht um die Bilder 1:1 umzusetzen. In der Siedlungsentwicklung für die Stadt und den Kanton Zürich gibt es unterschiedliche Prämissen, nämlich die Stärkung von kompakten Stadtkörpern und von durchgrünten Stadtkörpern. Entsprechend diesen Prämissen werden die Entwicklungsstrategien (bewahren, verändern, weiterentwickeln) jeweils spezifisch justiert. Wichtige Bausteine der Entwicklungsstrategien sind einerseits die Infrastruktur als städtebaulicher Impulsgeber, wie dies am Beispiel der Glatttalbahn oder auch der Limmattalbahn sichtbar wird, und andererseits der öffentliche Raum als Bild und Struktur formendes »Rückgrat« von Stadt und Region.

In seinem Kommentar hat *Dr. Ulrich Hatzfeld* vom Bundesministerium für Verkehr, Bau und Stadtentwicklung Folgendes hervorgehoben: Gerade auf der inhaltlichen Ebene der Baukultur scheint eine regionale Kooperation wesentlich leichter zu sein als in vielen anderen Bereichen, etwa in der Wirtschaftsförderung. Obwohl sich jeder profilieren will und muss, was zugleich auch Abgrenzung bedeutet, wächst die Erkenntnis, dass in der Kooperation mit dem Umland bzw. der Region viele Vorteile liegen. Die Menschen identifizieren sich zunehmend mit ihrer Region, deshalb muss ein Diskurs über Baukultur auch verstärkt auf der Referenzebene der Region geführt werden.

Ein Resümee

Der vergleichende Blick über den Tellerrand lässt die Regionalplanung im Ruhrgebiet in einem neuen alten Licht erscheinen. Und die Geschichte zeigt: Die Suche nach einer tragfähigen städtebaulichen Vision für die gesamte Region hat hier Tradition. Der von Robert Schmidt konzipierte Generalsiedlungsplan aus dem Jahr 1912 ist trotz seiner 100-jährigen Geschichte aktueller denn je. Jetzt, wo die Kooperation der einzelnen Ruhrgebietsstädte eine zweifellos neue Qualität erreicht hat, wo aber auch ganz neue Herausforderungen für die Gestaltung von urbanen Lebensräumen sichtbar geworden sind, stellt sich die Frage nach der räumlichen Vision von neuem. Die künftigen städtebaulichen Ziele werden nicht nur das Besondere des Ruhrgebiets herausstellen, sondern Antworten geben müssen auf die generellen Herausforderungen, wie sie mehr oder weniger für alle Städte und Städteregionen gelten – unabhängig davon, ob Städte nun »wachsen« oder »schrumpfen«, unabhängig davon, ob Städte »Metropolen« oder explizite »Green Cities« werden wollen. Häufig stehen sich solche vereinfachenden Dualismen ohnehin nicht gegenüber, sondern sind Teil eines umfassenden und widersprüchlichen Transformationsprozesses, den Städte im Laufe ihrer Geschichte durchlaufen.

Auch wenn Städte sich wandeln, sie bleiben Orte des (kollektiven) Erinnerns und Erkennens; Orte, an denen Bindungen hergestellt werden. Identität und Heimat – Begriffe, die solche Qualitäten einer Stadt bezeichnen sollen – basieren jedoch nicht allein auf der Vertrautheit einer über lange Zeit in ihren wesentlichen Merkmalen kaum veränderten Lebensumwelt, sondern sind auf *spezifische atmosphärische Qualitäten* einer Stadt, eines

Quartiers bzw. einer Region zurückzuführen, wie dies Karl-Heinz Cox in seinen Ausführungen zur regionalen Baukultur veranschaulicht hat. Deshalb ist nicht allein das baukulturelle Erbe mit seinen historischen Gebäuden, Straßen, Freiräumen und Stadtvierteln für die Identität einer Stadt maßgebend, sondern die Fähigkeit, im Rahmen neuen Städtebaus auch neue überzeugende, im besten Fall unverwechselbare Stadtatmosphären zu kreieren. Das gilt in besonderem Maße für Städte, die kaum historische Stadtviertel aufweisen – oder für große Städteregionen, für die solche kleinräumigen Quartiere kaum als alleinige Imageträger in Frage kommen. Identität ist jedoch nicht nur gebunden an unverwechselbare Atmosphären oder gut gestaltete Räume, sondern auch an die *Lesbarkeit* einer Stadt, die durch die »Kraft der Bilder« unterstützt wird, wie sie Frank Argast auch im Kontext der Züricher Stadtplanung betont hat.

Die Kerne oder Knoten des polyzentrischen Ruhrgebiets sind miteinander zu verbinden: zum einen mit leistungsfähiger Infrastruktur, zum anderen mit ästhetisch hochwertigen regionalen Räumen (Straßen, Flüsse, Grünzüge etc.), wie dies bereits im Rahmen der IBA Emscher Park und im Kontext der Kulturhauptstadt RUHR.2010 thematisiert worden ist. Diese regionalen Räume gelten zu recht als eines der zentralen Betätigungsfelder regionalen Städtebaus, weil sie für die Stadtästhetik des Ruhrgebiets so eminent bedeutsam sind. Allerdings werden – womöglich aus der Perspektive der klassischen Regional- oder technischen Infrastrukturplanung – die Verbindungen noch allzu häufig als Linien gedacht und begriffen, weniger als dreidimensionale Stadt- bzw. Landschaftsräume.

Stadtregionales Entwerfen muss hier die überholte Perspektive des zweidimensionalen Planens hinter sich lassen.

Ein regionaler Plan für das Ruhrgebiet ersetzt nicht die städtebaulichen Zielsetzungen und Strategien, die jede der Ruhrgebietsstädte für sich selbst und in Kenntnis der eigenen Aufgaben formulieren. Ein Regionalplan bietet die große Chance, sich auf einige wichtige Prinzipien zu verständigen, die gerade für die künftige städtebauliche Entwicklung dieser Region als Ganzes von Bedeutung sind. Solche Prinzipien und Zielsetzungen – und dies war eine der wichtigsten Erkenntnisse aus den Diskussionsbeiträgen des Städtebaulichen Kolloquiums – können nicht abschließend sein, sie geben dem städtebaulichen Denken und Handeln in der Region jedoch eine gemeinsame Richtung.

Veranstalter des Städtebaulichen Kolloquiums waren:
– das Fachgebiet Städtebau, Stadtgestaltung und Bauleitplanung der Fakultät Raumplanung an der TU Dortmund sowie
– das Institut für Landes- und Stadtentwicklungsforschung gGmbH in Dortmund

Als Kooperationspartner und Unterstützer haben mitgewirkt:
– die Fachhochschule Dortmund, Fachbereich Architektur
– das Bundesministerium für Verkehr, Bau und Stadtentwicklung, Berlin
– der Regionalverband Ruhr, Essen
– die Vereinigung für Stadt-, Regional- und Landesplanung e.V., Berlin
– der Informationskreis für Raumplanung e.V., Dortmund

»RUHR international«
im Sommer 2012

links:
Blick auf den Tetraeder
Foto: © FH Do/Watteich

Luftbild auf der folgenden Doppelseite:
Nordsternpark,
Gelsenkirchen
© RVR/2004

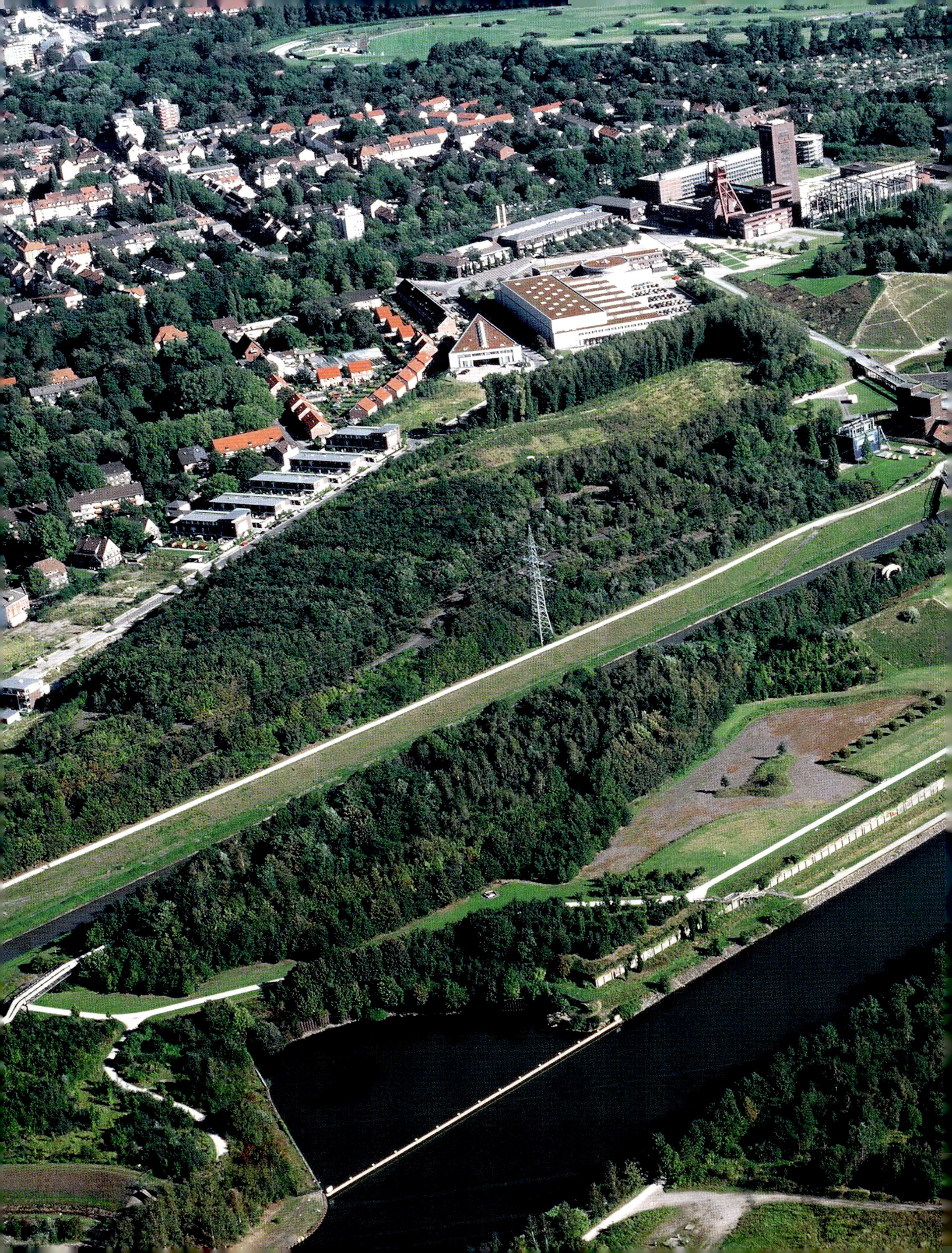

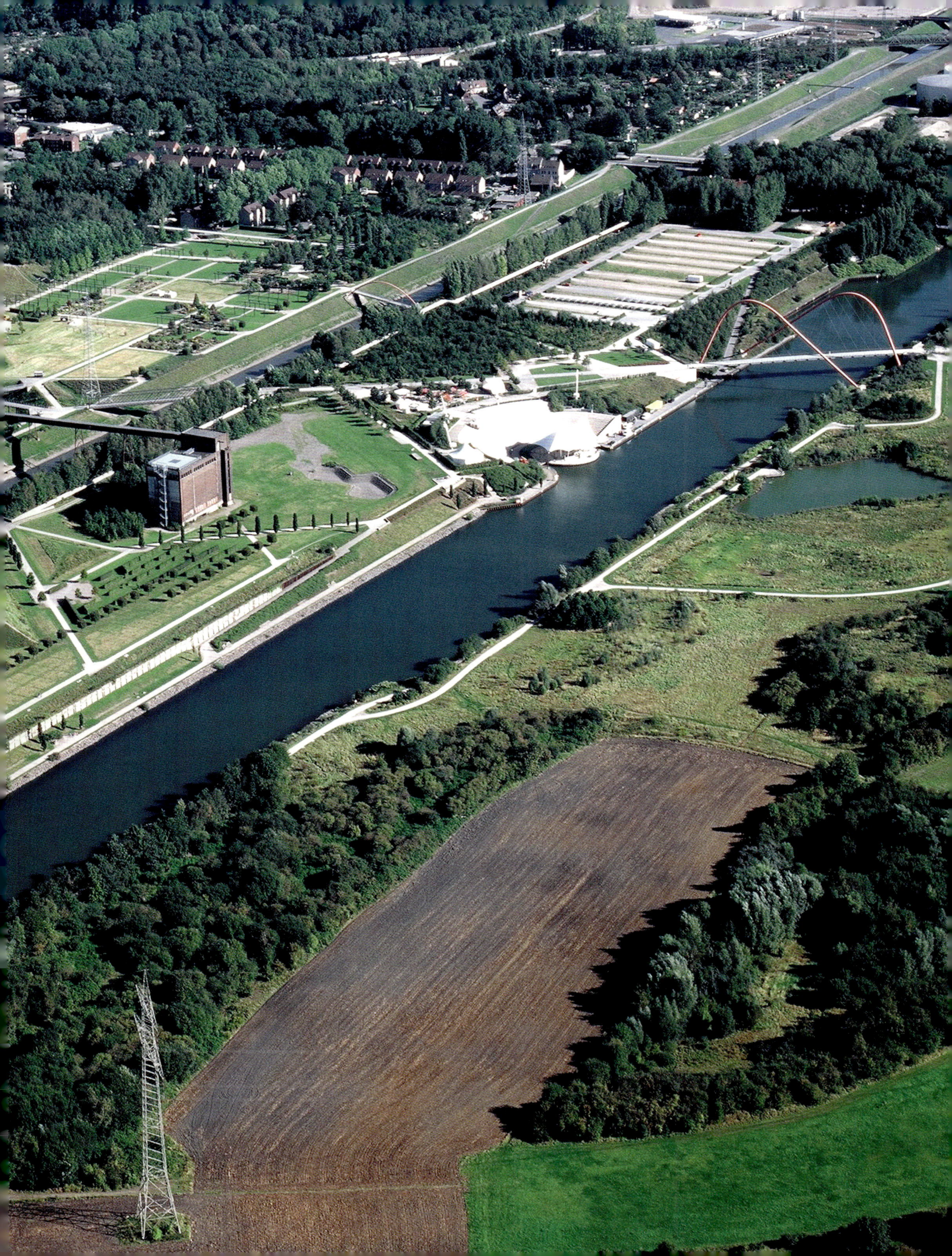

Autorinnen und Autoren der Aufsätze und Grußworte

Sabine Baumgart, Prof. Dr.-Ing., seit 2002 Leiterin des Fachgebietes Stadt- und Regionalplanung an der Fakultät Raumplanung der TU Dortmund; Studium der Architektur in Hannover; wissenschaftliche Mitarbeiterin an der TU Hannover und der TU Hamburg-Harburg; Promotion an der Universität Stuttgart; als Architektin und Städtebauassessorin seit 1988 freiberuflich in Stadtplanung, Forschung und Beratung tätig; seit 2004 als Partnerin bei BPW baumgart+partner, Bremen. Arbeitsschwerpunkte: Quartiers- und Immobilienentwicklung im Bestand, integrierte Siedlungs- und Infrastrukturentwicklung, einschließlich erneuerbarer Energien, Mittelstandsforschung, raumbezogene Entwicklungsprozesse in megaurbanen Regionen.

Pascal Cormont, Dipl.-Ing., Jg. 1981; Studium der Raumplanung in Dortmund und Wien; seit 2009 tätig am Fachgebiet Stadt- und Regionalsoziologie der Fakultät Raumplanung an der Technischen Universität Dortmund. Mitarbeit an der sozialwissenschaftlichen Begleitforschung des Projektes *dynaklim* und Untersuchung der Folgewirkungen und Wahrnehmungen des Netzwerk- und Forschungsprojekts mit qualitativen Methoden sowie der ablaufenden Vernetzungsprozesse innerhalb der Emscher-Lippe-Region. Weitere Arbeitsgebiete: Natur, Naturgefahren, Risiken und Klimawandel aus planerischer Sicht.

Dietrich Fürst, Prof. Dr. rer. pol., Dipl.-Volkswirt, Jg. 1940, Studium der Volkswirtschaftslehre in Kiel und Köln, 1968 Promotion, 1974 Habilitation, von 1974 bis 1981 Professor in Konstanz (Fachbereich Politik- und Verwaltungswissenschaften), von 1981 bis 2003 Professor in Hannover (Landesplanung und Raumforschung), seit Ende 2003 im Ruhestand. Forschungsschwerpunkte: Regionalplanung, Planungsorganisation und Regionalmanagement, Regionalisierung, regionale Kooperation, *regional governance*, Planungstheorie, Steuerungstheorie.

Karola Geiß-Netthöfel, Jg. 1958; seit 1. August 2011 Regionaldirektorin des Regionalverbandes Ruhr (RVR); Jurastudium in Münster, juristischer Vorbereitungsdienst in den Landgerichtsbezirken Bochum und Dortmund, ab 1986 in der Landesverwaltung NRW (Landesversorgungsamt, Bezirksregierung Münster) als Projektleiterin in verschiedenen Neuorganisationsprozessen; von 2003 bis 2009 Abteilungsleiterin bei der Bezirksregierung Arnsberg (u.a. für die regionale Entwicklung, die Wirtschaftsförderung und die Kommunal- und Bauaufsicht zuständig); von 2008 bis 2011 Regierungsvizepräsidentin in Arnsberg, mit den Schwerpunkten Integration von Landesbehörden in die Bezirksregierung, Personalentwicklung, Organisations- und Prozessoptimierung, Entwicklung eines Strategiekonzeptes im Team mit der Behördenleitung; von 1989 bis 1992 Kreistagsabgeordnete im Kreis Unna.

Stefan Goch, apl. Prof., Dr. soc., Jg. 1958, apl. Prof. an der Fakultät für Sozialwissenschaft der Ruhr-Universität Bochum und Leiter des Instituts für Stadtgeschichte in Gelsenkirchen; Studium der Sozialwissenschaften, promoviert 1987, habilitiert 1999. Arbeitsschwerpunkte: Arbeiterbewegung und Arbeiterkultur, Nationalsozialismus, Sozialgeschichte des Ruhrgebiets, politische Lager und Milieus, Strukturwandel und Strukturpolitik in Nordrhein-Westfalen, Montanregionen im Vergleich, Probleme und Perspektiven der sozialwissenschaftlichen Stadtforschung.

Thomas Hackenfort, M. Sc. (Architektur), Dipl.-Betriebswirt, Doktorand an der Bergischen Universität Wuppertal bei Prof. Frank Werner, Lehrbeauftragter für Architekturtheorie am Fachbereich Architektur der Hochschule Bochum; langjähriger wissenschaftlicher Mitarbeiter an der Fachhochschule Dortmund im Forschungsschwerpunkt »Planen und Bauen im Strukturwandel«. Er hat die Robert-Schmidt-Sommerakademie auf Seiten der Fachhochschule Dortmund federführend betreut.

Ulrich Häpke, Dr.-Ing., Jg. 1953, Studium der Raumplanung in Dortmund; Tätigkeiten in Verwaltungen, Verbänden sowie in Forschung und Lehre; promoviert am Fachbereich Architektur, Stadtplanung, Landschaftsplanung der Universität Kassel über Freiraumpolitik im Ruhrgebiet; seit 2009 beim Regionalverband Ruhr, Essen, im Team »Konzeption Emscher Landschaftspark« sowie aktuell im Forschungsprojekt »KuLaRuhr« tätig.

Dirk-Marko Hampel, M.A., Jg 1965, feiberuflich tätiger Historiker und Kulturwissenschaftler in Oberhausen (dirk-marko hampel – geschichtsagentur); Publizist, Kurator. Arbeitsschwerpunkte: Geschichte des 19. und 20. Jahrhunderts, Regional- und Stadtgeschichte, Wirtschafts- und Sozialgeschichte, Migrationsgeschichte, Verkehrsgeschichte, regionale Kulturgeschichte.

Heinz Wilhelm Hoffacker, Dr. phil., Jg. 1951; Historiker, Archivar, Lehrer; seit 2006 freiberuflich als Autor und für die Stiftung Zollverein in Essen tätig. Studium der Geschichte, Philosophie und Germanistik in Bochum; promoviert 1987 mit dem Thema »Entstehung der Raumplanung, konservative Gesellschaftsreform und das Ruhrgebiet 1918–1933«. Wissenschaftlicher Mitarbeiter im Stadtarchiv Bochum, an der Ruhr-Universität Bochum, beim Allgemeinen Bauverein Allbau AG Essen, im Thyssen-Archiv, im Stadtarchiv Hamm. Arbeitsschwerpunkte: Sozial-, Wirtschafts-, Technikgeschichte, Geschichte des Wohnungswesens, der Raum- und Stadtplanung und des Ruhrgebiets.

Karl-Friedrich Hofmann, Dipl.-Ing., Studium der Raumplanung in Dortmund; Prokurist bei der NRW.BANK in Düsseldorf im Bereich Wohnraumförderung; Leiter Wohnungsmarktbeobachtung. Arbeitsgebiete: Analysen und Berichtswesen im Rahmen der Sozialen Wohnraumförderung.

Renate Kastorff-Viehmann, Prof. Dr.-Ing., Jg. 1949, 1968 bis 1974 Studium der Architektur an der RWTH Aachen, 1980 Promotion über den Arbeiterwohnungsbau im Ruhrgebiet. Berufspraxis als Architektin und Stadt- bzw. Ortsplanerin in Schleswig-Holstein sowie Denkmalpflegerin in Dortmund und Mülheim/Ruhr.

Seit 1986 an der Fachhochschule Dortmund tätig, Fachbereich Architektur, Lehrgebiet Bau-, Städtebau und Technikgeschichte. Forschungsarbeiten und Veröffentlichungen zur Bau- und Städtebaugeschichte des 19. und 20. Jahrhunderts, schwerpunkthaft über das Ruhrgebiet.

Harald Kegler, Dr.-Ing., Jg. 1957, Studium der Architektur und des Städtebaus in Weimar; Promotion 1986 zur Geschichte der Disziplin Stadtplanung; Lehrtätigkeit an der Technischen Hochschule Cottbus, von 1987 bis 1999 am Bauhaus Dessau; von 1993 bis 1999 Leiter der Experimentellen Planungswerkstatt und stellvertretender Direktor; Hauptprojekt: »Industrielles Gartenreich« – Grundlage für die EXPO-Korrespondenzregion Dessau-Bitterfeld-Wittenberg; Gastprofessor an der University Miami 1999/2000; seit 2000 freischaffend mit eigenem Büro (Labor für Stadt- und Regionalplanung in Dessau); von 2008 bis 2010 Gastwissenschaftler und 2011/12 Vertretungsprofessor für Stadtplanung an der Bauhaus-Universität Weimar; seit 2012 Privatdozent für Planungsgeschichte und Planungstheorie an der Universität Kassel. Arbeitsschwerpunkte sind der energetische Stadt- und Regionalumbau, die resiliente Stadt-Region, Internationale Bauausstellungen sowie Geschichte und Theorie der strategischen (Landes-)Planung.

Volker Kreibich, Prof. Dr. rer. nat., Universitätsprofessor i.R.; Studium der Geographie, Germanistik und Geschichte; von 1976 bis 2005 Leiter des Fachgebiets Geographische Grundlagen und Raumplanung in Entwicklungsländern an der Fakultät Raumplanung der Technischen Universität Dortmund. Arbeitsschwerpunkte: Informelle Siedlungsentwicklung, Städtische Wohnungsversorgung, Ländliche Regionalentwicklung.

Celina Kress, Vertr.-Prof. Dr.-Ing., Jg. 1961, Planungs- und Architekturhistorikerin mit dem Arbeitsschwerpunkt Stadtforschung; derzeit Vertretungsprofessur für Planungstheorie und Stadtbaugeschichte an der Fachhochschule Erfurt, Fakultät Architektur und Stadtplanung; zuvor Gastprofessorin für Geschichte und Kultur der Metropole an der HafenCity Universität Hamburg; an der TU Berlin Forschung am Center for Metropolitan Studies und Lehre im Masterstudiengang Historische Urbanistik. Als Teilhaberin von team [best], projekte für baukultur und stadt/Berlin, realisiert sie Ausstellungen und Publikationen und ist als Beraterin an der Schnittstelle von Baukultur, Städtebau und Kulturvermittlung tätig. Sie ist Koordinatorin der Sektion Städtebau- und Planungsgeschichte der Gesellschaft für Stadtgeschichte und Urbanisierungsforschung (GSU). Forschungsschwerpunkte: Gestaltung und Geschichte von Stadtregionen, Urban Icons, Urbanes Wohnen sowie Wissensproduktion und Wissensaustausch als Motor der Stadtentwicklung.

Klaus R. Kunzmann, Prof. Dr.-Ing., Jg. 1942; von 1974 bis 2006 Professor und Leiter des Instituts für Raumplanung (IRPUund von 1993 bis 2006 Jean Monnet Professor für Europäische Raumplanung an der Fakultät Raumplanung der TU Dortmund; Honorarprofessor am University College London und an der Chung Hua University in Xinzhu (Taiwan); in den USA, in Asien und Europa wiederholt als Gastprofessor an renommierten Universitäten tätig, zuletzt an der ETH Zürich, der South-East University in Nanjing und der Tsinghua University in Beijing sowie dem RMIT in Melbourne. Er forscht und schreibt über die Zukunft von Stadt und Region, über Kreativwirtschaft und Wissensregionen, sowie über die räumlichen

Folgen des wirtschaftlichen Wachstums von China auf Städte und Regionen in Europa. Immer wieder hat er sich auch zu möglichen Zukünften des Ruhrgebietes geäußert. 2005 war er *Bürger des Ruhrgebiets,* womit seine über 30-jährige Auseinandersetzung mit der räumlichen Entwicklung der Region gewürdigt wurde.

Martina Oldengott, Prof. Dr. Dr., Dipl.-Ing., Landschaftsarchitektin und Kunsthistorikerin; Promotionen in beiden Fächern auf den Gebieten der Ökologie/Pflanzensoziologie an der Technischen Universität Berlin und im Bereich Gartenkunstgeschichte/Gartendenkmalpflege an der Freien Universität Berlin; von 1986 bis 1990 als freie Landschaftsarchitektin BDLA in Bad Homburg v.d. Höhe tätig; von 1990 bis 2005 Mitarbeiterin der Hamburger Senatsverwaltung, Umweltbehörde und Behörde für Stadtentwicklung und Umwelt, zuletzt von 1997 bis 2005 als Leiterin der Abteilung Grünplanung. Seit 2005 Mitarbeiterin der Emschergenossenschaft, Essen, Stabsstelle Emscher-Zukunft, zuständig für strategische und raumwirksame Planungen im Emschertal. Seit vielen Jahren als Landschaftsarchitektin und Kunsthistorikerin ebenfalls in der Lehre tätig.

Ursula von Petz, Prof. Dr.-Ing., Jg. 1939; Studium der Architektur und des Städtebaus an der Technischen Hochschule München; in den Jahren 1972 und 1973 »planning architect« beim Greater London Council, danach Tätigkeit für den Berliner Senat im Bereich Stadtsanierung und Stadterneuerung, 1974 Wechsel zur Universität Dortmund als wissenschaftliche Mitarbeiterin am Institut für Raumplanung (IRPUD) sowie u.a. als Herausgeberin der »Dortmunder Beiträge zur Raumplanung«. Ab 1986 Veröffentlichung mehrerer Aufsätze zu Robert Schmidt. Promotion 1987 über »Stadtsanierung im ›Dritten Reich‹«; von 1996 bis 2000 Vertretungsprofessur für Städtebau und Planungstheorie an der RWTH Aachen, danach Rückkehr an die Universität Dortmund; Pensionierung Ende 2004. Forschungsschwerpunkt: Planungsgeschichte im regionalen und internationalen Kontext; zahlreiche Veröffentlichungen; eine Monografie zu Robert Schmidt steht kurz vor dem Abschluss.

Christa Reicher, Prof., Dipl.-Ing., Jg. 1960; Architektin und Stadtplanerin, leitet seit 2002 das Fachgebiet Städtebau, Stadtgestaltung und Bauleitplanung der Fakultät Raumplanung an der Technischen Universität Dortmund; zuvor von 1998 bis 2002 Professorin für Städtebau und Entwerfen am Fachbereich Architektur der Hochschule Bochum. Gründerin und Partnerin im Planungsbüros RHA – reicher haase architekten + stadtplaner in Aachen; Mitglied in verschiedenen Gestaltungsbeiräten, u.a. in Dortmund und Zürich, sowie Vorstandsmitglied von EUROPAN Deutschland, einer Gesellschaft zur Förderung innovativer Architektur und experimentellen Städtebaus im europäischen Kontext; seit 2010 Vorsitzende des Wissenschaftlichen Beirats des Bundesinstituts für Bau-, Stadt- und Raumforschung.

Dirk Schubert, Prof., Dr. rer. pol., Jg. 1947; Studiendekan Masterstudiengang Stadtplanung an der HafenCity Universität Hamburg; Studium der Architektur und Soziologie, bis 1981 Wissenschaftlicher Assistent an der Freien Universität Berlin, dann an der Technischen Universität Hamburg-Harburg. Arbeitsschwerpunkte und zahlreiche Buch- und Zeitschriftenpublikationen in den Bereichen Wohnungswesen, Stadterneuerung und Stadtplanungsgeschichte,

Umbau von Hafen- und Uferzonen in diversen Sprachen. (Mit-)Herausgeber der Zeitschrift *Planning Perspectives*, Korrespondent beim WIN (*Waterfront International Network*, Venedig) und von *urban* (Madrid).

Dorothee im Spring-Ojih, Dipl.-Ing. Stadt-und Regionalentwicklung, Raumplanung, Jg. 1964; seit 1993 beim Regionalverband Ruhr im Bereich Planung tätig, aktuell im Referat Regionalentwicklung, Team Masterplanung. Arbeitsschwerpunkte: Erstellung von Entwicklungszielen und -konzepten für die Metropole Ruhr sowie von Beiträgen zur Regionalentwicklung, insbesondere im Themenbereich der Siedlungs- und Freiraumentwicklung. Ansprechpartnerin für die Betreuung von Praktikantinnen und Praktikanten im Referat. Darüber hinaus widmet sie sich der Förderung und dem Aufbau von Informations- und Kommunikationsnetzwerken, u.a. zu Hochschulen und Universitäten in der Region, und der Verankerung des Leitprinzips Gender Mainstreaming in regionalen Planungs- und Gestaltungsprozessen.

Martin Tönnes, Dipl.-Ing., Jg. 1959; Studium der Raumplanung an der Universität Dortmund; seit Mai 2011 als Bereichsleiter Planung und allgemeiner Vertreter der Regionaldirektorin beim Regionalverband Ruhr in Essen tätig. Aufgabengebiete: Regionalentwicklung, Staatliche Regionalplanung, Geoinformation und Raumbeobachtung, Route der Industriekultur. Nach dem Studium einige Jahre selbstständig tätig; von 1997 bis 2011 wissenschaftlicher Mitarbeiter für die Grüne-Fraktion des Landtages von Nordrhein-Westfalen.

Yasemin Utku, Dipl.-Ing., Jg. 1967; Studium der Architektur und der Raumplanung in Dortmund; seit 2001 Inhaberin des Büros sds_utku Städtebau Denkmalpflege Stadtforschung in Dortmund; bis 2009 wissenschaftliche Angestellte am Institut für Raumplanung (IRPUD) an der TU Dortmund; Lehraufträge an der RWTH Aachen (Fakultät Architektur), an der Alanus Hochschule Alfter (Fachbereich Architektur) und der TU Dortmund (Fakultät Raumplanung); 2011 bis 2013 Vertretungsprofessorin für Städtebau an der FH Dortmund, Fachbereich Architektur. Arbeitsschwerpunkte in den Bereichen Städtebau, Stadterneuerung, städtebauliche Denkmalpflege und Stadtbaugeschichte.

Maria T. Wagener, Dipl.-Ing., Jg. 1965; Stadt-/Regionalplanerin und Architektin, seit Juni 2010 als Referatsleiterin Regionalentwicklung beim Regionalverband Ruhr tätig; Berufpraxis in verschiedenen Planungsbüros, ab 1997 im eigenen Büro; zwischen 1994 und 2002 wissenschaftliche Mitarbeiterin am Fachgebiet Städtebau und Bauleitplanung der Fakultät Raumplanung an der Universität Dortmund bzw. am Institut für Entwicklungsplanung und Siedlungswesen der TU Braunschweig; von 2002 bis 2005 Vertretungsprofessorin für Städtebau an der FH Dortmund; 2005 bis 2010 als Fachdienstleiterin Stadtentwicklung und Umwelt in einer kommunalen Verwaltung tätig. Schwerpunkte der aktuellen Tätigkeit beim RVR sind informelle, interkommunale und regionale Handlungskonzepte auf der Basis regionaler Analysen, strategisches Regional-Planen als Verzahnung informeller und formeller Planungsprozesse. Im Rahmen ihrer Lehrtätigkeit im Planungsstudiengang Master Städtebau NRW stehen Steuerungsmöglichkeiten der vorbereitenden Bauleitplanung und deren Verknüpfung mit informellen Instrumenten im Vordergrund.

Manfred Walz, Prof. em. Dr.-Ing., Jg. 1940; Berliner, seit 1973 im Ruhrgebiet, Studium der Architektur und der Stadtplanung an der TU Berlin, Promotion an der RWTH Aachen. Lehre in Braunschweig, Duisburg und Dortmund, schließlich im Master Städtebau NRW; verbunden mit dem Versuch, Methoden- und Erkenntnisgewinne der Stadt- und Regionalforschung in Lehre und Planungspraxis fruchtbar zu machen. Forschungsschwerpunkte: Stadtplanung in der NS-Zeit, Stadtgeschichte und Regionalentwicklung Ruhrgebiet. Aktuelle Spezialthemen: Lichtplanung als Beitrag für die nächtliche Nutzung, die Identität und die Entwicklung von Stadt und Region.

Axel Zutz, Dipl.-Ing., Jg. 1965; Ausbildung zum Landschaftsgärtner, Studium der Landschaftsplanung an der TU Berlin, Mitarbeiter in Planungsbüros und Fachkoordinator einer beruflichen Bildungsstätte, Promotionsstipendium der Hans-Böckler-Stiftung des Deutschen Gewerkschaftsbundes, Doktorand am Institut für Landschaftsarchitektur- und Umweltplanung der TU Berlin, Fachgebiet »Theorie und Geschichte der Landschaftsentwicklung«, Wiss. Mitarbeiter u.a. am Brandenburgischen Landesamt für Denkmalpflege und am Archäologischen Landesmuseum. Forschungsschwerpunkte: Garten-, Umwelt- und Planungsgeschichte des 20. Jahrhunderts.

Dagmar Geibel

Hopis Geheimnis
Eine Reise in die unsichtbare Welt

ratio books

Hopis Geheimnis
Eine Reise in die unsichtbare Welt

Dieses Werk ist urheberrechtlich geschützt.
Alle Rechte vorbehalten!
Dagmar Geibel 2010

Zeichnungen: Dagmar Geibel
Layout: kb-agentur, Lohmar
1. Auflage
© August 2010

Impressum
ratio-books • 53797 Lohmar • Danziger Str. 30
info@ratio-books.de
Fax: (0 22 46) 94 92 24
Tel.: (0 22 46) 94 92 61
www.ratio-books.de

ISBN 978-3-939829-12-6

published by

ratio books

*Ich widme dieses Buch
den drei wundervollsten Menschen, denen ich begegnen durfte …
meinen Kindern Dirk, Alexander und ganz besonders meiner Tochter Eva,
die mit der außergewöhnlichen Klarheit und Schönheit ihres Denkens
mit mir gemeinsam so manche thematische Hürde in diesem Buch gemeistert hat …*

In tiefer Liebe und Dankbarkeit, dass es euch gibt

Eure Mutter

Dankbarkeit	178
Opas Unfall	188
Die Bärenfalle	195
Gut und böse	198
Die Angst	203
Haus der Genesung	208
Ein neuer Freund	214
Ganz ohne Arbeit	219
Der gerissene Krug	223
Das Abschlussfest in der Villa Sternenbogen	228
Ein seltsamer Fund	240
Besuch im „Haus der Genesung"	244
Der alte Rucksack	251
Das Geheimnis der Zufriedenheit	266
Der Beginn einer Freundschaft	270
Rückkehr aus Ägypten	277
Wiedersehen mit Hopi	281
Einer für alle, alle für einen	290
Die Geschichte vom Reiskorn	300
Kaminabend bei Elisabeth	303
Eine Überraschung	305
Was für ein „Zufall"!	308
… und wie geht es weiter?	316

Einleitung

Warum ist alles so, wie es ist?
Warum wachsen Bäume und Pflanzen, und warum verlieren sie
ihre Blätter und bekommen wieder neue?
Warum mögen manche Hunde Katzen und manche jagen sie?

Warum ist alles so, wie es ist?
Warum sind manche Menschen nett und andere gemein zu uns?
Warum gibt es die Liebe und Freude und warum die Angst und den Hass?
Warum ist Lachen so schön und Weinen so traurig?
Was sind eigentlich „Gefühle" und warum gibt es sie?

Und was ist mit Dir?
Hast Du Dich schon einmal gefragt, was Du hier auf der Erde machst?
Ich meine nicht: aufstehen, zur Schule gehen, essen …
Ich meine, was machst Du wirklich hier?
Warum bist Du da?
Wo kommen all die Bilder her, die Du in Deinen Gedanken siehst und
wo gehen sie hin?
Warum fühlst Du Dich manchmal super und dann wieder nicht so gut?
Was ist eigentlich das Leben?

Was ist das „ICH" wirklich?
ICH BIN … Aber was?

Dieses Buch erzählt von zwei Kindern, wie auch Du eines bist.

David und Hannah sind Geschwister und leben in einer Stadt, die überall sein könnte.
Sie wohnen in einem Haus, wie es tausende gibt, und sie gehen zur Schule oder in den
Kindergarten wie Du.

Auch sie fragen sich manchmal, warum alles so ist, wie es ist.
Sie fragen sich das vor dem Einschlafen, wenn sie nachdenken und manchmal fragen sie auch Erwachsene, ihre Lehrer und die Eltern. Und wenn die Erwachsenen keine Antwort wissen oder keine Zeit zum Nachdenken haben, dann sagen die nur: „Weil das eben so ist!"

Eines Tages geschieht etwas Sonderbares und damit fängt das Abenteuer an, eine außergewöhnliche Reise …

Eine ganz besondere Reise, deren Orte man nicht mit dem Flugzeug, dem Auto oder dem Zug erreichen kann …
Eine Reise in eine Welt voll von Wundern und Geheimnissen …

In eine Welt voller Magie … wahrer Magie!

Daheim in Frühlingsdorf

Frühlingsdorf ist eine kleine Stadt in einem hügeligen Tal gelegen, umgeben von Laubwäldern und saftigen Wiesen.
Hier schlägt noch jede Stunde der Kirchturm der alten Kirche, und morgens in der Früh kündigt ein Hahn mit lautstarkem Krähen den Sonnenaufgang an. Hier gibt es Schulen und Kindergärten, ein Schwimmbad, einen Fußballplatz und viele Geschäfte.

Auf dem Marktplatz, direkt an der Kirche, stehen einmal in der Woche Marktstände. Lautstark bieten die Verkäufer ihre Waren an, Obst und Gemüse, frisch und saftig. Neben dem bunten Treiben auf dem Markt gibt es eine schöne Eisdiele.

Immer wenn Hannah und David mit ihrer Mutter zum Einkaufen fahren, dürfen sie in der Eisdiele sitzen und ein großes Eis essen, bis Frau Fischer, so heißt die Mutter der beiden, voll bepackt mit Tüten und Körben, ihre Einkäufe beendet hat und sie gemeinsam nach Hause fahren.

Die Fischers leben in einer schönen Neubausiedlung. Vor einem Jahr sind sie hier eingezogen. Da gibt es einen kleinen Garten, und David und Hannah haben beide ihr eigenes Zimmer. Hannah ist ein hübsches Mädchen mit langen, blonden Haaren, die sie meist zu einem Pferdeschwanz gebunden trägt. Ihre großen, blauen Augen schauen neugierig und wenn sie sich freut, strahlen sie in einem tiefen Türkis. Sie ist dieses Jahr elf Jahre alt geworden.

Früher wohnten sie in der Stadt in einer Mietwohnung. Dort musste sich Hannah mit ihrem Bruder ein Zimmer teilen. Ständig war sie genervt von seiner Unordnung, denn David konnte nicht verstehen, dass Autos, Züge und Legosteine auf dem Boden, immer wieder zu Streitereien führten.

Mit seinen sechs Jahren ist er ein sehr aufgeweckter Junge, der unentwegt das Gefühl hat, etwas anstellen zu müssen. Alte Plattenspieler, Toaster und sogar schon einmal ein ausrangierter Telefonapparat werden liebevoll auf ihr Innenleben untersucht. David mag Autos sehr und sein Traum wäre, einmal einen alten Motor auseinandernehmen zu können.

Ganz anders als seine Schwester hat David dichte, dunkelbraune Locken und seine Augen sind von einem hellen Kupferton. Im Sommer sprießen freche Sommersprossen auf seiner Nase und wenn er lacht, bilden sich kleine Grübchen auf den Wangen.

Seitdem David ein Zimmer für sich alleine hat, fühlt er sich wie ein kleiner Schlossherr im eigenen Reich. Er braucht jetzt nachmittags nicht mehr still zu sein wie in der Kirche, weil Hannah Hausaufgaben macht, denn ihr Zimmer ist auf der anderen Seite des Flures.

Im August fängt für ihn die Schule an. Dann gehört auch er zu den „Großen" und muss sich nicht mehr von seiner Schwester hänseln lassen, dass er ein „Kleinkind" sei. Neuerdings prahlt sie immer vor ihm, sie gehe ja schon auf das Gymnasium und dann verlässt sie mit hoch erhobenem Kopf sein Zimmer.

Herr Fischer, der Vater von David und Hannah, lacht darüber und sagt dann: „Es ist noch kein Meister vom Himmel gefallen! Jede Schulklasse ist gleich wichtig. Ein Saatkorn muss auch erst in der Erde reifen, um Früchte zu tragen!"

„Aha", grinst Hannah dann. „David, du bist also ein Saatkorn und musst noch reif werden! Ich bin schon ausgetrieben und an der Sonne!"

Obwohl Hannah und David sich gerne necken und auch manchmal richtig zanken, mag Hannah ihren Bruder sehr. Er ist immer gut gelaunt und zusammen erleben sie so manches kleine Abenteuer. David ist voller Ideen und Hannah begleitet ihn geduldig auf gemeinsamen Streiftouren durch die Felder und Wiesen, die an die Neubausiedlung grenzen.

Im Schrebergarten

Am schönsten sind die Abstecher in den Schrebergarten auf der anderen Straßenseite. Hier haben viele Menschen kleine Grundstücke mit einer Holzhütte. Manche Hütten sind groß und komfortabel eingerichtet, so wie das Gartenhaus der Großeltern von Hannah und David. Meistens sind die Besitzer am Wochenende oder abends hier. Sie wohnen in der Stadt, aber dort gibt es nur vereinzelt Gärten. Also pflanzen sie hier Blumen, Gemüse und Obst an.

Oft bekommen die Kinder von Oma Kirschen oder auch Erdbeeren. Letztes Jahr durften Hannah und David einen großen Kürbis für die Halloween-Nacht aushöhlen und eine freche Maske hineinschneiden.

Überall in den Schrebergärten leuchteten an diesem Abend die Kürbisse wie Lampions. Das sah geheimnisvoll, aber auch ein bisschen gruselig aus.

Nur auf dem kleinen Grundstück neben Omas und Opas Garten war es dunkel, denn hier wohnt seit einigen Jahren keiner mehr. Überwuchert mit Unkraut und die Fensterläden des Holzhäuschens klapprig und ungestrichen, sieht es hier mehr wie auf einer Baustelle aus. Opa sagt immer, das ganze Unkraut wehe herüber und verderbe alles. Außerdem sei das kein schöner Anblick. Es würde Zeit, dass da mal wieder jemand einzieht.

Auf Hannah und David übt dieses unbewohnte Grundstück immer wieder eine magische Anziehungskraft aus, und so streunen sie, wenn es keiner bemerkt, dort herum. Durch die staubigen Fenster der Hütte kann man ins Innere spähen und viel Gerümpel erblicken.

Am Liebsten würden die Kinder dieses einmal eingehender untersuchen, aber das morsche Schloss der Tür einfach aufzubrechen, trauen sie sich nicht.

Erst letzte Woche hatte sich im Inneren der Hütte etwas auf dem Boden bewegt. Hannah war vor lauter Schreck in die Brennnesseln gefallen, die mittlerweile hinter dem alten, verwahrlosten Gebäude wuchern.

„Och, das sind doch nur Mäuse", stellte David fest, nachdem er sich mit Hilfe eines Steines zum Fenster hochgezogen hatte.

„Nur Mäuse!", hatte Hannah gezischt, „danke, das reicht mir schon!"

„Aber die sind doch ganz klein und außerdem niedlich", flüsterte David. „Die haben hier ein Heim gefunden!"

„Besser hier als in meinem Zimmer!", hatte Hannah geantwortet und leicht angewidert beobachtet, wie die Mäuse in der Hütte über den Boden huschten.

„Schau mal, ob Oma und Opa da sind", flüstert das Mädchen ihrem Bruder zu. „Du bist kleiner als ich, die dürfen uns nicht sehen. Du weißt, dass Opa immer schimpft, wenn wir hier sind!"

David schleicht langsam um die Hütte. Um Hannah zu beweisen, wie schlau er ist, kniet er sich auf den lehmigen Boden und robbt zu dem Holzzaun, der die beiden Schrebergärten trennt.

„Es sind wieder so viele Schnecken hier", hört er Oma klagen. „Die kommen immer, wenn es geregnet hat!"

„Uuups …", macht David und robbt langsam wieder zurück, indem er eine breite Spur in dem feuchten Gras hinterlässt. Bei Hannah angekommen zischt er, ganz außer Atem: „Die sind da, alle Mann Rückzug!"

„Wir sind keine Soldaten", raunt Hannah ihrem Bruder zu und schüttelt ihn an der Schulter. „Nun komm schon!"

„Alle Mann still gestanden und … Abmarsch!" David kommandiert immer noch eine unsichtbare Soldatentruppe, worauf Hannah ihm einen kleinen Seitenhieb versetzt.

„Du kannst froh sein, dass es für Soldaten unehrenhaft ist, Mädchen zu schubsen", grinst David und gemeinsam laufen sie hinter die Holzhütte, klettern über den Zaun und marschieren zum Vordereingang der Schrebergartensiedlung.

„Hallo Oma!", ruft David, während er das grün gestrichene Gatter öffnet, das das Grundstück der Großeltern einfriedet.

„Ach, da seid ihr ja", erwidert Oma, eine große, stattliche Frau, die früher einmal sehr hübsch gewesen sein muss, denn immer noch hat sie ein schönes Gesicht. Ihre klaren, blauen Augen schauen den Jungen misstrauisch an. „David, wie siehst du denn aus, du bist ja ganz nass und schmutzig!", ruft sie.

„Hingefallen", murmelt der Junge und geht direkt in das kleine, gemütliche Gartenhaus am Ende des Grundstückes. Er verschwindet in dem neuen Badezimmer, das Opa letztes Jahr hier gebaut hat. Erstens will er sich seine Hose etwas trocken reiben und zweitens ist ihm die Röte ins Gesicht gestiegen, weil er nicht die Wahrheit gesagt hat. Er wartet, bis das flaue Gefühl im Magen verschwunden ist und kehrt in den Garten zurück. David ist froh, dass Oma jetzt weiter Erdbeeren putzt und mit Hannah über die Schule spricht.

„Na, mein Jung'", der Großvater streicht seinem Enkel über den Hinterkopf, „haste was angestellt?"

„Nö, Opa. Was machst du da eigentlich?", fragt David, um ein wenig abzulenken.

„Das hier ist der Entwurf für ein Regal, das ich im Gartenhaus für die Werkzeuge bauen will", meint Opa stolz und zeigt seinem Enkel eine fein säuberlich aufgezeichnete Skizze. Der Großvater der beiden Kinder ist ein kräftiger Mann mit starken Oberarmen und breiten Schultern. Die dichten, grauen Haare trägt er zurückgekämmt, und seine kleinen Augen schauen David meistens spitzbübisch an.

„Oh, cool! Mach' ich mit." David fühlt sich nun wieder wohl. Keiner sagt mehr etwas über seine schmutzige Hose und Opa erzählt, wie so oft, von „alten Zeiten".

„Da gab's diesen ganzen neumodischen Kram noch nicht, Computer und Blesteischen."

„Blesteischen! Du meinst wohl Playstation!" David grinst.

„Ach ja, und Englisch wird zu unserer Muttersprache!", mault Opa. „Es heißt heute ‚walking', wenn man spazieren geht, und ‚Outfit' anstatt Hemd und Hose, ‚in' ist modern und ‚out' meint draußen! Das sind Zeiten! Ach, was heißt „Zeiten" ... ‚up to date' muss man sein! Ne, ne, mein Jung', da kommen wir alten Leute nicht mehr mit!"

„Aber Opa!", ruft David. „Du weißt ja super Bescheid!"

Doch der Großvater hört das Lob seines Enkels nicht, denn er mault weiter vor sich hin. „Blesteischen! Das ist kein richtiges Abenteuer, das ist Spielen an einem Apparat. Und Fernseher hatten wir auch nicht", ergänzt der alte Mann und schüttelt den Kopf.

„Noch nicht einmal Fernseher!?", ruft David erstaunt. „Aber was habt ihr denn dann den ganzen Tag gemacht?"

„Wir haben früher all dieses Zeug nicht gehabt und das war gut so", meint Opa nun. „Da mussten wir selbst Ideen haben, was wir spielen. Und wir hatten Ideen …!"
Auf einmal leuchten die Augen des alten Mannes und er schaut David verschwörerisch an. „Wir hatten jede Menge Ideen! Überall sind wir herumgekraxelt, und nichts war vor uns sicher. Wir haben beim Nachbarn Rüben ge …"
„Peter!", ermahnt Oma ihren Mann. „Setz dem Bub keine Flausen in den Kopf!"
„Die Rüben", flüstert Opa nun, „daraus haben wir Masken geschnitzt …"
„Ich glaube, es ist jetzt Zeit für einen Kakao", unterbricht die Oma den Redefluss des alten Mannes.
Gemeinsam sitzen die Kinder mit ihren Großeltern bei Kakao und Kaffee.
Langsam geht die Sonne unter, und Frau Fischer steht winkend am Gartenzaun. „Kinder", ruft sie, „Zeit fürs Abendessen!"
„Hier hast du noch ein Glas Erdbeermarmelade, ganz frisch von heute!" Die Oma reicht ihrer Tochter eine Stofftasche über den Zaun. Sehr oft bekommt Frau Fischer Gemüse oder Obst, das gerade geerntet wurde. Petersilie und Schnittlauch gibt es fast immer. Alles schmeckt hier aus dem Garten besonders lecker, weil es frisch und aus gutem Boden ist.

Abends liegt David noch lange wach und denkt über Opas Geschichten nach.
„Warum war eigentlich früher alles anders?", rätselt er, und Bilder von Rittern mit Schwertern und Jungen, wie er einer ist, die Masken aus Rüben tragen, laufen durch seinen Kopf. Und kurz vor dem Einschlafen hört man ihn murmeln: „Keine Computer, keine Fernseher … was eine komische Welt das war … aber bestimmt viel spannender!"

Im Kindergarten

Zum Frühstück gibt es Orangensaft und Cornflakes.
"Mama, ich brauche noch Geld für die Klassenfahrt. Das müssen wir heute abgeben, und mein Deutschheft finde ich auch nicht!" Hannah ist genervt, während sie noch schnell ihre Sportsachen zusammenpackt, weil sie schon fast zu spät ist.
"Dein Deutschheft liegt im Wohnzimmer, und das Geld habe ich in einen Briefumschlag getan." Frau Fischer gibt Hannah ihre Frühstücksschnitte und eine Tüte Saft.
Sie packt noch schnell den kleinen Rucksack, den David jeden Morgen mit in den Kinderhort nimmt. Die "Villa Sternenbogen", ein schöner und mit viel Liebe und Fantasie eingerichteter Kindergarten, liegt auf dem Weg zum Gymnasium, auf das Hannah seit den letzten Sommerferien geht.
"Beeil dich, David!", drängt Hannah ihren kleinen Bruder. "Ich habe in der ersten Stunde Sport, und die ‚Mümmele' versteht keinen Spaß, wenn man zu spät kommt. Dann muss ich drei Runden in der Turnhalle laufen. Dazu habe ich nun wirklich keine Lust."
"Mümmele" ist eigentlich Frau Benten, eine kleine, lustige Lehrerin mit großen, vorstehenden Zähnen und gutmütigen Augen, die die Kinder an einen Hasen erinnert. Mit ihr kann man jede Menge Spaß haben, aber "zu spät kommen", das kann sie nicht vertragen.

Nach einem gemeinsamen Fußweg mit seiner Schwester erblickt David die blau getünchten Wände des Kindergartens. "Tschüss Hannah, bis nachher!", ruft er und ist auch schon im runden Türbogen verschwunden.
Am liebsten spielt David hier mit seiner Freundin Lara und seinem Freund Kevin, einem Jungen aus der Nachbarschaft.
Er liebt es mit Playmobilfiguren zu spielen. Die Westernstadt gefällt ihm am besten und die große Eisenbahnstrecke, die sich wie eine Schlange durch die Gebäude windet. Lara baut die Indianersiedlung und die Wigwams. Das sind die Häuser der Indianer, eigentlich große, spitze Zelte, aus denen oben Stöcke herausragen. Da gibt es auch einen Medizinmann, der sagt, dass er zaubern kann.

„Das mit dem Medizinmann hast du dir ausgedacht", meint David zu Lara. „Die können gar nicht zaubern!"

„Doch, können sie wohl", antwortet Lara bestimmend. „Mein Papa hat das gesagt! Darüber gibt es wahre Geschichten. Das hat mein Papa auch gesagt! Und dann stimmt das auch. Medizinmänner sind bei den Indianern so etwas wie Priester und Ärzte zugleich."

„Hat das dein Papa auch gesagt?" Böse grinsend kommt Phillip zu den drei spielenden Kindern und stößt eines der Wigwams um.

„Lass uns in Ruhe, Phillip!" Kevin ist aufgesprungen und baut sich vor Phillip, einem kleinen, dicklichen Jungen mit rotem Gesicht und blonden, strohigen Haaren, auf.

„Die erzählt was von Zauberern, die spinnt doch!", ereifert sich Phillip. „Es gibt keine Zauberei!"

„Aber Jesus hat doch auch gezaubert und er war so etwas wie ein Priester", verteidigt sich Lara. „Er hat Wasser in Wein verwandelt und Kranke geheilt!"

„Hast du das mit deinen eigenen Augen gesehen? Nein, hast du nicht!" Phillip zertritt einen der kleinen Plastikindianer, die Lara fein säuberlich um die Wigwams gesetzt hat.

„Was ist denn hier los?" Fräulein Gretenkorn, die Kindergärtnerin, eilt heran und sieht den kaputten Indianer. „Wenn ihr das Spielzeug kaputt macht, dann habt ihr bald keins mehr", sagt sie in einem strengen Ton und nimmt die Splitter der Figur an sich.
„Lara hat die Figur kaputt gemacht und mich gezankt", bockt Phillip. „Ich wollte nur mitspielen!"
„Phillip, du weißt, dass beides nicht stimmt. Ich denke, du gehst ein wenig draußen spielen." Gelangweilt schlendert der Junge durch die große Glastür zum Spielplatz. Hier setzt er sich auf eine Bank und starrt ins Leere.
„Der Phillip ist doof!", flüstert Lara. Kevin und David stimmen ihr zu.

Zu Hause am Mittagstisch erzählt David von seinen Erlebnissen in der Villa Sternenbogen.
„Können Medizinmänner zaubern?", fragt er seine Mutter. „Der Papa von Lara sagt ja, er hat es in Büchern gelesen!"
„In Büchern steht auch, dass Hexen zaubern können", erwidert Frau Fischer. „Und dennoch, es gibt keine Hexen."
„Aber ein Medizinmann ist eine Mischung aus einem Arzt und einem Priester und Jesus konnte auch zaubern. Das steht fest. Das weiß ich aus der Bibel!" David gibt sich nicht so leicht geschlagen. Dass jemand wirklich zaubern kann, findet er aufregend, und er will es einfach glauben.
„Jesus war ja auch Gottes Sohn. Das ist etwas ganz anderes. Er hat die Menschen gelehrt, gut zu sein", erwidert Frau Fischer, ohne wirklich die Frage ihres Sohnes zu beantworten. Wie soll sie David erklären, dass Jesus zwar all diese Dinge getan hat, aber dass es eben „Wunder" waren und dass Zauberer in Märchen gehören?
„Der Phillip war wieder doof", erzählt David. „Der hat der Lara das Dorf zerstört und dann einen Indianer kaputt getreten. Zu Fräulein Gretenkorn hat er dann gesagt, dass Lara es gewesen ist. Der Phillip ist immer böse, aber er ist auch immer traurig. Manchmal tut er mir richtig leid!"
„Der tut dir leid? Obwohl er euch alles kaputt macht und euch immer ärgert?" Frau Fischer schüttelt den Kopf.
„Ja, nicht so wirklich, aber …", David bricht mitten im Satz ab, weil er nicht weiß, wie er erklären soll, dass er einerseits immer schrecklich wütend und hilflos ist, wenn Phillip die Kinder wieder einmal geärgert hat, und andererseits Trauer und ein komisches Gefühl im Magen empfindet, wenn der bockige Junge dann einsam draußen auf einer Bank sitzt.

„Ich kann ihn mir ja mal vorknöpfen", meint Hannah, die gerade ins Esszimmer kommt und ihre Schultasche unachtsam in eine Ecke wirft.
„Nein", wirft David sofort ein. „Dann glaubt der Phillip, ich bin ein Feigling und lasse mich von Mädchen beschützen!"

Ein neuer Nachbar

Nach dem Mittagessen geht David in sein Zimmer. Als die Fischers umgezogen sind, hat er eine ganz neue Einrichtung bekommen. In der Stadt besaß er kein eigenes Zimmer, sondern nur eine Ecke in einem großen Raum, in dem auch Hannah schlief. Sein „Reich" bestand dort aus einem weißen Kinderbett, einer kleinen Anrichte und einer Sitzecke. Das sah längst nicht so toll aus wie seine neuen Möbel.

Außerdem musste er in der Stadtwohnung immer leise sein. Erst einmal, wenn Hannah Hausaufgaben machte und danach, wenn Hannah mit ihrer Freundin telefonierte. Und sie telefonierte meistens, wenn sie keine Hausaufgaben mehr machen musste. Das hieß also immer schweigend herumzusitzen und das war langweilig. Aus diesem Grund hatte er dann sein ganzes Spielzeug in das kleine Wohnzimmer der alten Wohnung geschleppt. Seine Mutter zog bei dem Anblick der Bauklötze, Autos und Plastikfiguren, die er haufenweise auf dem Teppich in kleinen und größeren Gruppen anordnete, zwar meistens die Augenbrauen hoch, sagte aber selten etwas.

Nun hat er ein eigenes Zimmer und seine neue Einrichtung besteht aus hellen Kiefernmöbeln mit blauen Leisten. Es gibt hier viele Regale und eine Anbauwand mit einer großen Nische, in die man ein Fernsehgerät stellen kann. Aber von Fernsehapparaten in Kinderzimmern hält Herr Fischer gar nichts. Also befindet sich hier das beleuchtete, kleine Aquarium, das er zu seinem sechsten Geburtstag bekommen hat.

David nimmt gedankenverloren eine Plastikdose, öffnet sie und streut von dem Inhalt ein wenig in das Wasser, worauf die Fische pfeilschnell nach oben schwimmen und sich über die kleinen, blattähnlichen Stücke hermachen, die auf der Oberfläche des Wassers silbrig glänzen und zu tanzen scheinen.

Sieben glitzernde Guppys mit einem leuchtenden, blauen Streifen auf dem Rücken und vier Goldfische ziehen in dem mit Kunstlicht erleuchtetem Becken ihre Bahnen. David schaut, in Träumen versunken, in die kleine Wasserwelt, in der er auf dem Boden eine Ruine und ein Piratenschiff zwischen Kieselsteinen und Muscheln gelegt hat. Die Wasserpflanzen und die grünen Algen, die sich sanft wie ein wolliger Flausch auf den Gemäuern abgesetzt haben, lassen seiner Fantasie freien Lauf.

Im Geiste sieht er sich als Ritter in einer großen Burg, mit einem Pfeil und Bogen bewaffnet, auf der Burgmauer stehen.

Ein anderes Mal ist er ein Schatztaucher, der auf dem Meeresboden ein Piratenschiff entdeckt und in der alten verfallenen Kajüte haufenweise Kisten findet, in denen Juwelen, altes Silber und Edelsteine funkeln.

Dann wieder sieht er sich als Pirat unter einer Totenkopf-Flagge über die Meere rauschen. Wenn er sich richtig darauf konzentriert, spürt er den Wind und die Gischt in seinem Gesicht.

„Ein Pirat müsste man sein!", seufzt er laut.

Der Junge schnappt sich seinen kleinen Rucksack, hängt ihn über den Rücken und verlässt sein Zimmer. Im Hinausgehen wirft er noch einmal einen Blick auf das kleine Piratenschiff, das versunken zwischen Algen und Steinen liegt.

Er springt mehrere Treppen auf einmal hinunter und rennt über den Flur.

„Ich geh jetzt zu Oma und Opa. Ich will dem Opa beim Regalbau helfen!", ruft David seiner Mutter hinterher und ist auch schon aus der Haustür verschwunden.

Eigentlich hofft er, dass Opa wieder Geschichten von früher erzählt. Die sind immer richtig spannend und handeln von Rittern und von Häusern, in denen es keine Heizung, sondern Öfen mit echtem Feuer gab.

„Warte mal, David!" Hannah läuft hinter ihrem Bruder her und kann gerade noch stoppen, bevor sie ihn umrennt.

„Opa kommt heute erst später, er ist bei Onkel Hubert. Ein Rehkitz hat sich ein Bein gebrochen und Onkel Hubert hat Opa gefragt, ob er ihm einen kleinen Zaun baut." Onkel Hubert ist Jäger und kümmert sich um die Tiere im großen Wald von Frühlingsdorf. Er weiß immer, wann die Rehe Kitze kriegen, und letztes Jahr haben die Kinder eine Wildschweinbache und ihre Frischlinge gesehen.

„Weißt du, was das heißt?", fragt Hannah ihren Bruder und flüstert jetzt verschwörerisch: „Wir können in den verlassenen Garten gehen, Oma sieht das sowieso nicht."

„Jaaa!" David Augen strahlen. „Außerdem hat Opa gesagt, er hat früher auch überall herumspioniert!" Ein breites Grinsen erhellt Davids Gesicht und er bekommt ein angenehmes Kribbeln im Bauch vor Aufregung. Alleine traut er sich nämlich nicht auf das verlassene Grundstück zu gehen, aber mit Hannah, denn die ist schon groß, fast erwachsen.

Gemeinsam verlassen die beiden Kinder die Wohnsiedlung und rennen über den Schotterweg zu den Schrebergärten.

„Wir schleichen uns von hinten an, am besten ducken wir uns, damit Oma uns nicht sieht." Hannah geht leicht gebückt durch das halbhohe Gras, gefolgt von David, der wie ein Soldat durch das Gelände robbt.

„Hör auf damit!", zischt Hannah ihm zu. „Du verdirbst noch alles!"

„Okay, okay!" David schleicht nun direkt hinter Hannah her.

Am Garten angekommen, kriechen sie durch einen Spalt in der Thujahecke, klettern über den morschen Holzzaun und schwingen sich auf das Grundstück. Sogleich stehen sie hinter dem hölzernen, alten Gartenhaus.

„Komm schon", drängt Hannah und schaut, auf den Zehenspitzen stehend, durch das kleine, verriegelte Fenster in die dunkle Hütte.

David zieht an ihrem T-Shirt. „Ich will auch gucken", mault er und hüpft von einem Bein auf das andere.

„Warte mal, da stimmt was nicht." Hannah muss ihre Augen anstrengen, um durch die trüben Scheiben der verfallenen Hütte ins Innere spähen zu können.

„Da steht ein Topf auf dem Herd, ein komischer alter Kupfertopf! Außerdem brennt da so eine merkwürdige Lampe, sieht aus wie eine alte Petroleumlampe."

Auf einmal fühlt das Mädchen sich unwohl. Jetzt, da offenbar jemand die Hütte bewohnt, kommt sie sich vor wie eine Einbrecherin.

„Lass uns abhauen", flüstert sie. Doch David hat sich schon um den hölzernen Vorsprung der Veranda geschlichen und die alte Eiche erreicht, hinter der man einen guten Blick über das Grundstück hat. Plötzlich bleibt er wie angewurzelt stehen und zieht sich dann langsam hinter den massigen Stamm des riesigen Baumes zurück. Sein Blick ist starr auf eine Gestalt geheftet, die sich im Garten auf einem kleinen Rasenstück befindet. Die Gestalt sieht nicht nur merkwürdig aus, sondern auch das, was sie tut, ist sehr eigenartig.

Hannah ist inzwischen zu ihrem Bruder geschlichen, und gemeinsam stehen sie nun da und starren mit offenem Mund auf einen Mann, der im Schneidersitz, bewegungslos und mit hoch erhobenem Haupt, auf der Wiese sitzt.
Er hat lange, struppige, schwarze Haare, die wirr von seinem Kopf abstehen. Ein rotes Band ist um seine Stirn gebunden und seitlich hängen Federn und Perlen daran. Sein Gesicht ist braun gebrannt, die Augen geschlossen. Die gebogene Nase zwischen den hohen und breiten Wangenknochen erinnert die Kinder an einen Adler. Seine Kleidung besteht aus einem weißen Baumwollhemd und einer hellen Leinenhose, aus der nackte, braune Füße herausschauen.
Der Mann wiegt sich zu seinem leisen, melodischen Gesang hin und her wie ein Busch im Wind. Die Hände liegen auf seinen Knien.
Ein fremder und seltsamer Anblick, und dennoch strahlt das Schauspiel auf die Kinder Frieden aus.

„Das ist ein … ein … *Indianer!*", flüstert David.
„Das weiß ich auch!", empört sich Hannah. „Meinst du, ich bin blind?"
„Das gibt's doch gar nicht", raunt David seiner Schwester zu. „Das ist ja wie im Film!"

David und Hannah sind ganz aufgeregt und doch, als der erste Schreck vorbei ist, weicht dieser einem Interesse an dem merkwürdigen, aber ganz sicher interessanten, neuen Nachbarn.

„Was machen wir jetzt?", fragt David seine Schwester, die gewöhnlich bei gemeinsamen Ausflügen für derartig wichtige Entscheidungen zuständig ist.

„Rückzug!", zischt Hannah und macht den Tonfall eines kommandierenden Soldaten nach, damit David versteht, dass dieser Befehl ohne Murren auszuführen ist.

Langsam bewegen sich die Kinder rückwärts, ohne den eigenartigen Besucher aus den Augen zu lassen. Dieser scheint jedoch gar nichts zu bemerken, denn er hat noch immer die Augen geschlossen und wiegt sich zu seinem leisen Gesang hin und her.

Als die Kinder ihr sicheres Versteck hinter dem Holzhaus erreicht haben, stürmen sie, ohne sich noch einmal umzuschauen, durch die Hecke. Aufatmend und mit klopfenden Herzen gehen sie den Weg hinunter zum Schrebergarten ihrer Großeltern.

„Oma!", ruft Hannah schon von Weitem. „Wir sind hier!"

„Na, dann kommt mal rein, Opa ist auch gleich zurück", meint die Großmutter. „Der Zaun für Onkel Hubert ist fertig. Nächste Woche wird ein Reh kalben. Wenn ihr wollt, könnt ihr dann mit Opa hinüberfahren und das Kitz anschauen."

„Kalben? Ein Reh ist doch keine Kuh!", ruft David erstaunt aus.

„Man sagt das so, weil Rehe zur selben Tiergruppe gehören. Man nennt das Kind eines Rehs ein Kitz oder ein Rehkälbchen", erklärt die Oma ihrem Enkel. „Und nun sagt mal, wo wart ihr die ganze Zeit?"

„Ooch, nur ein bisschen rumgelaufen." David bekommt immer einen heißen Kopf, wenn er schwindelt, bei Opa noch mehr als bei Oma.

„Ihr denkt ja daran, immer in Hörweite zu bleiben! Man weiß nie, was alles so herumschleicht!" Die alte Frau schüttelt den Kopf und ergänzt mit lauterer Stimme als zuvor: „Und jetzt schon gar nicht mehr!"

Oma lässt einen leichten Seufzer hören und schaut misstrauisch zum Nachbargrundstück. Die Kinder folgen ihrem Blick, sehen jedoch niemanden. Der Indianer muss, wenn er noch draußen im Garten ist, hinter Sträuchern verborgen sein.

„Was ist denn passiert, Oma?", fragt Hannah, obwohl ein Gefühl ihr sagt, dass die alte Frau den Indianer meint, der wahrscheinlich immer noch auf dem Nachbargrundstück bewegungslos im Schneidersitz verharrt. „Er sah aus, wie eine alte Buddhafigur", denkt Hannah.

„Ach, die haben uns so einen komischen Kauz nebenan reingesetzt. Opa geht sich morgen bei der Stadt beschweren", meint Oma und schaut erneut vorwurfsvoll in Richtung des angrenzenden Gartens.

„Einen Kauz?", wiederholt Hannah.

„Ja, stellt euch vor, einen Indianer! Wo der herkommt und was der hier will, weiß keiner!", stöhnt Oma vor sich hin.

„Ein richtiger Indianer? Wow!", ruft David, da er so tun muss, als weiß er noch gar nichts. „Und was ist da so schlimm dran, Oma?"

Eine genaue Antwort weiß die Großmutter der beiden auch nicht, deswegen sagt sie nur mit leidender Stimme: „Gar nichts ist daran schlimm, aber die sollen doch unter sich bleiben."

„Nun, das wären sie vielleicht gern geblieben", erwidert Hannah scharf, „als der weiße Mann in ihr Land eingefallen ist!"

„Da war ja genügend Platz für alle", meint Oma, erhebt sich von der Bank und ist froh, dass gerade Opa kommt und das Gespräch ein Ende hat.

Hannah ist wütend und Tränen steigen in ihre Augen. „Warum denken viele Erwachsene oft, dass weiße Menschen besser sind und mehr Rechte haben als andere Völker?"

Schwungvoll öffnet sich das Gartentor und Opa kommt, voll bepackt mit Werkzeug, den steinigen Weg hinauf.

„Trag das mal in den Schuppen!" Der alte Mann reicht David die Zange und eine kleine Drahtrolle. „Irgendwer hat das Kitz angefahren, aber es hat Glück gehabt. Doktor Bachmann konnte das Bein gut schienen. Es war ein glatter Bruch." Opa setzt sich auf die Bank und schaut seine Frau an.

„Man muss doch merken, wenn man ein Reh anfährt", sagt Hannah vorwurfsvoll.

„Manchmal springen die Tiere wieder ins Gebüsch und der Autofahrer denkt, das Tier ist nicht verletzt. Aber bei diesem war es anders. Das Kitz lag am Straßenrand. Das ist Tierquälerei. Man braucht nur das Forstamt anzurufen oder, wenn man die Nummer nicht hat, die Feuerwehr", sagt Opa, erhebt sich wieder und macht sich auf den Weg in die Küche.

Mit einer Tasse Kaffee und seiner Pfeife kommt er wieder heraus und setzt sich auf die Bank.

„Opa, darf ich die Pfeife stopfen?" David greift nach der Dose, dreht den Verschluss auf und riecht an dem aromatischen Kraut.

„Ja, dann mach mal, ich hab dir ja gezeigt, wie das geht."
„Ist das der gleiche Tabak, den Indianer für die Friedenspfeifen nehmen?" David hofft, nun mehr über den geheimnisvollen, neuen Nachbarn zu erfahren.
„Nun fang bloß nicht davon an", mault der alte Mann. „Erst die beiden langhaarigen Hippies auf der anderen Straßenseite und nun auch das noch! Wir sind hier doch nicht im Zirkus!"
Der Opa zieht scharf an seiner Pfeife. „Jahrelang ist das hier gut gegangen und nun müssen wir wohl alles verriegeln, wenn wir weg sind. Aber das nützt auch nichts." Der alte Mann senkt seine Stimme und raunt: „Die klettern auch noch über die Zäune und klauen die Tomaten, das sag ich dir!"
„Opiii?", fragt David gedehnt. „Hast du nicht früher auch Rüben …?"
„Das war etwas ganz anderes", murmelt der Großvater. „Es waren riesige Felder …"
„Das Problem ist", unterbricht ihn die Oma, „die Sitten und Gebräuche sind ganz anders. Wenn der sich hier anpasst, dann hat man ja nichts dagegen."
„Hör auf!", knurrt der Opa. „Wer weiß, was der da drüben pflanzt, und irgendwann schießt der mit 'nem Blasrohr auf uns!"
Hannah hat genug gehört. Sie findet es gar nicht schlimm, wenn jemand Indianer ist. Sie dreht sich um und läuft hinter das Gartenhaus der Großeltern. Dort setzt sie sich in das weiche Gras, das gerade erst gemäht wurde. Ein frischer Duft nach Heu zieht in ihre Nase und sie beruhigt sich ein wenig. Ihre Gedanken wandern zu ihrer Freundin Betty …

Betty

Betty ist Afrikanerin. Sie kommt aus Ruanda. Die Familie Beguhundi, so heißt Betty mit Nachnamen, ist vor vier Jahren aus Afrika geflüchtet. Dort herrscht Armut, Bürgerkrieg und die Gesetze im Land sind ungerecht. Betty war damals sieben Jahre alt. Sie kann sich noch an vieles erinnern. Aber manche Erlebnisse will sie aus ihrem Gedächtnis löschen.

Joe und Teto sind Bettys Brüder. Joe ist dreizehn und spielt Gitarre. Teto, der Vierzehnjährige, mag lieber Fußball. Letztes Jahr ist Alohe geboren, das jüngste Kind der Beguhundis. Bei ihnen herrscht immer Fröhlichkeit und gute Laune. Im Wohnzimmer liegen ganz viele bunte Kissen und Decken auf dem Boden.

Hannah mag auch die Speisen, die Frau Beguhundi zubereitet. Sie schmecken ganz anders, aber immer aromatisch und oft leicht süßlich. Meistens weiß Hannah gar nicht, wie die Gerichte heißen.

Das Mädchen mag die lustige Betty sehr und sie verstehen sich wunderbar.

Sehr oft erzählt ihr die Freundin von Afrika, wie es dort war.

Das Wetter ist immer heiß und trocken, der Himmel blau.

Die Pflanzenwelt sieht dort ganz anders aus und auch die Landschaft. Es gibt viele Palmen und Kakteen und weite Steppen. Oftmals ist das Wasser knapp und viele Menschen müssen lange Strecken von ihren Dörfern zu einem Brunnen laufen.

Die meisten Kinder gehen gar nicht zur Schule, weil es nur

einige Missionen gibt, die Lehrer haben. Manchmal sind diese Einrichtungen so weit von den einzelnen Dörfern entfernt, dass es zwei bis drei Stunden „Fußmarsch" bedeutet, dahin zu kommen. Oder man sitzt zusammengepfercht in einem überfüllten Bus, der über die sandigen Straßen rattert.
Die meisten Eltern der Dorfkinder haben keine Schule besucht und deshalb achten sie nicht wirklich darauf, dass die Kinder regelmäßig den Weg zur Mission antreten.

Hannah weiß aus den vielen Erzählungen ihrer Freundin, wie schwierig das Leben in Afrika sein kann und wie arm ein Großteil der Menschen dort ist.
Betty erzählt oft Geschichten über die alten Bräuche der Afrikaner und ihre Tänze. Das klingt alles sehr geheimnisvoll und Hannah taucht ein in ein farbenprächtiges Land voller Stolz und Tradition. Dann leuchten die Augen ihrer Freundin und in ihrem Gesicht spiegelt sich der Zauber eines wundervollen Landes wieder, welches durch Ausbeutung und Kriege heute zu den ärmsten Ländern der Welt gehört.
Oftmals ist Betty so in die Erzählungen der Heimat vertieft, dass Hannah das Gefühl hat, in den Geschichten dabei zu sein, die von der Sonne verbrannte Steppe und den Duft der Gewürze zu riechen.

Einmal hat sie ihre Freundin gefragt, wie sie denn nach Deutschland gekommen sind. Da wich die Fröhlichkeit aus Bettys Gesicht und sie wirkte sehr verschlossen. Ihre Augen füllten sich mit Tränen und sie schaute mit leerem Blick über die Wiesen. Seitdem hat Hannah nie mehr danach gefragt.

Manchmal spielt Betty auf einer Trommel. Bei den Beguhundis gibt es mehrere davon, aber außer Bettys Mutter, die sehr oft leise, mit rhythmischen Schlägen auf den bunten, fremdartigen Instrumenten spielt, liegen sie nur im Wohnzimmer herum.
Hannah hat auch einmal versucht den Rhythmus des Schlagens nachzuahmen, aber die weiche Tonfolge von Frau Beguhundi klingt ganz anders, so wie der Pulsschlag eines fernen Landes.
Hannah liebt es, Geschichten aus Afrika zu hören und Betty kann gar nicht genug davon kriegen, von Hannah deutsche Märchen vorgelesen zu bekommen.

Sie freut sich immer, wenn Hannah sie besuchen kommt und das dicke, dunkelbraune Märchenbuch mitbringt. Es ist in Leder eingebunden und sehr alt. Schon Hannahs Großmutter hat es nachts unter ihrem Kopfkissen gehütet wie einen wertvollen Schatz. Nun gehört es David und ihr. Hannahs Mutter hat einmal erzählt, dass sie aus diesem Buch immer der Tante Julia vorgelesen hat, als sie noch klein war. Tante Julia ist die jüngere Schwester von Frau Fischer und lebt heute in der Schweiz. Gemeinsam sitzt Betty sehr oft mit ihrer Freundin auf der Wiese hinter dem Haus, während Hannah die Welt der Prinzen und Prinzessinnen, der Hexen, Kobolde und Feen aus dem Buch in ihren Köpfen zu Bildern werden lässt.

Ein Flugzeug, das ziemlich tief am Himmel vorbeifliegt, reißt Hannah aus ihren Gedanken. „Ich glaube, dass alle Menschen auf der Erde gleich sind", denkt sie und springt auf. Mit entschlossenen Schritten kehrt sie zu den Großeltern zurück.
„Die haben doch eine ganz andere Kultur", hört sie die Großmutter sagen. Hannah zieht die Augenbrauen hoch. Manchmal sind ihr die Ansichten der Großeltern richtig zuwider. Aber anlegen will sie sich jetzt mit den beiden nicht, denn von hier aus kann man den neuen Nachbar am besten auskundschaften.
„Oma, ich schau mal nach den Erdbeeren", ruft Hannah und schlendert langsam zu dem ordentlich abgesteckten Gartenstück, wobei sie den Hals reckt, um das Nachbargrundstück einzusehen. Der Platz, an dem noch vor kurzer Zeit der Indianer gesessen hat, ist leer.

An diesem Abend sitzen die Geschwister noch lange in Davids Zimmer zwischen Playmobilfiguren, Autos und Legosteinen und erzählen sich Abenteuergeschichten von Indianern und fernen Ländern. Das Licht des Aquariums wirft geheimnisvolle Schatten in den Raum.

Stress mit Phillip

Die strahlende Frühlingssonne weckt Hannah und David schon frühzeitig auf. „Gleich nach der Schule gehen wir rüber und schauen, was Winnetou macht", flüstert Hannah im Badezimmer ihrem Bruder zu. „Aber du wartest auf mich. Ich habe heute bis ein Uhr Schule. Geh ja nicht ohne mich, hörst du?"
„Schon klar, Indianerehrenwort!" David grinst. Ohne Hannah würde er sich gar nicht trauen. Er ist zwar mutig, aber so mutig nun auch wieder nicht.
„Opa holt dich heute ab, David." Frau Fischer kommt die Treppe herauf und schaut nach den Kindern. „Ich helfe noch Elisabeth beim Blumenbinden und komme erst um ein Uhr nach Hause. Es gibt heute Bohnensuppe. Die habe ich gestern Abend schon vorgekocht."

Elisabeth ist die Freundin von Frau Fischer. Sie hat einen Blumenladen in der Nähe der Kirche von Frühlingsdorf. Wenn Hochzeiten oder Beerdigungen sind, hat sie immer viel zu tun, und oft hilft ihr Frau Fischer dann Gestecke und Kränze zu binden oder Kunden zu bedienen.
Elisabeth ist eine sehr nette Frau, immer freundlich und ihr Lachen ist herzerfrischend. Die Kinder mögen sie sehr. Mit ihrem schwarzen, lockigen Haar sieht sie aus wie eine Märchenprinzessin. Hannah erinnert sie an Schneewittchen. Elisabeth hat zwei Söhne, die schon sechzehn und siebzehn Jahre alt sind. Ihr Mann hat einen ganz aufregenden Beruf, findet Hannah, und auch David bewundert ihn sehr. Er ist Fallschirmspringer und unterrichtet Menschen, die das lernen wollen.

David hat zum ersten Mal nicht wirklich Lust, in den Kindergarten zu gehen. Er kann es gar nicht erwarten, heute Mittag mit Hannah zum Schrebergarten zu laufen, um den neuen Bewohner zu beobachten. „Vielleicht ist er ja gar nicht da", denkt der Junge, und ein Gefühl der Enttäuschung beschleicht ihn.

„Aber wo soll er sonst sein", überlegt er und beschließt, nicht mehr darüber nachzudenken.

Kevin und Lara sind draußen auf dem Rasen der Villa Sternenbogen und malen an einem großen Plakat für das bevorstehende Sommerfest.

„Komm, mach mit! Wir malen ganz viele bunte Sterne auf die Tapete. In jeden Stern kommt ein Foto rein." Lara steht auf und läuft zu David. In einer Hand hält sie einen Pinsel, in der anderen einen schmutzigen Lappen voll Farbe. „Hast du an dein Foto gedacht? Fräulein Gretenkorn möchte heute alle einsammeln."

David holt es aus seiner Tasche. „Das war letztes Jahr in Spanien. Papa hat es gemacht. Wir waren an einem ganz tollen Strand", schwärmt er.

„Oh je, wer kommt denn da!", flüstert Lara und nun sehen auch die zwei anderen Kinder Phillip, der ungelenk auf sie zustapft. Sein T-Shirt ist von oben bis unten mit roter Farbe bekleckert.

„Gib mir die rote Farbe, unsere ist alle", befiehlt Phillip, starrt Lara feindselig an und hält seine Hand in ihre Richtung.

„Die ‚Grete' hat die Farben aufgeteilt. Ihr hattet auch rot dabei", beschwert sich Lara.

„Die ist uns umgekippt, nun mach schon", fordert Phillip weiter, „oder willst du Ärger?"

„Lass sie in Ruhe", warnt Kevin und steht auf.

„Was willst du denn?" Phillip wartet gar nicht erst Kevins Antwort ab und pufft ihn hart in die Rippen.

„Hau ab, Mensch!", faucht Kevin. „Wenn du nicht so fett wärest, brauchtest du für deinen Stern auch nicht so viel Farbe!"

Kaum ausgesprochen, rammt Phillip seinen Fuß an Kevins Knie. „Das hast du nicht umsonst gesagt!", schreit der tobende Junge. Tränen steigen ihm in die Augen und er rennt mit hochrotem Kopf davon.

Kevin reibt sich sein Knie und schaut ihm nach. Ein flaues Gefühl macht sich in seinem Magen breit. „Ist er doch selber schuld, dass ich das gesagt habe!"

Kevin schaut in die Gesichter seiner Freunde. Es ist beklemmend still. Die gute Laune und die Freude beim Gestalten der Wandtapete sind dahin.

„Kommst du heute Nachmittag spielen?", fragt Lara David.

„Nee, geht heute nicht. Opa baut ein Regal für sein Werkzeug. Ich will ihm helfen", meint David. „Morgen vielleicht."

Er möchte seinen Freunden erst später von dem neuen Nachbarn erzählen. Erst einmal will er mit Hannah zusammen schauen, was der so macht.

David wird aus seinen Gedanken gerissen, denn Fräulein Gretenkorn kommt mit Phillip im Schlepptau auf die drei Kinder zu. Sie schaut Kevin mahnend an und dann sagt sie vorwurfsvoll: „Es ist nicht schön, dass du Phillip beleidigt hast. Niemand kann etwas dafür, wie er aussieht!"

Die Kindergärtnerin ist wirklich sauer und lässt nun ihrem Ärger über die ständigen Probleme mit Phillip an Kevin aus. „Sieh mal, wie traurig Phillip nun ist!", tadelt sie Kevin. „Als Wiedergutmachung teilt ihr jetzt die rote Farbe mit ihm!", schlägt Fräulein Gretenkorn den Kindern vor, aber es ist eher ein Befehl als ein Vorschlag. Sie hält ihnen ein leeres Glas hin, mit der Aufforderung, es mit roter Farbe zu füllen.

Ihre Stimme duldet keinen Widerspruch. Phillip steht hämisch grinsend und feixend hinter der Kindergärtnerin. Als diese ihm das Glas mit Farbe reicht, drückt er sich gekonnt und wehleidig ein paar Tränen aus den Augen.

„Tut mir leid für euch, dass wir jetzt weniger „Rot" haben", entschuldigt sich Kevin bei seinen Freunden, als Fräulein Gretenkorn mit Phillip aus ihrem Blickfeld verschwunden ist.

„Kein Problem", flüstert Lara, „du hattest ja recht und wolltest nur unsere Farbe verteidigen. Dass du ihn ‚fett' genannt hast, verstehe ich ja, weil er uns immer ärgert."

„Er nervt halt die Grete dann so lange, bis sie wütend wird und dann ist sie ungerecht!", pflichtet David seiner Freundin bei. „So ist es doch, oder?" Fragend schaut er Lara und Kevin an.

„Ja, du hast recht", flüstert Kevin. „Das ist doof von der Grete!"

Fräulein Gretenkorn ist eine energische und etwas altmodische Frau. Sie ist schon so lange in der Villa Sternenbogen, dass der Kindergarten so etwas wie ihr Zuhause ist. Selbst Elisabeth, die Freundin von Frau Fischer, wurde bereits als Kind von ihr betreut. Fräulein Gretenkorn trägt ihre, mit Silberfäden durchzogenen schwarzen Haare immer streng zu einem Knoten geflochten. Die dicken Gläser ihrer Brille vergrößern

ihre Augen so stark, dass sie einer Kröte ähnelt. Meistens huschen die Augen aufgeregt hinter den gebogenen Gläsern hin und her, besonders wenn die Kinder streiten. Fräulein Gretenkorn besitzt mindestens zwanzig Brillen in allen Farben und Formen, die oft so verrückt aussehen, dass David und Kevin ihre Faxen darüber machen. Das merkt die Grete nicht, denn ihre Brillen sind für sie so wichtig wie das Auto für einen Rennfahrer.
Irgendwann, vor langer Zeit, haben Kinder, die heute schon erwachsen sind, ihr den Spitznamen Grete gegeben, und so ist es bis zum heutigen Tag geblieben.

Entmutigt durch den Streit mit Phillip und der ungerechten Behandlung durch Grete haben die Kinder nicht mehr so große Lust, die Tapete zu gestalten. David merkt das an der bedrückten Stimmung, die jetzt auf ihnen lastet.

„Komm", er berührt seinen Freund am Arm, „wir lassen uns doch nicht den Tag von ihm verderben. Nur wegen der blöden Farbe."
„Eigentlich war es ja nicht die Farbe, die uns die Stimmung verdorben hat, sondern dass der Phillip immer alle ärgert", denkt David.
„Du hast recht", Kevin nimmt sich einen Pinsel, „soll er doch die rote Farbe haben!"
Lara holt aus ihrer Tasche eine Tüte Bonbons und reicht sie David und Kevin. Mit vollem Mund und besserer Laune malen sie wieder an der Tapete und, obwohl die Fröhlichkeit ein wenig dahin ist, spüren sie doch den gegenseitigen Zusammenhalt und das tut irgendwie gut. Die Sterne sind gemalt, die Fotos aufgeklebt und wieder geht ein Tag im Kindergarten zu Ende.
Bald ist das Abschlussfest. Die Ferien werden kommen und danach beginnt ein neuer Lebensabschnitt: Die Schule!

Die Waldapotheke

Es ist ein wundervoller und warmer Tag, einer der ersten heißen Sommertage im Juni dieses Jahres. Davids Großvater kommt gegen Mittag, um ihn abzuholen und hat das Verdeck seines Cabrios heruntergeklappt. Der Junge strahlt. „Ohne Dach, super Opa!"
„Ja", der Großvater lacht, „hab ich mir so gedacht, dass du Spaß daran hast!"
Auf der Rückfahrt scheint die strahlende Sonne David ins Gesicht und der Junge genießt den Fahrtwind und die Wärme.

„Ich habe die Bohnensuppe schon bei euch geholt. Bei dem Wetter essen wir draußen bei uns im Garten", berichtet der Großvater, während er den Verkehr auf der Straße beobachtet. Er biegt in die neue Siedlung ein und schlägt dem Jungen vor, bis zum Mittagessen die Holzkanten von den Regalbrettern zu schmirgeln, damit sie nicht mehr so scharfkantig sind.
David freut sich, dass es was zu tun gibt, denn so geht die Zeit schneller vorbei, bis Hannah kommt.

Beim Schrebergarten angekommen, schaut Opa seinen Enkel verschwörerisch an. „Möchtest du das Verdeck schließen?", fragt er David.

„Ja, klasse Opa!"

David drückt einen Knopf auf dem Armaturenbrett und schon gerät an dem Fahrzeug alles Mögliche in Bewegung. Die Scheiben gleiten nach oben, die lederne Rückabdeckung klappt nach vorne und wie von Geisterhand bewegt, faltet sich das Dach auseinander und gleitet über ihre Köpfe hinweg bis an das Fensterglas. David rastet die Klammern über der Scheibe ein, wie es ihm der Opa gezeigt hat, und es kehrt wieder Ruhe ein in dem kleinen, silbernen Auto.

„Da seid ihr ja!", ruft ihnen die Oma entgegen und öffnet das Gartentor.

„Wie war es im Kindergarten?", fragt sie David, während sie den Tisch deckt, damit draußen gegessen werden kann.

„Ach, wie immer", meint der Junge. Eigentlich möchte er den Morgen so schnell wie möglich vergessen, denn Kevin tat ihm richtig leid. Er ist normalerweise ein freundlicher und ruhiger Junge und nur weil Phillip mal wieder gemein war, hat er ihn beschimpft. Das tut Kevin sonst nie und David hat gespürt, dass Kevin über sich selbst erschrocken war.

„Warum können nicht alle Menschen nett sein, Oma?", fragt er jetzt seine Großmutter, da ihn das Erlebnis noch immer beschäftigt.

„Nun, es gibt gute und weniger gute Menschen", antwortet Oma. „Und es gibt auch ganz böse Menschen. Nur unser Herrgott weiß, warum das so ist."

„Aber, wenn Menschen ganz klein sind", drängelt David weiter, „Babys zum Beispiel, die sind doch alle gut. Da gibt es keine bösen darunter. Wann wird denn ein Mensch böse? Ab wann genau? Wird Phillip, der Junge aus meinem Kindergarten, einmal ein ganz böser Mensch, weil er jetzt schon ein bisschen böse ist?"

„Ach Junge", seufzt Oma nun, „du stellst Fragen! Ich glaub' der Opa ruft dich. Er ist in seiner Werkstatt." Und damit geht die Großmutter zurück in das Gartenhaus, um Teller zu holen.

„Ja, warum werden Menschen böse?", denkt die alte Frau und Bilder aus längst vergangenen Tagen holen sie ein, in denen sie als kleines Mädchen voller Angst eine Dorfstraße heruntergerannt war, weil ein Fliegerangriff den Teer hinter ihren Füßen aufriss. Zusammengekauert hatte sie in einem Erdloch gesessen und gewartet, bis ihre Mutter sie fand, ihr die Hand reichte, um aus dem Loch zu steigen. Damals, in diesem Loch, war für sie die Zeit stehen geblieben. Verschmutzt und verfroren, voller Angst hatte sie ausgeharrt und auch heute weiß sie noch nicht, ob Minuten, Stunden oder sogar ein Tag vergangen waren. Und wieder ist dieser Geruch nach verbrannter Erde in ihrer Nase und sie fühlt die Angst und Einsamkeit von damals in sich aufsteigen. Ein Klingeln reißt sie abrupt aus ihren Gedanken.

„Frau Liebig, wie viele Eier heute? Dreißig, wie immer? Ganz frisch gelegt von glücklichen Hühnern!"

Achim, ein netter Bauer aus dem Nachbarort, reicht der alten Dame schwungvoll eine Steige Eier über den Zaun. Opa kennt seinen Vater aus der Schulzeit und hat so manchen Tag auf dem großen Bauernhof von Achims Eltern verbracht.

„Ja dreißig, Achim, von den ganz großen!" Die Oma schaut liebevoll zu ihrem Enkel, der eine Holzlatte zwischen seinen Knien hat und diese mit Schmirgelpapier bearbeitet. „Der David freut sich doch immer, wenn da Zwillingsdotter drin sind!"

Sie nimmt die Eier entgegen, atmet tief durch, um endgültig die furchtbaren Bilder von Bomben und Zerstörung aus ihrem Kopf zu verscheuchen.

Eine halbe Stunde später kommt Hannah von der Schule. Gemeinsam sitzen alle im Schrebergarten und essen. Opa hat noch frische Brötchen eingekauft, die zur Bohnensuppe besonders gut schmecken. Hannah denkt über einen Plan nach, wie sie mit ihrem Bruder der Obhut der Großeltern für einige Zeit entrinnen können.

„In Biologie beschäftigen wir uns mit den Pflanzen im Wald und auf den Wiesen", berichtet Hannah. „Unsere Biolehrerin sagt, viele von ihnen haben Heilkräfte."

„Das stimmt", der Großvater steht auf und pflückt zwei schmale, lange Blätter ab, die am Gartenzaun in großer Anzahl wachsen. „Das hier ist Spitzwegerich." Er reicht Hannah und David je ein Blatt. „Wenn man diesen ganz klein schneidet und wie eine Paste auf einer Wunde oder einen Insektenstich verteilt und mit einer Mullbinde umwickelt, so zieht der Spitzwegerich das Gift aus der Wunde und sie heilt ganz schnell ab."

Der Großvater nimmt sich ein weiteres Blatt, zerteilt es in kleine Stücke und steckt es in den Mund. „Man kann ihn sogar essen und es gibt ihn als Saft zu kaufen. Spitzwegerich ist sehr gut für den Hals und die Atemwege. Wie ein Antibiotika tötet er Bakterien und Keime ab."

„Das ist ja toll, was du alles weißt, Opa!", staunt Hannah. „Können David und ich gleich bis zum Ende der Siedlung gehen und uns ein wenig nach Pflanzen umschauen?", fragt sie den Großvater. „Und du, Opa, kannst uns dann sagen, was du alles über die Pflanzen weißt, die wir mitbringen!"

„Ja, das könnt ihr machen", meint der alte Mann. „Aber ihr bleibt in der Siedlung und lauft nicht zu weit weg! Oma und ich fahren zu Onkel Hubert und sind in zwei Stunden wieder da."

Hannah zwinkert ihrem Bruder zu und schon sind beide aufgesprungen. „Ich pass schon auf uns auf!", ruft das Mädchen den Großeltern nach und ganz schnell ist sie durch das Gatter verschwunden.

„Warte mal!", David hält seine Schwester fest. Er läuft hinter das Gartenhaus und kommt mit einem verschwörerischen Lächeln zurück. Unter dem Arm trägt er den neuen Fußball, den Opa ihm geschenkt hat. Er grinst Hannah an und ruft: „Den nehme ich mit. Vielleicht können wir noch hinterher auf den Spielplatz gehen."

Hannah, die zwar nicht weiß, warum David nun ausgerechnet den Ball mitnehmen möchte, merkt aber, dass ihr Bruder einen Plan hat und nickt. „Ja, vielleicht", meint sie, „wenn wir noch Zeit haben, ist das okay."

Gemeinsam laufen sie den Kiesweg entlang, der durch die Gartensiedlung führt. An der Weggabelung geht's nach links, so dass sie hinter die Schrebergärten ihrer Großeltern und dem neuen Nachbarn gelangen. An der Hecke hinter der alten Hütte des Indianers angekommen, schaut Hannah ihren Bruder verständnislos an. „Was willst du denn mit dem Ball?"

„Ich habe einen Plan", beginnt David vorsichtig. „Lass uns erst einmal gucken, ob ‚Winnetou' da ist. Dann tue ich so, als ob der Ball mir beim Spielen auf sein Grundstück gefallen ist. Verstehst du? Ich muss dann fragen, ob ich ihn holen kann."

„Gute Idee!" Hannah mustert ihren Bruder mit Respekt. „Ganz schön schlau bist du!"

„Winnetou" ist der Name, den die Kinder ihrem neuen Nachbarn erst einmal gegeben haben, weil es so abenteuerlich klingt und es der einzige Indianername ist, den sie kennen.

Hannah und David schleichen sich an die Hecke. Wenn Hannah auf Zehenspitzen steht und den Kopf hochreckt, kann sie, am alten Gartenhaus vorbei, das Grundstück einsehen. Ihr Blick fällt auf den dunkelhäutigen Mann, der genau wie am Tag zuvor im Schneidersitz auf dem Boden hockt und mit geschlossenen Augen, die Hände auf den Knien, seinen Körper leicht hin und her bewegt. Er sitzt zwischen Büschen und Sträuchern, kerzengerade, so als wäre auch er mit der Erde verwurzelt.

Ein schöner, melodischer Gesang, der sich fremd anhört, weht zu Hannahs Ohren. Es klingt so, als ob das Gurren der Tauben zu Musik wird.

„Und, was machen wir jetzt?", flüstert Hannah ihrem Bruder zu. Doch ehe sie eine Antwort bekommt, nimmt David Anlauf und kickt seinen Fußball im hohen Bogen auf die Wiese hinter der Thujahecke.

„Uuups!"

Der Indianer scheint den Ball nicht bemerkt zu haben, denn er sitzt noch immer mit geschlossenen Augen da und bewegt sich zu seinem leisen, rhythmischen Gesang.

„Hallo!" Davids Stimme klingt dünn und unsicher. „Hallo!", ruft er noch einmal, diesmal mit fester, lauter Stimme.

Der seltsame, neue Nachbar hebt den Kopf und öffnet die Augen. Der Gesang verstummt.

„Mein Fußball", stammelt David, „er liegt dort im Gras. Ich habe ihn aus Versehen hinübergekickt."

„Nun, du kannst ihn dir doch holen!" Die tiefe, melodische Stimme mit dem fremdländischen Akzent kommt von dem seltsamen Mann. „Den Weg kennst du ja. Dein Ball liegt an dem Baum, an dem du gestern gestanden hast."

Jetzt lächelt der Mann und die Kinder sehen, dass seine Augen strahlen. „Du hast mich gesehen? Gestern, meine ich?" David ist überrascht. „Ähem … darf denn meine Schwester mitkommen?", fragt er. „Unsere Großeltern haben den Garten neben Ihnen."

„Sag Hannah, auch sie ist hier willkommen!" Der Indianer lacht den Jungen freundlich an.

„Du kennst Hannah?" David ist verblüfft.

Immer noch auf dem Boden sitzend, winkt der Mann ab.

„Nein, aber der Wind ist gütig und trägt die Stimmen der Menschen zu mir, übrigens auch die der Tiere. Man hört immer etwas. Die Luft ist selten ohne Töne. Ich habe gehört, wie deine Großmutter mit euch sprach."

Hannah kommt auf David zugelaufen und hört, wie er ihr zuflüstert: „Der redet verrückte Sachen von gütigem Wind und Tönen."

„Ich bin die Hannah", sagt sie und bleibt vor dem Fremden stehen, der sich nun ohne Eile, aber geschmeidig wie eine Katze, erhebt.

Hannah sieht nun sein faltenreiches Gesicht mit seinem jungenhaften Ausdruck und einem verschmitzten Zug um die Mundwinkel direkt vor sich. Aus der Nähe betrachtet hat der Indianer schelmisch blitzende Augen, die von vielen, winzigen Lachfältchen umgeben sind. Aber da ist noch etwas: Die Augen schauen sie mit einer Wachheit an, die in Sekundenbruchteilen das Wesentliche im Menschen zu erblicken vermögen. Die pechschwarzen Haare quellen unter einem roten Stirnband aus grobem Leinen hervor. Die Federn und Perlenschnüre, die seitlich im Haar angebracht sind, flattern im Frühlingswind. Der alte Indianer ist einen Kopf größer als Hannah und seine schlanken, muskulösen Arme schauen aus einem weißen Baumwollhemd, das locker über einer braunen Wildlederhose hängt.

„Du hast uns gestern gesehen?", ergreift David das Wort. Er steht ganz nah bei seiner Schwester, die den merkwürdigen Nachbarn immer noch mit offenem Mund anstarrt. Eigentlich sollte David sich jetzt unwohl fühlen, da er einfach auf das Grundstück geschlichen war, um den neuen Nachbar zu beobachten. Aber in der Nähe dieses alten Indianers fühlt er sich gut und so beflügelt, dass er stolz hinzufügt: „Ich kann gut schleichen, stimmt's?"

Der Indianer lächelt, während er antwortet. „Wenn man die Sprache des Grases nicht kennt und die Ohren taub für das Knistern des Sandes sind, dann bist du gut geschlichen. Ich habe dich gehört."

David kann sich ein Grinsen nicht verkneifen und schielt zu Hannah hinüber. „Du wohnst jetzt hier? Opa sagt, du bist den ganzen Tag hier, auch in der Nacht?" Der Junge will alles wissen, es ist ja so spannend.

„Nun, David, erst einmal möchte ich mich bekannt machen. Ich heiße Alo Cheveyo Chosovi Cha'akmongwi, aber ihr könnt mich Hopi nennen. Das ist einfacher zu merken. Ich bin von dem Stamm der Hopi-Indianer aus einem Dorf namens Oraibi. Das liegt jenseits des großen Wassers in einem heißen, kargen Land. Ihr nennt das ‚Arizona'."

„Arizona? In Amerika?" Hannah ist erstaunt. „Und … warum bist du jetzt hier?"

Hopi schaut das Mädchen an. „Das ist eine lange Geschichte. Ich kann sie euch erzählen, wenn ihr einem alten Indianer zuhören wollt, aber nicht jetzt, später irgendwann …"

„Und du schläfst auch hier? Du bist Tag und Nacht hier?" David kann es kaum erwarten, alles zu hören.

„Solange ich hier bin, ist das mein Haus. Ich nenne es auch meinen ‚Mittelpunkt der Erde'. Egal wo ein Mensch sich aufhält, es ist für ihn immer dort der Mittelpunkt der Erde, weil er da alles erlebt, was sein Leben schafft. Das kann ich euch mal erklären, wenn ihr viel Zeit habt, und wenn euch die Geschichten eines alten Hopi-Indianers nicht langweilen."

„Und was machst du hier die ganze Zeit?" David findet das alles sehr geheimnisvoll. „Du sitzt immer nur da. Ist das nicht langweilig?"

„Oooh", schmunzelt der alte Mann jetzt. „Langweilig? Nein, ganz sicher nicht. Ich spreche mit den Bäumen, beobachte so allerlei Getier und lausche dem Wind, der von überall her Geschichten zu mir trägt. Hier ist eigentlich immer etwas los."

„Aber gestern saßt du da mit geschlossenen Augen …" Neugierig starrt David den alten Mann an. Der Indianer schmunzelt: „Wenn ich hier sitze und meine Augen schließe, dann erschaffe ich mir meine Welt."

„Das gibt es nicht!" Hannah ist sich nicht sicher, was sie von dem neuen Nachbarn halten soll.

„Doch, kleine Kuwanyauma", sagt Hopi leise, „und viel mehr, als du denkst."

Hannah schaut ihn neugierig an. „Was meinst du mit ‚Kuwanyauma'?"

„‚Kuwanyauma' ist Hopi-Sprache und heißt ‚Schmetterling zeigt schöne Flügel'."

„Hast du für mich auch so ein Wort?" David schaut den Indianer erwartungsvoll an.

„Nun", sagt dieser nach einer kleinen Pause und lächelt den Jungen an, „du bist der ‚Kwahu'. Das bedeutet so viel wie ‚der schöne Adler, hoch in den Lüften'."

David strahlt. „Hannah ist ein Schmetterling mit Flügeln und ich ein schöner Adler, hoch in den Lüften. Das ist lustig!" Der Junge breitet die Arme aus und schaut in den Himmel.

„Mit schönen Flügeln", berichtigt Hannah ihn. „Das hat Hopi gesagt!"

Der Indianer deutet auf den Korb in der Hand des kleinen Mädchens. „Was möchtest du sammeln? Zum Pilzesuchen ist jetzt nicht die Jahreszeit."

„Wald- und Wiesenkräuter. In der Schule lernen wir etwas darüber in Biologie, Spitzwegerich habe ich schon." Hannah zeigt Hopi ihren noch fast leeren Korb, in dem sich nur einige schlanke Blätter befinden.

„Überall auf der Welt gibt es Heilkräuter. Die Natur sorgt immer für das Wohl der Menschen." Der Indianer blinzelt in die Sonne. „Am ‚Black Mesa', da wo ich herkomme, ist die Landschaft zwar karg und die Sonne heiß, aber Heilpflanzen gibt es da auch. Die wichtigste Pflanze bei uns ist der Mais. Den bauen wir an, um Nahrung zu haben. Mit Heilkräutern beschäftigt sich bei uns der Medizinmann. Bei uns in Oraibi ist das Kotori. Er hat viele alte Schriften, die er mir gezeigt hat, als ich ein kleiner Junge war. Ich habe gelernt, sie zu lesen und erkenne viele Pflanzen dieser Schriften hier wieder. Euer Löwenzahn", Hopi deutet auf eine kleine Fläche gelb blühender Pflanzen, „der ist ideal für eine Frühjahrskur. Er vertreibt die Müdigkeit und macht gesund und stark."

„Toll, darf ich den abpflücken?", fragt Hannah.

Statt zu antworten, schließt Hopi die Augen und bewegt seinen Kopf hin und her, während er leise vor sich hin summt. Hannah und David schauen sich an und grinsen. Der alte Indianer öffnet die Augen wieder und lächelt Hannah an. „Ja, du darfst dir nehmen, was du brauchst. Du kannst vom Löwenzahn alles trocknen oder aus frischen Pflanzen Tee machen. Auch Brennnesseln und Gänseblümchen sind Heilkräuter und dienen der Stärkung.

„Was hast du da gerade gemacht?" Hannah schaut den alten Indianer misstrauisch an.

„Was meinst du?", fragt Hopi. „Ach so, du meinst gerade eben. Nun, ich habe das Wald- und Wiesenvolk um Erlaubnis gebeten, von ihren Kostbarkeiten nehmen zu dürfen."

„Wald- und Wiesenvolk?" David grinst den alten Mann an.

„Ja, Kwahu, alles auf der Erde ist in einem Gleichgewicht und wenn man den Lebensraum anderer Lebewesen betritt und ihm sogar etwas entnimmt, muss man die Wesen vorher um Erlaubnis fragen. Das ist doch bei den Menschen nicht anders. Niemand darf in euren Garten oder euer Haus gehen und sich einfach etwas mitnehmen!"
Verblüfft schauen sich die Kinder an. So haben sie das noch nie gesehen.
„Die Wald- und Wiesenbewohner sind den Menschen grundsätzlich freundlich gestimmt", erklärt der Indianer, „denn es wächst alles im Überfluss. Aber sehr oft verwüsten die Menschen mit ihren Technologien ganze Landstriche und Gewässer. Wenn dann Naturkatastrophen kommen, sagt der Mensch, dass die Natur sich ‚rächt', aber

das stimmt nicht. Die Natur kennt keine Gedanken wie ‚Rache'. Sie stellt dann nur das Gleichgewicht der Schöpfung wieder her."

Hopi erhebt sich und lacht die Kinder freundlich an: „Lasst uns alles sammeln, was wir hier im Garten Wertvolles finden! Aber immer nur so viel, wie wir wirklich benötigen!"

Hannah sieht ein paar Gänseblümchen, die verstreut auf der Wiese stehen. „Mama hat gesagt, dass man sogar Gänseblümchen essen kann."

Das Mädchen pflückt eins ab und zieht den süßlich-herben Duft durch die Nase. „Sie hat mal welche in den Salat getan und Papa hat darüber gelacht. Dann hat er eine Ziege nachgemacht, die im Garten Gras frisst, das war lustig. Mama hat ihm dann Messer und Gabel abgenommen und gesagt, Ziegen fressen ohne Besteck." Bei dem Gedanken daran muss sie grinsen, weil ihr Vater oft so witzige Sachen macht.

Die Kinder stehen auf und folgen dem Indianer kreuz und quer durch den verwilderten Garten. Hannah nimmt einen Stift und malt alle Pflanzen sorgfältig auf, die der alte Mann ihr zeigt, und David legt sie vorsichtig in den Korb. Auf einmal erscheint ihr der Garten nicht mehr ungepflegt und wild, sondern er ist wertvoll geworden. Sie hat das Gefühl, dass alles seinen Platz hat und genau da hingehört, wo es steht. Sie kommt sich ganz wichtig vor in der großen Apotheke der Natur. David empfindet ähnlich. Staunend schaut er in Hannahs Korb, in dem sich nun viele unterschiedliche Pflanzen befinden.

„Und ich dachte, das ist alles Unkraut!" Der Junge betrachtet stolz die gemeinsame Ausbeute.

„So geht es den meisten Menschen." Hopi lächelt. „Sie haben Augen, um zu sehen und sind dennoch blind für so viele Dinge, und sie haben Ohren zum Hören und sind taub, wo sie hören sollten …"

Nachdem David und Hannah genug Kräuter gepflückt haben, holt Hopi drei Becher und eine Kanne Tee aus seiner Hütte. Er stellt sie auf einen flachen Stein inmitten des verwilderten Gartens und setzt sich auf den Boden.

„Was ist da drin?" Hannah hockt sich ebenfalls im Schneidersitz an die Steinplatte. David schaut in die Kanne. „Das ist Pfefferminztee, das rieche ich. Den hat Opa auch im Garten!"

„Ihr habt einen klugen Opa, denn der Tee ist sehr gesund und wenn ihr möchtet, könnt ihr noch einen Löffel Honig zum Süßen hineingeben." Hopi nimmt ein kleines Glas Honig und reicht es den Kindern.

„Du bist anders als die Erwachsenen, die ich kenne." David schaut dem Indianer in sein lächelndes Gesicht.

„Alle Menschen sind verschieden", meint Hopi. „Es gibt auf der ganzen Welt keine zwei gleichen Menschen."

„Doch, gibt es wohl!" David freut sich, dass er etwas weiß, was dem alten Mann entgangen sein muss. „Es gibt Zwillinge. Andrea und Mara sind Zwillinge. Ich kenne die beiden vom Kindergarten und die sehen ganz gleich aus."

Hopi lächelt. „Nun, David, du siehst das so, aber die Mutter von den beiden kennt sie seit ihrer Geburt. Sie wird immer wissen, wer Mara und wer Andrea ist. Was noch viel wichtiger ist, ist das, was wir in uns tragen. Man nennt das die ‚Seele' und die ist auch bei Zwillingen verschieden. Jeder Mensch denkt andere Dinge und darum handeln die Menschen auch unterschiedlich. Der eine Mensch denkt die Welt in bunten Bildern und malt gerne und wird dann ein Maler, der andere liebt es zu basteln und wird Ingenieur."

Hopi erhebt sich leichtfüßig und zeigt auf ein rotes Auto, das auf der gegenüberliegenden Seite des Weges geparkt ist.

„Schaut euch dieses Auto an", sagt er zu den Kindern. „Es ist ein rotes Auto mit zwei Türen, einem Kofferraum und vier Reifen! Eigentlich ganz einfach und doch nimmt jeder Mensch es anders wahr.

Wenn ein Maler das Auto sieht, fallen ihm als Erstes die Form und die Farbe auf. ‚Krapplackrot', wird er denken. Ein Ingenieur sieht das gleiche Auto und denkt an den Motor und die Fahrleistung. ‚Hmm, 40 bis 50 PS!' Ein Polizist sieht das Auto und schaut auf das Nummernschild, ob der TÜV abgelaufen ist. ‚Noch drei Monate, dann muss er hin', das denkt der Polizist. Ein KFZ-Mechatroniker schaut auf die Reifenprofile ‚Würde sagen, ungefähr sechs Millimeter …' Alle sehen das gleiche Auto und jeder denkt etwas anderes. Und aus diesem Grund ist es so, dass tausend Menschen das Gleiche sehen können und es doch unterschiedlich sehen, weil sie es anders bewerten."
„Cool", staunt David und findet die Gedanken des Indianers sehr spannend.
Hopi erklärt ihm: „Ja, der Maler kann dir genau sagen, welche Farbe der Wagen hat und die Sitze im Inneren, aber das Profil der Reifen nimmt er nicht wahr. Der Polizist achtet bestimmt nicht auf die Farbe der Sitze. Die Menschen sehen immer erst das, was ihnen wichtig erscheint. Aber alle stehen vor dem gleichen Auto. So ist das."
„Du bringst mich mit den einfachsten Sachen zum Nachdenken und wenn ich dann nachgedacht habe, sehe ich alles mit anderen Augen", sagt Hannah. Ihr Blick streift durch den verwilderten Garten, der auf einmal reich und voller Ordnung ist.
„Die Augen bleiben die gleichen, kleine Kuwanyauma, nur dein Blick schärft sich und so beginnt die Reise …"

Ein Motorengeräusch lässt Hannah aus ihren Gedanken aufschrecken. „David, ich glaube Oma und Opa sind zurück!"
Ein Gefühl der Enttäuschung macht sich in Hannah breit, denn sie weiß, dass sie jetzt schleunigst gehen müssen, damit der Opa nicht schimpft. Sie springt auf, bedankt sich für den Tee, schnappt ihr Körbchen und läuft mit David an der Hand denselben Weg zurück, den sie gekommen sind.
„Mein Fußball", zischt David und will zurücklaufen, doch als er sich umdreht, sieht er Hopi lächelnd mit dem Ball im Arm. „Hier", sagt er, „ihr seid immer meine willkommenen Gäste! Unsere Abenteuerreise fängt gerade erst an."
Winkend laufen die Kinder zur Thujahecke und sind gleich darauf verschwunden.
„Na, da seid ihr ja gerade zur rechten Zeit zurück", ruft Oma ihnen entgegen.

„Wie geht es dem Rehkitz?", will David wissen. „Wird es wieder gesund?"

„Das hat heute schon einige Schritte gemacht." Opa holt ein Foto aus der Tasche, das Onkel Hubert ihm gegeben hat.

„Och, ist das süß!" Hannah ist ganz begeistert von dem kleinen Reh, das eingerollt auf einer Wiese liegt.

„Deinen Korb hast du ja ganz schön voll!" Der Großvater schaut neugierig den Inhalt durch. Ausführlich erklärt er Hannah noch einmal die Wirkung der einzelnen Kräuter. Geistesabwesend hört sie dem alten Mann zu, denn das alles hat ihnen Hopi ja schon erklärt.

Die Kinder verabschieden sich und laufen, in Gedanken versunken, den Schotterweg entlang in den Fliederweg 19, zu „Fischermanns Haus", wie ihr Vater das neue Heim der Fischers getauft hat.

„Han, ich mag Hopi", unterbricht David die Stille.

„Ja, ich auch", sagt Hannah. „Wir werden Mama alles erzählen und sie um Erlaubnis fragen, ob wir wieder zu ihm gehen dürfen."

Gaby

Als die Kinder nach Hause kommen, sehen sie in der Einfahrt der Garage das Auto von Gaby stehen. Nun haben sie keine große Lust mehr, heute Abend mit ihrer Mutter über Hopi zu sprechen. Gaby ist zwar die Freundin von Frau Fischer, die beiden kennen sich schon seit der Schulzeit, aber besonders nett finden die Kinder sie nicht. Wenn sie zu Besuch ist, dann müssen sie immer leise sein, weil Gaby sonst ihrer Mutter wieder einen Vortrag hält, dass sie schlecht erzogen sind. Hannah und David haben schon oft erlebt, dass Gaby sie ganz fassungslos anstarrt, wenn sie irgendetwas erzählen, und seien es auch nur Alltäglichkeiten.

Die Kinder haben bei ihr immer das Gefühl, dass sie dumm sind und den Mund halten sollten. Normalerweise ist ihre Mutter da ganz anders. Mit ihr können sie über alles reden, aber wenn Gaby da ist, haben die Kinder das Gefühl, dass ihre Mutter sich von Gaby einschüchtern lässt.

Gaby ist eigentlich Apothekenhelferin, aber seitdem sie den Inhaber der Rathausapotheke, den alten Herrn Wagner geheiratet hat, ist das *ihre* Apotheke, und ihre Kunden sind ihre „Patienten". Sie ist in den Augen der Kinder eine richtige Wichtigtuerin und der alte Bernd Wagner hat nichts mehr zu sagen. Die Haare aufgetürmt zu einem dicken Haarknoten, starrt sie die Kinder immer verständnislos an und behandelt sie wie lästige Insekten. Kein Wunder, denn selbst hat sie nie daran gedacht, einmal Kinder haben zu wollen.

„Gaby ist da", stöhnt David. „Ich gehe gleich in mein Zimmer."

Auch Hannah verspürt nicht gerade große Lust, sich mit der Freundin ihrer Mutter zu unterhalten.

„Ich sortiere meine Pflanzen für Biologie. Kannst ja mitmachen, wenn du willst!"

David fühlt sich geehrt. Seine Schwester ist nicht immer so freundlich zu ihm und dass er in ihr Zimmer darf, ist schon wirklich etwas Besonderes.

„Hallo, Mama!", begrüßen die Kinder ihre Mutter. Bevor Frau Fischer antworten kann, dreht sich Gaby ruckartig um und mustert die beiden von oben bis unten. „Wie seht ihr denn aus? Tanja, nun schau doch mal, also irgendetwas machst du falsch! Wenn das meine Kinder wären …"

„Hallo Gaby!" Hannah errötet leicht und geht zur Treppe.

„Wie nett, dass du Guten Tag sagst!", flötet Gaby und grinst böse.

Nun ergreift die Mutter der beiden das Wort. „Gaby, lass gut sein, sie sind doch gerade erst reingekommen. Ich weiß ja, dass du wieder einmal einen harten Tag hattest. Es sind Kinder, und Hannah wollte dich gerade begrüßen."

„Ja, ja schon gut. Was hast du da in dem Korb, Hannah? Hat deine Großmutter wieder frisches Obst für mich mitgegeben?"

Gaby fällt Hannah heute ziemlich auf die Nerven und sie ärgert sich über sie. Oma gibt nie Obst für Gaby mit. Wenn schon, ist das Obst für alle da.

„Das sind Kräuter", sagt sie und betont: „Heilkräuter, sehr wirksam aus der Waldapotheke!" Gaby scheint nichts zu begreifen. „Waldapotheke?", fragt sie lauernd. Es gibt nur eine Apotheke in Frühlingsdorf und zwar meine!"

Hannah würde am liebsten sagen, „die Apotheke von Herrn Wagner", aber das gäbe nachher bestimmt Ärger mit ihrer Mutter. Also schluckt sie es hinunter und erwidert stolz: „Die Waldapotheke ist kein Haus, sondern der Wald. Da gibt es so viele Heilkräuter gegen alle möglichen Krankheiten, und die sind auch noch gesund und stärken die Menschen."

„Da siehst du es mal wieder, Tanja, Kinder …", flötet Gaby und zu Hannah gewandt sagt sie selbstgefällig: „Du weißt ja gar nicht, was du sagst! Wenn man krank ist, braucht man Tabletten. Da kann ich ja froh sein, dass Erwachsene schlauer sind, sonst wäre ich ja arbeitslos!"

Daraufhin beginnt sie schallend zu lachen, als ob sie einen tollen Witz gemacht hat.

Hannah wird rot vor Wut und fühlt sich gedemütigt. „Nicht alle Erwachsenen denken so." Sie schaut Gaby triumphierend an. „Der Indianer, der neben Oma und Opa im Schrebergarten wohnt, nimmt nur Kräuter, wenn er mal krank ist."

„Ein Indianer? Na, siehst du", sagt Gaby nun versöhnlich in einem Plauderton und fängt wieder an zu lachen. „Was glaubst du, warum die fast alle ausgestorben sind!"

Fassungslos schaut Frau Fischer ihre Freundin an, so dass diese schnell hinzufügt: „Das war nur ein Witz, aber mit echten Medikamenten lebt man einfach länger."

Frau Fischer kennt Gabys Einstellung zur Natur und vor allem auch zu Kindern. Meistens ist sie zu ihnen freundlich, nicht gerade nett, aber dennoch erträglich. Heute geht ihr das Getue ihrer Freundin auch auf die Nerven, und so lenkt sie ihre Aufmerksamkeit auf die Kinder.

„Habt ihr den neuen Nachbarn kennengelernt?"

Nun ergreift David das Wort. „Ja, Mama und der ist sehr freundlich und weiß über alles Bescheid. Der ist ganz schlau und kann sogar hören, wenn das Gras unter meinen Füßen knickt!"

Frau Fischer sieht das Leuchten in den Augen ihres Sohnes und ihre Laune wird wieder besser. „Ihr könnt mir das nachher alles erzählen", sagt sie, „und jetzt lauft nach oben und wascht euch schon einmal. Essen gibt es, wenn der Papa kommt. So lange könnt ihr noch spielen!"

Das lassen sich die Kinder nicht zweimal sagen und laufen die Treppe zu ihren Zimmern hinauf. Hannah hört noch, wie Gaby ihre Mutter fragt: „Was für ein Indianer eigentlich, doch wohl kein *echter*!"

Oben im Zimmer angekommen, setzt sich Hannah auf den Boden und breitet ihre Pflanzen aus. „Ich gebe dir jetzt kleine Klebezettel mit Namen und du klebst sie um den Pflanzenstiel."

David macht es Spaß, Hannah zu helfen und er stellt nun alle gekennzeichneten Pflanzen in ein Wasserglas. „Es ist schon komisch mit Hopi." David schaut Hannah an. „Ich fühle mich gut bei ihm und stark und als ob er ein alter Freund ist."

„Erst fand ich das unheimlich, als er so dasaß", meint nun auch Hannah. „Aber als wir den Tee getrunken haben, habe ich mich auch wohl gefühlt. So, als ob Hopi immer schon da gewesen wäre."

„Wir müssen Mama fragen, ob wir wieder zu ihm dürfen", schlägt Hannah vor. „Oma meckert bestimmt und dann sagt Opa nein."

Etwas später hören die Kinder das Türschloss der Eingangstür und Herr Fischer kommt nach Hause. Er ist Ingenieur und baut in Frühlingsdorf eine neue Einkaufspassage. Manchmal arbeitet er, bis es draußen dunkel ist, weil die Termine eingehalten werden müssen. So sagt er jedenfalls. David weiß zwar nicht genau, was das heißt, aber der Vater meint, es müsse alles nach Plan laufen, weil jeder Handwerker einen Zeitplan hat.

Beim Abendessen wollen die beiden Kinder kein Wort über den Indianer sprechen, denn Gaby hat sich spontan zum Bleiben entschlossen.

„Du musst aufpassen, Dirk", spöttelt sie, „deine Kinder streunen offensichtlich durch die Schrebergärten. Ich glaube kaum, dass du damit einverstanden bist."

Fragend schaut Dirk Fischer seine Tochter an und sagt zu Gaby gewandt: „Was meinst du mit ‚herumstreunen'?"

„Nun, wie sie mir weismachen wollen, gibt es dort einen Indianer", und sie fügt grinsend hinzu, „mit einer ‚Waldapotheke'!"

Nun wird Herrn Fischer klar, was Gaby im Schilde führt, denn er hat schon von seinen Schwiegereltern, den Großeltern der Kinder, gehört, dass in der Nachbarschaft ein Indianer eingezogen ist, der merkwürdige Sitten hat. Als er heute Abend, bevor er nach Hause gefahren ist, dem Großvater einen neuen Hammer gebracht hat, stand der Nachbar am Gartentor und Herr Fischer hat einige Worte mit ihm gewechselt. Er findet den Mann sehr nett und denkt, dass Hannah und David viel Spaß mit ihm haben werden. Aber das alles weiß Gaby nicht. Da Herr Fischer die Boshaftigkeit von Gaby kennt und sie ziemlich nervig findet, zwinkert er den Kindern zu und sagt ganz entrüstet: „Eine neue Apotheke, das ist ja eine Frechheit!"

Gaby merkt vor lauter Eifer nicht, dass Herr Fischer sie nur aufzieht und erwidert: „Natürlich keine echte Apotheke, irgendwelche faulen Kräuter aus dem Wald, und", fügt sie höhnisch hinzu, „da siehst du mal, was solche Leute für einen Einfluss auf Kinder haben können. Die sind ja zu dumm, um Lüge von Wahrheit zu unterscheiden."

Obwohl sie weiß, dass ihr Vater Gaby nicht ernst nimmt, ist Hannah auf einmal furchtbar wütend. Tränen schießen ihr in die Augen und mit hochrotem Kopf zischt sie Gaby zu: „Mir ist egal, was du sagst, aber lügen tust du, denn du hast keine eigene Apotheke!" Und damit rennt Hannah die Treppe hinauf in ihr Zimmer.

Herr Fischer, der Gaby doch nur etwas aufziehen wollte, hat jetzt das Gefühl, dass seine Tochter das nicht verstanden hat und meint: „Ich denke, ich schau mal nach ihr." Mit großen Schritten verschwindet er aus dem Esszimmer und nimmt gleich zwei Treppenstufen auf einmal nach oben zu den Räumen der Kinder. David nutzt die Gelegenheit und trollt sich auch.

„Da siehst du, was für einen Einfluss dieser Typ auf Kinder hat", stochert Gaby weiter, „so ein Benehmen, entsetzlich!"
„Halte jetzt einfach deinen Mund!" Das war Frau Fischer, die nun genug von dem Unfrieden der letzten zwei Stunden hat. Entgeistert starrt Gaby ihre Freundin an. Ihre Kinnlade klappt nach unten und sie sieht aus wie ein Fisch, der nach Luft schnappt. Aber sie schweigt.

Herr Fischer geht leise zur Zimmertür seiner Tochter und klopft zögernd an. „Hast du Platz für einen großen Fisch?" Fragend steht er auf dem Flur.
„Für einen großen Fisch immer!", kommt aus dem Zimmer die Stimme von Hannah. Herr Fischer weiß, dass Hannah so antworten wird, denn nur sie beide kennen die Bedeutung dieser Sätze. Immer wenn es Probleme gibt, ist das der Schlüssel zum „Sesam öffne Dich".
Vorsichtig drückt der Vater die Türklinke hinunter und lugt durch einen Spalt in das Kinderzimmer. Er sieht Hannah auf ihrem Bett liegen, die Augen tränennass und ihren Teddy, Lord Nelson, im Arm.

„Na, Prinzessin!" Der Vater nähert sich dem Bett und kniet vor seiner Tochter, so dass er sich mit ihr auf Augenhöhe befindet. „Gefällt Lord Nelson sein neues Zimmer?", fragt er und spricht nun für den Teddy: „Yes Sir, aber die Tante da unten ist ganz schön nervig!"

„Die Tante?", fragt er den Teddy ganz erstaunt. „Welche Tante meinst du denn?"

„Na, ja", meint Teddy jetzt, „die Apothekenlady".

„Hmm, da könntest du recht haben." Der Vater stimmt Teddy zu und schaut seine Tochter augenzwinkernd an.

Hannah verzieht ihren Mund zu einem Grinsen und wischt sich mit ihrem kleinen Bären die Augen ab. „Immer ist die so gemein zu uns und Mama ist auch noch nett zu der! Sie ist eine blöde Ziege!", prustet es jetzt aus Hannah heraus.

„Na, na", meint Herr Fischer da und grinst seine Tochter verschwörerisch an. „Keine Beleidigungen von niedlichen, kleinen Ziegen!", flüstert er und schmeißt Hannah ein Kissen zu. Im Nu entwickelt sich zwischen den beiden eine muntere Kissenschlacht. David, der an der Tür gelauscht hat, hört das freudige Treiben in dem Zimmer und öffnet die Tür.

„Ich habe noch Munition mitgebracht", ruft er, „drei dicke, große Bomben!"

Er schmeißt seine Kissen auf Hannah und seinen Vater. Lachend und tobend ist der Ärger schnell vergessen.

Gaby, die von Herrn Fischer eine Strafpredigt für seine Tochter erwartet hat, steht ruckartig auf, als sie den Tumult im Obergeschoss wahrnimmt. „Ich kann wohl davon ausgehen, dass ich hier nicht ernst genommen werde!", schnarrt sie pikiert. „Aber was soll's, ich muss dann mal wieder zu meinem Bernielein!"

Frau Fischer ist eigentlich ganz froh, dass Gaby nun aufbricht. Sie weiß genau, dass ihre Freundin sich mit Herrn Fischer nicht anlegen wird. Wäre er nicht da gewesen, hätte diese Situation ganz sicher wieder eine lange Vorhaltung von Gaby mit sich gebracht, wie man Kinder „richtig" erzieht.

Auf dem Weg zur Tür verabreden die beiden, nächste Woche zu telefonieren.

Damals in Berlin

Nachdem Gaby gegangen ist, schlendert Frau Fischer in Gedanken wieder ins Wohnzimmer, öffnet die Terrassentür und setzt sich draußen in einen behaglichen Korbsessel. Sie erinnert sich zurück an den Tag, an dem sie Gaby kennengelernt hat.
Es war Sommer und schon so lange her …
Sie war wieder die kleine Tanja, die schüchtern an der Wand in einem Klassenraum stand. Verängstigt beobachtete sie das laute Treiben der dreißig Schüler, die durch das Klassenzimmer tobten. Gerade so alt wie Hannah heute, kam sie im Sommer dieses Jahres aus Ostdeutschland, geflüchtet in den Ferien über die ungarische Grenze mit ihren Eltern.

Ihr Vater war nach dem Krieg mit ihren Großeltern aus Frühlingsdorf weggegangen. Keiner wusste damals, dass Deutschland geteilt werden würde. Doch vier Jahre später waren aus Deutschland zwei Länder geworden. Nach weiteren zwölf Jahren teilte eine bewachte Grenze die beiden deutschen Länder in West- und Ostdeutschland. Eine dicke, große Mauer ging mitten durch Berlin. Es hieß jetzt West- und Ost-Berlin. Ihr Vater hatte in Ost-Berlin studiert und Arbeit gefunden. Nachdem er ihre Mutter kennengelernt hatte, heirateten sie bald. Zuerst kam Tanja zur Welt und dann Julia. Mit der Zeit wurde es immer schwieriger in Ost-Berlin zu leben. Es kamen oft fremde Leute, die ihrem Vater komische Fragen stellten.
Wenn sie wieder gegangen waren, zog ihre Mutter alle Vorhänge zu und ihre Eltern flüsterten lange hinter der verschlossenen Wohnzimmertür. Es wurde leiser im Haus in Ost-Berlin. Ihre Mutter horchte an der Tür, wenn sich etwas im Treppenhaus bewegte und ihr Vater schaute abends immer beunruhigt hinunter auf die Straße. Tanja und ihre Schwester Julia mussten dann oft früh in ihr Zimmer und durften nicht an das Fenster gehen.
Das Lachen und die Fröhlichkeit im Haus waren wie weggewischt.
Die Mädchen setzten sich dann gemeinsam ins Bett und Tanja las ihrer drei Jahre jüngeren Schwester Geschichten vor. Geschichten aus einem dicken, in braunem Leder gebundenen Märchenbuch, weil sie spürte, dass Julia Angst hatte. Vielleicht

war es aber auch ihre eigene Angst, die verschwand, wenn die Worte in dem Buch sie entführten in eine Welt der Feen, Hexen und Prinzessinnen.

Und dann, im Sommer ging es in die Ferien nach Ungarn zum Plattensee, wie jedes Jahr. Ihre Mutter packte merkwürdige Sachen für den Urlaub: Viele Papiere, Dokumente, Fotos und den Schmuck von Großmutter. Alles wurde fein säuberlich in Tücher gewickelt und zwischen Kleidungsstücken in den Koffern verstaut. Tanja spürte, dass dieses Jahr alles anders war. Eine Spannung lag in der Luft und ihre Eltern wirkten noch gestresster und ernster als sonst in letzter Zeit. Am auffälligsten jedoch war für sie, dass die Eltern versuchten, besonders fröhlich zu sein.

Beim Spaziergang am Plattensee kam ein Auto und ein Mann stieg aus. Er trug einen dunkelblauen Sportanorak, dessen Kapuze sein Gesicht im Schatten ließ. Tanjas Vater begrüßte ihn, gab ihm einen Briefumschlag und der fremde Mann machte Zeichen, sie sollten einsteigen. Und nun sah Tanja im Gesicht ihres Vaters, der ihr immer Sicherheit und Kraft vermittelt hatte, einen Ausdruck, den sie nie vergessen konnte: Angst. Mit der Mutter auf den Rücksitz gequetscht, ging es stundenlang durch Wälder, Täler und kleine Orte. Tanja erinnert sich, dass sie damals hinten im Auto kaum zu atmen gewagt hatte, so groß war die Spannung gewesen. Dann ein Zoll, Papiere wurden gezeigt, die Zollbeamten schauten freundlich ins Auto und nickten ihnen zu. Die Mutter drückte ihre Hand so fest, dass es weh tat, aber Tanja sagte nichts. Julia war eingeschlafen, die Arme fest um das lederne, braune Märchenbuch geschlungen. Der Zollbeamte winkte zum Gruß und sagte: „Alles in Ordnung und … gute Reise!"

Sie fuhren weiter und Tanja erinnert sich noch wie heute an den Augenblick, als ihr Vater sich zu ihrer Mutter umschaute. Tränen rollten über seine Wangen und er konnte kaum sprechen. „Wir haben es geschafft, Helene!", flüsterte er und ganz fest hielten sie sich an den Händen.

Ja, so waren sie über die Grenze gekommen nach Österreich. Klostermarienburg hieß der erste Ort, an den sich Tanja erinnern konnte in dem fremden Land, wo alle Menschen so anders waren, so fröhlich. Niemand hatte Angst vor Leuten, die einen ausfragten. Die Welt war hier unglaublich bunt. Überall leuchteten Reklametafeln und lachende Menschen schauten von großen Plakaten herab. Dann, in den Geschäften! Noch nicht mal in ihren schönsten Märchen hätte Tanja sich so eine Vielfalt vorstellen können. Es gab hier so viele Dinge, die sie gar nicht kannte.

Und ihre Eltern waren fröhlich und lachten wieder.

Sehr oft dachte Tanja an diesen Tag zurück, wenn sie Betty Beguhundi, die Freundin von Hannah sah. Auch sie hatten aus ihrer Heimat flüchten müssen, weil ihr Leben dort in Gefahr gewesen war.

Erst sehr viel später ist ihr klar geworden, wie gefährlich ihre Flucht vom Plattensee war, damals vor nun fast 30 Jahren in Ungarn.

Mit dem Zug sind sie dann nach Frühlingsdorf in Westdeutschland gefahren, in Vaters alte Heimat. Wilhelm, der Freund ihres Vaters aus Kindertagen, war auch Ingenieur und die beiden arbeiteten von nun an gemeinsam.

Der Sommer ging zu Ende und Tanja kam auf das Gymnasium. Sie kannte niemanden und die Kinder waren hier in Deutschland anders als in Berlin, so laut und viele auch sehr frech.
Und dann stand sie da an der Wand im neuen Klassenzimmer. Schüchtern schaute sie sich um. Sie tat so, als ob sie jemanden suchte, denn keiner sollte glauben, sie kenne hier niemanden. Da blieb ihr Blick an einem frechen, blonden Mädchen hängen. Ihre Augen trafen sich und das Mädchen schaute sie fröhlich an.
„Wer bist du denn?", hatte das Mädchen Tanja gefragt. „Du bist aber hübsch, willst du meine Freundin sein? Ich bin die Gabriele. Aber ich möchte, dass du mich Gaby nennst. Gabriele finde ich doof!"
Und von diesem Tag an bis zu ihrem Abitur waren Gaby und Tanja unzertrennlich. Gaby war immer die frechere, lautere und auch diejenige mit den besten Ideen. Tanja genoss die Freundschaft zu ihr sehr.
Das veränderte sich erst ein wenig, als Tanja Dirk kennenlernte.
Dirk war ein gut aussehender Student und Gaby kannte ihn vom Fitnesscenter. Sie schwärmte ständig von ihm und auf der Geburtstagsfeier zu ihrem 21. Geburtstag hatte sie ihn zusammen mit ein paar Freunden eingeladen.
Tanja musste lächeln, als sie an diesen Tag zurückdachte. Dirk ließ sie den ganzen Abend nicht aus den Augen und von diesem Tag an waren sie ein Paar. Gaby meinte damals zwar, sie fände Dirk nicht wirklich toll, aber Tanja sah sie nun seltener. Vielleicht lag es auch daran, dass Gaby nach Hamburg zog und eine Ausbildung als Apothekenhelferin machte. Erst vor einigen Jahren kam sie zurück nach Frühlingsdorf

und die alte Freundschaft war wieder fester geworden. Aber die fröhliche, lustige Gaby von damals gab es nicht mehr.

Ein lautes Lachen und Toben reißt Tanja aus ihren Gedanken.

„Mama, du musst uns helfen", kommt eine Kinderstimme von oben. „Der Papa mauert uns mit Kissen zu!"

Mit schnellen Schritten läuft sie die Treppe hinauf.

„Wo ist der Feind?", jauchzt sie und wirft sich zu ihren Kindern aufs Bett.

An diesem Abend sitzen Hannah und David noch lange mit ihren Eltern auf der Terrasse. Es ist ein lauer Frühsommerabend und Frau Fischer hat überall in den Garten Stangen gesteckt, auf denen bunte Glasgefäße befestigt sind. Teelichter leuchten darin und werfen ihr flackerndes Licht wie tanzende Edelsteine in den Garten.

„Und ihr habt Bekanntschaft mit ‚Winnetou' gemacht, habe ich gehört", schmunzelt Herr Fischer.

„Der heißt nicht ‚Winnetou', sondern irgendetwas mit ‚Chag'amowi' oder so", protestiert Hannah. „Aber er hat gesagt, wir können ihn „Hopi' nennen, weil er von den Hopi-Indianern abstammt."

„Ich kenne nur die Apachen und die Sioux, von den Hopi habe ich noch nie gehört", meint David nun.

Herr Fischer steht auf und geht im Wohnzimmer eines seiner Lexika holen. Hannah mag diese Bücher. Davon stehen ganz viele in der Vitrine. Sie liebt den dicken, roten Ledereinband mit den goldenen Blattkanten. „Die Hopi", so liest der Vater den Kindern vor, „sind somit die ältesten Einwohner in Amerika. Ihr

Ursprung lässt sich zurückführen bis Palenque, einer alten Mayastadt in Mexiko. Sie waren ein Wandervolk und leben heute in Arizona."

„Ja, das hat Hopi auch gesagt", meint David jetzt, „und dass sie auf Bergen wohnen und Mais anpflanzen."

„Mama", Hannah spricht zögernd weiter, „der Opa kann den nicht leiden, glaube ich. Dürfen wir trotzdem zu ihm gehen und ihn besuchen?"

„Ach ja", stöhnt Frau Fischer. „Der Opa! Ihr wisst doch, wie der ist. Alles, was nicht deutsch ist und Wurst und Käse auf dem Tisch hat, das ist für ihn ‚höchst verdächtig'!" Frau Fischer ahmt ihren Vater, den Opa der Kinder nach, und wiederholt mit dunkler Stimme und einem Augenzwinkern: „Helene, der ist ‚hööchst verdächtig!"

„Lasst mal", wirft Herr Fischer dazwischen, „ich sag dem Opa schon, dass der Hopi in Ordnung ist. Ich habe ihn heute kennengelernt. Er ist ein netter Bursche und sehr freundlich."

„Nun", grinst Frau Fischer, „dann ist das ja geklärt. Da ich wohl die Einzige bin, die den ‚hööchst Verdächtigen' noch nicht kennt, bringe ich Oma morgen die leeren Marmeladengläser. Sie will diese Woche noch Erdbeermarmelade kochen."

Maulaffen

Am nächsten Tag, direkt nach dem Mittagessen, laufen Hannah und David zu ihren Großeltern in den Schrebergarten. Die Oma ist im Gartenhaus und füllt gerade Marmelade in die Gläser. Den Kindern kommt ein wundervoll fruchtiger Geruch entgegen und Hannah ruft: „Hallo Oma, das riecht aber toll, kann ich den Topf auslecken?"

Die Großmutter reicht ihr lächelnd einen Aluminiumtopf mit dem Rest lauwarmer Marmelade. „Wird Zeit, dass ihr kommt. Ich habe den extra für euch stehen gelassen."

„Gib mir auch was!" David drängelt sich an Hannah vorbei, um den Topf zu erreichen. Beide Kinder machen sich mit Eifer über die verbliebenen Reste her.

„Das geht ja auch mal ohne Streit", meint die Oma und beobachtet ihre beiden Enkel, die friedlich die Marmeladenreste verspeisen.

„Habt ihr den neuen Nachbarn schon begrüßt?" Hannah schaut ihre Großmutter fragend an.

„Ja nun, das mussten wir dann ja", bemerkt die Großmutter mit leidender Stimme „Er kam ans Gartentor und überreichte uns als Gastgeschenk eine Teemischung, die er wohl aus seinem Land mitgebracht hat." Und dann rümpft sie die Nase: „Komisches Zeug, eigenartiger Geruch, aber ordentlich scheint der ja zu sein. Ich habe zufällig gesehen, wie er die alte Hütte entrümpelt hat."

„Zufällig", denkt Hannah und grinst. Sie weiß, dass ihre Oma immer „zufällig" alles mitbekommt, was in der Siedlung passiert. Entweder sie gräbt stundenlang an einer Stelle im Garten, wenn sich dort zwei Nachbarn unterhalten oder sie kehrt den Bürgersteig, um festzustellen, wer bei den jungen Leuten gegenüber mal wieder zu Besuch ist.

„Papa hat auch schon mit ihm gesprochen", meint David und fasst seinen ganzen Mut zusammen. „Wir dürfen ihn besuchen, wenn wir wollen, hat Papa gesagt." Der Junge spürt, dass er einen heißen Kopf bekommt, weil er weiß, dass die Oma davon nicht begeistert ist.

„Was wollt ihr denn da?" Die Großmutter schaut ihren Enkel an und flüstert: „Der sitzt sowieso nur da herum und hält Maulaffen feil."

„Maulaffen feil?" Hannah blickt die alte Frau erstaunt an.

„Das ist so ein Ausdruck. Das sagt man, wenn einer nichts tut und Löcher in die Luft starrt."

„Was macht Opa eigentlich da draußen?" Hannah schaut in den Garten und sieht ihren Großvater mit einem Fernglas das Nachbargrundstück beobachten.

„Der hält Maulaffen feil!" David kichert und läuft in den Garten.

„Opa", ruft er „was sind Maulaffen?"

Erschrocken, bei seiner Tätigkeit beobachtet worden zu sein, nuschelt der Großvater: „Ah, David, schau mal, ich beobachte zwei Rotkehlchen da oben im Baum."

„Wo denn, Opa?" David kann beim besten Willen keine Rotkehlchen erspähen.

„Ja nun", meint der Großvater und schaut seinen Enkel an, „bei dem Radau, den du da machst … nun sind sie weg."

„Komisch", denkt David, „ich habe gar nichts fliegen sehen."

Der Großvater wechselt schnell das Thema und erklärt seinem Enkel: „Maulaffen, das waren früher Lampen der armen Leute. Man gab in eine Klammer ein Holzstück, dass sehr viel Harz enthielt. Die Klammer war meistens geformt wie das Maul eines Affen, darum nannte man sie Maulaffe. Das harzreiche Holz wurde angezündet und brannte sehr langsam ab und diente so als Lampe."

Dann fährt der Großvater fort: „,Feilhalten' war ein Ausdruck für ,verkaufen'. Da sich die Maulaffen nicht gut verkaufen ließen, stand jemand, der sie auf dem Markt verkaufte, also ,feilhielt', die ganze Zeit dumm herum und tat nichts. ,Maulaffen feilhalten' heißt also ,in die Luft starren und nichts tun'."

David liebt solche Erklärungen seines Großvaters. Der weiß immer so außergewöhnliche Dinge und das findet er spannend.

„Maulaffen feilhalten", David überlegt, was Phillip, sein Erzfeind im Kindergarten wohl antworten würde, wenn er ihm das sagte. Bei dem Gedanken muss er grinsen.

„Wir gehen ein bisschen spielen, Opa!" Hannah ist David in den Garten gefolgt. Sie nimmt ihn an die Hand und schiebt ihn zum Gartentor. Im Hinausgehen ruft sie noch schnell: „Vielleicht sind wir auch gleich nebenan. Da hörst du uns ja."

Bevor der Großvater etwas erwidern kann, sind die Kinder um die Ecke verschwunden. Nun steht er da und hält „Maulaffen feil".

Langsam trottet der alte Mann zu seinem Gartenhaus. Die Kinder hören noch wie er zu Oma sagt: „Helene, das ist höööchst verdächtig!"

Kachina

Hannah und David halten vor dem Gartentor des Indianers und sehen einen riesigen Haufen Sperrmüll, der vor Hopis Grundstück an der Straße aufgestapelt ist.

„Das war alles in der Hütte", staunt David. „Da muss jetzt ja viel Platz drin sein."
Offensichtlich hat Hopi die Kinder gehört, denn er kommt lächelnd auf sie zu. Die Art und Weise, wie er den Kindern entgegen geht, gibt Hannah das Gefühl, als ob der Mann vom Boden getragen wird und seine Bewegungen im Gleichklang sind mit der leichten Brise, die auch die Blätter in den Bäumen sanft hin und her bewegt. Seine Augen strahlen wie klare Seen, in denen sich das Licht der Sonne widerspiegelt. Mit einer warmen Stimme, die an eine weiche Melodie erinnert, begrüßt er seine kleinen Freunde.

„Kuwanyauma und Kwahu, der Wind trägt euch zu mir und die Sonne strahlt aus deinem Gesicht", lächelt er Hannah an. „Die Farbe Türkis ist eigens für den Ozean und einen Edelstein gemacht worden und, wie ich sehe, auch für deine Augen." Dann zwinkert er David zu: „Und der Glanz des Kupfers für dein Haar."

Mit federnden Schritten geht er Richtung Hütte und gibt den Kindern einen Wink, ihm zu folgen. „Ich habe Tee gemacht und ein Maisbrot, so wie wir es in Oraibi backen."

In der Hütte, die behaglich und aufgeräumt ist, sehen die Kinder auf einem alten Metallofen eine Steingutschale stehen, in der ein köstlich riechender Kuchen liegt, geschnitten in kleine Stückchen und noch leicht dampfend.

Der ganze Raum ist warm und erfüllt von einem Geruch nach fremdartigen Gewürzen und Düften. In Hannah breitet sich ein Gefühl des Wohlbefindens aus, so als ob man Weihnachten in eine Bäckerei kommt.

An den Wänden hängen gewebte Decken in braunen, roten und orangefarbenen Mustern. Von einer Wand zur anderen ist über ihren Köpfen eine Kordel gespannt, an der lustige Gebilde aus Federn und Muscheln hängen. Auf einem Regal stehen handgroße, finster dreinschauende Puppen, deren maskenartige Gesichter durch die grellen Farben schon wieder lustig aussehen.

Hannah kommt sich vor wie in einem Museum für amerikanische Völkerkunde. Aber hier ist es viel gemütlicher und sie hofft, dass Hopi ihr einmal erlauben wird, diese prachtvollen Figuren vorsichtig aus dem Regal zu nehmen.

Hopi nimmt das dampfende Maisbrot und stellt es zusammen mit drei Tassen und der Teekanne auf eine runde Platte aus dünnem Holz, deren Muster an sich im Kreis windende Schlangen erinnert. Dann trägt er alles zu einem Steinkreis im Garten. Die Kinder folgen ihm. Hier hat der Indianer um einen großen, abgeflachten Stein, der ihm als Tisch dient, zwei kleine Lederkissen und einige Decken gelegt. Für ihn selbst liegt dort sein grob gewebtes Wolltuch, auf dem er sich mit sanften Bewegungen im Schneidersitz niederlässt.
„Was sind das für Puppen in deiner Hütte?" Hannah findet die Figuren geheimnisvoll und sie möchte mehr darüber erfahren.

„Das sind Kachina, man spricht es ‚Katschina‘. Sie bringen den Hopis den Regen, eine gute Ernte, Glück und Zufriedenheit."

Der Indianer gießt den Kindern Tee ein und sie essen von dem köstlichen Maisbrot.

„Nun", meint Hopi, „wenn ihr Mut habt und genug Neugierde, Abenteuerlust und Entdeckergeist, dann können wir unsere Reise beginnen. Eine Reise, die man nicht mit dem Flugzeug oder einem Schiff machen kann. Und auch ein Auto eignet sich hier gar nicht."

„Warum müssen wir eigentlich mutig sein?", fragt Hannah, denn sie befindet sich auf einem gemütlichen Kissen vor einem dampfenden, köstlich riechenden Brot. Sie sieht keinen Grund, dass etwas passieren könnte, was ihren Mut verlangt.

„Auf dieser Reise wird sich immer ein bisschen von unserer Welt verändern, weil wir so viel Neues entdecken und das wird auch etwas in uns verändern. Wir werden nach dieser Reise nicht mehr die gleichen sein wie vorher, sondern wir werden stärker sein, schlauer und um einiges glücklicher!"

„Cool", ruft David, „ich werde stärker!"

„Und ich schlauer!", freut sich Hannah.

Der weise Mann schaut die Kinder an und lächelt. „Die erste Etappe", beginnt er, „bringt uns ganz an den Anfang zurück. Vor vielen, vielen Tausenden von Jahren …"

Der Beginn einer großen Reise

„So wie ihr die Geschichte von Adam und Eva habt, so glauben wir Hopis, dass wir aus der Tiefe der Erde kommen. Unsere Geschichte sagt uns, dass wir vor 80 000 Jahren, weit vor der Eiszeit, im Erdinneren gelebt haben. Auch da war es hell und groß, so wie hier auf der Welt. Dann wurden viele Menschen böse und unser Gott hat uns gesagt, dass die guten Menschen es schaffen können aus dem Erdinneren auf die Erde zu kommen, um dort friedvoll zu leben. Deshalb heißen wir Hopis auch die ‚Friedvollen'."

Der Indianer schenkt den Kindern noch ein zweites Mal den köstlich duftenden Tee ein und erzählt weiter. „Man kann diese Geschichte vergleichen mit eurer Geschichte von Noah und seiner Arche. Auch Noah hat sich mit einigen guten Menschen vor der Sintflut retten können.

Die Hopis lebten tief in der Erde und der Ausgang nach oben zur neuen Welt war sehr hoch. Sie konnten ihn nicht erreichen. Also zogen die Hopis die Vögel zu Rate, sie sollten schauen, was da oben auf der Welt sei. Der Adler flog davon, hoch bis zum Loch in der Erde. Man konnte dort oben ein Stück blauen Himmel erkennen. Erst nach Tagen kam der Vogel ganz erschöpft wieder und berichtete, dass dort oben Land sei und viel Wasser.

Aber wie sollten sie dahin gelangen? Sie berieten sich mit all ihren weisen Männern und Dorfältesten und beschlossen, eine Leiter zu bauen, so hoch, dass sie durch das Loch hindurchklettern könnten. Aber so sehr sie sich auch bemühten, es gelang ihnen nicht.

Erneut berieten sich die weisen Männer. Dort saß auch ein kleiner, schmutziger Junge in einer Ecke. Ihn beachtete niemand und so konnte er bei den Gesprächen dabei sein und zuhören. Auf einmal nahm er all seinen Mut zusammen und sprach die Weisen an, die ihm erst einmal gar kein Gehör schenken wollten: „Ich habe eine Idee." Der Junge zitterte vor Furcht und Aufregung. „Im Wald lebt ein Tier, das ebenso unscheinbar ist wie ich. Aber es ist schlau. Ihr solltet es vielleicht einmal befragen."

Die Dorfältesten berieten sich und so wurde das Erdhörnchen gerufen.

„Ihr müsst eine Pinie pflanzen. Pinien werden sehr hoch und dann könnt ihr daran hinaufklettern", schlug das Erdhörnchen vor und gab den Männern den Samen einer Pinie.

Obwohl die Weisen die Pinie pflegten und ihre Zauber darüber aussprachen, wurde sie nicht hoch genug, um das Loch zu erreichen. Abermals wurde Rat gehalten und, da der erste Vorschlag gar nicht so schlecht war, rief man das Erdhörnchen ein weiteres Mal.

„Es war der falsche Baum", bedauerte das kleine Waldtier. „Ich bin lange Zeit auf Reisen gewesen, um nach noch höheren Bäumen Ausschau zu halten, und so habe ich Samen einer Bambuspflanze mitgebracht."

Der Bambus wurde gepflanzt und wuchs schnell und kräftig. Kurze Zeit später war er schon so hoch, dass man das Ende gar nicht mehr sehen konnte. Die Alten des Dorfes riefen den Adler und baten nachzuschauen, wie weit der Bambus gewachsen sei. Einen Tag und eine Nacht flog der Adler und als er zurückkam, enthüllte er: „Es reicht immer noch nicht bis oben!"

Enttäuscht ließen sich die weisen Männer im Kreis nieder und beschlossen: „Wir warten! Der Bambus wird weiter wachsen!"

Aber auch das Warten half nichts. Der Bambus wuchs keinen Millimeter mehr. Alle schauten das Erdhörnchen erwartungsvoll an. „Ich werde hinaufklettern und ein wenig daran ziehen", schlug das Erdhörnchen vor, denn es war sehr verzweifelt.

Das Tier kletterte sieben Tage hinauf und zog ganz kräftig oben am Bambus. Dabei brach die Spitze ab. Das Erdhörnchen sah, dass der Bambus kräftig war und innen hohl. Da kam dem kleinen Tier eine ganz ausgezeichnete Idee. Es kletterte und rutschte in Windeseile zurück nach unten und strahlte die Dorfältesten an.

„Wir können von anderen Bambuspflanzen Stücke nehmen und sie ineinander setzen!", rief es aus und tanzte vor den weisen Männern aufgeregt hin und her. „Dann wird die Pflanze lang genug sein, um bis nach oben zu gelangen."
Das war ein wunderbarer Vorschlag, der rasch umgesetzt wurde. So kamen die Hopi mit Hilfe der Tiere auf die Erde.
‚Sipapu' heißt das Loch, aus dem die Hopi hinaufkamen", endet der alte Indianer. Er beugt sich zu den Kindern und fährt mit seiner Erzählung fort: „‚Massaw', der Gott der Erde, gab den Hopi das Land und den Auftrag, in alle vier Himmelsrichtungen zu wandern und unsere Geschichte auf Steine zu malen. Diese Malereien sollten Zeichen dafür sein, dass der Mensch die Natur achten und mit ihr im Einklang leben soll, weil alle Lebewesen, Pflanzen und Tiere, eine gleich große Bedeutung haben. So wie der Wurm die Erde auflockert und die Biene die Pflanzen befruchtet, so hat jedes Lebewesen seine ureigene Aufgabe.
‚Sotugnandu' ist der Gott des Himmels, des Windes und des Regens. ‚Alosaka' ist der Gott des Wachstums und ‚Tawa' der Gott der Sonne."
„So viele Götter?", fragt David erstaunt.
„Nun", meint Hopi, „wir haben noch viel mehr Götter."

„Bei den Römern ist das auch so", erklärt Hannah, die sich ganz schlau vorkommt. „Die haben auch viele Götter. Das weiß ich aus ‚Asterix und Obelix'. Da gibt es ‚Jupiter', ‚Neptun' und ganz viele andere."

Hopi lächelt. „Ja, es ist wie bei den Römern und den Griechen. Aber auch andere Kulturen haben viele Götter. Die Inder haben ‚Brahma', ‚Shiva' und ‚Vishnu'. Bei den Ägyptern sind es ‚Isis' und ‚Osiris', der Sonnengott ‚Ra' und eine Menge Götter, die alle ihre Aufgabe haben."

„Und die Kachina?" David will endlich wissen, was es mit diesen Puppen auf sich hat.

„Langsam, die Reise beginnt doch erst. Wir sind jetzt auf unserer Erde in Amerika vor 80.000 Jahren. Nach ihrer Wanderschaft kamen die Hopi zurück und ließen sich, wie von den Göttern gewollt, am ‚Black Mesa' nieder.

Das war genau der Ort, an dem sie aus der Erde gekommen waren. Sie nennen ihn noch heute den Mittelpunkt der Erde. Sie besiedelten die drei Mesas, das sind drei Gebirgsplatten. Einer dieser Orte ist ‚Oraibi'."

Hopi wendet sich an David. „Die Kachina waren Helfer von anderen Sternen. Die sind etwas Ähnliches wie bei euch die Engel. Die Kachina halfen den Hopi-Indianern sich auf der Erde zurechtzufinden. Die Hopi glauben, dass die Kachina von anderen Welten kommen. Alte Steinzeichnungen zeigen, wie sie auf großen Scheiben zur Erde fliegen. Sie waren es, die den Hopi beibrachten, Mais anzupflanzen, Werkzeuge herzustellen und Gips zu mischen, um Häuser zu bauen. Sie erklärten, wie der Wandel der Jahreszeiten an den Sternen abzulesen ist und welche Kräuter zur Linderung und Heilung von Krankheiten geeignet sind. Und sie lehrten als wichtigste Botschaft, dass nur die Achtung vor allen Lebewesen ein gemeinsames Bewohnen der Erde ermöglicht, ohne dass dem Planeten Schaden zugefügt wird.

Wenn die Hopi Mais gepflanzt hatten, halfen die Kachina den Regen und den Wind bei den Göttern zu erbitten. So lebte unser Volk zusammen mit den Kachina und ihrem Wissen. Dann, eines Tages, sind sie davongeflogen auf ihren großen Scheiben. Sie haben uns versprochen, irgendwann wiederzukommen."

„Mensch, Hannah", ruft David, „glaubst du, das waren ‚ET's'?"

„Ja, klar", Hannah lacht, „du mit deinen ‚ET's', Blödsinn."

Hopi schaut Hannah an. „David hat gar nicht so Unrecht. Die Hopi zumindest, glauben das auch. Und sie warten noch heute auf die Rückkehr dieser Fremden, die ihnen so viel beigebracht haben. Aber nicht nur die Hopi glauben das. Auch die Maya in Südamerika warfen sich ehrfürchtig zu Boden, als die Spanier mit ihren glänzenden Rüstungen in ihr Land kamen. So ähnlich sahen nämlich nach ihren Überlieferungen die Götter aus, die ihnen versprochen haben, eines Tages zurückzukehren. Und auch die Maya erzählen von Fremden, die ihnen gezeigt haben, wie man Metalle aus den Bergen holt, sie verarbeitet, Gold schmiedet und Heilkunde betreibt."

David schaut Hannah mit großen Augen an. „Also doch ‚ET's!'", ruft er. „Wusste ich's doch!"

„Nun, wer immer das auch gewesen ist", ergänzt Hopi, „seitdem die Kachina verschwunden sind, verehren die Hopi sie, indem sie Puppen von ihnen anfertigen. Jede Puppe sieht anders aus und hat eine andere Bedeutung. Aber nicht nur das. Männer des Hopi-Stammes verkleiden sich als Kachina und tanzen religiöse Tänze, damit es in den trockenen Gebieten um die Mesas herum regnet, der Mais wächst und die Ernte ertragreich wird. So wird auch bei Geburten und Hochzeiten getanzt. Immer geht es darum, dass die Kachina unserem Volk gut gesonnen sind und helfen. Und was soll ich euch sagen: Mit dem Regen klappt das tatsächlich immer …"

Der alte Indianer lächelt, und in Gedanken ist er weit, weit weg … am Black Mesa in Oraibi.

„Überall auf der Welt glauben die Menschen, dass Götter einmal auf der Erde gelebt haben und dienen ihnen bis heute. Wir Menschen haben vergessen, dass Gott eine kraftvolle, leuchtende Energiequelle in uns ist. Gott finden wir nicht im Außen, sondern nur in unserem Inneren. Er wird sichtbar durch gelebte Liebe unter den Menschen und zu allen Lebewesen."

„Meine Oma betet zum heiligen Antonius, wenn sie etwas sucht und meine Tante bittet Erzengel Raffael um Heilung und Erzengel Michael um Schutz. Ist das so, wie bei euch mit den Kachina?" Hannah findet es interessant, dass die Religionen, obwohl sie so anders sind, doch viele Gemeinsamkeiten haben.

„Ja, so wie ihr Altäre und Heiligenbilder aufstellt und in eine Kirche geht, so haben wir unsere Kachinapuppen und unsere Tänze."

„Und die Figuren in deinem Haus haben alle einen besonderen Zweck?" Hannah möchte mehr über diese Puppen erfahren.

„Ja, ich habe eine Maiskachina, eine Wächterkachina, die für Ordnung sorgt, wenn wir unsere Feste haben und eine Eulenkachina für Geist und Weisheit. Kachina ist Hopi-Sprache und heißt ‚Geist der unsichtbaren Lebenskräfte'. Auch ein Maiskolben hat Leben."

„Geist?" David schaut Hopi fragend an. „Gibt es wirklich Geister?"

„Mit ‚Geist' habe ich keine Gespenster oder Schlossgeister gemeint", erwidert dieser. „‚Geist' oder ‚Spirit' ist ein ganz wichtiger Teil eines jeden Lebewesens."

Seele, Geist und Körper

„Wir sind Geister?", fragt David irritiert.

„Keine Geister, sondern ihr habt einen Geist in euch zum Denken und Erschaffen und zu so vielem mehr, Kwahu, schlauer Adler."

Hopi schaut David und Hannah an. „Wir gehen wieder ein Stück auf unserer Reise weiter. Es ist immer noch eine Reise, die man weder mit dem Zug noch mit einem Flugzeug antreten kann. Man kann diese Reise immer machen, egal wo man ist. Unsere Reise findet da statt, wo alles entstanden ist und immer wieder aufs Neue entsteht, nämlich in unserem Geist. Man sagt auch Gedanken dazu, denn mit unserem Geist denken wir!"

Hopi nimmt seine Hände und umfasst seinen Kopf. Die struppigen, schwarzen Haare quellen zwischen seinen knochigen Fingern hervor.

Hannah fängt an zu lächeln und stupst David sachte an. Auch er findet den alten Mann merkwürdig und verzieht sein sommersprossiges Gesicht zu einem schiefen Grinsen.

„Verlassen wir jetzt die Kachina und ihre Geschichte und gehen wir zu den Lebewesen dieses so schönen, blauen Planeten, den ihr Erde nennt." Der Indianer breitet seine Arme weit aus, so als ob er den ganzen Himmel umfassen will und richtet seine Worte zunächst an David: „Ein Mensch, so wie du und ich und wie Hannah, deine schlaue Kaya." Und zu Hannah gewandt, erklärt er: „‚Kaya' ist die große Schwester." Er fährt fort: „Nun alle Menschen, ob klein oder groß, arm oder reich, schwarz und weiß, alle Menschen haben etwas gemeinsam. Jeder Mensch besteht aus einem Körper, einem Geist und einer Seele."

„Und wo ist die Seele?" David will das schon lange wissen, aber niemand weiß etwas Genaues darüber, außer dass sie irgendwo im Bauch sitzen soll.

„Ich erzähle es euch, aber der Reihe nach. Wenn du auf eine Reise gehst, packst du auch erst den Koffer und dann fährst du los", schmunzelt der Indianer.

„Was genau packen wir in den Koffer?" Hannah grinst ihren Bruder an.

„In den Koffer packen wir das, was wir für die Reise brauchen und die Fahrt geht los, wenn wir alles gepackt haben. Also fest steht, dass jeder Mensch weiß, dass wir einen

Körper, einen Geist und eine Seele haben. Ihr seid Hannah und David, aber wenn ihr nur euer Körper wärt, dann lägt ihr einfach so herum wie eure Spielzeugpuppen. Ihr habt noch einen Geist. Das erkennt ihr daran, dass ihr denkt. Ihr denkt den ganzen Tag irgendetwas. Euer Geist kann eine ganze Menge. Eine seiner Aufgaben ist das Denken. Er beschäftigt sich also unentwegt mit Denken."

„Doch wozu soll das gut sein, immer zu denken?", fragt Hannah.

„Nun, wenn ihr nicht denken würdet, könntet ihr nichts tun. Ihr könntet euch nicht anziehen, nicht zur Schule gehen und nicht malen oder spielen, ohne zu denken. Das Denken fängt also schon morgens an, wenn ihr aufsteht."

„Ich überlege dann, was ich anziehen soll", sagt Hannah. „Und wenn ich dann nachdenke, fällt mir etwas ein."

„Ja", pflichtet ihr der Indianer bei, „aber du denkst auch noch ganz andere Sachen beim Anziehen. Deine Gedanken laufen ständig durch deinen Kopf wie bunte Bilder auf einer Kinoleinwand."

„Ich denke beim Anziehen auch an den Kindergarten, ob der Phillip uns wieder ärgert und freue mich Kevin zu sehen", meint David.

„Genau", sagt Hopi. „Meistens denken wir an etwas ganz anderes, als an das, was wir gerade tun. Also stecken wir in den Koffer: mit dem Geist denken wir", fordert Hopi lächelnd die Kinder auf.

„Und mit unserem Körper bewegen wir uns", ruft Hannah.

„Und damit essen, lachen und springen wir", ergänzt David und freut sich, wie schlau er ist.

„Also gut", meint der Indianer. „Das können wir auch in unseren Koffer packen." Und er fügt hinzu: „Jetzt kommt das dritte, nämlich die Seele. Was machen wir denn mit der Seele? Woran merkt ihr, dass ihr eine Seele habt?"

Hopi schaut die Kinder erwartungsvoll an.

Hannah überlegt und erklärt: „Man sagt immer, ohne Seele kann man nicht leben."

„Eure Seele ist das Leben!", ruft der alte Mann und breitet seine Arme aus.

„Ihr müsst euch das so vorstellen: Gott ist die Sonne und wir alle sind die Sonnenstrahlen. Jeder von uns ist ein Teil Gottes und der Schöpfung, eben ein Strahl. Gott, die Schöpfung wiederum, ist alles. Die Strahlen und die Sonne. Deshalb liebt uns der Schöpfergott auch, denn wir sind ein Teil von ihm."

Der Indianer holt eine Glühbirne hinter seinem Rücken hervor und legt sie vor den Kindern ab. Hannah und David beobachten ihn aufmerksam. Niemand sagt etwas. Endlich unterbricht David das Schweigen. „Und", fragt er, „was machen wir damit?"

Anstatt zu antworten, stellt Hopi den Kindern eine andere Frage: „Wo wart ihr letztes Jahr in den Ferien?"

„In Spanien, mit Mama und Papa, am Strand", erzählt Hannah, ohne die Glühbirne, die zwischen ihnen im Kreis liegt, aus den Augen zu lassen.

„Wie sieht es da aus?", fragt Hopi weiter. „Wie war es da?"

„Da gibt es Palmen und ganz weißen Sand, da haben wir geschnorchelt und tolle Fische gesehen und Seeigel und da waren Palmen und …", es sprudelt nur so aus David heraus.

„Das alles weißt du, weil du da warst", meint Hopi. „Du hast das erlebt. Immer, wenn man etwas erlebt, lernt man dabei."

Der alte Indianer lehnt sich ein Stück nach vorne und zeigt auf die Glühbirne. „Wir reisen nicht mit einem Auto oder Flugzeug, denn mit normalen Fahrzeugen können wir diese Reise nicht antreten. Also reisen wir in einer Glühbirne. Wir stellen uns jetzt vor, dass wir drei in dieser Glühbirne auf Reisen gehen, zusammen mit unseren gepackten Koffern."

„Eine Glühbirne?", fragt David erstaunt. „Warum?"

„Auf einer Reise lernt man etwas, und wir lernen nicht nur etwas, sondern uns geht auf unserer Reise ein Licht auf. Wenn ihr euch in einem dunklen Raum befindet, dann seht ihr nur Umrisse von dem, was wirklich da ist. Wenn ihr dann das Licht anmacht, wird alles klar und hell. So machen wir es auch. Nach jeder kleinen Reise, die wir mit der Glühbirne machen, wird der Raum heller. Der Raum, von dem wir hier sprechen, das sind wir und unsere Welt."

Hopi nimmt einen kleinen Stock und macht um die Glühbirne herum einen Kreis in den Sand. Dann umfasst er das Glas mit beiden Händen und sagt: „Jetzt du, Hannah, ich bin gerade eingestiegen!"
Er reicht dem Mädchen die Glühbirne, und sie umfasst sie genauso, wie Hopi es gemacht hat. „Ich bin auch eingestiegen!", ruft sie.
Mit einem verschmitzten Lächeln reicht sie ihrem Bruder das merkwürdige Reisegefährt. David ergreift es. „Ich bin drin, alle Mann an Bord, es kann losgehen!"
Der Junge reicht Hopi die Glühbirne und dieser teilt den Kindern mit: „Wenn man verstehen will, wie etwas funktioniert, dann muss man zu den Anfängen zurückgehen, ganz zu den Anfängen!"

Das Flüstern der Bäume

„Die uralte Geschichte, die ich euch erzählen möchte, heißt ‚das Flüstern der Bäume'", beginnt der weise Mann. „Man nennt sie so, weil niemand wirklich weiß, wo die Geschichte herkommt und wie alt sie ist, denn die Bäume flüstern das Geschehen schon so lange, wie es Bäume auf unserer Erde gibt. Sie erzählen sie nachts, wenn die Menschen und Tiere schlafen. Darum kennt sie auch kein Mensch. Und sie erzählen sie tagsüber, wenn die Menschen wach sind. Aber die Welt der Menschen ist laut und sie sind immerzu beschäftigt und rennen den ganzen Tag mit einem Kopf voll lärmender Gedanken hin und her. Darum hören die Menschen die Geschichte auch am Tage nicht. Das ist schade, denn wenn die Menschen dieser Geschichte lauschen würden, dann würden sie alle zu Zauberern werden."

„Und du kennst die Geschichte?", fragt David den alten Indianer und schaut ihn ungläubig an.

„Ja", nickt der weise Mann, „ich kenne sie und ich werde euch jetzt erzählen, was sich die Bäume zuflüstern!"

Hannah und David schauen Hopi gespannt an.

„Sie flüstern von einer großen Sonne", beginnt der Indianer. „In dieser Sonne ist alles Leben enthalten, das es im ganzen Universum gibt. Sie nennen diese Sonne das *Allumfassende Licht*.

Zu Beginn der Welt gab es nur dieses eine Licht. In ihm war alles. Dann erschuf das *Allumfassende Licht* mit seiner Gedankenkraft den Himmel und die Sterne und *es* strahlte mit einer Helligkeit, die man sich nicht vorstellen kann. Es war eine große Seele, in deren Strahlen sich Millionen von kleineren Seelen tummelten, die alle zur großen Seele gehörten.

Als das *Allumfassende Licht* schon eine Ewigkeit vor sich hin gestrahlt hat, begannen die kleinen Seelen sich zu langweilen. Also baten diese Seelenkinder die große Seele doch in die Welt hinaus ziehen zu dürfen, um diese kennenzulernen.

‚Aber ihr wisst doch schon alles von Beginn bis zur Ewigkeit, weil ihr ein Teil von mir seid', sagte das *Große Licht*. ‚Denn ICH BIN allumfassend und so seid es ihr!'

‚Aber wir wollen es fühlen, anfassen, wir wollen es schmecken!', riefen die Strahlen voller Sehnsucht. Da das *Allumfassende Licht*, diese Sonne, die Allmacht der Schöpfung ist, liebte es diese ungestümen, wundervollen Seelen und hatte eine wirklich göttliche Idee: ‚Ich werde euch mit einem Körper ausstatten, den ihr als Fahrzeug für eure Seele benutzen könnt. Benutzt ihn weise und geht gut mit ihm um, denn er ist zerstörbar. Dazu erhaltet ihr einen Geist, ihr werdet ihn Verstand nennen. Er merkt sich alles, was ihr erfahrt auf eurer Erdenreise. Ihr könnt jederzeit auf diese Bilder zurückgreifen, damit ihr lernen könnt. Eure Erinnerungen und Erfahrungen werden im Geist abgespeichert. Außerdem entstehen im Geist eure Gedanken. Die benötigt ihr, um zu erschaffen, wie ich es tat. Eure Gedanken sind reine Energie. Sie sind Teil des *Allumfassenden Lichts* der Schöpfung, aus dem auch ihr durch meine Gedankenkraft entstanden seid. Nutzt sie weise und bewusst, denn sie sind die stärkste Kraft im Universum!'

Die Seelen tanzten vor Freude.

‚Moment noch, jetzt kommt der schwierige Teil', begann das *Allmächtige Licht*. ‚Da ihr aber ein Teil von mir seid, müsst ihr, wenn ihr eure Erdenreise beginnt, alles vergessen, was ihr jetzt wisst, sonst könnt ihr euch nicht neu erfahren. Und niemals werde ich in eure Entscheidungen eingreifen. Ich werde euren freien Willen immer respektieren.' Ratlos blickten sich die Seelen an. ‚Aber so ganz von dir getrennt?', zögerten sie.

‚Ihr seid niemals von mir getrennt', beruhigte sie das *Allumfassende Licht*. ‚Denn es gibt nichts anderes als mich, denn ICH BIN IHR und ihr seid ein Teil von mir! Damit ihr es aber nicht so schwer auf eurem neuen Weg habt, werde ich die Stimme eurer Seele sein. So werdet ihr spüren, ob eure Entscheidungen eurem Wohle dienen oder eher nicht. Wenn ihr euch gut fühlt, dann seid ihr auf dem richtigen Kurs. Wenn ihr euch schlecht fühlt, dann zeigt euch meine Stimme, dass ihr euch mit euren Gedanken oder Entscheidungen Schaden zufügen werdet. Diese, meine Stimme, wird euch begleiten von Anbeginn der Zeit, bis zu dem Tage, an dem ihr zu mir, in das *Allumfassende Licht*, zurückkehren wollt."
Bei diesen Worten strahlte das *Allumfassende Licht* bedeutend heller, flackerte kurz auf und fuhr fort: ‚Wenn ihr vergesst auf euer Gefühl zu hören oder es absichtlich nicht

tut, wird meine Stimme immer lauter werden, damit ihr spürt, dass ich euch niemals verlasse.'

‚Wir werden deine Stimme hören können?', fragte eine der Seelen, die sich schon auf das Abenteuer ‚Leben' freute.

‚Nicht als Stimme, sondern als Gefühl.' Warnend fährt das *Allumfassende Licht* fort. ‚Ihr werdet auch Dinge auf der Erde erschaffen, die euch Gefühle erleben lassen, die ihr jetzt noch nicht kennt und euch nicht gefallen. Damit will ich euch warnen, dass euch die Dinge, die ihr dann gerade tut, schaden werden. Ich werde niemals aufhören, euch daran zu erinnern, wer ihr wirklich seid. Ich werde immer neue Möglichkeiten finden, um euch zu rufen und euch zu zeigen, dass ihr alle wundervolle Geschöpfe, dass ihr Söhne und Töchter des *Allumfassenden Lichts* seid!'

Schweigend lauschen die vielen kleinen Seelen, Glitzerpunkte im großen *Allumfassenden Licht*, ihrem Schöpfer. ‚Erst, wenn es euch auf eurer Reise auf der Erde gelingt, euch zu erinnern, dass ihr alle Teile des *All-Einen Lichtes* seid, werdet ihr euch eurer Schöpferkraft erinnern und zu wahren Zauberern. Ihr werdet dann keine Angst mehr spüren, weil ihr wisst, dass euch nichts wirklich passieren kann, da ihr ewig seid! In diesem Moment werdet ihr erkennen, wie machtvoll ihr seid. Das ist das Geheimnis des Lebens!'

Hopi schaut die Kinder liebevoll an. „Das flüstern die Bäume seit Anbeginn der Zeit und sie beobachten die Seelen bei ihrem Spiel auf unserer wunderschönen Erde schon Tausende von Jahren!"

„Hopi", sagt Hannah nach einer Weile, „dann sind wir jetzt Zauberer, denn wir kennen das Geheimnis des Lebens!"

Der weise Mann lächelt. „Nun, ihr kennt auch ein Auto, aber das Fahren will gelernt sein!"

Die Ausrüstung

Der weise Mann schenkt den Kindern Tee ein. „Um zu lernen, wie man ein Auto fährt, braucht man einen Führerschein. Um das Leben kennenzulernen, verreisen wir mit der Glühbirne. Mit ihr kommen wir so manchem Geheimnis auf die Spur."

Der alte Mann nimmt die Glühbirne, hält sie in die Sonne und blinzelt die Kinder verschmitzt an: „Ich bin gespannt, was uns heute noch so alles erwartet! Unsere Reise geht nämlich schon weiter zu einem Ort, dessen Schild ganz verblichen ist. Man kann kaum erkennen, was einmal draufgestanden hat", sagt Hopi und reicht den Kindern die Glühbirne.

Der Indianer kneift die Augen zusammen und blinzelt ein wenig. „Ah, hier sind wir", sagt er. „Ich erkenne das Schild. Es ist so verblichen, weil die Seelen diesen Ort nur zu Beginn ihres Lebens kurz betreten und ihn dann für immer verlassen. Hier hält sich niemand auf, um das Schild neu zu streichen. Ihr bekommt an diesem geheimnisvollen Ort alles, was ihr zum Leben braucht. Hier gibt es die Lebensausrüstung. Deshalb nennen wir den Ort auch ‚Mampapa'. Hier fängt alles an. Stellt euch ein leuchtendes Schild mit bunten Buchstaben vor und dahinter eine schöne Wiese, die wir jetzt betreten."

„Mampapa"! David und Hannah grinsen.

„Klasse Idee, Hopi!", feixt David. „Wenn ich Mama und Papa rufen will, sag ich ab jetzt ‚Mampapa'!"

Die Kinder sitzen mit geschlossenen Augen auf dem Boden und denken an ihr schönes, leuchtendes Schild.

„Okay, ihr Zauberkinder. Was gibt es in ‚Mampapa' als Ausrüstung für euer Leben?"

„Ein Fahrzeug, also einen Körper, brauche ich", überlegt Hannah.

„Ich will ’nen richtig coolen Rennwagen!" David springt auf und rast durch den Schrebergarten, dröhnend wie ein Rennmotor, während er sich mit seinem ganzen Körper in die Kurven legt.

„Wie du feststellen kannst, David", lacht Hopi, „ist dein Wunsch erfüllt worden."

David ist ganz außer Atem und setzt sich wieder zu Hopi und Hannah.

„Wir benötigen einen Geist. Den bekommen wir auch hier in Mampapa", sagt Hopi. „Der Geist eines Menschen besteht aus mehreren Teilen, da er nämlich einige Aufgaben zu verrichten hat."

„Er muss denken", sagt Hannah, „und lernen."

„Ja, das macht der bewusste Verstand", erklärt Hopi. „Aber ihr habt auch noch einen unbewussten Verstand. Man nennt ihn ‚unbewusst', weil hier ganz viele Sachen passieren, die ihr gar nicht mitbekommt."

„Wie jetzt?", fragt David. „Ist das so, als hätte ich Geheimnisse vor mir selber?"

„Nein, das ist ein bisschen anders", erwidert Hopi. „Stell dir einmal ein ganz großes Hotel vor. Das gehört dir. Dort gibt es ganz viele Leute, die für dich arbeiten. Du weißt, dass jeden Tag alle Betten gemacht werden. Du weißt auch, dass jeden Tag der Müll herausgebracht wird und viele, viele Leute für das Wohlergehen in deinem Hotel sorgen. Du kennst diese Leute nicht und trotzdem arbeiten sie Tag und Nacht für dein Unternehmen."

„Das ist cool, " grinst David, „und ich streich den Gewinn ein."

Der weise Mann lacht. „Genauso ist das mit deinem unbewussten Verstand. Du bekommst gar nicht mit, was er alles organisiert. Wenn du etwas isst, sorgt er dafür, dass dein Blut die Nährstoffe aufnimmt. Über die Transportwege, die Adern, werden sie überall im Körper hingebracht und verteilt. Dadurch, dass dein Magen die Lebensmittel verdaut, können deine Knochen, deine Haut und deine Haare mit Nährstoffen versorgt werden. Dies alles geschieht ununterbrochen, Tag und Nacht. Dein Körper ist wie ein riesiges Unternehmen mit Tausenden von Angestellten, die perfekt arbeiten, weil dein unbewusster Verstand alles steuert. Und das ist auch gut so, denn wenn du das alles selbst machen müsstest, dann würdest du den ganzen Tag damit beschäftigt sein und trotzdem die Hälfte vergessen. Dein ‚Fahrzeug' würde keinen Tag überleben!"

David schaut auf seinen Arm. „Da drin läuft ’ne ganze Mannschaft rum?"

Hopi lacht. „Ja, da laufen etliche Mannschaften herum. Es gibt zusätzlich noch einige wichtige ‚Büros' in deinem Körper!"

Fragend schauen die Kinder den weisen Mann an.

„Wenn du Durst hast, was tust du dann?", fragt Hopi.

„Ich trinke was!" David schnappt sich seinen Becher und schlürft an seinem Tee.

„Und was passiert, wenn du nicht trinkst?"

„Dann geht es mir ganz schlecht und ich verdurste irgendwann!"

„Ja", sagt Hopi, „dann würdest du krank werden und sterben. Aber wer sagt dir denn, dass du jetzt Durst hast und es wichtig ist für dich zu trinken?"

„Das Durstgefühl", meint Hannah.

„Ja", sagt Hopi, „so ist das und das ist gut so. Wenn du nämlich kein Durstgefühl hättest, würdest du vergessen zu trinken und irgendwann sterben. Das Durstgefühl kommt aus dem Unterbewusstsein. So nennt man den Teil des Verstandes, den ihr nicht steuert!"

Er fährt fort: „Wenn der Mensch Hunger hat, isst er, und wenn er Durst hat, trinkt er. Wenn ihr müde seid, geht ihr schlafen. Ein Mensch würde sterben, wenn er nicht schlafen könnte. Das alles sagt uns der unbewusste Verstand. Man kann das mit ganz vielen kleinen ‚Büros' vergleichen, die eine Meldung an euren Verstand geben, der sagt, dass ihr essen und trinken müsst! Das wird dem Verstand durch Gefühle, wie Hunger, Durst oder Müdigkeit vermittelt!"

„Also sorgt auch hier das *Allumfassende Licht* mit Gefühlen dafür, dass wir nicht verdursten und verhungern!" Hannah findet das alles sehr spannend und sieht ihren Körper nun mit ganz anderen Augen.

„Das *Allumfassende Licht* ist immer da, Tag und Nacht, selbst in unseren Träumen versucht es, uns Antworten zu geben. Wir träumen jede Nacht. Meistens haben wir unsere Träume morgens schon wieder vergessen. Manchmal versucht uns das *Allumfassende Licht* etwas in unseren Träumen mitzuteilen. Viele Erfinder haben nachts im Traum Lösungen für ein Problem erhalten und oft sagen die Menschen, bevor sie wichtige Entscheidungen treffen: ‚Ich möchte noch eine Nacht darüber schlafen'. Der Geist regelt aber noch ganz andere Dinge." Hopi schaut David an. „Wenn ihr über die Straße gehen wollt und es kommt ein Auto, was machst ihr dann?"

David ruft: „Wir schauen erst nach rechts, dann nach links und dann wieder nach rechts und gehen schnell hinüber, wenn kein Auto kommt!"

„Richtig, das macht ihr, weil ihr das gelernt habt. Wenn ihr einfach hinüberlaufen würdet, könntet ihr euch verletzen. Solche Dinge sagt euch der bewusste Verstand."

„Mit dem bewussten Verstand lernen wir und sammeln Erfahrungen!", ruft Hannah.
„Das ist richtig", bestätigt Hopi. „Aber der Geist des Menschen hat noch eine ganz wichtige Aufgabe: Ihr erschafft mit eurem Geist die Welt, in der ihr lebt!"
„Und wie soll das gehen?" Hannah ist misstrauisch.
„Das ist ganz einfach", erwidert Hopi. „Und wenn man erst einmal weiß, wie es genau funktioniert, dann ist es fantastisch und wie Zauberei!"
„Zauberei?", fragt David. „Mama sagt, es gibt Zauberer nur in Märchen!"
Hopi lacht. „Das ist eine andere Geschichte, aber verlasst euch darauf, dass wir mit unserem wundervollen Reisegefährt auch noch eine richtige Zauberschule besuchen werden, in der ihr lernt, wie man zaubert."
Hopi fasst mit beiden Händen um seinen Kopf. „Mit dem bewussten Verstand erschaffen wir unsere Gedanken und diese erschaffen unsere Welt! Wir sind alle Schöpfer!"
David legt ebenfalls seine Hände um seinen Kopf.
Der weise Mann lacht. „Und als Letztes bekommt ihr in ‚Mampapa' eine große, weiße Leinwand."
„Was machen wir damit?" Verstohlen schaut David zu seiner Schwester.
„Mit unseren Gedanken drehen wir unseren Lebensfilm, den wir auf der Leinwand unseres Lebens sehen."
Der weise Mann nimmt einen großen, weißen Zeichenblock. „Zu Beginn unseres Lebens ist die Leinwand leer. Unser Geist denkt den ganzen Tag. Uns gehen täglich Tausende von Gedanken durch den Kopf. Das sind alles Ideen für unser Drehbuch. Und nur ihr wählt aus, was auf eurer Leinwand erscheint. Wie das funktioniert, erfahren wir noch auf unserer großen Reise!"

„Hannah! David!"
Opa steht am Zaun des Nachbargrundstücks. „Kommt ihr rüber? Wir grillen. Papa und Mama sind in fünf Minuten da."
Erst jetzt stellen die Kinder fest, wie schnell die Zeit vergangen ist. Die Sonne steht schon tief hinter den Laubbäumen und der weiche Nachmittagsschein wechselt langsam zu dem klaren, scharfen Licht eines sommerlichen Frühabends.
„Moment", flüstert Hopi, „alle wieder einsteigen, wir kommen jetzt zurück in den Schrebergarten eines alten Indianers."
Er gibt Hannah die Glühbirne. Nachdem das Mädchen sie ehrfurchtsvoll mit beiden Händen umfasst hat, reicht sie das merkwürdige Reisegefährt ihrem Bruder. David

streichelt es mit seinen Händen und legt es vorsichtig auf ein Tuch, in dem der alte Indianer es feierlich einhüllt.

„Und nun mal los", muntert er die Kinder auf. „Wann immer ihr wieder reisen wollt, mein Schrebergarten ist die Startbahn."

Die Kinder springen auf, umarmen den alten Mann und jagen davon.

Der Körper dient uns als Fahrzeug fürs Leben.
Man muss ihn pflegen und gut behandeln, damit er lange hält.

Der Geist besteht aus bewusstem und unbewusstem Verstand.
Das nennt man auch „Bewusstsein" und „Unterbewusstsein".

Das Unterbewusstsein regelt unsere Körperfunktionen
und ist ein riesiger Speicher für alles, was wir erleben und erfahren.
Mit dem bewussten Verstand lernen wir.

Im Geist entstehen ununterbrochen Gedanken,
die wir in unserem Kopf in Bilder umwandeln.

Die Seele ist der Sitz unserer Gefühle.
Die Gefühle reagieren immer auf unsere Bilder im Kopf.
Wenn wir schlechte Gefühle haben,
ist das eine Warnung der Seele, etwas zu ändern.
Haben wir gute Gefühle, sind wir auf dem besten Weg für uns.

Grillen bei Oma und Opa

„Na", fragt Opa lauernd, „hat euch der Indianer von der Büffeljagd erzählt?" Hannah hat keine Lust, ihrem Großvater zu berichten, dass sie auf einer tollen Reise waren, ganz ohne Büffel. Sie ist immer noch in Gedanken auf dieser Fahrt ohne Zug und Flugzeug, in einer riesigen gläsernen Glühbirne und möchte über so vieles nachdenken, was sie heute gehört hat. Sie freut sich schon auf den Abend, wenn sie mit David gemeinsam unter die Bettdecke schlüpft und mit ihm zusammen noch einmal auf Reisen gehen kann.

Normalerweise liegt sie abends im Bett und hört CDs, aber heute möchte sie lieber ein nächtliches Gespräch mit ihrem Bruder führen.

„Hannah – Hannah!" Der Großvater fasst seine Enkelin an der Schulter.

„Hat die Rothaut dir den Verstand geraubt?" Er schüttelt den Kopf. „Läufst hier herum wie eine Mumie, hörst nichts, gibst keine Antwort. Ich hab's ja gewusst, der hat da Kräuter und so einen komischen Tee, alles Rauschmittel!"

„Nein Opa", Hannah lacht, „ich habe gerade nur nachgedacht."

„Und", wiederholt der Großvater, „hat er euch von Büffeln erzählt und dem bösen, bösen, weißen Mann, der ihnen die Jagdgründe weggenommen hat?"

„Ja, Opa, er hat von Büffeln erzählt." Hannah hat keine Lust auf die Streitereien des alten Mannes einzugehen und fügt grinsend hinzu: „Und wie man Pfeile schnitzt, will er uns auch zeigen."

„Ich wusste es ja", knurrt der Großvater vor sich hin, und zu seiner Frau gewandt zischt er: „Irgendwann habe ich hier einen Pfeil im Hintern, da sorgt der schon dafür!"

„Ach Peter, hör schon auf." Die Großmutter legt ihm beschwichtigend die Hand auf den Arm. „Der ist doch harmlos."

„Meine Worte", murmelt der alte Mann, „denk an meine Worte! Der ist hööchst verdächtig, aber das scheint hier ja keiner zu bemerken!"

Kopfschüttelnd dreht der Großvater sich um und wendet ein paar knusprige Würstchen, die auf dem Grill brutzeln.

David läuft ins Gartenhaus und wäscht sich die Hände. „Endlich weiß ich, was eine Seele so tut", denkt er und schaut sich im Spiegel an. Seine Augen glitzern wie Bernstein in seinem braun gebrannten Gesicht voller Sommersprossen. „Wo ist sie jetzt gerade, die Seele?", fragt er sich.

Dann schaut er tief in die Augen seines Spiegelbildes und fragt den Jungen, den er dort erblickt: „Wie fühle ich mich?"

Er hält einen Moment inne und denkt an das bevorstehende Grillessen. Freude kommt in ihm auf. Das wird ein gemütlicher Abend.

„Ich freue mich", sagt David zu seinem Spiegelbild. „Meine Seele ist auf jeden Fall da, denn ich fühle etwas."

Glücklich rennt er in den Garten, als ob er gerade ein großes Geschenk erhalten hat. Das Gartentor öffnet sich und Herr und Frau Fischer kommen mit einer großen Schüssel Salat und einem Baguette den Weg hinauf.

„Hier riecht es klasse", ruft Frau Fischer ihrem Vater zu. „Papi, du bist eine Wucht und ein Grillweltmeister obendrein!"

„Sind Schweinesteaks und Würstchen", meint der Opa. „Für Büffelsteaks hat's nicht gereicht! Der Neue da setzt den Kindern Flausen von Büffelherden in den Kopf, aber gefangen hat der auch noch keinen."

„Vater, nun lass mal gut sein." Herr Fischer begrüßt seinen Schwiegervater und hält Ausschau nach den Kindern. „Irgendwo Fischermanns Fische?", ruft er und schon kommen die Kinder ihm entgegen und hängen an seinen Armen.

„Na", sagt er „'nen tollen Tag gehabt?"

„Das war total schön bei Hopi!" Hannah ist immer noch ganz aufgeregt. „Er hat uns alte Märchen der Indianer erzählt, und wir haben Maisbrot gegessen und leckeren Tee getrunken."

„Das Maisbrot hat er selbst gebacken, es war noch ganz warm", ergänzt David und denkt zurück an das gut riechende Brot und den leckeren Tee. Er erinnert sich, wie viel Spaß sie hatten. Ein schönes Gefühl durchläuft seinen Körper. „Jetzt", denkt er, „jetzt spüre ich meine Seele durch meinen Bauch laufen! Huch, dann laufe ich durch meinen Bauch, denn mein Bauch ist ein Teil von meinem Fahrzeug und ich bin die Seele! Wie cool ist das denn!" So gut wie heute fühlte sich der Junge schon lange nicht mehr.

„Wir können essen!" Die Oma ruft etwas lauter als gewohnt, um sich in dem Durcheinander aus Lachen und Stimmen Gehör zu verschaffen.

Frau Fischer verteilt den Salat und alle fangen mit großem Appetit an zu essen.

„Morgen ist Sonntag." Herr Fischer schaut seine Kinder an. „Im Nachbarort ist Kirmes. Was haltet ihr davon? Habt ihr Lust bei schönem Wetter auf Autoskooter und Popcorn?"

„Ja, klar, Papa immer!", jubelt David. Er freut sich und wieder fühlt er seine Seele, die Purzelbäume schlägt.

„Ich möchte eine Zuckerwatte!" Schon allein der Gedanke an das süße und gut riechende Zuckerwerk, das wie eine Wolke aussieht, lässt Hannahs Herz höher schlagen. „Im Herzen ist die Seele", denkt sie. „Ich spüre es ganz genau, also bin ich in meinem Herzen, ich bin ja die Seele! Schön ist es, eine Seele zu sein."

Es wird Abend. Der Nachthimmel legt sich wie ein Schleier auf die kleine Schrebergartensiedlung. Die Luft riecht süß und würzig nach frischen Kräutern und nur noch hier und da hört man gedämpfte Stimmen, versteckt hinter Bäumen und Sträuchern. Das Licht der flackernden Laternen lässt farbige Flämmchen im Gras tanzen.

Töne einer Panflöte erklingen leise vom Nachbargrundstück. Es hört sich an wie das Lied eines einsamen Hirten, der den Wind einfängt, der die Bambusbäume eines fernen Landes umstreicht. Die dunklen Klänge erinnern an die kleinen Füße von wundersamen Wesen, Elfen und Kobolden, die sich mit den hellen Tönen unter dem Mondlicht im tanzenden Reigen vereinen.

Gebannt lauschen die Fischers diesem wundersamen Spiel.

„Ist das nicht schön?", flüstert Frau Fischer. Und zu den Kindern gewandt sagt sie leise: „Das ist der Indianer mit einer Panflöte!"

„Ich sag's euch doch", knurrt der Opa, „und schon ist die Ruhe dahin."

„Aber das ist doch traumhaft", haucht Hannah. Sie wundert sich. „Alle Menschen haben doch ein gutes Gefühl in sich, wenn sie etwas so Schönes hören!", flüstert sie ihrer Mutter zu.

„Das hat Hopi auch gesagt", ergänzt David leise.

„Ja, ja", meint Opa, „hab ich's mir doch gedacht, dass so'n alter Indianer euch alle möglichen Rosinen in den Kopf setzt. Damit sich keiner beschwert, wenn er abends Lärm macht."

Oma schaut ihn an und tätschelt sanft seinen Arm. „Peter, lass gut sein."

Gemeinsam lauschen sie nun den wundervollen Klängen, die die Nachtluft zu streicheln scheinen.

Doch ein wenig des Zaubers ist dahin, weil der Großvater das Spiel nicht wirklich genießen kann.

„Komisch", denkt Hannah, „nur weil Opi das nicht mag, ist die Freude nicht mehr ganz so groß." Sie seufzt. „Ich werde Hopi fragen, warum das so ist."

Es ist schon sehr spät, als die Familie nach Hause kommt.

„Nun, aber ganz schnell ins Bett, ab die Post, ihr beiden", verkündet Frau Fischer ihren Kindern und nimmt sie zärtlich in den Arm.

„Mama", Hannah kuschelt sich an den Bauch ihrer Mutter, „spürst du auch deine Seele?"

Verwundert schaut Frau Fischer in die klaren Augen ihrer Tochter, die nachts die tiefblaue Farbe des Atlantiks annehmen. „Meine Seele?", fragt sie und sagt zögernd „Manchmal … ja, ich denke schon. Aber jetzt, husch, husch ins Bett!"

„Zu dir?", flüstert David seiner Schwester zu.

„Jepp." Gemeinsam verschwinden beide in Hannahs Zimmer.

Frau Fischer geht gedankenverloren über den großen Flur ihres neuen Hauses. „Meine Seele spüren, hmm", denkt sie, „vielleicht sollte ich das viel öfter tun."

Ein Lichtstrahl kommt aus dem Büro am Ende des Flures. Herr Fischer sitzt noch, über eine Zeichnung gebeugt, am Schreibtisch. Sie sieht seinen kräftigen, sportlichen Rücken und spürt seine Konzentration. Ein Lächeln streift ihr Gesicht.

Er hört sie kommen und sagt: „Ich bin gleich fertig, noch fünf Minuten."

Wärme durchflutet ihren Körper. „Das ist die Seele", denkt sie.

„Ich liebe dich", haucht sie und geht leise über den Flur. Ein Blick in das Zimmer von Hannah zeigt ihr zwei eng umschlungene kleine Menschen, die nach einem erlebnisreichen Tag ins Traumland gefallen sind.

Kirmes in Oberberg

Die Sonne scheint von einem tiefblauen Himmel herab. Nach dem Frühstück machen sich die Fischers auf, um zur Kirmes in Oberberg zu fahren, einem Nachbarort, der viel größer ist als Frühlingsdorf. Hier gibt es ein großes Kaufhaus und einen Gewerbepark mit vielen Autohäusern. Oberberg hat auch ein ganz modernes Schwimmbad, und eine neue Tennisanlage wird gerade gebaut.

Oberberg ist eine richtige Stadt und die Kirmes sehr groß. Auf beiden Seiten einer breiten Straße stehen Karussells in allen Variationen. Es duftet nach Süßem und Herzhaftem, es gibt Buden mit Crêpes, Reibekuchen, Würstchen, Fisch und Champignons. Und Losverkäufer hört man mit lauter Stimme immer wieder die gleichen Sätze rufen. Für Autos ist die Straße gesperrt. Fußgänger, so weit das Auge reicht, suchen nach Attraktionen und Unterhaltung. Von oben, im Riesenrad sitzend, sehen die vielen Menschen aus wie eine riesige, fast endlose Schlange, die sich über den großen Platz windet und ohne Unterlass ihre Runden dreht. Das jedenfalls finden David und Hannah, die in einer altmodischen Gondel aus luftiger Höhe das bunte Treiben beobachten.

„Die Leute sehen aus wie Ameisen, die alle irgendwo hinlaufen." David grinst.

„Nur, dass Ameisen nicht so viel Schmutz machen", meint Hannah. „Schau doch mal den ganzen Abfall an, der da überall herumliegt."

Das Riesenrad dreht langsam seine Kreise. Die Kinder genießen den Blick weit über die Stadt und den Luftzug, wenn sie auf ihrer Fahrt ganz oben sind.

„Das war toll, Mama!" Auf der Erde zurück, klettert David aus der Gondel und strahlt. „Die Menschen sehen von oben so klein wie Ameisen aus."

Frau Fischer lacht. „Ja!", ruft sie gegen die Lautstärke der Musik an, „und davon gibt es hier heute eine ganze Menge!"

„Papa steht schon wieder an der Losbude!", ruft Hannah und läuft zu ihrem Vater.

Frau Fischer schüttelt den Kopf. „Er will unbedingt den Hauptpreis haben!"

Sie denkt zurück an früher. Auch da hat er schon immer stundenlang an Losbuden gestanden und überlegt, ob er Lose kaufen soll und was er gewinnen könnte. Einmal war es ein ganz großer, orangefarbener Bär aus hässlichem Velours, den Dirk ihr dann stolz überreichte. Jahrelang hatte sie ihn aufbewahrt. Erst throhnte er auf einem Ehrenplatz in dem Zimmer bei ihren Eltern. Nach der Hochzeit war ihre Mutter froh, dieses „Monstrum" endlich loszuwerden und es landete auf dem Dachboden ihrer ersten gemeinsamen Wohnung mit Dirk. Verstaubt und vergilbt hat sie den alten Bären beim letzten Umzug nun endlich weggeworfen.

„Ich glaube, heute ist mein Glückstag!" Herr Fischer strahlt die Kinder an. „Ich habe schon 450 Punkte gesammelt und bei 500 Punkten gibt es ‚freie Auswahl!'"

„Nun", meint Frau Fischer verschmitzt, „wahrscheinlich sind die Lose teurer als das, was du dafür bekommst." Sie wirft einen Blick auf die Losbudenausstattung. Außer kitschigen Stofftieren und hässlichen Puppen gibt es hier kaum etwas.

„Papa, da gibt es Bocchiakugeln für 450 Punkte", ruft David und auch Hannah findet sie klasse.

„Aber noch 50 Punkte, dann habe ich freie Auswahl." Irritiert schaut Herr Fischer die Kinder an.

„Es gibt aber hier nichts Besseres als die Kugeln, Papa", zischt Hannah genervt.

„Also gut! Ich gebe mich geschlagen!" Und zur Losbudenverkäuferin sagt er: „Bitte die Kugeln für meine Punkte. Die Kinder haben entschieden."

Die Losbudenverkäuferin guckt Hannah mit einem schiefen Lächeln an. „Wäre diese kleine Kröte nicht gekommen, der Mann hätte noch mehr Lose gekauft", denkt sie verärgert und berührt ihren Lederbeutel, in dem sich die mageren Einnahmen des Tages befinden. Dann nimmt sie mit einem Ruck die Bocciakugeln aus dem Regal und reicht sie Herrn Fischer. Sie schaut Frau Fischer und den Kindern hinterher und setzt ihr freundlichstes Lächeln auf: „Sie sind ein netter Mann", säuselt sie.

Doch Herr Fischer ist bereits mit seinem Gewinn unter dem Arm in der Menge verschwunden und geht mit riesigen Schritten zu seiner Familie, die sich schon wieder ins Getümmel gestürzt hat.

„Ich hätte freie Auswahl haben können. Habt ihr die riesigen Bären gesehen?"

Frau Fischer lacht: „Oh nein, keine freie Auswahl und keine riesigen Bären mehr. Der letzte dieser Art hat mich bis zum Umzug zehn Jahre lang verfolgt."

„Bis zum Umzug? Du meinst", Herr Fischer schaut seine Frau ungläubig an, „er ist weg? Du hast ihn weggeworfen? Du hast meinen Bären weggeworfen? Die freie Auswahl?"

„Motten", sagt sie spontan, „er hatte Motten." Frau Fischer weiß, dass ihr Mann nichts mehr hasst als Motten, die ihm damals in seiner Studentenwohnung sehr zu schaffen gemacht hatten, da sie ständig Löcher in seinen Pullis hinterließen. Von Mottenkugeln über alte Hausrezepte seiner Mutter hatte er alles versucht, um den Kampf gegen diese lästigen Viecher zu gewinnen, jedoch ohne Erfolg.

Kopfschüttelnd läuft Herr Fischer durch die überfüllten Gassen. „Er hatte Motten, welch eine Schande!", sagt er zu sich selbst. „Dieser wunderschöne Bär! Unglaublich, diese Motten, machen noch nicht einmal vor einem Bären halt!"

„Schaut mal, da ist die Geisterbahn, sieht ja eklig aus", ruft Frau Fischer, um das Thema „Bär" endlich abzuschließen.

„Huuuuuhu!" Herr Fischer rennt wie eine fliegende Fledermaus auf die Kinder zu. „Wer will auf die Geisterbahn? Einmal einsteigen bitte!"

Hannah schaut sich die schrecklichen Figuren und die hässlichen Köpfe an, die böse zu ihnen hinunterstieren und bekommt ein ganz flaues Gefühl im Magen.

„Han", flüstert David und zupft seiner Schwester am T-Shirt. Noch immer schaut das Mädchen gebannt zu den niederträchtigen Figuren, die ununterbrochen mit den Köpfen wackeln. Ein Skelett springt hin und her und eine Hexe mit einem bösen Lachen hält einen Dreispitz in der Hand.

„Hannaaaah!" David zieht nun eindringlicher an ihrem T-Shirt.

Ruckartig dreht Hannah den Kopf. Sie hat sich erschrocken und ist genervt. „Was ist denn?", faucht sie. Eigentlich wollte sie viel netter zu ihm sein, doch die Figuren wühlen sie innerlich auf, und deshalb ist sie gereizt.

„Meine Seele will da nicht hin", sagt nun ihr Bruder kleinlaut, „und ich auch nicht", fügt er trotzig hinzu. „Auch wenn du dann sagst, ich bin ein Feigling!"

„Entschuldige, ich wollte nicht gemein zu dir sein." Das Mädchen nimmt Davids Hand, „und ein Feigling bist du auch nicht. Du bist sogar sehr mutig, weil du sagst, was du denkst und fühlst."

„Ich habe ein schlechtes Gefühl im Bauch, wenn ich diese fiesen Köpfe sehe", sagt David nun. „Und Hopi hat gesagt, das ist die Stimme des *Allumfassenden Lichts* in unserer Seele. Ich weiß jetzt, wenn die Seele sich schlecht fühlt, fühle ich mich auch schlecht, weil ich die Seele bin. Hopi hat die Wahrheit gesagt. Ich glaube die Geschichte von den flüsternden Bäumen."

„Ja, du hast recht und unsere Seelen auch, denn die Figuren sind total schrecklich und machen auch mir Angst", flüstert Hannah. „Hopi hat zu uns gesagt, es ist wichtig, dass wir uns immer gut fühlen."

„Nun", ruft Herr Fischer, „wie sieht's aus, wer traut sich in den bösen Rachen dieser Geisterbahn?"

„Ich will lieber Autoskooter fahren!" David zieht Hannah in Richtung der großen, hell erleuchteten Kirmesattraktion. Wild hupend fahren die kleinen Autos kreuz und quer über die glatte Fläche.

„Keine Geister heute?" Herr Fischer ist erstaunt. „Na gut, dann lasst mal eure Fahrkünste sehen!"

Nach fünf Fahrrunden steigen David und Hannah wieder aus.
„Das hat richtig Spaß gemacht!", ruft David. Besonders toll findet er, dass Hannah ihn gelobt hat, weil er so gut Kurven fahren kann.

Dann geht es zum Kettenkarussell und auf die Raupenbahn. David und Hannah laufen mit ihren Eltern über den riesigen Platz. Langsam werden sie müde und der Attraktionen überdrüssig. Nachdem Hannah ihre Zuckerwatte, ein rosafarbenes Gespinst aus feinem Zucker bekommen hat, geht es noch an den lecker duftenden Popcornstand. David strahlt beim Anblick der luftig aufgequollenen Maiskörner, die süß und knackig schmecken. Etwas müde, aber zufrieden laufen die Fischers gemeinsam zum Auto und fahren nach Hause.
Daheim angekommen fragt Hannah ihre Mutter, ob sie Hopi besuchen können.

Schaut euch mal die beiden Bilder von der Kirmes an!
Die Geisterbahn und den Autoskooter!

Was spürt ihr, wenn ihr die Geisterbahnfiguren betrachtet
und wie fühlt ihr euch, wenn ihr dann die Autos anschaut?

Fühlt ihr die Stimme in eurer Seele? Was sagt sie euch?

Die Gedanken und das Gefühl

Nachdem Hannah ihre Hände von Resten der Zuckerwatte befreit hat, machen sich die Kinder auf zum Schrebergarten.

„Ich habe mein Popcorn dabei!" Zufrieden dreht David an den Enden der kleinen Plastiktüte, die noch halb gefüllt ist.

„Streber", meint Hannah verächtlich. „Ich glaube kaum, dass Hopi so was mag."

Röte schießt David ins Gesicht. Sein Kopf wird heiß. „Du bist ja nur sauer, weil du nichts dabei hast", entgegnet der Junge und merkt, dass er sich gar nicht mehr so freut wie eben noch, als sie gemeinsam aus dem Elternhaus losgestürmt sind, um ihren neuen Freund zu treffen.

Betretene Stille macht sich breit zwischen den beiden. Ohne ein Wort zu sagen, gehen die Kinder auf dem Schotterweg nebeneinander her. Als sie an dem Grundstück der Großeltern angelangt sind, schaut David verstohlen in den Garten und stellt fest, dass niemand da ist. Verwaist und leer, die Vorhänge an den Fenstern zugezogen, steht das gepflegte Gartenhaus da.

„Warte mal!" Hannah zieht ihren Bruder am Arm zu sich. Mit großen, bernsteinfarbenen Augen schaut David seine Schwester an. „Das war doof, was ich gesagt habe", sagt sie nun. „Es tut mir leid, es stimmt, es hat mich gestört, dass du etwas dabei hast und ich nicht." Tränen schießen in Hannahs Augen. „Ich war gemein zu dir."

Erleichtert, dass seine Schwester nun wieder nett zu ihm ist, drückt David Hannahs Hand. „Ach, ist schon gut, Han", renkt der Junge ein und merkt, dass er sich auf einmal viel besser fühlt. „Das Popcorn ist von uns beiden", sagt er nun und reicht es Hannah und meint grinsend: „Du bist die ältere, du kannst es auch tragen!"

Hannah wischt sich die Tränen aus dem Gesicht und strahlt David an. „Du bist der beste Bruder, den es gibt!"

Vor dem Gartentor von Hopis Grundstück sagt Hannah zu David: „Irgendwie funktioniert die Seele immer. Ich wusste ja eigentlich, dass es gemein war, dich Streber zu nennen, denn sofort danach spürte ich, dass es meiner Seele noch viel schlechter ging als vorher, als ich nur neidisch war."

„Meiner Seele ging es auch schlecht, als du das gesagt hast", antwortet David. „Und jetzt, wo wir uns wieder vertragen, geht es auch meiner Seele gut, denn ich habe ein sehr gutes Gefühl in meinem Bauch."

„Siehst du, die Seele will uns mit dem guten und schlechten Gefühl zeigen, was richtig und was falsch ist!", erklärt Hannah ihrem Bruder.

„Hopi sagt, das ist die Stimme des *Allumfassenden Lichts!*", ruft David, und er sieht den alten Freund auch schon an dem großen Stein auf der Wiese sitzen und Tee trinken.

„Hi Hopi, dürfen wir reinkommen?" Hannah öffnet das Gartentor. Winkend erhebt sich der Indianer und kommt auf die Kinder zugelaufen.

„Kommt her meine Freunde, zum Tuwanasavi!"

Hopi strahlt die Kinder an, und seine dunklen Augen blicken mit einer Klarheit und Wärme, die jeden Moment zu etwas Besonderem werden lassen.

„Was war das gerade für ein Wort, das du gesagt hast?", möchte Hannah wissen.

„‚Tuwanasavi' das heißt ‚Mittelpunkt der Erde' und wie ihr wisst, ist der immer da, wo ihr euch aufhaltet. In diesem Moment teilen wir drei uns unseren Mittelpunkt, und ich freue mich darüber und bin euch dankbar."

„Ich … äh … wir haben dir Popcorn mitgebracht", unterbricht David den alten Mann. „Magst du?"

„Das ist Mais nicht wahr?", Hopi nimmt schmunzelnd die Tüte vom Kirmesplatz. Er hängt seine Nase tief in das süße Zeug und ruft: „Die Kachina sind überall und kennen so viele Möglichkeiten, diese herrliche Frucht, die unser Volk seit Jahrtausenden am Leben erhält, zu verzaubern."

Hannah lacht. „Hopi, das waren keine Kachina, das wird auf der Kirmes in Apparaten hergestellt!"

Hopi dreht sich um und greift in einen Korb, in dem sich so allerlei Krimskrams befindet. Hannah erinnert dieser an die Basteltruhe ihrer Mutter.

„Dann fertige ich eine ‚Apparatekachina' an!"

Hopi wühlt ganz begeistert in dem bunten Durcheinander von Stoffen, Drähten, Papierrollen und vielerlei Zeugs, dessen Verwendung den Kindern völlig unbekannt ist. Er greift einige Drahtstücke, rote und gelbe Federn, sowie türkisfarbene Steine heraus.

„Du machst Kachina-Puppen?" David schaut Hopi erwartungsvoll an.

„Ich dachte mir, vielleicht gefallen sie den Menschen hier, und ich kann einige davon auf dem Markt verkaufen. Sie bringen Glück, die Kachina."

Der alte Mann nimmt aus dem Korb ein faustgroßes Teil, welches mit einem roten Tuch umwickelt ist.
„Die Glühbirne!", ruft Hannah. „Wir verreisen!"
„Also, liebe Reiseteilnehmer, einsteigen und losfahren in die riesige Welt des Unsichtbaren. Unser Reiseort heißt ‚Gefühle', und, obwohl man sie nicht sehen kann, bestimmen sie unser ganzes Leben!"
Die Kinder nehmen grinsend die Glühbirne und reiben sie in ihren Händen. David stellt sich vor, wie er in der riesigen Glühbirne steht, die ihn wie einen Fahrstuhl durch den Himmel trägt und direkt zum Schild „Gefühle" bringt.

Gefühle kann man nicht sehen, dennoch bestimmen sie, was wir erleben.

„Gefühle, wie Trauer und Freude, empfangen wir durch die Seele", sagt der weise Mann und fasst sich an sein Herz. „Was können wir noch fühlen mit unserer Seele, habt ihr eine Idee?"
„Ich kann Liebe fühlen", meint Hannah.
„Wenn Phillip mich zankt", David überlegt, „dann ärgere ich mich. Manchmal bin ich dann auch wütend oder traurig."
„Wenn ich eine gute Note habe, freue ich mich", ergänzt Hannah. „Macht man das alles mit der Seele?", fragt sie ungläubig.
„Ja", sagt Hopi, „und noch viel mehr. Was passiert, wenn du dir vorstellst, du bekommst von deinem Lehrer eine Eins in Mathe?"
„Dann freue ich mich", ruft Hannah.
„Und", fragt Hopi, „wenn du an ein krankes Reh denkst? Was ist dann?"
„Dann bin ich traurig", meint das Mädchen.

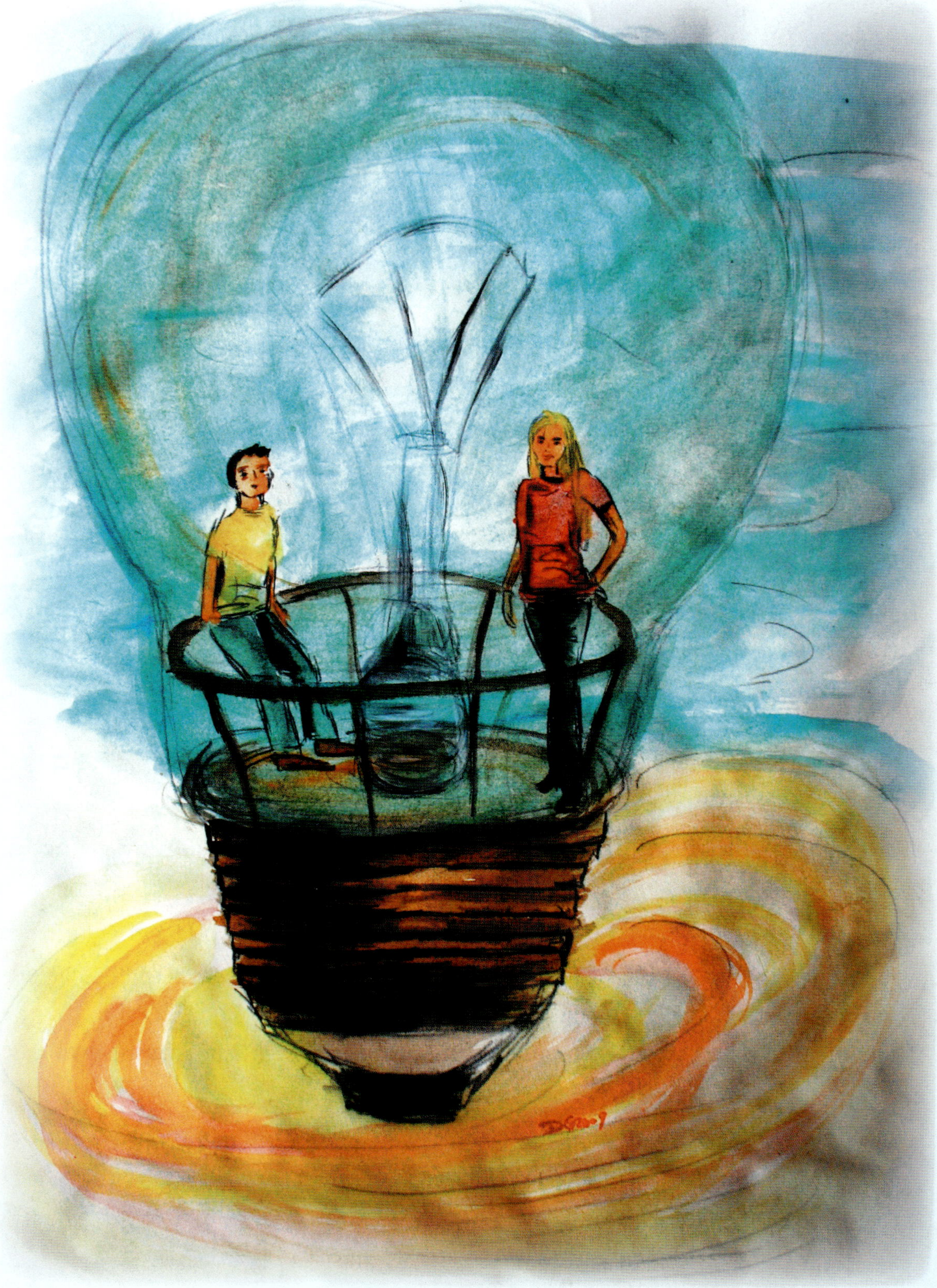

Hopi überlegt und schaut David an. „Und wenn du an einen schwarzen Wolf im Wald denkst?"

„Dann habe ich Angst", gibt David kleinlaut zu.

„Habt ihr etwas bemerkt?", fragt Hopi die Kinder. „Schon allein der Gedanke an irgendetwas schafft ein Bild in eurem Kopf, und was ganz wichtig ist, ein Gefühl! Ihr fühlt etwas, obwohl ihr nur daran denkt! Zuerst habt ihr mir Beispiele von Erlebnissen gebracht, die ihr wirklich erlebt habt und habt mir eure Gefühle geschildert, die ihr dabei hattet, und jetzt kommt ein ganz großes Erlebnis unserer Reise: Ihr fühlt auch etwas, wenn ihr es nicht erlebt, sondern einfach nur daran denkt!" Hopi schaut die Kinder an. „Damit wissen wir nun, das unser Geist gar nicht unterscheidet, ob wir etwas wirklich erleben, nur daran denken oder es uns vorstellen!"

„Jetzt", fährt Hopi fort, „gehen wir einen Schritt weiter. Wie fühlt ihr euch, wenn ihr an etwas Schönes denkt?"

„Dann geht's mir klasse", antwortet David, „und wenn ich an was Blödes denke, bekomme ich einen Kloß im Bauch und es geht mir schlecht."

Unser Geist unterscheidet nicht,
ob wir etwas Schönes wirklich erleben oder nur daran denken.
Für ihn ist bereits der Gedanke ein Erlebnis.
Deshalb entsteht bereits beim Denken an Dinge ein Gefühl.
Das ist so, weil jeder Gedanke schöpferisch ist.

Wenn wir etwas Schönes erleben,
fühlen wir uns gut und wenn wir an etwas Schönes denken,
fühlen wir uns auch gut!

„Wir machen jetzt ein Spiel", sagt der alte Mann. „Wir denken jetzt gemeinsam an einen Weihnachtsmann, der euch ganz viele Geschenke bringt und wir versuchen uns dabei schlecht zu fühlen."

Schweigend sitzen die drei in der Runde. David fängt nach einer gewissen Zeit an zu grinsen, schaut seine Schwester an, die verstohlen zu ihm hinüberblinzelt, und dann fangen beide an zu lachen.

„Das geht gar nicht", lacht Hannah.

„Okay", meint Hopi, „dann anders herum. Wir denken jetzt alle drei an das kranke Reh und versuchen, dabei ganz glücklich zu sein."

„Das kann man gar nicht." Hannah und David haben das Spiel verstanden.
„Es geht gar nicht, dass man an etwas Schönes denkt und sich schlecht dabei fühlt", sagt Hannah, „und umgekehrt auch nicht. Man kann nicht an etwas Trauriges denken und glücklich sein."
„Wie ihr wisst, ist das eure innere Stimme, der Wegweiser des *Allumfassenden Lichts*. Es sagt immer die Wahrheit!", erklärt Hopi. „Seht ihr, wie das Reisen in Glühbirnen das Licht heller werden lässt? Jetzt wissen wir über die Seele, den Sitz unserer Gefühle, schon eine ganze Menge."

Wir wissen, dass man sich nicht gut fühlen kann, wenn man an etwas Trauriges denkt und dass man sich nicht schlecht fühlen kann, wenn man an tolle Sachen denkt.

Das Gefühl passt immer zu dem Gedanken, den man hat. Es ist wichtig, dass wir immer nur Dinge denken, bei denen wir uns gut fühlen.

Unser Gefühl ist die Stimme des Allumfassenden Lichts, die uns dann sagt „Weiter so, dann geht es euch gut!"

Der Indianer nimmt die Glühbirne und schaut tief in das Glas hinein. „Ich sehe ein Schild", sagt er. „Wir sind bei dem Ort ‚Geist' angekommen."
„Und was sehen wir hier?" David ist ganz gespannt.
„Was gibt es im Leben völlig umsonst und wir haben es, solange wir atmen?" Der alte Mann schaut die Kinder fragend an.
„Luft", ruft Hannah. „Luft zum Atmen!"
„Das", erwidert Hopi, „ist eine ganz schlaue Antwort. Denn ‚Luft' ist das, womit das *Allumfassende Licht* unseren Körper Tag und Nacht versorgt. Es ist die Energie des Universums, die uns am Leben hält. Wir werden geatmet! Das merken wir daran, dass es von ganz allein funktioniert und wir es nicht abstellen können."
Davids Mund wird ganz schmal. „Ich atme nicht", sagt er gepresst. Nun hält auch Hannah die Luft an. Am Steinkreis ist es still. Der alte Indianer beginnt leise zu zählen. Plötzlich prustet David los. „Ich muss jetzt atmen!", ruft er und zieht Luft in seine Lungen.
Auch Hannah entspannt sich und atmet tief durch. „Stimmt Hopi, man kann nicht aufhören zu atmen. Da ist etwas, was sich dagegen wehrt.

„Seht ihr", der Indianer lächelt, „ihr werdet geatmet. Aber es gibt noch etwas, was ununterbrochen da ist."

Hannah ahnt etwas. „Unsere Gedanken?", fragt sie zögernd.

„Natürlich!", ruft Hopi. „Das ist es!"

Er reißt die Arme in die Luft und sagt: „Unser Geist schafft unsere Gedanken! Und das wundervolle an euren Gedanken ist: Sie kosten gar nichts, sind im Überfluss da und ihr könnt sie wählen, wie immer ihr es wollt. Ihr könnt alles denken, und niemand kann euch eure Gedanken wegnehmen oder euch sagen, was ihr denken sollt. Das ist so, weil wir alle ein Teil des *Allumfassenden Lichts* sind. Es gab uns die Gedanken, damit wir in unserem Leben erschaffen können!"

Der Geist schafft die Gedanken!
Gedanken kosten gar nichts,
sind immer vorhanden und wir können sie frei wählen.
Niemand weiß, was wir denken, nur wir allein und das ist wundervoll.

Weil wir unsere Gedanken wählen können, können wir entscheiden,
was wir fühlen, denn unsere Gedanken bestimmen, was wir fühlen.

Jeder Gedanke ist ein Baustoff zum Erschaffen unserer Welt.

„Mit unseren Gedanken erschaffen wir?", fragt Hannah ungläubig. „Wie das denn?"

Der Indianer nimmt die Glühbirne, reibt sie mit seinen Händen und reicht sie den Kindern weiter.

„Das erfahren wir auf der nächsten Reise!", sagt er und lacht.

Die Thujahecke

Am nächsten Tag kommen David und Hannah gemeinsam nach Hause. Hannah hatte schon früher Schule aus als sonst und konnte ihren Bruder im Kindergarten abholen.

Im Garten des Einfamilienhauses herrscht reger Betrieb. Herr Fischer unterhält sich mit zwei Gärtnern, die eine Hecke um das Grundstück pflanzen. Überall sind Erdhaufen aufgetürmt und Thujapflanzen liegen fein säuberlich aufgereiht an der Grundstücksgrenze.

„Das sind nicht die richtigen Pflanzen", hört Hannah ihren Vater sagen.

Der Gärtner, ein großer, kräftiger Mann mit roten Wangen, schaut verlegen drein.

„Die hat uns der Boss heute Morgen auf den Anhänger gelegt", verteidigt er sich.

„Die Pflanzen, die ich bestellt habe, waren 1,20 Meter hoch. Diese hier sind keine 80 Zentimeter!" Hannah erkennt, dass ihr Vater mächtig sauer ist. Immer wenn er sich richtig ärgert, bildet sich eine steile Falte auf seiner Stirn und man sieht förmlich das Blut in seinen Adern pochen.

„Ausgraben! Alle ausgraben, heute noch!" Herr Fischer dreht sich um und stakst mit Riesenschritten durch den Garten ins Haus. Im Vorbeigehen wirft er Frau Fischer einen ärgerlichen Blick zu.

Betreten stehen der Gärtner und sein Gehilfe in einer von Erdhaufen übersäten Ecke des Grundstücks.

„Ich hab's heute Morgen schon gesagt", flüstert der Lehrling, ein hübscher junger Mann mit blonden Locken, seinem Chef zu. Die beiden bemerken nicht, dass Hannah wie gelangweilt außen um den Zaun geschlendert ist und sie belauscht.

„Halt's Maul jetzt, was weißt du denn schon", knurrt der Gärtner und scharrt mit seinem Fuß in einem Erdhaufen. „Die paar Zentimeter! Die Dinger wachsen schneller als dem Fischer lieb ist, der soll hier nicht so einen Aufstand machen."

Er zieht sein Mobiltelefon aus der Tasche und wählt die Nummer der Gärtnerei.

„Hallo, ja, Herr Hilgers, ehm, es gibt Ärger hier beim Fischer mit seiner Hecke, die Pflanzen sind ihm zu klein."

Hannah kann nicht hören, was der Mann am anderen Ende der Leitung sagt, aber der Gärtner meint nun: „Ja, ja, die Frau Fischer war da, die hat nichts auszusetzen gehabt! Ja, ich hab' nachgemessen, 80 Zentimeter sind die ... Was? Alle wieder rausholen? ... Der falsche Anhänger? ... Wieso?"

Verlegen schaut der Gärtner vor sich hin und sagt kleinlaut in sein Telefon: „Ja, Chef, morgen der andere Anhänger ..."

Er steckt sein Mobiltelefon in die Tasche und schnarrt den Gehilfen an: „Haste gehört, alle wieder raus. Das war der falsche Anhänger und du Blödmann merkst auch nichts!"

„Aber ...", stammelt der junge Mann.

„Nix haste heute Morgen gesagt, hörst du, jarnix!" Der Gärtner nimmt seine Schaufel und hackt wild in der Erde herum, zieht eine Thuja heraus und wirft sie dem Lehrjungen vor die Füße.

„Haste nix zu tun?", zischt er. „Auf den Anhänger damit!"

Der Junge nimmt ein Bündel Thujen und zieht sie über das Grundstück zur Straße. Hannah folgt ihm. Am Wagen angekommen sieht sie, wie der Lehrling das Bündel auf das Fahrzeug hievt.

„Hey", zischt Hannah, „warte mal, wie heißt du?"

„Hab' keine Zeit ", nuschelt der Junge. „Siehst de doch!"

„Tut mir leid, dass dein Chef so böse zu dir war. Ich fand's ungerecht!" Hannah nimmt eine kleine Thuja, die dem Jungen heruntergefallen ist und reicht sie ihm. Der Gärtnergehilfe schaut sie an und lächelt schwach.

„Thomas, ich meine, ich heiße Thomas, nett von dir, danke." Er nimmt die Pflanze und wirft sie auf den Wagen. „Und du, wer bist du?"

„Ich bin die Hannah", sagt das Mädchen und hält ihm ihre Hand hin.

„Was ist schon ungerecht", der Junge schaut zu Boden, „bei dem Chef … naja, ich will mich ja nicht beschweren, aber wenn der Ärger hat, lässt er alles an mir aus."

„Sag ihm doch, dass du das nicht willst." Hannah atmet tief durch und denkt an das, was Hopi ihr erklärt hat. „Es ist nicht richtig, wenn du wegen dem ein schlechtes Gefühl hast."

Thomas schaut sie an und lacht: „Nach meinen Gefühlen fragt hier keiner, wenn ich meinen Job behalten will."

„Hey, wo bleibst du", schreit der Gärtner von Weitem. „Das haben wir gern, du machst Party und ich kann arbeiten!"

„Da hörst du es", flüstert Thomas und beeilt sich, um auf das Grundstück der Fischers zu laufen, „nach Gefühlen fragt mich hier keiner."

Hannah sieht dem Jungen nach und er tut ihr leid. Ob alle Menschen immer vor irgendetwas Angst haben und dann wütend oder traurig sind? Hannah überlegt und erinnert sich, dass auch sie wütend war, als David das Popcorn hatte. Sie hatte Angst, dass Hopi sie weniger mag, wenn David ihm etwas schenkt.

„Ich werde Hopi fragen, was es mit der ‚Angst' auf sich hat!", denkt sie und geht ins Haus.

Frau Fischer sitzt im Wohnzimmer mit einem Strauß halb verwelkter Blumen, von deren Stielen Wasser tropft. Herr Fischer kniet auf dem Boden und hebt die Scherben einer großen Vase auf. Es herrscht eine angespannte Atmosphäre und keiner sagt ein Wort.

Hannah sieht, wie ihr Vater sich auf den Boden kniet und meterweise Papier von einer Küchenrolle abzieht. Er zerknüllt es und drückt das Papier in die riesige Wasserlache, die sich auf den Kacheln breitgemacht hat. Überall liegen Scherben der Keramikvase, die sie von Oma letztes Jahr zu Weihnachten bekommen haben. Wortlos hebt Hannahs Mutter die Scherben auf. Hannah spürt, dass die Eltern sich gestritten haben, wahrscheinlich wegen der blöden Hecke. Mit verschlossenen Mienen knien sie da und schauen stumm vor sich hin. Plötzlich sagt die Mutter ein Wort in die Stille.

„Hässlich", sagt sie.

„Hässlich?" Herr Fischer schaut seine Frau fragend an.

Sie sitzt da und wiederholt noch einmal: „Hässlich", und dann grinst sie ihren Mann an. „Die Vase … Sie war hässlich, endlich ist sie weg."

Herr Fischer schaut seine Frau erstaunt an und auf einmal prusten beide los vor Lachen.

„Du hast recht", Herr Fischer lacht noch immer. „Ich wollte nur nichts sagen, weil sie von deinen Eltern ist, aber ich fand sie auch total bescheuert!" Erneut lachen beide, bis ihnen fast die Tränen kommen.

Auf einmal ist die Stimmung wieder gelöst und Hannah läuft vom Flur ins Wohnzimmer. Auch David taucht plötzlich aus irgendeiner Ecke auf.

„Passt auf, Kinder, die Scherben!", ruft Frau Fischer. Man spürt ganz deutlich ihre Erleichterung, dass der Streit vorbei ist.

Eine halbe Stunde später klopft der Gärtner an die Terrassentür.

„Wir kommen morgen wieder, mit anderen Pflanzen!", ruft er, tippt sich zum Gruß an die Kappe und geht über den Rasen zum Auto. Thomas, der Lehrling schlendert hinter ihm her, zwinkert Hannah zu und lächelt.

„Na, hast du einen Verehrer?" Der Vater grinst Hannah an.

„Der tat mir leid, der ist nämlich nett." Hannah beobachtet, wie der blonde Junge ins Auto steigt. „Ich weiß, dass der heute Morgen schon gesagt hat, dass es die falschen Pflanzen sind."

Der Vater horcht auf, hebt den Kopf und schaut Hannah an. „Woher weißt du das denn?"

„Ich weiß, man soll nicht lauschen, wenn andere sich unterhalten, aber ich bin hinten am Zaun gewesen und da habe ich gehört, wie Thomas dem Gärtner gesagt hat, er habe doch heute Morgen schon gemeint, die Pflanzen wären zu klein."

„Das hat der Junge gesagt?"

„Ja", erwidert Hannah und fühlt sich auf einmal unwohl, weil sie Angst hat, dass der nette Lehrling jetzt noch mehr Stress mit seinem Chef kriegt.

„Aber ich will nicht, dass der jetzt Ärger bekommt. Er ist so nett."

„Der Gärtner hätte auf seinen Lehrling hören sollen", antwortet der Vater. „Aber das ist meistens so, er ist der Chef und er hat recht, das glaubt er zumindest. Nein, ich verrate den Jungen nicht. Er wird mal ein guter Chef werden, denn er ist gewissenhaft und ehrlich."

„Papa hat schon mit dem Eigentümer der Gärtnerei gesprochen", klärt die Mutter Hannah auf. „Die haben die falsche Ladung mitgenommen. Unsere Thujen stehen noch auf dem Hof."

Herr Fischer nickt.

„Mir ist einfach nicht aufgefallen, dass die zu klein sind", gibt Frau Fischer zu. „Ich habe mir gar keine Gedanken darüber gemacht."

„Ist doch gut jetzt", renkt Herr Fischer ein. „Das war wieder einmal viel Lärm um nichts. Das ist meistens so, wenn man sich streitet." Er nimmt seine Frau in den Arm und drückt ihr einen Kuss auf die Wange. „Du bist die Allerbeste", sagt er, lacht und schaut sie schelmisch an. „Gut, dass du nicht der Ingenieur bist, sondern ich, sonst wären alle Brücken so niedrig, dass keine Schiffe durchfahren könnten!"

Frau Fischer versetzt ihrem Mann einen leichten Klaps und es herrscht wieder Harmonie in der Familie.

„Können wir noch eine Stunde zu Hopi?", fragt Hannah und David steht auch schon an der Haustür.

Herr Fischer schaut auf die Uhr. „Es ist jetzt halb fünf", sagt er. „Ich bringe euch eben rüber und hole euch um halb sieben wieder ab. Ich habe noch ein Gespräch mit einem Kunden ganz in der Nähe."

Herr Fischer küsst seine Frau auf die Stirn und schnappt sich den Autoschlüssel. Am Gartentor des Indianers hält er an und lässt die Kinder aussteigen.

„Aber Hopi", Hannah gehen so viele Dinge durch den Kopf, „wenn das alles so einfach ist, warum wissen das so wenige Menschen?"

„Das liegt daran, dass die Menschen nur das glauben, was sie sehen und weniger das, was sie fühlen", erklärt der weise Mann leise. „Sie wissen nicht, dass ihr ganzes Leben aus ihren Gedankenbildern entsteht." Er lächelt. „Die Menschen sagen immer, dass es nur Dinge gibt, die man sehen kann und doch wird ihr ganzes Leben von Unsichtbarem bestimmt! Das ganze Leben wird bestimmt von Gedanken und Gefühlen!"

Darüber muss Hannah erst einmal nachdenken.

„Wir sind erst am Anfang unserer Reise!" Der Indianer lacht, „Lasst euch überraschen. Das Abenteuer beginnt ja erst …"

Wenn du dich freust, sendest du Freude, Liebe und glückliche Gedanken aus.
Sie werden empfangen vom Satelliten „Liebe".

Die „Filme", die du dort empfangen kannst, sind Glück, Freude,
Wohlbefinden und Lust, etwas Schönes zu machen.

Du erhältst also Freude, Liebe und Freundlichkeit.
Die sendest du aus zu anderen Menschen,
die sie dann empfangen und an dich zurückgeben.

Das ist wie bei einem Fernsehsender.

**Es funktioniert immer, wenn wir Gefühle aussenden.
Und das, was wir aussenden, bekommen wir zurück und gestaltet unser Leben.
Jedes Mal … ohne Ausnahme.**

„Kann ich auch Gefühle von David bekommen, die er ausstrahlt?", fragt das Mädchen.
„Ja, natürlich! Wenn du dir vorstellst, dass zwei Funktürme nebeneinander stehen, dann wird dir das sicher klar. Beide Funktürme empfangen die Frequenzen des anderen. So ist das auch bei Menschen. Hast du schon einmal bemerkt, was passiert, wenn du nicht nett zu deinem Bruder bist?"
„Dann ist er auch blöd zu mir", gibt Hannah zu und erinnert sich an die Popcorntüte und ihren Streit mit David auf dem Weg zum Schrebergarten."
„Gestern, als ich gesehen habe, dass David dir Popcorn mitbringen wollte, war ich neidisch, weil er etwas für dich hatte und ich nicht", flüstert Hannah.
„Und was ist dann passiert, wie fühltest du dich?" Hopi schaut das Mädchen liebevoll an.
„Ich hatte einen Kloß im Bauch, ich habe mich geärgert", gibt Hannah zu.
„Was genau hat dich denn geärgert?", fragt der alte Mann und fügt hinzu: „Da wir Freunde sind, hättest du dich doch freuen können, dass ich ein Geschenk bekomme. Das wäre ein gutes Gefühl gewesen."
„Ich hatte Angst, dass du David dann netter findest als mich", gibt Hannah zu. Sie wundert sich, dass es ihr so leicht fällt, dem Indianer die Wahrheit zu sagen.
„Siehst du", sagt Hopi, „es funktioniert jedes Mal. Angst ist das schlechteste Gefühl, das es gibt und wenn du Angst hast, steht dein ‚Sender' auf Angst. Dann strahlst du ‚Angst' in das Universum und die landet im ‚Satelliten Angst'. Dort gibt es aber keine schönen Filme. Die Filme auf dem Programm ‚Angst' heißen Wut, Hass, Trauer, Ärger, Zweifel und vieles mehr!"
„Die ‚Angst' war der Sender, den ich eingestellt habe und die ‚Wut' das Programm, das ich bekommen habe und dann habe ich aus Wut David gemein behandelt", überlegt Hannah. „Und", ergänzt sie, „ich habe mich dann schlecht gefühlt, weil Wut ein schlechtes Gefühl ist."
„Und ich!", ruft David, „habe dann Angst bekommen, dass Han mich nicht mag und habe sie zurückgeärgert. Da war die Freude weg und ich hatte auch ein schlechtes Gefühl. Zwischen Han und mir war dann ‚dicke Luft' und keiner sagte mehr was."

„Das lag daran, dass ihr den Satelliten ‚Freude' verlassen hattet, um den Satelliten ‚Angst' einzuschalten. Damit hattet ihr einen schlechten Film gewählt", ergänzt Hopi. „Aber dann habe ich David gesagt, dass ich blöd war, weil ich gemerkt habe, dass es meiner Seele schlecht ging und ich habe mich entschuldigt. Da ging es uns beiden wieder gut. Ich habe wieder den Satelliten ‚Freude' eingeschaltet", strahlt Hannah. „Ist doch so, Hopi?" Fragend schaut das Mädchen den Indianer an.

Hopi nickt anerkennend. „Ihr kennt das doch sicher auch, wenn viele Menschen zusammensitzen und fröhlich sind, dann ‚senden' alle Menschen gute Gefühle und man fühlt sich noch besser. Wenn da einer dabei ist, der plötzlich schlechte Laune hat oder etwas Dummes sagt, dann ist man auch nicht mehr ganz so fröhlich. Das liegt daran, dass derjenige der schlechte Gefühle hat, jeder Seele ein wenig davon weitergibt. Alles ist miteinander verbunden", erklärt Hopi. „Aber das ist eine Reise, die machen wir später."

„Jaaa …", sagt Hannah gedehnt und nun weiß sie ganz sicher, dass Hopi mit allem recht hat, was er sagt, denn sie denkt jetzt gerade an den Abend, an dem der Indianer Panflöte gespielt hat. Alle waren begeistert und fühlten sich wohl. Dann hatte der Opa etwas Blödes gesagt, und die Stimmung war dahin. Sie strahlt den alten Indianer an. „Toll ist das mit der Seele, sie ist ganz schön schlau."

Hopi schenkt den Kindern Tee ein und gibt einen Löffel Honig dazu.

„Ihr habt so viele Sprichwörter, die genau das sagen, aber die Menschen beachten sie nicht."

„Sprichwörter? Welche meinst du?" Hannah ist gespannt.

„Nun, ihr sagt: ‚So wie es in den Wald hineinruft, so schallt es hinaus', und ‚Was du säst, wirst du ernten', das heißt nichts anderes, als dass ihr die Gefühle zurückbekommt, die ihr aussendet. Und wie ihr wisst, entstehen Gefühle aus Gedankenbildern und die schaffen euer Leben. Wenn jemand schlechte Gefühle aussendet, versucht ihr das nächste Mal sie einfach nicht anzunehmen. Sagt euch in Gedanken: ‚Hey, hallo, das ist dein Mist, den du da ausstrahlst. Ich möchte nur gute Gedanken'. Das klappt nicht immer, aber auch hier macht die Übung euch zum Meister."

Auf gleicher Welle

Es ist still am Steinkreis. Es ist alles so neu für die Kinder und es gibt so viel zu überlegen. David bricht die Stille. „Und wenn einer immer doof zu mir ist, soll ich dann zu dem nett sein?", fragt der Junge. „Dann bin ich doch ein Weichei?"

„Ein Weichei? Was ist das? Wie kannst du ein halb gekochtes Ei sein?"

Hopi schaut David fragend an und beteuert: „Ich bin ganz sicher, dass du ein Junge bist, meine Augen sind scharf wie die eines Luchses."

David und Hannah prusten vor Lachen. „Hopi, wenn einer feige ist, sagen wir ‚Der ist ein Weichei'!"

Erstaunt schaut der alte Indianer die Kinder an. „Ich wusste nicht, dass Eier feige sein können, das ist lustig, ein Weichei!" Nun muss auch Hopi lachen. „Und, warum glaubst du, wenn du nett bist zu einem Jungen, den keiner mag, ein Weichei zu sein?", fragt Hopi den Jungen. „Ich denke, du bist dann ein ‚Hart-Ei', weil du mutig bist!"

„Hopi, du bist so lustig, ein Hart-Ei!" Die Kinder amüsieren sich köstlich.

„Der Phillip bei uns im Kindergarten, der ärgert uns immer. Soll ich zu dem auch noch nett sein?", fragt David. „Dann denken alle anderen, ich bin ein Schleimer und sie finden mich doof, weil ich zum Phillip halte."

„Warum glaubst du, ist der Phillip so gemein zu euch?", will Hopi wissen.

Hannah meint: „Ich glaube, manche Menschen sind einfach böse."

„Der Phillip ist also böse." Hopi schmunzelt. „Phillip ist sechs Jahre alt, wie du, David. Wann, glaubst du, ist er böse geworden? Schon als kleines Baby? Oder mit vier Jahren oder fünf?"

„Keine Ahnung", überlegt David, „aber das will ich jetzt genau wissen. Oma wusste das auch nicht!"

„Ärgern und schlagen, das machen manche Menschen, wenn es ihnen schlecht geht. Also hat Phillip schlechte Gefühle", antwortet der Indianer. „Und weil das so ist – denkt an den Satelliten – muss er die schlechten Gefühle von irgendjemanden bekommen haben, sonst könnte er sie nicht weitergeben."

„Du meinst, irgendwer war gemein zu ihm?" David denkt an den dicklichen, rotgesichtigen Jungen, der immer schlechte Laune hat.

„Ja, natürlich wird das so sein." Hopi schaut David freundlich an. „Die meisten Menschen wissen gar nicht, was sie mit ihren Worten anrichten können. Wenn kleine Kinder gemein sind, dann werden sie meistens im Elternhaus nicht gut behandelt. Nicht alle Mütter und Väter sind nett zu ihren Kindern. Oft ist es auch so, dass die Eltern keine Zeit für ihre Kinder haben. Die Kinder fühlen sich dann allein gelassen und einsam. Das sind schlechte Gefühle und ihr wisst, wenn man sich schlecht fühlt, dann sendet man diese Gefühle als Energie aus und bekommt dieselbe Energie zurück. So ist das auch bei Phillip. Das ist ein Gesetz und funktioniert immer und bei jedem Menschen gleich."

Hopi nimmt einen Schluck Tee. „Keiner möchte sich schlecht fühlen und die meisten Menschen wissen gar nicht, dass sie jeden Streit durch schlechte Gedanken selbst verursachen."

„Und du glaubst, Phillip wird zu Hause schlecht behandelt?" David hat noch nie darüber nachgedacht.

„Das kann ich nicht sagen", meint Hopi. „Auch Trauer ist ein schlechtes Gefühl. Wenn Menschen in unserer Nähe immer traurig sind, dann strahlen sie das aus und wir werden auch niedergeschlagen und sind voll Ärger oder verzweifelt. Das sind schlechte Gefühle und die ziehen schlechte Erlebnisse an."

David sieht in Gedanken Phillip, der oft traurig ist. „Manchmal bin ich wütend auf ihn und dann tut er mir leid und ich werde traurig, weil er so einsam ist", überlegt der Junge.

„Traurige Menschen geben schlechte Gefühle weiter. Ihr wisst nicht, was der Phillip zu Hause erlebt. Ein Indianersprichwort sagt: ‚Laufe erst einmal 25 Meilen in den Mokassins eines anderen, bevor du über ihn urteilst!' Da ihr aber alle über ihn urteilt, ist seine Erfahrung, dass im Kindergarten auch alle doof sind. Er weiß es nicht anders, weil er seine Seele nicht beachtet, und die Menschen bei ihm zu Hause tun das auch nicht. So kann es passieren – und das passiert so oft in eurer Welt – dass ein Mensch dann immer ‚böser' wird."

„Ja klar", überlegt David, „jetzt weiß ich auch, warum der Phillip mir so oft leid tut und ich manchmal ein schlechtes Gewissen habe, wenn er traurig ist!"

„Ja, weil es deiner Seele meistens gut geht. Wenn sich eine andere Seele schlecht fühlt, strahlt diese Seele das schlechte Gefühl aus und du kannst einen Teil abbekommen. Dadurch wirst du dann traurig oder bedrückt."

Der Indianer steht auf und bittet die Kinder, in seine Hütte zu kommen. „Ich habe für uns ein Experiment vorbereitet!"

Voller Spannung laufen Hannah und David in das gemütliche Heim des alten Indianers. Auf dem großen, runden Holztisch liegen viele kleine Schnipsel in ganz unterschiedlichen Formen und Farben. Hopi nimmt ein rotes Auto und reicht es David. „Stell dir vor, das bist jetzt du", sagt er zu dem Jungen. Dann zeigt er auf das bunte Puzzle verschiedener Teilchen auf dem Tisch.

„Jeder Tag besteht aus Tausenden von möglichen Erlebnissen. Jedes dieser Teilchen auf dem Tisch ist ein mögliches Erlebnis. Fahre nun einmal mit deinem Fahrzeug durch die bunten Teile hindurch und schau, was passiert!"

David strahlt. Er liebt Hopis Einfälle und ist gespannt, was das jetzt wird. Der Junge fährt mit seinem kleinen, roten Auto mitten durch die bunten Schnipsel auf dem Tisch, natürlich nicht, ohne das begleitende Geräusch eines Rennwagens. Auf der anderen Seite angekommen, kleben an seinem Rennauto jede Menge kleiner, rot lackierter Eisenplättchen.

„Was schlepp' ich denn da alles mit?" David fährt das Fahrzeug weiter im Kreis auf dem Tisch herum.

„Das Auto, es ist aus magnetischem Eisen, hat alle Eisenschnipsel an sich gezogen, aber *nur* die Eisenschnipsel", erklärt Hopi den Kindern. „Es ist vollkommen gleichgültig, wie viele andere Schnipsel da noch herumliegen. Das Auto zieht nur die Eisenteile an, weil die magnetische Kraft nur auf Eisen eine Wirkung hat."

Sprachlos schaut David das kleine Rennauto an, das über und über mit kleinen roten Teilen behaftet ist.

„So ist das auch im Leben." Hopi nimmt das Auto und betrachtet es.

„Ihr zieht immer die Situationen und Menschen in euer Leben, die von ihrer Energie zu euch passen. Wenn ihr immer gut gelaunt seid und voller positiver Ideen und Gedanken, dann ‚kleben' auch nur solche Erlebnisse und Erfahrungen an euch. Traurige Menschen und solche, die Wut, Groll und Neid in sich tragen, ziehen das auch an. Wenn ihr Leben dann immer trauriger wird, geben sie allen möglichen Menschen und Erlebnissen die Schuld, obwohl sie diese Dinge durch ständige Gefühle der Angst und Misstrauen angezogen haben. Auch Filme, die traurig oder brutal sind, tragen zu solchen Erlebnissen bei. Die Menschen wissen das nicht und dennoch ist es wahr, denn mit unseren Gedankenbildern erschaffen wir unsere Welt."

Ihr zieht immer das in euer Leben, was auf eurer „Welle" funkt.

Sendet ihr schöne und gute Gedanken, kommen auch nur solche zurück und machen euch froh und glücklich.

Glückliche Menschen ziehen schöne Erlebnisse an.

Hannah denkt nach. „Wenn mich ein Junge immer ärgert, habe ich das dann auch angezogen wie ein Magnet?"

Hopi versucht es dem Mädchen zu erklären. „Jeder Mensch schwingt unterschiedlich und das strahlen wir auch aus. Bei manchen Menschen passen die Schwingungen gar nicht zusammen, so dass man den anderen wie ihr sagt ‚nicht leiden kann'. Wenn man sich dann näher mit dem Menschen befasst, ändert sich das oftmals. Auf diese Art entstehen sogar dicke Freundschaften. Denn wenn wir jemanden näher kennenlernen, verändern wir unsere inneren Gedankenbilder und Überzeugungen. So kann es passieren, dass wir den anderen auf einmal sogar besonders nett finden. Unser Leben besteht immer aus schönen und weniger angenehmen Angeboten. Jeder Mensch lernt in seinem Leben beide Seiten kennen. Das ist so, weil es Gegensätze gibt. So, wie ihr erst erkennen könnt, dass etwas warm ist, wenn ihr auch die Kälte kennt und dass etwas klein ist, wenn ihr auch etwas Größeres gesehen habt, so könnt ihr erst erkennen, wie wundervoll es sich anfühlt, wenn Menschen gut, freundlich und nett sind, wenn ihr auch das Gegenteil kennt. Wichtig ist nur, dass ihr immer wieder zurückfindet auf die Seite der schönen Dinge und nicht in Trauer und Groll verharrt. Was nämlich dann passiert, das ist eine andere Reise, die wir ganz gewiss noch antreten. Sie heißt der ‚Rucksack des Lebens'. Aber für heute sind wir lange genug unterwegs gewesen. Reisen macht auch müde …"

Gemeinsam gehen die drei zum Steinkreis, der die vertraute Startbahn ihrer großen Reisen ist, und trinken Tee.
Der Indianer beugt sich vor, nimmt ganz sanft die Glühbirne, reibt diese liebevoll in seinen Händen und flüstert: „Einsteigen Kinder, unsere Reise endet für heute."
Er reicht die Glühbirne den Kindern, die sie ebenso vorsichtig wie andächtig in den Händen halten. Dann nimmt er sie auf und verstaut sie in seinem Korb. Leichtfüßig, wie gewohnt, steht der alte Mann auf und geht federnden Schrittes zu seiner Hütte. Lächelnd kommt er mit einem Maisbrot und Kräuterquark zu den Kindern zurück. Schweigend essen Hannah und David von dem köstlichen Brot. Sie sind ganz in Gedanken. Das ist alles so neu für sie und dennoch so klar und eigentlich ganz einfach. Sie haben nur noch niemals auf diese Art über alles nachgedacht. So vieles ergibt jetzt einen Sinn. David stellt fest, dass er sich eigentlich gar nicht mehr über Phillip zu ärgern braucht, denn nun ist klar, warum der Junge so komisch ist.
„Wenn der Phillip wieder blöd ist, was sag ich dem dann?" Genau weiß David nämlich nicht, wie er dem Jungen nun begegnen soll, ohne von den anderen ausgelacht zu werden. Und das mit der Seele seinen Freunden zu erklären, das traut er sich nicht. Die würden ja denken, er spinnt.
„Mache doch einfach einen Test", schlägt Hopi vor. „Wenn du morgen im Kindergarten bist und du siehst den Phillip, schau ihn freundlich an und sage ihm, du findest sein T-Shirt toll und erzähle mir dann, was passiert ist."
„Das kann ich machen, ohne dass die anderen denken, ich spinne", überlegt David.
„Okay, mache ich", sagt er laut.

Nachdem sie fertig gegessen haben, kommt auch schon Herr Fischer an den Zaun, um die Kinder abzuholen. Zu Hause laufen sie gleich nach oben in Davids Zimmer. Sie haben noch viel zu besprechen und ziehen sich zurück in ihre Lieblingsecke neben dem Aquarium. David freut sich, dass Hannah in letzter Zeit die Abende sehr oft mit ihm verbringen will. „Eigentlich", überlegt der Junge, „seitdem wir Hopi kennen." Hannah stapelt einige große Kissen in die Ecke. Sie kann so schön träumen, wenn sie hier mit ihrem Bruder über die Ereignisse des Tages plaudert und dabei in das türkisfarbene Licht des kleinen Aquariums schaut, während sie die Fische beobachtet. Dem Mädchen gehen noch einmal die Gespräche mit Hopi durch den Kopf und dann fällt ihr ein, dass ihre Eltern heute einen Streit hatten.

„Wie ist das mit der Vase eigentlich passiert?", fragt sie nun, nachdem David die Fische gefüttert hat und sich zu ihr setzt.

„Mensch, der Papa war wütend, ich bin dann schnell nach oben gelaufen und habe mich auf die oberste Treppe gesetzt", flüstert David. „Da konnte ich alles hören und sehen."

„Nun sag schon", drängt Hannah.

„Papa hat mit Mama geschimpft, weil sie den ganzen Tag da war und ihr nicht aufgefallen ist, dass die Pflanzen zu klein sind, obwohl sie die gemeinsam ausgesucht hätten. Mama meinte, er solle nicht so laut sein, sie lasse sich nicht so anschreien und schon gar nicht vor den Gärtnern, die würden sein ganzes Gebrüll ja mitkriegen. Da hat Papa sich rumgedreht und ist zur Terrassentür gerannt und … zack … hat er die Vase umgestoßen, weil er sie vor Wut nicht gesehen hat. Da hat der Papa furchtbar geflucht und Mama ist in die Küche gegangen, ganz cool und langsam, hat die Küchenrolle geholt und gar nichts mehr gesagt … Und der Papa hat die Blumen aufgehoben und stand da mit dem tropfenden Strauß und guckte ganz schuldbewusst. Dann …"

„Den Rest habe ich gesehen, da bin ich reingekommen", unterbricht Hannah ihren Bruder.

„Papa hat ‚Wut' ausgesendet und ‚Ärger' bekommen. Deshalb hat er die Vase umgestoßen!", erklärt Hannah grinsend.

„Cool, wenn man weiß, wie das funktioniert!", meint David.

„Ich glaube, ich hätte auch nicht gesehen, dass die doofen Dinger zu klein sind", überlegt Hannah.

„Ich weiß nicht", antwortet David. „Das ist ja soooo ein Stück!" Er breitet seine Arme auseinander. „Mehr als ein großes Lineal!"

„Du redest schon wie Papa, typisch Mann!", lacht Hannah und stupst ihren Bruder. „Hast du den Jungen gesehen? Der doofe Gärtner hat die ganze Zeit mit ihm rumgeschimpft!"

„Hat Hopi doch gesagt", triumphiert David. „Der war wütend und hat die Wut ausgesendet. ‚Wutprogramm', verstehst du, und da hat er Wut zurückbekommen und der Thomas hat's abgekriegt."

„Jaa", sagt Hannah gedehnt, „aber weißt du, was doof ist? Der kann sich noch nicht mal wehren, weil der Gärtner sein Chef ist. Der hat zwar so getan, als ob ihm das Geschimpfe nichts ausmacht, aber ich habe gespürt, dass er traurig war."

„Weil jede Seele die Gefühle von anderen empfängt, stimmt's?" David schaut seine Schwester erwartungsvoll an. „Ja, du schlauer Bruder!" Sie kitzelt ihn und im Nu tollen beide Kinder ausgelassen durch Kissen und Stofftiere, die wild durcheinander purzeln.

Phillip

Es ist heute schon sehr warm für die Jahreszeit. Die Luft duftet nach dem frischen Grün der Birken. Vor dem Kindergarten atmet David den süßlichen Geruch der Blüten des Kastanienbaums ein, der majestätisch am Eingang steht. Es ist ein riesiger Baum, der das Gebäude weit überragt. Ganz sicher stand er schon vor vielen, vielen Jahren dort. Auch schon, als noch niemand daran gedacht hat, dass einmal über hundert Kinder in einen blau getünchten Kindergarten gerade an diesem Baum tagtäglich vorbeilaufen würden, um hier ihre Freizeit zu verbringen.

David steigt aus Opas Auto und legt seinen Kopf ganz weit nach hinten, damit er bis in die Baumwipfel hineinschauen kann.

Er glaubt, die Kastanie ist der Wächter des Horts, denn die ausladenden Äste des mächtigen Baumes verwandeln sich in Davids Fantasie in große, knorrige Arme, die sich schützend um den Kindergarten legen.

„Prachtvolle, alte Dame!", ruft der Großvater schmunzelnd, der Davids Blicken gefolgt ist.

„Dame?", fragt der Junge ganz erstaunt. „Der Baum ist eine Dame? Wieso glaubst du das, Opa?"

„Nun", lacht der Großvater, „es ist eine Kastanie und es heißt ‚die Kastanie', also eine Dame!"

David schaut sich den mächtigen Baum noch einmal genau an. „Hmm ..." Er stutzt. In seinen Augen ist die Kastanie ein starker, kräftiger Mann. Aber wie Hopi schon gesagt hat: Menschen können das Gleiche sehen, und und trotzdem sieht es jeder anders. Er winkt seinem Opa zum Abschied und läuft zum Eingang des Kindergartens. „Tag, alter Baum!", sagt er und ist auch schon durch die Tür verschwunden.

Im Kindergarten ist heute viel Trubel, denn die Wandtapeten werden aufgehängt und die Kinder müssen die Tapetenrollen, die sie so toll mit Sternen und ihren Fotos beklebt haben, in langen Reihen festhalten, bis Fräulein Gretenkorn und die anderen Kindergärtnerinnen, diese, eine nach der anderen, an den Wänden befestigt haben. Kevin und Lara stehen lachend in ihrem Gruppenraum und schauen sich mit anderen Kindern die Fotos an.

„Das ist ein schöner Stern", hört er Lara sagen.

„Der ist ja auch von Anne, die kann toll malen", ruft ein kleines Mädchen mit blonden Zöpfen.

David hängt seinen Rucksack an einen Haken und sieht plötzlich Phillip, der abseits der anderen steht und einen Zipfel seines T-Shirts zwischen den Fingern dreht. Verstohlen schaut der Junge in den Raum, in dem die Kinder die Fotos betrachten.

„Hopi hat gesagt, ich soll ihn freundlich ansprechen", denkt David. Zögernd geht er einen Schritt auf Phillip zu und spürt, dass er ein wenig Herzklopfen bekommt. Dann fasst er all seinen Mut zusammen und sagt: „Hallo Phillip!"

Phillip dreht sich um und schaut David misstrauisch an.

„Äh, dein T-Shirt, das sieht cool aus!" David geht noch einen Schritt auf Phillip zu. „Toller Aufdruck!"

„Häh!?" Phillip schaut verwundert an sich herunter und dann wieder zu David. Erstaunt fragt er: „Wieso, was willst du?"

„Ich find's echt toll, ehrlich." David grinst ein wenig verlegen. So hat er noch nie mit Phillip geredet und er hofft, dass der Junge nicht denkt, er mache sich über ihn lustig. Phillip jedoch spürt die Freundlichkeit und Offenheit, die von David ausgeht und nuschelt: „Hab ich von meiner Oma bekommen, hat sie mir aus Oberberg mitgebracht." Röte steigt in sein volles Gesicht, als er hinzufügt: „Kann sie ja mal fragen wo sie's her hat, wenn du's wissen willst."

„Das wäre cool, vielleicht haben die ja noch welche." David grinst nun noch mehr, teils aus Erleichterung, weil Phillip nicht sauer geworden ist, teils aber auch aus Freude, weil er merkt, Phillip ist gar nicht so blöd.

„Du hast aber auch immer coole Klamotten an", bemerkt Phillip und scharrt verlegen mit dem rechten Fuß auf einem kleinen, schwarzen Fleck auf dem Boden herum. Es sieht so aus, als wäre es der Brandfleck einer Kerze.

„Findest du?" David schaut Phillip nun schon mutiger an.

Der stiert immer noch auf den Fleck am Boden. „Dein Vater ist Ingenieur, stimmt's?"

„Ja", David strahlt, „der hat sogar schon einmal eine riesige Brücke gebaut." Er stellt sich auf die Zehenspitzen und hebt die Arme ganz hoch in die Luft. „Aber woher weißt du das?"

Phillip pocht vor Aufregung der Kopf, als er stotternd sagt: „Meine Mama arbeitet im Büro, wo auch dein Papa ist." Man merkt, dass Phillip stolz darauf ist, eine Gemeinsamkeit zwischen ihnen gefunden zu haben.

„Das wusste ich gar nicht. Echt?"

„Meine Mama hat's mir erzählt. Dein Papa ist ihr Chef. Darum hast du auch immer so tolle Klamotten an. Chefs verdienen viel Geld."

David denkt an die schönen Ferien, die er so oft mit seiner Familie macht und an das große, neue Haus.

„Ja, ich glaub' schon", sagt er und fragt Phillip: „Was macht denn dein Vater?"

Die Gesichtszüge des Jungen verhärten sich und er sagt gepresst: „Viel, aber ich muss jetzt aufs Klo."

Abrupt dreht er sich um und rennt zur Toilettentür. Ohne noch einmal seinen Blick zurückzuwerfen, ist er verschwunden.

David steht auf dem Flur und versteht nicht, warum Phillip auf einmal so komisch ist. Er wartet noch einen Moment, da kommt schon Kevin: „Was hattest du denn mit dem?"

„Der kann richtig nett sein", sagt David.

„Echt? Glaub' ich nicht!"

David nimmt seinen Freund beiseite. „Ich hab total nett mit ihm geredet und da war er auch nett zu mir."

Kevin schaut auf die Toilettentür, hinter der Phillip verschwunden ist und zuckt mit den Achseln. „Kann ja sein, dass der auch nett sein kann, aber komisch ist der trotzdem", denkt Kevin und zieht David am T-Shirt. „Es gibt Frühstück", sagt er. „Komm schon!"

David, Lara und Kevin packen ihre Frühstücksboxen aus. Alle reden laut durcheinander, denn das Abschlussfest steht bevor. Nach dem Frühstück verteilt Fräulein Gretenkorn aus einer großen Plastiktüte ganz viele bunte Kreppbandrollen. Die Kinder sollen sie in lange Stücke schneiden und in Bündeln von sechs Bändern oben zusammenkleben. Sie werden dann überall an der Decke aufgehängt.

Phillip ist wieder von der Toilette zurückgekehrt und sitzt nun mit zwei anderen Jungen, Marko und Andi, an einem Tisch, auf dem lauter buntes Krepppapier liegt. Aber, anstatt das Papier ordentlich zu bündeln, bewerfen sich die Jungs damit und rennen durch den Raum. David findet, dass Marko und Andi richtige Raufbolde sind. Phillip ist ja schon oft gemein, aber diese beiden hören noch nicht einmal auf die Grete, wenn sie etwas anordnet, und das will schon was heißen.

„Schluss damit!", ruft Fräulein Gretenkorn. „Wenn ihr nicht mitmachen wollt, geht ihr nach draußen!"

Die beiden Jungen grinsen sich an. Erst, nachdem die Kindergärtnerin mit energischen Schritten auf sie zugeht, trollen sie sich aus dem Raum. Phillip folgt ihnen langsam. Als er am Tisch von David vorbeigeht, treffen sich ihre Blicke.

David traut sich nicht, Phillip zu fragen, ob er bei ihnen mitmachen will, weil er nicht weiß, ob Kevin und Lara ihn dann doof finden. Aber er würde es schon gerne. Phillip geht zur Tür. Als David sich umdreht, treffen sich ihre Blicke erneut. David hat ein komisches Gefühl im Magen. „Meine Seele sagt, ich soll Phillip fragen", denkt er. Dann schaut er Lara und Kevin an und ihm wird klar, dass da eine ganze Menge Mut dazugehört, wenn man immer auf die Seele hören will.

Fräulein Gretenkorn hat die Jungs schon draußen beobachtet, als sie sich unterhielten, und nun sieht sie die Blicke der beiden.

„Phillip!", ruft sie. „Setz dich zu David, Kevin und Lara! Wir wollen in Vierergruppen arbeiten, es gibt viel zu tun."

Sie geht zu Phillip und begleitet ihn zu dem Tisch. „Ein Platz ist noch frei. Was ist deine Lieblingsfarbe, Phillip?", fragt sie den Jungen.

Phillip ist es etwas unwohl zumute, nicht wegen David, der scheint ja doch ganz nett zu sein, aber Kevin und Lara …

„Was?", fragt Phillip und wieder überzieht Röte sein Gesicht. Er ist ganz in Gedanken gewesen und hat gar nicht zugehört.

„Deine Lieblingsfarbe?", wiederholt Fräulein Gretenkorn leicht ungehalten.

„Ach so, äh …" Angestrengt denkt er nach, aber so richtig fällt ihm nichts ein. „Rot", stammelt er und schaut auf Fräulein Gretenkorns roten Pullover.

Sie lächelt ihn an: „Nun, dann nimm dir das rote Kreppband und fang an."

Phillip greift nach einer der Rollen, die auf dem Tisch liegen. Langsam beginnt er, das Kreppband abzurollen. Er weiß gar nicht, was er damit machen soll, weil er nicht zugehört hat. Am Tisch ist es ganz still.

Kevin und Lara beobachten den dicken Jungen, wie er das Band abwickelt.

Lara unterbricht die Stille. „Du musst daraus Bänder schneiden", sagt sie und zeigt ihm ihr fertiges Bündel gleich langer, bunter Kreppbänder.

„Ach so", murmelt Phillip, „ist ja ganz einfach."

„Hier hast du ein Band", meint Lara und reicht dem Jungen eines ihrer geschnittenen Bänder. „So lang müssen die sein."

Phillip beugt sich über den Tisch. „Danke", stammelt er, nimmt sich eine kleine Schere und beginnt mit der Arbeit. Wieder herrscht Stille, wo vorhin noch ein munteres Gespräch stattfand.

„Meine Lieblingsfarbe ist blau", sagt David ganz spontan, denn die Stille ist bedrückend.

„Ich mag pink", ruft Lara, „und rosa!"

„Das sind ja auch Mädchenfarben!" Kevin grinst und fügt hinzu: „Ich finde alle Farben schön, außer pink und rosa, weil das Mädchenfarben sind!"

Lara pufft ihren Freund leicht am Arm und lacht. „Ich kann mir auch nicht vorstellen, dass du einen pinkfarbenen Pulli anhast!"

Phillip fühlt sich nun schon wohler und sagt zu David gewandt: „Meine Schwester mag auch pink, ganz viele Sachen in ihrem Zimmer sind pink!"

„Echt?"

Die Stimmung ist nun locker und schon kurze Zeit später lachen und arbeiten die Kinder gemeinsam.

Der Tag geht schnell vorbei und überall auf den kleinen Tischen liegen ordentlich gebündelte Kreppbänder, die am nächsten Morgen die Decken im Kindergarten Villa Sternenbogen schmücken werden.

Als David nach Hause kommt, sieht er den Gärtner und Thomas, die fleißig in gleichen Abständen die Hecke pflanzen. Sie sind schon fast fertig. Ordentlich aneinandergereiht steht die Thujahecke in gerader Linie um das Rasenstück. Sie ist nun viel höher als am Vortag. Heute hat der Gärtner auch bessere Laune. Als Thomas ihm etwas erzählt, lacht er sogar.

David geht in die Küche und schaut seiner Mutter beim Kochen zu.

„Tomatensuppe und Pfannkuchen!" ruft er. „Lecker, Mom!"

Die Tür geht auf und Hannah kommt herein. „Übermorgen schreiben wir eine Mathearbeit", stöhnt sie. Sie versteht zwar das Thema, hat aber immer Angst, dass sie während der Arbeit nicht rechtzeitig fertig wird.

„Könnt ihr nachher zu Oma und Opa gehen?", fragt Frau Fischer. „Ich habe hier ein Buch für Oma und zwei Schraubenzieher, die der Opa uns geliehen hat."

„Ja klar", antworten die Kinder wie aus einem Munde, denn sie freuen sich schon auf ihren Besuch bei Hopi.

Erstaunt schaut Frau Fischer in die grinsenden Gesichter ihrer Kinder.

„Ganz ohne Protest?", fragt sie. Doch dann wird ihr klar, dass die Kinder zu dem außergewöhnlichen alten Mann wollen, der nun auf dem Nachbargrundstück wohnt.

„Ein Besuch bei Hopi, hm?" Verschmitzt lächelt sie Hannah und David an.

„Ja", erwidert Hannah. „Der weiß so viele Sachen und erzählt ganz spannende Geschichten."

„Von der Seele und den Gedanken im Kopf." David schaut seine Mutter mit großen Augen an. „Das ist ganz spannend. Er sagt auch, dass wir riesige Funktürme sind!"

Fragend schaut Frau Fischer ihren Sohn an.

„Hopi sagt, Gedanken werden zu Gefühlen", ergänzt Hannah eilig, „und die kommen aus der Seele. Und die Gefühle wiederum sind wie Funkwellen und gehen hinaus ins Universum. Wenn wir gute Gedanken haben, fühlt sich die Seele wohl und es gehen gute Gefühle in den Himmel." Das Mädchen unterbricht ihren Redefluss, weil ihre Mutter sie mit großen Augen ganz erstaunt anschaut. Auf einmal befürchtet sie, ihre Mutter findet das alles komisch, und sie hat Angst, dass sie jetzt nicht mehr zu ihrem Freund dürfen.

„Ich weiß, dass das stimmt", sagt sie trotzig und denkt an das Popcorn, dass David Hopi schenken wollte. Dann sieht sie, dass Frau Fischers Augen leuchten.

„Euer Freund ist ein weiser Mann", meint ihre Mutter nun. „Er hat vollkommen recht, aber so habe ich das noch nie gesehen ... Funkwellen ... schöner Vergleich!"

Hannah freut sich, dass die Mutter so nett über den alten Indianer spricht und fährt fort: „Er hat auch gesagt, dass wir wie Fernsehsender nur das empfangen können, was wir senden. Wenn wir nett sind, schicken wir gute Gefühle in den Himmel und bekommen die auch zurück."

„Ja", sagt Frau Fischer, „wirklich, ein bemerkenswerter Mann." Sie nimmt die letzten Pfannkuchen aus der Pfanne und stellt diese zusammen mit der Tomatensuppe auf den Tisch.

„Nun hoffe ich, dass meine kleinen Funktürme Hunger aussenden, denn ich habe einen großen Berg Pfannkuchen gemacht!", ruft sie und spürt, dass es ihr auf einmal ganz besonders gut geht.

„Lecker, Pfannkuchen!", ruft David und schiebt sich drei Stück auf seinen Teller.

Gut gelaunt und mit großem Appetit essen die zwei Kinder ihre Mahlzeit.

„Mama, der Phillip aus meinem Kindergarten sagt, seine Mom ist die Sekretärin von Papa. Stimmt das?"

„Hmm, das ist Frau König." Frau Fischer denkt nach.

„Ja, kann sein. Sie hat einen Sohn, der heißt sogar Phillip, glaube ich. Sie erzählt wenig, ist eine ziemlich stille Frau, aber sehr zuverlässig."

Dann dreht sich Frau Fischer zu ihrem Sohn um und schaut ihn fassungslos an. „Ist das der Phillip, der euch immer ärgert?"

„Ja", berichtet David, „aber heute war er freundlich, weil ich nett zu ihm war. Eigentlich ist nie einer nett zu ihm, weil er alle Kinder ärgert. Das hat er schon immer gemacht. Aber heute war er nett, weil ich nett mit ihm gesprochen habe."

„Hmm, schon eigenartig", überlegt Frau Fischer, „seine Mutter ist eine ganz freundliche Frau."

„Aber dann", ergänzt David, „war er wieder ganz komisch. Er hat sich umgedreht und ist weggelaufen und das nur, weil ich gefragt habe, was sein Vater von Beruf ist."

„Der ist seit zwei Jahren arbeitslos", sagt Frau Fischer. „Die Mutter von Phillip hat Papa damals gefragt, ob sie nun jeden Tag kommen könnte. Bis dahin kam sie zwei Tage in der Woche. Aber da hätte das Geld für die Familie nicht gereicht."

„Der Phillip hat aber gesagt, sein Vater arbeitet ganz viel", protestiert David nun.

„Na ja", meint Frau Fischer, „vielleicht macht er ja jetzt den Haushalt. Das ist heutzutage nicht ungewöhnlich, wenn der Vater keine Arbeit hat. Es passiert aber auch, dass solche Menschen dann traurig und wütend sind, und in der Familie gibt es dann oft Streit. Vielleicht ist Phillip deshalb oft so schlecht gelaunt und ärgert euch aus diesem Grund."

David fühlt sich jetzt traurig. Die Bilder in seinem Kopf zeigen ihm eine Familie, in der es immer Streit gibt und einen Phillip, der deshalb oft weint. Dann fällt ihm Hopi ein. Er hat gesagt, dass alle Bilder, die wir uns vorstellen zu Gefühlen werden und die Gefühle sich in Energiewellen verwandeln, die ins Universum gehen. Dabei ist es egal, ob wir das erleben, was wir sehen oder es uns nur vorstellen. Wir fühlen uns immer so, wie die Bilder in unserem Kopf sind. Wenn wir uns Schönes vorstellen, fühlen wir uns gut und wenn wir an traurige Dinge denken, sind wir traurig.

weil der Käufer etwas gewinnt und der Verkäufer ebenfalls. Das bringt mehr gute Energien und wie ihr wisst, kann man nur das erhalten, was man aussendet. Das ist immer und überall so."

Hopi ist aufgestanden und holt für die Kinder einen dunkelroten, duftenden Tee aus seiner Hütte. „Das ist Tee aus Holunderbeeren und Rotbusch. Dazu habe ich etwas Limonensaft und ein wenig Wasser von gekochten Äpfeln gegeben", sagt Hopi. Dann fügt er erklärend hinzu: „Alle Pflanzen aus der Natur schenken euch ihre Energie, wenn ihr sie verspeist. Sie helfen euch auf wunderbare Weise stark und gesund zu bleiben. Sie wachsen deshalb immer wieder gerne nach, damit ihr sie ernten könnt. Dafür sind wir ihnen sehr dankbar und das sagen wir den Pflanzen, indem wir dem Universum, also Gott, dafür danken. Das ist wichtig, weil wir uns dann gut fühlen."

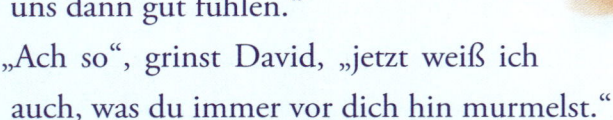

„Ach so", grinst David, „jetzt weiß ich auch, was du immer vor dich hin murmelst."

„Ja", meint Hopi nun, „ich bedanke mich immer für die Gaben der Natur. Alles, wofür ihr euch bedankt, davon werdet ihr mehr bekommen. Aber das ist eine andere Reise, die machen wir später. Wie ist es euch heute ergangen? Was habt ihr erlebt?"

Hannah denkt an den gestrigen Tag, als der Papa die Vase umgeschmissen hat. „Gestern Nachmittag war der Papa ganz wütend auf die Mama und sie haben sich gestritten!" Hannah ist erschrocken über sich selbst, dass ihr das Erlebnis so herausgerutscht ist, aber bei Hopi hat sie immer das Gefühl, als ob er ein Teil ihrer ganz persönlichen Welt ist. Er versteht alles auf Anhieb, verurteilt nie und rückt alles Erlebte so zurecht, dass die Dinge viel klarer erscheinen und irgendwie einfacher und heller werden. Egal welche Probleme oder Erlebnisse sie dem weisen Mann erzählt, nach einem Gespräch mit ihm wirkt in ihr alles wie aufgeräumt.

„Willst du mir erzählen, was passiert ist?" Hopi schaut Hannah interessiert an.

Mit einem Mal platzt es aus beiden Kindern heraus und sie wechseln sich gegenseitig ab, um die Geschichte, angefangen von der zu kleinen Thujahecke bis hin zu der kaputten Blumenvase und den darauf folgenden Lachanfall ihrer Eltern zu erzählen.

„Ja, euer Vater war schrecklich wütend und wenn man wütend ist, strahlt man Wut in das Universum. Wie ihr von den Fernsehsendern wisst, kommt immer das zurück, was man ausstrahlt. Wut ist ein schlechtes Gefühl und zieht schlechte Erlebnisse an. In diesem Fall war die Unachtsamkeit eures Vaters, ausgelöst durch ein schlechtes Gefühl, der Grund dafür, dass er die Vase umstieß, also ein schlechtes Erlebnis schaffte." Hopi zeichnet mit einem Stock noch einmal die Erde und die Satelliten in den Sand und fährt fort: „Wenn Menschen in ruhiger und friedlicher Stimmung sind, strahlen sie Frieden aus und Harmonie und Freude strahlen zurück. In so einer Stimmung fallen keine Vasen um. Das ist ein Naturgesetz. Es wirkt immer.

Was wir aussenden, werden wir erhalten!

„So wie bei Phillip heute Morgen?" David schildert seine Erlebnisse mit dem sonst so bockigen und unnahbaren Jungen.

„Er hat erst gedacht, ich würde ihn ärgern wollen, aber dann war er total nett und jetzt weiß ich auch, dass seine Mutter die Sekretärin von Papa ist."

„Ja, genauso wie bei Phillip. Manchmal braucht es eine lange Zeit, bis Menschen anderen wieder vertrauen. Kinder, die sich oft schlagen, frech oder wütend sind und die Gemeinschaft stören, sind eigentlich traurig und leben zu Hause in einer Umgebung, in der es oft Streit gibt oder in der sie selbst geschlagen werden. Sehr häufig fehlt solchen Kindern die Liebe und Aufmerksamkeit der Eltern. So werden sie einsam und sitzen den ganzen Tag vor dem Fernseher oder dem Computer. Das macht traurig und kraftlos. Hinzu kommt, dass viele Filme im Fernsehen grausam und brutal sind." Hopi schaut die Kinder an und fährt fort: „Alle diese Bilder gelangen in euren Kopf und erzeugen Gefühle. Aber, wie ihr schon wisst, unterscheidet der Geist nicht, ob ihr euch etwas nur vorstellt oder es wirklich erlebt."

„Aber die schießen ja nicht mit echten Waffen!", erklärt David dem weisen Mann. „Das sind Platzpatronen und Tomatenketchup!"

Das Gefährliche ist Folgendes", sagt der weise Mann und hebt den Zeigefinger: „Wir erschaffen unser Leben mit den Bildern unserer Gedanken, was an sich nicht gefährlich ist, sondern ein Gesetz des Universums. Es wird erst gefährlich, wenn wir immer wieder grausame Bilder in unseren Kopf hineinlassen. Die Szenen in den Filmen sind so echt nachgespielt, dass euer Geist nicht erkennt, ob sie wahr sind oder nicht. Habt ihr nicht schon oft mit pochendem Herzen vor solchen Filmen gesessen?", fragt Hopi die Kinder. Er hält seine Hände auf sein Herz und fährt fort: „Das ist der Beweis dafür, dass euer Geist die Bilder als wahr annimmt. Denkt immer daran: Eure Gedankenbilder, verbunden mit einem Gefühl, sind ein Schöpfungsauftrag an das *Allumfassende Licht!*"

„Echt? So fiese Filme gehen als Bilder in den Kopf! Wie krass!", ruft David aus.

Hopi nickt. „Wie ihr wisst, erzeugt *ein* Bild noch keine Wirklichkeit. Wenn ihr aber immer wieder so grausame Filme anschaut, kann das gefährlich sein. Dasselbe gilt für eure Computerspiele. Wenn ihr immer die Rolle von Jägern oder Gejagten spielt und euch damit gleichsetzt, ist das gefährlich, wenn ihr dabei Gefühle von Wut und Angst entwickelt. Gedankenbilder und die davon erzeugten Gefühle erschaffen eure Welt. Schöne, und lustige Filme schaffen ein gutes Gefühl."

„Das stimmt!", ruft David aus. „Es ist wie bei der Geisterbahn und dem Autoskooter!" Der weise Mann nickt. „Viele Kinder, die einsam sind, sitzen stundenlang am Fernseher oder am Computer. Die ganze Gewalt, die da gezeigt wird, geht in ihren Kopf. So werden diese Kinder traurig und manchmal auch gewalttätig."

„Ich weiß, was du meinst", sagt Hannah und ergänzt: „Wenn ich doofe Filme geguckt habe, geht es mir danach schlecht und nach lustigen fühle ich mich gut und bin beschwingt."

„Vielleicht sitzt der Phillip viel vorm Fernseher", überlegt David „Und weil ich nett zu ihm war, hat er sich gefreut!", ergänzt er und dann erzählt er, wie merkwürdig der Junge sich verhalten hat, als das Gespräch auf seinen Vater kam.

„Mama sagt, der Papa von Phillip ist arbeitslos, aber darum braucht er doch nicht wegzulaufen!"

„Nein, das braucht er nicht, aber wahrscheinlich ist das zu Hause bei ihm ein großes Problem, und er fühlt sich deshalb schlecht. Du siehst, auch hier funktioniert unser Satellit! Du warst nett zu Phillip und das hat ihm gut getan, also war auch er nett. Er hat gute Gedanken empfangen und ein gutes Gefühl gehabt. Für einen kleinen Moment spürte er Freude und deshalb war er *beschwingt*. Die Angst, dass du erfährst, dass sein Vater arbeitslos ist und du ihn dann womöglich verachtest, hat den Jungen dann wieder traurig und misstrauisch gemacht. Wenn es Menschen häufig schlecht geht, dauert es lange, bis sie wieder Vertrauen haben. Aber, du hast einen guten Anfang gemacht. Ich denke nämlich, dass Philipp sich sehr gefreut hat über deine nette Art, ihn anzusprechen."

„Ja, das weiß ich ganz sicher!" David erzählt nun den Rest des heutigen Erlebnisses im Kindergarten.

„Manchmal ist es schwierig zu Kindern nett zu sein, die alle anderen blöd finden", sagt der Junge zu dem alten Mann und denkt an den Moment, als er Phillip an der Tür am liebsten gesagt hätte, er dürfe sich zu ihm und zu seinen Freunden setzen.

„Warum meinst du das?" Hopi kann sich schon denken, dass der Junge Angst vor der Art und Weise hat, wie seine Freunde es aufnehmen, wenn er sich mit einem Jungen anfreundet, den keiner leiden kann.

„Der Kevin und die Lisa guckten so komisch und sie sind doch meine Freunde."

„Alles braucht seine Zeit!" Hopi hebt beide Hände zum Himmel und bildet mit den Armen einen großen Kreis. Und dann sagt er wieder einen seiner merkwürdigen Sätze, deren Sinn die Kinder nie ganz verstehen.

„Die Zeit ist eine große Meisterin, sie regelt so viele Dinge." Lächelnd sagt er dann zu den Kindern gewandt: „Das war ein guter Tag für euch."

Der Indianer nimmt wieder das rote Tuch aus seinem Korb und wickelt die Glühbirne aus. Um das Gewinde sind nun ganz viele bunte Bänder geschlungen.

Die Macht der Gedanken

„Heute reisen wir noch einmal zu unserem Geist und ihr werdet erfahren, was ihr mit euren Gedanken alles machen könnt. Sie sind geradezu fantastisch!", offenbart der weise Indianer und klatscht in die Hände.

„Warum hast du da Bänder um die Fassung gebunden?", will David wissen.

Hopi nimmt die Glühbirne und hält sie gegen die Sonne.

„Das sind Souvenirs unserer letzten Reisen", sagt er. „Man nimmt von einer Reise immer etwas mit nach Hause. Das rote Band haben wir bei der ‚Seele' bekommen und das blaue beim ‚Geist', das grüne bei den ‚flüsternden Bäumen', das goldene beim *Allumfassenden Licht* und das weiße in ‚Mampapa'. Wie ihr seht, sind wir schon ganz schön herumgekommen!"

„Cool", schmunzelt David. „In ‚Mampapa', da ist es schön!"

„Stolzer Kwahu und schöne Kuwanyauma, ich bitte euch einzusteigen auf die wunderbare Reise zu euch selbst." Hopi nimmt die Glühbirne und reicht sie den Kindern.

„Wir reisen jetzt erneut zu unserem Geist!"

Hopi greift in seinen Korb und holt zwei große, weiße Pappen heraus. Er gibt den Kindern einen Lederbecher, in dem ganz viele Buntstifte stecken.

„Was machen wir denn damit?" Hannah ist gespannt, was das jetzt wird.

„Nun", erklärt Hopi, „jeder Ort hat ein Ortsschild! Das hier werden Schilder für den Ort ‚Geist'." Er bittet Hannah auf die beiden weißen Pappen ganz groß „Geist" zu schreiben.

Hannah nimmt einen pinkfarbenen Stift für ihr Schild und wendet sich an ihren Bruder. „Welche Farbe soll ich für dich nehmen?"

David nimmt den alten Lederbecher und greift sich einen grünen Filzschreiber. Hannah gibt sich besondere Mühe und schreibt in klarer Schreibschrift das Wort „Geist" auf Davids Schild.

Nachdem beide nun ihr Schild vor sich liegen haben, bittet der weise Mann die Kinder, die Augen zu schließen. „Stellt euch jetzt einmal vor, ihr seid an einem weißen Strand mit ganz vielen Palmen. Der Himmel ist blau und bunte Papageien fliegen zwischen den Bäumen umher. Dann geht es an blühenden Pflanzen vorbei zu einem Schild. Hier beginnt der Ort ‚Geist'. Das Schild ist bunt und wunderschön! David, wie sieht dein Schild aus? Siehst du es?", fragt Hopi den Jungen, der immer noch mit geschlossenen Augen vor ihm sitzt.

„Blau, mein Schild ist blau mit 'ner großen Sonne!", sagt der Junge und öffnet die Augen.

„Ich habe ein rosa Schild mit pinkfarbenen Blumen!", ruft Hannah.

„Könnt ihr eure Schilder malen?"

„Ja, klar", kommt es wie aus einem Munde.

„Dann mal los!", ruft der Indianer und trinkt genüsslich seinen Tee.

Voller Konzentration und Begeisterung malen die Kinder ihre Schilder, während der weise Mann auf seiner Panflöte leise eine Melodie spielt, die an einen zarten Wind erinnert, der durch ein Kornfeld streift. Dabei hält er die Augen geschlossen und wiegt sich sanft im Gras. Und wieder hat es den Anschein, als ob dieser Mann zu einem Teil der Natur wird, vergleichbar mit dem Blatt eines Baumes, das sich zusammen mit den anderen, unzähligen Blättern der Baumkrone im Winde bewegt.

Endlich haben Hannah und David ihre Schilder fertig. Sanft klingt die Musik aus und Hopi schaut lächelnd auf die wundervollen, kleinen Kunstwerke.

Die Kinder fragen sich, ob Hopi trotz geschlossener Augen sehen kann oder ob er es einfach gefühlt hat, dass sie ihre Aufgabe beendet haben.

„Euch ist etwas Großartiges gelungen!", lobt der Indianer die beiden Künstler.

„Ihr habt eure Gedanken zur Wirklichkeit werden lassen. Nur, weil ihr euch eure Schilder im Geiste vorstellen konntet, habt ihr sie malen können. Ohne Gedanken hätte nichts entstehen können."

„Es entsteht wirklich alles aus Gedanken!" David ist sich jetzt ganz sicher. „Cool, meine Gedanken sind wie ein Zauberstab!"

Der Indianer lacht. „Ja, alles, was es je gegeben hat und je geben wird, entsteht aus Gedanken! Zuerst ist immer die Idee im Geist der Menschen, der Gedanke – und der wird zu Gedankenbildern. Schaut euch das beim Auto an: Vor über tausend Jahren sind die Menschen zu Fuß gegangen. Aber sie wollten schneller sein. Also hat der Mensch nachgedacht, und da jeder Gedanke immer ein Bild im Kopf entstehen lässt, sah sich der Mensch auf einem Tier reiten, denn er hatte ja gesehen, dass Tiere schneller sind als Menschen. So haben die Menschen sich dazu entschlossen, die Schnelligkeit der Tiere zu nutzen. In Afrika wurden Kamele genommen, in Indien Elefanten und in Europa Pferde oder Esel.

Nun waren die Menschen voll Freude, weil ihre Reisen wesentlich kürzer wurden. Danach haben sie überlegt, wie man mit einem Pferd zu mehreren reisen kann. Sie haben wieder ihren Geist benutzt und überlegt, dass das Pferd etwas ziehen könnte und sich genau das im Geist vorgestellt.

Und so haben die Menschen in Gedanken einen ‚Karren' gesehen. Der Mensch hat weiter überlegt, aus welchem Material der Karren sein könnte. Und er hat im Kopf die Wälder gesehen und sein Verstand sagte ihm, er könne Holz nehmen. Dann sah der Mensch den Karren aus Holz in seinem Geist. Er teilte die Idee Freunden und Verwandten mit. Beim Erzählen entstand in den Gedanken der anderen ebenfalls dieses Bild von einem Karren aus Holz.

Gemeinsam setzten sie sich hin und taten das, was ihr beide eben auch gemacht habt. Sie nahmen sich etwas zu schreiben, in frühen Zeiten ein Stück Kohle, und malten den Karren auf einen glatten Stein, so wie sie ihn im Geiste gesehen haben. Aber was konnte ergänzt werden, damit es leicht werden würde, den Karren zu ziehen?

Auch hier haben die Menschen wieder nachgedacht. Baumstämme sind rund und rollen den Berg hinunter. Wenn man nun vom Stamm eine Scheibe abschneidet und links und rechts am Karren befestigt, dann könnte er rollen. Im Geist sah der Mensch ein rundes, sich drehendes Teil. So haben die Menschen dann das Rad erfunden und einen Anhänger hergestellt. Die Idee kam aus den Gedanken, wurde aufgemalt und nachgebaut.

Aber wenn es regnete, wurde man nass auf dem Anhänger. Also hat wieder jemand nachgedacht und sie bauten einen Anhänger mit Dach und Fenstern. Auch der entstand als Idee im Kopf und wurde erst einmal aufgemalt und dann nachgebaut. Man baute Bänke in die Karren, die jetzt ‚Kutschen' hießen, damit die Menschen auf der Reise bequem sitzen konnten.

Wenn Menschen etwas erfinden, dann sind sie voll Freude und die Gedanken sind voll von Ideen mit passenden Bildern. Diese werden umso genauer und deutlicher, je intensiver sich der Mensch das Ergebnis vorstellt. Irgendwann ist das Bild so genau, das der Mensch es herstellen kann.

Und immer geht diesen Ideen der Wunsch voraus, etwas zu verändern, besser zu machen oder Neues zu erfinden.

Irgendwann hat ein Mensch dann überlegt, dass es toll wäre, wenn die Kutsche nicht von Tieren gezogen werden müsste, sondern allein fahren könnte. Und so wurde der Motor erfunden.

Einer der Erfinder eines Motors hieß Nicolas Otto. Aber sein Motor war viel zu groß und zu schwer für einen allein fahrenden Karren. Das Problem löste Gottfried Daimler mit seiner Erfindung. Auch er hatte nachgedacht und Gedankenbilder in seinem Kopf. So wurde im Laufe der Zeit aus der Kutsche ein Auto. Die ersten Autos sahen noch aus wie Kutschen. Nach und nach wurden sie immer windschnittiger, sportlicher und bequemer und das alles nur, weil Menschen etwas verändern, verbessern oder schöner machen wollten.

Hinter jeder Form eines Autos steht ein Gedanke im Kopf eines Menschen!"

Alles was jemals hergestellt wurde, ob Autos, Waschmaschinen, Schiffe oder auch kleine Teile wie Gabeln, Messer, Flaschen, egal was euch einfällt, hinter ALLEM steht erst ein Bild im Kopf eines Menschen, der darüber nachgedacht hat.

„Und hinter den meisten Sachen", ergänzt Hopi, „steht eine lange Entwicklung, bei der viele Menschen nur über einen Teil dieses Gegenstandes nachgedacht haben und der so ein Ganzes wurde."

„Also entsteht alles aus Gedanken!" Hannah schaut Hopi mit großen Augen an. Sie denkt an das Haus, in dem sie wohnt. Das war auch erst auf Papier gezeichnet worden. Ein großes Blatt mit so vielen Linien, dass Hannah zunächst gar nichts erkennen konnte. Erst als ihr Vater die Flächen im Haus bunt gemalt hat, konnte sie sich das Haus richtig vorstellen.

„Ja, genauso ist das", stimmt Hopi zu. „Alles was wir erschaffen, war zuerst ein Bild in unserem Kopf. Und die Menschen sind beim Planen und Erschaffen in Vorfreude und fühlen sich gut. Sie freuen sich, denn sie wissen genau, dass sie das bekommen, was sie erschaffen. Sie planen es und bringen ihre Bilder im Kopf als Wirklichkeit in die Welt. Die meisten Menschen glauben jedoch, dass sie nur Gegenstände erschaffen können. Aber sie erschaffen ihr ganzes Leben mit all den Ereignissen durch ihre Gedanken!"

„So, wie wir unsere Schilder!", ruft David.

„Ja, so wie ihr eure Schilder", wiederholt Hopi. „Und wenn man etwas erschafft, ist man ein Schöpfer. Ihr seid jetzt die Schöpfer eurer Schilder."

Alles im Universum ist Schöpfung.
Immer, wenn Gedanken und Bilder ins Universum gehen,
entsteht Schöpfung.
Wissenschaftler sprechen von „Energien" und Priester sagen,
diese Energien sind Gott.

„Dieser ‚Geist' ist in allem: in den Bäumen, den Steinen, dem Himmel. Er ist überall, auch in den Tieren und den Menschen", erklärt Hopi.

„Also sind wir wie Gott, denn auch wir sind Schöpfer", Hannah fühlt sich ganz wichtig bei dem Gedanken, ein Schöpfer zu sein.

„Ja sicher", bestätigt Hopi, „ihr habt den Geist des Universums, das *Allumfassende Licht* in euch wie alle Menschen. Dieser Geist ist die größte Kraft, die es gibt. Die einen nennen es ‚Universum', andere sagen ‚Gott', wieder andere nennen diese Kraft ‚Manitu', ‚Allah'. Und wir kennen sie als das *Allumfassende Licht*. Es gibt so viele Begriffe für die Schöpfung, aber alle meinen das Gleiche. *Es* ist unendliche Energie und ohne diese Energie gäbe es keine Gedanken. Ohne Gedanken und ihre Bilder gäbe es gar nichts, weil nichts erschaffen werden könnte."

„Das ist ja wie Zauberei!", ruft David und Hannah nickt.

„Da kannst du schon recht haben, David", pflichtet der weise Mann dem Jungen bei.

Allein der Glaube an eine Sache, das Wissen, dass man es schaffen kann und
der Wille es zu tun, zusammen mit den Bildern und der Kraft der Gedanken,
haben die größten Erfindungen auf der Welt entstehen lassen.

„Thomas Alva Edison, der Erfinder der Glühbirne, unseres fantastischen Reisegefährts, hatte schon auf über hundert Arten versucht, die Glühbirne zum Leuchten zu bringen. Aber es gelang ihm nicht. Viele Leute fragten ihn, ob er nicht langsam aufgeben wolle. Da hat Edison gesagt: ‚Wieso soll ich aufgeben? Ich bin auf jeden Fall schon schlauer geworden, denn jetzt weiß ich schon hundert Methoden, die nicht klappen. Aber ich sehe sie in meinem Kopf die leuchtende Glühbirne, es fehlt nur noch ein wichtiger Gedanke. Ich muss ihn nur sehen.'

Thomas Alva Edison hat an seine Idee geglaubt. Er war davon *überzeugt,* dass es funktionieren würde. Und dies allein ließ ihn schon Freude empfinden. Das ist ein gutes und starkes Gefühl, zusammen mit dem Willen es zu tun. Er hat immer wieder über die Glühbirne nachgedacht, Wochen und Monate. Er hat sie in seinen Gedankenbildern leuchten gesehen. Wie ihr wisst, sind Gedanken Energie, denkt an die Funkwellen. Desto öfter ihr an etwas denkt, umso genauer werden die Bilder in eurem Geist und umso größer wird die Kraft, die Energie. Aus dieser Energie entsteht dann der ‚gedachte Gegenstand' im Kopf eines Menschen. Wenn er einmal da ist, dann kann dieser ‚gedachte Gegenstand' hergestellt werden, genauso wie die Kutsche."

„Und so wie mit unseren Schildern", ergänzt David. „Wir haben sie erdacht und hergestellt!" Selbstzufrieden betrachtet der Junge sein Schild. „Es ist cool, ein Schöpfer zu sein!"

„Ja, so ist es", bestätigt der weise Indianer. „Eure feste Überzeugung, die Schilder malen zu können und die Vorfreude auf das Ergebnis haben sie entstehen lassen. Das ist Schöpfung."

Der weise Mann steht auf und bittet die Kinder, mit ihm in seine Hütte zu kommen. „Wir gehen jetzt in die Zauberschule des Lebens!", verkündet der Indianer. David und Hannah folgen ihm und sind ganz gespannt, was jetzt passiert. Erwartungsvoll betreten sie das mit so vielen interessanten Dingen eingerichtete Heim des Indianers. „Ich habe hier einen großen Topf mit Wasser." Hopi zeigt den Kindern einen blauen Metalltopf. „Wir wollen das Wasser darin zum Kochen bringen. Was müssen wir tun?"

„Das weiß ich", ruft David. „Ich stelle ihn auf die Herdplatte!"

„Du musst den Herd auch anstellen", schmunzelt Hannah und pufft ihrem Bruder zärtlich in die Seite.

„Ist doch klar", erwidert der Junge.

Der Indianer nickt anerkennend. „In einer Herdplatte ist viel Energie auf einmal. Wenn ihr nun keinen Herd habt und nehmt eine Kerze zum Erwärmen. Was passiert dann?"

„Das dauert doch ewig!", stöhnt David.

„Stimmt!" Hopi lächelt, „Und wenn du zwanzig Kerzen nimmst?"

„Das geht dann schneller!", ruft Hannah. „Aber es dauert immer noch recht lange."

„Okay", sagt der Indianer, „dann nehmen wir noch zwei Fackeln dazu."

„Dann kocht das Wasser bald schneller, das könnte klappen." David schlüpft in die Rolle eines Technikers. Er kommt sich sehr wichtig und schlau vor.

Der weise Mann erklärt den Kindern: „Das kochende Wasser ist das, was ihr erschaffen wollt, und die Kerzen und Fackeln sind eure Gedanken. Einmal etwas gedacht und dadurch Gedankenbilder erschaffen, ist wie eine Kerze unter einem großen Kochtopf. Das Wasser kocht noch lange nicht, wahrscheinlich nie. Aber hundert Mal etwas gedacht und es immer wieder in Gedankenbildern erschaffen, das ist wie hundert Kerzen und die *Überzeugung* es zu schaffen, ist wie die Energie von hundert Fackeln. Das bringt das Wasser ganz schnell zum Kochen.

Hundert Gedankenbilder lassen eine Kraft entstehen, die viel größer ist als ein einzelner Gedanke, den man sogar noch wieder vergisst. Eine Kerze, die wieder erlischt, bringt das Wasser niemals zum Kochen.

Genauso wie Wärme Energie ist, sind auch Gedanken Energie!"

Wenn du einen Gedanken immer wieder denkst und dir die Bilder
der Gedanken immer wieder vorstellst,
wird das Gedachte irgendwann in dein Leben treten.

Je öfter und genauer du dir etwas vorstellst und starke Gefühle dabei hast,
desto schneller wird etwas Wirklichkeit.

Das gilt für Dinge, die du erschaffen willst oder für Fähigkeiten,
die du dir aneignen willst. Es gilt aber auch für alles, was du erleben willst.

„Wir stellen uns jetzt einmal vor, dass die Herdplatte so stark wie hundert Kerzen und zwei große Fackeln ist, und dass jede von ihnen einen starken und guten Gedanken darstellt", schlägt Hopi vor. „Hannah, stell doch mal den Topf auf die Platte und David, schalte bitte den Herd an! Wollen wir mal schauen, was passiert!"

Gemeinsam beobachten die drei, wie das Wasser langsam zu kochen beginnt.

„Wieder haben wir eine großartige Entdeckung gemacht auf unserer Reise!", frohlockt der alte Indianer. „Reine Energie ist unsichtbar, denn das Wasser kocht, ohne dass wir die Energie sehen, die es zum Kochen bringt. Aber sie ist da, sonst könnte das Wasser jetzt nicht kochen! Gedankenenergie ist auch unsichtbar, aber sie ist da!"

David beobachtet das Sprudeln des Wassers in dem großen Metalltopf und Hannah freut sich.

„Und wieder ist uns ein Licht aufgegangen!", sagt sie.

Nicht nur das Sichtbare ist Wirklichkeit, sondern auch das Unsichtbare.

***Wir können weder Gedanken noch reine Energie sehen
und trotzdem sind beide da.***

Nachdem David den Herd wieder ausstellen durfte, verlassen die drei die Hütte. Sie setzen sich ins Gras, trinken ihren Tee und Hannah genießt einmal mehr mit Hopi hier im Steinkreis zu sitzen. Jedes Mal, wenn der weise Mann mit ihnen eine „Reise in der Glühbirne" unternommen hat, fühlt sie sich stark und fröhlich. Auf einmal erscheint es ganz leicht, nett zu David zu sein und sie fühlt, wie wichtig ihr die Freundschaft zu ihm ist.

„War ihr Bruder schon immer so oder hat er sich verändert seit der Freundschaft mit Hopi? Oder habe ich mich verändert? Wie auch immer", denkt sie, „ich fühle mich gut und stark, also geht es meiner Seele gut. Und das allein zählt, sagt Hopi!" Hannah lächelt leise vor sich hin. Plötzlich wird sie aus ihren Gedanken gerissen, denn David zupft sie sanft am Ärmel ihres Sweatshirts. „Einsteigen", flüstert er.

Hannah schaut zuerst zu ihrem Bruder und dann zu Hopi. Dieser strahlt sie mit warmen Augen an. Manchmal hat Hannah das Gefühl, seine Augen sind wie friedliche Seen, in die man einfach nur eintauchen muss, um Geborgenheit zu spüren.

„Welches Pavásiya singt meine kleine Kuwanyauma gerade?" Hopi schaut Hannah verschmitzt an.

„Was ist das ‚Pavasia'?", fragt sie.

„Pavásiya? Das ist Hopi-Sprache und heißt ‚Schöpfungslied'."
„Ich war ganz in Gedanken", antwortet Hannah verlegen.
„Ja, das weiß ich", meint Hopi nun. „Du warst in Gedanken. Gedanken erschaffen immer irgendetwas. Kein Gedanke geht im Universum verloren. Wenn du denkst, singst du immer ein Schöpfungslied."

Kein Gedanke geht im Universum verloren.
Jeder Gedanke ist ein Teil der Schöpfung.

Wenn wir denken, werden wir zu Schöpfern.
Und die Summe der Gedanken wird zu einem Schöpfungslied.

Hopi schaut die Kinder an. „Erschaffen ist wie zaubern, wenn man es bewusst anwendet," flüstert der weise Mann. „Aber wie alles muss auch richtiges Erschaffen gelernt sein, denn immerwährende Gedanken der Wut und Trauer erschaffen eben auch. Das sind dann die Erlebnisse, die wir nicht mögen. Gedanken der Freude und der Liebe haben aber eine viel stärkere Kraft, weil sie viel höhere Energien haben. Ein Reiseort, den wir nicht vergessen dürfen, aufzusuchen … später."
Der alte Indianer nimmt ganz vorsichtig, fast zärtlich, die den Kindern so vertraute Glühbirne in die Hände und reicht sie David. „Einsteigen, ihr Lieben, heute haben wir einen wichtigen Ort in der großen Stadt des Geistes besucht."
Nacheinander nehmen die Kinder ehrfürchtig das dargereichte Reisegefährt.
Hannah nimmt auf einmal wieder die Gespräche der Großeltern nebenan im Schrebergarten wahr. Sie fühlt die wärmende Sonne auf ihren Schultern.
Immer, wenn sie mit Hopi und David in der Glühbirne verreist, vergisst sie alles um sich herum und hat wirklich das Gefühl, ganz woanders zu sein.
Ganz woanders?
Ja … auf einer Reise, die man weder mit dem Zug oder dem Auto, noch mit dem Flugzeug machen kann. Und was sie auf den Reisen erlebt, ist spannender als mancher Ausflug in die feuchten, grauen Gemäuer einer alten Burg, in der ein Fremdenführer mit monotoner Stimme stundenlang einen Vortrag hält, bei dem sie vor Langeweile von einem Bein aufs andere hüpft, weil sie nicht mehr stehen mag. All das empfindet sie bei Hopi nie. Im Gegenteil, die Zeit verfliegt so rasend schnell. Und jedes Mal nach so einer Reise in der Glühbirne hat sich für Hannah irgendetwas verändert.

Die Welt sieht auf einmal so anders aus, klarer, so als ob man im Theater hinter die Kulissen schaut.

„Noch einen Tee?", fragt der Indianer die Kinder und hält ihnen die alte Kupferkanne hin, in die kleine, fremd aussehende Zeichen eingraviert sind.

„Ja, der ist lecker!", ruft David und gibt Hopi seinen Becher.

„Woran denkst du?" Hopi bemerkt, dass Hannah ganz abwesend ist.

Er schenkt David Tee ein und lächelt das Mädchen an. „Was für Bilder hast du gerade in deinem Kopf, schöne Kuwanyauma?"

„Ich habe morgen Sport in der Schule, und da üben wir für die Bundesjugendspiele." Hannah sieht bedrückt aus.

„Was ist das ‚Bundesjugendspiele?'", fragt Hopi.

Hannah mag nicht wirklich darüber sprechen. Am liebsten würde sie nicht daran denken müssen und mitmachen schon gar nicht. Sie dreht an ihren Fingern und wünscht sich, sie hätte nicht davon angefangen. Doch der freundliche Blick des alten Indianers gibt ihr Mut.

„Das sind Wettspiele in der Schule", platzt es aus ihr heraus. „Wir müssen ganz schnell laufen. Das kann ich ja, und dann müssen wir einen Weitsprung machen, das kann ich auch. Aber dann kommt das Doofe", sagt sie zerknirscht. „Wir müssen mit einem Ball einen weiten Wurf machen, und das kann ich eben nicht. Ich habe es schon so oft versucht, aber ich kann das trotzdem nicht. Morgen haben wir wieder Sport. Dann üben wir und alle Kinder lachen wieder, wenn ich werfe!"

„Das ist der nächste Anlaufpunkt auf unserer Reise", antwortet Hopi. „Es ist ein sehr wichtiger Reiseort. Ich glaube, wir sollten noch ein bisschen reisen."

Die Leinwand

Fragend schauen die Kinder den weisen Mann an. Hopi reicht den beiden erneut die Glühbirne. „Einsteigen, meine wundervollen Reiseteilnehmer, wir begeben uns jetzt in ein Filmstudio!"

Hannah und David nehmen ihr so vertrautes Reisegefährt erneut in die Hand und schauen Hopi erwartungsvoll an. Der alte Indianer steht auf und bedeutet den Kindern, ihm zu folgen. Er geht hinter seine Hütte und kommt mit einem großen Schild wieder hervor.

„Filmstudio Leben!", ruft Hannah erstaunt. „Wann hast du das denn gemalt, Hopi?"

„Nun, der Tag hat viele Stunden und es gibt immer etwas zu tun. So ein Schild ist schnell gemacht." Er zwinkert Hannah zu und wendet sich an David.

„Hinter dem Haus steht eine Leiter", sagt er zu dem Jungen. „Wir müssen das Schild über der Tür anbringen."

David läuft hinter die Hütte und findet auch gleich die Leiter, die quer an einer Wand auf dem Boden liegt. Nachdem er mit Hopi gemeinsam die Leiter geholt und das Schild angebracht hat, gehen sie in die Hütte. Der Indianer sieht sich um. „So jetzt brauchen wir noch unsere Leinwand", sagt er und kramt unter seinem Bett eine Staffelei hervor, auf die er eine große, weiße Pappe legt.

„Was du so alles hier vergraben hast", sagt David mit Bewunderung.

Der Indianer lacht und schaut David schelmisch an. „Im Leben ist zu jedem Zeitpunkt genau das Richtige vorhanden!"

Hannah und David grinsen sich an. Wie so oft, spricht der alte Mann in Rätseln.

„Und jetzt geht's los, Hannah!", ruft Hopi und verbeugt sich vor dem Mädchen.

„Sie sind die Regisseurin dieses Films", sagt er und macht eine theatralische Geste. „Was, bitte, gedenken Sie, soll in Ihrem Film vorkommen?"

Hannah lacht Hopi an und sagt: „Der Film handelt von einem Mädchen, dass bei den Bundesjugendspielen einen Superwurf macht und so weit wirft, dass es eine Ehrenurkunde bekommt!"

„Okay", meint der Indianer, „wie sieht das Drehbuch aus? Im Universum entsteht alles aus unseren Gedanken, denn sie sind das einzige Mittel etwas zu erschaffen. Unsere Gedanken haben eine sehr wichtige Eigenschaft: Sie erschaffen *immer und unentwegt!*

Auch wenn wir uns das nicht bewusst machen. Wir erschaffen dadurch auch Dinge, die wir nicht haben wollen!"

Fragend schauen die Kinder den weisen Mann an. „Wenn wir immer denken, dass wir etwas nicht können, dann sehen wir gerade dieses Bild in unserem Kopf und ‚simsalabim', wie Zauberer, werden wir es erschaffen. Das ist ein Naturgesetz! Ob wir etwas wollen oder nicht wollen, wenn wir ständig daran denken, werden wir es in unser Leben ziehen. Wir schreiben es in unser Drehbuch und bringen es auf unsere Leinwand!"

Wir erschaffen das, woran wir ständig denken,
ob wir das nun haben wollen oder nicht,
weil die Schöpfung uns die Bilder in unserem Kopf
als Wirklichkeit in unser Leben bringt.

Für den Film unseres Lebens sind wir der Regisseur
und unsere Gedanken das Drehbuch.

Jeder Gedanke ist ein Befehl an das Universum,
aus den Bildern Wirklichkeit zu erschaffen.

„Wenn du andauernd denkst, du kannst nicht weit werfen und Angst davor hast, so erschaffst du das passende Bild dazu in deinem Kopf. Alles, was wir immer wieder in unserem Geist sehen, das erschaffen wir mit hundert Kerzen und Fackeln! Denkt an den alten Kochtopf! Das ist immer so, ohne Ausnahme."

Hopi rollt die Augen nach oben und grinst: „Stell dir im Geist immer wieder vor, wie du einen ganz tollen Wurf machst. Stell es dir ganz genau vor. Je genauer, desto besser! Sieh dich den Ball im hohen Bogen werfen. Stell dir die Kleidung vor, die du trägst, und dann sieh ganz genau, wie alle Kinder staunend deinen Ball in der Luft verfolgen. Sehr wichtig dabei ist, dass du ein Gefühl der Vorfreude bei diesem Gedanken hast."

„Und dann kann ich werfen? Einfach so?" Hannah schaut Hopi ungläubig an.

„Wenn du dir das immer wieder im Geist vorstellst, dann freust du dich und liebst es, Bälle zu werfen und dann wirst du es bald können! Wir erfahren gleich, warum das so ist." Hopi breitet beide Arme aus und schaut zum Himmel.

„Und nun, nimm einen Stift und male deinen Plan auf die Leinwand", sagt der alte Mann und gibt dem Mädchen viele bunte Stifte.

„Ich kann dir helfen", schlägt David vor und schaut Hannah mit großen Augen an. Tränen der Rührung schießen in die Augen des Mädchens, als sie ihren Bruder so vor sich stehen sieht.

„Ja klar", sagt sie und umarmt ihn.

Davids Seele hüpft vor Freude. „Cooler Tag heute", denkt der Junge.

Hopi bittet das Mädchen, die Leinwand in vier gleiche Teile einzuteilen. „Wenn ein Erfinder etwas herstellen will, macht er sich auch einen Plan vom Anfang des Teils bis zum Endprodukt."

Hannah nimmt einen Stift und beginnt das Blatt zu teilen.

„In das letzte Kästchen malst du das, was du haben möchtest", erklärt der Indianer.

„Die Männer, die die Kutsche gebaut haben, konnten das nur, weil sie sich das Endergebnis, die fertige Kutsche, im Geiste vorgestellt haben."

Hopi beobachtet die Kinder und fährt fort: „Du musst dich im Geiste sehen, wie du einen wundervollen, weiten Wurf machst! Stell dir vor, dass alle Mitschüler klatschen und dich bejubeln. Male das in allen Einzelheiten auf."

Hannah beginnt, sich zu malen mit ihren neuen Shorts und dem Sportshirt, das sie bekommen hat. David malt um sie herum den großen Sportplatz und ganz viele Strichmännchen. Als letztes malen beide gemeinsam einen leuchtenden, runden Ball, der weit und hoch über den Platz fliegt.

„Das ist nun dein Wunsch, das Ziel, das du erreichen möchtest und jetzt musst du planen, wie du dahin kommst. Das ist wie eine ‚Kutsche bauen'. Erst hat der Erfinder, den wir auch Schöpfer nennen, das Ziel vor Augen und dann kommt die Planung bis zum gewünschten Ziel!"

„Als Erstes musst du das Werfen üben!", sagt David ganz spontan.

„Genial!", ruft der weise Mann.

Gemeinsam überlegen die Kinder, wann sie das machen können und wie. Also malen sie im ersten Bild sich selbst, wie sie gemeinsam auf der Wiese üben.

„Im nächsten Bild malen wir, wie du auf der Wiese ganz weit wirfst!", schlägt David vor. Hannah strahlt. Mit großem Eifer arbeiten beide an dem zweiten Bild.

Hannah stellt mit Erstaunen fest, dass sie sich auf das Üben mit ihrem Bruder freut. „Cool", denkt sie, „das ist die Vorfreude!"

„Auf das dritte Bild male ich, wie ich dem Papa von meinem tollen Wurf berichte!"

*Um etwas wirklich zu erreichen, musst du den starken Wunsch
und die Vorfreude auf das Endergebnis fühlen.*

*Fühle dich so, wie du dich fühlen wirst,
wenn dein Wunsch bereits in Erfüllung gegangen ist.*

Sieh genau die Bilder in deinem Kopf mit Freude! Immer wieder!

Schau auf die Bildergeschichte deiner Lebensleinwand.

„Zum Abschluss noch ein Trick", sagt der weise Mann. „Der Glaube allein ist ein guter Anfang, um etwas zu erschaffen, aber die Überzeugung, dass es ganz sicher gelingt, ist wie eine Megaflamme unter deinem Kochtopf! Deine Überzeugungen schaffen dein Verhalten und dein Verhalten erschafft, was du erlebst. Du kannst dir noch soviel wünschen, wenn du nicht davon *überzeugt* bist, es zu erhalten, wird es nicht funktionieren. Wenn du von einer Sache überzeugt bist, wirst du alles tun, um sie wahr werden zu lassen."

Hopi und die Kinder bewundern gemeinsam das Bild auf Hannahs „Lebensleinwand". „Nachdem wir jetzt deine Schöpfungsgeschichte gemeinsam geplant und aufgemalt haben, *glaubst* du vielleicht schon eher daran, dass es funktionieren kann. Wenn du mit David übst und dir gelingt ein weiter Wurf, dann bist du *überzeugt* davon, dass es dir gelingt, weil du es schon einmal geschafft hast! Und das ist der Trick dabei. Wenn du es schaffst, von etwas überzeugt zu sein, wird es dir auf jeden Fall gelingen, weil du dich dann so fühlst, als könntest du es bereits.", erklärt der weise Mann und verlässt mit den Kindern die Hütte, um zum Steinkreis zurückzukehren.

Wir bekommen in unserem Leben nicht das, was wir uns wünschen,
sondern das, wovon wir überzeugt sind.
Die Überzeugung, etwas zu können oder zu bekommen
ist „Raketentreibstoff" im Universum!!!
Unsere wahren Überzeugungen gestalten unsere Wirklichkeit,
denn Überzeugung schafft das Gefühl, etwas bereits zu haben

Und wieder nehmen die Kinder und der weise Mann andächtig die Glühbirne, um ihre heutige Reise zu beenden.

Souvenir aus Kanada

Die Oma kommt den Geschwistern am Gartentor entgegen. „Opa hat heute etwas schlechte Laune", warnt sie ihre Enkel „Ihr wisst schon, sein Rücken …" Fragend schauen die Kinder ihre Großmutter an.

„Na ja", flüstert sie nun, „nimmt nicht alles ernst, was er sagt. Er schimpft schon die ganze Zeit auf den Hopi-Indianer."

Das Wort „Hopi-Indianer" sagt sie ganz stolz und mit einem Funkeln in den Augen, so als ob sie Verbündete wären. Hannah und David laufen den gepflasterten Weg zur Gartenlaube hinauf. Der Großvater hält ein schmales Brett in den Händen, an dem er Punkte für Bohrlöcher anzeichnet. Als er die Kinder kommen sieht, stellt er das Brett ab und rückt sein Brillengestell hinunter zur Nasenspitze. Lauernd fixieren seine kleinen Augen, die auf dem Brillenrand zu tanzen scheinen, die Kinder. Dann macht er sich wieder an seinem Brett zu schaffen und murrt, ohne aufzuschauen: „Und …, hat die Rothaut schon Kriegspläne geschmiedet? Der will hier noch das ganze Dorf überfallen, das sage ich euch!" Er schaut seine Frau an und zischt: „Aber nicht mit mir, Helene. Ich habe den schon längst durchschaut. Das ist die Ruhe vor dem Sturm."

„Wieso glaubst du, dass Hopi die Siedlung überfallen will, Opa?" Hannah muss grinsen, und David schaut seinen Großvater mit weit aufgerissenen Augen an.

„So fängt es immer an", grunzt der Großvater vor sich hin. „Erst scharen sie Leute um sich herum und horchen sie aus. Und wenn sie genug wissen, dann schlagen sie zu! Zack! Peng! Ganz plötzlich, und ehe man sich versieht, wird man ausgeräuchert und dann ist man weg vom Fenster!" Der alte Mann klatscht in die Hände, um den vernichtenden Schlag zu demonstrieren.

„Peter, wir sind hier nicht im Osten! Die Zeiten sind längst vorbei! Das ist ein harmloser, armer Indianer", sagt Oma beschwichtigend zu ihrem Mann.

„Arm?" Hannah schaut ihre Oma angriffslustig an. „Wie meinst du das?"

„Nun", erwidert die alte Dame, „wer in einer Gartenlaube wohnt, der hat keine Reichtümer."

„Ich glaube", sagt Hannah nun, „Geld, so wie wir es kennen, ist ihm gar nicht wichtig. Er hat alles, was er braucht, und irgendwie ist er zufriedener als die Menschen hier bei uns."

„Da siehst du es, Helene", grunzt der Großvater. „Das ist genau das, was ich meine. Der verdreht den Leuten die Köpfe mit seinem dummen Geschwafel. Die Hippies da drüben hat er schon im Sack, und nun macht er die Kinder verrückt mit seinem verlogenen Geschwätz!"

Vor Aufregung bekommt der alte Mann einen Hustenanfall. Schnell eilt die Großmutter herbei und klopft ihm beschwichtigend auf den Rücken. „Ach, Väterchen", sagt sie zärtlich zu dem alten Mann. „Wenn's nur Hippies und Kinder sind, kannst du das doch nicht ernst nehmen."

Im gleichen Moment zwinkert sie Hannah und David zu und bedeutet ihnen, still zu sein, indem sie den Zeigefinger auf ihren Mund legt. Der Großvater bekommt von all dem nichts mit, da er immer noch flucht und hustet. Dann schaut er hoch und blickt von einem zum anderen.

„Aber ich habe vorgesorgt", flüstert er triumphierend und grinst. „Bärenfallen …"

„Was hast du?" Die Oma schaut ihren Mann fassungslos an.

Mit zusammengekniffenen Lippen informiert der Großvater seine Frau und die Enkelkinder. „Na ja, Hubert war doch vor drei Jahren in Kanada. Da hat er als Souvenirs zwei Bärenfallen mitgebracht. Ein bisschen verrostet, aber mit Balistol habe ich die wieder in Gang gebracht."

Der alte Mann schaut die Großmutter an und grinst verschmitzt. „Wollen wir doch mal sehen, ob die Rothaut hier rumschnüffelt. Ich kann ja schlecht die ganze Nacht Wache schieben."

Kopfschüttelnd schaut die Oma den alten Mann an. „Du sollst dein Leben genießen und dir Ruhe gönnen. Was machst du dir nur für Probleme?"

„Du hast die Bärenfallen schon hier?", fragen David und Hannah wie aus einem Munde.

„So ist es! Und heute Abend werden sie aufgestellt. Damit ihr euren neuen ‚Freund' nicht warnen könnt, sag ich's euch erst jetzt!"

Murrend geht der alte Mann in den hinteren Teil des Gartenhauses und kommt stolz mit einem Gewirr aus Metall und Ketten zurück. Hannah und David schauen auf mehrere hässliche, runde Metallteile, an deren Seiten große Eisenzacken herausragen.

„Iiiih!" Hannah verzieht ihr Gesicht zu einer Grimasse. „Wenn da einer reintritt, das ist ja eklig!"

„Wirst schon sehen", knurrt der Großvater und widmet sich nun wieder seinem Holzstück. „Wenn der eines Morgens hier sitzt und in der Falle hängt, dann wissen wir's. Das ist mein Grundstück, und wenn hier einer rumschleicht und glaubt hier schnüffeln zu müssen, dann ist das ein Einbrecher, und es geschieht ihm recht." Der alte Mann schaut in die Runde und ordnet an: „Ab jetzt werden hier nur noch die gepflasterten Wege zum Laufen benutzt. Alles andere ist ‚Kriegsgebiet' und nicht mehr gefahrlos zu betreten."

„Das ist ja wie zu Ost-Zeiten hier", klagt die Großmutter und nimmt sich vor, mit ihrem Schwiegersohn Dirk zu telefonieren. Hannah und David schauen sich an und grinsen. „Der Opa hat den Verstand verloren", meint Hannah und David schneidet Grimassen.

Die Großmutter kommt aus der Küche des Gartenhauses und gibt den Kindern einen Korb. „Da ist Gemüse drin für Mama", sagt sie und verabschiedet sich von den beiden mit einem Kuss auf die Stirn.

„Tschüss, Opa!" Hannah und David winken den Großeltern zum Abschied und machen sich auf den Weg nach Hause.

Auf dem Heimweg gibt es eine Menge zu besprechen.

„Wenn da der Hopi reintritt ...", beginnt David.

Hannah schaut ihren Bruder an, so wie große Schwestern es nun mal tun, wenn Brüder kleiner sind und ihrer Meinung nach lauter Unsinn von sich geben. „David", belehrt sie den Jungen, „erstens wird Hopi niemals auf das Grundstück von Oma und Opa gehen, warum auch? Da gibt es sicher nichts, was ihn interessiert und zweitens glaube ich, dass Hopi der ehrlichste Mensch ist, den ich kenne."

Sie nimmt ihren Bruder an die Hand, weil gerade ein Mann mit einem großen Hund vorbeikommt. „Und außerdem", fährt sie fort, „kannst du dich darauf verlassen, dass der das alles gehört hat. Kannst du dich daran erinnern, dass er sogar meinen Namen wusste und dass er uns gehört hat, als wir auf sein Grundstück geschlichen sind?"

„Ja, das stimmt." David strahlt und sagt mit dunkler Stimme: „Der Wind trägt so manche Töne zu mir …"

Die Vorstellung, dass ihr Freund in eine Bärenfalle tappt, machte ihm Angst. Doch nun ist er erleichtert.

„Und", beginnt Hannah, „wir werden das Papa erzählen. Der wird dem Opa das schon verbieten."

Zu Hause angekommen, öffnet Frau Fischer den Kindern die Tür.

„Der Opa hat Bärenfallen!", platzt es aus David heraus. „Der will damit den Hopi fangen!"

Frau Fischer streichelt ihrem Sohn über den Kopf. „Ich weiß", erwidert sie und schließt die Haustür, „Oma hat mich schon angerufen. Da macht euch keine Sorgen. Papa wird nachher mal hinfahren und mit Opa reden."

Übung macht den Meister

Plötzlich muss Hannah wieder an den Sportunterricht und die Bundesjugendspiele denken. Ein flaues Gefühl macht sich in ihrem Magen breit. „Haben wir noch Tennisbälle?", fragt das Mädchen ihre Mutter.
„Tennisbälle? Wofür?"
„Ich habe doch nächste Woche Bundesjugendspiele und ich kann nicht so gut werfen. Ich will ein bisschen üben."
Frau Fischer überlegt. „Unsere Tennisbälle haben wir im Tennisheim gelassen, aber du kannst sie übermorgen haben. Ich bringe sie dir gerne mit."
Hannah merkt, wie das flaue Gefühl zunimmt, denn ihr wird klar, dass sie wohl, ohne noch mal üben zu können, morgen in der Schule werfen muss.
David, der neben seiner Schwester steht, spürt, dass sie sich nicht wohl fühlt und weiß genau, was in ihr vorgeht.
„Bocciakugeln!", ruft er. „Wir nehmen die Bocciakugeln!"
Hannah schaut David fragend an, doch dann strahlt sie. „Das ist eine super Idee, tollster Bruder der Welt!", ruft sie und nimmt David in den Arm, erleichtert, dass sie nun doch noch üben kann.
„Ja, okay, das ist wirklich gut", stimmt Frau Fischer zu. „Aber werft auf der Wiese und passt auf, dass da keiner herumläuft. Die Kugeln sind hart."
David läuft in den Keller und holt das Paket, das sie auf der Kirmes gewonnen haben.
„Ich zieh' mir noch ein anderes T-Shirt an und meine Sporthose!" Hannah läuft die Treppen hinauf in ihr Zimmer. Sie denkt an das, was Hopi gesagt hat. Sie soll sich alles ganz genau vorstellen. Also zieht sie auch die Sportsachen an, die sie morgen tragen wird. Genau wie auf dem Bild ihrer Leinwand.
„So, ich bin fertig!" Gemeinsam mit David verlässt sie das Haus.
„Wir üben schon mal ein bisschen", sagt sie zu ihrem Bruder. „Vielleicht kommt der Papa ja nachher noch."
„Du glaubst nicht, dass ich dir das zeigen kann. Darum soll der Papa kommen." David ist etwas verstimmt.

„Nein, das ist nicht wahr, zeig's mir! Ich weiß ja, dass du alle Ballspiele toll kannst, aber Papa ist erwachsen, wie ein Lehrer, weiß du", wendet Hannah ein. „Der soll das nur beurteilen."

Der Junge ist wieder versöhnlicher gestimmt und gemeinsam rennen sie auf die große Wiese neben den Schrebergärten. David nimmt eine Bocciakugel aus dem Koffer und reicht sie Hannah. Er packt eine weitere Kugel aus und wiegt sie in seiner Hand. Der Junge holt aus und geht in eine leichte Drehung. Mit großem Schwung wirft er die Kugel aus seinem Handgelenk im weiten Bogen über die Wiese. Hannah verfolgt den Flug mit großen, erstaunten Augen. Sie sieht die Bocciakugel weit entfernt im Gras landen.

„Wie machst du das?", fragt sie ihren Bruder, überrascht von seinem Können.

„Keine Ahnung", antwortet er stolz und auch etwas verlegen. „Ich werf' einfach. Versuch du es jetzt mal!", fordert er seine Schwester auf und reicht ihr eine Kugel.

Hannah fühlt das kühle Material in ihrer Hand. Sie dreht sich ein wenig nach rechts und holt aus. Im hohen Bogen fliegt die Kugel in die Luft, um dann fast senkrecht auf den Erdboden zurückzukommen und mit einem hörbaren „plopp" ganz in ihrer Nähe im Gras zu landen. Enttäuscht und mit hängenden Schultern schaut sie auf die Stelle, wo die Kugel gelandet ist. Dann schielt sie ratlos zu ihrem Bruder.

„Das war der erste Wurf", tröstet er seine Schwester und meint aufmunternd: „Du kannst es besser!"

Der Junge läuft los und holt die beiden Kugeln. Dieses Spielchen wiederholt sich eine ganze Weile. Hannah wirft und David rennt im Gras herum, um die Kugeln immer wieder zurückzuholen. Aber irgendwie hat Hannah Pech. Ihre Bälle schaffen nicht im Entferntesten die Reichweite ihres Bruders. Immer wenn David losläuft, um die Bocciakugeln zurückzuholen, kneift Hannah fest ihre Augen zu und sieht sich in Gedanken ebenso weit werfen wie er. Sie stellt sich ihre Freude vor, so wie es Hopi ihr geraten hat. Aber die Freude will sich nicht einstellen, im Gegenteil, sie ist traurig, wütend und auch enttäuscht, weil „Wünschen" wohl doch nicht immer zum Ergebnis führt.

„Mach' ich was falsch", denkt sie, „oder irrt sich Hopi?" Aber bis jetzt hatte sie immer das sichere Gefühl im Bauch, dass alles stimmt, was der alte Indianer sagt.

„Darf ich dir mal was sagen?" David reißt sie aus ihren Gedanken. Er ist mittlerweile ganz außer Atem vom Hin- und Herlaufen.

„Was denn?", quengelt Hannah. Und gleich tut ihr der Ton leid, in dem sie David geantwortet hat, denn sie bemerkt, wie seine gute Laune einen Knacks bekommt. Sie lächelt ihn nun etwas freundlicher an. „Nun sag schon", meint sie jetzt viel versöhnlicher.

„Aber nicht gleich sauer werden!", ruft David, noch immer etwas außer Atem. „Eigentlich ist die gesamte Strecke, die dein Ball fliegt, genauso lang wie die meines Balles. Somit hast du genug Kraft zum Werfen, aber …"

„Wie?", unterbricht ihn Hannah ganz ungehalten.

„Du wirfst die Kugel viel zu hoch. Eine Rakete, die hoch in die Luft fliegt, braucht viel mehr Kraft, als wenn sie etwas flacher fliegt", erklärt David. „Das weiß ich aus meinem Heft ‚Quiz für Kids'."

„Flacher werfen", murmelt Hannah vor sich hin, und schon hat David wieder eine Kugel mit einem viel flacheren Bogen über die Wiese geworfen. Weit von den beiden entfernt, landet sie im Gras. Hannah schaut fest mit den Augen auf den Punkt auf der Wiese, an dem sie Davids Kugel vermutet. Sie stellt sich vor, ein Flugzeug in ihrer Hand zu starten, das seicht aber schnell anfliegt … eine leichte Drehung … und mit

Kraft aus dem ausgestreckten Handgelenk lässt sie „es" fliegen. Ihr Herz macht einen kleinen Sprung, als sie die Bahn der Kugel mit ihren Augen verfolgt.

Sie fliegt in einem lang gestreckten, weiten Bogen über die Wiese und landet ganz in der Nähe der Stelle, an der sie Davids Kugel vermutet.

Strahlend schauen sich die Kinder an. David klatscht Hannahs Hand ab zum Zeichen des Erfolges und gibt ihr eine weitere Kugel. „Noch mal, du kannst das, Han, sag' ich doch!", spornt er seine Schwester an.

Hannah fühlt sich toll. „Was ich einmal kann, kann ich auch noch mal", denkt sie und wieder stellt sie sich ihr Flugzeug in der Hand vor, das schnell und nicht so steil über die Startbahn in den Himmel aufsteigt. Auch dieses Mal landet die Kugel weit weg im Gras. Triumphierend streckt Hannah beide Arme empor und springt im Kreis herum.

„Ich kann werfen, ich kann das!", singt sie laut und nimmt David an den Händen. Gemeinsam tanzen und toben sie im Gras, bis sie völlig außer Atem sind.

„Ich denke, hier wird Weitwurf geübt?" Die Stimme von Herrn Fischer lässt Hannah und David ihre Toberei unterbrechen. Sie haben ihn gar nicht kommen hören.

„Ja, das tun wir auch", sprudelt es aus Hannah heraus und gemeinsam, ganz außer Atem, erzählen sie ihrem Vater, wie Hannah werfen gelernt hat.

Der Vater lacht. „Du hast den Bogen raus, im wahrsten Sinne des Wortes!"

„Wie meinst du das, Papa?", fragt David. „Den Bogen raushaben?"

„Das sagt man so, wenn jemand etwas auf einmal kann", sagt er und fährt fort. „Und diesen Bogen werde ich euch jetzt erklären. David ist ein guter Werfer, er hat ihn ganz automatisch benutzt. Dieser Bogen heißt 45-Grad-Bogen. In diesem Bogen fliegt alles am weitesten. Das hat man errechnet und auch praktisch nachgewiesen."

Die Kinder verstehen nur lauter Fragezeichen. „Papa, der Ingenieur!", lacht Hannah. Herr Fischer nimmt eine Kugel und schaut die Kinder an. „Passt auf", sagt er, und zu Hannah gewandt: „Ich versuche es mal zu erklären. Den Boden nennt man ‚waagerecht' oder ‚Null Grad'." Herr Fischer nimmt seinen Arm und hält ihn gerade gestreckt von sich ab. „Das ist waagerecht oder Null Grad", sagt er und zeigt auf seinen Arm. Dann streckt er den Arm ganz nach oben, dass die Finger zum Himmel zeigen. „Das nennt man senkrecht oder 90 Grad. Genau die Hälfte davon ist 45 Grad."

Herr Fischer hält nun seinen Arm, genau zwischen waagerecht und senkrecht, ausgestreckt schräg nach oben. „Das ist der ideale Bogen für einen weiten Wurf", erklärt er den Kindern. „Wenn der Wurf zu steil wird, dann kommt der Ball zu früh zurück auf die Erde und es ist ein kurzer Wurf. Wenn du zu flach wirfst, dann rollt er zu schnell über den Boden. Genau die Mitte ist wichtig!"

Herr Fischer nimmt eine Kugel, holt aus und wirft. Schräg und im eleganten Flug jagt die Kugel durch die Luft und geht in einem sanften Bogen, weit entfernt von der kleinen Gruppe, wieder hinunter und landet im Gras.

„Genau die Mitte", wiederholt Herr Fischer und lacht die Kinder an.

„Wow!", rufen beide wie aus einem Munde. „Cool, Papa", staunt David. Hannah nimmt sich eine Kugel. „Ich will's auch probieren", sagt sie und geht einen Schritt zurück. Sie streckt ihren Arm aus, erst waagerecht, dann senkrecht und zuletzt schräg nach oben.

„Genau so." Herr Fischer hält ihren ausgestreckten Arm fest.

Hannah holt aus, dreht sich leicht und stellt sich im Kopf die Fluglinie ihres ausgestreckten Armes vor und … wirft. Im weiten Bogen fliegt die Kugel durch die Luft, erst aufwärts, dann schön gerade und senkt sich langsam wieder ab. Jubelnd verfolgt Hannah den Flug. Die Kugel ist weit von ihnen entfernt im Gras gelandet.

„Das macht ja richtig Spaß!", ruft sie. „Jetzt bin ich *überzeugt,* dass ich werfen kann. Ich weiß es!" Hannah klatscht in die Hände und nun wird das Ganze zu einem fröhlichen Spiel. Gemeinsam wird geworfen, gelacht und getobt. Hannah wirft nun viel weiter als David.

„Ich bin ja viel größer als du", tröstet Hannah ihren Bruder und nimmt zärtlich seine Hand, weil sie merkt, dass er nun das Gefühl hat, ein Schwächling zu sein. „Wenn du so groß bist wie ich, wirfst du fast so weit wie der Papa!"

„Hey", ruft Herr Fischer, „zugehört und mitgemacht! Hannah, dein nächster Wurf!"

Hannah weiß nun, dass sie es kann, und es macht ihr richtig Spaß. Gut gelaunt und fröhlich nimmt sie sich eine Kugel und wirft. Sie hat jetzt viel Übung darin. Auch dieses Mal landet die Bocciakugel nach einem schönen Bogen weit weg auf der Wiese.

„Jetzt wird gemessen!" Herr Fischer nimmt eine Metallrolle aus seiner Hosentasche. Die Kinder kennen dieses Gerät. Wenn ihr Vater Grundstücke ausmessen muss, hat er es immer dabei.

„Da sind 50 Meter drauf." Der Vater gibt David die Rolle. „Halt das fest", bittet er ihn und zieht an einem Stift. Ein feiner Nylonfaden fängt an sich abzurollen und ein Laufwerk auf der Rolle zeigt Zahlen an. Herr Fischer geht in Richtung der geworfenen Kugel. Immer mehr von dem Faden zieht er aus der Rolle heraus. Die Zahlen auf der Anzeige laufen mit. Endlich bleibt Herr Fischer stehen. „Wie viel?", ruft er. „Was steht auf der Anzeige?"

Hannah wirft einen Blick auf die Metallscheibe. Ihre Augen weiten sich. „Da stimmt was nicht, Papa! Da steht 35,08 Meter!"

„Das kommt schon hin!", ruft ihr Vater zurück. „Ich habe meine Schritte gezählt, es waren über dreißig. Man sagt, ein großer Schritt ist ungefähr ein Meter!"

Dann macht er einen Vorschlag. „Komm du hierher, ich schau dann mal auf den Wert!"

„Ich mach das!", ruft David und läuft zu seinem Vater. Gemeinsam schauen Herr Fischer und Hannah eine Minute später auf das Messgerät.

„Du hast das richtig abgelesen. Es sind 35,08 Meter!", bestätigt der Vater und nickt.

„35 Meter! Das können nur zwei Jungs aus meiner Klasse!", Hannah wird es unheimlich zumute. „Das ist ja wie Zauberei!", denkt sie.

Herr Fischer nimmt seine Tochter in den Arm. „Komm, meine Große, das war ein erfolgreicher Tag für dich."

Gemeinsam packen sie die Kugeln ein und gehen, Herr Fischer in der Mitte, über die Wiese zurück nach Hause. Als sie den Schrebergarten passieren, sehen sie, wie Hopi ihnen zuwinkt. Selbst hier, aus weiter Ferne, spürt Hannah die Wärme seiner Ausstrahlung.

„Ein Zauberer, euer Hopi, hmm …", bemerkt Herr Fischer, der Hannahs Blick gefolgt ist.

„Glaubst du an Zauberer, Papa?", fragt Hannah ihren Vater.

„Nun, es gibt Menschen, die können Dinge, von denen man glaubt, dass es sie nicht gibt. Das war schon immer so. Daraus entstehen dann Legenden und Sagen. Viele Menschen glauben, dass solche Geschichten ein bisschen Wahrheit enthalten. Im Laufe der Zeit wird zwar immer wieder etwas hinzugedichtet, aber einen wahren Kern sollen viele solcher Sagen haben."

Jetzt fällt David die Geschichte von den Medizinmännern im Kindergarten ein. „War Jesus so ein Zauberer?", fragt er.

Der Vater überlegt. „Wenn zaubern heißt, Dinge zu können, die alle für unmöglich halten und es Dinge sind, für die wir keine Erklärungen kennen, dann war Jesus sicher einer der größten Zauberer in unserer Geschichte!"

David will gerade etwas erwidern, aber Herr Fischer fährt fort: „Vielleicht konnte Jesus aber auch alle diese Wunder vollbringen, weil er etwas wusste, was uns Menschen noch verschlossen ist. Vielleicht kannte er ja Geheimnisse des Lebens und des Heilens, die wir erst in tausend Jahren wissen und verstehen. Möglich ist auch, dass er seiner Zeit um Tausende von Jahren voraus war. Vielleicht muss man so ‚sein' wie Jesus war, um das tun zu können, was er tat. Auf jeden Fall ist er eines der größten Rätsel der Geschichte."

Gedankenverloren, müde und glücklich stapfen die drei nach Hause.

Frau Fischer erwartet sie schon zum Abendessen. Munter plappern alle durcheinander. Es ist ein gemütlicher Abend. David und Hannah sind müde und verschwinden schnell in ihre Zimmer, denn sie hatten einen langen, aber auch wunderschönen Tag. Hannah kuschelt sich in ihre Kissen und denkt: „35 Meter, ich kann 35 Meter weit werfen, ich bin *überzeugt* davon, ich *weiß* es." Und sie sieht die Bocciakugel in Gedanken hoch am Himmel fliegen. Dann schläft sie glücklich ein.

Hannahs großer Wurf

„Kannst du bitte weiter lesen, Hannah? Haanaah!" Erschreckt blickt das Mädchen auf. Vor ihr steht Frau Roth, ihre Englischlehrerin. Hannah schaut Betty an, die ihren Finger im aufgeschlagenen Englischbuch auf eine Zeile legt.

„Du sollst nicht träumen, sondern mitarbeiten", tadelt Frau Roth das Mädchen. „Vom Träumen ist noch keiner schlau geworden!"

„Warum erzählen viele Erwachsene immer so einen Blödsinn", denkt Hannah „Alles entsteht erst in Gedanken."

„'Tschuldigung", stammelt sie und hat auch schon den Wink ihrer Freundin mit dem Finger im Buch verstanden.

Sie atmet tief durch. „Mother is standing …", beginnt sie den englischen Text zu lesen. Ein Gong läutet das Ende der Stunde ein und schlagartig verwandelt sich das Klassenzimmer in einen Ort, dessen Geräuschkulisse aus Taschengeklapper und Stühlerücken besteht. Betty dreht sich zu ihrer Freundin Hannah um. „Hey, wo warst du denn in der Englischstunde? Ist doch sonst dein Lieblingsfach …"

„Ach, nur in Gedanken …", wehrt Hannah ab.

Achselzuckend nimmt Betty ihr Pausenbrot. „Komm schon!", muntert sie ihre Freundin auf. „Lass uns zur Schaukel gehen!"

Das Gymnasium ist ein riesiger Neubau aus Stahl und Glas. Es sieht eher aus wie ein futuristisches Bürogebäude. Papa hat ihr erzählt, dass er damals mit der Planung nicht einverstanden war, weil das Gebäude zu kalt wirken würde und zu monströs.

Hannah gefällt ihre Schule. Besonders der große Park, der viele kleine idyllische Ecken zum Verweilen bietet, so auch einen Spielplatz, mehrere Tischtennisplatten und sogar eine Minigolfanlage. Die wurde damals von einem wohlhabenden Mann aus Frühlingsdorf gespendet. Er ist ein bekannter Golfspieler und hat schon viele Meisterschaften gewonnen. In Frühlingsdorf wohnt er jedoch schon lange nicht mehr.

Schräg gegenüber dem Pausenhof sind eine kleine Cafeteria und ein Bistrostand. Daneben befinden sich die Bibliothek und ein Auditorium.

Immer wenn Hannah die Schule betritt, hat sie das Gefühl, in einer kleinen „Stadt des Lernens" zu sein, einer Universität, und das gefällt ihr sehr. Hinter dem Bistrostand führt ein Weg zu einem Spielplatz mit Schaukeln und mehreren Klettergerüsten.

Eigentlich ein Ort zum Spielen für die Kinder aus der Unterstufe. Meistens hängen da jedoch Schüler aus den höheren Klassen herum. Das hat schon viel Ärger mit den Müttern der Fünftklässler gegeben. Hannah und Betty ergattern noch zwei freie Schaukeln und unterhalten sich, während sie gemächlich hin- und herbaumeln.

„Was hast du?", fragt Betty ihre Freundin. „Du bist schon die ganze Zeit mit den Gedanken woanders. Hast du Ärger zu Hause? Oder Streit mit David?" Betty grinst schelmisch. „Oder hat dein Großvater mal wieder Stress gemacht?" Sie rollt die Augen nach oben und ahmt den alten Mann nach. „Das ist höööchst verdächtig, Helene!", schnarrt sie und lacht.
„Ich hasse Bundesjugendspiele!", Hannah starrt vor sich hin.
„Ich mag die auch nicht." Betty lacht. „Ich finde nicht, dass man in Sandhügel hineinspringen muss, sich abhetzen sollte, um doofe Runden zu laufen und blödsinnige Bälle durch die Luft zu schmeißen ist auch nicht das, was ich in meinem zukünftigen Leben tun möchte, aber so schlimm? Komm, stell dich nicht so an!"

„Über dich lacht ja auch keiner beim Weitwurf! Der Sven und der Thorsten, die haben eben in der Klasse schon wieder doof herumgeflüstert und nachgeäfft, wie ich werfe." Hannah tritt kräftig ab und schwingt einige Male mit der Schaukel hin und her. „Aber ich habe gestern mit David und Papa geübt, das ging schon viel besser. Die Gesichter von den beiden will ich sehen, wenn mir ein guter Wurf gelingt."

Betty hält das Seil von Hannahs Schaukel vorsichtig an. „Na, also", tröstet sie ihre Freundin, „das klappt schon, und Sven und Thorsten sind doch sowieso eingebildete Kerle."

„Thorsten ja, aber Sven …", Hannah errötet leicht und schaut auf ihre Hände.

Betty blickt zu ihrer Freundin. Sie rollt ihre Augen nach oben und lacht. „Wow!", kichert sie. „Du bist in Sven …"

„Pssst", flüstert Hannah, „doch nicht so laut! Ich finde ihn ganz nett, aber …"

Betty nimmt ihre Freundin bei der Hand. „Komm!", ruft sie, „Showtime, wir müssen! Es ist Zeit!"

Die beiden Mädchen nehmen ihre Sporttaschen und gehen über die Anlage bis zum Sportplatz. Es ist ein bewölkter, aber trockener Tag. In der Umkleidekabine herrscht Gedränge. Der Raum ist erfüllt von Gelächter, Rufen und allgemeinem Geschrei junger Mädchen, die sich auf ihren Sportunterricht vorbereiten.

Hannah und Betty suchen sich eine ruhige Ecke und wechseln ihre Kleidung. Betty schaut ihre Freundin an. „Cool", bewundert sie den Sportdress von Hannah. „Neu?"

Hannah freut sich, dass Betty ihre neue Sportkleidung gefällt. „Die habe ich letzte Woche mit Mama gekauft. Meine alten Hosen waren an den hinteren Taschen durchgescheuert."

„Auf geht's!" Das war die Mümmele. „Nicht bummeln!"

Gemeinsam schlendern Betty und Hannah über den Rasen zum Ascheplatz. In kleinen Gruppen sitzen die Schüler und Schülerinnen beisammen. Es wird gescherzt und gelacht. Verstohlen schaut Hannah zu einer Gruppe von Jungen, die feixend herumtoben. Sven und Thorsten ahmen Frau Benten nach, indem sie sich die Nase zuhalten, ihre Unterlippe unter die obere Zahnreihe schieben und mit hoher Stimme Kommandos verteilen.

Die Sportlehrerin kommt mit einem Netz kleiner Bälle über den Platz gelaufen. Beim Anblick dieser braunen Kugeln bekommt Hannah ein schummriges Gefühl in der Magengegend.

„Ich kann das, ich habe 35 Meter geworfen", denkt sie und sieht in Gedanken den tollen Nachmittag, den sie gestern mit David und ihrem Vater verbracht hat. Sie schreckt auf, als sie laut ihren Namen hört.

„Hannah, bist du am träumen? Du bist dran! Alle müssen üben, und ich glaube, dir tut es besonders gut!" Frau Benten reicht ihr einen Ball.

Hannah steht auf und geht an die Startlinie. Sie konzentriert sich nur auf den Ball, auf die richtige Höhe ihres Armes und denkt: „Ich bin *überzeugt*, dass ich das kann, denn ich habe 35 Meter geworfen! Ich *weiß* das!"

Sie sieht keinen feixenden Sven, keine Mümmele und niemand anders. Nur der Ball und die Erinnerung an ihren tollen Wurf sind jetzt Inhalt ihrer kleinen Welt. Auf einmal fühlt sie sich ganz locker. Sie empfindet Spaß und Leichtigkeit … eine halbe Drehung … dann genau die Mitte … und los!

Der kleine Ball hat einen wundervollen Start und fliegt im leichten Bogen, nachdem er nur so durch die Luft gesaust ist, langsam auf die Erde zu. Ein unglaublicher Wurf! Hannah reißt die Arme hoch und jubelt. Sie sieht nicht die verdutzt dreinschauenden Jungen und auch den erstaunten Blick ihrer Lehrerin nimmt sie kaum wahr. Hannah läuft zu Betty und sie freuen sich gemeinsam über den gelungenen Wurf.

„35,5 Meter, Hannah!", ruft Frau Benten erstaunt. „Das schaffen sonst nur die Jungens, sehr bemerkenswert!" Man spürt, dass sie sich doch sehr wundert, zumal Hannah bis jetzt eine der schlechtesten Werferinnen und damit eines ihrer Sorgenkinder beim Weitwurf war. Sven und Thorsten hat es die Sprache verschlagen. Aber schnell fangen sich die frechen Jungen wieder. „Haste Spinat gegessen, heute Morgen?", ruft Thorsten zu ihr hinüber.

Hannah grinst ihn an. „Ne, du vielleicht?"

Die Jungen machen noch einige Scherze und konzentrieren sich dann wieder auf den Sportunterricht. Noch zwei weitere Male ist Hannah an der Reihe. Sie wirft jetzt sehr sicher, und beide Würfe gehen weit über 30 Meter.

Auf dem Weg in die Umkleideräume holt Frau Benten das Mädchen ein.

„Das war richtig klasse, Hannah", beginnt sie. „Ich bin erstaunt, dass du so gut werfen kannst und freue mich darüber, aber wie kommt's?"

Hannah strahlt in das Gesicht von „Mümmele", die sie heute besonders an einen Hasen erinnert. Sie trägt ein rotes Tuch mit weißen Punkten in ihrem Haar, das seitlich am Kopf zu einer Schleife gebunden ist. Es sieht aus wie ein Hasenohr … und dann die großen Zähne …

„Ich habe gestern Nachmittag mit meinem Bruder und meinem Papa so lange geübt, bis ich das konnte!" Stolz schaut Hannah ihre Lehrerin an. Frau Benten legt ihr die Hand auf die Schulter und begleitet sie zum Ausgang. „Gut gemacht!", ruft sie und geht in den Materialraum.

Hannahs sportliche Leistung ist heute in der Klasse Tagesgespräch. Das Mädchen ist froh, als der Unterricht endet, denn sie mag es nicht wirklich, dass alle darüber reden. Es ist ihr irgendwie peinlich.

Zu Hause angekommen läuft sie jubelnd auf ihre Mutter zu.
„Ich habe so super geworfen, Mama!", ruft sie und schmeißt ihre Sporttasche auf den Flur. David und ihr Vater sitzen schon am Mittagstisch.
„Papa, das hat so toll geklappt!", ruft Hannah und läuft zu ihren Bruder. Sie umarmt ihn und flüstert ihm ins Ohr: „Danke, großer Bruder!"
„Großer Bruder?", fragt David erstaunt und strahlt seine Schwester an.
Hannahs Stimme überschlägt sich ständig, weil sie alles auf einmal erzählen möchte. Der erste tolle Wurf, „Mümmeles" Erstaunen, Thorsten und Sven, der zweite Wurf …
Als sie geendet hat, ist sie einfach dankbar, zufrieden und glücklich. Nie mehr Angst vor Weitwurf! Welch ein schönes Gefühl!
Auch David freut sich über Hannahs großen Erfolg, aber was ihn noch viel glücklicher macht, Hannah hat ihn „großer Bruder" genannt!

Das Raumschiff mit heißen Zähnen

Nach dem Essen will Hannah sofort zu Hopi gehen und ihm erzählen, wie alles gelaufen ist. Wie recht er mal wieder hatte. Und weil das Mädchen unendlich dankbar ist, will sie ihm etwas schenken. War es nicht Hopi, der durch ihre gemeinsamen Reisen in einer Glühbirne zu den verrücktesten Orten so viel dazu beigetragen hat, dass sie letztendlich Weitwurf gelernt hat?"
Sie geht hinunter in den Kellerraum, in den ihre Mutter alles hineingestapelt hat, was seit dem Umzug nicht mehr benutzt wird.

Hier liegen Matratzen, Bücher und eine alte Stereoanlage von ihrem Vater, die sogar noch ausgerüstet ist mit einem Plattenspieler. Schallplatten stehen in Kartons gestapelt an einer Wand und eine futuristisch aussehende Trockenhaube schaut dümmlich aus einer Ecke. Davids altes Buggymobil … Wo man hinschaut, Erinnerungen.

Aber Hannah sucht etwas Bestimmtes. Sie weiß ganz genau, dass es in der alten Wohnung noch unten im Keller gestanden hat. Das Mädchen lässt ihren Blick konzentriert durch den Raum schweifen.

„Irgendwo muss es doch sein oder hat Mama es weggeworfen?", denkt sie, und in diesem Moment erscheint David im Türrahmen.

„Was machst du hier?", fragt er und klettert über die alten Matratzen hinweg zu Hannah.

„Das alte Waffeleisen", antwortet sie und sucht angestrengt unter Töpfen und Schalen.

„Ich weiß, wo das ist!", ruft David.

Oben auf einem Regal steht ein Karton. Vorsichtig versucht der Junge ihn zu sich heranzuziehen.

„Warte, ich helf' dir!" Hannah kraxelt zu ihrem Bruder und gemeinsam holen sie die verstaubte Pappschachtel herunter. Drinnen finden sie, zwar ein bisschen glanzlos und speckig, das alte Waffeleisen.

„Für Hopi?", fragt David und grinst. Dann ahmt er den alten Indianer nach.

„Eine Apparatekachina, ich mache eine Apparatekachina!"

Die Kinder beschließen nach oben zu laufen und ihre Mutter zu fragen, ob sie das alte Ding haben können. Frau Fischer versichert den beiden, dass es einwandfrei funktioniert, aber seitdem sie ein neues Eisen als Werbegeschenk erhalten habe, brauche sie es nicht mehr.

„Ihr wollt es Hopi mitbringen, stimmt's?", fragt Frau Fischer ihre Kinder. David und Hannah nicken.

„Dann machen wir es mal schön sauber!" Frau Fischer nimmt ein Poliertuch und im Nu sieht das alte Gerät aus wie neu. Sie freut sich, den Kindern helfen zu können, Hopi ein Geschenk zu machen. Seitdem sie den alten Indianer kennen, verstehen sich die beiden blendend. Es gibt so gut wie nie Streit und Hannah sieht in ihrem Bruder nicht mehr das quengelnde Kleinkind, sondern einen gleichwertigen Kameraden. Frau Fischer nimmt ein Blatt Papier und schreibt ihr leckerstes Waffelrezept darauf. Das legt sie in das Waffeleisen und wickelt es in ein großes, weiß-rot kariertes Handtuch. Hannah nimmt es an sich, und gemeinsam laufen sie an den Schrebergärten vorbei zum Haus des Indianers. Am Tor bleiben sie kurz stehen.

Normalerweise ist Hopi draußen zu sehen, aber das Grundstück sieht leer aus. Vorsichtig öffnen die Kinder das Gatter und gehen durch den verwilderten Garten zur Hütte. Hannah lugt durchs Fenster, kein Hopi zu sehen. Doch dann hören sie seine Stimme, gurrend wie eine Taube.

„Hinter der Hütte!", flüstert David.

Ganz leise gehen die Kinder um die Hütte herum und sehen Hopi, der auf dem Boden sitzt. Vor ihm stakst eine Taube von einem Bein auf das andere und beide, der Vogel und der alte Indianer, gurren um die Wette.

Wenn Hannah nicht wüsste, dass man Tiere nicht verstehen kann, so würde sie meinen, die beiden hätten eine angeregte Unterhaltung, denn sowohl der Vogel als auch Hopi schauen sich interessiert an. Es sieht sogar aus, als ob die Taube dem alten Mann eine Standpauke halten würde.

„Die kleine Mochni, sie hat sich am Flügel verletzt." Hopi schaut die Kinder an. „Im Dach meiner Hütte steckt ein alter, rostiger Nagel. Daran ist sie mit einem Flügel hängen geblieben. Aber das wird wieder, es ist halb so schlimm."

Bei diesen Worten fängt die Taube erneut an heftig zu gurren.

„Und, wie ihr seht", meint Hopi, „gibt sie mir die Schuld daran und möchte heftig bedauert werden."

„Mochni?", fragt Hannah ungläubig. „Die Taube hat einen Namen?"

„Ja, natürlich", bestätigt der Indianer. „Mochni heißt ‚sprechender Vogel' und meine kleine Freundin hier ist wirklich sehr gesprächig. Gestern hat sie einen Streit zwischen zwei Katzen beobachtet. Sie konnte sich an jedes Wort erinnern. … Faszinierende Geschöpfe, diese Tauben."

Als ob sie seinen Worten Nachdruck verleihen möchte, hopst die Taube auf Hopis Arm und schaut ihn erwartungsvoll an.

Der Indianer lacht und macht den Kindern ein Zeichen, um die Hütte herumzugehen. Gemeinsam setzen sie sich am Steinkreis nieder.

Die Taube fliegt, nachdem sie sich von Hopi hat tragen lassen, von seinem Arm und trippelt auf der Wiese herum. Plötzlich zieht sie einen Wurm aus der Erde und verspeist ihn. Dann schaut sie die Kinder und Hopi der Reihe nach mit einem herausforderndem Blick an, als ob sie ein Kompliment erwartet. Hannah und David lachen über das Verhalten des Vogels, was diesen dazu veranlasst, kopfschüttelnd herumzustaksen. Dann ein kurzer Flügelschlag und schon ist er davongeflogen.

„Wie geht es meinen Reisebegleitern?", fragt Hopi die Kinder.

Hannah strahlt den alten Indianer an. „Du wirst nicht glauben, was mir passiert ist …", beginnt sie und erzählt dem weisen Mann die Erlebnisse der letzen Tage, angefangen bei den Wurfübungen auf der Wiese und schlussendlich ihren großen Erfolg in der Schule.

„Es hat alles gestimmt, Hopi!", freut sich Hannah. „Es war genau, wie du gesagt hast. Ich habe mir im Kopf vorgestellt, dass ich gut ich werfen kann. Das war der Plan, wie beim Bau einer Kutsche. Ich habe Freude gefühlt, weil ich überzeugt davon war, dass ich toll werfen kann. Wie die Leute, die eine Kutsche bauen wollen, sich freuen, wenn sie daran denken, dass die Kutsche fertig ist!"

David verfolgt Hannahs Erzählung mit einem breiten Grinsen.

„Und dann", Hannah ist nun aufgesprungen vor Begeisterung, „dann habe ich mit David geübt und mit Papa. Aber David hatte mir schon alles beigebracht! Dann war ich ganz sicher, ich kann das!"

Sie schaut zu David, dessen strahlende Augen die Sonne heller scheinen lassen, als seine Schwester ihn so lobend erwähnt.

„Und das Üben", ergänzt Hopi nun, „ist wie das Bauen der Kutsche."

Erst ist der Wunsch, dann die Vorstellung, was du erreichen willst, in deinem Geist.
Dann kommt die Freude, wenn du dir das Endergebnis vorstellst.
Aus dieser Freude heraus hast du Kraft und den Ansporn,
um die Dinge zu bewegen, die du für deinen Wunsch brauchst!

Wenn dann noch deine Überzeugung hinzukommt,
ist das wie Raketentreibstoff, und Schöpfung findet statt!

Es funktioniert jedes Mal, ohne Ausnahme.

Hannah nimmt das Waffeleisen aus dem Handtuch und reicht es dem alten Indianer. Fragend schaut dieser auf das runde Metallteil. Dann blickt er zu Hannah. „Ein Raumschiff?", fragt er und streicht mit andächtigem Blick über die glänzende Oberfläche.

David hält sich den Bauch vor Lachen. Hopi ist einerseits so schlau, aber manchmal könnte man denken, er käme direkt aus der Steinzeit.

„Hopi!" Hannah hockt sich vor ihren alten Freund und klappt das Eisen auf. Erschrocken weicht der Indianer zurück.

„Ein Maul mit lauter Zähnen", ruft er. Dann sieht er das Kabel, welches hinten an dem Eisen herunterhängt.

Plötzlich strahlen seine Augen und er lacht. „Es ist eine elektrische Pfanne!", ruft er und fragend fügt er hinzu: „Aber mit so vielen Zähnen?"

Hannah erklärt ihm, dass man darin eine Art Teig backen kann und der dann „Waffel" genannt wird. Sie gibt ihm das Backrezept ihrer Mutter, das zusammengefaltet im Waffeleisen liegt.

„Ich freue mich sehr über die heißen Zähne", teilt der alte Mann den Kindern mit und ergänzt: „Jetzt mache ich eine Apparatekachina, weil es hier so viele wunderbare Apparate gibt!"

David grinst Hannah an. Er wusste es doch. Eine Apparatekachina!

„Wollen wir Waffeln backen?" David ist ganz aufgeregt und findet es abenteuerlich, in der Hütte des Indianers an dem alten Ofen zu stehen und Waffeln zu backen. Im Inneren der Hütte gibt es so viele merkwürdige Dinge. David hat jedes Mal das Gefühl, in einem alten Film mitzuspielen, wenn er mit Hannah und Hopi in dem gemütlichen Heim des weisen Mannes einmal mehr ein kleines Abenteuer erlebt.

„Das ist eine wundervolle Idee!", verkündet Hopi und erhebt sich flink wie ein Wiesel. „Wir kochen einen kräftigen Tee dazu und nehmen die Waffeln mit auf unsere Reise."

Dann breitet er die Arme aus und geht erst auf Hannah zu und dann auf David. „Erst einmal möchte ich mich für das außergewöhnliche Geschenk bedanken!"

„Aber Hopi", wirft Hannah ein, „ich habe dir aus Dankbarkeit ein Geschenk machen wollen, weil du mir so sehr geholfen hast."

Der Indianer nimmt vorsichtig das Waffeleisen und hält die Schnur weit von sich ab am Stecker, als ob er den Kopf einer Schlange festhalten würde und erwidert: „Dankbarkeit ist etwas Wundervolles. Das ist unser heutiger Reiseort. Ihr werdet sehen, dass Dankbarkeit ein Zauberspruch ist."

Und damit geht er leichtfüßig zur Hütte. Die Kinder folgen ihm.

Gemeinsam suchen sie alles für den Teig zusammen. Hannah ist sehr erstaunt. In dem kleinen Heim des Indianers ist alles sauber aufgeräumt und wohlsortiert. Jede noch so kleine Kiste oder Schublade enthält, fein platziert, alle möglichen Dinge. Da es keinen Mixer gibt, wechseln sich die drei mit dem Teigrühren ab, bis dieser Blasen wirft. Hannah nimmt einen Löffel und füllt die erste Portion auf eine Seite des heißen Waffeleisens. Dann schließt sie den Deckel. Dampfend und zischend fängt der Teig an zu garen. Fasziniert schaut Hopi auf das Waffeleisen.

Als die erste Waffel fertig ist und Hannah sie dem Indianer strahlend unter die Nase hält, atmet dieser den Geruch tief ein und schwärmt: „Magie! Magie ist in allen Dingen, sogar in den heißen Zähnen!"

Nachdem der ganze Teig fertig gebacken ist, nimmt Hannah den Teller mit den dampfenden Waffeln und bringt ihn in den Garten auf die runde Steinplatte. Hopi und David folgen ihr hinaus und tragen die Teebecher und die alte, bauchige Kupferkanne.

Mit großem Appetit essen sie die Waffeln. David schiebt sich eine ganze Waffel auf einmal in den Mund. Dann sieht er, dass der Indianer das Gebäck fast andächtig mit kleinen Bissen langsam genießt.

Verlegen nimmt er sich seine neue Waffel und tut es ihm gleich. Er sieht, dass Hannah ihn angrinst.

Entschuldigend murmelt er vor sich hin: „Ich hab' Hunger, Mensch!"

Hopi lächelt ihn schief an und meint: „Kleiner Kwahu, Menschen seid ihr ganz gewiss und wenn du isst wie ein Mensch und nicht schlingst wie der Wolf im Walde, dann hast du länger von den schönen Waffeln."

Er breitet versöhnlich die Arme aus und zwinkert David zu. „Aber du hast Kraft und Temperament und bist ungestüm wie ein junger Wolf. Das ist gut so … Alt und weise kannst du werden, wenn du so viele Monde gesehen hast wie ich."

Dankbarkeit

Hopi nimmt das geheimnisvolle Reisegefährt aus seiner Kiste und legt es auf den Stein. Seit der letzten Reise ist ein honiggelbes Band dazugekommen, das die Kinder immer wieder an die „Leinwand des Lebens" erinnern soll.
Nacheinander umfassen die Kinder und der alte Indianer andächtig die kühle, glatte Wölbung der Glühbirne und schließen die Augen. „Unsere Reise führt uns heute über den Ort ‚Seele' links zu einer Abzweigung", verkündet der weise Mann mit geschlossenen Lidern und fährt fort: „Stellt euch jetzt eine Wiese vor, auf der gelber Löwenzahn blüht. Wir gehen hindurch und atmen den süßlichen Duft dieser wunderbaren Pflanze ein. Jetzt kommen wir an einen großen Baum, der viele schöne Blätter hat. Durch diese strahlt das Licht der Sonne wie durch ein buntes Kirchenfenster. Wir setzen uns in das weiche Moos und ruhen uns aus. Neben uns liegen viele bunte Blätter Papier in allen Farben, auf denen man schreiben kann. Bunte Stifte wachsen aus der Erde wie dicke Grashalme. Damit können wir malen."

Hopi schaut hoch und bittet die Kinder, die Augen zu öffnen. „Seht einmal, was ich hier habe!" Er reicht ihnen bunte, glänzende Blätter Papier in pink, orange, blau und gelb. Dazu gibt es kleine, glitzernde Stifte.

Hannahs Augen weiten sich. „Wow, Hopi", ruft sie begeistert. „So schöne Stifte! Wo hast du die denn her?"

Der Indianer lacht und zwinkert Hannah zu. „Woher wohl? Du hast es doch in deinen Gedanken gesehen. Im Gras an dem schönen Baum habe ich sie gepflückt."

Der Indianer reicht den beiden die Stifte. „Nehmt euch jeder etwas zum Malen und einige Zettel. Gleich werden wir ein bisschen zaubern!", eröffnet Hopi den Kindern. „Unser Zauberwort heißt ‚Dankbarkeit'. Ich werde euch diese Zauberformel jetzt erklären. Dankbarkeit ist etwas Wundervolles, etwas Magisches. Wenn ihr für etwas, was ihr besitzt, dankbar seid, dann seht ihr es in euren Gedanken, also im Geiste, und ihr habt davon ein Bild in eurem Kopf, das euch ein Gefühl der Freude gibt. Wenn man dankbar für etwas ist, dann freut man sich. Und jetzt kommt die Magie! Wie ihr wisst, erschafft ihr alles in eurem Leben, was ihr mit starken Gefühlen verbunden in euren Gedanken seht. Freude ist ein sehr starkes Gefühl.

Wenn ihr abends vor dem Einschlafen denkt: ‚Ich bin dankbar für mein schönes Leben', dann seht ihr es im Kopf mit einem tiefen Gefühl der Freude. Und dieses Gefühl der Freude, zusammen mit dem Bild all der Menschen und Dinge, für die ihr dankbar seid, erschafft mehr schöne Erlebnisse im Leben."

Ein starkes Gefühl, verbunden mit den Bildern in eurem Geist, erschafft genau das, was ihr euch in eurem Geiste vorstellt.

Dankbarkeit ist das Denken an schöne Dinge, die ihr bereits habt, verbunden mit dem starken Gefühl der Freude.

Dankbarkeit erschafft mehr von dem, was man bereits hat. Denn wenn man für etwas dankbar ist, ist man überzeugt davon, dass man es hat. Man sieht es mit Freude im Geist.

Dankbarkeit ist eine Zauberformel, um schöne Dinge und Erlebnisse zu erschaffen.

„Und was machen wir jetzt mit den Stiften und den Blättern?", will David wissen.

„Dankbar zu sein, ist eine Zauberformel. Wir malen jetzt auf jeden Zettel etwas, wofür wir dankbar sind, und diese Zettel legt ihr unter euer Kopfkissen. Jeden Abend vor dem Einschlafen und am Morgen vor dem Aufstehen schaut ihr euch als Erstes die Zettel an und denkt in Freude und Dankbarkeit an diese Dinge. Dann werdet ihr euch gut fühlen und wie ihr wisst, erschafft ihr in eurem Leben alle Dinge, die ihr im Geiste seht."

Der Indianer schaut David und Hannah an und fährt fort: „Es ist wichtig, dass ihr das immer regelmäßig macht und voller Freude, denn wie ihr wisst, bringt eine Kerze das Wasser nicht zum Kochen, hundert aber schon."

„Wie viele Zettel sollen wir denn malen?" Hannah nimmt sich ein blaues Blatt.

„Nun, fangen wir erst einmal an. Jeder Zettel, auf den ihr etwas malt, ist eine Zauberformel", erklärt Hopi. „Was ist denn ganz wichtig für euch?"

„Ich male Mama und Papa", ruft David und malt zwei Strichmännchen. „Mampapa", sagt er und grinst.

Hannah malt ein großes Herz und die Gesichter ihrer Eltern.

„Das ist eure erste magische Zauberformel", sagt Hopi. „Damit seid ihr schon kleine Zauberer. Wenn ihr noch mehr Zauberformeln habt, dann werdet ihr zu großen Zauberern." Er grinst die Kinder aufmunternd an.

„Ich bin glücklich, dass wir in einem so schönen Haus wohnen." Hannah nimmt sich ein weiteres Blatt.

„Dann ist das die zweite Zauberformel", meint Hopi. „Viele Menschen haben kein eigenes Haus mit einem schönen Garten. Es gibt sogar Länder, da schlafen die Menschen in Hütten aus Wellblech oder auf der Straße, weil sie arm sind. Ein schönes Haus zu haben, ist ganz sicher ein Grund, dankbar zu sein."

Eifrig malen die Kinder ihr Haus auf das zweite Blatt. Hannah schaut auf Davids Bild. „Ich wusste gar nicht, dass du so toll malen kannst."

David merkt, wie ein Gefühl des Glücks in ihm aufsteigt. Von seiner großen Schwester gelobt zu werden, ist schöner als ein Eis zu bekommen. „Meiner Seele geht es gut", denkt der Junge und strahlt Hannah an. Als diese zurücklächelt, schlägt seine Seele fast Purzelbäume. „Toll ist das mit der Seele", denkt er und freut sich auf die nächste Zauberformel.

„Ich wünsche mir, dass ich immer leckere Sachen zum Essen habe!", ruft der Junge.

„Du denkst immer ans Essen!", tadelt Hannah ihren Bruder und fügt belustigt hinzu: „Kannst schon froh sein, dass du nicht zunimmst, sonst wärest du dick und fett, so viel wie du in dich reinschlingst."

David gibt seiner Schwester einen leichten Schubs und verkündet: „Meine nächste Zauberformel ist, dass ich für das Essen danke, dass ich immer habe, dann krieg ich mehr davon, stimmt's Hopi?"

„Das ist eine sehr gute Idee. Essen ist etwas Wundervolles und leider gar nicht so selbstverständlich. Milliarden Menschen auf unserer Erde hungern. Für's Essen dankbar zu sein, ist ganz wichtig, denn ihr könnt nur dankbar sein für Dinge, von denen ihr überzeugt seid, sie zu haben. Und überzeugt sein von etwas …"

„… ist wie Raketentreibstoff im Universum!", ergänzen Hannah und David wie aus einem Munde."

Ihr zieht in eurem Leben die Dinge an,
von denen ihr überzeugt seid und
die ihr mit viel Gefühl im Herzen in eurem Geiste seht.
Dankbar zu sein ist ein gutes Gefühl.

Anerkennend strahlt Hopi die Kinder an und fährt fort „Gefühle, die wir aussenden, wenn wir dankbar sind, sind gute Gefühle und sie erschaffen gute Dinge."

„Hopi", fragt Hannah den alten Indianer, „du hast gerade gesagt, dass Milliarden Menschen auf der Erde hungern. Warum erschaffen die sich denn nicht mit ihrem Geist die Dinge, die sie brauchen? Warum funktioniert das bei denen nicht? Wenn das doch so leicht ist, einfach zu zaubern, dann würde das doch jeder machen!"

„Kleine Kuwanyauma", flüstert der alte Mann, „es ist so einfach, aber die meisten Menschen wissen nichts über die Gesetze des Universums und sie beachten ihre Gefühle, die Sprache der Seele, nicht."

Hopi fasst mit den Händen an seine Schläfen. „Die Menschen wissen nicht, wie man ‚erschafft', weil es ihnen niemand gesagt hat. Viele Menschen werden in sehr armen Ländern geboren. Dort zählt allein das Überleben. Die meisten von ihnen sind davon überzeugt, dass Armut ihr Schicksal ist. Sie denken den ganzen Tag über ihre Armut nach und erschaffen so mehr davon. Wie ihr wisst, ist die Macht der Überzeugung ein Teil der Schöpfung. Tagtäglich wird ihnen das bestätigt, indem sie dem Elend und der Ausbeutung reicher Länder ins Gesicht sehen müssen. Hier kommt wirklich niemand auf die Idee ‚umzudenken.' Dann gibt es auch Menschen, die haben schon von den Gesetzen des Universums gehört und sie kaufen sich auch Bücher, die davon handeln. Dann versuchen sie zu ‚erschaffen'. Wenn jedoch das Gewünschte nicht gleich erscheint, dann denken sie, das funktioniert ja doch nicht und was passiert dann? Nun, wenn die Menschen die Kerzen und Fackeln nicht lange genug unter dem Topf lassen und sie mal hier und mal da hinstellen, wird sich nichts in ihrem Leben verändern. Die Überzeugung und der Glaube fehlen und die Menschen geben zu früh auf. Das Universum erfüllt jedes Bild in eurem Kopf, das lange genug gesehen und gefühlt wird. Das ist ein Gesetz des Universums."

„Gesetz des Universums?", fragt David, „Hat das etwas mit ‚Star Trek' zu tun?" Der Junge findet Raumschiffe im Weltall spannend.

„Das Universum", erklärt der weise Mann, „ist alles, was es gibt. Es beinhaltet alle Planeten, den Himmel und die Erde, sämtliche Pflanzen, Tiere und Menschen. Alles ist miteinander verbunden, denn alles besteht aus dem *Allumfassenden Licht*."

Hopi nimmt einen kleinen Stock und zeichnet einen hohen Turm in den Sand. „Wenn du auf diesen Turm steigst und von oben herunterspringst", sagt er zu David, „dann wirst du auf die Erde fallen, weil das Gesetz der Anziehungskraft wirkt. Es ist dabei egal, ob du von dem Turm springst oder es ein anderer Mensch macht, ob der Mensch schwarz oder weiß, arm oder reich ist, das Gesetz wirkt immer gleich. Zwei plus zwei gleich vier. Dabei spielt es keine Rolle, ob das in Mexiko ausgerechnet wird, in Indien oder hier. Es ist auch egal, ob das ein Chinese oder ein Afrikaner oder ob ihr es ausrechnet. Das ist auch ein Gesetz des Universums."

Ein Gesetz des Universums ist immer und überall gleich gültig.

Hopi erblickt das kleine Mobiltelefon in Hannahs Tasche. „Für diese Telefone und für eure Fernbedienungen benutzt man Strahlen, die man ‚Infrarotstrahlen' nennt. Man kann sie nicht sehen und doch sind sie da. Damit können wir ‚unsichtbar' Geräte ein-

und ausschalten. Es gibt Dinge, die können wir mit unseren Augen nicht sehen und doch sind sie da.

Die Menschen glauben aber meistens nur an die sichtbaren Dinge. Röntgenstrahlen können euren Körper durchleuchten. Man sieht sie nicht und dennoch gibt es sie. Viele Dinge, für die wir heute noch keine Erklärung haben, werden als ‚Wunder' bezeichnet. Das liegt daran, weil wir die Gesetze dieser Dinge noch nicht begreifen. Im Universum geschieht aber alles nach festen Gesetzen.

In der Zeit der Ritter hätten die Menschen, wenn sie Flugzeuge am Himmel gesehen hätten, geglaubt, dass ein Wunder passiert oder dass es sich um Zauberei handeln würde. Für euch ist das ein ganz normaler Anblick. Sicher hätten die Ritter es niemanden erzählt, weil sie Angst gehabt hätten, die Leute hielten sie für verrückt und man würde sie einsperren. Viele hätten gedacht, da fahren ‚Götter' in ihren Himmelswagen."

„Das wäre lustig gewesen!" David lacht und lehnt sich zurück. „Die mutigen Ritter hätten versucht, die Flugzeuge mit ihren Schwertern anzugreifen!"

Er schlägt mit einem unsichtbaren Schwert durch die Luft, begleitet von zischenden Geräuschen.

„Die Menschen hätten Angst gehabt und sich versteckt", meint Hannah.

„Das hätten sie bestimmt getan", pflichtet der alte Mann ihr bei. „Genauso ist es heute noch. Wenn Menschen etwas sehen oder erleben, was sie nicht verstehen oder erklären können, dann werden sie von anderen Menschen ausgelacht oder für verrückt erklärt. Wenn viele Menschen das Gleiche sehen und es nicht erklären können, dann spricht man von einem Wunder!"

Wunder sind noch nicht erkannte Gesetzmäßigkeiten im Universum.

Hopi hebt die Arme und breitet sie weit auseinander. „Seit Jahrtausenden beschäftigen sich weise Männer und Frauen mit der *Seele*, dem *Geist* und dem *Körper* der Menschen. Es gibt Aufzeichnungen aus uralter Zeit, da haben die weisen Leute schon gewusst, dass jeder Mensch aus einer Seele besteht mit einem Körper und einem Geist. Dieses Wissen wurde Jahrtausende als „Geheimwissen" vor den Menschen verschlossen, damit der Einzelne nicht erkennt, wie mächtig er wirklich ist. Deshalb ist es auch so schwierig, die Menschen zum Umdenken zu bewegen. Selbst wenn man ihnen erzählt, dass gute Gefühle ihr Leben völlig verändern können, glauben sie es nicht und dann passiert es auch nicht. Es ist schwierig, das, was Tausende von Jahren den Menschen beigebracht wurde, zu ändern."

„Und warum lernen wir Kinder das alles nicht in der Schule, so wie Mathematik und Lesen?", fragt Hannah.

Hopi schaut gedankenverloren vor sich hin. „Das ist eine lange Geschichte", beginnt er. „Bis vor hundert Jahren haben die Menschen die meiste Zeit damit verbracht, Kriege zu führen, um Land zu erobern. Tagtäglich herrschte ein Kampf um Nahrung und Schlafplätze. Einige wenige haben bereits vor 500 Jahren Forschung betrieben. Man nannte sie Alchimisten. Sie wurden von Regierungen und Religionen aufgrund ihres Wissens verfolgt und auch in Gefängnisse gesteckt. Das Wissen um Geist, Seele und Körper wurde von den Mächtigen im Verborgenen gehütet.

Das Zeitalter der Technik und Naturwissenschaft begann erst vor ungefähr 200 Jahren. Es ging dabei um Entwicklungen von Maschinen, Flugkörpern und um die Gesetze der Physik und der Chemie. Auch in der Medizin wurden große Fortschritte gemacht. Die Menschen in eurer Zivilisation beschäftigen sich sehr viel mit Technik und der Wissenschaft, aber mit den Gefühlen und der eigenen Seele kaum. Sie wissen nicht, dass alles, was ein Mensch hat, aus ihm selbst kommt, aus seinen Gedankenbildern, seinen Überzeugungen und seinen Gefühlen. Sie suchen außerhalb von sich nach einem Gott und wissen nicht, dass sie das, was man ‚göttlich', die ‚Allumfassende Kraft' oder das ‚Universum' nennt, nur in ihrem Inneren finden können. Denn wie ihr wisst, kommen wir alle aus dem einen *Allumfassenden Licht* und tragen es für immer in uns." Hopi legt seine Hände auf seine Brust und erzählt weiter. „Es wird vielleicht eines Tages so weit sein, dass die Menschen erkennen, wie wichtig es ist, ihre Gedanken und Gefühle zu beachten. Und dann gibt es bestimmt ein Schulfach ‚Seele'."

Hannah und David sind ganz nachdenklich geworden. Der weise Mann erzählt ihnen viele neue Dinge, und wieder hat Hannah das Gefühl, dass sich so viel in ihrem Leben verändert. Sie spürt instinktiv, dass alles stimmt, was der Indianer erzählt. Sie hat doch tatsächlich auf so einfache Weise gelernt, gut zu werfen, und es hat ihr sogar richtig Spaß gemacht. Seitdem sie den Indianer kennen, versteht sie sich blendend mit David. Alles ist klarer, schöner und einfacher geworden. Hannah reißt sich aus ihren Gedanken und sieht einen Zettel neben Hopi liegen, den er gemalt hat. „Was ist auf dem Zettel drauf, Hopi?", fragt sie den alten Indianer und schaut direkt in seine lustigen Augen, die von Lachfältchen zerfurcht sind.

„Das ist ein Dankbarkeitszettel", antwortet er und strahlt über sein ganzes, vom Wetter gegerbtes, braunes Gesicht.

„Ich will ihn auch sehen!", ruft David und beugt sich zu dem Indianer. Dieser hebt das gemalte Bildchen vorsichtig mit beiden Händen wie ein kostbares Kleinod auf und zeigt es den Kindern.

„Das bist ja du!", ruft Hannah aus, „und ganz viele Monde!"

Sprachlos schaut David auf den Zettel und dann zu Hopi.

„Das ist mein Dankbarkeitszettel", eröffnet Hopi den Kindern. „Ich bin dankbar dafür, dass ich hier auf Erden sein darf und schon so viele Monde gesehen habe. Jeden Morgen begrüße ich mit Freude den neuen Tag, und das solltet ihr auch machen. Jeder Mensch ist ein Wunder des Universums und so sollt ihr euch auch fühlen. Denn nur, wenn ihr euch gut fühlt, könnt ihr auch für die anderen Menschen eine Freude sein. Wenn es uns gut geht, fühlen sich auch andere in unserer Nähe gut und strahlen das aus. So vermehrt sich wahrer Reichtum. Wenn das bei jedem Mensch so wäre, hätten wir das Paradies auf Erden."

Hannah weiß, dass Hopi wieder einmal etwas ganz Besonderes gesagt hat, denn seitdem sie ihn kennt, sieht sie so viele Dinge mit anderen Augen. Mit anderen Augen?

„Die Augen bleiben die gleichen, kleine Kuwanyauma", sagt Hopi immer, „nur dein Blick ändert sich!", denkt Hannah und muss grinsen. Unkraut ist kein Unkraut mehr, sondern eine „Waldapotheke", und sie findet es viel interessanter abends mit David in seinem Zimmer zu sitzen und zu plaudern, anstatt am Computer die Zeit zu verschwenden.

„Wie alt bist du eigentlich, Hopi?", fragt David und Hannah meint: „Also, unser Opa ist 65, und du?"

„Ein ‚Honovi', für wahr, euer Großvater", schwärmt Hopi, „noch jung an Jahren! Ja, ja, die Zeit … Das ist eine ganz andere Geschichte …!"

„Ein Honovi, was ist das? Ist das Hopi-Sprache?", will Hannah wissen.

„Ja", antwortet der weise Mann, „das ist Hopi-Sprache und heißt ‚starker Hirsch'!"

„Starker Hirsch! Aber der Opa ist doch schon alt", grinst David.

„Mit 65 Jahren muss man noch nicht alt sein. Dein Opa arbeitet viel in seinem Garten und ist immer in Bewegung. Ich denke, der ist noch sehr rüstig."

„Aber er sitzt nicht im Schneidersitz wie du und würde alleine gar nicht mehr hochkommen!", lacht Hannah und fordert den Indianer auf: „Sag schon, wie alt bist du?"

Der weise, alte Mann lacht. „Ich habe schon vor sehr langer Zeit aufgehört, die Monde zu zählen."

Dann gibt er beiden Kindern einen weiteren Zettel. „Jetzt seid ihr dran", meint er. „Malt euren Dankbarkeitszettel, dass ihr hier sein könnt auf dem wunderschönen Planeten ‚Gaia', denn so heißt die Erde in uralten Geschichten."

Hannah und David grinsen sich an und beginnen sich selbst zu malen. Hannah zeichnet ganz viele Blumen um sich herum. David malt über seinem Kopf ein großes Flugzeug. „Ich will nämlich Pilot werden", erklärt er dem weisen Mann.

Nachdem die Kinder ihre Dankbarkeitszettel fertig haben, nimmt der Indianer die Glühbirne in seine Hände und schließt die Augen. Dann reicht er sie Hannah. „Einsteigen, Kuwanyauma und Kwahu, die Reise ist für heute zu Ende."

Er gibt David ein violettes Band und bittet ihn, es um die Glühbirne zu binden. Er ergänzt: „Dies ist das Souvenir aus unserem neuen Ort ‚Dankbarkeit'."

Gemeinsam trinken sie schweigend ihren Tee und verspeisen die letzten Waffeln. Dann verabschieden sich Hannah und David herzlich von dem alten Indianer und begeben sich auf den Heimweg.

Zu Hause angekommen begrüßen sie kurz ihre Mutter und laufen die Treppe hinauf zu ihren Zimmern.

Beide legen schnell ihre Dankbarkeitszettel unter das Kopfkissen.

„Abendessen!", ruft Frau Fischer nach oben.

„Keinen Hunger!" Das ist Hannahs Stimme. „Ich habe so viele Waffeln gegessen."
Sie läuft mit ihrem Bruder in die Küche und sieht Frau Fischer am Fenster stehen, wie sie gerade Tomatensalat mit Mozzarella zubereitet.

„Na gut", meint Hannah, „etwas Salat ist okay, Hopi hat mit uns so leckere Waffeln gebacken!"

„Ich will ein Wurstbrot, keinen Salat!", ruft David und nascht an dem geschnittenen Mozzarella. „Der schmeckt ja nach nichts", stellt er enttäuscht fest.

Opas Unfall

Für David beginnt die letzte Woche im Kindergarten. Am Freitagnachmittag ist das große Abschlussfest mit den Eltern und Geschwistern. Auch Opa freut sich riesig auf die Feier, denn es wird gegrillt. An diesem Tag muss jeder Bons kaufen. Für drei Bons bekommt man ein Kotelett. Opa meint, nirgendwo gibt es fertig gegrilltes Fleisch so preiswert wie auf Schul- und Kindergartenfeiern. Dann kann er einmal so richtig „reinhauen", ohne dass Oma sagt, er äße zu viel. Denn auch Oma isst gleich drei Stück Kuchen, weil ein Stück nur ein Bon kostet.

Heute Morgen wird David von Herrn Fischer zum Kindergarten gebracht, weil er ganz in der Nähe zu einer Baustelle fahren muss, auf der an diesem Tag Vermessungsarbeiten anstehen.

„Papa", sagt David, als sie den Schotterweg zur Villa Sternenbogen hinauffahren, „der alte Baum dort sieht aus wie ein Wächter. Seine Äste sind wie lange Arme, die uns beschützen!"

„Da kannst du recht haben", antwortet Herr Fischer und schnallt sich ab, um David zum Eingang zu begleiten. „Als ich sechzehn war, hat dieser Baum zwei Menschen das Leben gerettet!"

„Wie das denn?" David findet derart spannende Geschichten toll.

„Nun", fährt Herr Fischer fort, „ein Vater ist mit seinem Sohn in einem Sportflugzeug hier abgestürzt und genau in der riesigen Baumkrone der Kastanie gelandet. Die hatten richtig Glück gehabt. Der Baum hat die harte Landung verhindert und beide sind unverletzt geblieben."

„Wow!", ruft David aus, „und Opa meint, dass der Baum eine Frau ist, weil es ‚die Kastanie' heißt." David schüttelt den Kopf. „Jetzt weiß ich ganz sicher, dass der Baum ein alter, starker Mann ist. Frauen können keine Flugzeuge aufhalten!"

Herr Fischer lacht. „Das muss aber ein sehr starker Mann sein!", sagt er und ergänzt: „Als hier vor einigen Jahren der Kindergarten gebaut wurde, sollte der Baum gefällt werden. Der Bürgermeister ist ein Freund des Jungen von damals und so setzte er sich für den Erhalt der alten Kastanie ein."

„Er beschützt uns, das weiß ich", wiederholt David. Er nimmt sich vor, heute Mittag, wenn Opa ihn abholt, über die Geschichte von damals zu sprechen. Opa weiß bestimmt eine Menge darüber.

Lara und Kevin sitzen in der Playmobilecke, als David hereinkommt. Sie winken ihm zu und der Junge gesellt sich zu seinen Freunden.
„Such mal alle Indianerfiguren raus", bittet Lara ihn, „die werden jetzt gefangen genommen. Kevin, du spielst die Soldaten und du, David bist der Sheriff, der die Indianer ins Gefängnis wirft!"
David sitzt da und schaut Lara entgeistert an.

„Was ist denn, David?", ruft Lara und drängt ihren Freund, endlich loszulegen. „Mach schon, worauf wartest du?"

„Ich nehme keine Indianer gefangen, und ins Gefängnis stecke ich sie auch nicht", schmollt David. „Das ist ein blödes Spiel!"

Fragend schaut Lara ihn an. „Hallo? Was ist denn los? Das machte man in Amerika so, als es Cowboys gab. Wir spielen das doch nur!"

„Ich kenne einen Indianer!" Zögernd schaut David seine Freunde an. Im Flüsterton erzählt er Lara und Kevin von seinem neuen Freund.

„Echt?" Lara kommt aus dem Staunen nicht mehr heraus.

„Den gucke ich mir an", sagt Kevin. „Ich frage meine Mutter, ob ich diese Woche einen Nachmittag bei dir spielen kann, okay?"

„Ja, klar!", stimmt David zu und zu Lara gewandt: „Wenn du Lust hast, kannst du ja zusammen mit Kevin kommen!"

Auch Lara findet die Geschichte von Hopi, dem Indianer in einer Schrebergartensiedlung, sehr spannend. Sie und Kevin konzentrieren sich jetzt auf Davids Erzählungen.

„Und das ist ein echter Indianer?" Kevin beäugt seinen Freund misstrauisch.

„Echter geht es gar nicht", antwortet David stolz. „Wirst es schon sehen. Er hat ganz schwarze Haare und ein rotes Band um den Kopf. Er spricht mit Tieren und hört das Gras wachsen!"

„Jetzt schwindelst du!", ruft Lara und erhebt sich.

David hält seinen Finger vor den Mund und bittet Lara, leise zu sein. „Das sagt Hopi jedenfalls und auch, dass er im Wind Worte hört. Er hat sogar gemerkt, wie ich geschlichen bin! Und ich kann verdammt gut schleichen!", sagt David voller Überzeugung.

Die Köpfe der drei gehen immer mehr zusammen und leise flüsternd erzählt David von Kachina, Göttern und tiefen Löchern in der Erde, aus denen die Indianer gekommen sind.

„Hallo, was ist denn mit euch?" Die Stimme von Fräulein Gretenkorn schreckt die Kinder aus ihren Erzählungen, in denen sie schon längst nicht mehr auf dem Boden in einem Kindergarten sitzen, sondern in einer bunten Welt aus Indianern, Raumschiffen und Kachina, den Göttern der Hopi-Indianer.

„Wollt ihr heute gar nicht nach Hause?", fragt die Grete und schaut die Kinder über den Rand ihrer rot karierten Brille forschend an. Auf einmal nehmen Lara, David und Kevin ihre Umwelt wieder wahr. Lachende Kinder, die tobend durch den Raum laufen und sich an den Kleiderhaken zu schaffen machen, um ihre Taschen zu finden, lassen die drei in die Wirklichkeit zurückkehren. Einige Minuten später stürmen auch sie aus der Villa Sternenbogen.

Opa ist noch nicht da. David sucht mit den Augen den Parkplatz ab, doch der kleine Sportwagen ist nirgends zu sehen. Da erblickt er Phillip, der auch wartet, um abgeholt zu werden. Ihre Blicke treffen sich. Wieder erfasst David ein Gefühl der Trauer, weil Phillip meistens alleine ist. Oft hängt er sich an Marko und Andi, weil er sie für stark hält und glaubt, dass sie ihn mögen. Doch die beiden behandeln den Jungen wie ihren Diener und lachen hinter seinem Rücken über ihn.

David grinst zu Phillip hinüber und ein verschämtes Lächeln erscheint auf dessen Gesicht. Phillip errötet leicht und schaut verlegen auf den Boden. Langsam geht David auf den Jungen zu und auch Phillip nähert sich nach einigem Zögern.

„Na …", beginnt David.

Phillip atmet tief durch und sagt: „Ich habe gehört, wie du heute von einem Indianer erzählt hast, der bei euch wohnt."

David grinst, denn er muss an Hopi denken, an seinen neuen Freund, den er so ins Herz geschlossen hat.

„Der wohnt nicht bei uns", antwortet der Junge. Als er Phillips enttäuschtes Gesicht sieht, fügt er schnell hinzu: „Aber bei meiner Oma und meinem Opa im Schrebergarten."

Wieder steht Phillip wie angewurzelt da. Unentschlossen und traurig schaut er auf seine Schuhe. Die Finger drehen einen Zipfel seines Sweatshirts zu einer dicken Stoffspirale. David durchzuckt ein Gedanke und er fasst einen Entschluss, der tief aus seinem Inneren so impulsiv nach oben drängt, dass er gar keine Zeit hat, darüber nachzudenken.

„Willste ihn mal sehen?", fragt er Phillip. „Den Indianer, meine ich!"

Die Augen des Jungen leuchten und David findet, dass Phillip auf einmal richtig nett aussieht.

„Das würdest du tun?", fragt dieser nun. „Du würdest mit mir zu deinem Indianer gehen?"

Jetzt ist sich David ganz sicher, dass er das „Richtige" tut, denn sein Herz füllt sich mit Freude und Stolz, und er erwidert: „Klar, ich find's gut!"

„Und wann?" Phillip schaut David fragend an.

David überlegt nicht lange und meint: „Heut' Nachmittag, vielleicht? Ich geh' eigentlich fast jeden Tag zu ihm."

Die Jungen unterhalten sich über Hopi, den Indianer und vergessen darüber die Wartezeit. Ganz in ihr Gespräch versunken, merken sie gar nicht, dass Frau König mit ihrem Wagen ankommt.

Ein Auto hupt und David sieht, wie die Mutter von Phillip aussteigt und ihrem Sohn mit ernstem Gesicht die Beifahrertür öffnet. Das Lachen, das eben noch Phillips Gesicht erhellt hat, ist verschwunden. Nun wirkt es wieder, als ob die Schatten vorbeiziehender Wolken die Sonne verdunkeln. Da sieht David seine eigene Mutter mit dem roten Wagen kommen.

„Mama?" Fragend schaut er Frau Fischer an. „Wieso denn du? Wo ist Opa?" Erst jetzt spürt der Junge, dass irgendetwas passiert sein muss, denn auch seine Mutter schaut heute so ernst. Normalerweise ist sie fröhlich und lacht immer.

„Opa liegt im Krankenhaus!", sagt sie und David spürt, dass seine Mutter nicht wirklich besorgt, sondern ärgerlich ist.

„Was ist denn los? Was hat Opa?"

Frau Fischers Stimme wird nun lauter. „Was der hat? Ja, was wohl? Auf ‚Kriegspfad' war er und seine Waffen haben ihn selbst erwischt. Er ist in eine Bärenfalle getreten und hat sich seinen Knöchel gebrochen!"

„Echt?" David kann es gar nicht fassen. Innerlich muss er grinsen, aber er weiß, dass man sich nicht freuen darf, wenn anderen etwas passiert. Auch nicht, wenn sie eigentlich selbst daran schuld sind.

„Wird Opa wieder gesund?", fragt er nun.

Frau Fischer schießen Tränen in die Augen. „Ich hoffe es", ihre Stimme zittert. „Er ist ein alter Mann. Da heilen Knochen nicht mehr so gut. Vielleicht humpelt er später ein wenig. Wir müssen abwarten."

David beobachtet seine Mutter, die sich auf den Straßenverkehr konzentriert. Ihre Lippen sind zusammengekniffen und sie schaltet ruckartig von einem Gang in den nächsten.

„Verrückter, alter Narr!", ruft sie aus. „Kann er denn nicht einfach in Frieden leben?"

Nun findet David das Ganze auch nicht mehr komisch. „Wenn Mama sich so aufregt, ist es schlimm", denkt er.

Frau Fischer wettert weiter vor sich hin. „Der Oma so eine Angst einzujagen! Dieser alte Trottel!"

„*Angst!!*' Da war es schon wieder, das doofe Wort", denkt David und überlegt. „Hopi sagt, man soll nie Angst haben, weil Angst ein schlechtes Gefühl macht, und dann passieren schlimme Dinge. Aber muss man nicht Angst haben, wenn etwas Schlimmes passiert ist?"

David beschließt, Hopi zu fragen. Schließlich muss Hopi das ja wissen.

„Fahren wir Opa jetzt besuchen?" David war noch nie im Krankenhaus und will die Pfeife für seinen Großvater mitnehmen, die er so gerne raucht. „Ich möchte Opa seine Pfeife bringen, vielleicht wird er dann schneller gesund!"

„Ach, David!", seufzt Frau Fischer und putzt sich die Nase. „Im Krankenhaus darf er die nicht rauchen. Außerdem wird Opa heute noch müde sein, weil er gerade frisch operiert ist. Morgen oder übermorgen kannst du ihn mit Hannah besuchen. Ich fahre heute Nachmittag mit Oma hin."

David möchte Hopi alles erzählen. „Aber wie sage ich das mit der Bärenfalle?", denkt er. „Die war ja eigentlich für ihn gedacht!"

Hannah und er hatten ganz vergessen, mit ihrem Freund darüber zu sprechen, weil Papa gesagt hat, er würde Opa davon überzeugen, dass man so etwas nicht macht. Und dann hatte David die Bärenfalle wieder vergessen.

Han wird schon wissen, was wir sagen. David hört erst auf zu grübeln, als sie am Haus der Fischers ankommen. Hannah ist auch schon zu Hause. Nach dem gemeinsamen Mittagessen packt Frau Fischer einen Korb mit Saft und Früchten.

„Wenn ihr möchtet, bringe ich euch zu Hopi." Frau Fischer mag den alten Indianer und sie ist immer beruhigt, wenn die Kinder in ihrer Abwesenheit bei Freunden sind oder wie jetzt, zu Hopi können. Schon oft hat sie mit diesem interessanten, alten Mann ein Schwätzchen gehalten, wenn sie im Schrebergarten war und sie vertraut diesem merkwürdigen, aber sehr freundlichen, alten Indianer. In seiner Nähe fühlt sie sich geborgen und sicher. Es ist ein Gefühl, als ob sie ihn schon Jahre kennt. Dabei wohnt er erst seit kurzer Zeit auf dem wild bewachsenen Grundstück neben ihren Eltern. „Ich muss die Oma im Schrebergarten abholen, dann kann ich euch mitnehmen!"

Hannah und David freuen sich sehr. Ohne Protest holen sie ihre Jacken und gehen zum Auto. Sie finden es zwar spannend, allein zu Hause zu sein, aber zu Hopi gehen und dort einen ganzen Nachmittag zu bleiben, ist besser als am Computer zu spielen oder fernzusehen.

Die Bärenfalle

Als sie bei der Schrebergartensiedlung ankommen, steht Oma schon am Gartentor. In der einen Hand trägt sie einen Korb mit Keksen und Süßigkeiten. Opas Lieblingstee, eine Mischung aus Holunder und schwarzem Tee, hat sie auch eingepackt. Winkend lächelt sie den Kindern und Frau Fischer zu. An ihren Augen sieht man jedoch, dass sie geweint hat. David und Hannah steigen aus und laufen ihr in die Arme. Hannah nimmt Omas Hand. „Das wird schon wieder besser, Oma!", tröstet sie ihre Großmutter.

David steht hinter Hannah und weiß nicht so recht, was er machen soll. Wenn Kinder heulen, das hat er schon öfter gesehen, aber bei Erwachsenen ist das etwas ganz anderes, besonders bei so alten Leuten wie seine Großmutter. Er wusste gar nicht, dass die auch weinen können.

Die alte Frau stellt den schweren Korb ab und nimmt beide Kinder an die Hand und lächelt. „Ja", sagt sie, „ich weiß, dass es wieder wird. Ich bin traurig, weil Opa nun Schmerzen hat. Aber ich bin auch wütend auf ihn, weil er mir solche Sorgen bereitet. Muss er denn auch immer so einen Blödsinn machen?"

Frau Fischer ist indessen ausgestiegen und lugt auf das Grundstück des Indianers. Sie möchte ihre Kinder gut verwahrt wissen, wenn sie mit Oma zum Krankenhaus fährt. David läuft an ihr vorbei und rennt durch das halboffene Gatter zur alten Hütte von Hopi, die so gemütlich ist und in der er schon so viele schöne Stunden mit Hannah und dem alten, weisen Mann verbracht hat.

„Hopi!" ruft er. „Wir sind da!"

Quietschend öffnet sich die verblichene, morsche Holztür und Hopi kommt mit einem freundlichen Lächeln zum Vorschein. „Schon so früh, heute?" Fragend schaut der Indianer David an, und sieht Frau Fischer mit Hannah am Gartentor stehen.

Er geht mit federnden Schritten den Weg hinunter. Jede seiner Bewegungen ist so natürlich wie der Lauf eines Baches. Als er Frau Fischer anspricht, ist seine Stimme Teil eines vollkommenen Klanges der Natur.

„Ich habe gehört, dass Ihr Vater sich heute Morgen verletzt hat." Seine Stimme ist warm und kraftvoll.

„Ja, er musste ins Krankenhaus." Frau Fischer stottert ein wenig, denn sie ist verlegen, galten die Bärenfallen doch dem Mann, dem sie jetzt gegenüber steht und dessen Augen sie mit so großer Wärme ansehen. Der Indianer lächelt Frau Fischer an.

„Hannah und David können hier bleiben. Wir haben viel zu erledigen und heute ist ein guter Tag dafür!"

„Ich danke Ihnen sehr", erwidert Frau Fischer erleichtert und gibt Hopi die Hand. Wärme durchflutet sie bei der Berührung und sie spürt, wie eine Kraft durch ihren Körper läuft. Auf einmal fühlt sie sich viel besser, ruhiger und sehr ausgeglichen. Gedankenverloren geht sie zu ihrem Auto. Die Großmutter sitzt schon auf dem Beifahrersitz.

„Ein faszinierender Mann, wirklich faszinierend …", sagt sie und setzt sich ans Steuer.

„Der Opa ist in eine Bärenfalle getreten!" prustet es aus David heraus, gerade als Frau Fischer gegangen ist.

Hannah sieht ihren Bruder strafend an. „Wie peinlich, wenn Hopi nun alles erfährt", denkt sie und wendet sich an den alten Mann. „Sollen wir einen Tee machen?" Sie versucht das Thema zu wechseln. „Mama hat uns Gebäck mitgegeben. Es ist ein italienischer Kuchen, total lecker!"

„Tee ist wunderbar und das Gebäck werden wir brauchen, wenn wir auf Reisen gehen. Habt ihr Lust dazu?" Hopi zwinkert die Kinder verschmitzt an.

„Ja, das ist toll!", Hannah ist ganz erleichtert, dass Hopi nicht nach der Bärenfalle fragt. Gemeinsam gehen sie in die Hütte. David schaut verstohlen zu seiner Schwester. Er hat sich verplappert und ein flaues Gefühl in seinem Bauch sagt ihm, dass seine Seele das auch so sieht. Oder etwa nicht? Er hat doch nur die Wahrheit gesagt. Man soll doch immer die Wahrheit sagen.

„Hopi sagt, wenn man Angst hat oder etwas Falsches tut, dann hat man ein schlechtes Gefühl", denkt der Junge. „Habe ich denn Angst? Wovor?"

Dann fällt es ihm ein. Natürlich hat er Angst. Er hat Angst, dass Hannah ihn jetzt nicht mehr mag, weil er das mit der Bärenfalle verraten hat. Er geht einen Schritt schneller und schleicht sich zu Hannah. Langsam schiebt er seine Hand in ihre. Aber Hannah schaut ihn nicht an. Doch plötzlich merkt er, dass sie seine Hand fester drückt. David antwortet mit einem Gegendruck und Erleichterung macht sich in seinem Körper breit. Seiner Seele geht es wieder gut. Und wieder war es die Angst, dass sich seine Seele unwohl gefühlt hat und nicht die Wahrheit, die er gesagt hat. Die Geschwister lachen sich an und betreten gemeinsam Hopis Hütte. Der Indianer setzt gerade das Wasser in einem altmodischen Kessel auf dem alten Herd zum Kochen auf. Hannah ging es ähnlich. Auch sie fühlte sich unwohl und dachte über ihre Seele nach.

„David mit seiner Plapperei", dachte sie, „vielleicht mag Hopi uns jetzt nicht mehr. Vielleicht denkt er erst jetzt darüber nach, dass die Bärenfallen für ihn waren. Alles wegen Opa …!"

Dann wird ihr mit einem Male klar, dass David gar nichts getan hat, außer die Wahrheit zu sagen. Und in diesem Augenblick spürt sie seine kleine Hand in der ihren. Langsam drückt sie sie fester. „Die Wahrheit zu sagen, ist nicht immer leicht", denkt sie. Hopi nimmt drei Becher und gibt Hannah eine flache Schale. „Die ist für den wundervollen Kuchen!"

Nachdem alles zubereitet ist, setzen sie sich, wie schon so oft, um den ach so vertrauten flachen Stein.

„Wie ich diesen Steinkreis liebe", denkt Hannah und ein Glücksgefühl durchströmt ihren Körper. Verstohlen streichelt sie Davids Hand.

„Immer, wenn man richtig glücklich ist, möchte man am liebsten jemanden umarmen und die Freude teilen", denkt das Mädchen. „Vielleicht sind ja irgendwann alle Menschen glücklich und dann … dann umarmt sich die ganze Welt!"

Gut und böse

„Ich will euch eine Geschichte erzählen." Hopi lehnt sich in das dicke Strohkissen, das er hinter seinem Rücken liegen hat. „Die Geschichte findet in Arizona vor sehr langer Zeit statt und hier ist auch unser nächstes Reiseziel."
Die Glühbirne macht erneut ihre Runde und der alte, weise Mann bittet die Kinder, ihre Augen zu schließen.
„Wir drehen jetzt in Gedanken die Zeit weit zurück und reisen mit unserem Geist nach Arizona, ins Land der Hopi-Indianer. Stellt euch vor, wie ihr ankommt. Der Himmel ist von einem strahlenden Blau, die Erde staubig und rötlich gefärbt. Ein heißer Wind kommt euch entgegen und wärmt eure Gesichter. Er bringt Staub mit sich, so dass ihr eure Augen zu Schlitzen zusammenkneift. Es riecht nach vertrocknetem Gras und verbrannter Erde. Soweit euer Blick reicht, seht ihr zerklüftete Berge und staubige Täler. Nun erblickt ihr in der Ferne ein kleines Dorf. Die Wohnhäuser sehen aus wie Bienenwaben, die an einem Felsen kleben. Schnell fliegen wir in Gedanken durch die Luft in das Dorf, hoch oben auf dem Berg, den man ‚Black Mesa' nennt. Hier gibt es schattige Gassen und sonnige Plätze zwischen niedrigen, quadratischen Häusern. Überall riecht es nach duftendem Maisbrot und Gewürzen. Man hört leise Stimmen und Lachen von irgendwo aus den kleinen Unterkünften.
Wir befinden uns jetzt an einem schattigen Platz, an dem eine steinerne Bank steht. Ihr öffnet eure Augen und genießt die kühle Luft!"
Die Kinder schauen den weisen Mann erwartungsvoll an und Hannah kommt es so vor, als ob die Beschreibung der kargen Landschaft am Black Mesa sich in dem Gesicht des alten Indianers widerspiegelt, denn die Sonne erleuchtet sein von Falten zerfurchtes Gesicht wie die Gebirgsketten des Gran Canyon im Mittagslicht.
„Auf dieser steinernen Bank sitzt ein kleiner Indianerjunge, so alt wie David und ein ganz alter Mann. Es ist der Großvater des Jungen", erzählt Hopi weiter. „Der Junge heißt ‚Chosovi', was so viel wie ‚blauer Vogel' bedeutet. Obwohl er ein Indianer ist, hat er blaue Augen. Das ist selten und auch ein wenig seltsam, da es so gut wie nie vorkommt. Die Indianer glauben, dass er ein Gesandter der Kachina ist. Deshalb lehren sie ihn viele verschiedene Künste. Er lernt die Magie der Pflanzen kennen, die Tänze

und Gesänge, um Regen zu erbitten und den Anbau von Mais. Die geistigen Weisheiten lehrt ihn sein Großvater, der in dem kleinen Hopi-Dorf ein weiser Mann ist.

„Warum sind manche Menschen gut und andere böse?" Chosovi schaut seinen Großvater erwartungsvoll an.

Der alte Mann hält seine Hände überkreuzt vor seinem Brustkorb und antwortet: „Junger Chosovi, Gesandter aus fremden Welten. Es ist mir eine Ehre, dich an Dinge zu erinnern, die du vergessen hast!"

Der junge Indianer schaut den alten Mann mit seinen tiefblauen Augen an, die geheimnisvoll glitzern wie ein See in der Abenddämmerung. Und er lauscht den Worten des weisen Mannes, die heiser wie ein leiser Gesang zu seinen Ohren dringen.

„Im Herzen eines jeden Menschen kämpfen zwei Wölfe miteinander", flüstert der Großvater. „Der eine ist gut und sanft, der andere aber ist herrschsüchtig, gierig und schlecht!"

„Ja … gut", überlegt der Junge, „und wer von den beiden gewinnt?"

Das Gesicht des alten Mannes wendet sich zum Himmel und er blinzelt in die Sonne: „Es gewinnt der, dem du mehr Nahrung gibst!"

Hopi legt eine Pause ein. Es ist ganz still. Nur das Zwitschern einiger Vögel in den Baumwipfeln ist zu hören.

„Das ist die Geschichte von ‚Gut' und ‚Böse'‚ sagt Hopi. „Sie ist ganz einfach und doch bestimmt sie unser Leben."

Fragend schauen Hannah und David Hopi an.

„Der gute Wolf in unserer Geschichte wird ‚gefüttert' mit guten Gedanken, Freundlichkeit, Liebe und Hilfsbereitschaft. Davon wird er satt. Das strahlt er dann mit dem Herzen aus und bekommt es zurück. Das ist sein Futter", erklärt Hopi. „Das Futter des bösen Wolfes ist Gemeinheit, Hass und Neid aber auch Traurigkeit, Angst und Misstrauen. Wenn man diese Gefühle hat und Menschen oder Tieren Böses antut, dann schickt man aus seinem Herzen ‚schlechte' Wellen ins Universum. Sie schwingen tief und es entsteht ein dumpfes Gefühl. Und wie bei den guten Schwingungen bekommen wir bei den schlechten Gedanken und Taten auch nur schlechte Erlebnisse und Gefühle zurück.

Die Gefühle von Traurigkeit und Angst schwingen ebenso niedrig wie die von Hass und Bösartigkeit. Deshalb haben traurige, angstvolle Menschen oft schlechte Erlebnisse."

„Der eine Wolf ist die Liebe und Freude", wiederholt David.

„Und der andere Hass und alles Böse und Traurige!", ergänzt Hannah.

„Das ist der Kampf der Wölfe in unserer Geschichte", erklärt Hopi. „Wenn ein Mensch immer nur den guten Wolf füttert, so wird dieser satt und gesund sein und den bösen Wolf beherrschen. Der böse Wolf wird dann immer schwächer werden, und eines Tages kann er ganz verhungern.

Die meisten Menschen ‚füttern' mal den guten Wolf und manchmal den bösen, denn nicht nur, wenn ein Mensch böse Dinge tut, füttert er den bösen Wolf, sondern auch, wenn er traurig ist. Trauer und Angst sind auch Nahrung für den bösen Wolf!"

Hannah fragt den weisen Mann: „Warum ist Trauer und Verzweiflung so schlimm wie Hass und andere böse Sachen?"

„Das ist ganz einfach", meint der Indianer. „Beide Arten der Gefühle zerstören etwas. Wie ihr wisst, kommt jedes Gefühl wieder zu euch zurück. Hass bringt meistens noch mehr Hass und Kriege. Trauer und Verzweiflung richtet sich immer sofort gegen den Menschen, der sie aussendet. Sie werden kraftlos und einsam. Das zerstört den Körper und die Menschen werden krank.

Oft behaupten die Menschen, dass sie doch gar nicht böse sind und verstehen nicht, warum sie nur Unglück haben und es ihnen schlecht geht. Das liegt daran, dass sie den bösen Wolf mit traurigen Gefühlen nähren. Aber ihr könnt ganz unbesorgt sein, denn das *Allumfassende Licht* sagt eurer Seele durch die Gefühle, die ihr habt, immer, welchen Wolf ihr gerade füttert!"

„Ist mein Opa denn böse?" David brennt diese Frage in seinem ganzen Körper. Er muss sie einfach stellen.

Der Indianer lacht. „Nein, dein Opa ist nicht böse. Viele Menschen haben Kriege und schlimme Zeiten erlebt und die Angst von damals nicht vergessen können. Und manchmal ist dann der ‚böse' Wolf stärker und sie tun Dinge, die nicht gut sind."

„Du weißt von den Bärenfallen?" Davids Augen weiten sich.

Hopi blinzelt, schelmisch grinsend in die Sonne. „Kleiner Kwahu, ich höre das Gras wachsen und den Flügelschlag der Bienen und Schmetterlinge! Das Klagen deines Großvaters und die Worte, die er an deine Großmama richtet, sind wie das herabfallende Geröll eines Berghanges. Es kann meinen Ohren nicht entgehen."

Nun ist Hannah ganz aufgeregt: „Dann weißt du, dass der Opa Bärenfallen ausgelegt hat, weil er denkt, du …"

Hopi unterbricht das Mädchen lachend. „Natürlich weiß ich das, und ich bedaure es sehr, dass euer Opa so misstrauisch gegenüber fremden Kulturen ist. Es sind weniger *seine* Erfahrungen, die er gemacht, sondern vielmehr die Lehrer seiner Zeit gewesen, die *ihre* Erfahrungen und Ansichten wiederum an die Menschen weitergegeben haben. Alles wird vom Geist des Menschen in seinen Erinnerungen gespeichert, aber das ist eine andere Reise …"

Der Indianer nimmt ein Stück des Kuchens und isst ihn, bedächtig kauend. Nachdem er einen Schluck Tee getrunken hat, fährt er fort: „Schon seit Tausenden von Jahren werden Kriege geführt, weil die Menschen glauben, dass einige Nationen und Völker weniger wert sind. Aber Menschen sind nicht besser, weil sie weiß oder rot, klein oder groß sind. Jeder Mensch ist ein Teil der Schöpfung und wenn wir geboren werden, sind wir alle gleich. Denkt an ‚Mampapa'! Alle Menschen rüsten sich dort fürs Leben, egal welche Hautfarbe sie haben. Die Gedanken und die daraus entstehenden Taten machen uns zu einem guten oder zu einem schlechten Menschen, nicht die Hautfarbe."

„Das lernen wir auch in Religion", sagt Hannah. „Ich empfinde gar keinen Unterschied zwischen mir und Betty."

„Das ist nur ganz natürlich, denn es gibt keinen", lächelt Hopi.

David ruft plötzlich: „Ich hab's! Der Opa hat schlechte Wellen losgeschickt, weil er die Fallen aufgestellt hat, und dann hat er wie bei einem Sender das zurückbekommen, was er ausgesendet hat. Nur deshalb ist er in seine eigene Falle gelatscht!"

Die Angst

Der Indianer lacht. „Ja, so in etwa. Angst, Zweifel oder Misstrauen, all das sind Gefühle, die aus unserem Inneren herauskommen. Man sagt auch, ‚Die Angst schnürt einem die Kehle zu' oder ‚Vor Angst verkrampft sich der Magen'. Wenn ihr einmal genau nachdenkt, dann wisst ihr, dass alle Gefühle aus euch herauskommen. Es gibt keine Angst, die aus kalten Mauern kommt oder in der Ecke lauert, sondern es sind die *Dinge*, die euch Angst machen. Die Dinge sind aber *außen*, wie ein Tiger, der mit seinen Zähnen fletscht oder ein Mann mit einer dunklen Kapuze. Wenn Angst entsteht, dann im *Inneren* eines Menschen, weil er im Außen etwas sieht oder erlebt, was die Angst durch unsere Bilder im *Inneren* entstehen lässt.

Auch Misstrauen ist ein Gefühl, dass im Inneren entsteht. Wenn ein Mensch in seinem Leben von anderen angelogen oder schlecht behandelt wurde, dann geschehen diese Dinge im Außen. Er wird, solange er misstrauisch ist, immer wieder Menschen kennenlernen, die ihn belügen und das hat zur Folge, dass er noch misstrauischer wird.

Er muss lernen, neu vertrauen zu können und die alten Erfahrungen abzulegen. Denn wie ihr wisst …"

„Das, was wir ausstrahlen, bekommen wir zurück!", rufen Hannah und David wie aus einem Munde.

Hopi strahlt die Kinder an und spricht weiter. „Es ist also so, dass Gefühle immer im Inneren eines Menschen entstehen. Misstrauen ist genauso wie die Angst ein Gefühl, das der Mensch selbst erschafft. Es gibt die Angst nicht wirklich und auch das Misstrauen nicht. Man kann sie nicht anfassen und noch niemand hat sie je gesehen. Man kann sie nur fühlen."

Es gibt die Angst nicht wirklich. Niemand hat sie je gesehen.
Keiner weiß, wie sie aussieht.
Angst ist ein „Gefühl", das der Mensch selbst erschafft.

„Ein Beweis dafür ist folgendes Beispiel: Wenn ihr im Dunkeln durch eine Straße geht, habt ihr vielleicht Angst. Ein erwachsener Mann, der durch die gleiche Straße geht, hat keine Angst im Dunkeln. Also ist die Angst nicht da, sondern sie entsteht in eurem Geist, denn nicht jeder hat Angst vor den gleichen Dingen!" Genauso ist das mit guten Gefühlen, der Freude zum Beispiel! Nicht jeder freut sich gleichzeitig über die gleichen Erlebnisse.

Hopi schaut Hannah an. „Als du in der Schule so toll geworfen hast, da warst du voll des Gefühls der Freude. Die Freude war aber nicht auf dem Platz, sondern in dir. Andere Mädchen, die zugeschaut haben, haben sich nicht in gleicher Weise über deinen Wurf gefreut wie du.

Daran seht ihr, dass Gefühle immer in den Menschen entstehen. Niemals gibt es sie wirklich in der Welt des Anfassens, so wie einen Baum oder ein Haus. Bei Betty war es etwas anderes. Sie hat sich als deine Freundin mit dir gefreut. Du hast Freude an Betty ausgesendet, sie dadurch geteilt. Betty hat sich auch gefreut und so ist die Freude doppelt so groß geworden. Die Dinge in unserem Inneren vermehren sich, wenn man sie teilt. Freude, Liebe, aber auch Traurigkeit und Angst können die Menschen in eurer Umgebung zu den gleichen Gefühlen bewegen. Damit verdoppelt sich das Gefühl!

In der Welt der Gegenstände verdoppelt sich nichts, wenn man es teilt!"

Im Inneren des Menschen schaffen Bilder Gefühle.
Sie sind nicht sichtbar und doch kann der Mensch sie weitergeben.
Auf unsichtbare Weise kommen sie dann bei anderen Menschen an.

Hannah und David sitzen schweigend auf dem Boden und kauen an ihrem Kuchen. Fragend schauen sie den alten Indianer an.

„Das Gute ist jedoch, ihr habt die freie Wahl, Gefühle eines anderen anzunehmen oder nicht. Wenn jemand ziemlich wütend ist, dann kommt die Wut aus diesem Menschen heraus. Es ist *seine* Wut und nicht eure. Deshalb könnt ihr entscheiden, ob ihr sie annehmen wollt oder nicht."

„Aber wenn ich zum Beispiel im Haus alles schmutzig gemacht habe und Mama ist wütend auf mich, was dann?"

Lächelnd erhebt sich der weise Mann, kramt einen alten Lappen aus seinem Korb heraus und antwortet: „Nun, dann sollte deine Mutter dir den hier geben und dich bitten, das alles jetzt wieder in Ordnung zu bringen! Wenn sie sich jedoch entscheidet, lieber wütend zu sein und den Schmutz selbst wegzumachen, ist auch das ihre eigene Entscheidung, aber die Wut bleibt immer *ihre* Wut."

Still sitzen die Kinder da und denken nach. „Ab jetzt mache ich den Schmutz immer gleich weg", entscheidet David. Dann denkt er wieder an seinen Großvater, der so oft wütend ist und alle Leute ärgert. Oft sagt er Dinge, die gar nicht stimmen, wenn er über andere Menschen spricht.

„Wovor hat Opa denn Angst?", fragt David nun, denn wenn man Bärenfallen auslegt, muss man Angst vor etwas haben.

„Dein Opa ist schon ein älterer Mann und hat viele Monde gesehen", beginnt Hopi. „Er ist misstrauisch allem gegenüber, was er nicht kennt. Das Misstrauen wächst in *ihm*. Es ist nicht da draußen, sondern in seinem Herzen. Vielleicht hat er früher Erlebnisse gehabt, die sein Misstrauen haben wachsen lassen.

Es gab vielleicht fremde Menschen, die ihm Schaden zufügen wollten und das hat er nicht vergessen können. Also glaubt er immer noch, dass alle Menschen, die ihm fremdartig sind, ihm Böses antun wollen. Das ist so, als ob er immer den bösen Wolf in seiner Brust gefüttert hat, der Angst, Misstrauen und andere schlechte Gefühle braucht, um satt zu werden. Dann wurde dieser Wolf stark, weil er Nahrung bekam. Das Misstrauen wuchs und euer Opa glaubt nun wirklich, sich verteidigen zu müssen gegen einen friedlichen Indianer, der neben ihm wohnt. Wenn ich von heller Hautfarbe wäre wie er und regelmäßig sonntags in eure Kirche ginge, würde er mir wahrscheinlich nicht misstrauen."

Gefühle, wie Angst, Misstrauen und Neid oder Zweifel entstehen immer dann, wenn wir schlechte Erlebnisse hatten.

Wenn schlechte Gefühle in unserem Inneren wachsen, dann tun wir Dinge, die nicht gut für uns und andere sind.

Es gibt eine Weisheit, die besagt:
„Wie innen, so außen!"
Das bedeutet, dass alles, was in der Welt im Außen eines Menschen entsteht, seine Ursache in seinem Inneren hat.

„Aber Omi ist doch auch schon alt. Sie ist aber viel netter und meckert auch nicht über alles." Hannah schaut Hopi fragend an. „Nicht alle alten Leute sind so wie Opa!"
Der weise Mann wird nun ganz ernst und raunt den Kindern leise flüsternd zu: „Euer Opa hat keinen Frieden mit sich geschlossen. Er weiß nicht, wie man Frieden schließt mit den Dingen, die im Laufe des Lebens nicht so laufen, wie man es gerne möchte."
„Und wie macht man das?", fragt David.
„Nun, da gibt es viele Möglichkeiten", antwortet der alte Indianer, „eine davon haben wir von unseren Reisen schon mitgebracht."
Hopi dreht sich um und holt aus seinem Korb den Zettel, den er vor ein paar Tagen gemalt hat. „Das ist, wie ihr wisst, ein Dankbarkeitszettel. Wenn euer Großvater sich Dankbarkeitszettel machen würde, und er könnte viele machen, denn er hat etliche Monde gesehen, dann würde sein Misstrauen schon ein wenig kleiner werden."
„Wie soll das gehen?" Hannah denkt an ihren Großvater, der so etwas bestimmt für dummes Zeug hält.
„Nun, wenn euer Opa alles aufschreibt, wofür er dankbar ist, dann fühlt er sich glücklich und kann das Leben besser genießen. Es kehrt Frieden in ihm ein."
Der Indianer nimmt einen Stoß Zettel aus dem Korb, in dem, so vermutet David, eine ganze Menge wundersame Dinge verborgen sind. Mit der anderen Hand greift er bunte Stifte heraus und strahlt die Kinder an.
„Ich habe eine gute Idee!", ruft er. „Wir helfen eurem Großvater, dankbar zu sein und schauen was passiert!"

Im Nu verteilt er die bunten Papierzettel an die Kinder und reicht ihnen die Stifte. Fragend schauen die beiden den Indianer an, der von seiner Idee ganz begeistert ist. „Was haltet ihr davon, wenn ihr auf diese Zettel etwas malt, was der Opa gern hat? Ihr bringt ihm diese Zettel mit in euer Haus der Genesung und zeigt sie ihm. Erzählt ihm, was ihr gemalt habt. Er wird stolz sein auf das, was er sieht und voller Freude. Wenn er sich mit Dingen der Freude und des Glücks beschäftigt, hat er keine Zeit, um über nicht so schöne Erlebnisse nachzudenken. Er wird sich bald immer besser fühlen. Dann wird er freundlicher und sendet diese Energien ins Universum und bekommt mehr davon zurück. Es wird ganz bestimmt funktionieren!"

Haus der Genesung

„Haus der Genesung!?" David muss kichern. „Wo ist das denn? Opa liegt in einem Krankenhaus!"

„Es ist weise und wichtig im Leben immer die richtigen Worte zu finden", sagt Hopi und fährt fort: „Die ‚modernen Menschen' glauben, dass sie schlauer und intelligenter sind als die Menschen, die mit der Natur leben. Für sie ist der sogenannte ‚Fortschritt', Autos zu besitzen und Bildschirme, die an den Wänden kleben, Steuern zu bezahlen und Nachrichten zu hören aus Ländern, die sie nicht kennen und in die sie niemals reisen werden. Die Worte, die sie benutzen und in die Welt rufen sind oftmals töricht und zerstörerisch. Das ist nicht Weisheit und auch kein Fortschritt!"

„Was ist falsch an ‚Krankenhaus'?" Hannah findet das Wort völlig in Ordnung, denn dort liegen nun mal kranke Menschen.

Hopi lächelt: „Ein ‚Kranken-Haus' ist ein Haus voller kranker Menschen. Ein ‚Haus der Genesung' ist ein Haus, in dem Menschen ‚genesen', also gesund werden. Das ist der Unterschied. Es sollte nur ‚Häuser der Genesung' geben!"

Hannah wundert sich wieder einmal, wie viel Aufmerksamkeit Hopi den eigentlich für sie unbedeutenden Dingen widmet. Doch jetzt hat auch für das Mädchen das Wort „Krankenhaus" eine schlechte Bedeutung. Und wie viel besser hört sich „Haus der Genesung!" an? Hannah ist ganz sicher, dass Menschen, die krank sind, sich besser fühlen würden, wenn man sagt, sie gehen jetzt ins „Haus der Genesung" und nicht das furchtbare Wort „Krankenhaus" benutzen würde.

„Ich erkläre euch jetzt, woran es liegt, dass das Wort ‚Haus der Genesung' die Menschen schneller gesund macht, als das Wort ‚Krankenhaus'", sagt der weise Mann. Er steht auf, leichtfüßig wie gewohnt, und geht mit federnden Schritten in seine Hütte. Als er herauskommt, hat er das Waffeleisen in der einen Hand und hält mit der anderen wieder das Kabel ausgestreckt von sich. Hannah und David grinsen sich an. Noch nie haben sie so einen weisen, aber auch merkwürdigen Mann kennengelernt.

„Was machst du mit dem Waffeleisen, Hopi?", will Hannah wissen.

„Pfanne mit heißen Zähnen ist ein Teil eines sehr wichtigen Experiments auf unserer großen Reise", erklärt Hopi und setzt sich wieder zu den Kindern an den großen, flachen Stein. Er nimmt das Eisen und stellt es mitten auf den Stein ab. Gebannt schauen die Kinder das alte Waffeleisen an, das durch die Hilfe ihrer Mutter wieder zu neuem Glanz erstrahlt ist.

„Und was jetzt?", fragt David interessiert.

Der weise Mann breitet die Arme aus und eröffnet den Kindern: „Das Experiment beginnt! Ich bitte euch jetzt, eure Augen ganz fest zu schließen!"

David und Hannah kneifen die Augen zusammen und warten gespannt, was der Indianer jetzt wohl vorhat.

„Und nun", verkündet Hopi, „denkt bitte jetzt *nicht* an die Pfanne mit heißen Zähnen auf dem Stein!"

Verdutzt öffnet Hannah die Augen. „Wieso sagst du dann etwas von der Pfanne? Ich habe erst an sie gedacht und sie vor meinen Augen gesehen, als du sagtest, ich soll nicht daran denken!"

„Bei mir war das auch so", stimmt David ihr zu.

„Ich habe aber doch gesagt, ihr sollt *nicht* daran denken!" Hopi spielt den Fassungslosen.

„Trotzdem musste ich an sie denken und sehe sie in meinem Geist." Hannah ist ganz unsicher geworden. Sie weiß nicht, was sie davon halten soll. „Ist schon komisch", überlegt sie.

Hopi strahlt und reibt sich die Hände. „Experiment gelungen!", jubelt der Indianer, „Kuwanyauma und Kwahu, ihr wart fabelhaft!"

Fragend schauen die Kinder den weisen Mann an.

Hopi schlägt erneut vor. „Hannah, versuch es noch einmal! Denk jetzt *nicht* an deinen Bruder David!"

„Das ist verrückt, Hopi!", ruft Hannah. „Sobald du sagst, woran ich *nicht* denken soll, sehe ich genau das in meinem Kopf!"

„Okay, wir machen einen dritten Versuch und nehmen jetzt etwas, das nicht hier in der Nähe ist. Dann könnt ihr es gar nicht sehen. Das sollte ganz sicher klappen!" Der Indianer bittet die Kinder erneut, die Augen zu schließen.

„Augen fest zu!", ruft Hopi. „Und jetzt denkt *nicht* an Davids Aquarium!"

„Das nützt alles nichts", Hannah ist erstaunt. „Ich sehe das Aquarium vor mir, auch wenn es nicht hier ist und obwohl du sagst, ich soll nicht daran denken!"

David nickt. „Ich habe es auch gesehen."

„Woran liegt das, Hopi?", fragt Hannah.

„Das liegt daran, weil euer Geist die Worte in Bilder umwandelt. Der Geist hat kein Bild für Worte wie ‚nicht', ‚kein' oder ‚nie'! Euer Geist reagiert immer auf Worte, die für ihn Bilder ergeben. Ihr könnt es tausend Mal versuchen, es wird euch nicht gelingen, etwas *nicht* zu sehen, wenn ihr das Wort für diesen Gegenstand hört! Nun ein vierter Versuch!", ruft der Indianer und die Kinder schließen automatisch die Augen.

„Wollen wir doch mal sehen, ob wir den Geist nicht überlisten können!", grinst der weise Mann und bittet die Kinder: „Denkt jetzt mal nicht an Guamaniata!"

„Häh?", fragen die Kinder gleichzeitig und öffnen die Augen.

„Ja nun", lacht Hopi, „was habt ihr gesehen?"

„Nix habe ich gesehen", ruft David. „Was ist denn ein ‚Guammiata'?"

Hopi springt auf und klatscht in die Hände. „Wieder ist das Experiment perfekt gelungen. Ihr konntet kein passendes Bild finden, weil euer Geist dazu keines findet, da ihr das Wort gar nicht kennt. Der Geist sieht aber nur in Bildern!"

Hopi reicht den Kindern Kräuterbonbons und fährt fort: „Euer Geist erkennt weder das Wort ‚nicht' noch ‚keine' in ganzen Sätzen, die ihr sagt, weil diese Worte keine

Bilder in euch erzeugen. Ich gebe euch ein Beispiel: Hannah, du möchtest immer rechtzeitig zur Schule kommen, stimmt's?"

„Ja, klar, sonst bekomme ich Ärger!"

„Okay!", antwortet Hopi, „wenn du nun sagst: Ich möchte *nicht* zu spät kommen! Was siehst du dann in deinem Geist?"

Hannah überlegt nicht lange: „Ich sehe dann, wie alle schon in der Klasse sitzen und ich leise an die Tür klopfen muss! Und das will ich nicht."

„Du willst *nicht* zu spät kommen und in deinen Gedanken kommst du zu spät!" Der Indianer schüttelt den Kopf. „Und wie fühlst du dich dabei?"

„Allein der Gedanke daran bereitet mir ein mulmiges Gefühl im Magen", gibt Hannah zu.

„Und jetzt kommt es! Wie ihr wisst, erschaffen wir mit unseren Gedankenbildern unsere Welt. Ein Gedanke allein ist wie eine kleine Kerze unter einem großen Topf Wasser. Wenn du nun immer wieder Angst hast, zu spät zu kommen und diesen Satz ‚Ich will nicht zu spät kommen' ganz oft sagst und dir das ‚Zuspätkommen' dabei auch vorstellst, dann wird dir genau das passieren, weil du es mit deinen Bildern im Kopf erschaffst."

Ich will nicht zu spät kommen!   *Ich will pünktlich sein!*

*Beides meint das Gleiche,
doch es entstehen genau gegenteilige Bilder in deinem Kopf!!*

Hannahs Augen weiten sich. So hat sie das noch nie gesehen.

„Und was sagt deine Seele dazu?", fragt der Indianer und fährt fort. „Du fühlst dich schlecht, wenn du daran denkst, zu spät zu kommen, nicht wahr? Deine Seele zeigt dir das mit einem ‚mulmigen' Gefühl, denn dein Geist unterscheidet nicht, ob du etwas wirklich erlebst oder es dir nur vorstellst! Du fühlst dich so, als ob du wirklich zu spät kommst und du siehst es in deinen Gedanken, verbunden mit einem Gefühl! Das ist eine Bauanleitung für ein Erlebnis!"

David hat eine Idee. „‚Nicht' und ‚kein' vergessen!", sagt er und grinst.

„Eigentlich ist es einfach", meint Hopi. „Die Menschen erreichen so wenig in ihrem Leben, weil sie sich immer nur denken, was sie alles *nicht* wollen, anstatt zu sagen, was sie denn möchten!"

Das Universum reagiert auf die Bilder in unserem Kopf.
Die Worte „kein" und „nicht" machen keine Bilder.

„Wir überlegen uns jetzt einmal, wie man die Worte ‚nicht' und ‚kein' ersetzen kann", schlägt der weise Mann vor. „Wir können anstatt ‚Ich will nicht zu spät kommen' sagen ‚Ich will pünktlich sein!' Was siehst du bei dem Satz in deinem Geist?"

Hannah überlegt kurz und sagt: „Ich sehe, wie ich rechtzeitig in der Klasse bin und mich hinsetze!"

„Und dein Gefühl? Wie ist das dabei?"

Hannah lacht. „Das ist super, Hopi, und ich glaube, du bist ein Zauberer! Niemand weiß so viel wie du, und niemand erklärt uns so etwas Wichtiges!"

Der alte Indianer lächelt. „Zauberer sind wir alle", sagt er. „Doch die meisten Menschen haben den Glauben daran verloren. Sie müssen ihn nur wiederfinden! Für alles gibt es eine Bauanleitung!"

Schweigend genießen die drei ihren Tee.

David sitzt ganz still da und denkt nach. „Ich will keinen Streit mit Phillip", sagt er nun und stutzt. „Aber da ist ja ‚kein' drin!"

„Dann sagst du besser: ‚Ich will eine gute Freundschaft mit Phillip'", schlägt der Indianer vor. „Das ist vom Inhalt her das Gleiche, aber bei dem ersten Satz stellst du dir Streit vor und siehst ihn immer wieder in deinem Geist. Beim zweiten Satz siehst du Freundschaft in deinen Gedanken und fühlst dich wohl. Was du immer wieder in deinem Geist siehst, wirst du erschaffen. Das ist ein Naturgesetz."

Hannah fällt plötzlich etwas ein: „Ich kann nicht gut Mathe. Wenn ich nun einfach sage, ‚Ich kann gut Mathe', weiß ich doch genau, dass das falsch ist. Ich lüge mich dann selbst an und fühle mich unwohl."

„Ja, das stimmt, dann sage einfach: ‚Es ist toll, gut in Mathe zu sein', das glaubst du bestimmt. Dann stelle dir vor, wie es ist, gut in Mathe zu sein. Es gibt bestimmt jemanden in deiner Klasse, der in Mathe ein Ass ist. Versuche dir vorzustellen, wie er sich fühlt, wenn er an Mathematik denkt, dann geht es dir gleich besser. Du weißt, dass dein Gefühl nicht unterscheidet, ob du etwas wirklich erlebst oder es dir vorstellst oder ob du dir vorstellst, wie ein anderer es erlebt. Wenn man jemanden sieht, dem es schlecht geht, dann fühlt man ja auch mit ihm den Schmerz. Das liegt daran, dass alles in Form von Energie miteinander verbunden ist. Auch das ist eine interessante Reise, die wir noch antreten werden …"

„Ich glaub', das funktioniert", überlegt Hannah.

„Ich kann nicht gut Mathe." ☹

„Es ist toll, gut Mathe zu können." ☺

„Jetzt wisst ihr auch, warum das Wort ‚Krankenhaus' so ein schlechtes Wort ist", erklärt Hopi. „Bei dem Wort stellt man sich kranke Menschen vor und dann soll man gesund werden? Das ist keine gute Idee. Sagt ihr aber ‚Haus der Genesung', dann seht ihr im Geiste Menschen, die gesund werden, und das ist eine gute Vorstellung im Kopf. Man wird viel schneller gesund, wenn man hat ein gutes Gefühl hat."

Hopi dreht sich um und holt aus seinem Korb weitere Stifte und einen dicken Würfel bunter Papierblätter.

„So", sagt er, „und jetzt helfen wir eurem Opa zu genesen."

Ein neuer Freund

Die Kinder nehmen sich die Zettelchen und beginnen zu malen.
„Ich male die Oma!", ruft Hannah und zeichnet das Gesicht der Großmutter und ein dickes Herz auf den Zettel.
David überlegt und dann fällt auch ihm eine gute Sache ein. „Opa isst gern ein Eis und er mag seine Pfeife!" Der Junge nimmt ein kleines, buntes Blatt und legt los.
Hopi erklärt den Kindern: „Wenn man immer nur an das denkt, was man nicht hat oder an die unangenehmen Dinge, die einmal passiert sind, dann kann man sich nicht freuen, denn man erschafft diese Dinge immer wieder neu. Und dann …", der Indianer zieht einen Kreis am Himmel, „schickt man schlechte Wellen ins Universum und bekommt schlechte Dinge zurück!"
„Und die Bilder helfen dem Opa?", fragt David, während er eifrig eine Pfeife und Tabak auf ein Blatt malt.
„Es ist immer das Gleiche", erwidert der weise Mann. „Wenn euer Opa die schönen Dinge sieht, die er hat, dann stellt er sich diese als Bilder in seinen Gedanken vor und freut sich darüber. Bilder verbunden mit einem Gefühl erschaffen unsere Welt! Eurem Großvater wird es dann viel besser gehen, denn er schickt gute Wellen ins Universum und bekommt schöne Erlebnisse zurück. Er ‚funkt' dann zum ‚Satelliten' der Freude. Wir ziehen im Leben das zu uns hin, woran wir oft denken."

Wir ziehen das in unser Leben, woran wir oft denken.

Nachdem Hannah und David die schönen, bunten Bilder fertig haben, legt das Mädchen sie in einen Briefumschlag, den Hopi aus seinem Korb holt und steckt ihn in ihre Tasche.
Die Sonne scheint vom warmen Frühsommerhimmel herab. Hopi legt seinen Kopf zur Seite und horcht. Außer dem Zwitschern einiger Spatzen, die aufgeregt in der alten Eiche herumfliegen, hören Hannah und David nur noch einen Traktor, der in einiger Entfernung auf einem Feld seine regelmäßigen Bahnen zieht.
„Hörst du den Vögeln zu?", fragt David und grinst Hannah verstohlen an.
Hopi wendet seine Aufmerksamkeit dem Eingangstor seines Gartens zu.

„Den Spatzen?", fragt er. „Nein, die streiten sich schon eine Weile um ein Nest. Ich glaube, wir bekommen Besuch. Er kommt den Kiesweg entlang. Es sind zwei Menschen, ein mittelgroßer und ein leichter, wahrscheinlich eine Frau und … ein Kind, vielleicht so alt wie David."

Der Blick der Kinder geht zu dem geschwungenen Metallgatter, das Hopi so liebevoll gestaltet hat. Erst fand die Großmutter es ja klasse, dass der „Fremde" sein Tor endlich gestrichen hat, aber als der Anstrich fertig war, lief der Großvater nur kopfschüttelnd von einem Nachbarn zur anderen. Der „Eingeborene", so nennt ihn der Opa oft, hatte doch tatsächlich sein Tor in mindestens fünf bunten Farben gestrichen. Einen ganzen Nachmittag wurde hinter Zäunen und an Türen getuschelt und die Köpfe geschüttelt. Der Indianer saß indessen in seinem Garten und freute sich an seinem Kunstwerk. Und so nannte es auch Herr Fischer, als er das Gartentor sah – ein Kunstwerk!

Und Opa findet das alles „höööchst verdächtig!"

Nun hören auch David und Hannah die Schritte, die den Kiesweg entlangkommen. Ein kleiner Junge, so alt wie David, rotgesichtig und pausbäckig, steht am Gartentor. Hinter ihm taucht eine schmächtige Frau mit ernstem Gesicht auf. Sie sieht sehr jung aus, aber auch zerbrechlich und traurig. Zögernd bleibt sie hinter dem Jungen stehen.

„Das ist Phillip!", ruft David. „Den hab' ich ja ganz vergessen! Er hat mich gefragt, ob er heute Nachmittag kommen kann und ich hab ‚ja' gesagt!"

„Ich glaube, dann fehlt uns noch eine Tasse Tee. Hannah, magst du mein Heim betreten und für unseren Gast einen Becher holen?", fragt Hopi und erhebt sich, wie immer mühelos, aus dem Schneidersitz.

„Ja klar", Hannah freut sich, dass sie ganz allein das Reich des Indianers betreten darf. Sie läuft den Weg hinauf und öffnet die knarrende Tür zur Hütte. Innen ist es warm und behaglich. Auf einem Regal in der Kochnische findet sie eine große blaue Tasse und nimmt sie an sich. Als sie gerade den Raum wieder verlassen will, fällt ihr Blick auf die merkwürdigen Figuren, die Kachina, die in einer dunklen Ecke der Hütte auf einem Regal stehen.

Hannah stellt die Tasse auf den Tisch und schleicht sich vorsichtig zu dem Holzbrett. Sie hat das Gefühl, die Blicke der Kachina folgen ihr, als sie um den Tisch herumgeht. Aus der Nähe betrachtet, sind sie zusammengesetzt aus Stoffresten, Perlen, Federn, Holz und Muscheln.

„Ihr seid nur gebastelte Puppen", denkt sie und fühlt sich wieder wohler. Vorsichtig nimmt sie eine Kachina vom Regal. Das Gesicht der Figur ähnelt einer Eule. Sie ist bekleidet mit einer blauroten Jacke und trägt einen Holzstock über der Schulter. Die Figur ist schwerer als Hannah dachte. Sie hat das Gefühl, dass sie Wärme ausstrahlt. „Das kommt von der Heizung", denkt sie und stellt die Figur wieder auf ihren Platz zurück. Nun schauen die stecknadelkopfgroßen Augen sie wieder an, als ob doch Leben in ihr wäre.

Hannah geht schnell um den Tisch herum, greift sich die Tasse und wirft einen letzten Blick auf die eigenartigen Figuren. Eine Heizung gibt es unter dem Regal nicht.

Das Mädchen verlässt die Hütte und läuft zu der Steinplatte, an der sich mittlerweile auch Phillip niedergesetzt hat.

„Hallo Phillip", begrüßt sie den Jungen und schenkt ihm eine Tasse Tee ein.

„Wie ich sehe, hast du in meinem Heim gefunden, was du suchtest." Hopi zwinkert Hannah fröhlich zu. In seinem Blick ist noch etwas anderes, etwas Wissendes.

Das Mädchen errötet leicht. „Du weißt, dass ich die Kachina angeschaut habe?" Fragend blickt Hannah zu dem alten Mann, der wohl niemals böse sein kann.

„Ich spüre, dass dich etwas beschäftigt", erklärt Hopi. „Und wenn du aus meinem Heim herauskommst und deine Gedanken noch in der Hütte sind, so fällt mir das auf." Er lächelt Hannah an.

„Irgendwie sind die unheimlich", sagt sie nur, denn dass sie eine aus dem Regal genommen hat, ohne Hopi zu fragen, findet sie nun doch sehr peinlich.

„Unheimlich sind nur die Dinge, die uns fremd sind", erklärt Hopi. „Das Wort sagt es ja bereits ‚unheimlich' bedeutet so viel wie ‚nicht in unserem Heim bekannt'!"

Hannah fällt wieder einmal auf, wie wichtig es ist, über Worte nachzudenken. Um von den Figuren abzulenken, fragt sie Phillip, der neben Hopi auf dem Boden sitzt, ob das am Zaun seine Mutter war.

„Ja, das war meine Mama." Phillip bekommt einen knallroten Kopf, röter noch als er normal schon ist, als Hannah ihn anspricht. „David hat mir gesagt, ich könnte kommen, wenn ich möchte. Ich wusste aber nicht, wo er wohnt. Meine Mama wusste das und auch, wo dein Opa wohnt. Sie hat ihm mal Bücher gebracht."

Hannah tut der Junge leid, wie er da mit gesenktem Kopf sitzt und gibt ihm die blaue Tasse. „Hier, einen Tee für dich", sagt sie.

Sofort, als wäre es ein Befehl zu trinken, nimmt der Junge die Tasse und setzt sie an den Mund.

„Und du gehst in den selben Kindergarten wie Phillip?", fragt Hopi den Jungen.

„Nur noch einen Tag und dann haben wir Ferien. Dann geht's in die Schule. Ich kann schon ein bisschen rechnen. Meine Mom hat's mir gezeigt. Ich will ein guter Schüler werden, damit ich später auch eine gute Arbeit finde." Die letzten Worte nuschelt Phillip leise vor sich hin und wieder dreht er mit den Fingern die Ecken seines T-Shirts zu einem dicken Knoten.

„Dann kommst du bestimmt mit David gemeinsam in eine Klasse, denn ihr seid etwa gleich alt", muntert Hopi den Jungen auf.

Phillip nickt. „Das wär' schön", stößt er hervor. „Ich hab' nämlich noch nie 'nen Freund gehabt." Seine Augen flackern. „Man ist doch befreundet, wenn man sich einlädt?"

Hannah findet die Spannung fast unerträglich. „Na ja", sagt sie leichthin, „du scheinst auf jeden Fall ganz nett zu sein."

Phillip erhebt sich und kramt in seinem Rucksack. „Meine Mom hat mir Muffins mitgegeben. Wollt ihr welche?"

„Wieder so ein wundervolles Gebäck!", schwärmt Hopi, als er die braunen, duftenden Teilchen sieht. „Was haltet ihr davon, wenn wir meinen großen Korb mit all dem Krimskrams hier ausschütten und alles neu einsortieren?", fragt er die Kinder, um Phillip ein wenig aufzulockern. „Danach haben wir dann dieses wundervolle Gebäck verdient!"

„Super, Hopi!" David springt auf und läuft zu dem Korb, in dem sich so allerlei Interessantes und Verrücktes befindet. Er wollte schon immer mal in die Geheimnisse von dessen Inhalt eingeweiht werden.

„Nimm erst einmal vorsichtig unser Reisegefährt heraus und bringe es in mein Haus, da ist es sicher!", sagt Hopi zu David, der schon mit beiden Armen in dem Korb herumwühlt.

Der Junge nimmt das rote Tuch, in dem die Glühbirne eingehüllt ist und trägt es zur Hütte.

Hannah und Phillip schauen interessiert in den Korb. Bunte Federn, Glasperlen, Muscheln, Stoffreste und allerlei interessante Steine kommen zum Vorschein.

„Am besten ist es, wir legen alles, was zusammenpasst, zu kleinen Häufchen auf den Boden", schlägt Hannah vor.

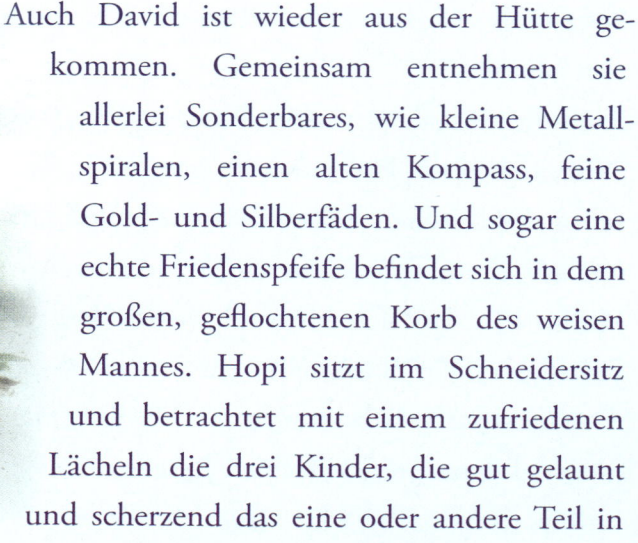

Auch David ist wieder aus der Hütte gekommen. Gemeinsam entnehmen sie allerlei Sonderbares, wie kleine Metallspiralen, einen alten Kompass, feine Gold- und Silberfäden. Und sogar eine echte Friedenspfeife befindet sich in dem großen, geflochtenen Korb des weisen Mannes. Hopi sitzt im Schneidersitz und betrachtet mit einem zufriedenen Lächeln die drei Kinder, die gut gelaunt und scherzend das eine oder andere Teil in die Luft halten. Hannah hat gerade einen alten Kinderschnuller entdeckt.

„Wo hast du den denn her, Hopi?"

„Oh", erklärt der weise Mann, „das ist ein ‚Friedenmacher' für kleine Menschenkinder. Man sieht sie bei euch sehr viel. Die kleinen Menschenkinder saugen daran. Dieser hier lag auf dem Weg vor meinem Tor. Vielleicht können wir den Ring gebrauchen, der daran hängt."

Allgemeines Gelächter der Kinder ist die Antwort auf Hopis verrückte Ideen. Hannah, David und Phillip, der Junge, der vor einer Stunde noch traurig und einsam war, lachen und toben miteinander wie alte Freunde.

Die Zeit vergeht wie im Fluge. Glücklich und zufrieden sitzen die Kinder vor vielen Stapeln, die nun ordentlich in den Korb gelegt werden.

Bei einer Tasse Tee und leckeren Muffins überlegen sie gemeinsam, was wohl das verrückteste Teil in Hopis Korb war. Absoluter Favorit ist und bleibt der ausgelutschte Kinderschnuller.

Ganz ohne Arbeit

Phillip wird auf einmal ganz still und plötzlich rutscht es aus ihm heraus. „Gehst du eigentlich nicht arbeiten?", fragt er den alten Indianer. „Wovon kaufst du alles, was du brauchst?"

Hopi hebt den Kopf und schaut den Jungen mit klaren Augen an. „Weißt du, Phillip, bei uns in Oraibi gibt es so etwas wie Geld nicht. Das, was wir zum Leben brauchen, stellen wir selbst her und alles andere tauschen wir. Nicht derjenige ist am glücklichsten, der am meisten hat, sondern derjenige, der am wenigsten braucht."

Hannah und David grinsen sich verstohlen an. Hopis schlaue Sätze …!

„Aber man muss doch Miete zahlen und das Auto und den Strom und alles …!" Wie ein Wasserfall zählt Phillip auf, was alles bezahlt werden muss.

„Ja, du hast recht", antwortet Hopi. „Bei euch in der zivilisierten Welt, wie ihr sie nennt, ist das so. Es ist schon merkwürdig, ihr Menschen nennt euch ‚die Krone der Schöpfung' und könnt ohne Geld nicht leben. Jedes Tier in der Natur hat in seinem Lebensbereich alles, was es braucht, ganz ohne Geld." Hopi dreht sich um und zeigt auf die Vögel im Baum. „Sie leben ein wundervolles Leben, sind gesund und kräftig. Keiner von ihnen muss hungern. Ist das nicht wundervoll?"

Dann wendet er sich den Kindern zu und lacht schelmisch. „Geld", sagt er, „ist ein verrücktes Ding, denn wenn du es teilst, wird es weniger. Wenn du es ganz weggibst, hast du es nicht mehr. Zu was soll das gut sein? Liebe und Freude, wenn du diese teilst, werden sie mehr und je mehr du davon weggibst, desto mehr bekommst du selbst davon. Das ist wirklicher Reichtum."

Wahrer Reichtum besteht aus den Dingen, die mehr werden,
wenn man sie teilt …
Liebe,
Freude …

Hannah kennt das schon. Hopi sagt oft sehr eigenartige Sachen, die sie so noch nie gehört hat und sie stimmen irgendwie immer.

„Aber wenn du Mehl und Eier brauchst, um einen Kuchen oder ein Brot zu backen, dann musst du das doch kaufen!" Phillip will das jetzt ganz genau wissen.

„Ja, das stimmt, Phillip", bestätigt Hopi, „so lange ich hier bei euch bin, muss ich das kaufen."

„Also brauchst du doch Geld!", ruft Phillip.

„Ich helfe den Menschen bei ihrer Arbeit und dafür geben sie mir, was ich brauche. Heute Morgen war ich auf dem Markt und habe einem Gemüsehändler geholfen, seinen Stand aufzubauen und das Gemüse aus dem Wagen zu räumen. Dafür hat er mir Kohl, einige Möhren, schöne Tomaten und Obst gegeben. In der Nähe vom Markt ist eine Tankstelle. Der Besitzer hat mir die Freude gemacht, mir zu erlauben, seinen Hof zu kehren. Ich habe das sehr gut gemacht und nun darf ich das alle zwei Tage tun. Es ist eine wundervolle Arbeit, denn es kommen viele Menschen dorthin und man hört interessante Geschichten. Dafür bekomme ich etwas von eurem Geld, denn Benzin kann ich nicht gebrauchen."

Hannah lacht. „Hast du ihm gesagt, dass du kein Benzin brauchen kannst?"

„Ja", antwortet der weise Mann, „das habe ich. Ich brauche zwar etwas Petroleum für meine Lampen, aber das ist etwas anders als Benzin."

„Er wollte dir doch bestimmt kein Benzin für deine Arbeit geben!" Hannah kommen die Tränen vor Lachen.

„Nein, das wollte er nicht. Er fand auch, dass das keine gute Idee sei und hat mir etwas von eurem Geld angeboten."

„Hopi, du bist so cool!" Hannah hat lange nicht mehr so viel Spaß gehabt.

„Mein Papa ist arbeitslos." Phillip ist erleichtert, dass er es endlich gesagt hat.

Es ist auf einmal still geworden. Hannah hat aufgehört zu lachen, und David schaut den Jungen betreten an.

„Ach was, Phillip", winkt Hopi ab, „arbeitslos ist man nie. Das würde ja bedeuten, dass es nichts zu tun gibt. Aber das stimmt ganz und gar nicht. Es gibt immer etwas, das man tun kann. Ich denke, du willst mir sagen, dass dein Vater für seine Arbeit von niemandem bezahlt wird. Das heißt aber nicht, dass er arbeitslos ist."

„Aber so nennt man das, und Papa sagt das auch. Er sagt, dass er jetzt zu nichts mehr zu gebrauchen sei, denn in seiner Firma hat man keine Arbeit für ihn."

„Aber du sagst es doch schon selbst, Phillip", beginnt Hopi, „und ich glaube, dass du schlau bist. Die *Firma* hat keine Arbeit mehr für ihn. Das heißt aber nicht, dass er zu nichts zu gebrauchen ist. So etwas zu glauben, ist wirklich keine gute Idee. Jede Tätigkeit ist wichtig. Er könnte das Mittagessen vorbereiten, wenn deine Mutter arbeiten geht. Es gibt viele Dinge, die er nun zu Hause machen kann."

Hopi schüttelt den Kopf, so dass die Federn an seinem roten Haarband hin und her tanzen. „Ihr habt verrückte Worte für Sachen, die gar nicht so sind, wie ihr sie sagt. Wenn arbeitslos bedeuten würde, für Arbeit nicht bezahlt zu werden, dann wäre jede Hausfrau und Mutter bei euch ‚arbeitslos' und alle Kinder, die Schulaufgaben machen, auch. Ihr habt wirklich eine verrückte Welt mit verrückten Worten!"

Hopi nimmt seine Panflöte und spielt leise eine seiner wundersamen Melodien. Dann wendet er sich wieder Phillip zu. „Eure Welt, in der ihr lebt, ihr nennt das Zivilisation, hat viele Annehmlichkeiten, aber das Leben selbst versteht ihr nicht.

In unseren Dörfern teilen wir die Arbeit auf. Jeder macht etwas, was er gerne tut und wir nutzen die Erträge gemeinsam, wie eine große Familie. Bei uns in Oraibi würde ein Mann, der für einen anderen arbeitet und Geld dafür erhält, als Sklave bezeichnet, denn wir wollen freie Männer sein."

Der Indianer schaut dem schüchternen Jungen direkt in die Augen. „Daran siehst du, dass nicht das eine richtig und das andere falsch ist, sondern die Menschen bewerten etwas, weil sie es nicht anders kennen. Jeder Mensch jedoch kann eine Aufgabe erfüllen und wenn er es gerne tut, dann ist er glücklich und gibt dieses Glück an andere Menschen weiter. Dein Vater kann deine Mutter glücklich machen, wenn er die Arbeit im Haus erledigt und er wird zufrieden sein, weil er eine Aufgabe hat. Ihr glaubt, in eurer Zivilisation ist es wichtig, von anderen für Arbeit bezahlt zu werden, weil ihr Geld braucht, um zu leben. Viele Menschen arbeiten ihr ganzes Leben in einem Beruf, der ihnen keinen Spaß macht, weil sie das Geld brauchen. Sie haben Geld, sind aber nicht glücklich und können kein Glück weitergeben. Das ist kein gutes Leben. Dadurch werden Menschen mit der Zeit krank."

„Aber überall sagen die Menschen, dass ein Mann ohne Arbeit weniger wert ist, auch im Fernsehen, und ich weiß, dass mein Papa deshalb auch oft traurig und dann wütend ist." Phillip ist froh, endlich einmal mit anderen darüber sprechen zu können. Hier hat er das Gefühl, sich nicht für seine Sorgen schämen zu müssen und das tut dem Jungen gut. „Papa sagt, er fällt anderen zur Last und ist zu nichts nütze."

Hopi beugt sich zu Phillip und sagt: „Jetzt erzähle ich dir eine Geschichte …"

Der gerissene Krug

Der Indianer beginnt: „Die Geschichte handelt von einer Wasserträgerin in Indien. Diese Frau geht jeden Morgen mit einem Holzstab, den sie quer über den Rücken trägt, zum Fluss, um Wasser zu holen. An beiden Seiten des Holzes hängt ein Krug. Der eine Krug ist stabil und neu, der andere aber ist schon alt und hat einen Riss. Immer wenn die Frau die Krüge am Fluss mit Wasser gefüllt hat und den beschwerlichen Weg nach Hause angetreten ist, tropft aus dem alten Krug Wasser auf den narbigen Lehmboden. Im Dorf angekommen, ist der Krug nur noch etwa halb voll.

Nachdem die Frau einige Monate immer denselben Weg zum Fluss gegangen ist, sagt eines Tages der alte Krug zur Wasserträgerin: ‚Ich fühle mich schlecht und nutzlos, weil ich immer so viel Wasser verliere, bis du im Dorf angekommen bist. Du solltest mich wegwerfen und einen neuen Krug an meiner Stelle nehmen.'

Die Frau aber antwortete: ‚Warum sollte ich das tun? Ja, du verlierst immer etwas Wasser, aber schau dir einmal den Weg an, den wir gemeinsam tagtäglich gehen. Dadurch, dass du Wasser verlierst, und zwar jeden Tag ein wenig, ist dieses in die Erde gedrungen und unseren Weg säumt jetzt ein wunderschöner Streifen bunter Blumen, die mein Herz und das Herz der Menschen im Dorf erfreuen!'"

„Das ist eine ganz tolle Geschichte, Hopi!" Hannah ist begeistert. Ihre Augen strahlen, und vor lauter Freude wuschelt sie ihrem Bruder übermutig durch seine braunen Locken.
„Hey, lass das, Han", empört sich David und tut so, als ob er entrüstet ist. „Ich bin doch kein Wuschelbär!"
„Phillip, jeder Mensch hat eine Aufgabe und ist nützlich, auch wenn die Menschen manche Sachen vielleicht nicht perfekt finden, so wie dein Papa es nicht perfekt findet, dass er keine Arbeit hat, die ihm jemand bezahlt. Der Krug war davon überzeugt, nicht perfekt zu sein, weil er Wasser verlor, aber er hat dennoch einen Nutzen gehabt. Manchmal ist der Nutzen einer Lage, in der man sich befindet, versteckt und man muss mit anderen Augen schauen, um ihn zu finden. So wie es die Wasserträgerin getan hat", erklärt Hopi dem Jungen.
Phillip ist ganz nachdenklich geworden. So betrachtet, findet er es gar nicht mehr schlimm, wenn jemand arbeitslos ist. Aber dem Papa das zu erklären, traut er sich nicht. Dennoch ist der Junge so glücklich wie lange nicht mehr. Er kann sich nicht daran erinnern, wann er das letzte Mal so viel gelacht hat und so einen schönen Nachmittag erleben konnte.

Die Zeit vergeht wie im Fluge, und die Kinder hören Frau Fischer und Frau König den Weg entlangkommen. Die beiden Frauen unterhalten sich angeregt, als sie das Gartentor des alten Indianers erreichen.
„Hallo Kinder!", ruft Frau Fischer und zu Hopi gewandt sagt sie: „Ich bin so froh, dass Sie Zeit für die beiden haben. Es gab nämlich eine Menge zu tun. Opa brauchte frische Wäsche und Oma habe ich dann gleich nach Hause gefahren!"
Hannah und David springen auf und umarmen den weisen Mann zum Abschied.
Plötzlich hat David eine Idee. „Hopi", fragt er, „willst du morgen auf mein Abschlussfest kommen? Ich fände es so cool, wenn alle meine Freunde sehen, dass ich einen so tollen Freund habe wie dich!"

Fragend schaut der alte Mann Frau Fischer an. Sie fängt seinen Blick auf und erwidert lachend: „Es wäre mir eine Ehre, Sie einladen zu dürfen, werter Herr Hopi!"

„Dann ist es beschlossen", verkündet der alte Indianer. Er verabschiedet sich von den Geschwistern und gibt auch Phillip die Hand. „Es ist schön, wieder einen neuen Freund zu haben", sagt er und zwinkert Phillip zu.

Der Junge strahlt über das ganze Gesicht und läuft zu seiner Mutter. Frau König bedankt sich für die Gastfreundschaft und die Kinder hören, wie sich Phillip aufgeregt schwatzend mit seiner Mutter vom Schrebergarten entfernt.

„Wie geht es Opa?", fragt Hannah. Auch Hopi schaut Frau Fischer interessiert an.

„Er hat die Operation gut überstanden, aber zehn Tage muss er noch im Krankenhaus bleiben", erklärt Frau Fischer.

„Haus der Genesung!", rufen beide Kinder wie aus einem Munde. Fragend schaut Frau Fischer die Kinder an.

„Wenn man ‚Krankenhaus' sagt, denkt man an ‚krank sein'", erklärt Hannah, „und wenn man ‚Haus der Genesung' sagt, denkt man an ‚genesen'. Das macht ein besseres Gefühl!"

Das Mädchen schaut Hopi an und dann ihre Mutter. Lächelnd winkt Hopi den dreien zum Abschied zu. „Worte können viel bewirken und sollten mit Bedacht gewählt werden!" Dann geht er federnden Schrittes zu seiner Hütte.

Hopis Worte machen Frau Fischer nachdenklich: „Warum sagt man eigentlich immer ‚Krankenhaus'? ‚Haus der Genesung' klingt irgendwie richtiger!"

„Ach, übrigens", ruft sie dem alten Indianer nach, „morgen Mittag um zwei Uhr? Ich kann Sie abholen!"

Der weise Mann winkt ab und antwortet freundlich lächelnd: „Ich danke Ihnen sehr, aber ich werde zu Fuß über die Felder gehen!"

Am Abend liegen die Kinder noch lange wach. Viel hat sich an diesem Tag ereignet und David und Hannah können nicht einschlafen. David freut sich auf das Abschlussfest und dass alle Kinder Hopi, den Indianer, kennenlernen. Aber ihm tut es auch leid, dass sein Großvater nicht dabei sein kann. Er ist zwar manchmal schlecht gelaunt und regt sich viel zu sehr auf, aber David findet ihn auch lustig und es wird nie langweilig mit ihm.

„Ich kann nicht schlafen." Hannah kommt mit ihrem Bär „Lord Nelson" in Davids Zimmer geschlurft. Der Junge setzt sich im Bett auf. Er freut sich, seine Schwester zu sehen.

„*Nicht?!*", ruft er lachend und schmeißt Hannah ein kleines Kissen vor die Füße. „Du sollst das Wort doch streichen!", und er ergänzt, indem er eine Grimasse zieht: „Das hat Hopi gesagt!"

Hannah nimmt das Kissen und wickelt „Lord Nelson" darin ein. Dann schlüpft sie zu ihrem Bruder ins Bett.

„Die Kachina-Puppen sind irgendwie komisch." Hannah denkt an ihr Erlebnis in Hopis Hütte.

„Wieso?", fragt David und fügt hinzu: „Ein bisschen gruselig, aber ganz schön cool."

„Die gucken einem hinterher, wenn man durch das Zimmer läuft", flüstert Hannah. „Und außerdem ist die Eule irgendwie warm."

„Du hast sie angefasst?" David findet Hannah ganz schön mutig.

„Aber nur die Eule", gibt Hannah zu, „und die war warm!"

David sieht in seinen Gedanken, wie die Eulenkachina durch Hopis Hütte fliegt.

„Vielleicht ist sie ein Hauself?", meint David und Hannah muss lachen.

„Hauselfen gibt es nur in Märchen!"

„Wieso?", fragt David. „Wenn du wirklich davon überzeugt bist, dann gibt's die vielleicht doch!"

Der Junge greift unter sein Bett und holt seine Dankbarkeitszettel hervor. Gemeinsam schauen die Geschwister die bunten Bilder an und freuen sich, dass ihr Leben so schön ist.

„Morgen male ich einen Zettel, auf dem du zu sehen bist", sagt Hannah und drückt die Hand ihres Bruders.

Und wieder einmal schlägt seine kleine Seele Purzelbäume vor Freude.

Er strahlt Hannah an und ist glücklich. Dann fällt ihm Phillip ein.

„Ich glaube, der Phillip", beginnt David nun, „ich glaube, der hat sich richtig gefreut."

„Wieso glaubst du das? Ich fand, dass der manchmal ziemlich traurig war, auch wegen seines Vaters." Hannah denkt an den dicklichen Jungen, wie er mit Tränen in den Augen dagesessen hat. „Aber du hast recht", sagt sie dann, „das war wirklich mutig von ihm zu sagen, dass sein Vater arbeitslos ist. Sicher hat er sich wohl gefühlt, sonst hätte er nicht darüber gesprochen."

„Bei Hopi geht es einem immer gut." David schaut an seine Zimmerdecke, an der nachts ganz viele Leuchtsterne ihr schwaches Licht verstreuen. „Ich freue mich auf morgen", sagt er zu Hannah. „Aber ich bin auch ein bisschen traurig. Es war schön in der „Villa" und die Grete ist auch irgendwie cool."

„Schule ist cooler", erwidert Hannah und kuschelt sich in die dicke, flauschige Bettdecke, „wirst schon sehen!"

Die Wolken am Himmel werden lichter und die scharfe Sichel des Mondes strahlt in das Kinderzimmer.
Fast könnte man meinen, er raucht gemütlich eine Pfeife und schaut verschmitzt durch das Fenster … Oder sind es feine Wolkenfetzen, die das Auge täuschen? Wer weiß …
Hannah und David jedenfalls sehen sie nicht mehr … die Pfeife, denn im Nu sind sie eingeschlafen. Und in ihren Träumen? Nun, da raucht der Mond sicherlich gemütlich eine Pfeife und Eulenkachina fliegen ihm um die Nase herum …

Das Abschlussfest in der Villa Sternenbogen

Hannah und David haben lange geschlafen und erwachen erst, als der Duft von gebratenen Frikadellen in ihre Nasen steigt.

„Hmm, Mom macht Frikkas", ruft David und springt aus dem Bett.

Hannah reibt sich die Augen. Verschlafen blinzelt sie ihren Bruder an. „Was is'n los?"

„Mein Abschlussfest!", ruft David und springt schnell in seine Jeans. Das T-Shirt noch halb über dem Kopf, verlässt er sein Zimmer und stürmt die Treppen hinunter zur Küche. „Füttere mal die Fische!", ruft er seiner Schwester hinterher.

Frau Fischer steht in der Küche und bereitet eine große Schüssel Kartoffelsalat vor. Frikadellen brutzeln in zwei Pfannen auf dem Herd.

„Na, ausgeschlafen?", fragt sie und reicht dem Jungen eine von den fertigen Fleischklößchen, die zum Abkühlen auf einem Teller liegen.

„Was muss ich da sehen, einen Frikadellendieb!" Herr Fischer ist gerade in die Küche gekommen und umfasst David von hinten. Dabei versucht er den Jungen scherzhaft daran zu hindern, den Fleischkloß in den Mund zu stecken.

Eine lustige Rangelei entsteht zwischen den beiden. Fast hätten sie dabei die Saftflaschen umgestoßen, die Frau Fischer auf den Tisch gestellt hat, damit die Kinder sie in einen Flaschenhalter sortieren und zum Auto bringen.

„Schluss jetzt!", ruft sie den beiden zu und versucht möglichst ernst dabei zu klingen, denn schließlich laufen die Vorbereitungen für das Abschlussfest auf Hochtouren. Im Grunde genommen liebt sie das lustige Treiben in ihrer Familie sehr, doch sechs Liter Apfelsaft auf dem Boden und lauter Scherben ist nicht gerade das, was sie sich jetzt wünscht.

„Okay, Ma'am!" Herr Fischer hebt seine Hand zum zackigen Gruß und grinst seine Frau an. David macht es ihm nach und so stehen die beiden in Reih und Glied vor ihr. Jetzt muss sie lachen und Wärme durchflutet ihren Körper. „Die Seele", denkt sie, „ich spüre sie ganz deutlich. Wie wundervoll das Leben sein kann!"

„Bringt schon mal die Getränke und die Chips ins Auto!", bittet sie die beiden und drückt ihnen einen Kuss auf die Stirn.

„Oho", flötet Herr Fischer, „wer kann da schon ‚nein' sagen!" Gemeinsam mit David verlässt er die Küche, und beide machen sich ans Werk.

„Ich habe von Mama gehört, dass euer Freund Hopi auch zu deiner Feier kommt." Herr Fischer nimmt die Flaschen und trägt sie zum Auto.

„Das ist cool, Papa! Dann sehen alle, dass ich die Wahrheit gesagt habe. Ich habe einen Indianer zum Freund!" David nimmt die Chips und hopst auf einem Bein zum Auto.

„Sollen wir ihn abholen? Ich würde dann zweimal fahren, weil Oma auch mitkommt", überlegt Herr Fischer. „Aber ich kann die Oma auch später abholen und erst euch …"

„Vergiss es, Papa, der Hopi setzt sich in kein Auto, wenn es nicht sein muss. Mama hat es ihm auch angeboten. Da hat er nur gegrinst und gesagt, er gehe zu Fuß über die Felder!"

„Nun, das hätte ich mir denken können!" Herr Fischer muss lachen bei dem Gedanken, wie der skurrile, alte Mann im Kindergarten für Aufsehen sorgen wird bei all den „braven" Bürgern der Gemeinde Frühlingsdorf.

Hannah kommt mit einem Korb voll Baguettebroten zum Auto. „Oma hat gerade angerufen. Eine Nachbarin hat sie mit zum ‚Haus der Genesung' genommen. Sie fragt, ob du sie erst um drei Uhr holen kannst, damit sie noch ein bisschen bei Opa bleiben kann. Der ist nämlich ganz traurig wegen der Koteletts, die er heute verpasst!"

Fragend schaut Herr Fischer seine Tochter an. „Haus der Genesung?", fragt er. „Wo ist das denn? Ist Opa verlegt worden? Davon weiß ich ja gar nichts!"

„Papa", beginnt Hannah in einem belehrenden Ton. „‚Haus der Genesung' ist das ‚Krankenhaus', aber Hopi sagt, und damit hat er recht, ‚Krankenhaus' ist ein fürchterliches Wort, denn wenn man ‚Krankenhaus' sagt, stellt man sich lauter kranke Menschen vor. Wie sollen die dann gesund werden, wenn sie das Wort immer wieder hören? Bei ‚Haus der Genesung' stellt man sich Menschen vor, die genesen."

Hannah sieht den erstaunten Blick ihres Vaters und sie sagt mit fester Stimme: „Und so ist das richtig! Ich sage das jetzt immer!"

Verblüfft schaut Herr Fischer seine Tochter an. „Da ist was dran", gibt er zu. „Also, neue Regel in ‚Fischermanns Haus': Das Wort ‚Krankenhaus' wird für alle Zeiten und kommenden Generationen abgeschafft und ersetzt durch ‚Haus der Genesung'!"

Dann wendet er sich theatralisch seiner Tochter zu und sagt mit einem nasalen Tonfall: „Schriftführerin, nehmen Sie das bitte zu Protokoll, beschlossen und verkündet!"

Hannah lacht und packt mit David und ihrem Vater die letzten Sachen für das Abschlussfest ins Auto.

Gemeinsam geht die Fahrt zum Kindergarten Villa Sternenbogen.

Schon von Weitem sieht man lange Autoschlangen rund um die blau getünchten Gebäude stehen.

„Ich fahre am besten erst einmal bis zum Eingang, damit wir alles ausladen können", schlägt Herr Fischer vor.

Die Kinder recken ihre Hälse, um in dem Gedränge aus sich unterhaltenden Erwachsenen und lärmenden, herumspringenden Kindern irgendwo Hopi zu erblicken. Aber ihr Freund ist nirgendwo zu sehen.

Hannah und David laden mit ihrer Mutter die Salate, Brote und Getränke aus und bringen sie zum großen Buffet im Vorraum des Kinderhorts.

Frau Fischer sieht sich in der großen Eingangshalle um. „Das sieht wunderschön aus!", ruft sie und ihre Blicke schweifen über die aufgehängten Tapeten, die bemalt sind mit bunten Sternen, aus denen ihr lauter lachende Kindergesichter entgegenblicken.

„Hab' ich dir doch erzählt, dass wir die gemalt haben, Mom!", erinnert David seine Mutter. „Dafür brauchte ich auch das Foto!" Der Junge läuft zur Wand und zeigt auf einen großen Stern, aus dem er lachend herausschaut. „Und das sind Lara und Kevin", ergänzt David und zeigt auf die Bilder seiner Freunde.

„Das werde ich mir nachher mit Papa alles in Ruhe ansehen", meint Frau Fischer und wendet sich einem Raum zu, über dem in roten Buchstaben auf weißen Spitzenservietten „Café" steht.

David erblickt Lara und Kevin, die gemeinsam mit ihren Eltern am Kuchenbüffet stehen.

„Hey, David", begrüßt Kevin seinen Freund, „nachher draußen an der Kletterburg?"

„Klar, aber jetzt muss ich erst noch mal zum Papa raus!", ruft David und nickt Lara zu, deren Mutter sich gerade angeregt mit Frau Fischer unterhält. David möchte unbedingt Hopi finden. „Wo ist Han eigentlich?", denkt er leicht genervt. In solchen Situationen ist er immer froh, wenn seine große Schwester bei ihm ist.

Plötzlich zupft ihn von hinten jemand am Ärmel. David dreht sich um. Es ist Hannah. Sie flüstert ihm ins Ohr: „Hopi ist da, komm schon!"

„Wir sind draußen!", ruft Hannah ihrer Mutter zu und schleust ihren Bruder durch die Menschenmenge hinaus.

Draußen auf dem Rasen neben dem Spielplatz bietet sich den Geschwistern ein unglaublicher Anblick. Ihr weiser Freund und vertrauter Spielkamerad sitzt im Schneidersitz auf dem Rasen und um ihn herum eine Schar von Kindern und Erwachsenen, die gebannt seinen Geschichten lauschen.

„Alles ist miteinander verbunden", hören die Kinder Hopi sagen. „Ohne den Wind gibt es keinen Regen und ohne die Blumen, die ihr um euch herum seht, keine Schmetterlinge."

Der alte Indianer streckt seinen Arm aus und ein blassgelber Zitronenfalter, der eben noch zwischen den Blumen des kleinen Beetes herumgeflattert ist, setzt sich auf seine Handfläche.

Die Kinder lachen und die Eltern finden, dass das eine hübsche Vorstellung ist. Als ein zweiter Zitronenfalter sich zu dem ersten auf Hopis Hand gesellt, sind die Erwachsenen ganz sicher, dass der alte Mann sie dressiert haben muss. Hopi spürt das durch die Blicke, die ihn streifen und lächelt verschmitzt.

Hannah und David nähern sich der Menschenmenge, die nun einen Kreis um den alten Mann gebildet hat. David sieht Frau Gretenkorn, die heute eine dunkelblaue Brille mit glitzernden, goldenen Sternen gewählt hat. Sie sieht ein bisschen verrückt aus, denn die weiße Bluse, die sie trägt, ist mit einer riesigen Schleife, die wie ein Propeller aussieht, um ihren dürren Hals gebunden. „Ein lebendiges Raumschiff", denkt David und grinst. Mit misstrauischem Blick mustert die Kindergärtnerin den alten Indianer, der nun schon fünf Schmetterlinge auf seiner Hand sitzen hat.

„Wie originell!", hört David eine grell geschminkte Frau mit einer dicken, goldenen Halskette rufen. Sie wendet sich an Frau Gretenkorn und flötet ihr zu: „Wo haben Sie den denn her? Kann man den buchen?"

„Was? Was bitte? Eh …" Vollkommen irritiert verlässt die Grete den Schauplatz.

Nun entdeckt Hopi seine Freunde. Mit einer eleganten Bewegung seines Armes entlässt er die Schmetterlinge, die in alle Richtungen sanft davonfliegen. Er steht, wie immer, mit einer Leichtigkeit auf und schlendert den Kindern unter tosendem Beifall entgegen.

„Die klatschen wegen dir, Hopi!", ruft Hannah. „Wie hast du das gemacht, ich meine, das mit den Schmetterlingen?"

Der Indianer nimmt beide Kinder an den Händen. David zieht ihn in Richtung der Grillstände.

„Wir haben zusammen gespielt. Die Schmetterlinge sind doch meine Freunde", erklärt Hopi.

„Schmetterlinge tun normalerweise nicht, was Menschen sagen", belehrt Hannah ihren Freund.

Hopi lacht. „Da hast du recht, kleine Kuwanyauma. Ich habe ihnen auch nicht gesagt, was sie tun sollen. Das Spiel hat ihnen Spaß gemacht! Auf unserer nächsten Reise werden wir das Geheimnis lüften!" Vergnügt schaut er David und Hannah an.

„Wir können zu den Grillständen gehen, Hopi", schlägt David vor.

Mittlerweile haben sich auch Kevin und Lara eingefunden. Bewundernd schaut Kevin den Indianer und dann David an. „Cool", sagt er und zu Hopi gewandt: „Bist du ein Zauberer, ich meine ein echter?"

„Nein, ganz sicher nicht. Es sieht nur aus wie Zauberei, aber jeder kann das. Was ein Mensch kann, kann auch jeder andere. Die Menschen sind alle aus dem gleichen ‚Stoff'. Ihre Überzeugungen machen sie zu dem, was sie sind!", erklärt der weise Mann. Kevin schaut fragend zu Lara. Diese lächelt ihren Freund an. Wirklich verstanden hat sie das jetzt auch nicht. „Egal", denkt Kevin, „der ist auf jeden Fall total cool." Gemeinsam schlendern die Kinder mit Hopi zu den Grillständen.

„Hier gibt es die besten Würstchen!", schwärmt David und wühlt in seiner Hosentasche, um einige Bons zu finden. Endlich zieht er sie aus der Hose, zerknittert, aber heil. Triumphierend zeigt er sie seinem Indianerfreund. „Ich kauf' dir eine Currywurst!", ruft er und drängelt sich an den Grill.

Hopi hält ihn am Arm zurück und flüstert: „Weißt du, David, ich glaube, ich nehme mir einen der köstlichen Salate, die eure Mütter so wundervoll zubereitet haben." Gemeinsam mit Hannah geht der alte Mann zur Salattheke.

„Kannst du mir etwas empfehlen, kleine Kuwanyauma?" Hopi nimmt den Teller, den Hannah ihm reicht und schaut sich die köstlichen Salate an, die aufgereiht in Schüsseln auf einem langen Tisch stehen. Die verstohlenen Blicke der Mütter, wie sie ihn betrachten, als wäre er von einem anderen Stern, nimmt Hopi nicht wahr.

„Hallo Hannah!", ruft da eine fröhliche Stimme. Hannah schaut auf und sieht Elisabeth, die Freundin ihrer Mutter, an der Salattheke bedienen. „Was wollt ihr denn haben?", fragt sie und lächelt den alten Indianer freundlich an. „Ich glaube, ich stelle Ihnen mal einen leckeren Teller zusammen!" Sie nimmt Hopi den Teller ab und löffelt liebevoll einige Salate darauf. Dazu reicht sie ihm ein Stück Weißbrot.

„Ich habe hier einige bunte Streifen." Hopi nimmt zwei Bänder mit Bons aus der Tasche und reicht sie Elisabeth.

„Davon", sagt sie und lacht den Indianer an, „können Sie sich eine ganze Schüssel Salat kaufen!", und damit reicht sie Hopi die restlichen Bons zurück.

Hannah hat sich mittlerweile auch bedient und gemeinsam suchen sie David. Er sitzt mit Lara, Kevin und Herrn Fischer auf einer Holzbank. Als sie sich dem Tisch nähern, steht Herr Fischer auf und reicht Hopi die Hand.

„Hallo, ich glaube, mit der Schmetterlingsnummer haben Sie hier schon für Stimmung gesorgt", sagt Herr Fischer grinsend. „Die Grete ist doch danach tatsächlich zu dem Busch gerannt und hat die Zitronenfalter genauestens beobachtet. Es sah gerade so aus, als ob sie nach einem verborgenen Kästchen suchte, durch das sie das Geheimnis lüften könnte. Und dann", erzählt Herr Fischer lachend, „ist sie kopfschüttelnd davonstolziert."

„Und du bist ein echter Indianer?", fragt Kevin und schaut Hopi mit großen Augen an.

„Ja, Bleichgesicht", sagt Hopi mit tiefer, ernster Stimme. Aber dann lacht er und seine Augen strahlen.

„Ich hol' dir was zu trinken!", ruft David und springt auf.

„Ich komm mit!" Kevin nimmt Lara an die Hand und gemeinsam gehen die drei zum Getränkestand. Es gibt eine ganze Menge zu bereden. Nach einigen Minuten kehren sie mit einem großen Glas Apfelsaft zurück. Lara und Kevin überhäufen Hopi nun mit allerlei Fragen. Es ist ja so interessant, einen echten Indianer kennenzulernen.

„Da kommt Mama!", ruft Hannah und auch David sieht seine Mutter, die winkend hereneilt. Neben ihr läuft Oma, die heute nicht sehr glücklich aussieht. Als die Großmutter sieht, dass der alte Indianer ebenfalls da ist und auch noch gemeinsam mit der Familie zusammensitzt, steigt Röte in ihr Gesicht. Für einen Moment bleibt sie stehen.

„Mama, komm schon", drängt Frau Fischer ihre Mutter und schiebt sie zum Tisch. Hier herrscht Lachen und eine fröhliche, angenehme Stimmung. Als die alte Frau sich nähert, steht Hopi auf und reicht ihr höflich die Hand. Mit einem warmen Blick aus seinen Augen begrüßt er sie freundlich.

„Wie geht's dem Opa?" Herr Fischer hilft seiner Schwiegermutter, Platz zu nehmen.

„Na ja, die Ärzte meinen, er soll sich noch ein wenig schonen und die nächsten Tage im Bett bleiben. Aber er will aufstehen und herumlaufen. Du weißt doch", sagt sie zu Herrn Fischer, „den kann man nicht lange im Bett halten. Er muss Geduld haben und die hat er, wie immer, nicht!"

„Das wird schon." Tröstend legt Herr Fischer einen Arm um sie.

„Mein Mann hat sich den Fuß ziemlich ernst verknickt", schwindelt die Großmutter und kramt dabei verlegen in ihrer Handtasche. „Er ist nicht mehr so sicher auf den Beinen, wissen Sie?" Erneut steigt Röte in ihr sonst blasses Gesicht.

Betretene Stille legt sich über die eben noch so fröhliche Gesellschaft. Jeder rückt auf seinem Stuhl herum und versucht sich mit irgendetwas zu beschäftigen.

„Ich glaube, deine Großmutter braucht einen starken Kaffee", verkündet Hopi und gibt Hannah zwei Bons. Hannah, erleichtert, dass sie der Stimmung am Tisch entrinnen kann, springt sofort auf.

„Ich hole dir auch zwei ganz leckere Kuchenstücke!", ruft sie und gibt David ein Zeichen mitzukommen. Lara und Kevin rappeln sich ebenfalls von ihren Stühlen auf und bahnen sich gemeinsam mit den beiden Kindern einen Weg durch die Menschenmenge. Auch der Indianer erhebt sich. Er nickt den Fischers zu. „Ich werde mir mal die schönen Kunstwerke der Kinder ansehen", erklärt er und schlendert leichtfüßig und entspannt über den Platz.

Auf dem ganzen Gelände herrscht reges Treiben. Man hört Gelächter, tobende Kinder und hier und da eine Mutter suchend einen Namen rufen. Mädchen aus Hannahs Klasse haben unter einem riesigen Sonnenschirm einen Tisch aufgestellt. Hier schminken sie den Kindern die Gesichter. Und so laufen überall kleine Feen, Katzen und Maikäfer herum.

Viele Familien, Mütter, Väter und Geschwister haben sich hier mit Großeltern und Freunden getroffen, um den Abschied ihrer Kinder zu feiern. Einen Abschied vom gemeinsamen Spielen und Herumtollen, vom Basteln und den ersten geschlossenen Freundschaften. Denn nun geht es in die nächste Etappe des Lebens. In sechs Wochen steht der Schulanfang bevor.
Auch bei Fischers herrscht wieder fröhliches Geplapper am Tisch. Elisabeth hat nun frei und leistet der Familie Gesellschaft.

„Wo bleibt Hopi so lange?", fragt Hannah. „Glaubt ihr, er ist nach Hause gegangen?" Suchend schaut sie sich auf dem Platz um. Mittlerweile sind schon viele Leute weg und es ist sehr viel leerer geworden.
„Dahinten ist er!", ruft David und nun sieht auch Hannah, dass der Indianer unter einem gelben Sonnenschirm an einem Holztisch sitzt und sich angeregt mit einem jungen Mann unterhält.
„Wer ist das, mit dem Hopi da redet?", fragt David seine Schwester.
„Keine Ahnung, den kenne ich auch nicht. Vielleicht der Mann von der Tankstelle! Du weißt doch, Hopi hat erzählt, er arbeitet manchmal da."

Gemeinsam beobachten die Kinder ihren Freund.

„Wir schleichen uns an", flüstert David seiner Schwester ins Ohr und zieht Hannah sachte am Ärmel. Sie laufen zum Klettergerüst, das ganz in der Nähe steht.

„Wir gehen um den Hort herum und schleichen uns dann von der Wand her an", schlägt David vor.

„Okay", nickt Hannah anerkennend. „Was die wohl zu besprechen haben?"

Als die Kinder näher herangekommen sind, sehen sie, dass der junge Mann stumm vor sich hin starrt, während Hopi ihm mit ruhiger Stimme etwas zu erklären versucht.

„Irgendwie glaube ich nicht, dass das der Tankwart ist", äußert Hannah und versucht näher heranzukommen.

„Ich kann besser schleichen", verkündet David und drängt sich an seiner Schwester vorbei.

„Was macht ihr denn da?", ruft plötzlich ein Junge und läuft auf die beiden zu. „Hallo", sagt er ganz außer Atem, denn das Rennen fällt ihm schwer. „Ich habe euch vorhin schon überall gesucht." Phillips Gesicht ist gerötet und er sieht verschwitzt aus. Dennoch blitzt Freude in seinen Augen auf beim Anblick der beiden Kinder.

„Äh, … eh …", stottert David. „Wir suchen Hopi."

„Da sitzt er doch, mit meinem Papa!" Phillip zeigt stolz auf den jungen Mann, der sich nun angeregt mit dem alten Indianer unterhält. Man sieht ihn sogar zwischendurch lachen. Er wirkt nun viel entspannter als eben noch.

Davids Augen weiten sich. „Das ist dein Vater? Und die quatschen miteinander? Cool!"

„Schon die ganze Zeit", antwortet Phillip. „Aber die wollen ihre Ruhe haben. Papa hat gesagt, ich soll spielen gehen. Das sagt er immer, wenn er seine Ruhe haben will. Manchmal habe ich dann Langeweile, weil keiner da ist zum Spielen." Phillip senkt den Kopf.

„Nun sieht er genauso aus, wie sein Vater eben …", denkt Hannah.

„Habt ihr schon gesehen?", wendet sie sich an die Jungen. „Dahinten malt einer Bilder mit Spraydosen. Das sieht toll aus! Kommt mit!"

David und Phillip folgen Hannah, die bereits in Richtung der großen Wiese hinter dem Hort unterwegs ist. Dann bleibt sie stehen und gemeinsam erreichen sie den Stand, an dem zwei Jungen, die schon fast erwachsen sind, richtige kleine Kunstwerke mit grellen Farben aus Sprayflaschen, Spachtelstrichen und kleinen Kristallen anfertigen.

Hannah gefällt am besten ein Boot auf dem Meer mit Palmen am Strand und einem tollen Sonnenuntergang. Die Jungen schwärmen eher für die Bilder mit Planeten und Raumschiffen.

„Hey, Phillip, was machst du denn hier mit den Strebern?" Andi und Marko, die beiden Störenfriede aus dem Kinderhort, stellen sich dicht hinter Phillip und versuchen ihn in den Stand zu schieben. Die Spraydosen beginnen schon verdächtig zu wackeln.

„Ey Leute, macht hier keinen Ärger, ja?" Einer der großen Jungen am Stand erhebt sich und geht auf Phillip zu. Dieser will weglaufen, doch Marko und Andi halten ihn fest. Angst steigt in ihm hoch. Hilfe suchend schaut der Junge sich um.

„Marko, Andi, was ist hier los?" Die hohe Stimme von Frau Gretenkorn ist nicht zu überhören. Mit riesigen Schritten und hochrotem Kopf nähert sie sich dem Stand.

„Phillip hat nichts gemacht!" David nimmt die Hand des Jungen und stellt sich schützend vor ihn hin.

„Das weiß ich, David", antwortet Frau Gretenkorn. Ihre Augen blitzen, erst vor Freude, weil sie bemerkt, dass David den ungeschickten Jungen verteidigt und dann vor Wut, während sie Marko und Andi unverhohlen mustert.

„Wenn ihr euch nicht benehmt, könnt ihr nach Hause gehen. Wisst ihr eigentlich, wie viel Arbeit die beiden Jungens hier mit den Bildern haben?" Die letzten Worte schreit die Kindergärtnerin den beiden Unruhestiftern hinterher, die sich schleunigst aus dem Staube machen.

„Wo kam die denn plötzlich her?" Hannah blickt hinter Frau Gretenkorn her, die immer noch entrüstet, kopfschüttelnd zum Eingang der Villa Sternenbogen stolziert. „Die ist echt krass!"

„Ja, manchmal, aber die kann auch lustig sein, die Grete", sagt David.

„Auf jeden Fall sind wir die beiden Typen erst mal los", freut sich Hannah. Dann sieht sie, dass sich Phillip von ihnen entfernt hat und langsam über den Platz schlendert. Hannah holt ihn mit ein paar Schritten ein.

Sie legt ihm die Hand auf die Schulter. Der Junge dreht sich um und schaut sie mit feucht glänzenden Augen an.

„Was ist denn?", fragt das Mädchen. „Warum heulst du jetzt?"

„Ich heul' ja gar nicht." Phillip senkt den Kopf und vergräbt seine Hände tief in den Taschen seiner Jeans.

„Okay", renkt Hannah ein, „du heulst nicht. Aber warum haust du denn jetzt ab? Die beiden ‚Penner' sind doch weg!"

„Weil … weil …", Phillip schaut Hannah jetzt direkt in die Augen und eine dicke Träne rollt seine Wange hinunter. „Weil … immer, wenn ich irgendwo bin, mach ich Ärger oder es gibt wegen mir Ärger!" Der Junge dreht sich um und will weitergehen.

Hannah hält ihn am Arm fest. „Jetzt warte mal", fordert sie Phillip auf. „Das ist Blödsinn, was du sagst. Wie du mit uns im Schrebergarten von Hopi warst, hat es da Ärger gegeben? Nein, hat es nicht." Sie reicht dem Jungen ein Taschentuch. Geräuschvoll putzt Phillip sich die Nase.

„Glaubst du, dass David mein Freund ist?" Der dickliche, rotgesichtige Junge schaut Hannah hoffnungsvoll an.

„Er hat dich eben verteidigt, das machen Freunde so", verkündet Hannah.

David ist mittlerweile zu ihnen gestoßen, nachdem er mit Bewunderung den beiden Jungen zugeschaut hat, wie sie mit schnellen Handgriffen eine Planetenwelt aus Farbe gezaubert haben.

Fragend schaut er Phillip an. „Hast du dir weh getan?"

„Ich hatte was im Auge", schwindelt Phillip und schaut Hannah Hilfe suchend an. Wenn er jetzt schon einen echten Freund hat, soll der nicht denken, dass er eine Heulsuse ist. „War cool, wie du mich bei der Grete verteidigt hast!"

David grinst. „Ist doch Ehrensache. Das machen Freunde so!"

Phillip strahlt über das ganze Gesicht. „Freunde machen das so …", denkt er und ein Glücksgefühl durchläuft seinen Körper.

Der Platz leert sich auf einmal, und nur noch einige wenige Erwachsene schlendern mit ihren Kindern umher. Manch einer sitzt noch an den bunt gedeckten Tischen, doch langsam kehrt Ruhe ein. Oder doch nicht? Hannah horcht auf. Vom Spielplatz weht ein vertrautes Geräusch zu ihren Ohren. „Die Panflöte!", ruft sie, „Hopi spielt auf der Panflöte!"

Kerzengerade steht er da, einen Fuß auf einem großen Stein und das Gesicht zum Himmel gewandt. Um ihn herum sitzen und stehen, staunend den sanften Tönen folgend, Menschen jeden Alters. Leise schleichen die drei über den Platz und schauen bewundernd dem Indianer beim Spielen zu.

Die hohlen Klänge der Panflöte trägt der Wind weit hinaus über den Kindergarten, die alte Kastanie und die Weiden dahinter.

Ein seltsamer Fund

David sitzt nachdenklich zwischen Oma und Hannah auf dem Rücksitz des Familienautos der Eltern und sagt etwas trübsinnig schauend: „Jetzt ist der Kindergarten zu Ende. Irgendwie komisch, wenn ich daran denke." Seine Augen werden feucht und verschämt wischt er sich eine Träne von der Wange.

„In jedem Abschied steckt auch immer ein neuer Anfang", tröstet Herr Fischer seinen Sohn. „Sieh es mal so: Wenn es im Leben nicht immer wieder neue Abschnitte gäbe, dann wäre ich heute kein Ingenieur, weil ich immer noch im Kindergarten wäre. Um zu dem zu werden, was ich bin, musste ich immer wieder irgendwo Abschied nehmen und neu anfangen. Erst im Kindergarten, dann in der Grundschule, auf dem Gymnasium, an der Uni. Aber jede Zeit war auf ihre Art toll und hat viel Spaß gemacht."

„Erst einmal fliegen wir nächste Woche in den Urlaub", tröstet Frau Fischer den Jungen. „Ägypten ist ein wundervolles Land und die Geschichte der alten Ägypter voller Überraschungen. Freu dich drauf!"

David atmet tief durch und verscheucht die Bilder vom Abschied. Strahlende Strände eines sonnigen Urlaubs füllen seine Gedanken. Er sieht im Geist das warme Land, den Swimmingpool und das leckere Essen abends im Hotel mit Hannah und seinen Eltern. Dann denkt er an ein großes Nilschiff, das er in einem Reiseprospekt gesehen hat. Und irgendwie fühlt er sich schon viel besser.

„Hopi hat recht", denkt er, „die schönen Bilder in meinem Kopf machen sofort ein gutes Gefühl."

„Fahren wir noch mit Oma zum Schrebergarten?", fragt David in der Hoffnung, Hopi sei schon wieder zu Hause und er könne noch einige Worte mit ihm wechseln.

„Aber nur ganz kurz", schaltet sich Frau Fischer ein. „Papa und ich tragen die Marmeladen und das frische Obst ins Auto, damit wir es zu Oma nach Hause bringen können. Ihr könnt auf dem Werkzeugregal nach Papas Wasserwaage schauen, die hat Opa sich geliehen, doch Papa braucht sie morgen selbst."

Im Schrebergarten angekommen, steht das kleine Gartenhaus der Großeltern verschlossen und irgendwie einsam da. Die Vorhänge an den Fenstern sind zugezogen und die Gartenstühle zusammengeklappt. Der große Holztisch und die Bank sehen verlassen aus. Gewöhnlich stehen auf dem Tisch Obstschalen, Kräuter- und Blumentöpfe. Auch die bunte Decke, die sonst auf der Gartenbank liegt, ist weggeräumt.

Die Großmutter steigt aus dem Auto und geht den Weg zum Eingang hinauf, bedächtiger und langsamer als sonst. Man spürt, dass die Sorgen um den Großvater auf ihr lasten. Sie kramt in ihrer Jackentasche und holt einen kleinen verschnörkelten Schlüssel hervor.

„Der Schlüssel für den Werkraum", erklärt sie den Kindern.

Hannah und David laufen hinter das Haus. Das Mädchen öffnet die Tür und knipst das Licht an. Im Schein der trüben Lampe sehen sie, dass hier vollkommene Ordnung herrscht, so wie sie es von ihrem Opa gewohnt sind. Jeder Hammer, Schraubenzieher und jede Zange hängen an kleinen Nägeln. Bohrmaschine, Elektroschrauber … alles ist an seinem Platz. Bretter stehen in einer Ecke ordentlich an die Wand gelehnt. Suchend schauen sich die Kinder um. Wo ist nur die Wasserwaage? Auf der Werkbank steht eine alte Metallkiste mit Schrauben, in einer Ecke liegt ein in Leder gebundenes Buch, in dem sich der Großvater Skizzen seiner Ideen macht, aber nirgends können die Kinder die Wasserwaage des Vaters sehen.

„Die muss doch hier sein", murmelt David vor sich hin.

„Wie sieht die eigentlich aus, die Wasserwaage?" Hannah kennt sich mit solchen Dingen nicht so gut aus wie ihr Bruder.

„Lang, rot, wie ein schmales Holz", antwortet David geistesabwesend, denn er hat unter der Werkbank eine große, hölzerne Kiste entdeckt.

„Was ist denn das für eine Kiste?" Fragend schaut er seine Schwester an. „Die ist mir noch nie aufgefallen."

David kniet sich auf den Boden und zieht die Kiste vorsichtig hervor. Das Holz ist trocken. Kreisrunde, kleine Löcher von Holzwürmern geben dem alten Stück eine besondere Maserung.

„Sieht aus wie eine Schatzkiste", flüstert David. „Meinst du, wir sollen sie aufmachen? Ich will sehen, was drin ist!"

„Die klemmt", antwortet Hannah und versucht mit Kraft den leicht verbogenen Deckel anzuheben. „Jetzt habe ich mir 'nen Nagel abgebrochen", flucht sie und steckt ihren Zeigefinger in den Mund. „Doofe Kiste!"

„Die klemmt nicht", erklärt David, nachdem er die Kiste einmal genauer untersucht hat. „Da ist ein Nagel reingeschlagen!"

Der Junge nimmt sich eine Zange und zieht den Nagel mit geübten Griffen heraus und hebt den Deckel an. Die Scharniere krächzen klagend, so als ob sie ihre Niederlage bejammern. „Geht doch", ruft David.

Hannah, die nun neugierig auf den Inhalt der Kiste ist, vergisst für einen Moment den abgebrochenen Fingernagel.

„Was ist das denn alles?", wundert sich David, während er mit der Hand die Kiste durchwühlt.

Mehrere alte Steine, zwei kaputte Pfeifen, die Ketten der Bärenfallen und ein paar ganz alte Briefe fallen ihm in die Hände.

Wenn die Briefe nicht so alt und verblichen gewesen wären, so vergilbt und zerknittert, dann wäre ihr der strahlend weiße, ordentlich zusammengefaltete Zettel gar nicht aufgefallen. „Der ist neu da drin", erklärt Hannah und schnappt sich das gefaltete Blatt.

Das Mädchen nimmt den Zettel und faltet ihn auseinander. Beide Kinder hocken nun auf dem Boden der kleinen Werkstatt im trüben Licht der Deckenlaterne über einer Zeichnung, die fein säuberlich angefertigt, den Schrebergarten der Großeltern zeigt. Auch die Wege und sämtliche Gartenmöbel sind eingezeichnet. Selbst Blumenbeete und Bäume fehlen nicht. An zwei Stellen ist ein roter Kreis mit einem dicken Kreuz gemalt.

„Was sind das für rote Kreuze?", murmelt Hannah und dreht den Zettel um. Fragend schaut sie ihren Bruder an.

David holt tief Luft. „Ich weiß, was das für Kreuze sind! Opa hat sich wohl einen Lageplan gemacht, wo er die Fallen hinstellt!" Der Junge ist ganz aufgeregt.

„Den hat er dann versteckt", folgert Hannah, „und vergessen, wo er ihn hat!" Sie steht auf, faltet den Zettel zusammen und gibt ihn ihrem Bruder.

„Jetzt müssen wir Oma fragen, wo der Opa in die Falle geraten ist und den Punkt mit der Karte vergleichen", bestimmt Hannah. „Und du zeigst Opa morgen den Zettel. Du bist noch klein. Wenn du in der Kiste geschnüffelt hast, ist das schon okay."

Schritte nähern sich der Werkstatttür. Schnell knallt David den Deckel auf die alte Kiste und stößt sie mit einem Fuß unter das Regal. „Autsch, ist die schwer", denkt er, denn ein Schmerz zieht sich von seinem Zeh hoch in seinen Körper.

„Na, ihr Schuppeninspekteure!" Verschmitzt schaut Herr Fischer in die trüb beleuchtete Werkstatt. „Habt ihr die Wasserwaage oder schnüffelt ihr hier nur rum?"

„Schnüffeln?", fragt Hannah. „Wir haben nicht geschnüffelt, wir suchen diese blöde Waage!"

„Ach, da oben liegt sie." Herr Fischer reckt sich und greift nach der roten Wasserwaage, die flach auf dem oberen Regal liegt. „Die konntet ihr ja nicht finden!"

Gemeinsam verlassen sie die Hütte. Als sie zur Vorderseite kommen, sieht Hannah, dass die Großmutter gerade die Eingangstür abschließt.

„Wo ist es eigentlich passiert, ich meine, mit Opa und der Falle?"

„Dahinten", die Großmutter zeigt auf eine verborgene Ecke neben einer großen Tanne.

„Ich sehe ihn immer noch da liegen, vor Schmerzen schreiend", flüstert sie, und mehr zu sich selbst murmelt die alte Frau: „Der alte Trottel!"

„Lass gut sein, Mutter", tröstet Frau Fischer die Oma und zu Hannah und David sagt sie: „Ihr lauft schon mal zum Auto, wir fahren gleich!"

„Wir wollten doch noch kurz zu Hopi!", ruft Hannah und läuft zum Gartentor.

Als sie bei ihrem Freund ankommen, ist das bunte Gatter verriegelt. „Vielleicht ist er noch an der Tankstelle", denkt das Mädchen. Gemeinsam mit David steigt sie etwas enttäuscht zu ihrem Vater ins Auto.

Besuch im „Haus der Genesung"

Die Sonne steht schon hoch am Himmel, als David und Hannah aufwachen. Es ist der erste Ferientag und Frau Fischer freut sich, dass die Kinder einmal ausschlafen können. Später möchte sie mit ihnen ins „Haus der Genesung" fahren, um den Großvater zu besuchen.

Frau Fischer hofft, dass ihr Vater heute bessere Laune hat, denn gestern war er ziemlich schwierig. Er beschwerte sich laufend, dass er nicht aufstehen durfte. Und dass ihm die Koteletts vom Abschlussfest „durch die Lappen" gegangen sind, fand er unerträglich!

Nachdem die Kinder gefrühstückt haben, geht es quer durch Frühlingsdorf nach Oberberg. Das „Haus der Genesung" befindet sich in einem großen Park. Versteckt hinter riesigen Bäumen liegt der alte Teil des Gebäudes, ein gelb getünchter Backsteinbau, der mit Stuck verziert ist. In dem großen Park gleicht das Haus eher einem altehrwürdigen Schloss, als einem „Haus der Genesung", wenn da nicht der Neubau vorgelagert wäre, der modern und technisch wirkt.

Überall stehen Krankenwagen und Menschen mit weißen Kitteln laufen mit schnellen Schritten und ernsten Gesichtern aus Türen heraus, um wieder in andere Eingänge zu verschwinden.

„Raus aus der Schachtel, rein in die Schachtel", denkt David und beobachtet dann den Parkplatzwächter, der die Ankömmlinge mit lautem Befehlston zu den Besucherparkplätzen weist.

Wie ein wichtiger Offizier steht er in gerader Haltung an der Schranke.

„Man hat ja fast das Gefühl, als ob hier ein Zoll ist, bei dem gleich das Auto durchsucht wird", sagt Frau Fischer lachend zu den Kindern. Für einen kurzen Moment streifen sie Erinnerungen an Ungarn vor vielen Jahren.

Über einen Parkweg, durch eine große Eingangshalle und endlose Gänge gelangen Hannah und David in die Abteilung, in der ihr Großvater liegt.

„Hier stinkt es", flüstert David seiner Schwester zu.

Hannah legt ihren Finger auf den Mund. „Schsch…, nicht so laut! Das ist immer so in Kranken… ‚Häusern der Genesung'. Das sind die Medikamente oder so!"

Am Ende des Flures angekommen, öffnet Hannah die breite Zimmertür. Ihr Großvater liegt im Bett und zappt mit einer kleinen Fernbedienung durch die Programme. „Und dafür zahlt man Fernsehgebühren!", flucht der alte Mann. „So ein Schwachsinn, den kann sich ja keiner angucken! Da sitzen doch tatsächlich irgendwelche Leute und erzählen von ihren Problemen! Unglaubliche Zustände sind das! Und das in unserem Land! Das nennt man ‚Kulturverfall'!"

Der Großvater bekommt einen Hustenanfall. „'Nen guten Western könnten die mal bringen. Das ist was Anständiges!"

Hannah läuft zum Bett ihres Großvaters und klopft ihm sanft auf den Rücken. David eilt mit einem Glas Wasser dazu. „Hallo Opa!" Der Junge strahlt seinen Großvater an. „Wo kommt ihr denn auf einmal her?", fragt der alte Mann erstaunt, „Seid ihr schon lange hier?"

Hannah und David grinsen. „Wir sind gerade hereingekommen, als du über den Fernseher geschimpft hast!", erklärt David. Sein Blick gleitet zum Fußende des Bettes, in dem der Großvater liegt. Dick mit Verband eingewickelt und in einer weißen Schale liegend, sieht der Fuß seines Opas aus wie ein klumpiger Eisberg.

„Tut das weh?", fragt der Junge und lässt das weiße Gebilde nicht aus den Augen.

„Ich krieg' ja dauernd Pillen, wer weiß, was da alles drin ist!", beschwert sich der alte Mann. „Nee, weh tut das nicht, das kommt wohl von den Pillen! Die wollen hier, dass ich den ganzen Tag schlafe, dann kann ich mich nicht beschweren. So machen die das heutzutage mit den Patienten! Aufstehen darf ich auch nicht!"

David kennt keinen Menschen, der so viel schimpft wie sein Großvater. Doch meistens muss er grinsen, denn der Großvater sagt oft lustige Sachen, wenn er sich aufregt.

„Vater, du weißt, dass niemand dir Pillen gibt, damit du schläfst!" Frau Fischer ist gerade hereingekommen und hat die Beschwerdelieder ihres Vaters gehört. „Die Tabletten brauchst du, damit du keine Schmerzen hast, und Vitamine sind auch dabei! Aufstehen darfst du erst morgen, wenn die Wunde besser verheilt ist!"

Frau Fischer schüttelt die Bettdecke ihres Vaters auf und stellt ihm Obstsäfte auf den Nachttisch. „Ein bisschen Geduld, großer Häuptling, und du kannst wieder auf den Kriegspfad gehen!", spöttelt sie und rückt sein Kissen zurecht.

„Als ob es mir nicht schon schlecht genug geht", beschwert sich der Großvater. „Da muss ich deine Lästerei nicht auch noch ertragen!"

„Okay", sagt er nun leise, „die erste Runde geht an die Panflöte spielende ‚Rothaut'. Aber mir wird schon was einfallen!" Dann hellt sich das Gesicht des alten Mannes auf.

„Dem muss man mit moderner Technik kommen. Davon versteht der nichts. Der wird sich wundern …"

Frau Fischer, die das schon so oft gehört hat, seufzt leise. „Ich hole dir in der Cafeteria einen Kaffee." Und schon ist sie verschwunden.

„Aber Opa", protestiert Hannah, „der Hopi kann doch nichts dafür, dass du in deine eigenen Fallen getappt bist!"

„Hopi, also!" Der alte Mann grunzt verächtlich und nach einer kurzen Pause knurrt er: „Der kann nichts dafür? Das seh' ich aber ganz anders. So durchtrieben wie dieses rote Volk ist, hat er die Dinger in der Nacht verstellt, damit ich da reintrete! Jawohl! Ich hätte mir einen Lageplan anfertigen sollen!"

David wühlt in seinen Hosentaschen. Ein zerknüllter Zettel kommt zum Vorschein. „Opa", beginnt er langsam und grinst verschmitzt. Lustige Grübchen bilden sich in seinem von Sonnensprossen übersprenkelten Gesicht.

„Wir haben den gestern im Gartenhaus gefunden. Papa brauchte seine Wasserwaage und wir fanden die nirgendwo. Dann war da so 'ne Kiste … und da drinnen, da lag dieser Zettel."

Der Junge faltet das Papier auseinander und nun sieht auch der Großvater, dass es der Plan vom Schrebergarten ist. Hannah nimmt ihrem Bruder das Beweisstück weg und hält es dem alten Mann unter die Nase.

„Was ist das?", fragt sie mit dem Tonfall einer Lehrerin, die einen Schüler beim Schummeln erwischt hat. „Also doch ein Lageplan!" Hannah schaut sich die roten Kreise an. „Und genau hier, an dem Kreis … da bist du hineingetreten. Oma hat mir gestern die Stelle gezeigt, wo es passiert ist. Nicht nur, dass du vergisst, wo du die doofen Fallen hingestellt hast. Du vergisst auch noch, dass du einen Plan gezeichnet hast!"

Der Großvater schaut mit großen Augen auf den Zettel. Auf einmal ist er hellwach, kein bisschen schläfrig mehr. Kerzengerade sitzt er im Bett.

„Weiß Oma von dem Zettel?" Hannah schüttelt den Kopf.

„Und die Mama? Der Papa?" Erneut schütteln Hannah und David die Köpfe.

Der alte Mann entspannt sich ein wenig und grinst. „Dann haben wir jetzt ein Geheimnis, wir drei. So ein Geheimnis ist etwas ganz Besond…"

„Opa!", unterbricht Hannah ihren Großvater, „wir haben ein Geheimnis, aber nur so lange, bis du wieder behauptest, dass Hopi die Fallen verstellt hat!" Das Mädchen dreht sich um und geht durch das Zimmer, während sie den Zettel in ihren Rucksack steckt. „Uuuund … keine neuen Pläne gegen Hopi!"

Der Großvater kratzt sich mit der Hand am Kinn und knurrt Unverständliches vor sich hin.

In dem Moment kommt Frau Fischer mit einer Tasse duftenden Kaffee in das Zimmer. „Hier, Vater, ein Kaffee", sagt sie und wendet sich wieder zur Zimmertür. „Ich gehe Mutter holen, bis gleich!"

„Wir haben dir auch etwas mitgebracht, Opa!", verkündet Hannah und sogleich ziehen beide Kinder ihre gemalten Dankbarkeitszettel hervor.

„Wir haben dir Bilder mit guten Erinnerungen gemalt", erklärt Hannah und David ergänzt: „Und mit Sachen, die du magst!"

Hannah gibt dem Großvater den Zettel, auf dem die Oma abgebildet ist. Der alte Mann schaut das kleine Bild lange an. „Wisst ihr eigentlich, wie ich die Oma kennengelernt habe?"

Dann beginnt er zu erzählen: „Ich hatte gerade mein Studium begonnen und brauchte Fachbücher zum Lernen. Die waren sehr teuer und so musste ich sie in einer Bücherei ausleihen. Als ich eines Nachmittags dort war, saß sie da … meine Helene! Ich hatte noch nie so etwas Schönes gesehen! Wie sie da saß in ihrem blauen Rock und der weißen Bluse! Als ich ihr ins Gesicht sah, wusste ich, dass so all die Prinzessinnen ausgesehen haben müssen, die ich aus alten Märchen kannte!"

Das Gesicht des alten Mannes strahlt und seine Augen blitzen. Hannah hat ihn noch nie so schwärmen gehört.

„Wie jung er plötzlich aussieht", denkt sie und hört, wie er weiter erzählt.

„Dann sah sie mich an. Ihre Augen waren so wunderschön und ich wusste sofort, dass ich mein ganzes Leben in gerade diese Augen schauen möchte! Aber ich war zu schüchtern, um etwas zu sagen. Ich, der arme Student, und sie, die Prinzessin. Ich bin ohne Buch wieder aus der Bibliothek verschwunden. Und draußen", der alte Mann beugt sich vor und schaut seine Enkel vergnügt an, „da habe ich mir einen Plan überlegt, wie ich sie wiedersehen kann."

„Und, was hast du dir dann ausgedacht?" fragt David ganz gespannt.

„Ich bin später noch mal in die Bibliothek gegangen und habe mit dem Bibliothekar gesprochen. Ich kannte ihn gut, weil ich sehr oft da war.

Meine kleine Wohnung lag direkt gegenüber und so habe ich mit ihm ausgemacht, dass er mir Bescheid geben soll, wenn diese wunderschöne Frau wieder da ist. Dazu musste er immer zu mir rüberkommen und klopfen, denn ein Telefon hatte ich nicht.

Nachdem ich ein viertes Mal ‚zufällig' da war, als die Oma in der Bibliothek Bücher ausleihen kam, sind wir endlich ins Gespräch gekommen. Später hat sie mir dann erzählt, dass sie immer sehr verwundert war, dass jedes Mal, wenn sie dort war, der Bibliothekar mit fliegenden Rockschößen davongeeilt sei. Und dann hat sie mich genommen, meine Helene … Mondauge habe ich sie immer genannt …", sagt der alte Mann und Tränen stehen in seinen Augen.

David, der das immer komisch findet, wenn Erwachsene weinen, nimmt schnell seinen gemalten Zettel. „Das ist deine Pfeife", sagt er und reicht ihm das Blatt.

Der alte Mann ist sehr guter Laune und beim Anblick der Pfeife wischt er sich das Auge und grinst. „Wisst ihr eigentlich, wann ich meine erste Pfeife geraucht habe?", fragt er die Kinder.

Hannah und David sitzen mittlerweile auf seinem Bett und hören nun seine nächste Geschichte.

„Es war im alten Jagdhaus bei Huberts Eltern. Ich war noch keine zwölf Jahre alt …"
„Opaaa!", meint Hannah vorwurfsvoll.

„Nun hör doch zu!" Die Augen des alten Mannes leuchten und im Geiste ist er ganz weit weg. Weg aus dem Bett, weg aus der Zeit der Elektronik und Computer, weit zurück in eine Zeit der Kerzen, Öfen und der Petroleumlampen.

„Huberts Eltern waren auf einer Geburtstagsfeier und wir waren allein im großen Haus." Der alte Mann erinnert sich. „Überall roch es nach Holz, Bohnerwachs und Kaffee, vermischt mit dem kalten Rauch einer Pfeife. Ich werde diesen Geruch nie vergessen. Dann der alte Schreibtisch von Huberts Vater mit dem vierkantigen Holzlineal, dem schwarzgoldenen Füller und ganz hinten in der Ecke stand eine Vitrine aus Glas. In ihr lagen zwei wunderschöne Pfeifen, mehrere Tabaksorten und Stopf-Utensilien. Normalerweise war die Glastür verschlossen und der Schlüssel irgendwo versteckt. Aber an diesem Tage nicht. Ein kleiner goldener Schlüssel steckte und er schien uns zu locken: „Ihr traut euch nicht, ihr traut euch nicht …", schien er immer wieder zu flüstern.

Hubert drehte ihn vorsichtig herum. Mit einem hellen ‚klick' sprang die Tür auf. Erst nahmen wir jeder eine Pfeife ganz sachte in die Hand, fühlten das glänzende Holz. Es war poliert und glatt, fühlte sich kühl und irgendwie weich an. Dann schnupperten wir am Tabak. Fremde Gerüche für unsere Nasen. Wir schauten uns an und Hubert grinste. ‚Ich weiß, wie man die stopft', hat er gesagt und damit war es beschlossene Sache. Mit gekonnten Griffen stopfte er die Pfeife und wir verschwanden auf eine Bank hinter dem Haus. Der erste Zug schmeckte wie verbranntes Heu und schoss meine Kehle hinab. Meine Augen begannen zu tränen und mir wurde übel.

‚Jetzt nur nicht aufgeben', dachte ich, denn Hubert zog mit geübter Manier an der Pfeife und blies den Rauch gekonnt aus. Er grinste mich an. ‚Na … und?', fragte er mich. ‚Toll!', stieß ich hervor und beim zweiten Zug bekam ich einen Hustenanfall. An diesem Abend war mir so übel, dass ich dachte, ich müsse sterben. Ich habe einen

Liter Saft getrunken, meine Zähne geputzt und mich ins Bett gelegt. Ich wollte nur noch einschlafen.

Am nächsten Morgen beim Frühstück, mir ging es wieder besser, da hat mich der Vater von Hubert ganz kritisch gemustert. Ich weiß bis heute nicht, ob er von unserem Pfeifenabenteuer Wind bekommen hat."

Mit zärtlichem Blick schaut der alte Mann das Bild mit der Pfeife an, das David gemalt hat. Die Tür geht auf und Frau Fischer und die Großmutter betreten das Zimmer.

Strahlend schaut der alte Mann sie an.

„Da ist ja mein Mondauge!", ruft er.

Die Großmutter mustert ihn misstrauisch.

„Mondauge? Das hast du ja schon Ewigkeiten nicht mehr gesagt. Was ist denn mit dir passiert?"

Doch ihre Augen blitzen vor Freude. Übermütig geht sie zu ihm und küsst ihn auf den Mund.

Als die Kinder und Frau Fischer sich verabschieden, sitzen die beiden alten Menschen da und halten Händchen. Noch vor der Tür hört man Lachen und fröhliches Geplapper.

„Was habt ihr denn mit dem Opa angestellt?", fragt Frau Fischer die Kinder. „So fröhlich habe ich ihn lange nicht mehr gesehen. Man könnte meinen, er wäre in der letzten Stunde zwanzig Jahre jünger geworden!"

„Wir haben ihm Bilder gemalt und er hat uns Geschichten erzählt", erklärt Hannah. Sie muss an Hopi denken. Dankbarkeitsbilder sind wirklich Zauberformeln.

Der alte Rucksack

David und Hannah freuen sich auf ihren großen Urlaub in Ägypten. Nur noch ein Tag und dann heißt es, ganz früh aufstehen. Bis zum Flughafen benötigen sie eine Stunde. Hubert, der alte Freund von Opa, wird sie hinbringen.

Die Kinder sitzen in Davids Zimmer auf dem Boden zwischen Badesachen, Schnorchel und bunten Sommershirts.

„Das willst du alles mitnehmen?" Hannah schaut auf den Berg Spielzeug, der neben den Schwimmflossen liegt.

„Ich weiß noch nicht, manches vielleicht."

„Das Spielzeug kannst du in deinen Rucksack tun", schlägt Hannah vor und steigt auf einen Stuhl, um den großen, braunen Rucksack ihres Bruders vom Schrank zu holen. „Das ist nämlich Handgepäck und du kannst es mit an deinen Platz im Flugzeug nehmen!"

Hannah zieht den Rucksack vom Schrank. Beinahe wäre sie vom Stuhl gefallen, so schwer ist das Ding.

„Was hast du denn da drin?", stöhnt sie. „Der wiegt ja hundert Kilo!"

„Alte Sachen", erklärt David, „die will ich nicht wegwerfen, weil ich die vielleicht noch mal brauche."

„Du spinnst doch", tadelt Hannah ihn und kippt den Rucksack mitten im Zimmer aus. „Das ist doch alles Müll!"

Der Junge robbt sofort zu dem Berg aus Papier, Steinen, bunten Aufklebern und was sonst noch alles. Zielstrebig greift seine Hand in den Inhalt, der nun ausgebreitet vor ihm liegt.

„Da ist mein Kompass!", ruft er. „Den habe ich schon so lange gesucht."

„Und das, was ist das?", Hannah deutet auf eine alte Chipstüte, aus der Reste von vertrockneten, blassen Chips herausgefallen sind.

„Die können weg", entscheidet David spontan und beäugt weiter den Inhalt des Rucksacks.

„Iiiih, wie eklig! Eine vertrocknete, alte Salamischeibe!" David schüttelt sich und stößt das dunkelbraune Teil mit einem Stock in Richtung Papierkorb.

„Da siehst du mal, was sich alles in so 'nem ollen Rucksack ansammelt!" Hannah verzieht das Gesicht. „Den solltest du öfter mal ausleeren!"

„Ich wusste doch gar nicht, dass da so viel Schrott drin ist", beschwert sich David und beginnt mit einem Bleistift vorsichtig den Inhalt nach Brauchbarem zu durchstöbern. Nachdem er ein Autoquartett, vier Murmeln und einige Buntstifte gesichert hat, beschließt er, den Rest in den Müll zu schmeißen. Dann nimmt der Junge den Rucksack und schaut angewidert hinein. Er läuft die Treppe hinunter in die Küche. „Mama, kannst du … Mama! Wo bist du?"

Sein Weg führt ihn ins Wohnzimmer. Frau Fischer sitzt auf der Couch und schaut die Post durch.

„Mama", beginnt David erneut, „mein Rucksack, der stinkt!" Demonstrativ hält der Junge den Rucksack von sich weg. „Kannst du den mal gründlich waschen? Ich will ihn mit in den Urlaub nehmen."

„Bring ihn in den Keller, ich mach das", antwortet Frau Fischer, ohne den Blick von ihrer Post zu lassen.

„In die Waschküche?"

Frau Fischer schaut auf. „Was denn?"

„Mein Rucksack muss gewaschen werden!", wiederholt David.

„Ja, in die Waschküche, und bring mir deine rote Badehose! Der Gummizug ist kaputt. Die muss zur Schneiderin", ordnet Frau Fischer an.

David erledigt seine Aufgaben und läuft wieder nach oben. Hannah packt gerade ihre Flip-Flops. Grüne, rote und pinkfarbene Plastiksandaletten wandern in den Koffer.

„Wollen wir gucken, ob Hopi da ist?", fragt David seine Schwester. „Meinst du, wir dürfen auch dahin, wenn Oma und Opa nicht da sind?"

„Klar, wir waren letzte Woche auch da, als Mama ins Kra… upps … ‚Haus der Genesung' gefahren ist! Ganz schön schwer, so'n Wort neu zu benutzen, wenn man immer das doofe Wort ‚Krankenhaus' gesagt hat."

„Ich freue mich auf die Pyramiden", schwärmt David und schaut versonnen vor sich hin. „Aber Hopi wird mir fehlen."

„Mir auch", pflichtet Hannah ihrem Bruder bei, „und der weiß bestimmt eine ganze Menge über Ägypten! Schade, dass er nicht mitfliegt!"

Nachdem die Kinder ihre Koffer gepackt haben, stürmen sie die Treppe hinunter und suchen Frau Fischer. Sie steht an der Hecke im Garten und unterhält sich mit einer Nachbarin. Als die Kinder auf sie zugelaufen kommen, lacht sie.

„Ich weiß, ihr wollt bestimmt noch zu Hopi, bevor wir morgen fliegen?"

„Dürfen wir?" David und Hannah stehen erwartungsvoll auf der Terrasse. „Ja klar, geht zum Auto, ich komme gleich. Ich muss noch Sonnencreme kaufen und zur Schneiderin. Da kann ich euch bei Hopi rauslassen."

Kurze Zeit später hält Frau Fischer bei den Schrebergärten an. Hopi sitzt an einer Steinplatte und bastelt eine Kachina. Als er die Kinder kommen sieht, legt er das bunte Bündel aus Stoffresten und Federn nieder und erhebt sich, geschmeidig wie ein Panther, vom Boden.

Mit strahlenden Augen, die wie Edelsteine in einer zerknitterten Landschaft blitzen, das Baumwollhemd locker über der Wildlederhose hängend, kommt der Indianer den Weg hinab.

„Hast du schon auf uns gewartet?", fragt David den weisen, alten Mann.

„Gewartet?" Der Indianer strahlt David an und schüttelt verständnislos den Kopf. „Nein, man kann immer nur eine Sache zur gleichen Zeit machen. Ich habe eine Kachina gebastelt. Wenn ich auf etwas warten würde, dann kann ich in derselben Zeit nicht wirklich eine wundervolle Kachina machen. ‚Warten' ist keine gute Beschäftigung. Menschen, die Erfindungen machen und etwas erschaffen, die *warten* nicht, sondern *erwarten* etwas. Damit haben sie ein Bild im Geiste und es kann Wirklichkeit werden."

Hannah und David grinsen sich an.

„Wie geht es dem Großvater?" Hopi setzt sich gemeinsam mit den Kindern um den Steinkreis.

Hannah erzählt dem weisen Mann vom Besuch beim Großvater und, dass er sich über die gemalten Bilder gefreut hat. „Dann hat er uns erzählt, wie er Oma kennengelernt hat", ruft Hannah ganz aufgeregt.

„Ich fand die Geschichte mit der Pfeife viel besser", meint David.

„Der Opa war richtig lustig und hat geschwärmt von alten Zeiten!", ergänzt Hannah und grinst verschmitzt. „Als Oma kam, hat er sie Mondauge genannt …"

„… Uuund geküsst hat die Oma ihn dann!", prustet David los.

„Jetzt weiß ich auch, warum das Zauberformeln sind", erklärt Hannah. „Der Opa war irgendwie ‚verzaubert'! Und, als ob er jetzt auch zaubern kann, hat er dann die Oma verzaubert! Er war so fröhlich, richtig glücklich und hat gar nicht mehr gemeckert!"

„Ja, ja, … der Rucksack des Lebens, er wird voller und immer voller", flüstert Hopi. „Man sollte ihn von Zeit zu Zeit leeren, sonst wird er zu schwer!"

„In meinem Rucksack waren heute Morgen lauter alte, vergammelte Sachen drin!" David erzählt dem weisen Mann sein Erlebnis, als er am Morgen die alten Chips und die Salamischeibe gefunden hat. „Aber ich habe auch meinen tollen Kompass wiedergefunden, der lag ganz unten drin!"

„Und genauso verhält es sich mit dem Rucksack des Lebens." Der Indianer steht auf und holt die mit einem Tuch umwickelte Glühbirne aus seiner Hütte. Viele Bänder in verschiedenen Farben schmücken mittlerweile das Gewinde des merkwürdigen Reisegefährts.

„Lust auf eine Reise durchs Leben?", fragt er die Kinder verschmitzt. „Ich habe Maisbrot und frische Tomaten. Ein guter Kräutertee aus Holunderblüten gehört auch zum Proviant!"

Nachdem Hannah und David dem alten Mann geholfen haben, alle Köstlichkeiten auf der großen Steinplatte abzustellen, setzen sie sich gemütlich in einen Kreis und schauen Hopi erwartungsvoll an.

„Einsteigen, meine wundervollen Reisegefährten, es geht dieses Mal zurück zu den Anfängen, zur Geburt eines Menschen. Dann führt die Reise durch ein ganzes Menschenleben hindurch! Seid ihr bereit?"

Hannah und David nehmen die Glühbirne in ihre Hände und haben nun wirklich das Gefühl, auf eine spannende Reise zu gehen. Vergessen sie nicht jedes Mal die Zeit und erinnern sich erst später wieder daran, dass sie im Schrebergarten sind? Es ist wie auf einer richtigen Reise, man ist ganz woanders.

Hopi hat aus seiner Hütte einen alten Lederrucksack mitgebracht und legt ihn neben die Glühbirne auf den Boden. „Wenn ein Mensch geboren wird", beginnt er, „dann kommt seine Seele von den Sternen irgendwo im Universum. Sie schlüpft in den Körper eines Babys, das im Mutterleib heranwächst. Wir Hopi-Indianer glauben, dass die Seele hier auf Erden eine Aufgabe hat und sich die Eltern, das Land und die Zeit selbst auswählt, in die sie hineingeboren wird."

„Wir haben uns Mama und Papa selbst ausgesucht? Cool! Gute Wahl!" David ist begeistert und klatscht Hannahs Hand. „Give me five!"

„Damit es richtig spannend wird, vergessen wir aber, was wir hier erledigen wollen, wenn wir geboren werden. Wie ihr bereits wisst, geht es dann nach ‚Mampapa'. Hier holt sich jede Seele ihre Ausrüstung ab. Erstmal holen wir unseren Körper. Er ist das Fahrzeug, das uns durch das Leben fährt."

Unser Geist besteht aus dem Unterbewusstsein, das alles speichert, was wir im Leben wahrnehmen und erleben. Es ist wie die Festplatte eines Computers. Es speichert wirklich alles, ununterbrochen Tag und Nacht."

„Woher weißt du denn etwas über Computer?", fragt David erstaunt. Hopi grinst verschmitzt. „Ich habe euch doch erzählt, dass ich an der Tankstelle in Frühlingsdorf kehren und aufräumen darf. Nun, der Tankstellenbesitzer war so freundlich, mir den Apparat zu erklären, den ihr ‚Computer' nennt. Er sagte mir, dass alles, was er mit den Tasten eintippt, im Computer auf einer Platte, die man ‚Festplatte' nennt, gespeichert wird. Nachdem die letzten Kunden weg waren und er die Tankstelle geschlossen hat, zeigte er mir, dass der Computer auch Bilder machen kann. Er drückte auf mehrere Tasten und ich sah ein kleines Männchen, das über Hindernisse sprang und bunte Kugeln einsammelte. Wenn das Männchen in einen Abgrund gefallen war, drückte der Tankwart ein paar Tasten und das Männchen begann sein Spiel erneut. ‚Neu laden', nannte der Tankwart das. Es ist ein verrücktes Spiel! Es macht den Kopf wirr und man erlebt nicht wirklich etwas!"

„Hopi spielt Computer!" David schüttelt sich vor Lachen. „Und du redest genau wie mein Opa! ‚Blesteischen', das ist kein richtiges Spielen!" Der Junge hält sich die Nase zu, um wie sein Großvater zu klingen.

„Das Beste an dem Computer ist, dass die Schublade mit den Münzen sich öffnet, wenn man auf eine Taste drückt", sagt Hopi.

Nun muss auch Hannah herzhaft lachen.

„Und du meinst, ich habe eine Festplatte in mir?", fragt David. „Und wo ist die? In meinem Kopf?" Der Junge trommelt leicht mit seiner kleinen Faust an seine Schläfe.

„Ja, so ähnlich. Das ist ein Vergleich. Alles, was ihr jemals gesehen, gerochen und gefühlt habt, wird in eurem Gedächtnis gespeichert. Wenn ihr auf eurem Computer ein Spiel spielt, dann speicherst ihr zwischendurch ab, was ihr schon erreicht habt. So ist das im Leben auch. Wir speichern alles, was wir erleben, ab. Gute und schlechte Erinnerungen, alles wird gespeichert!"

„Ein Computerspiel kann man aber immer wieder neu laden!", wirft David ein.

„In manchen Religionen glauben die Menschen an ‚Wiedergeburt'. Das bedeutet, dass man immer wieder auf die Welt kommt, um zu lernen, was man noch nicht weiß. Das ist auch so etwas wie ‚neu laden'." Verschmitzt schaut Hopi den Jungen an, der nun sprachlos ist.

Plötzlich hellt sich Hannahs Gesicht auf. „Dann ist der Tod in deren Glauben also ‚Spiel beenden – neu laden!' Das heißt doch, keiner würde wirklich sterben?"

„Ja, das würde es heißen, denn das wirklich Lebendige und Ewige an uns ist unsere Seele!" Hopi nimmt den alten Lederrucksack und legt ihn vor die Kinder auf die Steinplatte. „Statt einer Computerfestplatte können wir uns auch einen Rucksack vorstellen, in den wir im Laufe unseres Lebens alles Erlebte und alle Erinnerungen hineinpacken. Zu Beginn eines Lebens ist dieser leer und geschmeidig. Mit den Jahren füllen wir ihn immer mehr. Wir füllen ihn mit Erinnerungen! Ganz unten liegen unsere ersten Erinnerungen und wir gehen hin und packen oben immer wieder neue Erinnerungen drauf."

Hopi hebt die Hände zum Himmel und strahlt. „Der Rucksack unseres Lebens ist wie alles andere auch, ein magischer Rucksack. Er hat einen Trick!"

„Einen Trick? Wie meinst du das?" Hannah schaut den alten Lederrucksack des Indianers ganz genau an in der Hoffnung, irgendetwas Außergewöhnliches zu entdecken.

„Nun, ich zeige dir den magischen Trick!", verkündet Hopi und erhebt sich leichtfüßig.

„Das ist jetzt dein Lebensrucksack", erklärt er dem Mädchen und schnallt ihr das alte Lederstück auf dem Rücken. „Wie fühlt er sich an?"

Hannah legt ihre Hände unter die weichen Tragegurte. „Er ist leicht und bequem." Sie läuft ein Stück den Weg hinauf. „Man spürt ihn gar nicht!"

„So fühlt sich der Rucksack des Lebens an, wenn man geboren wird. Man spürt ihn gar nicht!"

Der weise Mann bittet David, im Garten dicke Steine zu sammeln.

„Steine? Wofür brauchen wir die denn?", fragt der Junge ganz erstaunt.

„Die sind für die Magie!", ruft der Indianer und breitet seine Arme zum Himmel.

David ist ganz aufgeregt. Er liebt diese spannenden Einfälle des alten Mannes sehr. Der Junge rennt kreuz und quer durch den Garten und schon kurze Zeit später hat er einen passablen Haufen Steine verschiedener Größe gesammelt.

„Und jetzt?" David ist ganz außer Atem.

„Jetzt schaust du noch in unseren Bastelkorb und entnimmst ihm alle Federn, die du finden kannst. Die legst du neben den Steinhaufen."

„Und ich?", fragt Hannah, die noch immer mit dem Rucksack auf dem Rücken da steht. „Was mache ich?"

Der Indianer nimmt das Mädchen an die Hand und führt sie zurück zum Steinkreis. „Du gehst jetzt durch das Leben!" Er nimmt ein Stück Kreide und malt Zahlen auf den Weg bis zur Tür seiner Hütte. „Das ist jetzt dein Lebensweg und die Zahlen zeigen dir, wie alt du bist! Geh ein Stück voraus, du bist jetzt fünf!"

Das Mädchen geht drei Schritte und bleibt bei der Fünf stehen.

„Heute ist dein Geburtstag, alle sind lieb zu dir, wir packen eine Erinnerung, bei der du eine gute Erfahrung gemacht hast, in deinen Lebensrucksack!"

Der Indianer nimmt eine bunte Feder und legt sie in den Sack auf Hannahs Rücken.

„Nun geh wieder ein Stück weiter, da steht eine Fünfzehn!"

Aufmerksam schreitet das Mädchen bis zur Zahl auf dem Weg.

„Du bist jetzt ein junges Mädchen und hast deinen ersten Liebeskummer", sagt der alte Mann. „Jetzt kommt eine Erinnerung, bei der du eine traurige Erfahrung gemacht hast! Dabei hattest du schlechte Gefühle." Er bedeutet David einen Stein in den Rucksack zu legen.

„Nun geh bis zur Zwanzig!", fordert der Indianer Hannah auf.

Hannah stellt sich an die Zwanzig und schaut Hopi erwartungsvoll an.

„Abitur bestanden!", sagt dieser und legt wieder eine bunte Feder in den Rucksack.

„Außerdem mit dem neuen Auto gegen ein parkendes Auto gefahren." Erneut winkt er David zu, einen kleinen Stein in den Rucksack zu legen.

„Jetzt gehe zur Dreißig! Du bist Mutter geworden! Freude hat dein Leben begleitet. Eine Feder in den Rucksack!"

David sucht eine besonders schöne, weiße Feder aus und legt sie hinein.

Hannah sieht das und sie spürt die Liebe zu ihrem Bruder. Ihr wird ganz warm ums Herz. „Meine Seele spricht mit mir", denkt sie und strahlt David an. Der Junge spürt diese Liebe sofort und auch seine Seele macht Freudensprünge. „Toll ist das mit der Liebe" denkt er.

„Gleich weiter zur Vierzig! Ein Mensch, den du gerne magst, ist alt und wird sehr krank! David, einen ganz dicken, schweren Stein!", fordert der alte Mann den Jungen auf.

„Das wird mir nun langsam zu schwer!", klagt Hannah.

„Fabelhaft!", ruft der weise Mann. „Erkennt ihr die Magie?"

Hannah befreit sich von dem schweren Gewicht des Rucksackes. „Schlechte Erfahrungen machen den Rucksack des Lebens schwer", sagt sie, „und die guten lassen ihn leicht sein wie eine Feder!"

„Das ist die Magie des Lebens!", jubelt Hopi. „Es gibt gute und schlechte Erinnerungen. Wenn du, David, mit deiner Hand auf eine heiße Herdplatte gekommen bist, war das ein Erlebnis. Wurdest du dann von deinen Eltern liebevoll umsorgt, wird dieses Erlebnis zu einer guten Erinnerung, weil du, wenn du dich daran erinnerst, Freude verspürst über die erhaltene Liebe deiner Eltern. Obwohl du dir wehgetan hast, ist die Erfahrung, dass man nicht auf heiße Herdplatten fassen darf, mit einer guten Erinnerung verbunden, denn du hattest ein gutes Gefühl, weil du umsorgt und geliebt wurdest."

Hopi schaut die Kinder lange an. „Wenn nun ein Kind, das sich an der Herdplatte verbrannt hat, von seinen Eltern fürchterlich angeschrien und ausgeschimpft wird, womöglich noch gesagt bekommt, was für ein dummes Kind es doch sei, dann wird das gleiche Erlebnis zu einer schlechten Erinnerung, obwohl eigentlich genau das Gleiche passiert ist. Die Erfahrung ist die gleiche, man darf nicht auf heiße Herdplatten fassen aber hier hat das Kind eine schlechte Erinnerung an dieses Erlebnis, denn es wurde schlecht behandelt, als es Schmerzen hatte.

*Die gleiche Erfahrung kann eine gute
oder eine schlechte Erinnerung hinterlassen.*

*Ist ein Erlebnis mit einem guten Gefühl verbunden,
ist auch die Erinnerung daran schön.*

*Löst ein Erlebnis dagegen schlechte Gefühle aus,
so ist die Erinnerung daran unangenehm.*

„Wenn ihr euch einmal umschaut, draußen in der Stadt oder in den Geschäften", sagt der alte Indianer, „da werdet ihr es feststellen. Menschen, denen es meistens gut geht, laufen federnden Schrittes und mit geradem Rücken sowie mit einem freundlichen, offenen Gesicht durch das Leben. Ihre Blicke sind wach und fröhlich und die Schultern gerade. Kein Wunder! Ihre Lebensrucksäcke sind leicht! Das strahlen sie aus und bekommen mehr Freude und Glück zurück!"

Hopi schnallt sich den Rucksack um, nachdem er alle Steine daraus entfernt hat und springt lockeren Fußes durch den Garten.

„Andere wiederum", fährt der weise Mann fort und belädt den Rucksack mit einer wirklich großen Menge Steine, „die laufen mit hängenden Schultern, krummen Rücken und trübem Blick durchs Leben! Kein Wunder", stöhnend hängt sich der alte Mann den wirklich schweren Rucksack über die Schulter und taumelt, halb gebeugt, über den Gehweg, „bei den Steinen, die sie angesammelt haben! Das strahlen diese Menschen auch aus und … sie bekommen das, was sie ausstrahlen!"

„Ich will auch mal!", ruft David und läuft zu Hopi. Dieser lässt den Rucksack mit Schwung auf den Boden plumpsen. David zieht und zerrt an dem alten Ding. „Mensch, ist der schwer, den kann ja keiner tragen!"

„Und doch tragen die meisten Menschen im Laufe ihres Lebens solche enormen Lasten mit sich herum", gibt Hopi den Kindern zu verstehen. „Manche Steine sind so schwer, dass man sie wirklich nicht tragen sollte. Menschen verlieren Freunde und Verwandte in Kriegen, das sind dann Steine so schwer wie Betonbrücken!"

„Aber wenn man so etwas erlebt hat, wie soll man dann solche Steine wieder aus dem Rucksack rausbekommen?" Hannah ist ratlos.

Hopi deutet den Kindern, sich wieder um den Steinkreis zu setzen.

„Was macht ein Kapitän, wenn sich auf seinem Schiff zu viel Müll angesammelt hat?"

„Das weiß ich!", ruft David. „Er wirft den Krempel einfach über Bord!"

„Du hast es! Und genauso sollte der Mensch seinen Rucksack einfach mal leeren! Den Müll, die alten Steine! Weg damit!"

„Aber …", protestiert Hannah.

Hopi unterbricht das Mädchen sanft und lächelt. „Dieses ‚Aber' wiegt alleine so viel wie tausend Steine!"

Fragend schaut Hannah ihn an.

„Es gibt kein „Aber" in diesem Fall und wenn doch, dann wird man den Krempel nie los! Denn genau dieses „*Aber* ich kann nicht, *aber* es war doch so schrecklich …, *aber* der andere war doch schuld … *aber* … *aber, aber* …, das hält die Steine fest in dem Sack. Die Last, die der Mensch trägt, bürdet er sich selbst auf, indem er den ‚Krempel' festhält", erklärt Hopi.

„Und wie schmeißt man den über Bord?", fragt Hannah den weisen Mann. „Der Opa, zum Beispiel, der hat so viel Schlimmes erlebt, als Krieg war und so!"

„Wenn man anderen Menschen verzeihen kann, verliert man solche Steine. Würde man dies nicht machen, dann hätte man sehr, sehr viel Groll in sich. Und Groll ist ein wirklich dicker Stein, der immer größer wird, je öfter man mit Groll an die Erinnerung denkt."

Hopi macht eine ausladende Handbewegung. „Wichtig ist auch, dass man sich selbst verzeihen kann, wenn man etwas falsch gemacht hat. Auch hier verliert man ziemlich schwere Steine!"

„Man muss sich selbst verzeihen?" Darüber hat David noch nie nachgedacht.

„Das ist ganz wichtig, denn Schuld ist ein ganz besonders schwerer Stein. Schuld ist ein Energiedieb! Denk doch mal nach!", fordert der alte Mann den Jungen auf. „Stell dir mal vor, du bist ganz wütend auf Hannah, weil du dich vielleicht von ihr verletzt fühlst und sagst etwas fürchterlich Böses zu ihr, weil du sie nun auch verletzen willst. Dann habt ihr ein schlimmes Erlebnis.

Ihr liebt euch aber, also werdet ihr euch wieder vertragen. Hannah wird dir sagen, dass sie dir verzeiht, damit ist der Stein aus *ihrem* Rucksack heraus, denn dadurch hat sie das schlechte Erlebnis in ein gutes umgewandelt, das ihr ein friedvolles Gefühl gibt.

Du fühlst dich aber immer noch schuldig und hast ein schlechtes Gewissen. Das ist eine schlechte Erfahrung, also ein Stein! Erst, wenn du dir dann auch verzeihst, ist der Stein raus aus *deinem* Rucksack!"

Hopi nimmt einen schweren Stein und lässt ihn ins Gras plumpsen. „Die Menschen sagen auch, wenn sie sich wieder vertragen: ‚Da ist mir aber ein Stein vom Herzen gefallen!' Wie ihr seht, kann man diese Steine auch wieder loswerden", erklärt er den Kindern.

David grinst und wendet sich an Hannah. „Hast du einen Stein von mir im Rucksack? Bin ich irgendwo ‚die Schuld'?", fragt er seine Schwester und spielt mit ihrem Zopf. „No, Sir!", sagt sie und umarmt ihn lachend. „Aber ist es nicht schwer, jemandem zu verzeihen, der einem ganz schlimme Dinge angetan hat?" Hannah denkt an ihre Freundin Betty, deren Mitmenschen in ihrem Land so furchtbar leiden müssen.

„Es ist schwer, wenn man gewisse Dinge nicht weiß, aber leicht, wenn man weiß, wie das Universum funktioniert!", meint Hopi. „Aber wir reisen ja noch. Das Ziel ist ganz nah!"

„Ob Opa wohl viel mit sich rumschleppt?", fragt Hannah.

„Es wird eine ganze Menge sein, denn euer Großvater ist nicht immer glücklich und zufrieden", meint der weise Mann. „Ihr habt ein wundervolles Sprichwort, das sagt: ‚Mach es wie die Sonnenuhr, zähl die heiteren Stunden nur!'"

„Und was heißt das genau?", fragt Hannah.

Hopi erklärt den Kindern die Sonnenuhr. „Eine Sonnenuhr funktioniert nur, wenn die Sonne scheint, weil die Schatten des Zeigers die Zeit anzeigen. Also zählt sie nur die sonnigen Stunden. Das heißt also, dass Menschen Dinge, die gut laufen, in ihrem Gedächtnis behalten sollen und weniger gute besser streichen sollen. Es ist ohnehin müßig, über Vergangenes nachzudenken, weil es vorbei ist."

Hopi erhebt sich und schaut die Kinder aufmunternd an. „Wir erfahren jetzt etwas über die Magie des Verzeihens! Ich glaube, wir haben noch etwas Zeit, einen Bummel durch den Supermarkt zu machen!"

Hannah und David schauen sich fragend an.

„Steht auf, Kuwanyauma und Kwahu, wir müssen die Regale füllen!", sagt Hopi und läuft zu seiner Hütte.

„Das ist ja wieder richtig spannend!" Das Mädchen lacht und gemeinsam mit ihrem Bruder folgt sie Hopi. Dieser ist bereits damit beschäftigt, zwei Regale in seiner Wohnung leerzuräumen.

„So", sagt er, „das wäre geschafft!" Der alte Mann läuft behände zu seinem alten Küchenschrank und fordert die Kinder auf, alle Lebensmittel in die Regale zu sortieren. Begeistert und voller Spannung, was der Indianer sich jetzt wieder ausgedacht hat, arbeiten sie mit viel Schwung und Freude. Schokolade, Tomaten, Mehl, eine Schere, eine alte Pfeffermühle, Zucker und vieles mehr landet in den Regalen.

„Ich will das ein bisschen sortieren!", ruft Hannah, als David alles wild durcheinander abstellt.

„Du hast auch dicke Bohnen?", fragt sie Hopi, während sie eine Dose auf das Regal stellt.

„Du magst keine dicken Bohnen?" Hopi lacht. „Das ist ja fabelhaft! Dann kann unser Experiment beginnen!"

„Ich mag die auch nicht", pflichtet David seiner Schwester bei.

„Prima!", ruft Hopi, „und jetzt dürft ihr einkaufen! Jeder nimmt sich einen kleinen Korb aus der Ecke und kauft vier Teile ein. Na, los, los!", spornt er die Kinder an.

„Cool!" David grinst und nimmt sich einen alten, braunen Korb, dessen Griff mit dickem, rotem Bast umwickelt ist.

„Was nehme ich denn?", flüstert er vor sich hin. Dann greift der Junge zu einem Glas Erdnussbutter, einer Möhre, einer Tafel Schokolade und der alten Pfeffermühle."

„Die wollte ich eigentlich haben!" Hannah schaut sehnsüchtig auf das merkwürdige Gebilde.

„Okay", renkt David ein, „dann nehme ich den Korkenzieher!"

„Und was jetzt?", fragt Hannah. Beide Kinder haben ihre Einkäufe getätigt.

„Was ist mit den dicken Bohnen?" Hopi schaut die Kinder an.

„Die sind eklig, die will ich nicht!" Hannah macht keine Anstalten, die Bohnen auch nur anzuschauen.

„Und jetzt!", ruft Hopi, „kommt die Magie!"

„An etwas denken, ist wie Gedanken ‚einkaufen!' Und wie ihr wisst, schaffen Gedanken eure Wirklichkeit! Ihr tut sie in euren Korb oder Lebensrucksack. Schlechte Erinnerungen sind Steine in eurem Rucksack und wenn ihr immer wieder an sie denkt, kauft ihr sie immer wieder ein! Denkt an die Kerzen unter dem Topf mit Wasser! Mit traurigen Gedanken schafft ihr immer wieder schlechte Erlebnisse! Und dadurch wird eine schlechte Erinnerung zu Hunderten von Steinen im Lebensrucksack, weil ihr sie immer wieder neu erschafft!"

Hopi nimmt Hannahs Einkaufskorb. „Warum macht ihr es nicht wie im Supermarkt? Sachen, die ihr eklig findet, schaut ihr euch gar nicht erst an. Ihr beachtet sie gar nicht! Wie die dicken Bohnen! Ihr lasst sie gedanklich ‚los'! Etwas ‚loslassen' bedeutet, einer Sache keinerlei Beachtung zu schenken, so als ob etwas nie da war.

„Das ist dann ja ganz einfach! Man darf schlechte Erinnerungen nicht mehr einkaufen!" Hannah ist beeindruckt.

Hopi geht an das Regal und stellt sich vor die Dose mit den dicken Bohnen.

Er beginnt vor ihnen auf und ab zu laufen, holt sie aus dem Regal, wirft sie auf den Boden und tritt mit dem Fuß dagegen. Dann rennt er, indem er fürchterliche Verrenkungen macht, in eine Ecke des Raumes, dreht sich um und lässt sich auf den Boden fallen. Der alte Mann robbt zu der Dose mit den Bohnen, nimmt sie in die Hände und ruft: „Ihr seid eklig, ich mag euch nicht!" Er versteckt sie hinter einem Stuhl, dreht sich um, setzt sich auf den Boden und legt seinen Kopf auf die Knie.

Fassungslos beobachten die Kinder das Schauspiel. David grinst Hannah schelmisch an.

Hopi beugt sich vor, holt die Dose mit den Bohnen hinter dem Stuhl hervor und stellt sie wieder ins Regal. Er steht auf, dreht einen Kreis um den Tisch herum und nimmt die Dose erneut und stößt sie mit dem Fuß unter den Tisch.

„Was genau machst du da eigentlich?", fragt Hannah den sonst so ruhigen, weisen Mann.

Dieser schaut auf, als ob er erst jetzt merkt, dass die Kinder im Raum sind und antwortet: „Ha! Ich mache das, was ihr mit euren schlechten Erinnerungen macht. Ich packe sie immer wieder aus! Habt ihr jemals erlebt, dass ihr im Supermarkt Dingen, die ihr nicht mögt, so viel Aufmerksamkeit schenkt?"

„Nein, natürlich nicht!" Hannah schüttelt den Kopf.

„Und warum macht ihr das dann mit euren schlechten Erinnerungen?", fragt der Indianer. Seine schwarzen Haare sind nun noch struppiger als sonst und seine Augen glänzen.

„Schon gut, ich hab's verstanden", meint Hannah.

David starrt Hopi mit großen Augen an. „Das war so abgedreht! Hopi, ich glaube, ich werde nie mehr schlechte Erinnerungen einkaufen!"

Hopi strahlt. „Magie wirkt immer!", sagt er und lacht.

„Denken heißt erschaffen!", erinnert Hopi die Kinder. „Ihr habt in ‚Mampapa' die Gedanken bekommen, um damit euer Leben zu gestalten. Wenn man immer wieder an schlimme Dinge denkt, erschafft man diese ständig neu! Das *Allumfassende Licht* hat euch den freien Willen gegeben zu erschaffen, was ihr wollt. Es zeigt euch aber mit der ‚inneren Stimme', ob es gut ist, was ihr erschafft!"

Etwas „loslassen" bedeutet, einer Sache oder einem Erlebnis
keinerlei Bedeutung zu schenken.
So, als wenn etwas nie da war und nicht zu unserem Leben gehört.

„Ich erzähle euch jetzt noch eine kleine Geschichte und damit beenden wir unsere heutige Reise durchs Leben."

Das Geheimnis der Zufriedenheit

Hopi beginnt: „Es lebte vor langer Zeit ein reicher Sultan in einem fernen Land. Er hatte alles, was sein Herz begehrt. Eine wundervolle Familie, er aß die besten Speisen und sammelte immer neue Reichtümer aus fernen Ländern an. Aber er war nicht glücklich, denn auch seine Sorge wuchs, dass er alles verlieren könnte. Selbst die schönsten Dinge machten ihm keinen Spaß mehr.

So ließ er seinen Minister kommen und fragte ihn, ob er glücklich und zufrieden sei. Dieser antwortete: ‚Ach Herr, du weißt doch, wie es ist, mal bin ich es, und dann wieder nicht, die Sorgen und die Last der Regierung!'

‚Aber es muss doch jemanden geben, der zufrieden ist!', rief der Sultan.

Er fragte seine Familie, sein Personal, aber niemand konnte ihm helfen. Als Letztes fragte er einen seiner Diener. Dieser antwortete ganz verschüchtert: ‚Herr, ich bin in Eurem Dienst und Ihr seid ein guter Herr, ich bin zufrieden, aber manchmal kommen auch Sorgen und Probleme', doch er fügte schnell hinzu, ‚die aber nichts mit Euch zu tun haben!'

Ungeduldig erhob der Sultan sein Arm in die Luft und rief erneut: ‚Aber es muss doch jemanden geben, der zufrieden ist!'

‚Herr', stammelte da der Diener, ‚ich kenne da einen, der lächelt den ganzen Tag und seine Augen strahlen immer!'

Der Sultan sprang auf und befahl dem Diener, diesen Mann sofort in sein Schloss zu bringen. Erschrocken wich der Diener zurück und versprach, den Mann zu holen.

Eine kurze Zeit später kam er in Begleitung eines einfachen, alten Mannes, der nur mit einem weißen Lendenschurz bekleidet war, zurück. Misstrauisch beäugte der Sultan den Mann. Aber ein Blick in dessen strahlende Augen ließen sein Gesicht weich werden.

‚Ich habe gehört, Ihr seid ein glücklicher und zufriedener Mann', begann der Sultan.

‚Ja, Herr', antwortete dieser mit einem Lächeln.

‚Und …?', fragte der Sultan, ‚Was tust du, um glücklich und zufrieden zu sein?'

Der Alte antwortete mit einem milden Lächeln: ‚Wenn ich liege, dann liege ich. Wenn ich aufstehe, dann stehe ich auf. Wenn ich gehe, dann gehe ich und wenn ich esse, dann esse ich!'

Der Sultan platze heraus: ‚Bitte treibe keinen Spott mit mir. Was du sagst, das tue ich auch. Ich schlafe, ich esse, ich gehe. Aber ich bin nicht glücklich und zufrieden. Also, was ist das Geheimnis?'

Es kam wieder die gleiche Antwort: ‚Wenn ich liege, dann liege ich. Wenn ich aufstehe, dann stehe ich auf. Wenn ich gehe, dann gehe ich und wenn ich esse, dann esse ich!'

Die Unruhe und den Unmut des Sultans spürend, fügte der alte Mann hinzu: ‚Sicher liegt auch Ihr und Ihr geht auch und Ihr esst. Aber während Ihr liegt, denkt Ihr schon ans Aufstehen und während Ihr aufsteht, überlegt Ihr schon, wohin Ihr gehen müsst und während Ihr geht, fragt Ihr Euch, was ihr essen werdet!'

Fragend schaut der Sultan den alten Mann an.

Dieser fährt fort: ‚So sind Eure Gedanken ständig woanders und nicht da, wo Ihr gerade seid. Aber das Leben findet immer *genau jetzt* statt und nicht in der Vergangenheit oder in der Zukunft. Weil Ihr immer mit den Gedanken entweder in der Vergangenheit oder in der Zukunft seid, habt ihr nie die Chance, wirklich zu leben. Denn das Leben ist immer der Augenblick, also *gerade jetzt!* Wenn ihr immer im ‚Jetzt' wirklich da seid, sind auch Eure Gedanken im ‚*Jetzt*' und Ihr würdet Euch nie an schlimme Dinge erinnern, denn sie sind in der Vergangenheit geschehen. Auch würdet Ihr Euch nie Sorgen machen, was alles passieren kann, denn das liegt in der Zukunft. Wenn Ihr so lebt, seid Ihr glücklich und zufrieden.'

Der alte Mann machte eine leichte Verbeugung vor dem Sultan und verschwand.

Sein Lächeln erhellte noch lange Zeit den Raum."

„Das war eine ganz tolle Geschichte, Hopi!" Hannah ist wieder einmal beeindruckt von den wundervollen Geschichten des alten Indianers.

„Und das ist wieder wie Zauberei", sagt sie. „Das stimmt ja. Wenn man immer nur an das denkt, was man gerade tut, dann kann man gar nicht mehr an blöde Sachen denken, die einem passiert sind oder noch passieren könnten."

„Du hast recht, kleine Kuwanyauma, das ist ein ganz großer Zauberspruch für ein wundervolles Leben! Darin liegt auch die Macht des Verzeihens. Wenn ihr immer im ‚Jetzt' seid, verzeiht ihr automatisch anderen, was sie euch einmal angetan haben, denn ihr denkt gar nicht mehr daran!

Die Vergangenheit ist endgültig vorbei.
Die Zukunft noch nicht da.
Wir leben nur im „Jetzt", genau in diesem Moment!
Das, was wir gerade „jetzt!" denken, erschafft unsere Zukunft.

Wenn die Menschen mit ihren Gedanken immer bei dem wären,
was sie gerade tun, gäbe es keine Steine aus der Vergangenheit!

Hopi umfasst mit beiden Händen die Glühbirne. Blitzschnell legt David seine Hände um die des Indianers und grinst Hannah an, die sogleich die Hände ihres Bruders umschließt.

„Wir verlassen jetzt unseren wunderbaren Reiseort und bedanken uns für die gemeinsamen Erlebnisse!"

Hopi steht leichtfüßig auf. Er umarmt erst Hannah und dann David.

„Und vergesst nicht, ihr lebt immer nur gerade jetzt, in diesem Moment. Denkt daran, wenn ihr in Ägypten seid. Es ist ein großartiges Land voller Geheimnisse."

„Wir sehen uns morgen früh noch, weil wir uns von Oma verabschieden." Hannah wischt sich unbemerkt eine Träne aus dem Auge. David klammert sich an Hannahs T-Shirt. Plötzlich erinnert sich der Junge an das Kindergartenfest. „Wie hast du das mit den Schmetterlingen gemacht?", fragt er den alten Indianer.

„Das ist das Natürlichste der Welt", erklärt Hopi den Kindern. „Eure Haustiere zum Beispiel wissen immer genau, was ihr denkt und fühlt. Sie nehmen das wahr. Sprache ist ein Verständigungsmittel der Menschen. Tiere haben viel feinfühligere Möglichkeiten die Absichten der Menschen zu erkennen. Haustiere gehen nicht gerne zum Tierarzt, weil die Impfungen ihnen Schmerz bereiten. Ihr könnt hundert Mal mit eurem Tier zum Spazierengehen in den Wald gefahren sein. Sobald ihr es ins Auto setzt, um zum Tierarzt zu fahren, dann weiß es das, weil ihr bereits die Bilder der Arztpraxis im Kopf habt. Darum wird das Tier dann nervös. Es ‚liest' in euren Gedanken. Menschen wie ich, die das ganze Leben mit der Natur gelebt haben, sprechen auf die gleiche Weise mit den Waldtieren. Schmetterlinge sind besonders lustige und spielfreudige Gesellen und mögen es sehr, wenn man sie zum Spiel einlädt. So, und nun schnell nach Hause!", fordert Hopi die Kinder auf.

Frau Fischer steht bereits am Zaun und wartet. Lachend winkt sie dem weisen Indianer zu und fährt mit den Kindern nach Hause.

Der Beginn einer Freundschaft

Die Sonne steigt langsam am Horizont auf, um den neuen Tag zu begrüßen. Frau Fischer weckt die Kinder, die aufgeregt aus den Betten springen.
„Mensch!", ruft David seiner Schwester zu. „Die Mumien warten!" Der Junge kneift seine Augen zusammen und formt den Mund zu einem Schlitz. Die Arme waagerecht nach vorne gestreckt, läuft er mit steifen Schritten durch Hannahs Zimmer.
„Du nervst echt, David!" Hannah mag keine Mumien. Sie findet, dass diese bandagierten Körper gruselig aussehen. David geht mit ausgestreckten Armen und roboterhaften Schritten hinter Hannah her, während er röchelnde Geräusche von sich gibt.

„Oh, hier scheint einer krank zu sein!" Herr Fischer steckt seinen Kopf zur Tür hinein und zwinkert Hannah zu. „Ich glaube, wir müssen David zu Oma bringen. So wie der röchelt, hat er eine starke Erkältung und kann nicht mit in den Urlaub fahren!"

David dreht sich zu seinem Vater um. „Mumien haben keine Erkältung", röchelt er mit dumpfer Stimme und stakst auf seinen Vater zu.

„Ach, du bist eine Mumie! Das ist ja etwas ganz anderes!" Herr Fischer fasst seinen Sohn an den Schultern. „Dann müssen wir dich in eine große Kiste packen für den Transport nach Ägypten!"

Lachend laufen die Kinder mit ihrem Vater nach unten. Ein reichhaltiges Frühstück wartet im Esszimmer. Onkel Hubert, der Freund von Opa, ist bereits da, um die Familie zum Flughafen zu fahren.

Nachdem alles im Auto verstaut ist, kontrolliert Herr Fischer noch einmal die Reisepässe und das Handgepäck der Kinder. „Alle einsteigen!", ruft er den Kindern zu und gemeinsam laufen sie zu Onkel Huberts großem Geländewagen, der vor der Haustür steht.

„Ich habe eure Großmutter schon in den Schrebergarten gebracht", berichtet der Jäger den Kindern, nachdem sie losgefahren sind. „Sie will euch noch ein bisschen was für die Fahrt geben!" Er zwinkert den Geschwistern zu. „Wir halten hier noch mal an!"

Die alte Dame steht am Gartentor und empfängt die Kinder mit einem freundlichen Lächeln.

„Alles, was Fischer heißt, Oma verabschieden", ruft Herr Fischer. Er steigt aus und nach einigen Umarmungen und guten Wünschen geht es zum Auto zurück. Auch Hopi steht an seinem Gartentor und winkt.

„Tschüss, Oma!" Hannah und David laufen noch schnell zu ihrem alten Freund.

„Leicht wie Vögel sollt ihr durch die Lüfte schweben." Der Indianer reicht jedem der Kinder eine weiße Feder mit schwarzen Spitzen. „Nehmt sie mit, diese Federn kennen den Heimweg, und grüßt die Pyramiden von mir!"

Das Reisefieber greift nun langsam auf die Familie über. Winkend und schwatzend geht es zurück zum Auto. Onkel Hubert fährt los und die Kinder beobachten, wie die Schrebergartensiedlung immer kleiner wird. Täuschen sie sich oder geht da die Großmutter zum Garten des alten Indianers? Tatsächlich, die Kinder haben richtig gesehen!

Langsam und ein wenig zögernd öffnet die alte Dame das Gartentor und geht zu dem bunt bemalten Gatter des alten Mannes. Hopi steht da und schaut ihr liebevoll ins Gesicht. Die Oma betrachtet den alten Indianer genauer und spürt seinen warmen, freundlichen Blick.

„Ich habe da einen Tee", beginnt sie, „eine ganz besondere Sorte. Das Rezept ist von meiner Großmutter. Sie sagte immer, dieser Tee verjage ein bisschen die Einsamkeit. Ich weiß nicht, ob das so ist, denn bis jetzt habe ich ihn immer mit meinem Peter gemeinsam getrunken."

„Probieren wir es aus", schlägt der Indianer vor. „Ich spendiere Maiskekse dazu."

„Wir könnten uns auf die Bank setzen, ich habe sie gerade abgewischt und eine Tischdecke habe ich auch schon aus dem Schrank …" Aufgeregt eilt die alte Dame in ihren Schrebergarten, immer noch vor sich her murmelnd: „Servietten vielleicht … und einige Kissen … eine Fußbank …"

Kurze Zeit später sitzen sie gemeinsam an dem hölzernen Tisch im Garten der Großeltern und genießen die frühe Morgensonne: Eine weißhaarige, alte Dame und ein von der Sonne gebräunter Indianer, dessen Falten an die zerklüfteten Berge der Canyons im Morgenlicht erinnern.

„Er ist kein schlechter Mann, mein Peter, müssen Sie wissen …", die alte Dame schaut verlegen auf ihre Hände. „Die Erinnerungen sind es, die ihn immer wieder plagen und die das Misstrauen Fremden gegenüber hervorrufen. Er hat es nicht immer leicht gehabt … damals in Berlin …"

Hopi nimmt die Hände der alten Frau in seine und schaut ihr in die Augen.

„Aber er hat Sie, Frau Liebig, und das kann ihn immer noch zum glücklichen Menschen machen …"

Eine leichte Röte steigt in das Gesicht der Großmutter. „Meinen Sie wirklich? Ach, Herr Hopi …!" Sie lächelt, denn die netten Worte des Indianers tun ihr gut.

„Aber soll ich Ihnen etwas sagen?" Der weise Mann räuspert sich. „Ich glaube, Ihr Mann ist ein glücklicher Mann, nicht immer zufrieden, aber dennoch glücklich. Die Gewohnheit ist es, die ihm zu schaffen macht. Früher war man misstrauisch, also ist man es heute auch noch! Früher wurde man überall beobachtet, also glaubt man, es ist immer noch so. Es sind die Gewohnheiten, Frau Liebig, die ihm so manchen Tag versauern!"

Die Oma schaut gedankenverloren vor sich hin. „Ich glaube, Sie haben recht. Manchmal habe ich das Gefühl, die Zeit rast, aber dann glaube ich auch, sie ist irgendwie mein ganzes Leben lang stehen geblieben."

„Warum glauben Sie das?" Der Indianer lächelt.

Die Großmutter schaut auf ihre Hände. „Sehen Sie selbst", beginnt sie, „meine Hände! Sie sind voller Altersflecken und Falten, und mein Gesicht wird nicht anders aussehen." Sie streicht mit den Händen über ihre Wangen. „Ich habe heute noch nicht in den Spiegel geschaut, aber gestern war es noch so!" Sie lacht. Dann beugt sich die alte Dame vor und flüstert: „Und, soll ich Ihnen mal etwas ganz Verrücktes verraten?"

Hopi grinst. „Ein Geheimnis?", fragt er.

„Ein großes Geheimnis," antwortet die Oma, „und ein verrücktes obendrein. Machen Sie sich jetzt auf etwas gefasst!"

Die alte Dame steht auf und stützt sich mit den Händen auf den Tisch. „Mein verrücktes Geheimnis ist, dass ich mich innerlich noch so fühle wie ein junges Mädchen. Ich werde rot, wenn man mich beim Schwindeln ertappt, ich denke und fühle noch genauso wie früher. Ich schwärme sogar immer noch für schöne Helden in Filmen und träume davon, eine Prinzessin mit langen, blonden Haaren zu sein. Wenn ich daran zurückdenke, wie ich meinen Peter kennengelernt habe, rieche ich wieder das Bohnerwachs in der alten Bibliothek. Ich erinnere mich sogar noch ganz genau an die

Kleidung, die ich an diesem Tage trug, damals, vor über vierzig Jahren! Ist das nicht verrückt?"
Die Großmutter setzt sich wieder und stützt ihre Ellbogen auf den Tisch. „Und als mich mein Enkel, der David, ein Prachtbub ist der ja und schlau", schwärmt sie, „als er mich neulich gefragt hat, wann Menschen böse werden, musste ich wieder an den Krieg denken, wie ich mich versteckt habe in einem Loch. Ich habe wieder die Erde gerochen, wie damals, und die Angst gespürt, als ob es gerade jetzt passiert! Das ist verrücktes Gerede einer alten Frau, nicht wahr?"

„Nein, das ist es ganz sicher nicht", beruhigt sie der weise Mann. „Und ich sage Ihnen jetzt eine Wahrheit des Universums, die lässt Sie auf Wolken schweben, liebe Helene!"

Frau Liebig errötet. „Ach, wenn Sie das so sagen, da komme ich mir ja noch jünger vor!"

„Nun, das sind Sie auch ... und auch wieder nicht!", lacht der Indianer.

Fragend schaut die alte Dame den weisen Mann an.

„Es ist nämlich so", erwidert Hopi. „Der Mensch besteht aus einer Seele, einem Geist und einen Körper. Der Körper dient uns als Fahrzeug durchs Leben. Viel muss er verkraften und viel muten wir selbst ihm auch zu. Er wird dann irgendwann schwach und alt, obwohl er es nicht unbedingt muss. Es gibt Mönche im Himalaja, die sind über hundert Jahre alt und sehen dennoch aus wie junge Männer. Und jetzt kommt es, liebe Helene: Unsere Seele ist unsterblich, sie altert nie und unser Geist auch nicht. Deswegen sind Sie eigentlich jung. Denn in Wahrheit sind Sie Ihre Seele. Hier bei Ihnen sagt man ‚das innere Kind' bleibt ewig jung. Nun das stimmt auch, denn das ‚innere Kind' bezeichnen wir Hopi-Indianer als den ‚großen Geist' oder die ‚Seele'."

Die Großmutter strahlt den weisen Mann an, und wenn man genau hinschaut, streift ein Hauch Jugend ihr immer noch schönes Gesicht.

„Auf der anderen Seite sind wir ‚uralt', weil unsere Seele ewig ist!", erläutert der weise Mann. „Es ist vollkommen normal, dass für Sie innerlich die Zeit stehen geblieben ist. Für die Seele gibt es keine Zeit, nur Erleben, Erkenntnis und Erfahrung in der Ewigkeit! In Wahrheit ist die Seele weder jung noch alt, sondern ein Teil der Ewigkeit, die keine Zeit kennt. Die Seele IST einfach!"

Vergangenheit, Gegenwart und Zukunft sind für die Seele nicht vorhanden.
Sie kennt nur das Hier und Jetzt.
Und das findet immer und ewig in jedem Moment statt.

„Das ist ja erstaunlich, was Sie da sagen", meint die alte Dame. „Aber ich fühle, dass es tatsächlich so ist!" Sie schüttelt den Kopf und fängt an, herzhaft zu lachen, das Lachen einer jungen Frau.

„Dann frage ich mich doch wirklich", sagt sie unter Lachtränen, „warum wir uns eigentlich über alles so aufregen?"

„Weil das wahre Wissen den Menschen nicht gelehrt wird", pflichtet ihr Hopi bei. „Alte Überlieferungen, wahrhaft weise Schriften, sind in allen Jahrhunderten verschwunden oder den normalen Menschen unzugänglich gemacht worden. Es gab unter den Herrschenden niemals ein Interesse, dass der Mensch erkennt, wie machtvoll er ist."

„Machtvoll?", fragt die alte Dame.

„Ja, ich denke schon", bestätigt der weise Mann. „Es gibt uralte Schriften, darin heißt es, dass wir unsterbliche Seelen sind, Schöpfer unserer eigenen Wirklichkeit und immer wieder auf Reisen gehen! Und das", bekräftigt der Indianer, „macht uns doch wirklich zu machtvollen Wesen!"

Die Seele des Menschen altert nicht, weil es für sie weder Zeit noch Raum gibt.
Sie bleibt ewig jung.
Erlebnisse, die Jahre zurückliegen, geschehen für die Seele gerade erst jetzt.
Sie kennt keine Zeit.
Deshalb spüren wir auch, wenn wir an längst vergangene Erlebnisse denken,
dass Gerüche, Gefühle und Geräusche wieder wach werden!

„Woher kommen Sie eigentlich, Herr Hopi?", fragt die alte Dame den weisen Mann, „und wo werden Sie hingehen? Sie sind ein ganz besonderer Mensch, ein Prophet vielleicht, was weiß ich, aber Sie werden ganz bestimmt nicht für immer in einem Schrebergarten in Frühlingsdorf bleiben!"

„Was ist für immer?", fragt Hopi die Großmutter und zwinkert ihr zu. „Schon vergessen? Die Seele kennt keine Zeit!"

„Die Kinder mögen Sie", meint die alte Dame. „Es wäre gut, wenn sie noch ein bisschen Zeit mit ihnen verbringen könnten!"

„Cheveyo", das ist ein Wort in Hopi-Sprache", antwortet der Indianer, „es heißt ein Cheveyo hat viele Wohnsitze!"

Der Indianer erhebt sich und nimmt die alte Frau in den Arm. „Liebe Helene", sagt er, „überall, wo man einmal gewesen ist, bleibt immer etwas von uns zurück für die Ewigkeit! Man kann es fühlen und manchmal sogar hören."

Rückkehr aus Ägypten

Am Zoll herrscht großes Gedränge. Nur zwei der vier Schalter sind geöffnet und es geht langsam voran. Gerade sind drei Flugzeuge angekommen. Die Passagiere sind braun gebrannt, denn sie waren auf den Malediven, auf Bali oder in Ägypten. David und Hannah stehen mit ihren Eltern in einer der Schlangen, die sich am Zollschalter gebildet haben. Ungeduldig zappelt David an der Absperrung herum. In Gedanken ist er noch am Roten Meer beim Schnorcheln.

„Der Urlaub ist sooo schnell vorbeigegangen", stöhnt er und legt den Kopf an Hannahs Schulter.

Auch Hannah fiel der Abschied von Ägypten schwer. Anders als David vermisst sie die gigantischen Pyramiden und die geheimnisvollen Tempel und Gräber mit ihren unglaublich schönen Wandmalereien. Viele offene Fragen, die das Leben der alten Ägypter betreffen, schwirren in ihrem Kopf herum. Sie hat auf Wandmalereien in einem Tempel in Dendera Glühbirnen gesehen, riesige Glühbirnen.

Hatten die Ägypter elektrischen Strom? Warum weiß man so wenig darüber? Und wenn sie keinen elektrischen Strom hatten, wie haben sie die riesigen Grabanlagen beleuchtet?

Als sie im Tal der Könige waren, hat David den Führer der Grabanlagen gefragt, wie diese beleuchtet wurden, damals. Eine Antwort wusste der auch nicht, denn mit Fackeln konnten diese Anlagen nicht erhellt worden sein. Wie David richtig feststellte, gab es nirgendwo schwarzen Ruß an den Wänden, so wie in den alten Burgen des Mittelalters. Und die Grabanlagen bestanden aus verzweigten, unterirdischen Gängen von atemberaubender Länge mit wunderbarer Wandmalerei. Irgendwie mussten sie beleuchtet worden sein. Alles sehr geheimnisvoll.

Hannah wird aus ihren Gedanken gerissen, denn ein weiterer Schalter hat geöffnet und nun geht es ganz schnell durch den Zoll. Da so viel Betrieb ist, beschäftigen sich die Zollbeamten kaum länger als einige Minuten mit den Reisenden und Hannah braucht nicht einmal ihren Rucksack zu öffnen, in dem sie liebevoll ihre Reiseandenken aufbewahrt.

Eine Maske des „Tutanchamun", der eigentlich „Tut ankh aton" hieß, ist ihr schönstes Souvenir, obwohl sie auch fasziniert ist von der kleinen Pyramide aus Bergkristall, die ihr Vater für sie in Kairo gekauft hat. Es ist ein schönes Gefühl, den Stein in der Hand zu halten und die glatten Flächen zu berühren. Hannah spürt, dass eine Kraft von der Pyramide ausgeht, die Trost und Wärme gibt.

David hat sich für „Anubis" entschieden, einen Gott mit dem Gesicht eines Hundes. Die goldfarbene Figur trägt eine prächtige Rüstung und einen langen Stab, der mit bunten Steinen verziert ist. Hannah findet es eigenartig, dass viele der ägyptischen Götter Tierköpfe haben.

„Ich werde Hopi fragen", denkt das Mädchen und ein warmes Gefühl der Freude durchläuft ihren Körper. Hopi, ihr wunderbarer Freund und Lehrer, der sie so viele Dinge neu erkennen und begreifen lehrte. Dinge, die man in keiner Schule lernt und über die sich kaum jemand Gedanken macht.

„Es ist schon komisch mit Hopi, Papa", sagt Hannah zu ihrem Vater, der mit kräftigen Bewegungen den Kofferwagen über die Straße balanciert. „Hopi erzählt uns so viele Sachen, über die ich vorher gar nicht nachgedacht habe. Aber wenn man diese Dinge dann weiß, sind sie total wichtig."

„Was denn, zum Beispiel?" Herr Fischer ist jetzt an der Stelle angekommen, wo Hubert sie abholen wird.

„Wenn man sich jetzt zum Beispiel wünscht, dass Onkel Hubert pünktlich ist, darf man nicht denken ‚hoffentlich kommt Onkel Hubert nicht zu spät', sondern man muss denken, ‚hoffentlich kommt er pünktlich!'"

„Und warum das?", fragt der Vater interessiert.

„Weil man sich sonst in Gedanken vorstellt, wie er zu spät kommt und dann passiert das auch! Unsere Gedanken erschaffen unsere Welt, sagt Hopi!"

„Ein interessanter Mann, euer Hopi", bemerkt der Vater, nachdem er über Hannahs Ausführungen nachgedacht hat. „Haus der Genesung!" Herr Fischer lacht seine Tochter an. „Ich habe es nicht vergessen!" Zärtlich nimmt er das Mädchen in den Arm.

Als die Familie zu Hause ankommt, ist es schon spät. Hannah und David packen ihre Rucksäcke noch schnell aus, bevor sie schlafen gehen. Die Andenken bekommen einen besonderen Platz. David stellt seine Anubisfigur neben das Aquarium, weil sie da so schön angeleuchtet wird. Hannahs Pyramide bekommt einen Ehrenplatz auf dem kleinen Nachtschränkchen neben ihrem Bett direkt bei der Maske des Tuchanchamun. „Zu dir?", fragt Hannah ihren Bruder und freut sich auf ein gemeinsames Kuscheln am erleuchteten Aquarium.

„Jepp." David nimmt seine Schwester an die Hand und zieht sie in sein Zimmer. „Ich finde Mumien gruselig", flüstert David seiner Schwester zu, als sie auf einer Wolldecke in einem Berg von Kissen liegen.

„Ich finde Mumien auch gruselig! Dann denk doch nicht daran", flüstert sie und erklärt ihrem Bruder: „Hopi hat gesagt, Dinge, die uns Angst machen, schaffen Steine im Rucksack. Also wirf ihn raus, den dicken, fetten Stein, bevor er noch größer wird." Sie kitzelt ihren Bruder, um ihn abzulenken und wechselt das Thema. „Ich finde es cool, wie gut du tauchen kannst."

„Echt?" David freut sich über das Kompliment seiner Schwester und fühlt sich sofort wie ein großer, sportlicher Taucher, der durch Riffe und alte Schiffsruinen gleitet.

Müde und zufrieden nach einem langen Tag kann keiner von beiden mehr sagen, wer zuerst eingeschlafen ist ... David, der Rifftaucher oder Hannah, die noch beim Einschlafen die glatten, kühlen Flächen der Kristallpyramide in ihrer Hand fühlt.

Wiedersehen mit Hopi

Die Sonne steht schon hoch am Himmel, als David und Hannah aufwachen. „Wie sind wir denn ins Bett gekommen, Han?", fragt der Junge seine Schwester. „Nun, ein großer Geist in einem Sternenschiff hat euch abgeholt und in die Betten getragen." Herr Fischer zieht die Jalousien hoch. Zeit fürs Mittagessen, ihr habt lange geschlafen!"

„Können wir danach zu Hopi?" David freut sich auf einen Besuch bei ihrem weisen Freund. Es gibt so viel zu berichten. Außerdem hat er mit Hannah zusammen für ihn ein Souvenir aus Ägypten mitgebracht. Der Junge ist ganz gespannt, was Hopi dazu sagen wird.

„Papa", sagt Hannah vorwurfsvoll, „Geister in Sternenschiffen, die gibt es nur in Ägypten in den Tempeln."

„Sternenschiffe können überall hinfliegen", protestiert David, denn er findet die Vorstellung, dass Schiffe, die von den Sternen kommen, an seinem Fenster vorbeifliegen, abenteuerlich und sehr cool. „Cool" ist zur Zeit eines seiner Lieblingsworte und wird nur noch getoppt von „megacool"!

Der Junge krabbelt aus dem Bett und rennt ins Bad. Als er zurück ins Zimmer kommt, hat er sich ein Frotteehandtuch eng um seinen Körper geschlungen und stakst erneut, die Arme nach vorne ausgestreckt, auf Hannah zu. Aus seiner Kehle kommen dumpfe, stöhnende Laute. „Nach Tausenden von Jahren bin ich endlich wieder erwacht …"

Hannah stupst ihren Bruder ein wenig. „Die Mumiennummer ist mittlerweile langweilig." Genervt schiebt sie David beiseite. „Jetzt bist du wieder stark und mutig. Gestern Abend, als es dunkel war, wolltest du gar nicht an die ollen Mumien denken. Komm schon, lass uns was essen", schlägt sie ihrem Bruder vor. „Ich will dann zu Hopi. Kannst ja da Mumie spielen!"

Das Mädchen schmeißt ihrem Bruder eine Jeans und einen Pulli hin und läuft ins Bad. Nach dem Mittagessen packen Hannah und David einige Fotos und ihre Urlaubsandenken in einen Rucksack.

„Sind Oma und Opa auch da?", fragt Hannah ihre Mutter und holt aus ihrer Tasche einen glänzenden Schal für ihre Großmutter.

„Die sind am Wochenende mit Onkel Hubert zum Angeln gefahren. Am Montagabend kommen sie heim."

Frau Fischer ist froh, dass der Großvater wieder besser laufen kann. Die Wunden an seinem Bein sind sehr gut verheilt. Sie nimmt eine Dose mit ägyptischem Tee und reicht sie ihren Kindern. „Für euren Hopi, ganz liebe Grüße von Papa und mir!"

Hannah verstaut die Dose in ihrem Rucksack und gemeinsam mit David läuft sie den Weg hinunter zu den Schrebergärten. Es ist ein wunderschöner, warmer Augusttag. Der Duft von gemähtem Gras weht Hannah in die Nase. Überall zwitschern Vögel und dicke Hummeln summen auf bunten Stauden, Farbflecke in der satten, grünen Landschaft. Kies knirscht unter ihren Füßen, als sie den Weg durch die Schrebergärten nehmen. Das Grundstück der Großeltern ist verwaist. Keine bunte Decke liegt auf dem Holztisch und die Gartenstühle sind fein säuberlich unter dem Holzverschlag gestapelt. David reckt den Hals, um auf das Nachbargrundstück sehen zu können.

„Die Tür ist offen, Hopi ist da!", jubelt er und läuft zum Gartentor des Indianers. „Hopi, wir sind wieder da!", ruft er und rüttelt an dem Gatter.

Freudestrahlend kommt ihnen ihr alter Freund entgegen. „Heute ist ein ganz besonderer Tag", lacht Hopi und umarmt die Kinder. „Meine Freunde sind aus dem Land der Pharaonen hierher zurückgekehrt!"
Gemeinsam mit dem alten Indianer gehen die Kinder ein Stück des Weges hinauf. „Wir haben dir auch etwas mitgebracht", ruft Hannah und David beginnt von Mumien und Gräbern zu erzählen.

Lachend hebt der weise Mann seine Hand. „Alles der Reihe nach, ihr kleinen Weltenbummler!" Der Indianer holt eine Kanne mit Tee aus seiner Hütte und dampfendes Maisbrot.

„Welch ein vertrauter Geruch!", denkt Hannah. Sie und David fühlen sich hier bei dem Indianer wie zu Hause. Gemeinsam laufen die Kinder in die Hütte und holen Tassen, Teller und Besteck. Es ist so, als habe es den weisen Mann schon immer als festen Bestandteil ihres Lebens gegeben.

Nachdem der alte Stein wieder einmal liebevoll gedeckt ist und Hopi die Kanne abgestellt hat, öffnet Hannah ihren Rucksack und reicht dem Indianer die Dose mit ägyptischen Tee.

„Die ist von Mama und Papa", beginnt Hannah und David meint: „Also von ‚Mampapa'!"

Hopis Augen strahlen. „Meine Freunde haben nichts vergessen", sagt er leise und nimmt das Geschenk der Eltern. „Was für ein hübsches Gefäß!"

„Wir haben auch etwas für dich." Hannah greift tief in ihren Rucksack hinein. Zum Vorschein kommt ein längliches Paket, das mehrfach in Seidenpapier gewickelt ist. Vorsichtig nimmt der alte Indianer das Geschenk und beginnt, es auszupacken.

David kann es gar nicht erwarten. „Das ist eine ägyptische Kachina!", ruft er und hält sich schnell die Hand vor den Mund, weil er Hannahs Blick sieht. Vorwurfsvoll schaut sie ihn an. Endlich hat Hopi die Figur von dem Papier befreit. Stolz beobachten die Kinder den Indianer, der mit den Händen zärtlich über die prachtvolle Gestalt streicht. Seine Augen leuchten und Tränen der Freude glitzern darin.

„So sieht man sich wieder, alter Freund", murmelt er.

„Du kennst den? Woher das denn?", fragt David erstaunt.

„Nun, das ist Thoth, der weise Lehrer der ägyptischen Götter. Sein Wissen war legendär und eine ganze Menge von dem, was wir auf unseren Reisen entdecken, hat er vor vielen Tausend Jahren aufgeschrieben."

Noch immer umfasst der alte Mann die Figur mit beiden Händen. „Eine ägyptische Kachina", sagt er und strahlt den Jungen an. „Ja, das ist sehr schlau gesagt, Kwahu!"

„Und wo hast du den schon einmal gesehen?" Hannah wundert sich, denn Hopi hat nie erwähnt, dass er jemals in Ägypten war. „Außerdem ist das ein Fabelwesen", denkt sie. Hopi lacht Hannah schelmisch an. „Wie ihr wisst, kann man nicht nur mit dem Auto oder Flugzeug reisen …" Er zwinkert dem Mädchen zu und schenkt den duftenden Tee in die Becher.

„Ich bedanke mich bei euch mit meinem Herzen für die neue Kachina, die einen Ehrenplatz auf dem Regal bekommt", sagt er. „Aber jetzt erzählt mir von eurer Reise!"

„Ich war beim Schnorcheln", beginnt David und erzählt dem Indianer seine Unterwassererlebnisse. „Es war wie in meinem Aquarium, nur größer und bunter!" David ist ganz aufgeregt und seine Worte sprudeln nur so aus seinem Mund. „Hunderte von Fischen in allen Farben, das war cool!"

Der Junge ist aufgesprungen und erzählt alles durcheinander. „Und in Ägypten, da sind Gräber unter der Erde, da waren ganz komische Bilder von Göttern, die halb Tier, halb Mensch waren, so wie dein Freund, die neue Kachina, der ‚Tod'! Komischer Name!"

Hopi unterbricht den Redeschwall des Jungen und schmunzelt: „Ich glaube, wir haben viel zu besprechen", meint er und erklärt dem Jungen, dass der ägyptische Gott „Thoth" heißt und dass man es wie „Trott ohne r" spricht.

„Und dann haben wir in einem Tempel eine Wandzeichnung einer riesigen Glühbirne gesehen", ergänzt Hannah.

„Die sah richtig elektrisch aus, und dann waren da Gebilde in den Stein gehauen, die sahen genauso aus wie Flugzeuge!" David ist ganz aufgeregt. Er nimmt ein Foto aus seiner Tasche, das er im Tempel von Abydos gemacht hat.

„Das sieht doch wirklich aus wie ein Hubschrauber!", sagt er zu dem weisen Mann und zeigt auf diverse Steinschnitzereien, die schon sehr an moderne Flugkörper erinnern. „Die Vergangenheit ist noch lange nicht erforscht und ich glaube", flüstert der alte Mann, „da werden sich noch so einige Gelehrte die Haare raufen, wenn einmal das entdeckt wird, was schon immer offensichtlich war."
„Wie meinst du das, was offensichtlich war?" Hannah hofft auf spannende Geschichten, die nicht im Reiseführer von Ägypten stehen.

Der weise Mann nimmt seinen Tee und erklärt: „Geschichte wurde zur damaligen Zeit immer von den Menschen geschrieben, die Macht und Ansehen hatten. Es gab keine Tageszeitungen und Nachrichten für jedermann. Außer den Priestern und einigen Auserwählten, die als Schreiber beschäftigt waren, konnte keiner mit Feder und Papyrus umgehen. Das war noch bis vor zweihundert Jahren auch hier in Europa so. Das ist der Grund dafür, dass viele Ereignisse der Geschichte so verfasst wurden, wie die Menschen, die regierten, es anordneten. Und was die alten Ägypter betrifft, so werden viele Zeichnungen und Ereignisse falsch gedeutet, weil sich keiner vorstellen kann, dass es damals tatsächlich eine Technik gab, die unserer vielleicht sogar weit überlegen war."

David findet das sehr interessant. Wieder einmal erzählt ihr Freund Geschichten, die verwegen, aber auch plausibel klingen, denn die Flugzeuge an der Wand im Tempel von Abydos und auch die riesigen Glühbirnen hat er mit eigenen Augen gesehen.

„Und dann waren wir in der ganz großen Pyramide", beginnt Hannah. „Das war ein bisschen gruselig, denn wir mussten anfangs gebückt durch einen langen Gang gehen."

„Ich konnte stehen", meint David, „weil ich kleiner bin. Aber dann kamen wir an eine Art Treppe. Da war die Decke ganz hoch."

„Den Raum nennt man ‚Große Galerie'", ergänzt Hannah, „und, obwohl das ein Grab gewesen sein soll, waren da gar keine schönen Malereien wie in den anderen Gräbern."

Der Indianer lacht. „Ja", sagt er, „ihr seht, es gibt viele Ungereimtheiten in der Geschichte. Ich glaube nicht, dass es ein Grab war und viele Wissenschaftler sehen das heute genauso. Es gab in allen Jahrhunderten einflussreiche Menschen, die Wahrheiten vor dem einfachen Volk verbergen wollten. Im Mittelalter, das war zur Ritterzeit", erklärt Hopi dem Jungen, „da glaubte man hier in Europa, die Erde sei eine Scheibe. Große Wissenschaftler dieser Zeit hatten aber wiederentdeckt, dass die Erde eine Kugel ist. Dieses Wissen durften sie jedoch nicht verbreiten, weil es mächtige Männer gab, die nicht wollten, dass der einfache Bauer zu schlau wurde. Dumme Menschen lassen sich besser führen. Witzigerweise wussten die Ägypter, die Mayas und auch andere Völker schon vor dreitausend Jahren ganz genau, wie unser Sonnensystem aussieht!"

„Was glaubst du denn, was die Pyramiden sind?" David hofft erneut auf eine spannende Geschichte des alten Indianers.

„Ich glaube, dass hier geistiges Wissen gelehrt und geprüft wurde. Unter den Pyramiden hat man riesige Hallen entdeckt, deren Zweck den Menschen noch nicht bekannt ist. Fest steht, dass es sich bei den Pyramiden um enorme Kraftorte handelt. Manchmal ist einfach die Zeit noch nicht gekommen, dass der Mensch in der Lage ist, den wahren Sinn von Dingen und Handlungen zu verstehen."

Hopi nimmt einen Stock und malt mehrere Pyramiden in den Sand. „Sie haben exakt die Position dreier markanter Sterne im Oriongürtel."

„Ach", ruft David jetzt, „du meinst, das ist wie mit den Rittern und den Flugzeugen. Wenn die Menschen etwas nicht verstehen, suchen sie sich eine Erklärung, die ihnen dazu einfällt."

„Die Menschen haben früher von Drachen berichtet", fällt Hannah ein. „Vielleicht waren das auch Flugzeuge am Himmel?"

„Das wäre möglich", meint Hopi. „Man weiß es nicht genau. Aber das ist ein gutes Beispiel dafür, dass Menschen etwas sehen und den Sinn nicht wirklich begreifen."

„Und es gibt Sachen, die man nicht sehen kann und die trotzdem da sind!"

Hannah nimmt ihr Mobiltelefon aus der Tasche und hält es in die Luft. „Handystrahlung!", sagt sie und lacht.

„In Ägypten habe ich einen Sonnenbrand bekommen. Mama sagt, das sind UV-Strahlen", erzählt David. „Obwohl man sie nicht sehen kann, gibt es sie!"

„So gibt es unendlich viele Dinge, die wir nicht sehen. Und es gibt auch Töne, die wir nicht hören. Und trotzdem sind sie da", bestätigt ihr alter Freund.

„Das weiß ich von Opa!", ruft David. „Der Onkel Hubert hat so eine Hundepfeife, die wir Menschen nicht hören, die Hunde aber schon."

Der Junge hat selbst einmal miterlebt, dass Onkel Hubert die Pfeife benutzte und Bonnie, die Kurzhaardackelhündin, sofort angerast kam. David will noch mehr Geschichten hören von Flugzeugen und Raumschiffen aus der Vergangenheit und fragt den alten Indianer: „Du Hopi, man erzählt sich doch bei eurem Volk, dass die Kachina auf großen Scheiben vom Himmel gekommen sind. Wir haben in einem Tempel Schiffe gesehen, die am Himmel flogen mit ganz vielen Sternen rundherum.

Glaubst du, dass die Götter der Ägypter dieselben Götter sind, die die Indianer gesehen haben?"

Der alte Mann lächelt die Kinder an. „Ja, das glaube ich", antwortet der weise Mann und erklärt den Kindern: „Jede Kultur hat ihre Geschichte. Immer, wenn in diesen Erzählungen jemand vom Himmel kam oder Dinge gemacht hat, die die Menschen heute nicht begreifen, dann sagt man, es handelt sich um Sagen und Legenden. Fest steht jedoch, dass alle Menschen auf der Erde, egal wo sie leben, eine ähnliche Geschichte erzählen. Jede Geschichte hat ihre Gottheiten. In allen Erzählungen haben diese Götter die Menschen unterwiesen, wie man den Acker bestellt, Erze abbaut und Eisen schmiedet. In jeder dieser Erzählungen waren diese Götter mächtige Wesen, die vom Himmel kamen und auch wieder dahin zurückgekehrt sind. Aus diesen Geschichten haben sich auf der ganzen Welt Religionen entwickelt. Die Menschen bringen ihren Göttern Opfer dar und warten auf ihre Wiederkehr, denn auch das haben alle Gottheiten auf der Welt gemeinsam. Sie haben den Menschen mitgeteilt, dass sie eines Tages wiederkehren. Man erzählt sich in Südamerika genauso Geschichten einer Sintflut wie in Australien oder Afrika. All diese Geschichten sind irgendwie miteinander verbunden. Und da liegt auch noch heute noch ein großes Geheimnis!"

„Die Sintflut steht auch in der Bibel, und dass Noah die Menschen und Tiere in einem Schiff gerettet hat!"

„Ja", stimmt der alte Indianer zu, „und jedes Volk hat in seinen alten Aufzeichnungen eine solche Geschichte, immer jeweils mit den Götternamen versehen, die sie den ‚Himmelsboten' ihres Landes gegeben haben. Und wenn es wahr ist, dass Noah sich mit einem Schiff vor der Sintflut retten konnte, glaubt ihr wirklich, es wäre aus Holz gewesen? Ein Holzschiff in einer Flut, die stärker ist als mehrere Tsunamis? Diese Flut soll die ganze Erde überschwemmt haben. Eine Rettung in einem Holzboot ist da nicht möglich!"

David wird ganz aufgeregt. „Was glaubst du, woraus das Schiff war, Hopi?"

Der Indianer lächelt. „Ich weiß es nicht, aber ich habe nachgedacht und bin zu dem Schluss gekommen, dass auch heute noch kein Mensch ein solches Schiff bauen kann."

David hat ganz rote Wangen bekommen vor Aufregung. Vielleicht doch Raumschiffe? Ob es wirklich Lebewesen von anderen Sternen gibt, weiß er nicht. Im Fernsehen hat er schon sehr viele gesehen, aber in echt? Auf jeden Fall sind Hopis Geschichten immer sehr spannend und irgendwie klingen sie wahr.

Obwohl sich die Menschen aus den verschiedenen Erdteilen in grauer Vorzeit nicht begegnet sind, haben sie alle die gleiche Geschichte.

Hopi schaut die Kinder an. „Was ist Geschichte?", fragt er. „Es sind die Erlebnisse und Erfahrungen von unzähligen kleinen Seelen, die aus dem großen *Allumfassenden Licht* herausgetreten sind und mutig genug waren, ihre Schönheit und Stärke, ihre Schöpferkraft und wahre Herkunft zu vergessen, um all dieses auf einer langen Reise durch Raum und Zeit als Mensch wiederzuerkennen."

Der weise Indianer hebt seine Arme in die Luft. Seine Augen leuchten wie tiefblaue Kristalle. Tiefblau? Haben Indianer nicht braune Augen oder schwarze? Merkwürdig! Oder wie war das mit dem Indianerjungen in Hopis Geschichte, der blaue Augen hatte? War Hopi vielleicht selbst dieser kleine Junge, der einst vor langer, langer Zeit mit seinem Großvater in Oraibi auf einer steinernen Bank saß und dessen Geschichten lauschte?

„Wir alle sind Wesen des *Allumfassenden Lichts*, perfekt und wundervoll!", ruft der alte Indianer und wieder funkeln seine Augen blau wie Saphire. Oder ist es der strahlend blaue Himmel, der sich in seinen Augen spiegelt?

Einer für alle, alle für einen

Der weise Mann nimmt die Glühbirne aus dem Tuch und reicht sie den Kindern. „Ich habe da noch so einen Ort", meint er. „Hier finden wir vielleicht die Erklärung dafür, dass überall auf der Welt die gleiche Geschichte von unserem schönen Planeten gelehrt wird."

David und Hannah, die bereit sind, wieder einmal einzusteigen auf eine Reise in die Geheimnisse des Lebens, legen ihre Hände fest um die glatte, gläserne Glühbirne.

Die Kinder nehmen die Glühbirne vorsichtig nacheinander in die Hände und schauen neugierig hinein. David stellt sich schon vor, dass er sich im Inneren der Glühbirne befindet. Seine Fantasie lässt ihn in einem gläsernen Aufzug hoch in die Wolken fliegen. Die Entfernung zur Erde wird immer größer und schließlich kann er den Planeten von oben betrachten und ihm all seine Geheimnisse entlocken.

„Geht doch mal in meine Hütte!", bittet Hopi die Geschwister, nachdem alle „eingestiegen" sind. „Dort steht eine dunkelblaue, alte Truhe mit Eisenbeschlägen. Auch heute steht wieder ein magischer Moment an. Die Truhe ist unsere ‚Sehenswürdigkeit' auf der heutigen Reise."

Hannah und David rennen in das gemütliche Heim ihres alten Freundes. Und tatsächlich, aus einer Ecke des Raumes springt den Kindern, wie aus dem Nichts, die tintenblaue Truhe in die Augen.

„Die stand noch nie hier!" David ist fest davon überzeugt, dass dieses Teil gewiss seine Aufmerksamkeit erregt hätte. „Wie ein Piratenschatz!", ruft er aufgeregt.

„Wo der Hopi die wohl her hat und vor allem, was ist da drin?" Hannah ist gespannt, was Hopi da zu erzählen hat.

Gemeinsam nehmen die Kinder die geheimnisvolle Kiste an den schwarz-silbern verzierten Griffen und tragen sie hinaus zum Steinkreis.

„Da seid ihr ja", frohlockt der Indianer. „Und wie ich sehe, habt ihr unsere Attraktion gefunden!"

„Gefunden!", ruft Hannah. „Hopi, die war ja nicht zu übersehen und was noch viel wichtiger ist, wo kommt die auf einmal her?"

Grinsend sitzt der weise Mann da.

Hannah lässt nicht locker. „Hopi, langsam bin ich davon überzeugt, dass du wirklich zaubern kannst!"

Der Indianer rührt sich nicht.

„Hopi!", ruft Hannah. „Die Kiste! Wo hast du sie her?"

Endlich schaut der Indianer das Mädchen an. Seine warmen Augen, mittlerweile hat Hannah festgestellt, dass sie wirklich tiefblau sind, strahlen.

„Gut", sagt er, „nein, fantastisch kleine Kuwanyauma! Wenn du davon überzeugt bist, dass ich zaubern kann, dann kannst du und David und alle anderen Menschen das auch, denn was ein Mensch kann, dass kann jeder andere ebenso, weil wir alle miteinander verbunden und wie ihr sagt ‚aus einem Holz geschnitzt' sind."

Hopi erhebt sich und beginnt die Riegel der Kiste zu öffnen. „Zauberei", erklärt er dabei den Kindern, „entsteht im Geist, den Gedanken, wie ihr wisst. Heute Morgen wurden meine Gedanken geführt. Ihr nennt das ‚Geistesblitz'. Geistesblitze sind ‚Joker' aus dem Universum … auch eine interessante Reise …"

Der weise Mann schließt seine Augen und beginnt zu meditieren. „Hopi, die Kiste!", erinnert Hannah ihn. Grinsend öffnet der Indianer die Augen. „Ach, ja … die Kiste … Auf einmal hatte ich das Gefühl, in meinem alten Schuppen hinten am Haus wartet etwas auf mich. Also bin ich hineingegangen. Alles war wie immer und ich konnte mir nicht vorstellen, warum ich nun hier gelandet war. Ich schaute nach oben, ob von da eine Antwort kommt und siehe da! Ich sah eine Luke in der Decke!"

Hopis Augen strahlen, als er fortfährt: „Ich habe eine Leiter geholt, um nachzuschauen, was sich dahinter verbirgt. Dort befindet sich tatsächlich eine kleine Dachkammer und hier fand ich auch diese merkwürdige, alte Kiste. Wer immer sie da vor langer Zeit hingestellt hat, der weiß sicher nicht, dass sie genau da stehen musste, weil sie heute auf unserer Reise einen ganz wichtigen Beitrag leistet."

„Dachkammer! Cool!" David ist ganz aufgeregt. „Kann ich da mal rauf?"

„Ja, das kannst du sicher!", erwidert der Indianer.

Gespannt beobachten die Kinder den weisen Mann, als er den Deckel der Truhe anhebt. David und Hannah springen auf und schauen erstaunt auf den Inhalt der alten Kiste. Lackierte Kugeln in bunten Farben, so groß wie Tischtennisbälle und kleine Metallstäbe liegen fein sortiert in verschiedenen Fächern.

„Was ist das denn?" Hannah mag die fein lackierten Kugeln auf Anhieb.

„Das ist ein altes Steckspiel für Kinder. Ich glaube", errät der weise Mann, „wir können damit etwas bauen."

David hängt bereits tief in der Kiste und holt staunend Kugeln und Stäbe heraus.

„In den Kugeln sind Löcher", erklärt er fachmännisch, „da gehören die Stangen rein."

„Die werden wir auf unserer Reise brauchen", sagt Hopi. „Wieder einmal erwartet uns ein magisches Experiment!"

Hopi schaut die Kinder an und fährt dann fort: „Sicherlich könnt ihr euch noch an die Geschichte der flüsternden Bäume erinnern." Er macht eine kleine Pause. „Alle Seelen auf dieser Erde kommen aus dem großen *Allumfassenden Licht* …"

„Und gehen dann nach ‚Mampapa', um sich auszurüsten", ruft David. „Ich habe einen Rennwagen …"

Der Junge springt auf und zieht Kreise um den steinernen Tisch, begleitet von einem Quietschen in den Kurven, das die Bremsen seines Fahrzeugs erkennen lässt.

Der Indianer zeichnet einen Kreis in den Sand.

„In diesem Kreis sind alle Seelen enthalten. Bevor sie sich entscheiden, ins Leben zu gehen, sind sie alle miteinander verbunden. Das wissen diese wundervollen Wesen des *Allumfassenden Lichts* auch, bis zu dem Zeitpunkt, wo sie alles vergessen, um Erfahrungen im Leben zu machen. Das heißt aber nicht, dass sie deshalb nicht mehr miteinander verbunden sind. Sie wissen es nur nicht mehr, dass es so ist.

Ein großer Prophet dieser Erde, namens Jesus, hat einmal gesagt ‚*Liebe deinen Nächsten wie dich selbst.*' Damit hatte er recht, denn Jesus hatte nicht vergessen, dass er aus dem großen *Allumfassenden Licht* der Seeelen gekommen ist und wusste, dass alles miteinander verbunden ist."

Der weise Mann springt auf und eröffnet den Kindern: „Und hier beginnt unser Experiment!"
Alles auf der Erde ist aus kleinen Energiebausteinen aufgebaut", erklärt er den Kindern. „Nicht nur Gedanken sind Energie, sondern alles, was ihr sehen und anfassen könnt auch. Der alte Mann nimmt einen Nagel und zeigt ihn den Kindern. „Der ist aus Eisen. Das ist einer der Grundstoffe. Silber", sagt er und hält einen Ring in der Hand, „ist ein weiterer Grundstoff."
Hannah hebt die Hand. Das ist für sie jetzt wie „Schule".
„Dann weiß ich auch welche!", sagt sie. „Gold und Blei, Sauerstoff!"
„Wasser und Holz!", ruft David.
Hopi lächelt. „Wasser und Holz bestehen aus mehreren Grundstoffen", erklärt er. „Nun sind wir angekommen an unserem Reiseziel. Alle Lebewesen bestehen aus mehreren Grundstoffen und die sind bei allen Menschen gleich, ebenso bei Pflanzen und Tieren. Diese Grundstoffe wiederum bestehen aus winzig kleinen Energiepartikeln, die so klein sind, dass selbst ein großes Mikroskop sie nicht sichtbar machen kann."

Hopi beugt sich über den Koffer. „Sucht euch eine Kugelfarbe aus!", bittet er die Kinder.

Hannah greift sich eine kirschrote Kugel heraus und David nimmt eine schwarze.

Der weise Mann holt eine blaue Kugel aus der Kiste und bittet die Kinder aus den drei Kugeln eine Kette zu machen. David hat die ganze Zeit auf diesen Augenblick gewartet. Endlich darf er das alte Steckspiel benutzen.

„Diese Kugeln sind die Energiebausteine unseres Lebens. Jede Kugel besteht eigentlich aus einer Anhäufung von Energie. Der Mensch glaubt, dass wir aus einem festen Stoff sind, weil er die unglaublich kleinen Bausteine, die ‚Energiefunken', nicht sehen kann. Millionenfach vergrößert besteht alles aus tanzender und schwingender Energie. Körper, Bäume, Steine, aber auch Gedanken und Gefühle. Alles ist Energie, Licht oder Schöpfungskraft!"

Die blaue Kugel nennen wir ‚Sauerstoff', die rote ‚Wasserstoff' und die schwarze ‚Kohlenstoff'. Das sind die Hauptbestandteile allen Lebens auf unserem Planeten", erklärt der weise Mann und reicht den Kindern eine gelbe und eine grüne Kugel.

„Die gehören auch dazu. Die grüne Kugel nennen wir ‚Stickstoff' und die gelbe ‚Schwefel'!"

„Schwefel, den kenn' ich auch!", sagt David und hält sich die Nase zu. „Der stinkt!"

Hopi lacht. „Reiner Schwefel stinkt, da hast du recht. Aber unsere Grundstoffe verbinden wir miteinander und sie werden zu Haut, Knochen, Blättern, Zweigen, Vögeln, zu Pflanzen, Tieren und Menschen. So bilden sie die Grundlage allen Lebens!"

David springt auf. „Jetzt weiß ich, was du meinst mit ‚Alles ist miteinander verbunden'!" Hopi wiegt seinen Kopf hin und her. „Aber es geht noch weiter", sagt er. „Wenn ein Baum seine Blätter bekommt, dann wachsen sie. Aus den fünf oder auch sechs verschiedenen Energiebausteinen, die sich zu unendlich langen Ketten verbinden, sind Blätter entstanden. Im Herbst fallen sie auf die Erde. Die Blätter vertrocknen und gehen zurück ins Erdreich. Dort werden sie zu Dünger für die Wurzeln anderer Pflanzen, vielleicht für einen Pilz. Im nächsten Jahr sind dann die Bausteine, die ein Jahr zuvor noch ein grünes Blatt waren, Teil einer Fliegenpilzkappe.

So ist das auch mit den Tieren und Menschen. Wenn ein Tier im Wald stirbt, verwest es und die Energiebausteine seiner Knochen bilden vielleicht die Bausteine eines neuen Baumes.

Und in jedem Lebewesen steckt eine Seele, die sich mit diesen Bausteinen ausrüstet, so wie ihr in Mampapa. Für die Seele eines Baumes sind der Stamm und seine Krone die Ausrüstung für sein Leben wie für euch euer Körper. Die Energiebausteine bleiben immer die gleichen. Sie bilden ständig neue Ketten und werden zu den Körpern der Seelen, die hier auf der Erde leben.

Sternenwesen, die noch im *Allumfassenden Licht* sind, wissen, dass unser ‚Nächster' auch ein Teil von uns ist, denn da wo wir herkommen, sind wir alle Teil des großen *Allumfassenden Lichts,* der Energie, aus der unsere Lebensbausteine bestehen."

Hopi nimmt die fünf farbigen Kugeln und bildet daraus eine Kette. „Jetzt versteht ihr sicherlich auch die Sinnsprüche wie ‚Wir sind alle aus dem gleichen Holz geschnitzt' oder ‚Wir kommen alle aus dem Schoß der Mutter Erde' besser. Es ist ein ewiger Kreislauf des Kommens und des Gehens. Alle Lebewesen benutzen die Bausteine, die vorhanden sind und bilden endlose Ketten, die zu Körpern, Blättern, Steinen und Möbeln werden. Immer wieder, seit Anbeginn der Welt."

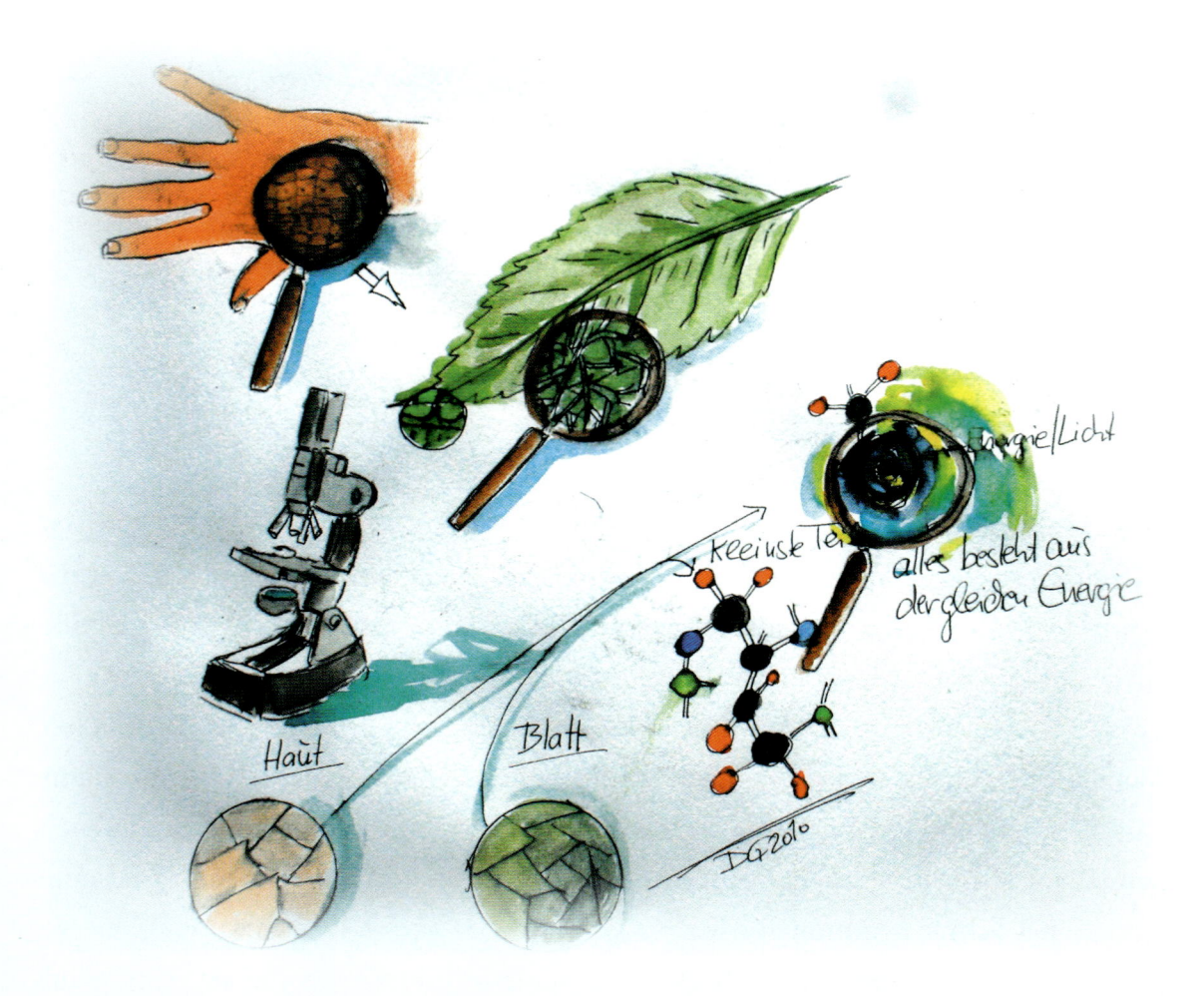

David hat mittlerweile ein riesiges Gerüst aus den Kugeln gebaut. „Möbel?" wiederholt er fragend.

„Ja", bestätigt Hopi, „sie sind aus Holz. Auch Plastikbausteine, Gummitiere, alles besteht aus diesen Energiekugeln!"

Der Indianer freut sich an dem riesigen Kugelgebilde, das David voll Eifer gebaut hat. „So in etwa verbinden sich die Bausteine des Lebens. Sie bilden Ketten aus Tausenden von Wasserstoff- und Kohlenstoffbausteinen."

Hopi nimmt ein Birkenblatt, das neben ihm auf dem Boden liegt und hält es in die Sonne, so dass man die feinen Äderchen, die wie Flüsse durch das Blatt laufen, sieht. „Nun wisst ihr, dass wir nicht nur durch Gefühle und Gedanken miteinander verbunden sind, sondern auch, dass alles aus denselben Bausteinen besteht. Alles ist miteinander verbunden und tauscht sich aus. Dieselben Bausteine, die heute ein Blatt bilden, können nächstes Jahr die Wimpern eines Babys sein, weil seine Mutter einen Salat als Nahrung zu sich genommen hat."

Die Bausteine des Lebens sind seit Urzeiten die gleichen.
Sie verbinden sich immer wieder zu neuem Leben.

Alles ist miteinander verbunden.
Wir können es nicht sehen, aber fühlen.
Alles ist reine Energie, Licht!

Menschen, Tiere, Steine –
Alles ist aus den gleichen Energieteilchen aufgebaut.

Hannah ist ganz aufgeregt. „Jetzt weiß ich auch, was der Satz von Jesus ‚*Was du deinem Nächsten antust, tust du auch mir an, denn wir sind alle von einem Vater*' bedeutet. Er meint das *Allumfassende Licht*, aus dem alle Seelen kommen, und dass wir uns alle immer wieder die gleichen Lebensbausteine teilen!"

„Ja, so ist das!", bekräftigt der Indianer. „Es gibt kein hier drinnen und da draußen. Wir alle teilen uns dieselben Energien. Es gibt auch eine ganz einfache Erklärung dafür, dass alles, was ihr einem anderen wünscht, euch selbst trifft!", sagt Hopi. „Stellt euch einmal vor, ihr wünscht jemanden, den ihr nicht leiden könnt, dass er eine schlechte Note in der Schule bekommen wird."

Hannah sieht in Gedanken sofort einen Jungen aus ihrer Klasse, der sie ständig aufzieht, sie wäre zu dick.

Hopi fährt fort: „Wenn ihr jemandem eine schlechte Schulnote wünscht, dann denkt ihr daran, wie es ist, eine schlechte Note zu bekommen. Also seht ihr das Erlebnis in euren Gedanken als Bild, stimmt's?"

„Ja, das stimmt", erklärt Hannah und bekommt bei dem Gedanken an eine schlechte Note auch gleich ein schlechtes Gefühl.

„Und Hannah?", fragt der Indianer, „ein Bild im Kopf, verbunden mit einem Gefühl im Herzen … was passiert dann?"

Hannah zögert. „Oh je", sagt sie kleinlaut, „*ich* bekomme dann die schlechte Note, weil *ich* mir das vorgestellt habe."

„So ist das, genau so", bestätigt der weise Mann. „Man kann nur für sich selbst erschaffen … und das ist auch gut so!"

Alles, was wir anderen Menschen wünschen, erschaffen wir für uns selbst,
denn unsere Gedanken können nur für uns erschaffen,
weil nur wir sie sehen und fühlen!

„So habe ich nie darüber nachgedacht, Hopi", überlegt Hannah. „Aber es stimmt, was du sagst. Es muss so sein. Anders macht es gar keinen Sinn!"

David grinst schelmisch vor sich hin. „Aber, wenn wir alle miteinander verbunden sind, trifft es ihn doch auch ein bisschen, oder?"

Der weise Mann lacht. „Stell dir einmal ein Stadion vor, in dem Tausende von Menschen jubeln. Kannst du da den Einzelnen verstehen, was er sagt?"

David überlegt.

„Und nun stell dir das gleiche Stadion vor mit den gleichen Menschen. Aber dieses Mal buhen sie alle die Spieler auf dem Platz aus. Kannst du da jeden verstehen, was er sagt?"

David schüttelt den Kopf.

„Aber die Stimmung in einem Stadium, indem viele Tausend Menschen jubeln, ist wundervoll – Tausende von frohen Funkwellen", erklärt der weise Mann, „während die Stimmung, wenn Tausende von Menschen wütend sind, bedrückend ist."

Hannah hat verstanden, was Hopi meint. „Du meinst, dass meine Gedankenbilder einen anderen nicht erreichen, aber schlechte Gefühle schon!"

„Ja", bekräftigt der Indianer, „alle Menschen auf der Erde senden Gefühle aus, unentwegt, Tag und Nacht. Von dieser riesigen ‚Gefühlswolke', die rund um unseren Erdball schwebt, bekommen wir alle etwas ab. Wenn ganz viele Menschen glücklich sind, dann senden sie Glück aus und noch mehr Menschen werden glücklich, bis irgendwann alle Menschen glücklich sind.

Dasselbe gilt für die schlechten Gefühle. Je mehr Menschen an Krieg, Armut oder Hunger denken oder traurig sind, desto mehr Menschen strahlen das aus und die ‚Gefühlswolke' um unsere Erde herum macht noch mehr Menschen unglücklich."

„Und wie können alle Menschen glücklich werden? Das geht doch gar nicht, oder?" Hannah ist sich nicht sicher.

Hopi lächelt und schaut in die Wolken, die über ihnen vorbei ziehen. „Möglich ist alles, wie ihr wisst, und dennoch ist es für die Menschheit ein langer Weg, denn die Menschen denken verkehrt herum."

„Wie meinst du das?" Hannah ist sich nicht sicher, was ihr alter Freund sagen will.

„Es ist falsch gegen den Krieg zu kämpfen. Man muss für den Frieden sein", erklärt der weise Mann. „Denn, wer gegen Krieg kämpft, der wird immer wieder in seinem Kopf Kampf und Zerstörung sehen!"

„Ach, jetzt weiß ich, was du meinst!", ruft Hannah. „Das ist genauso wie ‚Ich will nicht zu spät kommen'. Man meint das Richtige und sieht aber in Gedanken ständig das, was man nicht will. Da muss ich ja auch sagen: ‚Ich will pünktlich sein', stimmt's?"

„Ja, genau so ist das", verkündet der weise Mann. „Und was glaubt ihr, welch eine Schöpfungskraft entsteht, wenn Tausende von Menschen dieselben Bilder immer wieder mit starken Gefühlen denken!"

„Aber das muss doch irgendjemand mal sagen! Viele Menschen wissen doch gar nicht, was sie mit ihrem Denken anstellen!", protestiert Hannah.

Hopi nimmt das kleine Mädchen an die Hand. „Es ist nie zu spät, kleine Kuwanyauma. Wenn du es morgen zwei Freundinnen erklärst und diese es wieder zwei anderen Menschen erzählen und so weiter … Dann wissen alle Menschen auf der Erde ganz schnell von diesem großen Geheimnis."

„Milliarden Menschen, wenn jeder es zwei Menschen erzählt? Hopi!", lacht Hannah. „Ich glaube, da musst du dich irren …"
Lächelnd bittet der Indianer David, in die Hütte zu laufen und eine Tüte Reis aus dem Regal zu nehmen.
David springt auf. „Ich bin ein Rennwagen!", jubelt er und zieht eine enge Kurve um Hannah und Hopi, bevor er den Steinweg entlang in die gemütliche Hütte des Indianers rast. Natürlich bremst er an der Tür mit einem Quietschen. „Das machen Rennwagen so", grinst der Junge und verschwindet im Inneren der Hütte.
Er holt die Reistüte und bringt sie dem weisen Mann.
„Ich werde euch jetzt eine alte Geschichte erzählen", kündigt Hopi an.

Die Geschichte vom Reiskorn

„Ihr kennt doch sicher beide ein Schachbrett", beginnt Hopi. „Nun, der Legende nach stammt das Schachspiel aus Indien. Ein weiser Mann hat es erfunden und seinem König geschenkt. Der König war so begeistert von dem genialen Spiel und ließ den weisen Mann erneut rufen, um ihn zu belohnen.

‚Ich möchte dich für deine wundervolle Erfindung belohnen', begrüßte der König den Mann. Der weise Mann verbeugte sich respektvoll.

‚Genug der Demut', winkte der König ab, ‚Ich bin reich und mächtig und in der Lage, euch jeden Wunsch zu erfüllen, und wenn er noch so ausgefallen ist!'

Der weise Mann aber blieb still.

‚Nun, sag schon, was du begehrst!', drängte ihn der König.

Nach einer Weile ergriff der stille Mann das Wort. ‚Herr', sagte er, ‚ich möchte auf dem ersten Quadrat des Schachbretts ein Reiskorn haben.'

‚Ein gewöhnliches Reiskorn?' Der König traute seinen Ohren nicht.

‚Ja, Herr, ein Reiskorn auf dem ersten Feld, zwei auf dem zweiten, vier auf dem dritten, acht auf dem vierten, sechzehn auf dem fünften …"

‚Es reicht!', rief der König verärgert. ‚Du sollst deine Reiskörner für alle 64 Quadrate des Schachbretts haben, so wie du es wünschst. Ich werde auf jedem Feld die Anzahl der Körner verdoppeln lassen. Aber wisse, dein Wunsch ist meine Großzügigkeit nicht wert. Mit dem Wunsch nach so einer geringen Belohnung hast du mir deine Missachtung gezeigt. Gerade als weiser Mann solltest du der Freundlichkeit deines Königs mehr Respekt erweisen. Geh! Meine Diener werden dir deinen Sack Reiskörner bringen.'

Der weise Mann lächelte und ging. Draußen vor dem Schloss wartete er auf seine Belohnung.

Beim Abendmahl erinnerte sich der König an den Verrückten und seine geringe Belohnung für so ein geniales Spiel und erkundigte sich bei seinem Haushofmeister, ob man bereits die Belohnung übergeben habe.

‚Herr', begann der Haushofmeister, ‚wir haben seit heute Morgen die Anzahl der Reiskörner berechnet … und müssen feststellen, dass sie außerordentlich hoch ist.'

‚Was soll das heißen?', fragte der König ungeduldig. ‚Meine Getreidespeicher sind voll!'

Zögernd ging der Haushofmeister auf den König zu und flüsterte: ‚Es steht nicht in Eurer Macht, Herr, den Wunsch des weisen Mannes zu erfüllen. Eure Getreidespeicher enthalten nicht genug Reiskörner. Selbst im ganzen Königreich gibt es nicht genug Reiskörner, ja nicht einmal auf der ganzen Welt. Und wenn Ihr Euer Wort halten wollt, dann müsst ihr alles Land der Welt kaufen und es in Reisfelder verwandeln lassen. Zusätzlich müsstet ihr dann die Seen und Ozeane trockenlegen lassen und das Eis an den Polen schmelzen … Und nur dann, werdet Ihr vielleicht genug Reiskörner haben, um den weisen Mann zu bezahlen.'

‚Nenne mir diese gigantische Zahl', sagte der König tief beeindruckt.

Als er sie hörte, lächelte er, denn er wusste, dass der weise Mann ihn erneut herausgefordert hatte …"

Hannah hat auf eine große Pappe ein Schachbrett gemalt und David beginnt, auf jedem Feld die Anzahl der Körner zu verdoppeln. Als er auf dem sechsten Feld angekommen ist, sind es schon 32 Körner. „Das ist ja nervig", stellt er fest und legt den Reis beiseite. „Wenn man das ausrechnet", sagt Hannah, „hat man auf dem 21. Feld schon über eine Millionen Reiskörner." Hopi lacht. „Siehst du, wie schnell alle Menschen etwas erfahren, wenn jeder Mensch es nur zwei Menschen erzählt!"

„Cool, Hopi", ruft David, „die Geschichte war echt cool, und … wie viele Reiskörner sind es am Ende?"[1]

„Das rechnet euch euer Papa aus", schmunzelt der Indianer und nimmt die Glühbirne in seine Hände.

„Einsteigen, meine Freunde … Eine gemeinsame Reise neigt sich erneut dem Ende. Und denkt immer daran, ihr seid unsterbliche Seelen in einem wundervollen Körper. Ihr seid mächtige Schöpfer der Welt und jeder gedachte Gedanke verändert uns ein bisschen, denn kein Gedanke geht verloren im Universum!

---

[1] Anmerkung der Autorin:
Anzahl der Reiskörner: 18.446.744.073.709.551.615 (18 Trillionen)!!!
Gewicht der Reiskörner: 2.767.011.611.056,43 Tonnen (2 Billionen)!!!
Kosten: 1.577.196.618.302.166,66 Euro (1 Billiarde)!!!

Denkt immer daran, ihr seid grenzenlose Geschöpfe! Nichts ist unmöglich, wenn ihr die Überzeugung und den Willen habt, es zu tun!

Jeder von euch ist ein Zauberer, denn ihr erschafft euch eure Welt mit euren Gedanken und Überzeugungen! Ihr seid hier auf der Welt, um glücklich zu sein und das Beste zu erleben, was ihr euch vorstellen könnt, denn ihr seid machtvolle Wesen des *Allumfassenden Lichts!*"

Je mehr Freude ihr lebt, desto mehr Freude werdet ihr anziehen.
Je mehr Energie ihr versprüht, desto mehr Energie werdet ihr haben!

Wie ihr ins Universum hineinruft, so werdet ihr die Antwort erhalten!
Das ist ein Gesetz des Universums und es wirkt immer – ohne Ausnahme!

Alles, was ihr auf der Welt entdeckt, das ist für euch da!
Die Sterne, der Mond, die Sonne, die Freude und die Liebe warten nur darauf,
von euch entdeckt zu werden!

Jeder von euch ist ein Schöpfer im Universum,
mit all-em verbunden!"

Und wieder einmal kehren die Kinder zurück von einer wunderbaren Reise, die Glühbirne in ihren Händen. Und wieder einmal fühlen sie sich stark und alles um sie herum wirkt heller, leuchtet noch mehr im Sonnenlicht als zuvor. Schweigend trinken sie den köstlichen Tee.

Das Klingeln ihres Mobiltelefons lässt Hannah mit ihren Gedanken in den Schrebergarten des Indianers zurückkehren.

„Hallo?", Hannah nimmt das kleine Gerät und hält es ans Ohr. „Ja klar, wir kommen gleich."

Das Mädchen wendet sich an Hopi. „Das war meine Mom", erklärt sie. „Wir sollen nach Hause kommen, weil wir gleich zu Elisabeth fahren, Bilder vom Urlaub schauen und grillen."

Der Indianer erhebt sich. „Okay, kleine Kuwanyauma und starker Kwahu, ich bringe euch ein Stück des Weges. Man benötigt meine Hilfe an der Tankstelle."

Kaminabend bei Elisabeth

Gemeinsam machen sich die drei auf den Weg. David und Hannah haben von ihrem Urlaub in Ägypten noch so viel zu erzählen, dass sie den Weg nach Hause gar nicht wahrnehmen, bis sie vor der Haustür angekommen sind. Frau Fischer erwartet die beiden schon. Als sie den weisen Mann sieht, strahlen ihre Augen.

„Das ist schön, dass ich Sie sehe, Hopi. Ich habe von meiner Mutter gehört, dass Sie ihr sehr geholfen haben in der Zeit, als mein Vater im Kr…, ehem … Haus der Genesung war!" Unwillkürlich muss sie lachen. „Haus der Genesung!", wiederholt sie stolz.

Der Indianer verbeugt sich vor Frau Fischer, lächelt und winkt, während er mit federnden Schritten den Weg entlang zur Tankstelle geht.

Die Kinder freuen sich schon auf den Besuch bei Elisabeth. Sie hat einen schönen Wintergarten mit kuscheligen Korbmöbeln. Immer, wenn die Kinder dort sind, gibt es leckere Plätzchen und Elisabeth macht den Kamin an, sodass die Flammen gespenstisch durch den Raum tanzen.

Elisabeth hat eine große Leinwand ausgezogen und gemeinsam erleben sie noch einmal den schönen Urlaub in Ägypten.

„Wo bleibt Papa eigentlich so lange?", fragt David seine Mutter, denn er liebt es, immer wieder gemeinsam mit seinem Vater die bunten Unterwasserbilder vom Schnorcheln im roten Meer zu schauen.

„Der Papa kommt später, denn morgen ist doch die Eröffnung der Einkaufspassage in Frühlingsdorf", erinnert Frau Fischer ihren Sohn. „Er hat noch einige Termine, damit alles reibungslos klappt, wenn morgen die ersten Geschäfte öffnen!"

Elisabeth, die mit ihrem Blumengeschäft auch in die neue Passage gezogen ist und morgen dort ihren ersten Arbeitstag hat, wendet sich an Frau Fischer.

„Ach, da fällt mir etwas ein," sagt sie. „Wisst ihr eigentlich, wer der Hausmeister der ganzen Anlage ist?"

Fragend schaut Frau Fischer ihre Freundin an.

Elisabeth zwinkert David zu. „Dein Freund Phillip wird sich freuen. Sein Vater ist der neue Hausmeister und ich muss sagen, er ist sehr hilfsbereit und weiß über die Anlage genauestens Bescheid. Gestern hat er mir bei einem Stromausfall geholfen und letzte Woche hat er die restlichen Kacheln, die an meinem Wasserbecken fehlten, auch noch angebracht."

„Der Herr König?", fragt Frau Fischer.

„Ja, König, so heißt er", erinnert sich Elisabeth.

„Das ist ja megacool!", freut sich David. „Das hat Papa bestimmt mit Hopi ausgeheckt!" Der Junge strahlt. „Meiner Seele geht es gut", denkt er. „Und allen anderen Seelen hier im Raum auch, das spüre ich, denn es ist genauso, wie Hopi sagt: ‚Alles ist miteinander verbunden!' Die Pflanzen, Mom, Hannah, sogar Mikesch, der Kater von Elisabeth und sie selbst auch! Der Baum dort draußen … die Ameise …

Die Bausteine bleiben gleich bis in alle Ewigkeit und verändern nur ihren Platz. Das ist megacool!"

Eine Überraschung

Hannah und David freuen sich auf einen Besuch bei den Großeltern. Heute Morgen waren sie in Frühlingsdorf bei der Eröffnung der Einkaufspassage. Elisabeth hat ein richtig großes Blumengeschäft direkt am Eingang der Passage. Riesige Fensterscheiben und glatte Marmorböden überall, wo man hinschaut.

„Und das hat der Papa mitgebaut?" David war sehr beeindruckt. Dann haben sie noch die Familie König gesehen. Phillip hat ganz stolz bei seinem Vater gestanden und auch Frau König sah viel fröhlicher aus als beim letzten Mal. Sie trug einen neuen, flotten Hosenanzug und sah richtig hübsch aus. Nach dem gemeinsamen Mittagessen mit Elisabeth in der neuen Pizzeria der Einkaufspassage sind die Fischers nach Hause gefahren.

Hannah sucht in ihrem Zimmer nach dem Geschenk für die Großmutter.

„Wo habe ich bloß den Schal hingelegt?" Das Mädchen ist ganz verzweifelt. Sie läuft die Treppen hinunter ins Wohnzimmer.

„Suchst du den?" Lachend hält Frau Fischer ihr das bunte Tuch hin.

„Ja, danke!" Hannah nimmt den Schal und ruft David. „Wir können gehen. Ich habe Omas Geschenk gefunden. Soll ich dir helfen?"

David hat für den Großvater in Ägypten eine Wasserpfeife besorgt. „Kannst du die Tasche tragen, Han?" Fragend schaut er seine Schwester an. „Ich nehme den Schlauch und den Tabak, die Kohle und das Öl!"

Hannah nimmt vorsichtig die Tasche und geht zur Haustür.

„Stellt alles ins Auto!", ruft Frau Fischer. „Ich fahre euch rüber."

Wenige Minuten später sind die Kinder im Schrebergarten angekommen. Vorsichtig holen sie die Wasserpfeife aus dem Auto.

„Wir sind da!" Hannah rennt zum Gartentor der Großeltern.

„Ach, da seid ihr ja!" Die Oma läuft den Kindern entgegen und wischt sich ihre Hände an der großen weißen Schürze ab, die sie über ihrem Rock trägt. Hannah liebt es, wenn ihre Großmutter diese Schürze trägt. Es ist für sie ein „Ich-bin-zu-Hause-Gefühl". Schon als sie ganz klein war, hatte Oma immer diese Schürze an. Sie riecht nach einer Mischung aus frischer Wäsche und gebackenem Brot. Ganz fest umarmt das Mädchen die alte Frau.

„Ihr seid ja richtig braun geworden!" Die Oma streicht Hannah über das Haar. „Schön, dass ich euch wieder habe", sagt sie und schließt beide Enkel in die Arme.
„Wo ist Opa?" Hannah schaut in den Garten zur Bank, auf der der Großvater immer sitzt und seine Pfeife raucht. Sie glaubt ihren Augen nicht trauen zu können, denn das was sie dort sieht, kann einfach nicht wahr sein. Hannah kneift ihre Augen fest zusammen und öffnet sie dann wieder. „Nein, es ist kein Traum!", ruft sie. „Das glaube ich ja nicht! Opi und Hopi gemeinsam auf der Bank!"

Grinsend schaut der Großvater ihr entgegen. Seine Augen blitzen schelmisch. „Zufällig habe ich euren Hopi in Frühlingsdorf beim Tabakhändler getroffen und wir haben festgestellt, dass wir die gleiche Vorliebe für bestimmte Tabaksorten haben …"
Hopi lächelt den alten Mann an und erhebt sich leichtfüßig, um die Kinder zu begrüßen. „Ja, ja", grinst er, „der ‚Zufall', auch ein Joker aus dem Universum! Manchmal brauchen wir einen Stups von oben!" Der weise Mann schaut verschmitzt zum Himmel. „Joker, ja, die sind auch eine Reise wert …"

Fragend schaut Hannah ihren weisen Freund an. Dann schmunzelt sie und denkt: „Das kann ja wieder spannend werden."

David rennt auf seinen Großvater zu und schließt ihn stürmisch in die Arme. „Bin ich froh, dass du wieder da bist, Opa!", ruft er erleichtert. „Ich habe dir aus Ägypten eine Wasserpfeife mitgebracht!" Der Junge schaut erst seinen Großvater und dann Hopi an. „Cool", sagt David. „Megacool!"

Die Großmutter macht für alle einen Tee und gemeinsam sitzen sie da und erzählen von den alten Ägyptern, unterirdischen Gräbern und Wasserpfeifen. Und der Opa, was macht der? Er erzählt, wie so oft, von „Alten Zeiten". Die Oma hat ein leckeres Mittagessen zubereitet. Nachdem alle satt sind, beschließt der Großvater ein bisschen zu schlafen.

„Kann ich auf den Dachstuhl klettern, Hopi?" David geht die geheimnisvolle Klappe im Schuppen des Indianers nicht mehr aus dem Kopf.

„Natürlich", antwortet der Indianer. „Ich habe es dir versprochen."

Die Kinder verabschieden sich von ihren Großeltern und stürmen in Hopis Garten.

„Ich bedanke mich für die Gastfreundschaft, werte Helene!" Hopi macht eine leichte Verbeugung vor der Großmutter.

„Sie sind so galant, Hopi. Ich freue mich schon auf ihren nächsten Besuch!"

Die Großmutter ist wie aufgedreht. Fröhlich begleitet sie den weisen, alten Indianer zum Tor.

„Und komm mal wieder rüber!" Das war der Großvater, der bereits in der Tür seines Gartenhauses steht, um sich zur Mittagsruhe zu begeben.

„Das ist seine Art, sich zu bedanken." Achselzuckend steht die alte Frau vor Hopi. Dieser umarmt die Großmutter und flüstert augenzwinkernd: „Der Dank ist angekommen!"

Was für ein „Zufall"!

Als Hopi in seinem Garten ankommt, stehen die Kinder bereits an der hinteren Schuppentür und warten. Hopi bückt sich und holt einen großen, eisernen Schlüssel unter einem Stein hervor.

Im Schuppen riecht es nach Moos und von der Sonne erwärmtem Holz, fast wie in einer Sauna. In einer Ecke liegen Wolldecken gestapelt und einige alte Holzkisten. Davids Blick geht nach oben zur Dachluke. Dieses kleine viereckige Quadrat scheint ihn zu locken, gerade so wie die Türchen vom Adventskalender es Jahr für Jahr tun. Man will unbedingt wissen, was sich dahinter verbirgt.

Hopi nimmt eine Leiter, die zusammengeklappt in der Ecke steht. Fachgerecht baut er sie unter der Dachluke auf.

„Hannah, ich glaube, du gehst erst einmal vor und öffnest die Luke. Dann kann David hoch gehen und du nimmst ihn oben in Empfang!" Der alte Indianer reicht Hannah die Hand.

„Da kann es sich nur um einen Irrtum handeln", erwidert Hannah und schüttelt sich. „Ich geh' da jedenfalls nicht rauf! Spinnen sind da oben vielleicht noch das Harmloseste!"

Hopi fängt schallend an zu lachen. „Sieh mal einer an! Unsere kleine ‚Squaw' mag keine dunklen Ecken!"

„Glaubst du aus den Ecken kriecht die Angst raus?", fragt David seine Schwester und grinst. „Denk mal dran, was Hopi gesagt hat. Angst kriecht nicht aus Ecken heraus, wenn schon, dann die haben wir die in uns!" Bei seinen letzten Worten klopft der Junge mit den Handflächen auf seinen Bauch, um zu zeigen, wo seine Angst immer sitzt.

Hopi nickt anerkennend und beobachtet die Kinder.

„Das hat nichts mit Angst zu tun, sondern mit Ekel!" Hannah verschränkt die Arme und bedeutet den beiden, dass sie sich keinen Schritt weiter bewegt.

„Okay, kleine Kuwanyauma, ich geh' hoch und du passt unten auf, dass dein Bruder hier oben gut ankommt!"

Gemeinsam gelingt es den Dreien, David durch die Dachluke zu schieben. Hopi reicht ihm eine Taschenlampe.

„Hier oben gibt es kaum etwas!", kommt die dumpfe Stimme von David aus der Luke. „Moment mal!", ruft er, „doch! Hier ist was!"

Hannah steht unten an der Leiter und ist gespannt, was David da oben wohl entdeckt hat.

„Ein altes Kartenspiel!", ruft der Junge, „einen Lederhandschuh und ein verrosteter Kerzenständer, das ist alles. Sonst liegen hier nur Bretter und Steine!"

„Dann komm wieder runter und bring das Kartenspiel mit!", ruft Hannah von unten. „Sind da auch Spinnen?"

„Weiß ich nicht, ich guck' nicht hin!" David erscheint wieder an der Dachluke. „Ich komm' runter."

Nachdem der alte Indianer die Luke wieder verschlossen und die Leiter weggeräumt hat, gehen sie gemeinsam zum Steinkreis, um das Kartenspiel anzuschauen. Hannah öffnet die verblichene Schachtel und entdeckt ein altes Rommé-Spiel.

„Wer weiß, wie lange das schon da oben liegt." Sie reicht David und Hopi einen Teil der alten Karten. Verblichen und an den Ecken hochgewölbt schauen ihnen Könige, Bauern und Damen in Kostümen aus der Zeit Napoleons entgegen.

„Han, schau mal die Joker!", ruft David und gibt seiner Schwester ein Kartenblatt. „Die sehen ja cool aus!"

Interessiert schaut Hopi auf den Harlekin, der ihnen vom Kartenbild entgegenlacht.

„Ich glaube", schmunzelt der weise Mann, „der ist genau der richtige Gast für eine Reise in unserer Glühbirne! Habt ihr Lust, ein weiteres Mal eure Augen zu schärfen für die Geheimnisse unseres Universums?"

„Uuups!" David stutzt und fragt: „Mit dem Joker?" Er schaut seine Schwester an.

„Ich hole die Glühbirne", schlägt Hannah vor. Sie kann es kaum erwarten, wieder einmal auf eine spannende Reise zu gehen.

Es ist ein Spätsommerabend. Die Luft ist lau, aber würzig und die Schatten werden schon länger. Noch einige Wochen und der Herbst zeigt sein Gesicht in goldenen und roten Farben.

Und wieder einmal sitzen zwei Kinder und ein alter Indianer um einen Steinkreis und reichen sich ihr „Reisegefährt", eine Glühbirne, deren Gewinde eine große Anzahl von farbigen Bändern ziert. Souvenirs von Orten, die man weder mit dem Auto, noch mit einem Zug oder einem Flugzeug erreichen kann.

Hopi nimmt das alte Kartenspiel und bittet die Kinder, sich je zwei Joker auszusuchen. „Das", so sagt er, „sind die Hauptpersonen auf unserer heutigen Reise. Um genau die geht es nämlich, um die Joker!"

Hannah und David suchen sich die hübschen Bilder der Harlekine heraus, die tanzend und lachend über die Kartenbilder springen. Sie nehmen sie zwischen ihre Handflächen und schauen den weisen Mann erwartungsvoll an.

„Ihr wisst ja noch, dass ihr alle kleine Seelensplitter des *Allumfassenden Lichts* seid", beginnt der weise Mann.

„Ja, mit 'nem Rennwagen!" David hat es nicht vergessen.

Hannah flüstert: „Das *Allumfassende Licht* zeigt uns mit unseren Gefühlen, was gut für uns ist!"

„Genau so ist das. Aber, und jetzt kommt es!", ruft der alte Indianer. „Das *Allumfassende Licht* hat auch noch andere Möglichkeiten uns auf unserer Entdeckungsreise ‚Leben' zu helfen. Es hält einige ‚Joker' für uns bereit. Wie ihr wisst, ist ein Joker im Spiel eine Glückskarte, die euch hilft zu gewinnen. Und so ist das mit den Jokern des Universums auch!"

Hannah nimmt einen ihrer Joker und schaut ihn ganz genau an, so als könne sie dem Kartenblatt sein Geheimnis entlocken.

„Manchmal gibt es Dinge im Leben, die schwierig sind und ihr glaubt keine Lösung zu finden", beginnt Hopi. „Und plötzlich trefft ihr ganz ‚*zufällig*' jemanden, der irgendeinen Satz sagt, der euch hilft, euer Problem zu lösen. Wie oft sagt ihr im Leben dann: ‚Welch ein Zufall', dass genau jetzt mein Freund vorbeikommt und mir einen Rat gegeben hat oder genau das Teil hatte, was ich brauchte! Ihr wünscht euch ein Haustier und plötzlich seht ihr in der Zeitung eine Anzeige, dass ein Nachbar Babykatzen verschenkt. Dann sagt ihr wieder: ‚*Welch ein Zufall!*'

Gestern Nachmittag ging ich spazieren und mir fiel ein, dass ich im Tabakladen fragen könnte, ob der Besitzer leere Zigarrenkisten hat, die er nicht mehr benötigt. Ich lege da gerne getrocknete Kräuter hinein. Also ging ich in den Tabakladen und traf *zufällig* euren Großvater. ‚*Zufällig*' war euer Großvater gut gelaunt und so kamen wir ins Gespräch und entdeckten ‚*zufällig*', dass wir beide etwas vom Tabakanbau und von den verschiedenen Tabaksorten verstehen. Euer Großvater hat in diesem Gespräch entdeckt, dass es viele Gemeinsamkeiten zwischen uns gibt und mich eingeladen, einmal seinen Tabak zu kosten. So hat der Zufall uns geholfen, Freunde zu werden!"

„Also ist der Zufall gar kein Zufall, sondern Absicht, um uns zu helfen!", ruft Hannah und ist wieder einmal erstaunt, welche Geheimnisse sie hier am Steinkreis lüften.

„Ja, genau so ist es!", ruft Hopi. „Denkt doch einmal über das Wort ‚Zufall' nach. ‚Zufall' heißt nichts anderes als, dass euch etwas ‚zufällt'! Alles was ‚fällt', kommt von oben!"

Der Indianer zeigt mit dem Finger zum Himmel. „Immer, wenn ihr von einem Zufall sprecht, klärt sich eine Sache in eurem Leben auf oder beschleunigt sie! Der Zufall ist ein Joker, der euch hilft, Probleme zu lösen."

„So war das auch mit dem Vater von Phillip!", ruft David. „Ihr habt euch ‚zufällig' getroffen auf meiner Abschlussfeier und da habt ihr etwas ausgeheckt. Und jetzt hat er Arbeit!"

Hopi gibt Hannah einen Stift und bittet sie auf eine Karte das Wort „Zufall" zu schreiben.

„Auf die alten Karten?", fragt das Mädchen. Aufmunternd sagt der Indianer zu ihr: „Es war sicher ein ‚*Zufall*', dass wir ausgerechnet ein Kartenspiel mit so wunderschönen Jokern auf dem alten Speicher gefunden haben. Da hat das Universum seine Finger im Spiel. Die Karten haben da oben für unsere Reise gelegen. Also keine Scheu, Kuwanyauma!"

Hannah schreibt in feinsäuberlicher Handschrift „Zufall" auf das alte Blatt und legt es in der Mitte auf den flachen Stein ab.

Der weise Mann lacht. „Cool ist das mit dem Zufall", sagt er und grinst David an.

Der Junge freut sich. „Hopi, du bist megacool, wenn du cool sagst!"

„Megacool ist auch", beginnt der weise Mann erneut und zwinkert David zu, „dass ihr immer noch drei Joker in der Hand habt. Das *Allumfassende Licht*, Gott oder Universum, wie immer ihr es nennen mögt, es ist sehr erfinderisch und hat noch einige Joker auf Lager!"

David hält eine seiner zwei Karten hoch und schaut auf den Harlekin, der auf einer Leier spielt.

Der alte Indianer nickt dem Jungen zu. „Joker Nummer zwei, den uns das *Allumfassenden Licht* schenkt, ist der ‚Geistesblitz'". Hopi tippt sich mit dem Zeigefinger an den Kopf. „Plötzlich hat man eine Idee, wie man eine Sache angehen kann. Manchmal denkt man gar nicht an etwas Bestimmtes und auf einmal hat man einen Einfall, der sehr gut ist. Das nennt man einen ‚Geistesblitz'. Schaut euch ‚mal das Wort ‚Geistesblitz' an und ihr werdet erkennen, dass auch er ein Joker ist, der von ‚oben' kommt. Er ist ein starkes Licht, das euren Geist aufleuchten lässt."

„Pijjung, pijjung!" David ist aufgesprungen und tut so, als ob er vom Blitz getroffen wird.

„Ich habe vor einigen Tagen gleich zwei Joker vom Universum erhalten", erzählt Hopi. „Ich war in meinem Haus und putzte meine Kachina, sie verstauben schon mal. Da hatte ich das Gefühl in den Schuppen gehen zu müssen, ich wusste nicht warum. Also schaute ich mich dort um und als ich nach oben sah, viel mir die Dachluke auf. Wie ihr wisst, fand ich da unsere Schatzkiste. Ein ‚Zufall'? Ja, klar, sie ist mir ‚zugefallen', um euch zu erklären, wie alles miteinander verbunden ist. Das wusste ich aber noch nicht, als ich sie öffnete. Dann, als ich die Kugeln sah, kam der ‚Geistesblitz'!"

„Das ist unser zweiter Joker!", ruft Hannah und schreibt fein säuberlich „Geistesblitz" auf den Joker in Davids Hand.

„Ich weiß auch eine Geschichte mit einem Zufall und einem Geistesblitz!" ruft Hannah. „Als ich für meinen Wurf üben wollte, waren alle Tennisbälle im Tennisheim. Ich bekam schon Angst, dass ich nicht üben konnte. Da hatte David einen ‚Geistesblitz' und dachte an die Bocciakugeln von der Kirmes. Als ich die holte, kam mir in den Sinn, welch ein Zufall, dass wir die gerade gewonnen haben. Ohne sie könnte ich jetzt nicht üben!"

„Dann war es auch kein ‚Zufall', dass Papa nur 450 Punkte hatte!", staunt David. „Denn wir brauchten die Bocciakugeln! Mit 'nem dicken, großen Mottenbär hätten wir nicht werfen können!" David formt in der Luft ein riesiges Gebilde und grinst.

„Wie ihr seht, beschenkt euch das *Allumfassende Licht* sehr oft mit Jokern", stellt der weise Mann fest. Es ist ganz wichtig, dass ihr euch für jeden Joker bedankt, denn wie ihr wisst …"

„… bekommen wir dann mehr davon!", rufen beide Kinder.

Der alte Indianer strahlt und wieder stellt Hannah fest, dass seine Augen in der Abendsonne tiefblau sind. „Wir haben mit dem kleinsten Joker begonnen, das ist der ‚Zufall', der nächst größere ist der ‚Geistesblitz' und nun kommt ein wirklich großer Joker", sagt Hopi, „und das ist euer Schutzengel!"

„Cool", David ist begeistert. „Gibt es den wirklich?"

„Und ob es den gibt", beteuert Hopi. „Wie oft habt ihr schon gehört, dass jemand sagt ‚Der muss einen Schutzengel gehabt haben, sonst wäre da mehr passiert!'"

„Aber den sieht man nicht", bedauert Hannah, „wie die Strahlen der Sonne und der Fernbedienung … unsichtbar …"

„Und dennoch gibt es die Strahlen der Fernbedienung genauso sicher wie Schutzengel", berichtet Hopi. „Schutzengel sind Helfer, die noch im *Allumfassenden Licht* sind. Da es sehr mutig von all den Seelensplittern ist, hier auf die Erde zu kommen, ausgestattet mit einem Fahrzeug und einem Geist, hat das *Allumfassende Licht* jedem Menschen einen Helfer gegeben, der ihn das ganze Leben begleitet. Nun ist es aber so, dass ihr immer einen freien Willen habt zu tun, was ihr wollt. Deshalb müsst ihr euren Schutzengel bitten, euch zu helfen. Er wartet darauf und freut sich, wenn er von euch einen Job bekommt!"

„Einen Job? Das hört sich cool an!" David grinst.

„Manchmal greift euer Schutzengel auch ein, ohne dass ihr ihn bittet. Das ist in den Momenten, wenn ihr in großer Gefahr seid."

„Aber wenn das so ist, dann würde ja nie jemand verunglücken und sterben", überlegt Hannah.

„Wenn die Zeit gekommen ist, zurück ins *Allumfassende Licht* zu gehen, dann greift der Schutzengel nicht ein", flüstert Hopi.

„Und was ist der größte Joker?", David beobachtet Hannah, die das Wort „Schutzengel" auf den dritten Joker schreibt.

„Der vierte und größte Joker, den ihr habt, das ist die ‚Liebe'", sagt der weise Mann mit sanfter Stimme. „Liebe verzeiht alles, Liebe versteht alles, wahre Liebe gibt, ohne etwas zu erwarten und die Liebe anderer Menschen lässt euch Flügel wachsen. Sie ist unsterblich, weil sie in der Seele wächst! Liebe ist das größte Wunder des Lebens und die stärkste Kraft im Universum!"

Auf den letzten, den ganz großen Joker, schreibt Hannah das Wort „LIEBE".

„Und die Liebe ist der größte Joker?", fragt Hannah misstrauisch. „Größer noch als der Schutzengel?"

„Ja, das ist er", antwortet Hopi. „Denn die Liebe ist das Zauberwort für alles, was ihr im Leben erschafft. Wisst ihr noch? Alles, was ihr mit Liebe macht, wird mehr in eurem Leben. Wenn ihr eine Tätigkeit liebt, werdet ihr erfolgreich darin sein. Das ist ein Naturgesetz. Denk an deinen Wurf, Hannah", erinnert der weise Mann das Mädchen. „Du hast mit Freude geübt und als du werfen gelernt hast, liebtest du es. Überall, wo Menschen wundervolle Dinge schaffen, ist die Liebe zu diesen Dingen die Ursache des Erfolges. Dasselbe gilt für alle Lebewesen. Begegnet jedem Tier und jedem Menschen mit Liebe. Ihr erhaltet immer das, was ihr aussendet. Wenn ihr euer Haustier liebt, wird es euch immer beschützen und euch Kraft und Liebe in schweren Stunden geben. So ist das auch mit den Menschen, die ihr liebt und denen ihr mit Freude und Dankbarkeit begegnet. Genauso solltet ihr euch immer selbst mit Liebe begegnen, denn ihr seid wundervolle Wesen aus dem *Allumfassenden Licht*, ausgestattet mit einem Fahrzeug, das ein Geschenk des Universums an euch ist, damit ihr Liebe erfahren könnt."

„Und die Stimme unserer Seele zeigt uns durch unsere Gefühle im Herzen, wann wir alles richtig machen. So ist es doch, Hopi?", fragt Hannah und schaut dem alten Indianer in die Augen, die wie tiefblaue Seen in einer zerklüfteten Landschaft ruhen.

„Ja, das tut sie und wisst ihr auch warum?"

Fragend schauen die Kinder den alten Mann an.

„Aus unendlicher Liebe zu allen Geschöpfen. Denn wie ihr wisst, kommen wir alle aus dem *Allumfassenden Licht* hier auf die Erde und auch wenn wir es vergessen haben, als wir hier geboren wurden: Wir sind miteinander verbunden in alle Ewigkeit!"

Hopi nimmt die Glühbirne und wieder einmal umfassen eine alte, braune von Falten zerfurchte Hand und zwei kleine, wundervolle Kinderhände, frisch und jung wie

Lotusblüten, gemeinsam das gläserne Gefährt. Und was spüren sie? Verbundenheit im Hier und Jetzt. Den Moment als Ewigkeit. Denn die wundervollen Reisen im Schrebergarten eines alten Indianers sind nun Teil der Erinnerungen zweier junger Menschen bis ans Ende ihres Lebensweges.

„Wieder einmal nähert sich eine Reise dem Ende", flüstert der weise Mann.

„Aber wie ihr wisst, ist hier im Schrebergarten an unserem Steinkreis die Startbahn."

Lachend stehen die Kinder auf und umarmen den Indianer. „Ich freue mich schon auf die nächste Reise!", ruft Hannah, als sie sich winkend am bunt gestrichenen Gartentor noch einmal umschaut.

„Und ich komm' wieder mit meinem Rennwagen!" David lässt seinen Motor aufröhren, indem er kehlige Laute von sich gibt, und dann rennt er hinter Hannah her.

„Warte auf mich, Han!", ruft er.

Hand in Hand gehen die Kinder über den Schotterweg an dem Schrebergarten der Großeltern vorbei.

„Schön, so einen Freund wie Hopi zu haben", sagt Hannah und drückt Davids Hand ein wenig fester.

„Ich find's cool", antwortet David, „und dich auch!"

Hannah strahlt ihren Bruder an und zwei Seelen hüpfen vor Freude.

Ein Junge und ein Mädchen, zwei Kinder, wie Du eins bist, laufen den Schotterweg entlang, an den Wiesen vorbei zu Fischermanns Haus.

„Toll ist das mit der Seele!", sagt das Mädchen.

„Megacool!", antwortet der Junge.

… und wie geht es weiter?

Die Ferien gehen zu Ende. Ein weiteres Schuljahr beginnt für Hannah und für David ein neuer Lebensabschnitt.
Die Reise zweier Seelen in der Unendlichkeit … Begleitet von einer langen Freundschaft mit einem Indianer am Steinkreis in einem Schrebergarten …
Viele Jahre gehen ins Land. Aus Kindern werden Teenager. Für David und Hannah hat sich vieles verändert, seitdem sie Hopi kennengelernt haben. Vieles?
Eigentlich ist nichts mehr so wie vorher. Alles hat auf einmal einen Sinn und alles folgt einem System, einem Rhythmus.

Das Leben ereignet sich nicht, sondern wir erschaffen es!

Eines ist sicher. Alles verändert sich ständig und ist immer im Fluss. Nichts bleibt, wie es ist und so ist auch eines Tages das Grundstück in der Schrebergartensiedlung leer. Der weise Mann ist verschwunden.
Die Geschwister, nun schon längst zu Teenagern geworden, denken oft an Hopi, wie er lächelnd mit ihnen am Steinkreis gesessen hat …
Verwildert und verlassen liegt das Grundstück nun da. Wirklich?

Manchmal gehen Hannah und David abends den Kiesweg entlang und bleiben an dem bunten Tor stehen, dessen Farben von der Sonne mittlerweile verblichen sind. Dann geht ihr Blick zu dem Steinkreis, der weiß leuchtet im fahlen Licht des Mondes. Wie viele Male haben sie hier gesessen und gelernt, die Welt Stück für Stück mit anderen Augen zu sehen?
Wie oft liegt an diesen Abenden „zufällig" am Gartentor eine weiße Feder auf dem Boden, einladend und zum Gruße winkend …

Und wenn sie dann ganz leise sind, hören sie genau dort am Steinkreis die sanften Töne einer Panflöte … ganz deutlich … während gespensterhafte Schatten der sich im Wind schaukelnden Bäume den weißen Stein umtanzen.

Wie hat Hopi immer gesagt …

„Wo wir einmal waren, bleibt immer ein Teil von uns …
bis in die Ewigkeit,
denn …
alles ist miteinander verbunden."